« MADAME LE SECRÉTAIRE D'ÉTAT... »

Madeleine Albright

avec Bill Woodward

« MADAME LE SECRÉTAIRE D'ÉTAT... »

MÉMOIRES

*Traduit de l'américain
par Marie-France Girod,
Josiane et Alain Deschamps,
et Renaud Morin*

Albin Michel

Titre original :
MADAM SECRETARY
© Madeleine Albright 2003
Tous droits réservés.
La première édition de cet ouvrage a été publiée par
Talk Miramax Broks, filiale de Miramax Film Corp., New York.
La présente édition est publiée en accord avec Linda Michaels Limited,
International Literary Agents.
Traduction française :
© Éditions Albin Michel, S.A., 2003
22, rue Huyghens, 75014 Paris
www.albin-michel.fr
ISBN : 2-226-14194-4

À MA FAMILLE
D'HIER ET D'AUJOURD'HUI,
AVEC TOUTE MON ESTIME ET TOUT MON AMOUR.

Préface

CHACUN A SON HISTOIRE. Voici la mienne. Elle est le reflet du siècle agité qui vient de s'achever, de l'évolution du rôle joué par les femmes dans la société et de l'affrontement entre ceux qui, dans le monde, ont foi en la liberté et ceux pour qui le pouvoir prime sur les valeurs humaines.

Avant de me lancer dans la rédaction de cet ouvrage, j'ai pris connaissance des Mémoires d'autres Secrétaires d'État. Ce sont d'excellents textes, mais ils ont un angle d'approche différent de l'objectif que je m'étais fixé. Je voulais en effet mêler le personnel au politique et montrer pourquoi et comment les relations humaines influent sur les événements, au lieu de me limiter à la simple description des faits. Je tenais aussi à éviter que le lecteur ne s'ennuie à mourir en compagnie du personnage principal.

Mon itinéraire a été différent de ces vies qui suivent un cours tracé à l'avance, tel un canal entre ses berges. Personne n'aurait pu prévoir qu'une petite Tchécoslovaque née à la veille de la Seconde Guerre mondiale deviendrait un jour la première femme Secrétaire d'État des États-Unis. Il n'était guère plus concevable qu'une mère de trois enfants, qui n'avait occupé aucun poste gouvernemental avant l'âge de trente-neuf ans, serait la première femme de l'histoire américaine à parvenir à un aussi haut niveau. J'étais près d'atteindre la maturité et rien ne me prédisposait à connaître un tel destin.

Mais si je suis partie tard, j'ai mis ensuite les bouchées doubles. J'ai entrepris de lever bénévolement des fonds pour des hommes politiques et de bonnes causes, de rencontrer des gens nouveaux, d'élargir mon horizon personnel tout en faisant mon doctorat. Avec le soutien des miens, j'ai franchi le pas et je suis entrée dans la vie active. J'ai travaillé au Sénat et à la Maison Blanche, conseillé des candidats démocrates à la vice-présidence et à la présidence, dirigé un groupe de réflexion et enseigné les relations internationales. Au fil des ans, j'ai acquis des connaissances, une expérience et des capacités essentielles. Le jour de 1992 où le Président Clinton m'a demandé de devenir représentante permanente des États-Unis à l'ONU, peu de gens avaient entendu parler de moi. Selon les critères en vigueur à Washington, j'avais fait une carrière plus que discrète. Mais j'étais prête. Comme disait en parlant de nous deux le sénateur Barbara Mikulski, une pionnière, elle aussi : « Nous avons mis vingt-cinq ans à réussir du jour au lendemain. »

Une fois au gouvernement, j'ai été confrontée à la difficulté d'être une femme dans un milieu très majoritairement masculin. J'avais déjà vécu ce genre de situation, mais jamais à un niveau aussi élevé, ni avec des pressions aussi fortes. On me demande souvent si, au cours de mes déplacements dans les pays arabes ou des régions du monde où le poids des traditions est très lourd, les hommes ne m'ont pas traitée de haut. Ma réponse est : « Non, car je descendais d'un gros avion portant sur son flanc l'inscription *United States of America*. » À l'étranger, cela imposait le respect aux politiques. J'avais plus de problèmes avec certains membres du gouvernement dont je faisais partie.

Après mes études universitaires, à la fin des années cinquante, je faisais partie de cette génération de femmes qui se demandaient encore comment réussir à concilier leurs ambitions professionnelles et leur vie familiale. De l'obtention de mon diplôme jusqu'à la fin des études de mon dernier enfant, j'ai dû, comme tant d'autres avant moi, jongler avec les exigences de la vie familiale et l'évolution de ma carrière. Au fur et à mesure que je grimpais les échelons, je constatais à mon corps défendant les différences de vocabulaire pour désigner les mêmes qualités chez un homme (sûr de soi, responsable, impliqué) et chez une femme (autoritaire, agressive, caractérielle). Il m'a fallu du temps, mais j'ai fini par faire confiance à mon propre jugement et agir comme je l'entendais, en essayant de moins me préoccuper de l'opinion d'autrui.

J'ai eu la chance d'être au service d'un Président, Bill Clinton, qui considérait que, dans un monde en train de passer d'une ère à une autre à une vitesse fulgurante, les États-Unis jouaient le rôle d'une force unificatrice. Le Président était persuadé, comme moi, que notre pays ne pouvait se contenter d'être le témoin de l'Histoire, mais qu'il devait influer sur son cours selon nos intérêts et nos idéaux. Il m'a offert d'occuper le poste de représentante permanente des États-Unis à l'ONU, puis celui de Secrétaire d'État, occasion que personne, ni homme ni femme, n'avait eue avant moi. J'ai pu remplir ces fonctions passionnantes entre toutes à un moment où les pouvoirs des

Nations unies venaient d'être renforcés et où, en fait, la chute du Mur de Berlin obligeait à reconsidérer la politique étrangère dans son ensemble, au niveau des institutions, des relations, des hypothèses et des doctrines.

Mon poste de Secrétaire d'État m'a apporté énormément de satisfactions et j'aurais volontiers couché sur le papier la totalité de ce qui s'est passé durant cette période. Régulièrement, après un discours ou une intervention au Congrès, on m'a reproché de ne pas avoir abordé telle question ou telle partie du monde. Malheureusement, faute de place, on ne peut parler de tout, ni dans un discours ni dans un livre. En rédigeant ces Mémoires, j'ai dû sacrifier des centaines de pages pour que le livre conserve une épaisseur raisonnable. Autant dire qu'il m'a fallu faire une sélection drastique dans les événements concernant les années passées au gouvernement et je regrette d'avoir dû laisser un certain nombre de choses de côté. Que les personnes ou les nations dont le nom n'apparaît pas dans ces pages n'y voient aucune marque d'irrespect. J'ai bien l'intention de continuer à écrire et de raconter d'autres événements passés sous silence.

Cet ouvrage est donc un récit personnel. Il ne s'agit ni d'un historique de la politique étrangère de l'administration Clinton, ni même d'une chronique plus ou moins exhaustive de la politique mondiale à la fin du XXᵉ siècle. Il s'attache néanmoins à traiter les événements marquants, liés pour certains à des questions qui font toujours les gros titres des journaux depuis mon départ du gouvernement, comme le terrorisme, l'Irak, le Moyen-Orient et la Corée du Nord. Le problème, avec un livre de ce genre, c'est que le monde change durant les mois nécessaires à la relecture, l'impression, le brochage et la mise en place de l'ouvrage. J'ai mis un point final à celui-ci au printemps 2003, période particulièrement riche en événements. Au contraire de l'auteur, qui l'ignorait alors, vous, lecteur, avez l'avantage de savoir ce qui s'est passé depuis et vous lirez sans doute d'un autre œil certains des chapitres clés qui suivent.

Le chemin de l'existence est généralement accidenté, mais si je regarde la mienne, je peux y découvrir une certaine symétrie. En effet, j'ai toujours eu la diplomatie et la politique étrangère dans le sang, alors que, pour certains, elles ne sont qu'un sujet d'études. Dès l'enfance, j'ai été l'élève la plus attentive de mon père, qui était diplomate et professeur.

Quand j'étais membre du gouvernement, j'ai assisté à la résurgence de forces historiques similaires à celles qui avaient influé sur mon propre destin. J'étais encore petite fille lorsque ma famille a, par deux fois, été chassée de chez elle, d'abord par les fascistes, puis par les communistes. Dans le cadre de mes fonctions, j'ai pu combattre le nettoyage ethnique en Yougoslavie, pays où j'avais vécu enfant. Toute une partie de ma vie, j'ai vu le communisme diviser l'Europe. J'ai consacré ma vie universitaire à l'étude de ses effets. Une fois en poste, j'ai pu aider les nouveaux régimes démocratiques d'Europe centrale et de l'Est, dont ma Tchécoslovaquie natale, à devenir partenaires à part entière du monde libre.

Je me suis servi de ma propre expérience pour soutenir le combat des femmes dans le monde du travail, à l'école, dans leur foyer et dans leur vie. J'ai par ailleurs œuvré à réformer et revitaliser les Nations unies, institution pour laquelle mon père a travaillé à un moment crucial de notre vie.

Et surtout, ayant constaté dans mon jeune âge ce qui se passe lorsque les États-Unis se bornent à jouer un rôle passif dans les affaires internationales, je me suis servi de ma position pour, sur chaque continent, œuvrer avec nos amis et alliés à la constitution d'un front uni de défense de la liberté et d'opposition aux forces de l'intolérance, de l'ambition démesurée et de la haine.

J'ai lu beaucoup d'autobiographies et les plus honnêtes m'ont paru les meilleures. Je me suis donc efforcée à la plus grande honnêteté, même lorsque cela n'était pas facile. Mon mariage et mes enfants ont été ma plus belle expérience, mon divorce et ses séquelles la plus douloureuse. L'événement le plus stupéfiant a été la découverte de mon ascendance juive. Le plus triste, d'apprendre que trois de mes grands-parents étaient morts dans les camps de concentration. Une partie importante de ce livre est consacrée au choc qu'a provoqué chez moi cette révélation, que j'ai dû gérer, avec ses implications intimes, au moment même où je venais de prendre mes fonctions de Secrétaire d'État.

Au fil de ces pages, je passe de la sphère privée à la vie publique et l'on pourrait croire que chacune est indépendante de l'autre, mais il n'en est rien. Tout s'est enchaîné pour faire de moi ce que je suis devenue. À de jeunes femmes, j'ai souvent déclaré que la vie féminine se déroule selon des phases successives, dictées en grande partie par la biologie. C'est à mes yeux un avantage, dans la mesure où cela leur permet d'explorer des voies diverses. Il faut néanmoins qu'elles soient guidées par une bonne étoile. Depuis toujours, cette étoile, pour moi, c'est ma foi dans la démocratie qui promet à chacune et à chacun d'aller au bout de ses capacités.

Cette foi m'a été transmise par mes parents et les diverses expériences que j'ai faites au cours de ma vie l'ont encore confortée. C'est elle aussi qui anime les héros que j'ai rencontrés, les causes que j'ai soutenues, les milliers de gens dont, directement ou indirectement, je connais la lutte quotidienne pour donner leur chance à d'autres. La foi dans la promesse de la démocratie reflète l'Amérique dans ce qu'elle a de meilleur, le monde dans ce qu'il a de plus porteur d'espoir. Je suis à jamais reconnaissante d'avoir eu l'occasion de remplir cette promesse et de rembourser dans la mesure de mes moyens le don de la liberté qui m'a été fait, à moi et à ma famille, par les États-Unis.

PREMIÈRE PARTIE

De Madlenka
à Madeleine Albright

CHAPITRE UN

Bons et méchants

J'AURAIS AIMÉ CONTINUER.

Dans l'espoir d'arrêter le temps, je me suis replongée quelques instants dans mes souvenirs. J'ai revécu ce matin de décembre où le téléphone avait sonné et où j'avais entendu la voix qui demandait : « Voulez-vous être mon Secrétaire d'État ? », puis la cérémonie de prestation de serment et le moment où ma broche en forme d'aigle s'était défaite. J'ai revu en pensée les petites filles réclamant des autographes lors d'un triomphal voyage en train de Washington aux Nations unies à New York, le regard profond et le sourire chaleureux de Václav Havel posant une écharpe rouge sur mon épaule et me donnant un baiser sur la joue, les noms gravés sur le mur d'une synagogue de Prague. J'ai repensé aux bâtiments réduits à l'état de gravats en Tanzanie et au Kenya, aux cercueils recouverts du drapeau américain. Et au Président Clinton qui défendait la cause de la paix au Proche-Orient, les lunettes sur le nez et la chemise froissée.

Je me suis souvenue d'un nombre incalculable d'entretiens, certains en pleine nuit dans de somptueux palaces, d'autres dans des villages reculés où les enfants restaient le ventre vide et où pourtant les gens riaient et gardaient l'espoir. Je me suis remémoré les acclamations de la foule, joyeuses au Kosovo et en Europe centrale, mais mécaniques en Corée du Nord, et puis aussi ces femmes et ces jeunes filles qui évoquaient leurs craintes dans un camp de réfugiés à quelques kilomètres de la frontière afghane.

Le bruit sec du ruban adhésif que l'on déroule m'a tirée de mes pensées. Surchargés de travail, nous n'avions pu commencer à faire nos cartons que bien après la tombée de la nuit. Maintenant ces cartons et des rouleaux d'emballage plastique à bulles encombraient la pièce, déjà remplie de piles de livres, de paquets de bretzels vides et d'innombrables notes, fruit de centaines de milliers de kilomètres de

voyages et de près de trois mille jours passés au service du gouvernement. Le personnel s'affairait à classer, emballer, fermer, étiqueter.
Je me suis glissée sans bruit dans le petit bureau du Secrétaire d'État,
mon bureau pour quelques heures encore et, instinctivement, me suis
approchée de la fenêtre.

La vue allait me manquer presque autant que tout le reste. Sur le
National Mall, un halo lumineux entourait le Lincoln Memorial et le
Washington Monument. Entre eux, à peine visibles dans la nuit de
janvier, se dressaient les impressionnantes silhouettes de bronze
commémorant l'engagement des États-Unis dans la guerre de Corée,
et le mur du Vietnam, dont le marbre noir était terriblement éloquent
dans sa sobriété. De l'autre côté du Tidal Basin, j'apercevais le dôme
du mémorial de Thomas Jefferson, premier Secrétaire d'État des
États-Unis, et plus loin, sur l'autre rive, la lueur de la flamme éternelle sur la tombe de John Kennedy, dans le cimetière national d'Ar-
lington. J'éprouvais une infinie reconnaissance pour chaque jour où
l'on m'avait permis d'apporter ma pierre à l'édifice de cette tradition
de l'honneur et du sacrifice qui était célébrée sous mes yeux.

J'avais beau avoir du mal à partir, l'horloge tournait et il y avait
encore beaucoup à faire. Pour la dernière fois, je me suis approchée
de ma table de travail et de la feuille de papier à lettres que j'y avais
posée. « Cher Colin, ai-je écrit. Nous avons travaillé d'arrache-pied
et nous espérons que vous trouverez ce bureau impeccable en arrivant. Il restera néanmoins dans l'air l'esprit de nos prédécesseurs,
qui tous ont considéré comme un honneur suprême de représenter
les États-Unis. Je vous cède donc la place au poste le plus formidable
qui soit. Bonne chance. Bien cordialement à vous, Madeleine. »

En fait, Madeleine n'est pas mon prénom d'origine. J'ai vu le jour
le 15 mai 1937 à Prague, dans un hôpital du quartier Smíchov. En
tchèque, *smíchov* signifie « rire », mais cette année-là, en Tchécoslovaquie, on n'avait guère l'occasion de s'amuser. C'était une période
lourde de menaces. Premier enfant de Josef et Anna Körbel, j'avais
été baptisée Marie Jana, mais on m'appelait autrement. Ma grand-
mère m'avait surnommée « Madla », d'après le personnage d'un
spectacle populaire, *Madla dans la briquetterie*. Avec sa prononcia-
tion particulière, ma mère le changea en Madlen. À vrai dire, la
plupart du temps on m'appelait « Madlenka ». J'ai mis des années à
comprendre quel était mon vrai prénom. Finalement, à l'âge de dix
ans, alors que j'apprenais le français, je découvris la version qui me
convenait : « Madeleine ». Néanmoins, si j'ai souvent changé de pays
et de langue dans ma jeunesse, j'ai toujours gardé mon prénom d'ori-

gine. Mon certificat de naturalisation et ma licence de mariage sont tous deux au nom de « Marie Jana Korbel[1] ».

Pour comprendre qui je suis, il faut comprendre la personnalité de mon père. Et pour la comprendre, il faut comprendre que mes parents ont grandi dans un pays où, pensaient-ils, il faisait bon vivre. Dans l'entre-deux-guerres, la Tchécoslovaquie était l'unique pays d'Europe centrale où la démocratie avait cours, sous la houlette d'un dirigeant avisé, avec des partis politiques qui s'affrontaient pacifiquement et une économie solide.

La nouvelle République démocratique était née à la fin de la Première Guerre mondiale. Mon père avait alors neuf ans. Toute la carte de l'Europe était en train d'être redessinée. L'Allemagne était vaincue, ainsi que ses alliés, dont l'Empire austro-hongrois qui se trouvait démantelé après avoir dominé l'Europe centrale durant trois siècles. Cinquante et un millions de personnes appartenant à des nationalités diverses se retrouvèrent dans des pays nouvellement constitués ou aux frontières modifiées conformément au principe de l'autodétermination défendu par le Président Woodrow Wilson.

Dès l'origine, la Tchécoslovaquie nouvelle fut liée aux États-Unis. C'est à Pittsburgh qu'eut lieu l'annonce de la création du pays en 1918. Il avait pour Président Tomáš Garrigue Masaryk, l'auteur de sa Déclaration d'indépendance. Né d'un père cocher slovaque et d'une mère morave, cet intellectuel adopta avec enthousiasme les principes fondateurs du système politique des États-Unis. Il épousa une Américaine, Charlotte Garrigue, dont il prit le nom de jeune fille comme second prénom, une démarche particulièrement moderne pour l'époque.

La naissance d'une nation s'accompagne toujours de difficultés. Les problèmes socioéconomiques ne manquaient pas en Tchécoslovaquie, avec notamment des frictions entre les Tchèques et les Slovaques, les premiers étant plus avancés sur le plan industriel que les seconds, de tradition surtout agraire. Par ailleurs, l'agitation de la minorité germanique des Sudètes, territoire limitrophe de l'Allemagne, n'allait faire que croître. Mais le Président Masaryk n'avait rien d'un homme politique ordinaire. Animé de fortes convictions religieuses et humanistes, il fit de la Tchécoslovaquie un pays où, effectivement, il faisait bon vivre. La presse était libre, l'enseignement public de qualité et la vie intellectuelle bouillonnante. Je n'avais que

---

1. Ma famille a supprimé le tréma sur le *o* de Körbel quand nous vivions en Angleterre, pendant la Seconde Guerre mondiale.

quatre mois à la mort de Masaryk, mais j'ai grandi avec sa présence. On parlait souvent de lui à la maison, et sa foi en la démocratie, ses idées sur l'égalité des droits entre les petites et les grandes puissances, son respect ainsi que son amitié à l'égard des États-Unis ont profondément influencé mon père [1].

Quand on lit les souvenirs de mon père sur les années vingt et trente, on comprend à quel point il était fier et enthousiaste. « Tandis qu'en Europe, écrivait-il, d'autres pays devaient affronter des problèmes financiers et des troubles politiques et sociaux, et succombaient un à un au fascisme, la Tchécoslovaquie était un havre de paix, où régnaient le progrès et la démocratie. Nous autres étudiants goûtions aux délices de la liberté. Nous dévorions la littérature et la presse nationales et étrangères, nous étions de toutes les premières au Théâtre national et à l'Opéra et pour rien au monde nous n'aurions manqué un concert de l'Orchestre philharmonique de Prague. »

Depuis des siècles, Prague était un vivier de culture et la ville exerçait une attraction irrésistible sur mes parents, comme sur tous les jeunes intellectuels. Originaire de Kyšperk, une bourgade, mon père ne rêvait que de s'installer dans la capitale, de se rendre dans les églises où avait joué Mozart, de s'asseoir dans les cafés où l'inspiration avait visité Franz Kafka. Il voulait faire partie de l'avant-garde en lisant les romans utopistes [2] de Karel Čapek et en achetant les tableaux de son frère, Josef Čapek.

Kyšperk n'ayant pas de lycée, quand mon père eut douze ans, il dut aller à celui de Kostelec nad Orlicí, la ville voisine. Il étudia d'arrache-pied et s'impliqua dans la vie politique et culturelle. Très jeune, il voulait déjà faire carrière dans la diplomatie, le journalisme ou la politique, et il avait tout prévu pour cela. Tout, sauf qu'il allait tomber amoureux.

Il rencontra ma mère au lycée. Elle était un peu plus jeune que lui, très jolie, avec des cheveux bruns coupés à la garçonne et des fossettes. Mon père avait des traits forts, un visage sérieux et des cheveux bouclés – d'après ma mère, il est devenu plus beau avec les années. Quand il fit sa connaissance, expliquait-il, il lui déclara qu'elle était la fille la plus bavarde de toute la Bohême, ce qui lui

---

1. En l'an 2000, lorsque je me suis rendue à Prague pour assister aux cérémonies commémorant le cinquantième anniversaire de la naissance de Masaryk, un vieux Tchèque a déposé à mon hôtel un présent accompagné d'un message. Il s'agissait d'un album réunissant des articles de presse sur la mort et les funérailles de Masaryk. Dans son message, l'inconnu expliquait qu'il m'offrait cet album parce que j'avais à ses yeux les mêmes idéaux que Masaryk et j'en ai été très touchée.

2. Dans sa pièce *R.U.R.*, écrite en 1920, Čapek introduit le concept de robot, dérivé du terme tchèque *robota*, qui signifie travail pénible, métier d'esclave.

valut une gifle en retour. Prénommée Anna (Andula était son diminu-tif), elle fut surnommée au lycée Mandula, contraction de *Ma Andula*, « Mon Andula », comme l'appelait mon père. Elle l'appelait Jožka. Ses parents, qui ne voyaient apparemment pas d'un bon œil cette romance, l'envoyèrent finir ses études à Genève. Si la manœu-vre avait pour but d'y mettre un terme, elle faillit réussir. Sur un bloc-notes jaune que j'ai découvert au moment de sa mort, ma mère avait rédigé un petit texte dans lequel elle expliquait : « Jožka valait la peine qu'on attende sept ans qu'il soit prêt à se marier. » Elle ajoutait cette phrase, qu'elle avait ensuite barrée : « Mais je n'ai pas toujours eu la passion. Deux, trois fois j'ai failli tout quitter. » (Même après plus de quarante ans passés en Angleterre et en Amérique, ma mère parlait anglais avec un fort accent et elle avait une notion toute personnelle de la grammaire et de l'idiome.)

« Très souvent, je me suis demandé ce que j'admirais le plus chez lui, poursuivait-elle. Peut-être sa persévérance, sans doute héritée de son père, un boutiquier devenu actionnaire et directeur d'une grosse entreprise de bâtiment ? Ou bien est-ce que je l'aimais pour son bon cœur, sa gentillesse, son absence d'égoïsme et sa fidélité à sa famille, qu'il avait hérités de sa jolie maman ? » Quelle qu'en soit la raison, elle l'a toujours adoré.

Mon père se concentra sur ses études. Il étudia l'allemand et le français avec des répétiteurs durant les vacances scolaires, passa un an à la Sorbonne pour perfectionner son français et voir ce qui se passait au-delà des frontières de la Tchécoslovaquie. À vingt-trois ans, il obtint son doctorat en droit à l'université Charles de Prague, la plus ancienne d'Europe centrale. Une fois accompli son service militaire obligatoire, qui durait quatorze mois, il fut engagé au minis-tère des Affaires étrangères, et, selon les termes de ma mère, « après plusieurs mois de travail sans qu'il touche un sou, nous avons pu nous marier ».

La cérémonie eut lieu le 20 avril 1935. Contrairement à mon père, ma mère n'avait pas fait d'études universitaires, ce qui était courant à l'époque. Cela ne l'empêchait pas de partager ses goûts culturels et elle était toujours partante pour l'accompagner à Prague. Ils s'ins-tallèrent dans un appartement de style Art déco, tout en noir et blanc, et firent bientôt partie de la *café society* pragoise. L'année suivante, mon père fut nommé attaché de presse auprès de la légation tchéco-slovaque en Yougoslavie et ma mère et lui déménagèrent pour s'ins-taller cette fois à Belgrade. À l'époque, la Yougoslavie était encore un royaume. En tant que démocrate convaincu, mon père se lia alors avec les leaders de l'opposition démocratique, qu'il rencontra sou-vent, mais en toute discrétion.

De cette époque belgradoise, ma mère a écrit : « Nous étions jeunes et heureux et c'est sans doute pour ça que, de temps en temps, nous avons fait comme si des nuages noirs ne s'accumulaient pas dans le ciel politique. Nous les voyions, mais nous espérions qu'il n'y aurait pas la "catastrophie". » Le jeune couple était assez optimiste pour fonder une famille – c'est ainsi que je suis venue au monde – mais la « catastrophie » n'allait pas tarder à se produire. « Nous n'avons pas été heureux longtemps », poursuivait-elle. Hitler était trop agressif et trop puissant et les démocraties occidentales pas de taille à lutter, ce qui fait que la petite République démocratique de Tchécoslovaquie a été la première à souffrir et avec elle des millions d'innocents. »

Depuis longtemps, les diplomates tchécoslovaques comptaient sur les alliances avec la France et l'Union soviétique pour protéger leur pays. Ils pensaient également que les nobles principes de la Société des Nations seraient respectés. Malheureusement, ils n'avaient pas prévu l'ascension de Hitler. Bien qu'il fût animé du même humanisme que Masaryk, le nouveau Président, Edvard Beneš, arrivé au pouvoir en 1937, n'avait ni le charisme de son prédécesseur ni sa capacité d'enflammer le peuple. C'était, selon la formule de mon père, « un mathématicien de la politique ». Il fit néanmoins tout son possible pour mettre en garde l'Europe occidentale contre l'ambition dévorante de Hitler. En mars 1938, Hitler annexait l'Autriche et en septembre il exigea que Beneš abandonne le territoire des Sudètes. Au lieu de faire front aux côtés de Prague, les puissances occidentales poussèrent Beneš à céder aux exigences de Hitler, dans l'espoir d'éviter la guerre. Le 30 septembre, à Munich, le Royaume-Uni, la France, l'Italie et l'Allemagne signaient un accord réclamant la capitulation de la Tchécoslovaquie. Deux jours plus tard, les nazis commençaient à occuper le territoire des Sudètes. Beneš démissionna. Après les accords de Munich, Neville Chamberlain, Premier ministre britannique, fit cette déclaration fameuse : « Je crois que nous avons obtenu la paix pour notre temps. » Cette phrase et le parapluie noir de Chamberlain resteront dans l'histoire en tant que symboles honteux de la politique de conciliation.

Les Allemands installèrent à Prague un régime fantoche qui purgea le gouvernement et entreprit d'éliminer toute trace des principes humanistes de Masaryk et de Beneš. En Yougoslavie, les contacts de mon père avec les milieux de l'opposition démocratique l'avaient rendu indésirable. Belgrade demanda son rappel et le nouveau ministère des Affaires étrangères tchécoslovaque ne fit pas de difficulté pour obtempérer. En décembre 1938, nous étions donc de retour à Prague. D'après ma mère, mon père retrouva un emploi de bureau aux Affaires étrangères, mais avec les nazis sur le point d'envahir le reste du pays, son avenir était sombre, comme celui des autres loyaux partisans du Président Beneš.

Celui-ci s'était déjà enfui à l'étranger avec plusieurs de ses ministres. Mon père envisagea donc de partir à son tour, mais, écrivait ma mère, « il était techniquement impossible de quitter sur-le-champ la Tchécoslovaquie. À Prague, c'était le chaos. À un moment, les communications étaient impossibles, les banques fermées, certains de nos amis arrêtés. De source sûre, on a appris que Jožka était sur la liste de personnes à arrêter ». Mes parents m'envoyèrent à la campagne, chez ma grand-mère maternelle, tandis qu'eux-mêmes quittaient leur appartement, dormant chaque soir chez des amis différents et passant la journée dans la rue et dans des cafés en préparant notre fuite. « C'était surtout la nuit que la Gestapo arrêtait les gens, se souvenait ma mère. On a fait tous les plans possibles et avec l'aide de bons amis, de la chance et en graissant la patte à droite à gauche, le dernier plan a fonctionné. On a réussi à obtenir de la Gestapo l'autorisation de quitter le pays. » Il fallait faire vite, très vite. Le 15 mars 1939, l'armée allemande était entrée dans la capitale. Dix jours plus tard, le 25 mars, ma grand-mère me ramena à Prague et à onze heures du soir mes parents et moi étions dans le train qui nous emmenait loin du pays, avec pour tout bagage deux valises bouclées dans la hâte. Ma mère écrivait, avec une terrible concision : « C'était la dernière fois que nous voyions nos parents en vie. Nous avons dû attendre six ans avant de pouvoir rentrer. »

Nous avons gagné Londres en passant par Belgrade et nous y sommes arrivés en mai, pour mon deuxième anniversaire. La ville était pleine d'étrangers en quête de travail, aussi mon père fut-il soulagé d'y voir arriver peu de temps après nous Jan Masaryk, fils de l'ex-Président et ministre des Affaires étrangères du futur gouvernement tchécoslovaque en exil. Jan Masaryk loua un petit bureau et engagea une équipe de jeunes anciens collaborateurs du ministère des Affaires étrangères. Mon père était de ceux-là. En juillet, Beneš arriva à Londres. Les exilés tchécoslovaques avaient l'intention d'utiliser la radio et les journaux britanniques pour faire savoir ce qui se passait en Tchécoslovaquie sous l'occupation allemande et pour rallier à leur cause leurs compatriotes.

J'avais toujours cru que mes parents s'étaient bien adaptés à la vie anglaise, mais j'ai changé d'opinion en lisant les souvenirs maternels. « Nous n'étions entourés que de Tchèques et ne nous faisions pas d'amis parmi les Anglais, à de rares exceptions près [...]. J'ai toujours eu de l'admiration pour leur honnêteté, leur équité en période de pénurie, leur courage sous les bombes, leur détermination à combattre Hitler dans des conditions très difficiles, mais il m'a fallu beaucoup de temps pour comprendre à peu près leur mode de vie et pour me sentir bien avec eux [...]. Mais de même que nous attendions le moment de rentrer chez nous, eux attendaient le moment où tous les étrangers pourraient s'en aller. »

Mes premiers souvenirs remontent à la période où nous habitions Kensington High Road, à Notting Hill Gate. Mes parents dormaient dans un lit qui se repliait contre le mur. Je me rappelle aussi un téléphone vert. Quand j'entendais mon père parler à la BBC, je croyais qu'il était *dans* le poste. Il était chargé de l'information pour le gouvernement en exil. Ses discours étaient également retransmis en Tchécoslovaquie plusieurs heures chaque jour. L'immeuble, construit pour héberger des réfugiés, abritait également d'autres familles tchécoslovaques. Parfois, les voisins me donnaient des tartines de pain bis avec du saindoux et du sel. Nous les retrouvions le soir dans les sous-sols, quand les sirènes avertissaient d'une alerte. Je chantais des chansons comme *One Hundred Green Bottles Hanging on the Wall* et nous dormions tous sur des matelas de fortune. Mes parents se disaient rassurés d'être dans une cave, mais l'endroit était sillonné de tuyaux remplis de gaz et d'eau chaude, et je me rends compte aujourd'hui que nous n'aurions pas survécu si le bâtiment avait été touché par une bombe.

C'est à ce moment-là que j'ai eu pour la première fois un avant-goût de la célébrité. Avec l'aide de la Croix-Rouge, la communauté d'émigrés a décidé de réaliser un film sur le sort des enfants réfugiés et j'ai été choisie pour tenir le rôle principal. Le tournage eut lieu dans un abri semblable au nôtre. J'ai pris ma tâche très au sérieux. En guise de rémunération, j'ai reçu un lapin en peluche rose qui m'a tenu compagnie jusqu'à la fin de la guerre.

D'autres membres de notre famille avaient également gagné l'Angleterre. Le frère aîné de mon père, John, s'était installé avec sa femme Ola et leurs enfants, Alena et George, dans une maison de campagne de style édouardien à Berkhampstead. Nous avons vécu quelque temps avec eux avant d'habiter à Londres. Les deux frères, de caractère très différent, se chamaillaient pour un oui ou pour un non. Quand ils cessèrent enfin de se disputer, ce fut pour ne plus se parler. Dáša, la fille de Greta, la sœur de mon père, qui était âgée de onze ans, quitta la Tchécoslovaquie et vint nous rejoindre. Pendant les deux premières années, nous recevions de temps à autre une lettre de mes trois grands-parents survivants [1]. Mes parents la lisaient à

---

1. Mon grand-père maternel était mort en 1938, avant notre départ de Prague.

haute voix. « Avec toute notre affection, en attendant de nous retrouver après la guerre. » Plus tard, nous apprîmes la nouvelle de la mort de Máňa, la sœur de ma mère, d'une maladie des reins. Je m'en souviens, parce que ma mère était inconsolable.

Le pire du Blitz était passé, mais mes parents décidèrent de quitter Londres. Ils s'installèrent quelque temps à Beaconsfield, ville natale de Benjamin Disraeli, l'influent Premier ministre de la reine Victoria. C'est là qu'est née ma sœur Kathy, le 7 octobre 1942. Nous avons ensuite habité à Walton-on-Thames, à une heure de Londres. Devant notre maison de briques rouges poussait un étrange épineux communément appelé « Désespoir des Singes ». J'allais à la Ingomar School, revêtue de l'uniforme blanc et marron qui comportait une cravate et un chapeau de paille orné d'un ruban à rayures. Chaque jour, je déjeunais de viande froide et de *bubble and squeak** (un mélange de pommes de terre et de chou frits, qui tirait son nom du bruit que faisait l'estomac lors de sa digestion). Bref, je faisais tout pour devenir une parfaite petite Anglaise. Comme je parlais mieux l'anglais que ma mère, on m'envoyait souvent avec nos cartes de rationnement chez l'épicier, à plusieurs centaines de mètres de chez nous, de l'autre côté d'une rue très animée. J'y allais en poussant le landau de Kathy. J'avais de bonnes notes en classe, sauf en géographie où, fait embarrassant compte tenu de ma future carrière, j'ai obtenu un « D ».

Walton-on-Thames avait beau se trouver à la campagne, la guerre était très présente, avec ses drames et sa routine. Mon père était chef d'îlot. Il nous fit acheter un Morrison Shelter, une table d'acier qui tenait son nom de Herbert Morrison, ministre de l'Intérieur de Winston Churchill. Cet instrument dernier cri était censé nous sauver la vie lors d'un bombardement, si nous nous abritions dessous. La table en question devint le centre de notre vie. Nous y prenions nos repas, jouions tout autour, et lorsque les sirènes retentissaient, nous obturions les fenêtres et dormions dessous. À l'époque, cette existence me paraissait normale et cela ne m'empêchait pas de profiter de la vie ou de m'habituer à prendre un dîner arrosé de thé avec nos amis britanniques.

Malgré la peur et les difficultés, mes parents faisaient tout pour nous protéger. Ils tenaient à ce que ma sœur et moi nous sentions en sécurité – et c'était le cas. À force d'amour, ils arrivaient à faire paraître normales les situations qui ne l'étaient pas, comme parler une langue à la maison et une autre quand ils me conduisaient à

---

* « Gargouillis » *(N.d.T.).*

l'école, ou aller nager en famille à Lyme Regis, dans le Dorset, mal-gré les énormes barrières noires en acier destinées à protéger d'un débarquement allemand que l'on trouvait sur la plupart des plages. Je n'étais pas non plus perturbée par leurs réunions dominicales avec leurs amis tchécoslovaques. Après le repas, les hommes arpentaient notre petit jardin par groupes de deux ou trois, plongés dans de gran-des discussions, les mains derrière le dos à la manière européenne. Mon père avait toujours la pipe à la bouche et sa tête était auréolée de fumée. C'est beaucoup plus tard, lorsque j'ai fait mon mémoire de licence sur l'après-guerre en Tchécoslovaquie, que j'ai compris quelle avait vraiment été sa tâche pendant la guerre, comment le gouvernement en exil avait fonctionné et combien les problèmes ardemment débattus dans notre jardin le dimanche après-midi étaient vitaux.

Je ne me souviens plus du moment où j'ai appris que la guerre était finie et que nous allions pouvoir rentrer à la maison, mais je sais qu'il y a eu de nombreuses festivités. Nous ne parlions plus que de cela. Désormais, la table de la salle à manger était une simple table et non plus un abri contre les bombes. Nous pensions être au seuil d'une vie parfaitement normale.

Mon père était à bord du premier avion en route vers la Tchécoslo-vaquie libérée, en compagnie du Président Beneš et de son équipe. Avec ma mère, ma sœur et ma cousine Dáša, j'ai fait le voyage quelques semaines plus tard dans les flancs d'un bombardier. Cette expérience a été pour moi un tel traumatisme que j'ai mis des années à vaincre ma peur panique de l'avion.

Dans la mesure où, à la suite des accords de Munich, le gouverne-ment tchécoslovaque avait dû capituler, les Allemands n'avaient pas bombardé la capitale, Prague était demeurée intacte et, aux yeux de la petite fille de huit ans que j'étais, magique. En revanche, le pays lui-même avait beaucoup souffert. L'économie était en ruine. Le peu-ple était démoralisé après six ans d'occupation. La population juive avait pratiquement été éliminée.

Grâce au rôle joué par mon père à Londres et à son poste dans le nouveau gouvernement, on nous a donné un bel appartement sur Hradčanské Namesti (la place Hradčanské), non loin du château de Prague, résidence du Président Beneš. Cet appartement aux fenêtres en vitraux, vaste et ensoleillé, était meublé de façon étonnamment superbe. Mes parents nous ont dit qu'ils avaient appris la mort, pen-dant la guerre, de nos grands-parents, en expliquant que c'était une chose naturelle de mourir quand on était âgé. Je voyais souvent ma mère pleurer, mais quand je lui posais des questions, elle se bornait à répondre : « C'est parce que je suis heureuse d'être de retour. »

Ma cousine Dáša vivait toujours avec nous. Ses parents, eux aussi, étaient morts, un fait que j'ai accepté simplement.

Mes parents avaient peur des soldats soviétiques que l'on croisait dans les rues de Prague, tout en se moquant en privé de leur côté rustre. Quand j'ai entendu dire qu'un avion américain avait par erreur lâché une bombe sur Prague, la seule à avoir frappé la ville, j'ai nagé en pleine confusion. Ne m'avait-on pas appris que les méchants, c'étaient les Allemands, et que les Américains et les Russes étaient les bons ? Mon père travaillait à quelques centaines de mètres de la maison, au ministère des Affaires étrangères. Il m'accompagnait à l'école. Autant j'avais aimé l'école en Angleterre, autant je détestais l'école à Prague. Je n'avais pas non plus la faveur des enseignants, car j'étais la plupart du temps envoyée au coin. La fois où mes parents ont demandé à une institutrice ce que j'avais fait de mal, elle leur a répondu que j'avais été arrogante. Comment cela, arrogante ? Eh bien, j'avais dit à l'institutrice qu'elle avait une jolie robe. En Angleterre, cela aurait été jugé amusant, mais sur le continent il était impensable qu'un enfant s'adresse avec une telle familiarité à un membre du corps enseignant.

En Tchécoslovaquie, avant la guerre, les fascistes avaient assassiné la liberté. Maintenant, c'étaient les communistes qui la mettaient en danger. Le Parti communiste tchécoslovaque avait été fondé en 1921, quatre ans après que la révolution bolchevique eut transformé la Russie. Il avait survécu parce que la Tchécoslovaquie était un pays égalitaire et que le communisme, qui se voulait protecteur des classes laborieuses, exerçait de ce fait un attrait sur de nombreux citoyens. Parmi les Tchèques et les Slovaques, beaucoup s'identifiaient également à la « Mère Russie », nation de Slaves comme eux. Dans la mesure où c'était les puissances occidentales et non pas Moscou que l'on tenait pour responsables de la trahison de Munich, le Parti gagna du terrain après la guerre. En outre, l'Union soviétique avait été une alliée dans la lutte contre le nazisme et le général Eisenhower avait laissé l'Armée rouge libérer Prague. Le Parti communiste devint donc le plus grand parti politique et obtint même la majorité aux élections de 1946. Compte tenu du système parlementaire et du désir de maintenir l'unité nationale, Beneš forma un gouvernement de coalition, dirigé par un Premier ministre communiste et composé de communistes et de membres de divers partis démocratiques. Jan Masaryk, indépendant, obtint le ministère des Affaires étrangères.

Le Président Beneš et ses partisans, dont faisait partie mon père, voulaient restituer à la Tchécoslovaquie les valeurs démocratiques qui étaient les siennes avant la guerre. Il commit l'erreur de croire que tel était aussi l'objectif des communistes tchécoslovaques. Il plaça des communistes à la direction de la police et du ministère de la Défense. Le poste de vice-ministre des Affaires étrangères échut à un communiste slovaque. Sur les instructions de Moscou et avec son aide, les communistes noyautèrent les institutions clés, dont les syndicats, les grandes industries et les médias. En revanche, les partis démocratiques ne réussirent ni à s'unir ni à se coordonner.

Ailleurs en Europe, la guerre froide qui opposait l'Est à l'Ouest avait commencé. Les Soviétiques s'emparaient systématiquement de l'Europe de l'Est. Après leur succès de 1946, les communistes étaient persuadés de pouvoir prendre le pouvoir légalement en Tchécoslovaquie et de créer ainsi un modèle pour l'Europe de l'Ouest, où la France et l'Italie avaient également des partis communistes forts. Une fois de plus, la Tchécoslovaquie se retrouva entre deux feux. Beneš tenta d'en tirer le meilleur parti en qualifiant son pays de pont entre l'Est et l'Ouest, image que n'apprécia guère Masaryk. « Les chevaux franchissent les ponts, dit-il au roi d'Angleterre George VI, et souvent ils les jonchent de crottin. » Je me souviens de Masaryk comme d'un homme agréable, aimant s'amuser et très pince-sans-rire. Quand j'avais l'occasion de le voir, lors de cérémonies officielles, il avait généralement le bras droit en écharpe. Un jour, j'ai demandé à mon père : « Est-ce que le ministre des Affaires étrangères a le bras cassé ? – Non, ma fille. Il le porte en écharpe parce qu'il refuse de serrer la main aux communistes. »

À l'automne 1945, après avoir exercé brièvement les fonctions de chef de cabinet de Masaryk, mon père a représenté la Tchécoslovaquie auprès de la Yougoslavie et de sa voisine l'Albanie, atteignant le rang d'ambassadeur à trente-six ans, un âge exceptionnellement jeune pour de telles fonctions. Nous avons donc repris le chemin de Belgrade après un séjour de quelques mois seulement à Prague.

La nation yougoslave était, selon les propres termes de mon père, « au bout du rouleau ». Plus d'un dixième de la population avait été tué durant la guerre, dans les combats contre les Allemands, mais aussi dans les luttes intestines. Les anciens amis de mon père, qu'il se réjouissait de revoir, étaient dans leur grande majorité devenus des communistes fervents et préféraient l'éviter. Il rencontra des Serbes qui se plaignaient amèrement des massacres commis par les Croates pendant cette période et de l'érosion de leur identité nationale sous le gouvernement communiste dictatorial de Josip Broz, plus connu sous le nom de maréchal Tito. Il écouta des Croates, hostiles à l'existence même de la Yougoslavie, lui exposer leur désir de constituer une nation à part, ethniquement distincte. Le hasard voudra que, plus tard, je passe la majorité de mes années au gouvernement à tenter de régler les mêmes problèmes que ceux rencontrés par mon père en 1945 et dont il traita dans son premier ouvrage, *Tito's Communism*. La dédicace de ce livre exprime son profond attachement à ce pays : « Au peuple yougoslave, qui, au cours de son histoire tourmentée, a souvent versé son sang pour défendre la liberté et la démocratie qu'on lui a refusées. »

L'ambassade de Tchécoslovaquie à Belgrade était située sur l'une des artères principales de la ville, face à la Grande Poste, non loin du Parlement. Je la trouvais imposante et, de fait, elle l'était. Un balcon courait sur la façade. Nous nous y tenions lors des cérémonies officielles. Des partisans de Tito en treillis gardaient l'entrée. La résidence de l'ambassadeur donnait sur la vaste cour. Nous avions un maître d'hôtel, un chauffeur, une cuisinière et des bonnes. Mon éducation était assurée par une gouvernante, car mon père refusait de m'envoyer en classe avec des communistes. Pendant la guerre, l'immeuble avait échappé aux bombardements, mais il avait été occupé par le Haut Commandement régional de l'armée allemande, qui avait emporté des tableaux, des tapis, des meubles et une tapisserie, ne laissant que le matériel de cuisine. Mes parents durent donc faire venir une partie des meubles de notre appartement de Prague.

Notre existence n'avait rien à voir avec la vie que nous avions menée lors de notre séjour à Londres, ni même durant notre bref retour en Tchécoslovaquie. Pourtant, mes parents s'y sont apparemment très bien adaptés. Quand mon père n'avait pas un déjeuner officiel, il partageait notre repas dans la salle à manger familiale. Nous prenions ensuite notre Tatra noire, une voiture tchécoslovaque dotée à l'arrière d'un aileron qui lui donnait un air de Batmobile, et le chauffeur nous conduisait dans les bois à l'extérieur de la ville, où nous faisions de longues promenades [1].

Mes parents me semblaient beaucoup plus heureux que lors de notre exil anglais, malgré la situation politique confuse et la grande misère qui régnait autour de nous. Après tout, ils s'étaient toujours préparés à mener une existence de diplomates et nous étions tous réunis. La venue au monde de mon petit frère, John, le 15 janvier 1947, a été aussi une grande joie. Ma mère dirigeait le personnel de l'ambassade et veillait à ce que nous ayons tous à manger. De temps en temps, elle faisait venir des agneaux vivants de la campagne. Nous jouions avec dans les cuisines jusqu'à ce que nous les retrouvions dans notre assiette à laquelle nous préférions alors ne pas toucher.

---

1. Le gouvernement tchécoslovaque donna une Tatra à Tito, qui la passa à son fils. Celui-ci, qui avait perdu un bras pendant la guerre, la conduisait à une vitesse folle dans Belgrade, ce qui faisait dire à mon père que si le rejeton de Tito se tuait au volant d'un véhicule tchécoslovaque, cela ferait un bel incident diplomatique.

À sa manière unique, ma mère refusait de se plier au protocole. Après un dîner officiel, par exemple, elle aimait ramener un petit groupe d'invités dans la salle à manger familiale pour y partager des *párky*, les saucisses tchèques. Une fois, elle a agi de la sorte avec Tito. Devant le veto des goûteurs du maréchal, elle a fini par couper en deux l'une des saucisses. Après en avoir avalé une moitié, elle a tendu l'autre au dictateur communiste qui n'en a fait qu'une bouchée.

Ma mère, qui avait renoué avec certaines de ses anciennes amies, les retrouvait autour d'un café turc. Non qu'elle aimât particulièrement cette boisson, mais elle adorait renverser les tasses et lire l'avenir dans le marc de café. J'ai toujours cru que cette excentricité lui était propre, mais j'ai appris par la suite que la croyance en la voyance et en l'astrologie était courante chez les Tchèques.

En tant que fille d'ambassadeur, j'ai acquis le statut d'« enfant officielle ». J'accompagnais mon père à l'aéroport pour y accueillir les personnalités, un bouquet de fleurs à la main et vêtue de mon costume national, une blouse blanche aux manches bouffantes brodées de fil orange, une jupe plissée aux motifs roses, un tablier brodé bleu marine et des rubans à foison. Dans le cadre de « mes obligations », j'ai eu ainsi l'occasion de faire à un âge tendre la connaissance de personnages historiques, dont Tito. Lorsqu'il est venu assister à une réception, le jour de la fête nationale, je lui ai offert des roses blanches.

Quand j'ai eu dix ans, mes parents ont estimé qu'une gouvernante ne suffisait plus à mon éducation. Comme j'étais trop jeune pour intégrer le Gymnasium de Prague, ils m'ont annoncé que j'allais être envoyée en pension en Suisse, à Chexbres, pour y apprendre le français. J'ai réagi négativement, comme n'importe quelle gamine de cet âge. En chemin, nous avons fait une halte à Prague, où j'ai été littéralement malade d'angoisse, ce qui m'a mise en retard pour l'école. Contrairement à son habitude, ma mère a décrété que j'étais assez bien pour me rendre en Suisse. Dans l'avion, j'ai pleuré jusqu'à l'arrivée à Zurich, où nous avons passé la nuit. J'avais entendu dire qu'on soignait la polio dans cette ville. Du coup, le lendemain matin, au réveil, je me suis plainte de ne pouvoir bouger tellement j'avais mal aux jambes. Ma mère n'a pas gobé ce mensonge. Le médecin qu'elle a consulté m'a trouvée en bonne santé. Je n'avais plus le choix. Je devais aller en pension.

Je suis arrivée à l'Institut Prealpina pour jeunes filles en septembre 1947. L'école occupait un grand bâtiment situé sur un vaste terrain qui surplombait le lac de Genève. De ma chambre, que je partageais avec trois autres filles, j'avais vue sur l'eau. Pensant que si j'avais besoin de quelque chose, je devais le demander en français, langue dont je ne connaissais pas un mot à l'époque, j'ai passé des moments difficiles. J'ai pourtant fini par me débrouiller, et même très bien, en élève studieuse. En fait, je prenais tout à cœur et j'avais tendance à trop en faire. On me chargea de l'inspection de la chambre, mais je poussai le bouchon jusqu'à m'assurer de la propreté des mains et des ongles des filles avant les repas. Très vite, les copines me firent comprendre que je n'avais pas intérêt à continuer ce petit jeu et j'eus du mal à rentrer en grâce. C'est à l'Institut Prealpina que je me suis fait ma première amie américaine. Je bavais d'envie devant ses cheveux blonds, son sourire éclatant et son stylo Parker gris.

Chaque semaine, le directeur du pensionnat était censé nous remettre une somme de deux francs et nous autoriser à nous rendre au village. En fait, ces sorties étaient irrégulières, mais chaque fois je m'achetais du Toblerone. J'ai d'ailleurs toujours un faible pour cette barre de chocolat triangulaire. Le dimanche, nous allions à pied à l'église, à trois kilomètres de là, même par grand froid. C'est en Suisse que j'ai appris à skier et à faire du patin à glace. Les chaussures de ski servaient aussi à patiner, attachées à la lame des patins avec une clavette, ce qui, plus tard, a fait hurler de rire mes enfants quand je le leur ai raconté, eux qui bénéficiaient d'un équipement dernier cri.

Pendant ce temps, en Tchécoslovaquie, l'expérience d'un gouvernement de coalition réunissant les libéraux et les communistes était en train d'échouer dans une lutte sans merci pour le pouvoir. Après avoir eu le vent en poupe, les communistes payaient maintenant leur tentative de mainmise sur le pays. Faute de pouvoir compter sur les votes pour accroître leur influence, ils se tournaient vers des méthodes nettement plus coercitives, tandis que les pressions de Moscou sur Prague s'accentuaient.

Durant l'été 1947, les États-Unis lancèrent le Plan Marshall, un vaste programme destiné à aider les nations européennes à se relever de la guerre. Toutes, y compris l'Union soviétique et la Tchécoslovaquie, étaient invitées à participer à ce plan de reconstruction économique, mais les Soviétiques y voyaient surtout un Cheval de Troie américain. À Prague, Beneš était au contraire favorable au Plan. Il accepta officiellement la proposition des États-Unis. Jan Masaryk, en mission à Moscou, se vit convoquer par Staline, qui lui fit savoir que son pays ne serait pas autorisé à adhérer au Plan. De retour à Prague, il fit à ses collègues cette réflexion sarcastique qui reflète son amertume : « C'est un nouveau Munich. À mon départ pour Moscou, j'étais ministre des Affaires étrangères d'un État souverain. Je reviens en pantin de Staline. »

Malgré ce camouflet, le Président Beneš ne se découragea pas, car il plaçait tous ses espoirs dans les élections qui devaient avoir lieu en mai 1948. Lorsqu'il le rencontra, en janvier de cette même année, mon père tenta de le mettre en garde. Les communistes, lui expliqua-t-il, allaient essayer de prendre le pouvoir par tous les moyens. Tandis que les deux hommes passaient en revue les personnes fiables et celles dont il fallait se méfier, Beneš déclara : « Ne vous en faites pas. Nous ne risquons plus un putsch communiste, maintenant. Regagnez Belgrade et continuez tranquillement. » Mon père a écrit : « Ce furent les dernières paroles que m'adressa le Président Beneš. Je ne devais plus le revoir. »

Beneš se trompait. Les communistes n'avaient pas l'intention d'attendre les élections. Traitant les leaders démocrates de réactionnaires, ils armèrent leurs militants, exigèrent le passage immédiat à une économie socialiste et tentèrent d'assassiner trois ministres du gouvernement, dont Masaryk, en leur envoyant des colis piégés, heureusement sans succès. Beneš, affaibli par deux crises cardiaques, n'était pas de taille à lutter contre un adversaire qui faisait fi des règles. En février, une douzaine de ministres présentèrent leur démission pour tenter de déclencher des élections immédiates, mais les communistes, se servant des médias, de la pègre et des milices, forcèrent Beneš à accepter un nouveau gouvernement d'union nationale. Le coup de Prague du 25 février plaça le véritable pouvoir entre les mains des communistes. Ils allaient le conserver plus de quarante ans. Le 10 mars 1948, on retrouvait le corps de Masaryk sous une fenêtre du ministère des Affaires étrangères et les autorités conclurent au suicide. Comme beaucoup de démocrates tchécoslovaques, mes parents furent persuadés qu'il avait été assassiné. Le 7 juin, le Président Beneš démissionnait. Le bloc soviétique était constitué. Afin de barrer la route au communisme en Europe, l'administration Truman, alliée au Canada et à des pays amis d'outre-Atlantique, décida de créer l'OTAN (Organisation du traité de l'Atlantique Nord).

Pour mes parents, le coup de Prague marquait la fin du rêve d'une Tchécoslovaquie libre. Quand ils sont venus me voir en Suisse, ce printemps-là, ils m'ont annoncé que mon père avait une nouvelle mission, aux Nations unies cette fois. Peu de temps avant le coup, il avait en effet offert sa démission de son poste d'ambassadeur, estimant que seul un communiste pouvait avoir la confiance du régime de Belgrade. Il fut un temps question d'un poste d'ambassadeur en France, puis on lui proposa de représenter la Tchécoslovaquie au sein d'une nouvelle commission sur le Cachemire, province que se disputaient l'Inde et le Pakistan, deux pays qui venaient d'accéder à l'indépendance. Mon père devait aller vivre en Asie du Sud, tandis que ma mère, ma sœur et mon frère s'installeraient à Londres. Mes parents m'ont présenté la situation avec un grand calme, comme si c'était de la pure routine.

À la fin de l'année scolaire, j'ai rejoint ma famille à Londres. Nous occupions un appartement sombre en sous-sol, avec un tub dans la cuisine. Les lettres que nous envoyait mon père étaient pleines de gaieté. Elles vantaient la beauté de Shrinagar, au Cachemire, et parlaient des singes qui, à New Delhi, pénétraient dans sa chambre d'hôtel. J'ignore ce qu'il écrivait à ma mère, mais je sais qu'il a cherché et trouvé le moyen de nous faire gagner l'Amérique, où il nous rejoindrait dès que possible.

Un nouveau chapitre s'ouvrait donc dans l'histoire de l'Europe et dans ma vie. Pour la seconde fois en moins de dix ans, mes parents étaient obligés de s'exiler. À onze ans, je m'apprêtais à traverser l'Atlantique avec ma sœur et mon frère sur un transatlantique, le *SS America*, et j'attendais avec une impatience fébrile ces cinq jours de voyage. L'embarquement a eu lieu de nuit, à Southampton. Au réveil, nous avons pris un solide petit déjeuner avec des œufs et du bacon. J'ai compris plus tard pourquoi rien ne bougeait sur le navire : nous étions à quai dans le port du Havre. Mais il se passerait du temps avant que nous puissions prendre de nouveau un vrai repas. Une fois au large, nous avons tous eu le mal de mer. Ma mère n'a pas quitté sa couchette de toute la traversée, tandis que nous subsistions en avalant quelques pommes de terre au four.

C'était le mois de novembre et la mer était agitée, avec beaucoup de vent. Des nuages noirs obscurcissaient le ciel, apportant de la pluie et un froid glacial. Nous n'avions guère l'occasion de nous aventurer sur le pont et nous nous contentions de regarder par les hublots. Cette traversée dont je me faisais une joie me parut interminable. Enfin, tandis que nous approchions de notre destination, le ciel s'est éclairci. Le 11 novembre 1948, fête de l'Armistice, nous avons aperçu la Statue de la Liberté. La main dans celle de ma sœur, j'ai contemplé bouche bée cette silhouette gigantesque qui nous accueillait.

CHAPITRE DEUX

Devenir une Américaine

MA MÈRE, Kathy, John et moi nous sommes installés dans une maison en location sur un grand domaine à Great Neck, Long Island, près du quartier général provisoire de l'ONU à Lake Success. Quand je pense à cette période, je me rends compte que ma mère s'est débrouillée d'une manière extraordinaire. Enfant choyée, épouse d'ambassadeur, elle devait, réfugiée pour la seconde fois, reconstituer un cadre de vie pour sa famille, et cette fois sans son époux. Elle n'avait que trente-sept ans, mais à mes yeux de petite fille, elle paraissait très âgée. Je n'ai pas le souvenir qu'elle se soit fait à ce moment-là des amis américains. En revanche, elle est devenue mordue de feuilletons radiophoniques, car elle ne se rendait pas compte qu'il y avait toujours une suite.

Pour ma part, j'avais déjà un besoin viscéral de m'adapter et de me faire de nouveaux amis. Bien sûr, je me sentais « étrangère », mais j'avais fini par m'y habituer. Je m'étais même sentie étrangère en Tchécoslovaquie, dans l'école que je fréquentais, tellement elle était stricte. C'est pourtant à Great Neck que j'ai pris conscience pour la première fois du dilemme que je devrais affronter toute ma vie : étant donné mon expérience personnelle et ma volonté de bien faire, comment laisser de côté mon sérieux pour me couler dans le moule ?

Première étape : parler la langue sans accent. Ma mère m'avait inscrite avec ma sœur Kathy à l'Arrandale School, une école proche de la maison. J'avais déjà fréquenté deux écoles en Angleterre, une autre en Tchécoslovaquie, étudié avec une préceptrice à Belgrade, été pensionnaire un an en Suisse et passé trois mois au lycée français de Londres. Je parlais déjà quatre langues, le tchèque, le serbo-croate, le français et l'anglais – mais pas l'américain en tant que tel. Je me suis donc hâtée de perdre mon accent britannique.

Mon père nous a rejoints à temps pour fêter avec nous notre premier Noël américain. Pour lui, les États-Unis étaient synonymes de liberté et de sécurité. En même temps, il portait un regard d'humoriste sur l'adaptation à cette nouvelle culture. Durant les heures de loisir que lui laissait sa tâche aux Nations unies, il écrivait une nouvelle intitulée « Mr. DP [*displaced person :* personne déplacée] découvre l'Amérique », dans laquelle il montrait que ce sont les petits détails qui font toute la différence. Comme mon père, Mr. DP aime la marche à pied, alors qu'à Long Island, à la fin des années quarante, tout le monde circule en voiture. Il ne peut aller nulle part sans que quelqu'un s'arrête pour lui proposer de l'emmener. Lorsqu'il renonce à cette habitude, Mr. DP devient américain. Mr. DP n'a jamais entendu parler d'allergie. Lorsque son épouse fait une allergie à la lessive en poudre, elle devient américaine. Le jour où les enfants DP ne peuvent vivre sans chewing-gum et sans Howdy Doody, la marionnette de la télévision, ils deviennent américains. Et très vite, la famille se sent chez elle aux États-Unis.

À vrai dire, l'Amérique officielle ne nous intégrait pas aussi facilement, mais je l'ignorais à l'époque. On parlait encore de moi comme d'une « réfugiée », ce qui au fond était juste, mais nous ne faisions pas partie des cas douloureux, au contraire de beaucoup d'autres familles qui nous ont précédés et suivis. Nous n'avions pas dû nous enfuir en franchissant des barbelés. Nous n'étions pas riches, mais nous étions arrivés munis d'un passeport diplomatique.

Mes parents n'en ont pas moins dû affronter de gros problèmes d'ordre financier et politique, mais nous, les enfants, étions laissés en dehors. Comme disait ma mère : « Votre père a la situation bien en main. »

C'est seulement lorsque j'ai pris mes fonctions de représentante permanente des États-Unis à l'ONU en 1993 que j'ai découvert combien notre situation avait été précaire. À la bibliothèque, j'ai pu consulter une pile de documents qui m'ont permis de retracer le parcours du combattant qu'avait affronté mon père. Son but était de nous faire obtenir l'asile politique. Pour cela, il devait déterminer ce qui lui serait le plus favorable : démissionner de son poste à la Commission sur le Cachemire ou être démis de ses fonctions. Dans les deux cas, le temps était compté. Il devait obtenir l'asile politique avant de perdre son statut de diplomate tchécoslovaque et d'être forcé de quitter les États-Unis. Sa situation était particulièrement délicate dans la mesure où, en tant que demandeur d'asile, il devait aussi faire la preuve qu'il n'avait pas été un sympathisant communiste et n'avait pas eu à rendre compte aux communistes, même si, techniquement, il représentait un gouvernement dirigé par eux. J'ai retrouvé dans les dossiers des Nations unies des notes et des courriers attestant du soutien indéfectible de mon père à la cause démocrate et à ses homologues américains et britanniques. Cette lecture m'a beaucoup émue, surtout lorsque je suis tombée sur la lettre qu'il adressait le 12 février 1949 à Warren Austin, alors ambassadeur des États-Unis à l'ONU, pour demander au Secrétaire d'État, Dean Acheson, de nous permettre de rester dans son pays :

« Permettez-moi de préciser que j'ai été choisi pour faire partie de cette Commission avant le putch [*sic*] communiste du 25 février 1948 à Prague. En accord avec mes amis politiques en exil, j'ai décidé de ne pas en partir, estimant que je serais plus utile à la cause commune de la démocratie et de la paix en évitant à un communiste tchécoslovaque de prendre ma place. J'ai informé de cette décision Mr. Lewis Douglas, ambassadeur des États-Unis à Londres, en juin 1948.

Dans le cadre de ces fonctions, j'ai refusé d'appliquer la politique du bloc soviétique, dont les représentants faisaient de l'obstruction au sein des Nations unies, de ses commissions et autres agences. Considérant que je représentais la nation tchécoslovaque dans sa tradition pacifique et démocratique, je n'ai pas adressé un seul rapport sur les activités de la commission au gouvernement communiste tchécoslovaque. J'ai donc tenté de contribuer à la cause commune de la paix et de la démocratie en travaillant avec les autres membres de la commission dans un esprit de confiance réciproque. Avec le représentant permanent des États-Unis à la commission, mes rapports professionnels étaient étroits et amicaux.

J'ai participé aux travaux de la commission jusqu'à ce qu'elle regagne le sous-continent indien, le 1er février 1949 [...]. J'ai appris qu'on m'avait démis de mes fonctions à cause de mes convictions démocrates et de mon travail au sein de la Commission. »

Le paragraphe final résumait parfaitement la situation :

« Il est évident que je ne peux regagner la Tchécoslovaquie communiste. On m'y arrêterait pour être resté fidèle aux idéaux de la démocratie. Je vous serais infiniment reconnaissant de faire savoir à Son Excellence le Secrétaire d'État que je sollicite de sa bienveillance le droit de m'installer aux États-Unis, pour moi, ma femme et mes trois enfants. »

Quatre mois plus tard, l'asile politique nous était accordé.

Les années cinquante aux États-Unis ont été considérées par la majorité des gens comme une période normale, voire franchement agréable. Mais pour d'autres, ce fut une période troublée, rendue dangereuse par la guerre froide et perturbée à l'intérieur par cette aberration qu'était le maccarthysme. Tout cela, notre nouvelle vie dans le Colorado allait le refléter.

Nous nous sommes retrouvés à Denver grâce aux bons offices de Philip Mosely, directeur du Russian Institute de l'université Columbia, qui était aussi en relation avec la Rockefeller Foundation. Par son intermédiaire, mon père a bénéficié d'une bourse de la fondation et a pu enseigner à l'université de Denver, avec un traitement de cinq mille dollars la première année. Dans le coupé Ford vert acheté pour l'occasion, nous avons mis le cap sur l'ouest, tandis que nos maigres biens suivaient dans un camion de déménagement de la Mayflower Company, ce qui a permis par la suite à mon père de raconter comme une bonne blague que nous étions arrivés avec le *Mayflower**.

À l'époque, Denver était une ville moyenne, avec une banlieue et un centre peu étendus, un endroit calme, accueillant, parfait pour nous, malgré son isolement, car un secteur de l'université était tourné vers l'international. Fondée en 1926, la Social Science Foundation de l'université de Denver avait donné naissance au premier département de relations internationales des États-Unis. Benjamin Cherrington, son directeur et cofondateur, avait un physique angélique et il s'est vraiment comporté comme un ange avec nous ! Cherrington, qui avait travaillé au Département d'État, a en effet engagé mon père. Cet homme charmant m'a également manifesté de l'intérêt lorsque j'étudiais au lycée. Il m'invitait à déjeuner et nous parlions ensemble des relations internationales et du Parti démocrate. Il est aussi à l'origine de l'amitié inattendue qui m'a liée plus tard à Ted Stevens, sénateur républicain de l'Alaska et époux de la fille de Cherrington, Ann, qui devait tragiquement disparaître en 1978 dans un accident d'avion. Du temps où j'étais Secrétaire d'État, Stevens présidait le tout-puissant Appropriations Committee**. Je rencontrais régulièrement ce sénateur avisé, mais bourru, pour obtenir un budget du Département d'État conciliable avec les besoins de la politique étrangère, mais avant de nous mettre au travail, nous ne manquions jamais d'échanger des nouvelles de la famille.

Je n'ai guère passé plus de six ans à Denver, entre notre arrivée et mon départ pour l'université. Durant cette période, qui me paraît très courte, je me suis efforcée à ma façon de devenir une parfaite teenager américaine, essayant d'être la meilleure en classe sans perturber les autres élèves, tout en composant avec des parents désespérement stricts, qui m'élevaient à l'européenne. Comment être la

---

* Les premiers immigrants débarquèrent en Amérique du navire le *Mayflower* en 1620 *(N.d.T.)*.

** Comité d'attribution des crédits *(N.d.T.)*.

coqueluche de la classe avec une mère qui vous surveille comme le lait sur le feu et juge inconcevable une *slumber party** *?* Même si la guerre n'était plus qu'un souvenir lointain, ma mère continuait à avoir peur pour nous. Si je sortais le soir, elle attendait en chemise de nuit que je sois rentrée pour se coucher.

Parfois, j'avais l'impression que plus je m'efforçais de devenir américaine à cent pour cent, plus mes parents tenaient à conserver leur pittoresque. Ma mère arborait souvent une veste de cuir brodée yougoslave, bordée de mouton. Le genre de vêtement qu'on se serait arraché ces temps derniers, avec la mode ethnique, mais dans les années cinquante il me faisait rentrer sous terre. Pas question, par ailleurs, d'inviter quelqu'un à dîner à la maison ou à y passer la nuit. J'avais trop peur que mes parents ne m'embarrassent en faisant quelque chose de typiquement européen. Eux, de leur côté, recevaient joyeusement dans notre jardin mal entretenu, autour de *sarma* yougoslaves (chou farci à la sauce tomate) et de *knedlíky* tchécoslovaques (petits pâtés aux fruits nageant dans le beurre fondu et saupoudrés de sucre et de noisettes pilées). Pour couronner le tout, mon père chantait des chansons tchèques, slovaques et serbes, pendant que ma mère lisait les lignes de la main aux invités, prédisant sans sourciller à des dames mûres qu'elles allaient être à nouveau mamans et aux hommes qu'ils allaient avoir des aventures. Leurs amis de Denver adoraient cette ambiance et mes parents ont fini par aimer la ville. Comme disait ma mère : « Il y a deux villes formidables dans le monde, Prague et Denver », tandis que mon père ne se lassait pas de répéter le slogan du *Denver Post* : « Vivre au Colorado est un privilège. »

À notre arrivée, nous avons habité des maisons meublées et déménagé souvent. Celle où nous avons vécu en premier, durant l'été 1949, était assez petite. Tout semblait merveilleusement paisible. Mon père tondait la pelouse, chose que je ne lui avais jamais vu faire auparavant. Nos voisins, les Spencley, des conservateurs, avaient accueilli avec une grande gentillesse ces étrangers venus d'un pays dont ils ignoraient jusqu'à l'existence. Je m'occupais beaucoup de ma collection de timbres, encouragée par mon père qui voyait là le moyen de me perfectionner en géographie. Nous allions nager dans le lac de Washington Park, mais l'épidémie de polio a mis un terme à cette habitude. À la fin de l'été, nous avons loué une autre maison appartenant à deux sœurs âgées. Elle jouxtait le cimetière dont seule une clôture en fer forgé nous séparait.

---

* Soirée entre adolescentes, chez l'une d'elles, où les invitées restent dormir *(N.d.T.).*

Nous maîtrisions maintenant tous l'anglais plus ou moins bien, mais nous continuions à parler – et à manger – tchèque à la maison. En tant que grande sœur, j'avais la responsabilité de conduire Kathy à l'école et à l'église (John était trop jeune). Je venais de faire ma première communion. J'aimais le catéchisme et j'appréciais encore plus la messe depuis que je faisais du latin. En Angleterre, déjà, je jouais à être un prêtre. Bientôt, j'ai été la plus religieuse de nous tous. Ma mère fréquentait de temps en temps l'église, mais mon père y allait seulement à Pâques et à Noël. Ils préféraient communiquer avec Dieu chez eux, m'expliquaient-ils, et n'appréciaient guère que les prêtres numérotent les enveloppes pour la quête afin de vérifier si nous étions vraiment allés à la messe.

À l'automne 1949, je suis entrée à Morey, un collège qui rassemblait des élèves issus de tous les milieux sociaux de Denver. Pour ma part, j'enviais mes camarades de classe, riches ou pauvres, pour leur vie apparemment normale et heureuse. En surface, du moins, tout avait l'air simple, innocent. Il y avait en particulier Marilyn Van Derbur, la plus belle de toutes. Elle devait d'ailleurs devenir Miss Amérique en 1958. Lorsqu'elle a, avec courage, révélé publiquement en 1991 que pendant sa scolarité à Morey, où elle incarnait l'idéal de la jeune Américaine, son père, un pilier de la société de Denver, abusait d'elle, j'en ai été bouleversée.

Comme moi, mes parents avaient du mal à penser que l'on pouvait et que l'on devait prendre du plaisir à l'école. Ils n'arrivaient pas à croire que j'aie par exemple un cours d'enseignement ménager, où l'on me faisait nettoyer les verres, l'argenterie, la porcelaine et autres casseroles et où l'on m'apprenait à coudre, ce qui m'a permis de faire mes propres vêtements et d'installer des rideaux chaque fois que nous emménagions quelque part.

Malgré mon envie de me couler dans le moule, je me suis souvent fait remarquer et il m'en reste deux souvenirs cuisants. La première fois, c'est lorsqu'on nous a fait le test tuberculinique. Ma réaction était positive. J'étais la seule de la classe, avec un garçon qui était souvent débraillé. En fait, il s'agissait d'une induration et non d'une cicatrice, car j'avais forcément été en contact avec la tuberculose pendant la guerre, mais je me moquais de l'explication. Le fait est que j'avais été montrée du doigt en même temps que ce garçon.

Il y a eu ensuite le jour de la Saint-Valentin, une fête dont je n'avais jamais entendu parler. Les filles devaient apporter une boîte à lunch que les garçons achèteraient aux enchères. À vrai dire, seule la présentation comptait. Le contenu n'avait aucune importance. Ignorant ce détail, j'ai apporté un délicieux repas dans une boîte à chaussures enveloppée dans du papier journal. Les autres filles

avaient des boîtes joliment enrubannées. La mienne a été la dernière
à partir – achetée par le garçon au test tuberculinique positif. Moi,
évidemment, j'avais le béguin pour le plus beau, le plus grand de la
classe qui, s'il partageait ma passion pour les relations internationales, ne s'intéressait ni à moi ni aux vilaines boîtes de la Saint-
Valentin.

J'étais en quatrième quand les deux sœurs âgées ont voulu récupérer leur maison près du cimetière. Nous sommes donc allés vivre
dans des logements réservés au corps enseignant dans le centre de
Denver, non loin du Colorado Capitol, et ce, bien avant que le quartier ne s'embourgeoise. À Morey, je me suis donc retrouvée classée
parmi les élèves des quartiers défavorisés. Nous vivions dans un
trois-pièces sans ascenseur. Je partageais une chambre avec ma sœur
et mon frère dormait dans celle des parents, ce qui explique peut-
être en partie qu'ils n'aient pas eu d'autres enfants.

Lorsqu'un logement pour les enseignants s'est libéré plus près du
campus, nous avons emménagé cette fois dans un petit bungalow,
près du stade de foot de l'université, coincé entre deux parkings,
complets les samedis d'automne. Nous y avons passé la majeure
partie des années cinquante. La maison était de plain-pied avec un
sous-sol à demi terminé où mon père avait installé son bureau. Lorsque le sous-sol était inondé, ce qui arrivait souvent, il continuait à
travailler, les pieds posés sur des briques. Le vendredi soir, mes
parents donnaient des cours d'anglais aux nouveaux arrivants tchécoslovaques. Ces jours-là, je m'occupais de Kathy et de John, qui
avaient la bonne grâce d'aimer les toasts aux haricots froids en boîte.
Le samedi, je les emmenais au cinéma. Après les actualités, ils passaient deux grands films, dont souvent un western, comme les aventures du *Lone Ranger*.

Il me tardait de passer en troisième, la dernière année du collège
Morey, car les élèves de cette classe exerçaient une autorité sur les
autres, mais mon père a tenu à m'inscrire à Kent, une petite école
privée de Denver qui proposait des bourses aux filles de professeurs.
J'ai crié, tempêté, mais mon père a eu comme toujours le dernier
mot et, finalement, j'ai apprécié ces années passées à Kent. Pourtant,
en tant que catholique étrangère et relativement pauvre, j'avais un
peu l'impression de faire partie d'un programme destiné à introduire
un minimum de mixité dans une école de protestants aisés. Heureusement, le port obligatoire de l'uniforme m'a sauvée de l'embarras.
Une fois où je ne l'avais pas mis – j'étais arrivée avec une jupe
écossaise et un chemisier imprimé –, un professeur a déclaré que
cela ne se faisait pas. Aurait-elle réagi de la même manière plus tard,

quand ce genre de mélange est devenu le dernier cri chez les meilleurs créateurs ?

En grandissant, je me suis sentie mieux intégrée, mais je n'arrivais pas à me débarrasser de mon sérieux. En classe, je participais à toutes les activités : hockey sur glace, chorale, théâtre (j'ai tenu le rôle de Mr. Bennet dans *Orgueil et Préjugés*, d'après le roman de Jane Austen). En seconde, j'étais assez populaire pour faire partie du conseil des élèves, mais (hélas) j'en ai trop fait en dénonçant une fois de plus quelqu'un qui bavardait pendant l'étude. Du coup, je n'ai plus jamais été élue nulle part. Pour compenser, peut-être, j'ai fondé un club de relations internationales dont je me suis bombardée présidente. Les membres se réunissaient une fois par semaine au déjeuner. Quand je suis devenue représentante permanente des États-Unis à l'ONU, j'ai souvent fait rire l'auditoire en disant que j'avais obtenu le poste, entre autres, parce que j'avais gagné le Rocky Mountain Empire United Nations Contest, dont le lauréat était l'élève qui en savait le plus sur les Nations unies. Pour cela, j'avais appris par cœur la liste des soixante pays membres en 1953, par ordre alphabétique.

Si je me considérais de plus en plus comme une petite Américaine, mon père, lui, n'arrivait pas à se faire à la vie sociale des jeunes de mon âge. Je me rappelle avec horreur ma première soirée dansante. D'abord, il n'était pas certain que j'aie l'autorisation de sortir. Le nom du malheureux garçon qui m'a invitée m'est sorti de l'esprit, mais je me souviens qu'il avait seize ans et possédait donc son permis de conduire. Autrement dit, il viendrait me chercher et me raccompagnerait. Mais mon père ne l'entendait pas de cette oreille. Il était hors de question que je monte en voiture « avec un garçon ». Finalement, après d'âpres discussions, nous sommes parvenus à un compromis. Je monterais dans sa voiture, mais mon père nous suivrait dans son propre véhicule. À l'aller comme au retour. Il a donc passé toute la soirée à attendre à l'extérieur de la salle de bal, en regardant par la fenêtre ce qui se passait. Lorsque la petite escorte est arrivée à la maison, mon père a invité « le garçon » à boire un verre de lait avec quelques gâteaux. Lequel garçon ne m'a plus jamais invitée.

Si l'on ajoute à cela qu'avec ma silhouette potelée et mes joues roses j'étais assez loin du modèle de l'Américaine grande et blonde, on comprendra que j'aie eu du mal à lutter contre les autres filles, beaucoup plus sophistiquées. Il était évident que je n'étais pas le genre Denver Country Club. Tout de même, étant élève de Kent, j'étais invitée aux fêtes. Ou, pour être exacte, j'étais invitée au supplice de la fille qui fait tapisserie.

J'avais la réputation d'être sérieuse et plutôt sympathique, mais les garçons ne se bousculaient pas pour m'inviter à danser et j'en souffrais. Je me souviens d'un épisode particulièrement douloureux. À ma grande surprise, lors d'un de ces bals, un jeune homme – et non pas un gamin – m'a invitée à danser. J'étais en seconde au lycée, lui en deuxième année à l'université. J'ai été encore plus étonnée par la suite lorsqu'il m'a invitée à sortir avec lui plusieurs fois. Malgré l'agaçant couvre-feu parental, qui m'obligeait à rentrer à dix heures du soir, il semblait vraiment s'intéresser à moi. Et puis soudain, tout a été fini. Il s'est affiché avec une fille de la bonne bourgeoisie locale. J'ai appris la vérité par les bruits de couloir à l'école : sortir avec moi était une épreuve que cette fille lui avait infligée s'il voulait avoir le privilège de sortir avec elle. Pendant plusieurs semaines, c'est tout juste si j'ai osé mettre le nez dehors, persuadée que tout le monde ne parlait que de mon humiliation. À cet âge-là, les filles peuvent être terriblement cruelles entre elles.

J'avais une seule robe de bal, mais je pouvais la porter de deux manières différentes. Elle était en taffetas bleu marine, avec une ganse blanche au col et une sur-jupe de tulle blanc amovible. Mais avec ou sans la jupe, elle ne convenait pas pour une soirée habillée ; aussi, lorsque j'ai été conviée à l'une d'elles, un professeur d'université, Miss Elizabeth Fackt, a eu pitié de moi et m'a proposé de me prêter une tenue adéquate. Cette fois, c'était une robe de taffetas blanc, décolletée, avec deux volants au bas de la jupe. Peut-être mettait-elle Miss Fackt en valeur, mais la demoiselle approchait de la soixantaine et, sur mes seize ans, elle ressemblait plutôt à un abat-jour. J'ai essayé désespérément de lui donner du chic en achetant un large ruban de velours cramoisi que j'avais l'intention de ceindre comme une écharpe royale. Après tout, en tant que fille de diplomate, j'avais eu l'occasion de voir ce qu'était une belle robe de bal. Mais devant le résultat, j'ai compris qu'il valait mieux la porter en ceinture.

Je ne pourrai jamais oublier Miss Fackt, sa robe et l'écharpe. Miss Fackt, à cause de la façon dont mes parents écorchaient son nom, car pour eux les *a* se prononçaient comme le *u* américain*... Quant à la robe et à son écharpe, elles me sont particulièrement revenues en mémoire le jour où, presque un demi-siècle plus tard, le gouvernement tchèque m'a remis la plus haute dignité accordée à une personne étrangère, l'ordre du Lion blanc. C'était au château de Prague. Au moment où le Président Václav Havel a posé sur mes épaules un

---

* Ce qui donne « Miss Fuckt », soit phonétiquement « Miss Baise » (Miss Fuck) ou « Miss Baisée » (Miss Fucked), le terme *fuck* étant utilisé en argot dans toutes sortes d'expressions à connotation sexuelle ou péjorative *(N.d.T.)*.

ruban rouge devant un parterre de dignitaires, je me suis sentie infiniment honorée et pourtant, ce jour-là, en parcourant les rues de la ville avec mon écharpe rouge, je n'ai pu m'empêcher de penser à cette robe et à la femme que mes parents appelaient « Miss F...ckt ».

Ma jeune vie sociale était aussi entravée par les sorties familiales du dimanche, auxquelles mes parents tenaient absolument. Nous allions pique-niquer dans les montagnes. Mon père, en costume-cravate, pêchait à la ligne, tandis que ma mère ramassait des champignons avec lesquels nous autres, les enfants, avions peur de nous empoisonner à table, car nous n'étions pas sûrs qu'elle s'y connaisse vraiment. Le repas était toujours le même : *karbenátky* – une sorte de hamburgers tchèques qui ressemblaient plus en fait à des sandwichs de viande froide – accompagnés de salade de pommes de terre, préparée selon la recette maternelle avec un assortiment de légumes décongelés et pas mal de mayonnaise. Au retour, nous nous arrêtions dans des restaurants où, compte tenu de nos finances, Kathy, John et moi avions pour instructions de commander les plats les moins chers. Aujourd'hui encore, c'est une habitude dont j'ai du mal à me défaire.

Ma sœur, mon frère et moi avons tissé au fil des ans une mythologie familiale autour de la sévérité paternelle, mais en fait l'affection l'emportait chez lui sur le côté strict. Il exigeait le respect et quelquefois une mauvaise compréhension de la langue venait aggraver les choses. Une fois, il a refusé d'adresser la parole à ma sœur après qu'elle lui eut désobéi. Quand elle lui a demandé : « *Are you mad ?* », il a réagi violemment. « Comment oses-tu m'insulter ? » a-t-il lancé. Il prenait « mad » au sens britannique du terme et pensait qu'elle lui disait : « Es-tu fou ? », alors qu'elle lui demandait : « Tu es furieux ? »

Ma mère, quant à elle, était plutôt fâchée avec la discipline. En fait, elle était tellement de parti pris en ce qui concernait ses enfants que lorsque mon frère a eu un mauvais carnet de notes, elle a été persuadée qu'il y avait erreur, que c'était celui de quelqu'un d'autre, ou alors que les professeurs étaient des abrutis. Elle avait aussi quelques problèmes avec la langue, mais en général l'effet était plutôt comique. Comme lorsque, décrivant l'état d'une voisine âgée, elle a confondu « *passed away* » et « *passed out** » », ou lorsque mes parents ont dû baisser de 30 000 à 29 000 dollars le prix de vente de leur première maison parce qu'elle prononçait « *serty* » au lieu de « *thirty*** » » et que les acheteurs potentiels ne comprenaient pas.

En tant qu'émigrés ayant laissé derrière eux la plupart des membres de leur famille, nous étions tenus à ce que mon père appelait

---

* « Mourir » et « s'évanouir » *(N.d.T.)*.
** Thirty : « trente » *(N.d.T.)*.

« la solidarité familiale ». Mon oncle paternel était resté en Angleterre avec sa femme et ses enfants, et les deux frères ne se parlaient
toujours pas. Ma cousine Dáša, qui avait habité avec nous en Angleterre et était venue nous voir à Belgrade, avait choisi de rester en
Tchécoslovaquie lorsque mon père lui avait demandé de venir avec
nous aux États-Unis.

Tandis que la famille Korbel faisait son trou à Denver, Staline
imposait sa poigne de fer à l'Europe centrale et l'Europe de l'Est.
Les pays du bloc soviétique étaient systématiquement coulés dans le
même moule, toutes différences abolies, tandis que leurs dirigeants,
y compris les communistes « déviationnistes », étaient condamnés à
mort lors de simulacres de procès. C'était le règne de la terreur.
Après la mort de Staline, en 1953, le bloc soviétique allait se consolider encore avec l'entrée de la Tchécoslovaquie et d'autres satellites
dans le Pacte de Varsovie, reflet déformé de l'OTAN.

Ayant fui le communisme, mon père avait bien l'intention d'en
dénoncer les horreurs. En 1951, il a publié un ouvrage sur la Yougoslavie, *Tito's Communism*, qui lui a valu de nombreuses demandes
d'interviews. Je me suis toujours dit que les pères des autres parlaient
de sujets moins sérieux, tel le sport, mais le mien ne manquait pas
une occasion de m'entretenir sur l'histoire et la politique étrangère.
Et j'ai fait miennes ses convictions.

Il avait le don de rendre vivante chaque période historique que
j'étudiais et de replacer batailles et conférences dans leur contexte.
Lorsqu'il abordait la Seconde Guerre mondiale, il gardait à l'esprit
les leçons de Munich : quand les grandes puissances transigent avec
le mal, prennent des décisions sans consulter les pays de moindre
importance et négligent ce qui se passe dans des contrées lointaines,
les conséquences sont tragiques. Les petits pays devaient se défendre
seuls, expliquait-il. C'est ce qu'avait voulu faire le peuple tchécoslovaque. En tant que réserviste, lui-même avait d'ailleurs été mobilisé
pour une courte période. Comme beaucoup de ses compatriotes, il
avait été déçu par la décision de Beneš de se joindre aux grandes
puissances.

Il me parlait beaucoup de l'Holocauste. Dans les années cinquante,
le sujet était beaucoup moins débattu publiquement que maintenant.
Je savais grâce à mon père que des trains remplis de gens étaient
partis vers les camps de concentration et que des millions de personnes avaient péri dans les fours crématoires. Et que l'antisémitisme
était inacceptable et la tolérance essentielle. Ma mère approuvait,
tout en ajoutant que nous étions censés haïr les Allemands et ceux
qu'elle appelait les « collaborants ». Nous en parlions si souvent que
je ne pouvais imaginer que j'ignorais certaines choses. En tant

qu'adolescente, j'avais l'impression d'en savoir trop sur la tristesse et d'avoir été adulte sans passer par l'enfance.

L'intérieur de notre pavillon reflétait les bizarreries de notre vie. Nous avions des meubles d'emprunt ou achetés bon marché et nous prenions nos repas sur une table recouverte d'une toile cirée. Mais les murs étaient décorés de magnifiques peintures à l'huile, résultat d'un quiproquo. En 1948, au moment où mes parents se sont apprêtés à fuir la Yougoslavie, ils ont fait croire qu'il y avait une modification dans leur affectation. Ma mère, expliquaient-ils, accompagnerait Kathy et John en Suisse, où ils me retrouveraient pour les vacances, et elle regagnerait ensuite Prague tandis que mon père rejoindrait l'Inde et le Pakistan. Seule la secrétaire de mon père savait qu'ils n'avaient pas l'intention de rentrer en Tchécoslovaquie.

Les meubles de la résidence de l'ambassadeur devaient être envoyés à Prague, pendant qu'en grand secret des malles pleines de photos de famille et de livres appartenant à mes parents nous parviendraient en exil. Mais à la suite d'une méprise, les malles que nous avons reçues à Denver contenaient des verres en cristal de Bohême, un gigantesque tapis qui ornait l'une des pièces de réception de l'ambassade et les fameux tableaux. En revanche, on n'a jamais retrouvé les malles contenant nos effets personnels. Nos photos de famille ayant disparu, je n'avais aucune photo de moi bébé et je peux révéler aujourd'hui que celle qui figure comme étant la mienne dans l'annuaire du lycée est en fait celle de mon frère. Quand il était petit, John avait de longues boucles blondes, un peu trop longues à son goût aujourd'hui, d'ailleurs.

Même si ces œuvres d'art européennes étaient franchement déplacées dans notre décor quotidien, nous appréciions la présence de tous ces objets familiers autour de nous. Parmi eux, deux tableaux de Josef Čapek, achetés avant-guerre, représentant des enfants en train de jouer. Je les ai toujours adorés et ils ornent maintenant ma chambre. Il y avait aussi des huiles de peintres yougoslaves dont nous avions fait l'acquisition durant notre séjour à Belgrade et les tableaux qui nous avaient été donnés après la guerre avec l'appartement pragois. Quant au tapis, il avait fallu le plier en quatre pour qu'il rentre dans notre living-room[1].

_____

1. En 1997, j'étais depuis peu Secrétaire d'État lorsqu'un héritier de la famille Nebrich, qui avait précédemment occupé l'appartement qu'on nous avait donné à Prague lors de notre séjour en 1945 et dont les biens avaient été confisqués par l'État tchécoslovaque en vertu des décrets Beneš, est entré en contact avec moi. [Les décrets Beneš décidaient notamment la confiscation des biens et l'expulsion de Tchécoslovaquie des Allemands des Sudètes. _N.d.T._] En 1945, les Nebrich, des Allemands, avaient fui Prague et s'étaient réfugiés en Autriche, où ils avaient obtenu la nationalité autrichienne. Par la suite, ils avaient vainement demandé au

Pour pouvoir joindre les deux bouts, ma mère avait pris un poste de secrétaire aux *public schools* de Denver. Dans sa jeunesse, elle avait suivi des cours de secrétariat. Elle savait taper à la machine et faire du classement, et elle se débrouillait suffisamment bien en anglais, malgré quelques particularités de style. Comme elle travaillait à temps plein et que mon père avait un emploi du temps de professeur, c'est lui qui nous accueillait à la maison quand nous rentrions de l'école. Chaque soir, l'ex-ambassadeur et moi lavions donc la vaisselle ensemble et nous faisions le ménage tous les vendredis après-midi, tandis que Kathy était chargée de nettoyer la salle de bains et John de sortir la poubelle. Le tout en écoutant *Aïda*, *Eugène Onéguine* et autres grands opéras. Mon père se plongeait dans la rédaction de son deuxième ouvrage, *Danger in Kashmir*, considéré aujourd'hui encore comme le meilleur document sur le douloureux conflit entre l'Inde et le Pakistan. Pendant un certain temps, nous nous sommes tous salués mains jointes, à la manière pacifique du Mahatma Gandhi, chaque fois que nous nous croisions dans la maison. En fille dévouée, j'ai rédigé un devoir sur le grand leader indien et plus tard Kathy et John ont fait de même.

Ma vie ne se résumait pourtant pas à ma famille. J'ai tout de même eu un flirt merveilleux au lycée, avec un garçon rencontré à une surprise-partie. Elston Mayhew, mon aîné d'un an, avait des yeux bleu clair, de la même couleur que son pull-over au col en V. Il m'a tout de suite plu, et réciproquement. C'était un génie en sciences. Il n'appartenait pas au milieu du country-club, mais était le fils adoptif d'une famille de la petite bourgeoisie de Denver. Son père le laissait conduire son Oldsmobile verte. Nous avons pris l'habitude de sortir avec un autre couple. La fille, Val Blum, était arrivée en seconde à Kent. Elle habitait l'une des banlieues les moins chic de la ville. C'était un vrai casse-cou, qui fumait et conduisait sa voiture ; paradoxalement, elle est devenue ma meilleure amie. Avec elle et son

---

gouvernement tchécoslovaque la restitution de leurs biens. L'héritier réclamait en leur nom tous les objets qui pouvaient être en possession de la famille Korbel. J'ai demandé à mon frère John de s'occuper de cette affaire pour nous. Après avoir examiné le dossier, ses avocats et lui ont pris conseil auprès du gouvernement tchèque. Le 20 mai 1999, mon frère recevait une réponse d'Alexandr Vondra, ambassadeur de la République tchèque aux États-Unis. Celui-ci confirmait que « des membres de la famille Nebrich résidaient en Tchécoslovaquie avant et pendant la Seconde Guerre mondiale. Il s'agissait de citoyens du Reich ». Leurs biens, écrivait-il, avaient été confisqués en bonne et due forme en vertu des décrets Beneš. « Toute réclamation contre la famille Korbel concernant ces biens est donc infondée », poursuivait-il. Le lendemain, l'avocat de John informait les héritiers de la famille Nebrich de la position de l'État tchèque. Pour nous, le dossier était clos.

petit copain, Robert Dupont, le meilleur ami d'Elston, nous nous sommes beaucoup amusés. Nous avons été inséparables pendant deux ans, jusqu'à ce que Elston parte étudier à Princeton. Nous avons fait des choses que mes parents auraient réprouvées – s'ils avaient été au courant. Je dormais souvent chez Val. Chez elle, pas de couvre-feu. Nous racontions parfois à ses parents que nous allions au cinéma ; en fait, nous filions tous les quatre en voiture sur la nouvelle autoroute jusqu'à Boulder, à une cinquantaine de kilomètres, pour retrouver le frère de Val à l'université du Colorado. Ou bien nous allions regarder les avions atterrir à l'aéroport Stapleton de Denver derrière les vitres embuées de la spacieuse Oldsmobile.

À l'époque, l'inscription dans une université ne suscitait peut-être pas le même stress qu'aujourd'hui, mais ce n'était tout de même pas une petite affaire. Pour moi, en fait, le problème n'était pas tant d'être acceptée par une université que d'obtenir une bourse, car mes parents n'avaient pas les moyens de me payer des études. Le professeur chargé de m'orienter dans mes candidatures enseignait l'histoire, ma matière préférée. Cette femme extraordinaire, Aileen Nelson, a fait montre de beaucoup de patience avec moi. J'avais déjà décidé de tenter d'intégrer Wellesley College, une université réservée aux filles, mais de crainte de ne pas obtenir ma bourse, j'ai multiplié les dossiers de candidature auprès d'autres universités : Stanford, Mount Holyoke, l'université de Pennsylvanie (pour la bonne raison qu'elle était proche de Princeton et donc d'Elston) et l'université du Colorado. Le proviseur de Kent, Miss Mary Bogue, trouvait que c'était trop, mais comme Mrs. Nelson me soutenait, je suis passée outre. Il ne me restait plus qu'à attendre le résultat.

C'est Stanford qui, la première, m'a avisée qu'elle m'acceptait, avec un mois d'avance sur les autres universités. Je me souviens du moment où j'ai ouvert l'enveloppe en rentrant à la maison. Et de ma déception, car il n'y avait pas de bourse à la clé. Pour moi, c'était comme si j'avais essuyé un refus. Je suis sortie en larmes de la maison et mon père est venu me retrouver sur l'un des parkings. Il a tenté de me réconforter en disant qu'il devait y avoir une erreur quelque part. Le lendemain, au lycée, lorsque Miss Bogue m'a convoquée, elle n'a en revanche rien fait pour me remonter le moral. « C'est bien regrettable, voyez-vous, a-t-elle dit, car ces universités ont toutes tendance à évaluer les candidats de la même manière. »

J'étais dans tous mes états. Quinze jours plus tard, j'ai reçu une seconde enveloppe identique à la première. À l'intérieur, un courrier m'informait que j'allais bénéficier de la bourse du Colorado Stanford Club. Je n'avais pas été avertie plus tôt parce que l'attribution des bourses se faisait séparément de l'admission à l'université. Puis d'autres courriers sont arrivés, tous positifs. Finalement, chaque demande de bourse que j'avais faite auprès d'une université a reçu une réponse favorable, y compris Wellesley, mon choix initial.

Miss Bogue m'a de nouveau convoquée dans son bureau. « C'est bien regrettable, voyez-vous, a-t-elle déclaré. Vous avez envoyé une demande d'admission à un grand nombre d'universités et maintenant vous déclinez leur proposition. Ce faisant, vous nuisez à la réputation de chacune. »

Je suis sortie de son bureau sans regretter quoi que ce soit. J'étais maintenant prête à entrer à l'université. Au lycée, j'avais certes eu des moments difficiles – certains propres à l'adolescence, d'autres dus au fait que j'étais étrangère – mais, dans l'ensemble, le bilan était très positif. J'avais beaucoup travaillé. J'avais un petit ami et des amies. J'avais fait du baby-sitting pour vingt-cinq *cents* de l'heure. J'avais passé toutes les épreuves de natation. Et grâce à ma famille, j'étais pleine d'optimisme et je me sentais bien aux États-Unis. « Il y a une énorme différence entre ce pays et les autres, disait mon père. Ailleurs, quand un réfugié arrive, on lui dit : "Quel dommage que vous ayez dû quitter votre pays. Peut-on faire quelque chose pour vous ? À propos, quand rentrez-vous chez vous ?" En Amérique, on lui dit : "Quel dommage que vous ayez dû quitter votre pays. Peut-on faire quelque chose pour vous ? À propos, quand aurez-vous la nationalité américaine ?" »

Par une ironie du sort, il nous a fallu attendre plus que les cinq ans habituels avant d'obtenir la nationalité américaine. En plein maccarthysme, le fait que mon père ait travaillé pour le gouvernement tchécoslovaque de coalition, qui incluait des communistes, a sans doute joué et il a dû répondre à un surcroît de questions. Pour autant, si mes parents étaient inquiets, ils ne l'ont jamais montré.

À l'automne 1955, avec dans ma valise des bermudas de laine gris foncé et bruns, des pulls à col roulé assortis et un pardessus en poil de chameau (avec le nombre réglementaire de boutons en corne), je suis montée à bord du Denver Zephyr, le train qui devait me conduire au Wellesley College, dans le Massachusetts. À Wellesley, au contraire de Kent, cela n'intéresserait personne de savoir que j'étais boursière, mais je serais inscrite en tant qu'étudiante étrangère. J'avais beau venir de Denver et me sentir dans la peau d'une jeune Américaine, je n'avais pas la nationalité américaine. Pas encore.

CHAPITRE TROIS

Le meilleur des mondes possibles

« TOUT EST POUR LE MIEUX dans le meilleur des mondes possibles. »
Cette phrase de Voltaire, extraite de la comédie musicale *Can-
dide*, composée par Leonard Bernstein en 1956, exprime parfaitement le bonheur de mes années d'études universitaires. J'avais de
nouveaux amis, des professeurs formidables, des cours enthousias-
mants. Et la liberté au sens large, celle de décider seule. À Denver,
j'avais connu une période de transition, passant de l'enfance marquée
par la guerre d'une fille de diplomate européen à une adolescence
américaine, mais l'excès de surveillance de mes parents m'avait inhi-
bée. Maintenant, sans être encore autonome, je n'étais plus sous leur
coupe. J'allais mûrir très vite. Dès mon arrivée sur le spectaculaire
campus de Wellesley College, situé sur deux cents hectares de bois
et de prairies à moins de vingt kilomètres de Boston, j'ai profité de
chaque minute de ma nouvelle vie.

Les jeunes filles qui entraient à Wellesley en 1955 (la promotion
59) étaient soit les dernières de la génération silencieuse, celle qui
passerait du statut de fille intelligente et obéissante à celui d'épouse
cultivée, intelligente et soumise, soit les premières à vouloir se faire
une place dans le monde du travail et à exister par elles-mêmes au
lieu de se contenter d'être la femme d'un monsieur important. En
fait, elles étaient les deux à la fois. C'était évident dans mon cas.
Tout en me préparant à une carrière dans la diplomatie ou le journalisme, j'avais hâte de rencontrer le mari idéal. Je n'avais même pas
idée que ces deux aspirations puissent être contradictoires. Je me suis
concentrée sur mes études sans négliger pour autant ma vie sociale.

J'appartenais donc à une génération de transition. Le contraste
entre l'éducation moderne dispensée à Wellesley et les traditions de
l'université en était un exemple frappant. Ces traditions remontaient
à une époque ancienne. Nous ne les remettions aucunement en ques-

tion. Dès notre arrivée, on nous envoyait au département d'éducation physique où l'on examinait notre attitude corporelle avant de nous prendre en photo. Cette « étude de posture » avait pour but de vérifier si nous « savions maintenir notre corps dans un alignement correct et nous tenir droites ». On n'avait pas le droit de garder un vêtement au-dessus de la ceinture. Les autorités de l'université examinaient les clichés. Un dos voûté nous valait de faire des exercices. À mon grand soulagement, cela n'a pas été mon cas[1].

Lors de la remise du diplôme, à la fin des quatre années d'études, les seniors (à cette époque où la notion de « politiquement correct » n'existait pas encore, nous trouvions normal d'être appelées ainsi) organisaient un concours de cerceaux. Il s'agissait de faire rouler le plus vite possible un cercle de bois sur un chemin en le poussant avec un bâton. Les concurrentes étaient revêtues de la toge des lauréates, qu'elles relevaient pour l'occasion, et coiffées de la toque retenue par un foulard noué sous le menton. L'ensemble évoquait irrésistiblement le XIXᵉ siècle. La gagnante était censée se marier la première, quoique cela n'a pas été le cas de celle qui a remporté le concours l'année de mon diplôme. À la place, Amalya « Mal » Kearse est devenue la première Afro-Américaine à faire partie de la Cour d'appel fédérale de la deuxième juridiction (et, accessoirement, une bridgeuse classée au niveau mondial).

Dans les années cinquante, Wellesley College reflétait également l'idée qu'on se faisait à l'époque de la société multiculturelle, c'est-à-dire une absence de diversité. Mal était l'une des deux seules filles de couleur de ma classe (l'autre, Shirlee Taylor, s'est par la suite fait connaître comme auteur et journaliste[2]). Nous étions regroupées dans les chambres en fonction de notre religion. Je partageais la mienne avec Mary Jane Durnford, une catholique romaine comme moi. Elle venait de Windsor, dans le Connecticut. C'était une jolie jeune fille blonde et nous avons tout de suite sympathisé, malgré nos différences. Elle voulait se spécialiser en mathématiques, moi en sciences politiques. Dès que je mangeais une glace, je prenais du poids. Elle, non. Elle voyait beaucoup son petit ami, qui étudiait à Harvard. J'étais amoureuse d'Elston, mais je ne le voyais pas assez souvent. Dans nos études, elle et moi étions complémentaires, en français par exemple. Moi qui avais bluffé mes professeurs de lycée en parlant couramment cette langue, je me suis fait moucher à l'université.

---

1. Je me suis longtemps demandé ce qu'il était advenu des photos, jusqu'à ce qu'on les retrouve dans un souterrain, il y a quelques années. À Yale.
2. Shirlee Taylor Haizlip a notamment publié en 1994 un ouvrage devenu un classique : *The Sweeter the Juice : A Family Memoir in Black and White.*

M. François commentait ainsi ma première dissertation : « Vos idées sont très bonnes, mais vous avez massacré la grammaire. » Mary Jane maîtrisait parfaitement la grammaire française. Elle a pris l'habitude de me corriger à l'écrit, tandis que je l'aidais à parler cette langue avec plus d'assurance.

Dans notre résidence, de style victorien, deux jeunes filles juives partageaient une chambre un peu plus loin que la nôtre. La première, Susan Dubinsky, allait devenir un écrivain célèbre. Elle était du genre à interpréter sans problème chaque image des sonnets de Shakespeare et les passages les plus obscurs de William Faulkner. L'autre, Emily Cohen, brillante élève issue de la High School of Science du Bronx, était déjà une féministe accomplie, qui remettait en question toutes nos affirmations. Nous sommes devenues amies pour la vie. Plus tard, nous partagerions la même passion pour le journalisme et la politique, mais à l'époque nous adorions faire du shopping. Emily, une vraie New-Yorkaise, m'a emmenée chez elle lors des vacances de printemps. Nous sommes allées sur le Grand Concourse, le boulevard du Bronx, et elle m'a entraînée dans sa chasse aux soldes. Les rabais la mettaient en transe et il suffisait qu'un soutien-gorge soit démarqué pour qu'elle l'achète, même si la taille ne convenait pas. Le vendredi, en bonne catholique, je faisais maigre. Lors de mon séjour chez Emily, j'ai donc goûté pour la première fois de ma vie au *gefilte fish*, la carpe farcie à la juive.

À mon arrivée, je me suis retrouvée assise à côté d'une fille appelée Wini Shore au cours de science politique. Nous n'avons pas tardé à découvrir que nous avions été ensemble en sixième à l'Arrandale School de Great Neck. Ce qui faisait d'elle mon amie américaine la plus ancienne. Notre amitié n'a fait que s'approfondir au fil des ans. Aujourd'hui, elle englobe nos enfants et petits-enfants.

Mis à part la différence d'époque, ma vie à Wellesley n'était pas sans rappeler le célèbre roman de Mary McCarthy, *Le Groupe*, dont les héroïnes se rencontrent à Vassar College dans les années trente. C'est là que j'ai connu mes meilleures amies, là que j'ai éprouvé pour la première fois le besoin d'avoir ma place au sein d'un groupe.

Quand j'étais à Denver, je m'étais battue pour réussir à m'intégrer. À Wellesley, les choses ont été beaucoup plus faciles. Du moins dans l'ensemble. N'ayant pas encore la nationalité américaine, j'étais toujours une « étrangère » qui devait se faire inscrire auprès de l'administration tous les ans au mois de janvier. Une fois, mes amies ont décoré ma chambre avec des affiches rappelant que « Les étrangers doivent s'inscrire ». Une autre fois, j'ai eu la surprise d'être convoquée à l'accueil de notre pavillon. Là, je me suis trouvée face à des étudiantes venues aider l'étrangère que j'étais à se conformer à l'*American Way of Life*. Leur intention était de me montrer comment m'habiller en bonne étudiante américaine. Elles ont changé de tête en me voyant arriver revêtue de la tenue correcte – bermudas, pull en shetland assorti et broche ronde.

Bien évidemment, mon « groupe » s'intéressait au sexe opposé, sauf qu'à l'époque nous étions moins audacieuses en matière de comportement et de vêtements que les filles d'aujourd'hui. Nos sous-vêtements étaient destinés à dissimuler nos formes et non à les mettre en valeur, et les ourlets s'arrêtaient au genou. Le soir, nous avions seulement la permission de onze heures. Nous n'avions le droit de recevoir un garçon dans notre chambre que le dimanche après-midi, et encore avec la porte ouverte et les deux pieds sur le sol (les siens et les nôtres).

Nous étions aussi un peu naïves. Lorsqu'en classe d'anglais nous avons étudié le poème de William Blake, *La Rose malade*, le professeur, David Ferry, m'a demandé d'expliquer le symbole du ver invisible qui découvre au cœur de la rose la source de joie pourpre. Je me suis vaillamment lancée dans un discours sur les fleurs qui symbolisent le renouveau et sur le jardin qui illustre le cycle de la vie. « Très bien, a grommelé Ferry, mais que faites-vous des connotations sexuelles, Miss Korbel ? »

Aujourd'hui, à l'université, les étudiants cliquent sur les écrans de leurs ordinateurs portables, mais à mon époque, le cliquetis qu'on entendait dans les salles de cours était celui de nos aiguilles à tricoter. Nous réalisions des pull-overs et des chaussettes pour nos petits copains. Elston et ses successeurs ont ainsi bénéficié de mes travaux d'aiguille. Un jour, un professeur, particulièrement agacé par le bruit, a décrété qu'il considérerait dorénavant ce genre d'activité durant son cours comme la reconnaissance implicite d'une grossesse.

Wellesley étant une université exclusivement féminine, les femmes détenaient tous les postes clés. Nous présidions les conseils d'étudiants, réalisions le journal de l'université, étions capitaines des équipes sportives, prononcions les discours d'adieu. Nous n'avions pas à jouer les idiotes pour ne pas intimider les garçons, ce qui ne nous empêchait pas de le faire régulièrement quand nous sortions avec l'un d'eux. Au lycée, je m'étais efforcée de réussir sans pour autant me singulariser. À Wellesley, j'étais entourée de filles qui avaient été les meilleures de leur lycée et dont beaucoup se révélaient encore plus sérieuses que moi.

Un autre trait propre à une université féminine comme Wellesley était que les professeurs représentaient pour nous des modèles à suivre, une incitation permanente à l'excellence. J'ai eu quatre mentors exceptionnels : Margaret Ball, qui enseignait les relations internationales, Alona Evans, professeur de droit international, Louise Overacker, pour la politique et les groupes d'intérêt, et Barbara Green, directeur de thèse. Ce qu'elles m'ont appris sur le fonctionnement du système mondial et sur le rôle primordial des États-Unis dans ce système m'est encore d'une aide précieuse.

Même si j'étais intégrée, il y avait un autre domaine où je faisais partie de la minorité. À Wellesley, la plupart des étudiantes soutenaient le Parti républicain. J'appartenais au groupe des démocrates de l'université. Nous étions peu nombreuses, mais nous ne manquions pas de courage et d'allant. Plus tard, je participerais à un haut niveau à des campagnes présidentielles, mais en 1956 je n'étais qu'un fantassin parmi les troupes qui soutenaient Adlai Stevenson (le mouvement des « Madly for Adlai ») dans sa course à la Maison Blanche. Stevenson n'avait guère de chances contre le Président Eisenhower, mais je me suis engagée à récolter des dollars pour les démocrates. Un jour que je me promenais dans Boston avec mon panneau, un vieux bonhomme lubrique me lança : « Pas question de filer un seul dollar aux démocrates, mais cinq dollars pour toi, je dis pas. »

À la fin de ma seconde année d'études, je suis rentrée en pleine forme à la maison. J'avais vingt ans, j'adorais mes professeurs, je faisais mes premiers pas dans le journalisme en tant que reporter pour le journal de l'université, le *Wellesley News*, et j'avais même une vie sociale respectable. Mes amies et moi avions décrété qu'Elston avait un faux air d'Elvis Presley, mis à part la coiffure, et j'aimais bien qu'il ne soit pas trop loin de moi. À un moment, nous nous sommes fâchés et j'ai remplacé quelque temps le foulard orange et noir de Princeton par celui, gris et marron, d'un étudiant du MIT. Je suis sortie également avec un garçon de Chicago, étudiant à Harvard, Roger Cipriani, rencontré dans le train de Boston. Notre brève amitié allait jouer un rôle inattendu dans mon existence. Mais dès l'été, Elston et moi étions de nouveau ensemble.

L'avenir semblait me sourire. Je commençais à collaborer au *Denver Post* (ce qui était franchement mieux que mon précédent job d'été de vendeuse de lingerie dans un grand magasin) et j'allais devenir citoyenne américaine. Oui, tout semblait être pour le mieux dans le meilleur des mondes possibles.

Ma famille avait obtenu la nationalité américaine en mars 1957, pendant l'année universitaire. En été, cela a été mon tour. Après deux ans d'études à Wellesley, j'avais l'impression de tout savoir et j'avoue que j'étais un peu imbue de moi-même lorsque je suis arrivée à l'entretien. La personne qui m'a interrogée voulait être certaine que je connaissais les devoirs liés à la nationalité américaine et que je n'étais pas communiste. Pour ma part, je tenais à lui dire ce que je pensais du McCarran Act, une loi fédérale qui, à mes yeux, limitait injustement l'immigration. J'ai eu la sagesse de ne pas pousser trop loin mes arguments et elle a eu l'esprit assez large pour ne pas les prendre en compte. J'ai donc enfin prêté serment d'allégeance aux États-Unis avec un groupe d'autres candidats, tout aussi impatients que moi d'être naturalisés. Après le serment et le discours d'usage sur les droits et les devoirs du citoyen, j'ai eu en main mon certificat de naturalisation. J'étais enfin devenue américaine.

J'étais ravie d'avoir la preuve tangible de mon appartenance à ce pays, mais j'étais encore très jeune et il me faudrait du temps pour comprendre tout ce que signifiait la nationalité américaine. Depuis, j'ai souvent pensé à ce jour lointain où je l'ai obtenue à Denver. Le 4 juillet 2000, j'ai pris la parole lors d'une cérémonie de naturalisation à Monticello, la demeure de Thomas Jefferson, premier Secrétaire d'État des États-Unis. J'ai mis l'accent sur les responsabilités inhérentes à la nationalité américaine et ensuite, depuis le portique, j'ai observé la foule en attendant la prestation du serment.

Sous le chaud soleil d'été se pressaient des centaines de personnes de tous les âges et de toutes les couleurs de peau, des réfugiés, des immigrants, des adoptés. À la fin de la cérémonie, chacun d'entre eux serait américain. On leur a demandé de se rassembler sur les marches face à nous et de prêter serment d'allégeance. J'ai répété le serment avec eux. Au moment où chacun de ces nouveaux citoyens s'est avancé pour avoir son certificat, je lui ai serré la main en disant : « J'ai le même. Gardez-le précieusement. De tous vos papiers, ce sera toujours le plus important. » De retour à la maison, le soir, j'ai cherché dans mes dossiers le document qui m'avait été remis à Denver. Il était rangé à sa place, entre le certificat de mon père et celui de ma mère.

J'ai entamé la carrière de journaliste dont je rêvais au bas de l'échelle. Au *Denver Post*, mon job consistait à lire et à classer les articles dans la « morgue », la bibliothèque du journal, à répondre aux questions par téléphone et à porter des liasses de coupures aux reporters dans la salle des informations locales. J'ai vite remarqué un jeune et séduisant journaliste, toujours vêtu de tweed, qui venait souvent au bureau pour y chercher de la documentation. Nous échangions des sourires, mais sans trop insister, en ce qui me concerne, car il portait une alliance à la main gauche. Jusqu'à ce qu'un matin, par hasard, je voie la bague de plus près et que je m'aperçoive avec plaisir qu'il s'agissait non pas d'une alliance, mais d'une chevalière portant le numéro de sa promotion à l'université.

Cela m'a fourni une entrée en matière.

« Où étudiez-vous ?

— À Williams. C'est à Williamstown, Massachusetts.

— Moi, je vais à Wellesley, Massachusetts. Vous venez d'où ?

— De Chicago.

— Tiens, je suis sortie avec un garçon de Chicago. Vous le connaissez peut-être. Il s'appelle Roger Cipriani.

— Si je le connais ? Mais c'est mon meilleur ami ! Bon sang, vous devez être Miss Wellesley ! »

Avec ce bref échange a débuté mon histoire d'amour avec Joe Albright. Dans la mesure où ma relation avec Roger Cipriani avait pris fin de manière plutôt abrupte, j'ai laissé tomber le sujet, mais je lui ai parlé de mes liens avec Elston. De son côté, il avait une petite amie à Bennington. Il logeait dans un immeuble d'une association d'étudiants près de l'université de Denver. C'était à quelques centaines de mètres de chez moi. Il m'a proposé de me raccompagner en voiture. Je l'ai invité à dîner.

Mes parents avaient la manie de mettre mes petits amis à l'épreuve, comme si j'étais une princesse et que mes prétendants ne puissent passer ma porte sans avoir préalablement résolu une énigme et triomphé de quelque dragon. Le problème était que l'accès à ma porte était libre, que nous n'étions pas en Europe centrale et que mes critères et ceux de mes parents n'avaient rien à voir. Qui plus est, à ce stade de notre relation, Joe n'était même pas un ami et encore moins un petit ami.

À l'arrivée chez les Korbel, aucun jeune homme n'aurait pu prévoir la première épreuve éliminatoire qui l'attendait, sous la forme des fameux tableaux venus de l'appartement pragois. Tout être pourvu d'un minimum de culture artistique aurait vu qu'ils n'étaient pas tous l'œuvre d'une même personne, et pourtant certains de mes soupirants s'étaient exclamés en les voyant : « Incroyable, toutes ces toiles ! Ton père peint ? » À ce stade ma mère lançait, en tchèque : « Ce garçon est un imbécile », approuvée, toujours en tchèque, par mon père.

Les premières paroles de Joe en entrant chez moi ont été : « Vous avez des tableaux magnifiques. Mon père fait de la peinture. »

Mon père a roulé des yeux, avant de déclarer, en tchèque : « Tiens, cette fois, elle nous a amené un garçon dont le père est peintre en bâtiment. »

Ma mère s'est montrée plus charitable. À part, elle m'a dit, dans la même langue : « Il a l'air bien gentil. » Pendant le dîner, la conversation a porté sur Harry Truman, grand sujet d'admiration pour mon père. Joe a reconnu que dans sa propre famille on avait plutôt du mépris pour lui. Ma mère n'a pas relevé la gaffe, peut-être parce que Joe lui avait fait des compliments sur sa cuisine. Au contraire, sans me consulter, elle l'a invité à venir dîner le lendemain et le surlendemain. Et Joe, sans me consulter non plus, a accepté.

Nous avons aussi pris l'habitude de déjeuner ensemble. Le weekend, il travaillait le soir et je continuais à sortir avec Elston. En outre, un étudiant de la Harvard Business School dont j'avais fait la connaissance à la fin de l'année universitaire se trouvait pour l'heure à Denver et nous sommes sortis ensemble à plusieurs reprises. Je m'amusais beaucoup. J'avais l'impression très inhabituelle d'être la reine de la soirée. Évidemment, mon père était atterré. Il a exprimé sa désapprobation par un terme serbe, zaglavićeš, ce qui, ajouté à son intonation, signifiait quelque chose comme : « Tu files un mauvais coton et tu finiras sur le trottoir, ma fille. » Quand il s'agissait de ma « moralité », mon père ne mâchait pas ses mots, quelle que soit la langue.

Il n'avait pourtant pas à s'inquiéter. Elston et moi allions droit vers la rupture. Il voulait devenir ingénieur et à plusieurs reprises il m'avait traitée de « pseudo-intellectuelle », parce que je parlais tout le temps d'histoire et de politique. Et maintenant que je l'avais informé de mes relations avec Joe, il m'accusait d'infidélité. Ce en quoi il n'avait pas totalement tort, mais après tout, lui aussi était sorti avec d'autres. Quoi qu'il en soit, Elston a poursuivi seul sa route, de mauvais gré.

Pendant ce temps, Joe et moi ne nous lassions jamais de parler ensemble. Il était visiblement intéressé par mes idées et il me surprenait sans cesse. En juillet, il m'a invitée à l'accompagner au rodéo des Cheyenne Frontier Days. Je me suis dit que, pour ce citadin, ce serait une bonne initiation à l'Ouest américain, mais il m'a bluffée en arrivant en blue-jean râpé, bottes de cow-boy et Stetson fatigué. En fait, sa famille possédait un ranch dans le Wyoming et il y passait l'été depuis qu'il était petit. Il attrapait même des veaux au lasso dans les rodéos. Ce jour-là, nous avons beaucoup parlé, beaucoup marché, la main dans la main. Nous nous sommes embrassés et nous sommes tombés – c'est le mot juste – profondément amoureux l'un de l'autre.

Au fur et à mesure, il en a plus appris sur ma famille et moi sur la sienne. Ma famille de diplomate, transplantée aux États-Unis, n'était pas banale. La sienne était extraordinaire. Le trisaïeul de Joe, Joseph Medill, avait développé le *Chicago Tribune* ; son grand-père,

Joseph Medill Patterson, avait fondé le *New York Daily News*. Sa grand-tante, Cissy Patterson, était propriétaire du *Washington Times-Herald*, que devait plus tard racheter le père de Katharine Graham*, Eugene Meyer, pour le fusionner avec le *Washington Post*. L'homme farouchement opposé à Harry Truman était le cousin du grand-père de Joe, le colonel Bertie McCormick, ancien directeur du *Chicago Tribune*. Il avait mené bataille contre le Président à coups d'éditoriaux acerbes. J'allais en savoir plus sur la famille de Joe, mais lentement, « au coup par coup », comme il disait. Lorsque la bourse de la Fondation Guggenheim a été attribuée à mon père, Joe était à la maison et nous avons fêté tous ensemble l'événement. À la fin de la soirée, Joe m'a prise à part. « Madeleine, je ne sais si je dois te le dire, a-t-il soufflé, mais Harry Guggenheim est mon oncle. »

Mon père a été tout aussi époustouflé lorsqu'un de nos amis, amateur d'art, à qui il venait de présenter Joe, lui a dit : « Savez-vous, jeune homme, que vous portez le nom d'un célèbre peintre américain, Ivan Albright ?

— Oui, monsieur, a répondu Joe. C'est mon père. »

Je me souviens de l'expression stupéfaite de mon père, à laquelle se mêlait visiblement le soulagement de savoir que Joe n'avait pas pu comprendre la réflexion qu'il avait faite à ma mère en tchèque, le premier soir où mon ami était venu dîner à la maison.

En fait, Ivan Albright n'était pas le véritable père de Joe, mais le second mari de sa mère, Josephine Patterson. Intelligente et belle, avec un visage qui portait les traces de sa vie mouvementée, Josephine était un être fragile. Elle avait été mariée à un avocat nommé Fred Reeve, avec qui elle avait eu deux enfants, Joe et sa sœur, Alice. Puis Reeve avait décidé de retourner avec sa première femme. D'après Joe, Reeve pensait pouvoir reprendre la vie commune avec celle-ci, comme si ni son divorce ni son remariage avec Josephine n'avaient eu lieu, puisque l'Église catholique n'avait reconnu ni l'un ni l'autre. Aux yeux de Josephine, expliquait Joe, cela ressemblait à de l'hypocrisie et elle en avait conçu de l'amertume, non seulement à l'égard de Reeve, mais envers l'Église. Quant à Reeve, il voyait ses enfants, mais n'avait pas de rapports vraiment affectueux avec eux. Chaque fois que Joe évoquait son géniteur, c'était avec un mélange de tristesse et d'admiration.

Six semaines après notre rencontre, Joe m'a demandé de l'épouser. J'ai accepté, dans la mesure où le mariage n'aurait lieu qu'après l'obtention de mon diplôme. Bien sûr, nous nous connaissions à

---

* Décédée en 2001, Katharine Graham fut directrice du *Washington Post*, notamment au moment du scandale du Watergate *(N.d.T.)*.

peine, mais quelle importance ? Nous étions en plein roman d'amour et Joe était pour moi un véritable prince charmant tombé du ciel. Après m'avoir offert en signe d'engagement la broche de la fraternité d'étudiants à laquelle il appartenait, Thêta Delta Xi, il est allé voir ses parents dans le Wyoming pour leur annoncer la nouvelle. À son retour, les choses ne se présentaient pas bien. Sa mère n'appréciait guère que je sois catholique, sans compter qu'avec un manque de diplomatie certain elle avait demandé à son fils si je l'épousais pour son argent. J'étais tombée amoureuse de Joe très vite, avant de savoir quoi que ce soit sur sa famille et encore moins sur leur argent. Pour tout dire, je pensais même qu'il venait dîner aussi souvent à la maison parce qu'il était fauché. J'ai trouvé cette réflexion particulièrement insultante pour lui comme pour moi. Comment sa famille pouvait-elle avoir une aussi piètre opinion de lui ? Sans aller jusqu'à se plaindre, Joe avait souffert de devoir en permanence prouver qu'il pouvait réussir par lui-même. J'ai toujours été persuadée que cet héritage familial le gênait et qu'il le trouvait lourd à porter.

À la rentrée, quand je suis retournée à Wellesley en troisième année, mes amies ont été excitées comme des puces en voyant que je portais la broche de Joe sur l'épaule gauche. J'avais quitté l'université pour les vacances d'été sans avoir de prétendant officiel et voilà que j'allais me fiancer ! J'étais fière de pouvoir annoncer que la broche et ma petite personne appartenaient à l'un des plus brillants étudiants en quatrième année de Williams College, classé parmi les meilleurs en troisième année (Phi Bêta Kappa) et rédacteur en chef du journal. Sans compter qu'il tenait à me voir tous les week-ends, soit en venant à Wellesley, soit en me faisant venir à Williams. Tout allait apparemment pour le mieux. Je réussissais dans mes études et j'allais épouser un homme fascinant qui me voyait très bien faire une carrière complémentaire de la sienne.

La broche de la fraternité à laquelle appartenait Joe ne me quittait jamais. Je portais aussi en permanence son foulard de Williams College et un pull noir avec les chiffres « 1958 » imprimés en violet dans le dos. Quand je lui rendais visite à Williams, les autres membres de sa fraternité me donnaient la sérénade.

En revanche, j'ai eu beaucoup plus de mal à faire la conquête de sa famille. Après avoir appris que Joe voulait m'épouser, sa mère a demandé à sa propre sœur, Alice, de voir à quoi je ressemblais. Aussi ai-je accompagné Joe à Falaise, l'immense domaine donnant sur Long Island Sound où vivaient Alicia Patterson et Harry Guggenheim. La propriété avait été baptisée ainsi d'après la ville de Basse-Normandie et une partie des pierres de l'édifice provenaient d'Europe. D'immenses grilles de fer forgé entouraient le manoir, édifié sur un terrain aussi vaste que le campus de Wellesley. Parmi les personnalités qui y avaient séjourné, il y avait Charles Lindbergh. Quelques années plus tard, en voyant *Le Parrain*, de Francis Ford Coppola, je découvrirais que l'une des pièces et les écuries de Falaise avaient servi de décor au film. Dans l'une des scènes, on aperçoit même un portrait d'Alicia Patterson accroché au mur.

C'était la première fois que je me rendais dans l'Est par avion et non par le train. Joe est venu me chercher en voiture à New York pour me conduire à Long Island. Il m'avait dit tout ce que je devais savoir. Harry Guggenheim était le troisième mari d'Alicia, une femme intelligente, comme la mère de Joe, dont le visage aux pommettes hautes et aux yeux enfoncés reflétait la forte personnalité. Elle ressemblait à Katharine Hepburn dans *Un lion en hiver* et s'habillait comme la duchesse de Windsor. Elle avait du cran et de la classe. Elle buvait, fumait, chassait la caille et le gros gibier, jouait au tennis et au bridge, le tout avec élégance. Sans enfants, elle considérait Joe et sa sœur Alice comme ses héritiers.

Ce jour-là, il faisait chaud, mais pensant trouver un temps d'automne, j'avais mis un twin-set en lambswool bleu pâle et une jupe de tweed. Alicia est venue nous accueillir et nous a emmenés en promenade. « Tante Alicia », comme elle m'avait demandé de l'appeler, avait beau essayer de me mettre à l'aise, le rôle de Cendrillon ne me convenait guère. Notre balade terminée, elle nous a annoncé qu'il fallait s'habiller pour le dîner. J'avais apporté toute ma garde-robe d'étudiante et n'ai pas été prise au dépourvu. Néanmoins, lorsque je suis sortie de mon bain, enveloppée dans une serviette, j'ai eu un instant de panique en m'apercevant que tous mes vêtements avaient disparu de ma chambre.

À ce moment-là, une femme de chambre est entrée, portant mes vêtements fraîchement repassés. Je sais aujourd'hui que l'on traite ainsi les invités dans la haute société, mais à l'époque j'ai craint que mes tenues n'aient eu l'air d'avoir besoin de passer au nettoyage. Le dîner a marqué mon entrée dans le clan Patterson, car c'est bien de cela qu'il s'agissait, même si les femmes portaient le nom de leur mari. À l'apéritif, nous avons porté des toasts – vieille habitude lors des réunions familiales –, dont un à mon père et à ma mère, « diplomates éminents, représentants d'une Tchécoslovaquie libre ». J'ai beaucoup apprécié cette attention.

Quant aux parents de Joe, les miens les ont rencontrés avant moi. Alors qu'ils regagnaient Chicago après leur séjour dans le Wyoming, les Albright se sont arrêtés à Denver pour faire la connaissance des Korbel. Naïvement, Joe et moi avions trouvé que c'était une excellente idée. En réalité, nul n'aurait pu imaginer deux couples plus différents. Leur unique point commun était leur volonté de vérifier si le partenaire choisi par leur propre enfant était à la hauteur de celui-ci. En tant que diplomate et intellectuel, mon père pensait pouvoir faire de chaque rencontre un succès. Extravertie et spontanée, ma mère, avec sa langue bien pendue, voulait plaire à tout le monde. Ivan Albright, auquel aucun détail de caractère n'échappait quand il s'agissait de le restituer sur une toile, avait du mal à communiquer verbalement. Et la mère de Joe, mélange de rebelle et de mondaine, se montrait tour à tour charmante et brusque. Sur le moment, ni ses parents ni les miens n'ont voulu nous perturber en nous racontant que la rencontre s'était très moyennement passée et ils nous en ont fait un compte rendu positif. C'est seulement des années plus tard que nous apprendrions combien ils étaient mal à l'aise.

J'ai rencontré le père et la mère de Joe à New York en novembre, lors de la fête de *Thanksgiving*. Nous nous sommes apparemment bien entendus, même si l'atmosphère était plus tendue que chez tante Alicia. Nous étions descendus chez Alicia et Harry Guggenheim, sur Seventy-fourth Street. Avec leur aide, et dans la gaieté des dîners en ville et des sorties au théâtre en groupe, j'ai eu l'impression d'avoir passé l'examen.

Pendant les vacances de Noël, au retour de Denver, j'ai de nouveau rendu visite aux Albright à Chicago, cette fois, dans leur vaste maison de Division Street. Il y avait partout des toiles de mon futur beau-père, dans le style exubérant et minutieux qui fait d'Ivan Albright l'un des peintres américains les plus originaux du XXe siècle. Son tableau le plus célèbre reste *Le Portrait de Dorian Gray*. J'ai appris à apprécier son œuvre, que j'admire énormément, mais à l'époque j'avais du mal à me faire à son réalisme macabre. Sa *Tentation de saint Antoine* m'a toujours désarçonnée, avec ses cadavres à moitié engloutis que des poissons dévorent sous le regard avide de loups. Ce tableau était accroché dans la salle à manger.

Lors de cette visite, j'ai pu rencontrer la grand-mère de Joe, Alice Higinbotham Patterson, qui exerçait une autorité matriarcale sur les siens. Dans la famille, on l'appelait Gaga, mais elle avait toute sa tête, c'est le moins que l'on puisse dire. Fille d'un des fondateurs des grands magasins Marshall Field's de Chicago, elle était petite, menue et belle. Elle avait divorcé et vivait seule dans un élégant appartement donnant sur Lake Shore Drive, parmi de nombreux tableaux et des statues de la Chine ancienne. Au déjeuner, on nous a servi un soufflé au fromage, un plat que je n'avais jamais mangé de ma vie. Dès que j'ai plongé ma cuillère dans ce mets aérien, il est retombé. Mon assurance aussi. J'avais l'impression d'avoir fait une énorme gaffe.

Dire que j'étais écrasée par la famille de Joe serait une litote. Pour leur défense, je dois dire qu'ils ont fait tout leur possible pour arranger la situation lorsqu'ils ont compris que nous avions la ferme intention de nous marier, mais cela a pris du temps. Ils ont eu le choc de leur vie en voyant que Joe, qui se montrait régulièrement au bras d'une Miss Roosevelt ou d'une Miss Coolidge aux soirées de Chicago où des jeunes filles faisaient leurs débuts dans le monde, m'avait choisie pour épouse. Précédemment, lorsque des membres de la famille avaient épousé une personne étrangère, ils avaient au moins acquis un titre de noblesse au passage. Mais je n'étais ni duchesse ni comtesse.

À mon retour à Wellesley, après les vacances de Noël, j'avais deux certitudes. La première, c'était que j'avais réussi l'examen de passage de la famille de Joe. La seconde, que j'arrivais très bien à concilier mes études et la fréquentation à temps plein d'un petit ami. Dans les deux cas, je me trompais.

J'étais une étudiante parfaitement organisée. Durant les cours, je prenais des notes sur un cahier à spirale. Quand je lisais, je faisais de même sur un cahier à feuilles détachables. Ensuite, j'assemblais ces dernières avec les premières dans un classeur à anneaux. Chaque page de notes correspondait à un thème précis. Pour gagner du temps plus tard, j'utilisais des stylos bille de couleurs différentes. En vue des examens, je récapitulais mes notes sur des fiches soigneusement classées, puis résumais ces résumés. Mais désormais, les visites de Joe et mes déplacements à Williamstown empiétaient sur ces bonnes habitudes. Je n'avais plus le temps de créer des codes de couleur pour mes notes, ni de faire des résumés de mes résumés.

Avec la pression des examens, je ne me sentais pas prête et j'étais convaincue de tout rater. Pire, Joe faisait maintenant un pas en arrière. Durant l'hiver, au cours d'un week-end à Williamstown, il s'est assis en face de moi à Baxter Hall, le foyer des étudiants, et a entrepris de m'expliquer qu'après réflexion il craignait que nous n'ayons brûlé les étapes. Ce ne serait pas « génial », selon ses propres termes, qu'il se marie si jeune. J'étais atterrée.

J'ai commencé à ôter la broche qu'il m'avait donnée en espérant qu'il allait m'en empêcher. Pas du tout. Je l'ai alors posée sur ses genoux. Il s'est levé et l'a jetée par la fenêtre. J'aurais dû faire une sortie théâtrale, mais je n'avais pas de voiture et en plein hiver, le soir, je n'avais aucun autre moyen de quitter Williamstown. J'ai donc regagné la chambre que j'avais louée. Je n'ai pas fermé l'œil de la nuit, cherchant à comprendre ce qui s'était passé et me demandant ce qui pourrait le faire changer d'avis. J'en suis arrivée à la conclusion, peu rassurante pour moi, que sa mère avait réussi à l'influencer.

De son côté, la nuit a dû porter conseil à Joe puisque le lendemain matin il est venu me chercher pour le petit déjeuner. Par miracle, il avait pu récupérer sa broche et il me l'a rendue. Nous sommes convenus de continuer à nous voir, mais moins souvent. Je suis rentrée à Wellesley au trente-sixième dessous. Je refusais de croire que mon prince charmant ait pu se changer en grenouille, mais je ne pouvais m'empêcher de penser à l'étudiant qui, lorsque j'étais au lycée, m'avait laissée tomber après être sorti avec moi. Peut-être étais-je condamnée à courir à la déception en me lançant dans des histoires d'amour trop belles pour être vraies. Qui sait si le problème ne venait pas de moi plutôt que de Joe ?

Au cours des mois suivants, Joe a continué à m'écrire tous les jours. La différence, c'est qu'il terminait ses lettres en disant : « Bien à toi », au lieu de « Tout mon amour ». Chaque fois que nous nous voyions, nous avions toujours énormément de choses à nous dire. Plus qu'à n'importe qui d'autre. C'est toutefois la Library of Congress qui a scellé nos retrouvailles. Nous nous sommes rendu compte que nous avions tous les deux besoin de faire des recherches dans cette bibliothèque pour nos travaux respectifs. Aux vacances de printemps, nous sommes donc allés à Washington. Cette fois, pas de doute. Le temps du « bien à toi » était révolu. Nous avons passé des moments formidables. Et finalement, le mariage ne nous paraissait plus vraiment une entrave aux projets « géniaux » de Joe. Désormais, l'expression « aller à Washington » est devenue notre code secret quand il s'agissait de passer de bons moments ensemble.

Il n'empêche que la mère de Joe n'était toujours pas convaincue. J'ai pu faire cette douloureuse constatation lors de la remise du diplôme de son fils. Nous étions réunis dans la chambre de Joe. Il avait obtenu la plus haute mention pour son mémoire et il était fier de le montrer à ses parents, mais lorsque sa mère a lu la dédicace : « À MADELEINE, AVEC QUI... », elle a quitté la pièce avec Ivan Albright et ils n'ont pas assisté à la cérémonie. Le mémoire portait sur Joseph Medill Patterson, le grand-père maternel de Joe, à qui sa mère vouait une grande admiration et qu'elle considérait comme un exemple. Joe a sans doute eu tort de me le dédier, mais c'était ainsi.

Mais l'influence que Josephine Patterson avait réussi à exercer sur son fils à Noël n'a pas duré au-delà de l'été. À l'automne, lorsque Joe est revenu d'un voyage en car en Union soviétique, il m'a offert une bague de fiançailles ancienne en émeraude et diamant achetée à Londres. Nos fiançailles ont été officiellement annoncées quelques mois plus tard. Elles ont fait six colonnes dans le *Chicago Sun-Times*, sous le titre « Joseph Albright se marie en juin », illustrées, non pas par la photo de la future épouse, comme c'est généralement le cas, mais par celle du fiancé. Mon nom n'apparaissait qu'à la deuxième phrase, la première étant : « Joseph Medill Patterson Albright prendra femme à Denver en juin prochain. »

À l'automne, Joe a occupé son premier poste à plein temps dans ce même *Chicago Sun-Times*. Nous nous parlions chaque soir au téléphone. À Wellesley, à part mes jobs de rédactrice au journal de l'université et de manager de la boutique à sandwichs, je n'avais aucune distraction. Je me concentrais sur mes études et surtout sur mon mémoire de licence.

Je n'étais pas du genre à négliger les conseils de mon père sur quelque sujet que ce soit et surtout pas sur celui du mémoire en question. Il m'a suggéré de le faire sur un homme qui avait joué le mauvais rôle en Tchécoslovaquie après la Seconde Guerre mondiale : Zdeněk Fierlinger. Socio-démocrate, Fierlinger avait entraîné son parti dans une alliance avec les communistes qui avait abouti à la mort de Masaryk, à la démission de Beneš et à la fin de la démo-cratie.

Dans l'entourage de mon père, on appelait Fierlinger « Quislin-ger », d'après Vidkun Quisling, le politicien norvégien qui avait col-laboré avec les nazis et dont le nom était synonyme de faiblesse et de trahison. Le sénateur Joseph McCarthy, qui avait fait carrière en accusant les gens, coupables ou non, de sympathies communistes, utilisait à leur propos le terme « compagnons de route » et, grâce à lui, la formule était bien connue des Américains. Fierlinger était un authentique compagnon de route. Il aurait sans doute été surpris de savoir qu'au printemps 1959 toute une résidence d'étudiantes améri-caines était au courant de son existence. Pendant plusieurs mois, en effet, j'ai parlé de lui presque autant que de Joe et passé plus de temps en sa compagnie qu'avec mon fiancé.

Mon mémoire me renvoyait à mon pays natal. Même si j'étais devenue américaine, j'étais toujours concernée par ce qui se passait en Europe et mon vécu différait de celui des autres citoyens améri-cains. J'avais passé des nuits sous les bombardements, dans un abri. J'avais subi les conséquences de la guerre. Les admirateurs de Staline avaient chassé ma famille de sa patrie. J'en étais sortie avec des opinions fermement ancrées, que j'avais par nature tendance à vou-loir exprimer.

Pour moi, la guerre froide était une réalité. Je suivais l'actualité de près : la dénonciation des crimes de Staline par Khrouchtchev ; le lancement du satellite Spoutnik par les Soviétiques, qui avait été un choc pour nos scientifiques et marquait le début de l'ère spatiale ;

la révolution communiste à Cuba, à quelque cent cinquante kilomètres de nos côtes ; l'effondrement du colonialisme et la lutte que
menaient les États-Unis, l'Union soviétique et la Chine de Mao pour
établir leur influence sur les nouveaux États indépendants d'Afrique
et d'Asie. La période était angoissante, mais pour moi les choses
étaient tranchées : le bien était de notre côté, le mal du côté des
communistes. Une moitié de l'Europe était libre, l'autre en prison.
Tous ceux qui, dans le monde, partageaient les idéaux d'humanisme
et de démocratie de Tomáš Masaryk devaient faire front commun.

À Denver, mon père était coupé des cercles politiques tchécoslo-
vaco-américains, mais le sort de son pays natal continuait à le concerner. Il a entamé la rédaction de son troisième ouvrage, *The
Communist Subversion of Czechoslovakia*, dans lequel il mettait en
garde contre la fragilité de la démocratie et les dangers de la coexistence avec les communistes. En conclusion, il expliquait que Lénine
avait incité ses partisans à « utiliser la ruse, les manigances, les artifi-
ces, la roublardise, les méthodes illégales, la dissimulation, le déguisement de la vérité » pour parvenir à leurs fins. Il suppliait les
dirigeants démocrates de ne pas se laisser entraîner par leur propre
foi dans les méthodes démocratiques et leur désir de faire confiance.
Il fallait se méfier des communistes, car leur but n'était pas la coexistence, mais la conquête du pouvoir. Quant à l'idée que l'Union soviétique puisse renoncer de son propre chef au communisme,
Khrouchtchev s'était esclaffé que cela arriverait « le jour où les cre-
vettes apprendront à siffler », selon sa formule imagée.

La rédaction d'un mémoire était une astreinte, mais elle m'a appris
à mener un travail à terme. Comme une grande partie de ma documentation était en tchèque, je me suis vite rendu compte que je maîtrisais mal la langue écrite, que j'avais cessé d'apprendre à l'âge de
neuf ans. Je l'utilisais oralement et j'ai donc commencé à lire à haute
voix. Quand j'étais entrée à l'université, mes parents m'avaient
donné une petite machine à écrire, une Olivetti, à condition que je
leur écrive à la main et en tchèque. Mon père estimait que cela me
donnerait l'occasion de pratiquer la langue. À ses yeux, il était impoli
de taper des courriers personnels à la machine. Lorsqu'il m'a
retourné mes lettres corrigées à l'encre rouge, je me suis rebiffée. Je
lui ai dit que s'il voulait avoir de mes nouvelles, il devrait accepter
qu'elles soient rédigées en anglais. Aujourd'hui, même si je parle le
tchèque couramment, j'ai toujours du mal à l'écrire et j'en suis restée
au niveau scolaire. Aussi, je continue à écrire en anglais à mes amis
tchèques.

Malgré tous mes efforts, je crois que mon mémoire de licence a
eu en tout et pour tout trois lecteurs : mon père, Joe et mon directeur

de thèse. L'ouvrage de mon père, lui, a été lu non seulement à l'Ouest, mais en Tchécoslovaquie, comme je devais l'apprendre plus tard. En 1990, après la chute du Mur de Berlin, j'assistais en Allemagne à une conférence. Au cours d'une conversation avec Jaroslav Šedivý, le futur ministre des Affaires étrangères tchèque, il m'a appris qu'au temps de la guerre froide, quand il travaillait aux archives du ministère des Affaires étrangères tchécoslovaque, il s'était disputé avec ceux qui avaient donné l'ordre d'en retirer toute information sur mon père, que les communistes considéraient comme un traître. Il était ensuite allé travailler dans un institut où il avait pu se procurer sous le manteau un exemplaire de *The Communist Subversion of Czechoslovakia*. Sa lecture, m'a-t-il expliqué, lui avait ouvert les yeux sur ce qui s'était vraiment passé dans son pays entre la fin de la guerre et la prise de pouvoir par les communistes en 1948. Entré en dissidence, Šedivý a été arrêté par la suite et emprisonné. Une fois libéré, il a végété comme laveur de carreaux jusqu'à ce que la Tchécoslovaquie redevienne un pays libre.

J'appréciais les moments de repos dans ma routine universitaire. Pendant ma quatrième année, Joe m'a invitée à passer avec lui les vacances de Pâques dans sa famille à Chicago. Cette fois, sa grand-mère, la redoutable Gaga, m'a prise sous son aile, ce qui n'a pas eu que des avantages pour moi. C'était une dame extrêmement distrayante, mais je dois avouer qu'elle me terrifiait. Au début de mon séjour, elle m'a emmenée déjeuner au Casino Club, un endroit très sélect sur Lake Shore Drive. À cette époque, une jeune femme respectable se devait de porter un chapeau et des gants blancs dans certaines circonstances, mais je ne pensais pas qu'un déjeuner en faisait partie. Autour de moi, pourtant, toutes les femmes étaient chapeautées, Gaga comme les autres. J'aurais dû tenir ma langue, mais je me suis lancée dans une explication qui n'a fait que m'enfoncer.

« Généralement, je m'offre un chapeau neuf à Pâques, ai-je commencé, mais je n'ai rien trouvé à mon goût à Wellesley. Je pensais en acheter un ici.

— Excellente idée, a répondu Gaga. Nous irons chez ma modiste après déjeuner. »

Sa modiste ? Ce devait être une boutique où l'on vendait seulement des chapeaux. Pour ma part, j'avais toujours acheté les miens dans un grand magasin.

Il nous a suffi de traverser Michigan Avenue pour entrer chez Bes-Ben. La boutique était remplie de miroirs, auxquels des chaises faisaient face, de sorte qu'on pouvait passer des heures à essayer les chapeaux. Certains étaient exposés, mais Gaga me dit de m'asseoir, avant de demander aux vendeuses, qui visiblement la connaissaient fort bien, d'apporter les créations de la saison pour « la fiancée de son petit-fils » – à moins qu'elle n'ait utilisé le terme « promise ». (Avec les Patterson, il convenait d'utiliser le mot juste. J'ai appris, dès que j'ai fréquenté la famille, qu'on disait « tenue de soirée » et non pas « tenue habillée », « tentures » et non pas « rideaux », « sofa » et non « canapé », « présent » et non pas « cadeau », « riche » et non pas « opulent ».)

Lorsque les vendeuses sont arrivées avec les chapeaux, j'ai aperçu l'étiquette de l'un d'entre eux. Je l'ai essayé. J'avais l'air déguisée, mais ce qui m'a encore plus terrifiée, c'est le prix. Le chapeau coûtait deux cents dollars, c'est-à-dire plus de mille au cours d'aujourd'hui. La catastrophe.

« Il est ravissant, mais la couleur ne me va pas », ai-je dit.

La vendeuse est intervenue : « Bien entendu, Mademoiselle, nous pouvons le réaliser dans la couleur de votre choix.

— Les fleurs non plus ne sont pas tout à fait ce que je cherche.

— Nous pouvons vous proposer les fleurs ou les baies que vous souhaitez.

— En fin de compte, je crois que je n'ai pas besoin d'un nouveau chapeau. »

Gaga est intervenue. « Mais mon petit, vous avez dit au déjeuner que vous en vouliez un. »

L'affaire était entendue. En moins de temps qu'il n'en faut pour le dire, on avait pris mon tour de tête et on me proposait un choix de couleurs, de rubans, de baies et de fleurs, en m'assurant que mon couvre-chef serait prêt à temps pour Pâques.

J'étais tétanisée. Allais-je devoir le payer de ma poche, ou était-ce un présent ? Si Gaga me l'offrait et que je ne la remerciais pas, elle me jugerait d'une grande impolitesse. Si je la remerciais alors que ce n'était pas un présent, elle me jugerait d'une tout aussi grande présomption. Nous sommes rentrées prendre le thé chez elle. J'étais en train de me dire que j'allais devoir sacrifier l'argent que je mettais de côté pour le cadeau d'anniversaire de Joe afin de payer ce maudit chapeau, lorsque Gaga a murmuré : « J'espère que mon petit présent de Pâques vous plaît. » J'étais sauvée. J'ai toujours ce chapeau de paille, orné de fleurs fuschia, de baies diverses et d'un ruban de velours couleur fraise écrasée. Je l'ai porté pour Pâques, cette année-là, et quelques mois plus tard, la veille de mon mariage. Il est désormais enfermé dans sa boîte bleue d'origine, au fond de ma penderie.

La date du mariage approchant, Joe a décidé d'aborder un sujet sensible : accepterais-je d'adopter la religion épiscopalienne ? J'en ai parlé à mes parents, qui m'ont répondu que j'étais seul maître de ma décision. J'étais plus pratiquante qu'eux et ils ne se sentaient guère concernés. Ils m'ont rappelé que si Tomáš Masaryk était très croyant, il se démarquait en cela de la majorité des Tchécoslovaques. Mes parents ne faisaient pas exception et ils étaient beaucoup plus concernés par la fréquence des divorces dans la famille de Joe que par ma conversion. Mon père a pris Joe entre quatre yeux pour lui expliquer que le divorce était inacceptable. Par la suite, ma mère aurait l'occasion de me dire : « Mais Joe a répondu à ton père qu'il ne pensait pas au divorce. »

Pour ma part, je n'avais aucune objection à me convertir, si ce n'est que je tenais au dogme catholique de la Vierge Marie, qui intercède pour nous. Je disais le rosaire et chaque année, le 15 août, jour de l'Assomption, on célébrait ma fête, puisque j'étais prénommée Marie Jana. Une fois ma décision prise, la mère de Joe m'a demandé de rencontrer l'évêque épiscopalien de Chicago et c'est sur Marie qu'a porté notre discussion. Pour moi, si l'on peut toujours enrichir sa foi, il est beaucoup plus difficile de l'amputer. La mère du Christ est honorée dans toutes les Églises chrétiennes, mais la place qu'elle occupe dans le catholicisme me convenait mieux. Il n'était pas question pour moi de me couper de la Sainte Vierge et je ne l'ai jamais fait.

Du fait de ma conversion, la bénédiction nuptiale ne nous serait pas donnée dans l'église que j'avais fréquentée à Denver. Nous avons décidé que la cérémonie aurait lieu à Saint Andrew, la ravissante petite église épiscopalienne de Wellesley. Dans des circonstances normales, je ne voyais déjà pas ma mère organiser un mariage à l'américaine, mais là, j'ai préféré prendre les choses en main. Entre deux recherches pour mon mémoire, j'ai choisi la tenue des demoiselles d'honneur, rédigé les faire-part, décidé de l'endroit où aurait lieu la réception et du menu. Tout l'art consistait à se montrer à la hauteur de la famille Patterson sans pour autant faire exploser le budget des Korbel.

J'ai obtenu mon diplôme le 8 juin. Si je n'avais pas été sur le point de me marier, j'aurais beaucoup regretté de quitter Wellesley. Pendant trois jours, je suis restée dans notre résidence avec Mary Jane, ma compagne de chambre, dont le mariage était prévu deux jours après le mien.

Le 11 juin 1959, par une belle journée, j'ai épousé Joe. Mes parents étaient venus en voiture du Colorado avec John et Kathy. Les Albright ont organisé un dîner la veille au soir, dans le restaurant de Joseph à Boston. Le lendemain matin, après m'être lavé les cheveux, j'ai mis ma robe de mariée et mon voile, retenu par une délicate couronne de perles réalisée par une amie tchèque de ma mère. C'est mon père qui m'a conduite à l'autel, bien entendu. Kathy était demoiselle d'honneur. Elle était si nerveuse que son bouquet a tremblé durant toute la cérémonie. Quant à Joe, il était si désireux de répondre correctement aux questions du prêtre que lorsque celui-ci lui a demandé : « *Wilt thou take...* », il a répondu : « *I wilt**. » Ses parents semblaient ravis de cette cérémonie impeccablement épiscopalienne. La seule fausse note est venue de sa sœur, Alice, en première année d'études à Radcliffe. Ultrasophistiquée, Alice n'aimait pas sa robe de demoiselle d'honneur vert d'eau. Sitôt la cérémonie et la séance de photos terminées, elle s'est dépêchée de la déchirer en deux et de la jeter dans la poubelle des toilettes. Mais mon bonheur n'en a pas été entamé. J'étais devenue Mrs. Joseph Albright – mes cartes de visite et mon papier à lettres monogrammé seraient là pour le prouver.

Douze ans après mon arrivée sur le sol des États-Unis en tant que réfugiée, j'étais citoyenne américaine, je m'étais fait un cercle d'amis précieux, j'étais diplômée de l'une des meilleures universités féminines, dont on sortait prête à occuper des fonctions supérieures. J'avais épousé un prince charmant américain que j'adorais et qui m'aimait. J'avais chaussé la pantoufle de vair et elle était à mon pied. Dans le conte, l'histoire se termine ici. Dans la vie, c'est le début d'un nouveau chapitre.

---

* À la question « *Wilt thou take...* » (« Voulez-vous prendre... »), on répond « *I will* (« Je le veux ») et non « *I wilt* », qui signifie « Je dépéris », mais aussi « Je me dégonfle » *(N.d.T.)*.

CHAPITRE QUATRE

Valeurs familiales

MA PLUS JEUNE FILLE, Katie, est née en 1967. À son entrée à l'université, il existait un cours sur les années soixante, qu'elle a choisi de suivre. Cette décennie était devenue synonyme de la contre-culture et de ses phénomènes, les hippies, la drogue, la libération sexuelle, Woodstock, les manifestations contre la guerre. Sous bien des aspects, la génération qui a terminé ses études à la fin des années cinquante est passée à côté des années soixante. Tandis que nos cadets faisaient ce qu'ils voulaient, nous faisions comme nos parents : nous fondions un foyer et commencions à travailler.

Joe et moi étions plus sérieux que les plus sérieux de nos collègues. Nous avons cependant commencé par une lune de miel de six semaines pas vraiment sérieuse dans les Caraïbes. Fin juillet, à notre retour, Joe a reçu une convocation pour le service militaire : six mois dans le Missouri, à Fort Leonard Wood. Pendant ses classes, je suis retournée chez mes parents à Denver et, en attendant de le rejoindre, j'ai travaillé quelque temps à la Gray Line Bus Company, où je vendais des circuits touristiques.

J'ai gagné le Missouri dès que possible. Comme Joe devait rester sur la base, je me suis installée dans un motel reconverti en studios. Après avoir failli travailler dans un drive-in et un salon de tatouage, j'ai déniché le job idéal pour une aspirante journaliste : une collaboration à un quotidien local, le *Rolla Daily News*. Je touchais un peu à tout : notices nécrologiques et articles pour les pages société, petites annonces[1], reportages sportifs, interviews des gens qui juraient avoir vu des soucoupes volantes. Pour me rendre à mon travail, je faisais chaque jour cinquante kilomètres dans la vieille Ford blanche et

---

1. Je me souviens encore de celle-ci : « À céder, concession au cimetière. Prix sacrifié, cause déménagement. »

bleue de Joe, que je retrouvais souvent sur la route du retour. Avant son service, mon mari était beau, bronzé, avec des cheveux bruns et drus. Maintenant, il avait le crâne rasé. Je le trouvais toujours beau, mais trop maigre. L'armée m'a tout de même envoyé une lettre m'informant que Joe avait été le meilleur lors de ses classes et que ce devait être un motif de fierté pour moi.

Comme nous étions en temps de paix, le Pentagone a décidé une Opération Père Noël et réduit d'un mois la durée du service. Joe et un certain nombre de conscrits ont donc pu passer les fêtes de fin d'année en famille. Nous sommes restés à Denver jusqu'en janvier 1960. Nous avons alors gagné Chicago avec l'intention de prendre un nouveau départ dans la vie. Les parents de Joe nous ont laissé leur maison, tandis qu'ils entreprenaient un tour du monde avec les plus jeunes de leurs enfants, Adam et Dina. Nous y sommes restés le temps de trouver un appartement. Finalement, nous avons emménagé au second étage d'un immeuble sans ascenseur de North Pine Grove Avenue, avec une terrasse arborée sur le toit.

Nos meubles provenaient de ventes aux enchères. Plus tard, je continuerais à étudier dans un fauteuil gigantesque qui nous avait paru d'une taille normale sur l'estrade. (Il est actuellement dans ma ferme de Virginie et tous mes petits-enfants y tiennent à l'aise.) Nous nous sommes fait des amis et nous avons pris l'habitude d'aller au Second City, le théâtre d'improvisation de Chicago. Nous fréquentions aussi beaucoup la grand-mère de Joe. J'ai cherché à me lier avec les débutantes de la ville, dont certaines étaient sorties avec Joe. J'ai mis des semaines à confectionner la robe de bal en velours à manches longues que j'avais l'intention de porter lors de la grande soirée de la saison. J'avais choisi un tissu de même couleur que le collier ancien de grenats que mes parents m'avaient offert en cadeau de noces. Mais lorsqu'on m'a demandé d'où venait cette robe, je me suis contentée de sourire au lieu de dire que je l'avais faite moi-même.

Joe est retourné travailler au *Sun-Times* et j'ai cherché un emploi. Comme il y avait à l'époque quatre journaux à Chicago, je me suis dit que je n'aurais pas de mal à me faire embaucher par l'un des trois autres, mais cela n'a pas été le cas. Un soir, dans un dîner, le directeur de la publication de Joe m'a demandé : « Que comptez-vous faire, mon petit ?

— Trouver un poste dans un journal.

— Ce sera difficile. Pour des raisons de déontologie, vous ne pouvez pas travailler dans le même journal que votre mari et cela ne fera pas avancer la carrière de Joe si sa femme est chez un concurrent. J'ai bien peur que vous ne deviez changer votre fusil d'épaule. »

Aujourd'hui, j'aurais su comment lui répondre, mais à l'époque, je me suis tue.

J'ai fini par trouver un poste d'assistante du chef du service photographique de l'*Encyclopaedia Britannica*. Lors de l'entretien d'embauche, on m'a demandé quand j'avais l'intention d'avoir un enfant. Je n'ai pas le souvenir d'avoir été choquée. J'ai simplement répondu que cela ne pressait pas. Je ne connaissais rien à la photographie, mais à ma grande surprise j'ai été embauchée. Sans doute me demandait-on seulement de savoir lire. À l'*EB*, comme nous appelions l'encyclopédie, on avait pour principe de remettre à jour un type d'articles par an. En 1960, c'était le tour des articles sur la géographie et ma tâche consistait à sélectionner les photos, à faire les légendes et à préparer la mise en page. Par la suite, je suis entrée au service de presse. Cette fois, j'avais pour mission de parcourir l'*EB* à la recherche de « bouche-trous » à placer à la fin des colonnes. Je sélectionnais des perles du genre : « Dans l'*Encyclopaedia Britannica,* on apprend que les autruches sont muettes. »

Cette année-là, Joe et moi allions voter pour la première fois aux élections présidentielles. Nous avons suivi la campagne avec attention. Comme beaucoup d'autres femmes, j'avais un faible pour John F. Kennedy. En 1958, j'avais eu l'occasion d'interviewer le futur Président pour le journal de Wellesley College. Il faisait alors campagne pour être réélu au Sénat. Non contente de lui poser des questions, je lui avais demandé un autographe, ce qui me valut un blâme de Joe, qui estimait à juste titre que je ne m'étais pas comportée en professionnelle. N'empêche que j'avais eu mon autographe.

La campagne présidentielle de 1960 a offert à Joe son premier scoop. La Convention républicaine se tenait à Chicago. Il s'est caché dans la salle de bains jouxtant la chambre de l'hôtel Sheraton-Blackstone dans laquelle Richard Nixon avait réuni des leaders de son parti pour désigner le candidat à la vice-présidence. Plié en deux dans la baignoire, Joe prenait des notes (certaines même sur du papier-toilette). Il a entendu Nixon dire qu'Henry Cabot Lodge était l'homme qu'il lui fallait, car les compétences de Lodge en politique internationale lui permettraient de se consacrer à la politique intérieure. L'article signé de Joe a fait la une.

C'est à cette époque qu'un autre jeune journaliste, James Hoge, est entré au *Sun-Times*. Blond, les traits virils, à l'aise en société, Hoge, issu de Yale, avait tout pour lui. Il allait faire une longue et belle carrière dans le journalisme à Chicago et à New York. À l'époque, la rivalité entre Joe et lui était inévitable. Les deux hommes faisaient en sorte de ne pas empiéter sur le domaine professionnel de l'autre, mais ils n'ont pu empêcher leurs routes de se croiser. Au grand dam du clan Patterson, Jim a épousé la sœur de Joe, Alice. Après mon divorce, j'ai découvert que j'avais de nombreux sujets de conversation avec mon ex-beau-frère, qui s'impliquait de plus en plus dans la politique étrangère.

J'étais une fille obéissante, mais Joe se devait d'être non seulement un fils obéissant, mais un petit-fils et un neveu obéissant. Du moins, il essayait. On attendait de lui qu'il s'occupe des affaires familiales. Sa tante Alicia et Harry Guggenheim avaient lancé un autre journal à Long Island, *Newsday*, qui marchait très bien. À l'époque où je suis entrée dans la famille, il était entendu depuis longtemps que Joe prendrait un jour la relève.

Au printemps 1961, il a reçu un courrier de sa tante l'informant qu'on l'attendait à Long Island, où il serait formé au fonctionnement de *Newsday*. Je n'ai pas été effrayée à l'idée de déménager. Notre vie était de toute façon sur le point de changer, car je venais d'apprendre que j'étais enceinte. La seule ombre au tableau, c'est que nous allions perdre l'indépendance dont nous jouissions à Chicago, mais nous étions prêts à franchir le pas.

J'étais sûre que nous mènerions une existence passionnante quand Joe serait à la tête du journal et sa famille continuait à me fasciner, mais ce qui me plaisait surtout chez mon mari, c'est qu'il ne leur ressemblait pas. Il ne passait pas son temps à évoquer son arbre généalogique, ni à se demander où passer les vacances les plus excitantes, ni à projeter l'achat de quelque bien. Il ne participait pas non plus à ces conversations particulièrement agaçantes au cours desquelles les Patterson évoquaient les questions d'héritage.

En fait, la propriété de *Newsday* était en jeu et c'est ce qui expliquait la fréquence de ces discussions. Au moment de sa création, Alicia avait pris quarante-neuf pour cent des parts et elle était rédactrice en chef et directeur du journal. Harry contrôlait les cinquante et un pour cent restants et s'occupait de la gestion. Comme il avait une dizaine d'années de plus qu'Alicia, on pensait légitimement qu'elle lui survivrait. À ce moment-là, elle récupérerait deux pour cent supplémentaires et prendrait le contrôle du journal, contrôle qui reviendrait plus tard à ses héritiers.

Le couple ne s'entendait plus très bien, mais la fascination qu'Harry avait exercée sur Alicia s'expliquait parfaitement. Diplômé de Cambridge, il s'était distingué à la guerre et dans la diplomatie, avait dirigé une grande compagnie minière et avait été l'un des premiers à soutenir l'industrie aéronautique à ses débuts. C'était aussi un philanthrope, dont la famille possédait un merveilleux musée, un homme qui avait des anecdotes à raconter sur Charles Lindbergh et

Jimmy Doolittle, et qui avait été l'heureux propriétaire d'un cheval gagnant du Kentucky Derby.

Quand ils étaient séparés, Alicia et Harry s'envoyaient de longues lettres, adressées à « *D.D.* » (*Dearest Darling*), mais ils étaient en désaccord profond sur la direction du journal et sur la politique. Harry était républicain, Alicia plutôt démocrate. Autrement dit, en 1956, tandis qu'Harry soutenait le Président Eisenhower, qui briguait un second mandat, Alicia était en faveur d'Adlai Stevenson.

Alicia Patterson et Adlai Stevenson se connaissaient depuis long-temps. Dans les années cinquante, ils avaient eu des sentiments ten-dres l'un pour l'autre et Alicia avait même envisagé de quitter Harry pour épouser Stevenson. Les fameux deux pour cent qui lui octroie-raient la majorité des parts du journal avaient été pour beaucoup dans sa renonciation à ce projet. Stevenson et elle étaient néanmoins restés très amis et au début des années soixante il venait encore souvent ouvertement à Long Island en l'absence de Harry. J'étais un peu déçue d'entendre le grand Adlai raconter des menus potins sur ses séjours sur la Riviera, mais ses anecdotes sur le Président Kennedy et sa description de sa vie de représentant permanent des États-Unis à l'ONU me fascinaient.

À notre arrivée à Long Island, Joe et moi nous sommes installés dans un petit appartement de Garden City, à quinze cents mètres des bureaux du journal. L'obstétricien m'avait dit de faire de la marche à pied et je parcourais au moins huit kilomètres par jour. À l'époque, on ne connaissait pas encore l'échographie ni les aliments diététiques et je me contentais de boire du café noir et du Metrecal, une boisson protéinée. Pourtant, je continuais à prendre du poids. À six mois de grossesse, le médecin a fini enfin par m'annoncer que j'attendais « au moins des jumeaux ».

Le 17 juin, Joe livrait les journaux qu'il emportait dans le coffre de notre voiture (cette tournée faisait partie de sa formation), lorsque je l'ai fait prévenir de revenir d'urgence. Nos jumelles venaient au monde avec six semaines d'avance. Après la naissance, je n'ai même pas pu les toucher. Elles étaient minuscules et avaient des difficultés respiratoires. On les a placées en toute hâte en couveuse, en nous prévenant qu'elles risquaient de ne pas survivre. Moi qui, auparavant, avais été protégée du danger et de la tristesse par mes parents, je me suis sentie totalement démunie devant ce qui nous arrivait. Nous n'avons pas voulu donner un nom aux bébés tant qu'ils ne seraient pas sauvés. Mais les jumelles étaient des battantes et bientôt « bébé A » est devenue Anne Korbel Albright et « bébé B » Alice Patterson Albright.

Je suis rentrée à la maison sans Anne et Alice, qui ont dû rester encore six semaines à l'hôpital. Je trouvais anormal et terriblement douloureux d'avoir deux bébés et d'en être séparée. J'avais simplement le droit de donner de petits coups sur la vitre de la couveuse et de les contempler, et encore pas longtemps.

Je tournais comme un lion en cage, cherchant désespérément une occupation. Quand j'étais enceinte, j'avais repéré lors de mes promenades une publicité pour des cours intensifs de russe à Hofstra College, devenu depuis l'université Hofstra. Le cycle durait huit semaines. J'ai décidé de m'inscrire. Pendant six heures, chaque jour, j'ai suivi les cours avant de me rendre à l'hôpital pour voir mes filles. La connaissance du tchèque était un avantage pour l'apprentissage du russe et à la fin du stage je le parlais correctement.

Nous avons fini par ramener les bébés à la maison (dans un panier à linge), munis d'une seule instruction : les nourrir. Elles devaient encore prendre du poids et il fallait les faire manger toutes les trois heures, de nuit comme de jour. Si elles dormaient, il fallait les réveiller pour les faire manger, ce qui prenait une heure à chacune. Ainsi s'est ouvert un nouveau chapitre de ma vie, à base de biberons, de couches, de hochets, de câlins, de dents de lait, de pesées fréquentes, de visites chez le médecin, de cris de joie et d'éclaboussures dans le bain. J'étais très fière de mes adorables petites filles. En même temps, je commençais à être frustrée, car j'avais envie de mettre à profit les études que j'avais faites.

Tante Alicia, qui venait me voir souvent, était consciente de mes difficultés, propres à beaucoup de jeunes femmes de ma génération. Lorsqu'on lui a demandé de participer à une session de Radcliffe College sur l'influence des facteurs sociaux sur la carrière professionnelle des femmes, elle m'en a fait part dans un courrier. « J'ai pensé qu'avec ton désir de travailler malgré la maternité, tu aurais quelques idées sur la question », écrivait-elle. Pour lui fournir des informations valables, j'ai pris contact avec des universités féminines qui m'ont donné des statistiques, puis j'ai rédigé un texte sur mon cas personnel, relativement déprimant. Je l'ai retrouvé dans mes papiers il n'y a pas si longtemps. Il est frappant de constater que, tel que je l'exposais, le dilemme auquel les femmes sont confrontées est toujours d'actualité. Aujourd'hui encore, elles doivent jongler avec leur vie d'épouse, leur rôle de mère et leur carrière. Voici ce que j'écrivais :

« En deux ans, j'ai dû par deux fois quitter un emploi qui m'offrait de belles perspectives d'avenir pour suivre mon époux. Et encore était-ce avant que j'aie mes enfants. Maintenant, si je veux un job, je vais devoir employer une nounou, avec un salaire qui dépassera peut-être le mien.

Je suis sans doute pessimiste. Si ça se trouve, demain, je vais trouver un boulot de sténo-dactylo, mais est-ce que ça en vaut vraiment la peine ? Est-ce que je veux travailler pour travailler, ou m'épanouir dans mon travail ? »

Pour ne pas paraître plus accablée que je ne l'étais, je concluais sur une note un peu plus optimiste :

« À vrai dire, j'ai une mentalité de pionnière et je n'ai pas l'intention de passer ma vie à m'occuper de ma maison. Je trouverai une solution. Je continue à penser qu'on doit pouvoir réussir dans une profession sans renoncer à être une bonne mère et une bonne épouse. »

Joe me soutenait. Il a même relu et corrigé mon texte, et il a eu la finesse, en 1961, de remplacer le terme « fille », que j'utilisais parfois, par « femme ».

Malgré tout, la vie était très agréable. Le week-end, nous allions à New York, avec au programme des spectacles, du shopping et les dîners élégants qui réunissaient des convives célèbres chez Alicia et Harry. Alicia nous invitait aussi chez elle en Georgie, où je m'efforçais de devenir une sportive accomplie. J'étais bonne au tennis, mais j'ai aussi appris à jouer au croquet et je me suis mise à chasser la caille. J'avais un peu plus de mal avec le ski nautique, car il se pratiquait sur la Saint Mary's River, qui grouillait de serpents. Tante Alicia avait beau m'assurer que les serpents ne piquent pas dans l'eau, je n'en étais pas autrement persuadée et je n'en menais pas large.

Après un an à Long Island, la formation de Joe à *Newsday* a pris une autre tournure et il a été envoyé au bureau du journal à Washington au printemps 1962. Nous avons loué une petite maison de bois rouge, ombragée par un magnifique lilas des Indes, au 3421 R Street, à Georgetown, un quartier de la ville, du côté moins chic de Wisconsin Avenue. Faire partie du Washington de Kennedy était un vrai bonheur. C'était avant le Vietnam, avant le Watergate et les autres « -gates ». Les belles années Kennedy. Les gens avaient confiance. Nous écoutions les conférences de presse de la Maison Blanche non seulement pour nous informer, mais pour l'intelligence, la jovialité et l'humour du Président.

Nous n'avions que vingt-cinq ans, mais le statut de journaliste de Joe, quoique encore modeste, nous a ouvert les portes de la bonne société de Washington et du milieu de la politique. Nous avons fréquenté d'autres couples qui nous ressemblaient en apparence beaucoup. Il y avait Ward et Jean Just, Eric et Muffie Wentworth, Worth et Joan Bingham. Quand Alice, la sœur de Joe, venait à Washington avec Jim Hoge, ils se joignaient à notre groupe. Chez les hommes, tous des journalistes, c'était à celui qui décrocherait le scoop. Chez les épouses, à celle qui réaliserait une sauce hollandaise sans grumeaux, que nous servions avec pratiquement tous nos plats, avant qu'un certain dessert de raisins blancs nappés de crème aigre au sucre brun ne la détrône. Nous avions le privilège de jouer au tennis à St. Albans. Notre sujet de conversation préféré était la politique et les personnalités.

Dans les soirées à Washington, la question qu'on vous pose toujours, une fois qu'on connaît votre nom, c'est : « Que faites-vous dans la vie ? » À l'époque, c'était plutôt : « Que fait votre mari ? » En fonction de la réponse, généralement, la conversation se poursuit ou bien s'arrête là. Aussi avons-nous été terriblement impressionnés en apprenant que notre voisin, Richard Gardner, avait le titre de directeur adjoint pour les Organisations internationales au Département d'État. Son épouse, Danielle, est devenue ma meilleure amie à Washington.

Tante Alicia venait souvent à Washington quand elle avait un dîner à la Maison Blanche ou devait participer à une réunion concernant le journal. Elle prenait le temps de venir voir les enfants et de jouer au bridge. J'ai rencontré pour la première fois cette légendaire figure de Washington qu'était Kay Graham lors de ces parties de bridge. À l'époque, selon ses propres termes, elle se considérait encore avant tout comme une mère et une épouse.

Je participais à ces activités, mais pas systématiquement, dans la mesure où, après ma licence, j'avais décidé de poursuivre mes études à la Johns Hopkins School of Advanced International Studies. J'avais abandonné tout espoir de faire carrière dans le journalisme et décidé de marcher sur les traces de mon père en devenant professeur d'université. J'avais pris la charge de travail maximale, cinq cours plus le russe. Les jumelles avaient maintenant un an et j'étais bien secondée, mais je devais affronter l'incompréhension des autres jeunes mamans, qui ne cessaient de me demander comment je pouvais confier mes enfants à une employée. C'était la première fois, mais pas la dernière, que je constatais la dichotomie qui existe entre les mères au foyer et les mères qui travaillent. J'ai toujours pensé depuis que les femmes devraient être libres d'effectuer leurs propres choix sans avoir à rendre de comptes aux autres.

La fin du premier semestre de 1963 marquait l'anniversaire de notre première année à Washington. Joe réussissait bien dans son travail et moi dans mes études. Alice et Anne étaient de belles petites filles pleines de vie, avec des yeux immenses et des boucles blondes.

Lorsque notre pédiatre nous a dit qu'elles allaient devenir moins jolies parce que ce physique remarquable était dû à leur naissance prématurée, nous les avons fait suivre par un autre. Fort heureusement, la suite a démenti ces propos.

Nous nous apprêtions à passer un été agréable lorsque nous avons appris une mauvaise nouvelle. Tante Alicia venait d'être hospitalisée pour une hémorragie digestive causée par un ulcère. Obligée de choisir entre un régime strict, sans alcool, et une intervention chirurgicale, Alicia, qui brûlait la chandelle par les deux bouts, a choisi la chirurgie. Les médecins lui ont conseillé d'attendre d'être plus solide avant de se faire opérer, mais elle ne les a pas écoutés. Il est parfois très dangereux d'être suffisamment riche et puissant pour faire fi de l'avis des autres, y compris des autorités médicales. Alicia est morte sur la table d'opération le 2 juillet 1963. Elle avait cinquante-six ans. Sa disparition allait marquer un nouveau tournant dans la vie de Joe – et dans la mienne.

Respectant le souhait d'Alicia de transmettre plus tard le journal à son neveu, Oncle Harry a immédiatement convoqué Joe à Long Island. Peu de temps après, à un cocktail, une femme qui ignorait l'identité de Joe lui a déclaré : « J'ai entendu dire que son neveu allait prendre la suite et tout le monde se fait du souci pour lui.

— *Tout le monde*, je ne sais pas, a répondu Joe, mais *moi*, je m'en fais, c'est certain. »

Il n'avait que vingt-six ans et en société, quand la situation était embarrassante, sa gêne était évidente. Il paraissait plus jeune que son âge et si, plus tard, ce serait un avantage, c'était un inconvénient à l'époque, en 1963. Avec ses cheveux coupés ras, ses lunettes d'écaille et ses costumes de chez Brook Brothers, on lui donnait à peine vingt ans. Pour tout arranger, Alicia l'appelait « Joey » depuis des années et la plupart des gens, à *Newsday*, le connaissaient sous ce diminutif.

Personne – et surtout pas Joe – ne s'attendait à ce qu'il prenne la direction du journal du jour au lendemain. Il n'a donc pas été vexé qu'Oncle Harry charge Mark Ethridge d'occuper ces fonctions par intérim, que ce journaliste très respecté dans la profession assurait au *Louisville Courier Journal* avant de prendre sa retraite. Joe devenait son assistant et se voyait confier des tâches diverses afin d'acquérir de l'expérience. Il lui fallait manifester à la fois la confiance en soi et la sophistication nécessaires pour diriger un grand quotidien, sans se départir de la modestie et de la simplicité prouvant qu'il n'avait pas la folie des grandeurs. Il devait impressionner Oncle Harry sans l'irriter. En fin de compte, c'était un équilibre impossible à trouver.

Quand je me penche sur ces années passées à Long Island, je les vois comme une période de transition. Transition dans la carrière de Joe, dans mon évolution et mes aspirations et, au bout du compte, dans notre couple. Mais à l'époque, je pensais notre route toute tracée. Malgré notre inquiétude, nous étions persuadés que *Newsday* était notre avenir.

Lorsque, cherchant une maison à Long Island, je me suis adressée à des agences immobilières en tant que Mrs. Joseph Medill Patterson Albright, on ne m'a montré que de pompeuses demeures. Je me suis donc présentée sous le nom de Madeleine Korbel et, cette fois, j'ai déniché une adorable vieille ferme de style XVIIIe siècle aux murs couverts de glycine, entourée de jardins laissés à l'abandon, mais merveilleusement dessinés. Je crois que c'est la maison que j'ai le plus aimée dans ma vie. La première fois où j'ai vu mes jumelles monter les marches du perron, je les ai imaginées quittant la maison dans leur robe de mariée. Joe s'y est beaucoup plu, lui aussi. C'était un père attentif. Il a appris à ses filles à faire du ski en hiver sur un monticule près de la maison et à nager et à plonger dans la pièce d'eau dès qu'il commençait à faire chaud.

Ce déménagement a été également bénéfique pour mes études. J'ai pu continuer ma spécialisation à Columbia. Tout en préparant mon doctorat, j'ai décidé d'obtenir un certificat du Russian Institute de l'université, considéré comme le meilleur des États-Unis. Autrement dit, je devais suivre encore plus de cours. J'allais en ville trois fois par semaine et le reste du temps, je menais à Long Island une vie de femme au foyer et m'occupais du jardin dont la végétation exubérante avait bien besoin d'être disciplinée. Avec de l'aide, je m'en suis sortie.

Le 22 novembre, j'étais dans un taxi et je m'apprêtais à retrouver Danielle Gardner au University Club avant d'aller à l'université. J'étais en train de penser à la vie compartimentée que je menais, lorsque j'ai entendu à la radio qu'on avait tiré sur le Président Kennedy. Je suis sortie de la voiture et je me suis précipitée au club, où j'ai retrouvé Danielle. Dans les toilettes, tandis que nous essayions de nous réconforter mutuellement, nous avons entendu une femme dire dans l'un des W.-C. : « Il l'a bien cherché. » Nous étions si horrifiées que nous sommes sorties pour ne pas voir qui pouvait faire une remarque aussi horrible. Un peu plus tard, nous nous sommes jointes à la foule en état de choc qui, plantée devant la vitrine d'un magasin d'appareils électroniques, suivait le commentaire de l'événement par Walter Cronkite sur plusieurs écrans de télévision. Je suis rentrée chez moi par le train, bouleversée.

Joe et moi avions regretté de quitter Washington aux plus beaux jours de l'ère Kennedy, mais une fois le Président disparu, nous étions heureux de ne plus y vivre. Malgré tout, nous étions constamment sous le regard des gens et les moindres faits et gestes de Joe étaient commentés. Lors d'une réception que nous donnions à Noël, j'ai trouvé certains de nos invités en train de tâter le tapis du couloir de l'étage. « Ce n'est pas de la laine », a craché l'un d'eux. Au fur et à mesure que Joe passait d'un poste à l'autre, les ragots allaient bon train. Heureusement, il y avait des points positifs. Oncle Harry nous invitait souvent aux courses et jouait pour nous, et nous déjeunions avec lui le dimanche d'un rôti de bœuf saignant et de Yorkshire pudding. Mais il n'était pas homme à faire facilement des compliments. Joe ne savait jamais sur quel pied danser avec lui. Avec mon côté extraverti, je me donnais un mal fou pour que leurs relations soient bonnes. Et comme j'étais optimiste à tout crin, je me disais que les incessants changements de poste de Joe étaient de bon augure.

Mes études étaient extrêmement prenantes et je me demandais souvent pourquoi je m'étais lancée dans un programme aussi exigeant. En fait, il me passionnait. C'était la période idéale pour étudier le régime soviétique. La crise des missiles à Cuba en 1962, qui avait mis la paix du monde en péril, avait montré combien il était essentiel d'analyser les mécanismes du système soviétique et j'avais pour cela les meilleurs professeurs. Le corps des enseignants était un véritable *Who's Who* de l'étude du communisme : Seweryn Bialer, Alexander Dallin, John Hazard, Donald Zagoria et Zbigniew Brzezinski, qui devait devenir le conseiller à la Sécurité du Président Jimmy Carter. Et mon patron.

J'avais rencontré Brzezinski pour la première fois quand, jeune professeur de Harvard, il était venu faire une conférence à Wellesley College. Depuis, il avait publié *The Soviet Bloc*, une analyse pertinente de la façon dont Staline avait constitué son empire. Il était encore dans la trentaine, mais on le citait partout et on le rencontrait dans de nombreux cercles politiques. Je tenais à participer à son séminaire sur les communismes comparés, une idée nouvelle en soi. Avec tout le respect que je dois aux autres professeurs, je trouvais que c'était mon meilleur cours. Le professeur était extrêmement stimulant, le sujet entièrement nouveau et tous les étudiants se prenaient pour les meilleurs. Brzezinski nous demandait de lire des textes en russe en tenant pour acquis que nous comprenions cette langue. Comme c'était un ami de mes amis les Gardner et que j'étais plus âgée que la plupart des autres étudiants, je voyais son côté humain, mais il paraissait inaccessible à la plupart de ses étudiants. Il était brillant, ne parlait pas à tort et à travers, et son accent polonais ne l'empêchait pas de s'exprimer avec une parfaite clarté. Déjà, à cette époque, il était évident qu'il jouerait un rôle important dans la politique étrangère américaine[1].

Le premier jour, Brzezinski a demandé un volontaire pour faire un exposé. Silence dans les rangs. Nous savions tous que le premier à parler n'aurait pas le temps de se préparer et manquerait de points de référence. Mieux valait attendre. Le silence se prolongeait et Brzezinski commençait à s'impatienter. J'ai levé la main. Il fallait toujours que je fasse plaisir, au professeur comme à mon père. Je ne suis pas sûre que Brzezinski a apprécié « mon sacrifice », mais je ne l'ai jamais oublié. Aujourd'hui encore, j'ai un faible pour celui de mes étudiants qui accepte de faire ce premier exposé.

À la fin du semestre, j'ai rendu mon travail sur le développement comparé du nationalisme et du communisme en Yougoslavie et au Vietnam. Je l'ai glissé sous la porte fermée du bureau de Brzezinski avec un petit mot. Aussitôt, l'angoisse m'a saisie, la même que j'éprouverais des années plus tard, lorsque je travaillerais pour lui à la Maison Blanche. Avais-je bien orthographié son nom, écrit B-r-z-e-z et non, Dieu m'en préserve, B-r-e-z ? J'ai toujours mon petit mot, qu'il m'a rendu avec ma copie. J'avais correctement écrit son nom et il m'a donné une excellente note, un « A moins ».

J'avais toujours peur de ne pas avoir assez de temps pour finir mon doctorat, car cela ne pouvait prendre plus de sept ans. Je tenais à aller jusqu'au bout, mais je voulais également d'autres enfants. J'ai été soulagée en apprenant que j'avais droit à un congé de maternité. Lorsque je suis tombée enceinte, Alice et Anne avaient quatre ans et demi et fréquentaient ce que nous appelions affectueusement l'École de Miss Stoddard pour les tout-petits. J'avais hâte de passer plus de temps avec elles, mais rien ne s'est déroulé comme prévu. J'étais enceinte de moins de trois mois lorsque les jumelles ont attrapé la rubéole. J'avais eu la rougeole à Prague, mais ni ma mère ni moi ne nous souvenions si j'avais attrapé la rubéole. L'obstétricien m'a donné des gammaglobulines, le traitement en vigueur à l'époque. À six mois de grossesse, j'étais à nouveau énorme et le médecin, pensant que j'attendais peut-être de nouveau des jumeaux, m'a fait faire une radio.

---

1. Parmi notre petit groupe d'étudiants se trouvait Joseph Starobin, ex-rédacteur en chef du *Daily Worker*, le journal communiste américain. Joe était encore plus âgé que moi. Il avait un début de calvitie et de grosses lunettes. Il pouvait parler sur un ton familier des variations de la pensée communiste et de ses rencontres avec Mao Zedong et Hô Chi Minh. On comptait aussi parmi nous William Taubman, qui a publié en 2003 une biographie de Nikita Khrouchtchev qui fait autorité.

Il ne s'agissait pas de jumeaux. Mon bébé était même très petit. Je souffrais d'hydramnios, c'est-à-dire d'un excès de liquide amniotique qui avait pour conséquence d'exercer une pression sur le crâne de l'enfant.

« Y a-t-il des chances que le cerveau soit endommagé ? ai-je demandé au médecin.

— De bonnes chances. »

Il avait répondu sur un ton si calme que j'ai cru qu'il m'avait mal comprise. J'ai posé de nouveau la question. Réponse identique. Abattus, Joe et moi sommes allés consulter un spécialiste à New York pour avoir un autre avis. Il a fait le même diagnostic. Quand, avec beaucoup de mal, j'ai demandé s'il était possible d'avorter, il a expliqué que non seulement c'était illégal, mais que ma grossesse était beaucoup trop avancée. Il n'y avait rien à faire.

Les mois qui ont suivi ont été horribles, remplis de douleur et d'effroi. Seul notre entourage familial était au courant. Pour occuper mon esprit, je tricotais un pull irlandais dont la réalisation était affreusement compliquée. À huit mois de grossesse, le médecin a cessé d'entendre les battements du cœur du bébé, ce qu'il a expliqué par l'excès de liquide amniotique. J'étais devenue allergique à mon propre corps et je me grattais sans cesse. Au terme, quand le travail a commencé, les médecins m'ont annoncé que l'enfant était mort-né. On m'a endormie. À mon réveil, les démangeaisons avaient cessé et j'avais retrouvé un ventre relativement plat, mais mon bras était gonflé comme un ballon. La perfusion était sortie de ma veine et toute la solution passait dans le bras. Joe avait l'air si jeune et moi si ravagée que l'infirmière m'a demandé s'il était mon fils. Dans cette chambre où l'on aurait dû entendre les pleurs d'un bébé, c'est moi qui ai éclaté en sanglots.

Nous étions terriblement perturbés. Nous vivions un drame, car le bébé que nous désirions était mort. Un peu plus tard, quand nous avons eu les idées plus claires, à notre chagrin s'est ajouté un certain soulagement, car nous avions beaucoup pensé aux bouleversements que l'arrivée d'un enfant avec sans doute un sérieux retard mental aurait pu apporter dans la vie de nos filles. Nos amis nous manifestaient leur sympathie pour la perte du bébé, mais nous ne leur avions rien dit de son handicap et nous ne pouvions leur expliquer que, dans notre malheur, nous avions la consolation d'être au terme de cette expérience déchirante. Quand cela vous arrive, vous pensez être seule à subir cette terrible épreuve. Depuis, j'ai rencontré d'autres femmes qui ont vécu pareille tragédie.

Je sais qu'en confiant mes pensées et mes émotions de l'époque, je m'expose aux critiques de certains parents dont l'enfant présente un handicap mental. Je sais que cet enfant reçoit tout l'amour de la famille et si le mien avait vécu, je l'aurais aimé de tout mon cœur. Mais à travers cette expérience, j'ai compris aussi qu'une femme devrait avoir le droit de choisir, surtout dans les cas difficiles. La décision de mettre un terme à la grossesse se prend toujours dans la douleur, que ce soit par rapport à la santé de l'enfant, parce que la santé de la mère est en danger ou dans toute autre triste circonstance.

Je suis de nouveau tombée enceinte en 1966 et Katharine Medill Albright, Katie, est née le 5 mars 1967. Dieu merci, la grossesse s'est déroulée normalement cette fois et le bébé était en parfaite santé et plein de vie. Joe et moi avons passé un bel été avec nos trois filles. À la rentrée, Alice et Anne ont repris le chemin de l'école. Moi aussi.

Rien ne m'obligeait à faire un mémoire de maîtrise, mais j'ai préféré avoir quelque chose de tangible au cas où je ne pourrais passer mon doctorat. Dans les milieux universitaires et politiques, la tendance était de plus en plus à l'analyse de la société soviétique. J'ai choisi d'étudier un groupe d'élite, les services diplomatiques soviétiques. Je suis parvenue à la conclusion que même si la plupart des ambassadeurs de l'URSS en poste en 1964 avaient une formation d'ingénieur, ils avaient en fait été recrutés par le NKVD, la police secrète d'avant le KGB. En d'autres termes, ils avaient pour mission principale d'espionner. Quand j'étais en poste à l'ONU, puis, plus tard, dans le cadre de ma fonction de Secrétaire d'État, j'ai eu à ce sujet de fort intéressantes conversations avec Evgueni Primakov, le ministre russe des Affaires étrangères, puis avec son successeur, Igor Ivanov. Informés l'un et l'autre du sujet de mon mémoire, ils tenaient à souligner que le Département des Affaires étrangères actuel n'avait plus grand-chose à voir avec le précédent.

En choisissant d'ajouter la rédaction d'un mémoire à un programme universitaire déjà chargé, je me suis mise dans une situation familiale difficile. Je voulais obtenir de bons résultats tout en passant plus de temps avec mes enfants. Je voulais être une bonne épouse et seconder mon mari dans certaines de ses obligations. Je voulais être une bonne maîtresse de maison et recevoir nos amis autour d'un bon dîner. J'avais la chance d'être soutenue par Joe, mais j'étais maintenant constamment en proie au sentiment qui m'avait gagnée à Washington : l'impression que j'aurais dû être en train de faire quelque chose d'autre que ce que je faisais. Comme bien des femmes, j'étais marquée au sceau de la culpabilité.

Je me souviens notamment de cette veille d'examen où Anne est tombée malade et où j'ai passé la nuit auprès d'elle. Au matin, elle allait mieux, mais j'étais épuisée. J'ai mis une robe et une veste vert olive héritée, comme d'autres beaux vêtements, de Tante Alicia, et je me suis rendue à New York. À ma stupéfaction, j'ai obtenu un magnifique A à l'examen. J'en ai déduit que la robe m'avait porté bonheur, même si elle évoquait de tristes circonstances. Par la suite, je l'ai souvent portée lors des examens, y compris pour ma soutenance de thèse, plusieurs années après.

Je n'avais malheureusement aucune robe magique pour m'aider à me défaire de ma culpabilité. Tout le temps où j'ai eu les enfants à la maison, je me suis rongée à l'idée que je n'avais pas choisi les bonnes priorités. Si Joe n'avait pas été là pour me soutenir dans mon effort, je crois bien que j'aurais laissé tomber.

La situation était encore pire pour Joe. Il se donnait un mal fou pour plaire à Oncle Harry, mais avec le recul, je me demande si les dés n'étaient pas pipés et si Harry avait jamais eu l'intention de transmettre le journal au neveu de sa femme. Après tout, il avait des enfants, des petits-enfants, des neveux et des petits-neveux. Sans compter que, du vivant d'Alicia, il avait contesté à plusieurs reprises la façon dont elle dirigeait le journal. Si elle n'était pas morte, je suis sûre qu'elle aurait aidé son neveu à développer ses talents de journaliste et de manager, mais la situation s'était tellement dégradée que personne ne se proposait pour servir de mentor à Joe. À l'époque, si l'on excepte quelques personnes au journal et des amis intimes de notre âge, Joe était entouré de deux sortes de gens, aussi peu sincères les uns que les autres : ceux qui essayaient de se faire bien voir de lui, au cas où, par miracle, il remporterait l'épreuve de sauts d'obstacle, et ceux qui attendaient qu'il morde la poussière. De nombreuses années plus tard, en lisant un ouvrage sur *Newsday*[1] qui venait de sortir, j'ai pu constater que la plupart des ex-collègues de Joe le considéraient comme un garçon aussi charmant que modeste, un bon journaliste qui s'était retrouvé dans une situation particulièrement difficile.

En 1966, Harry Guggenheim a placé Bill Moyers à la tête de *Newsday*. Moyers n'avait que trois ans de plus que Joe, mais il avait été le porte-parole de Lyndon Johnson. Du point de vue de Harry et de la réputation du journal, l'engagement de Moyers était un événement de taille. Moyers était très respecté, avec des idées subtiles sur la politique et une conception élevée du métier de journaliste.

Pour certains, son arrivée allait faire évoluer *Newsday*, jusque-là uniquement réservé à un lectorat familial. Joe et moi avions une autre

---

1. Robert F. Keeler, *Newsday : A Candid History of the Respectable Tabloid*, William Morrow, 1990.

vision des choses. Joe était heureux de voir le journal se développer, mais il voulait être celui qui le conduirait vers de nouveaux horizons. Mark Ethridge avait servi de bouche-trou ; Bill Moyers était une menace. Sur le plan personnel, Joe et Bill avaient des rapports cordiaux, mais il en allait différemment sur le plan professionnel. Joe est devenu rédacteur en chef de l'édition quotidienne du canton de Suffolk, ce qui l'obligeait à se rendre chaque jour à l'extrémité est de Long Island et le tenait par la même occasion à l'écart des décisions. Ensuite, Moyers l'a autorisé à aller prendre la direction du bureau du journal à Washington. C'était une perspective attrayante, ce qui ne nous empêchait pas de commencer à envisager notre avenir sous d'autres auspices. Le fauteuil de directeur du journal semblait désormais inaccessible et nous nous disions que Joe pourrait peut-être se rapprocher du *Tribune* ou avoir plus tard un poste à responsabilité au sein d'un autre grand journal.

Nous étions en 1968 et nous nous apprêtions à retourner à Washington. J'avais réussi à l'oral et à l'écrit, rendu mon mémoire de maîtrise et obtenu un certificat du Russian Institute. J'avais bien avancé dans ma spécialisation et le domaine choisi était absolument passionnant. Lors de son passage à Long Island, j'avais rencontré la fille de Staline, Svetlana, qui dénonçait les méthodes de son défunt père. Un navire de pêche soviétique s'était dangereusement approché de nos côtes et, en tant que russophone, j'avais été dépêchée par *Newsday* pour parler aux officiers. En Tchécoslovaquie, un groupe de réformateurs avait entrepris de donner un visage plus humain au système communiste.

Parallèllement, un débat d'idées agitait également le pays que j'avais adopté et qui m'avait adoptée. Au début, je n'y avais pas pris part, même si les protestations contre la guerre du Vietnam ne faisaient que s'amplifier autour de moi. J'étais fondamentalement anticommuniste, tant par tradition familiale que par conviction, et je soutenais d'instinct le gouvernement américain. J'ai mis longtemps avant d'imaginer remettre la guerre en question. Tout a changé au début de l'année 1968, après l'offensive du Têt et l'attaque de notre ambassade à Saigon par les forces nord-vietnamiennes. L'assaut avait été repoussé, mais il semblait de plus en plus vraisemblable que la victoire allait nous échapper désormais.

Je faisais maintenant partie de ceux qui contestaient la poursuite de la guerre. Pour autant, je ne me joignais pas aux étudiants protestataires, dont l'attitude m'horripilait, au contraire. J'avais pris certains jours pour aller travailler à l'université Columbia et lorsque je trouvais l'accès à la bibliothèque bloqué par des manifestants, j'étais furieuse. Je craignais de ne pouvoir pénétrer dans le bâtiment où avaient lieu mes oraux. En tant que jeune maman de trois enfants, je ne me voyais pas participer à des manifestations.

Les années soixante, que Joe et moi avions entamées en pensant notre avenir tout tracé, allaient se terminer différemment. La voie que Mr. et Mrs. Joseph Medill Patterson Albright étaient censés emprunter était bloquée. Personnellement, je n'en faisais pas une affaire. J'avais appris à m'adapter aux circonstances. Joe aurait plus de mal. J'ignorais où tout cela nous conduirait.

Pour le moment, nous retournions à Washington, au cœur de l'action. Joe pourrait mettre à profit ses talents d'écriture et d'investigation. Alice et Anne allaient à l'école ; la petite Katie babillait. Je pouvais finir de préparer mon doctorat et même aller plus loin. Je n'étais plus l'épouse d'un futur directeur de journal qui, telle la femme de César, se devait d'être au-dessus de tout soupçon. Pour la première fois, je pouvais moi aussi me lancer dans la politique.

CHAPITRE CINQ

Mrs. Albright Goes to Washington*

LORSQUE J'AI ÉTÉ NOMMÉE Secrétaire d'État, certains ont dit que je visais cette fonction depuis toujours. C'est faux. Pendant longtemps, je n'aurais même pas pu imaginer accéder un jour à un poste pareil. En revanche, il est vrai que lorsqu'il est devenu évident que Joe ne dirigerait jamais *Newsday*, j'ai envisagé de combiner mes deux passions, les affaires internationales et la politique intérieure. Mais comment procéder ?

Les femmes que j'admirais le plus étaient exceptionnelles en tous les sens du terme. Je ne pouvais espérer suivre leurs traces. Eleanor Roosevelt avait joué un rôle essentiel dans la mise au point de la Déclaration universelle des Droits de l'homme, mais elle avait été femme de Président. Indira Gandhi était devenue la première femme Premier ministre de l'Inde, mais elle avait été fille de Premier ministre. Golda Meir qui, aux États-Unis, était enseignante, avait dû émigrer en Israël pour être considérée comme un leader potentiel. Pour ma part, je n'avais pas d'aussi grandes ambitions. Je voulais juste un travail intéressant, si possible dans le domaine de la politique étrangère. Or les femmes étaient rares dans ce milieu. Il y avait bien quelques ambassadrices, mais la plupart avaient débuté de bonne heure et fait carrière dans le corps diplomatique.

Je n'avais donc aucune idée précise en tête. Je voulais simplement travailler. Pour démarrer, j'avais besoin d'avoir mes propres lettres de créance et la confiance de quelqu'un qui me mettrait le pied à l'étrier, non par pure charité, mais parce qu'il (c'était forcément un homme) estimerait que je pourrais lui être utile ou servir un quelcon-

---

* Mrs. Albright va à Washington : allusion au film réalisé par Frank Capra en 1939, *Mr. Smith Goes to Washington* (*Mr. Smith au Sénat*), qui décrit le combat d'un sénateur honnête et idéaliste contre la corruption (*N.d.T.*).

que projet. J'ai donc continué à préparer mon doctorat tout en saisissant la moindre occasion de me constituer des lettres de créances et un réseau.

J'ai commencé comme bénévole en levant des fonds et en créant un journal pour une petite école. J'ai participé à divers comités dans tous les domaines, de l'éducation à l'administration. J'ai aidé à organiser des ventes aux enchères. Je me suis postée devant des bureaux de vote pour encourager les gens à faire leur devoir de citoyens et j'ai hébergé des visiteurs venus de Tchécoslovaquie. J'ai fait des dîners et des pique-niques dans notre ferme de Virginie, une bâtisse vieille de deux siècles, avec des vaches, des pâturages et un terrain de dix-huit hectares. Je me suis livrée à toutes sortes d'activités de mère de famille, cousant un déguisement par-ci, une robe par-là, faisant faire leurs devoirs aux enfants, organisant des tournées de ramassage en voiture et vendant des cookies pour les Girl Scouts dans les rues de Georgetown. J'y trouvais beaucoup de satisfaction, mais toutes ces activités étaient un peu désordonnées. Ma vie était comme un puzzle, à ceci près que les pièces venaient de différents jeux et que je ne connaissais pas la forme définitive que tout cela prendrait.

À notre retour à Washington, en 1968, nous n'avons eu aucun mal à retrouver nos marques, car Joe appartenait toujours au groupe choyé des journalistes. En revanche, nous faisions moins de rêves à propos de notre avenir. Et Washington déchantait aussi. Les belles années Kennedy étaient derrière nous. La capitale devait faire face à des manifestations contre la guerre du Vietnam et pour la défense des droits civiques. Suite à l'assassinat de Martin Luther King Jr., Resurrection City* avait été édifiée sur le Mall pour que les hommes politiques n'oublient pas la *Poor People's Campaign*. Quand Joe et les autres journalistes couvraient l'agitation de la rue, ils portaient des casques de protection. La mère et le jeune frère de Joe, Adam, venus nous rendre visite, revenaient des manifestations et des sits-in à la bougie, les yeux irrités par les gaz lacrymogènes. De la fenêtre de leur chambre, Alice et Anne pouvaient voir des étudiants arracher des pavés du trottoir et les transformer en projectiles. Une fois, j'ai dû partir à la recherche de notre voiture, que les protestataires avaient déplacée à mains nues, pour une raison qui m'échappe aujourd'hui

---

* Village de toile destiné à abriter les pauvres. Il devait être l'événement symbolique de la campagne de Martin Luther King contre l'exclusion (*Poor People's Campaign*) entamée peu de temps avant sa mort (*N.d.T.*).

encore. Au début de 1969, quand nous allumions la télévision, ce n'était plus l'image élégante de John Kennedy qui apparaissait sur l'écran, mais les visages maussades de Richard Nixon et de Spiro Agnew.

La plupart de nos anciens amis avaient quitté Washington, mais nous nous efforcions de nous réinvestir dans la vie de la cité. En tant que libérale consciente des problèmes sociaux, je voulais faire tout mon possible pour réduire les inégalités socioéconomiques et raciales qui étaient encore plus flagrantes qu'aujourd'hui dans cette ville. Je me suis intéressée aux élections locales et j'ai participé à des campagnes destinées à augmenter le financement d'écoles publiques. En même temps, non sans quelque sentiment de culpabilité, j'inscrivais nos filles à Beauvoir, une école élémentaire privée, fréquentée par les enfants de la plupart des hommes politiques et des familles les plus huppées de Washington. Beauvoir, l'un des trois établissements affiliés à la National Cathedral de Washington, était une école formidable, mais réservée à un certain milieu, il faut le reconnaître.

J'ai essayé de compenser cela – ou, si l'on préfère, de le justifier – en menant campagne pour le recrutement d'enseignants et d'étudiants afro-américains et pour une augmentation des bourses d'études. C'était un engagement tout nouveau pour moi et je me suis aperçue que j'obtenais de bons résultats. Je n'avais aucune expérience en matière de collecte de fonds, mais j'y voyais avant tout une question d'organisation et depuis que j'avais mis au point mon sytème de notes, de fiches et de codes de couleur pendant mes études, je savais m'organiser.

Cela peut paraître bizarre, mais ce livre n'aurait sans doute pas vu le jour si l'on ne m'avait pas demandé d'entrer au conseil d'administration de l'école et de m'occuper de la campagne annuelle de collecte de fonds qui débutait à la rentrée 1969. Dans la vie, une chose en amène une autre. C'est pareil à Washington. Une recommandation donne le coup de pouce nécessaire, à condition qu'elle soit bonne, évidemment. J'étais bien déterminée à accomplir ma tâche le mieux possible, quelle que fût cette tâche.

Une année, j'ai eu comme partenaire de collecte de fonds un autre parent d'élèves, Harry McPherson. À cette époque, McPherson, ex-conseiller de Lyndon Johnson au Sénat, puis à la Maison Blanche, était une légende vivante de la politique. Il avait un charme typiquement texan et nous avons passé de très bons moments ensemble. Nous envoyions nos lettres de sollicitation de dons – que Harry, lorsqu'il était d'humeur farceuse, signait parfois Lyndon Baines Johnson – en nous racontant des blagues et en chantant des country-songs, et nous riions beaucoup.

Mes efforts ont porté leurs fruits et l'on m'a proposé de présider le conseil d'administration de Beauvoir, où Harry m'a rejointe en tant que membre [1]. À un moment, il y a eu un problème avec un autre membre du conseil. Cette personne, quoique sans reproche dans notre communauté, était soupçonnée d'avoir trempé dans une affaire d'escroquerie financière fondée sur le principe de la vente pyramidale. Situation particulièrement désagréable, mais nous n'avions d'autre choix que d'obtenir sa démission. Harry m'a accompagnée. Il fallait que je fasse preuve à la fois de fermeté et de diplomatie. « Madeleine », m'a-t-il déclaré une fois ma difficile mission accomplie, « comme on disait au Texas dans le temps, tu es le genre de personne avec qui on va au puits. » Jamais un homme ne m'avait fait semblable compliment. Par la suite, chaque fois qu'on m'a demandé une référence, j'ai orienté les gens vers Harry. Il s'en est toujours parfaitement sorti.

C'est pourtant un autre événement lié à Beauvoir qui a véritablement changé ma vie. En 1972, des gens qui m'avaient vue à l'œuvre à l'école m'ont proposé d'organiser un dîner de collecte de fonds pour financer la campagne présidentielle d'Edmund Muskie, le sénateur du Maine. J'ai accepté, ravie, pour deux raisons : j'adorais m'occuper et j'avais envie que ce soit un démocrate qui entre à la Maison Blanche.

Quatre ans plus tôt, lors de la précédente campagne présidentielle, Muskie était candidat à la vice-présidence aux côtés de Hubert Humphrey. Le tandem avait été battu, mais Muskie avait impressionné les électeurs par son intelligence et son honnêteté. Avec son visage taillé à coups de serpe et sa haute silhouette dégingandée, on le comparait souvent à Abraham Lincoln. En 1970, à la veille des élections de mi-mandat, le discours télévisé de Muskie, qui en appelait à plus de courtoisie de la part des politiques, avait fait grimper sa popularité de manière spectaculaire. En 1972, parmi les candidats démocrates à l'investiture, Muskie se distinguait par son expérience et sa popularité. Son opposition réfléchie à la guerre du Vietnam, qui était encore un enjeu majeur, lui valait le soutien de différents leaders du parti. Et puis, quinze jours avant les primaires du New Hampshire, le journal ultraconservateur *Manchester Union Leader* a publié une lettre affirmant – à tort – que Muskie tolérait l'usage du sobriquet « Canuck » appliqué aux Canadiens français, qui sont nombreux dans

---

1. En tant que présidente, j'ai passé tant de temps à m'occuper de Beauvoir que ma mère m'a lancé un jour : « Mais qu'est-ce qu'elle t'a fait, cette école ? Ce n'est qu'une école élémentaire, mais tu te comportes comme si c'était Harvard ! »

le New Hampshire [1]. Dans son éditorial, ce même journal épinglait son épouse, Jane Muskie, accusée de se comporter de manière « peu distinguée », c'est-à-dire de mâcher du chewing-gum et de jurer.

Furieux, Muskie est allé se jucher sur la plate-forme d'un camion garé devant l'*Union Leader* et a entrepris de se défendre et de vilipender le journal pour s'en être pris à sa femme. Muskie était ému et il neigeait. Des journalistes ont prétendu que des larmes coulaient sur les joues du sénateur. Aujourd'hui, un homme politique pleurant pour défendre son épouse gagnerait sans doute des voix, mais en 1972 c'était une attitude condamnable chez un homme et particulièrement chez un candidat à la présidence. Muskie a affirmé qu'il s'agissait non pas de larmes, mais de flocons en train de fondre. Il a tout de même remporté les primaires, mais avec moins d'avance que prévu et sa campagne présidentielle se présentait sous des auspices peu favorables.

Pour moi, ce revers était une pression supplémentaire. Six semaines séparaient les primaires du New Hampshire du dîner de collecte de fonds qu'on m'avait demandé d'organiser. Ce dîner qui, à l'origine, avait l'argent pour motif, allait maintenant servir de révélateur du niveau de popularité de la candidature Muskie auprès des démocrates à Washington.

Aidée par mes amis et avec une énergie décuplée, je me suis démenée pour faire venir des convives à cent vingt-cinq dollars le dîner, une somme record à l'époque. J'ai choisi les décorations, commandé plus d'un millier de repas et appris à mes dépens combien il était difficile de mettre au point des invitations sur papier recyclé prouvant qu'elles avaient été imprimées par des ouvriers syndiqués. Le jour approchait et j'étais de plus en plus excitée, car toutes les places étaient vendues. Nous allions récolter beaucoup d'argent et peut-être provoquer l'étincelle qui manquait à la campagne d'Edmund Muskie.

Le matin même, j'ai reçu un coup de fil bizarre de l'ambassade du Tchad. « À quelle heure allez-vous m'envoyer prendre par la limousine ? » m'a demandé le chargé d'affaires, qui affirmait être invité au dîner par l'état-major de campagne. Après l'avoir mis en attente, j'ai pris contact avec l'équipe [2]. Personne ne se souvenait de lui avoir envoyé d'invitation. « Qu'il vienne, m'a-t-on dit, mais

---

1. Il s'avérera, des années plus tard, que l'auteur de cette lettre était Kenneth Clawson, directeur adjoint de la communication du Président Nixon.
2. En 1972, Muskie avait comme directeur de campagne Berl Bernhard, fonctionnaire et avocat renommé, et comme adjoint George Mitchell, qui devait remplacer Muskie à son siège de sénateur en 1980 et devenir leader de la majorité démocrate au Sénat.

expliquez-lui que nous n'avons pas de limousine. » J'ai transmis le message et l'histoire m'est sortie de l'esprit.

Le dîner avait lieu dans la salle de bal du Hilton de Washington. Pratiquement tout ce que le Parti démocrate comptait comme grands noms serait là pour fêter Muskie. J'avais revêtu une robe du soir brochée, achetée trois cents dollars chez Bergdorf's et dans laquelle je ne comptais pas passer inaperçue. Je portais en outre une perruque blonde, style « jeune page », achetée, elle, avant notre retour à Washington. Après la naissance des jumelles, j'avais en effet perdu beaucoup de cheveux et tous n'avaient pas repoussé. Je pensais donner le change et avoir l'air d'une blonde sophistiquée – mon rêve de toujours. À voir la photo que j'ai gardée de cette soirée, il est clair que personne n'a pu être dupe.

Impossible de me détendre un seul instant avec la responsabilité du dîner sur les épaules. Je devais veiller à tout. Les choses se sont bien passées jusqu'au moment où, peu avant le début de la soirée, un fleuriste est arrivé avec, dans sa camionnette, disait-il, les cinquante « arrangements floraux » que nous avions commandés. L'homme voulait être payé. Nous nous sommes regardés, ahuris. Nous n'avions pas commandé de fleurs, mais décoré le Hilton avec des sapins en pot, en hommage à l'engagement du sénateur du Maine en faveur de la protection de l'environnement.

Nous avions tout juste réussi à nous débarrasser du fleuriste lorsqu'un autre livreur est arrivé, cette fois avec une douzaine de caisses de boissons alcoolisées, à régler elles aussi à la commande. Non, merci, avons-nous dit, nous avons déjà ce qu'il faut. Ensuite, plusieurs hommes sont entrés, portant deux cents pizzas qu'ils tenaient absolument à nous laisser, moyennant paiement, car ils avaient des bons de commande à notre nom. De plus en plus affolés, nous nous demandions ce qui se passait.

L'heure du cocktail VIP est arrivée. J'ai repéré un couple vêtu à l'africaine et me suis avancée vers eux : « Vous êtes sans doute de l'ambassade du Tchad ?

— Pas du tout, a répondu l'homme, je suis l'ambassadeur du Kenya. » J'ai regardé en direction de l'entrée, où un autre couple africain venait de faire son apparition, suivi d'un autre et d'un autre encore, la plupart également en costume national. Ils étaient suivis par des chauffeurs de limousine qui exigeaient d'être payés. En l'espace d'une demi-heure, pas moins de vingt ambassadeurs africains sont ainsi arrivés et il fallait se débrouiller pour les caser à des tables déjà complètes. Nous ne pouvions rajouter une table juste pour eux, ce qui aurait été parfaitement insultant. Heureusement, Gretchen Poston est venue à notre secours. En rapprochant les chaises ici et là et en persuadant ses amis de se serrer un peu, elle nous a permis de faire asseoir tous les ambassadeurs et leurs épouses. Plus tard, Gretchen deviendrait secrétaire particulière à la Maison Blanche sous le Président Carter.

Tout le monde était enfin assis et le dîner venait de commencer. J'allais pousser un soupir de soulagement lorsque j'ai vu arriver deux personnes que je ne connaissais pas. Quoi encore ? Je les ai arrêtées d'un geste. « Nous sommes les magiciens qu'on a engagés pour distraire les enfants », ont-elles annoncé. J'ai répondu que c'était un dîner où il n'y avait pas d'enfants. Après plusieurs minutes de discussion, elles ont insisté. « Vous savez, nous sommes de vrais magiciens. Si vous ne voulez pas de nous, nous allons vous changer en monstre. » J'ai souri. Après tout, pourquoi pas ? Et je les ai laissées entrer.

Le lendemain, j'ai déjeuné avec mon équipe pour faire le point. Nous avions levé beaucoup plus de fonds pour Edmund Muskie que les autres collecteurs, mais nous devions faire face aux réclamations de commerçants furieux qui exigeaient d'être payés. Que s'était-il passé ? Nous avions une petite idée sur la question. Ce sabotage devait être l'œuvre de l'état-major de campagne d'un rival démocrate. Ces fausses invitations et ces fausses commandes étaient bien dans la tradition de Dick Tuck, un célèbre mystificateur qui travaillait alors pour George McGovern, l'un des principaux rivaux de Muskie pour l'investiture du Parti démocrate. La vérité nous apparaîtrait deux ans plus tard, lors des audiences du scandale du Watergate. Donald Segretti, l'avocat qui avait mené la campagne de « sales coups » pour le comité de réélection de Richard Nixon, avait tout organisé. Pensant que Muskie était le meilleur candidat démocrate, les républicains voulaient faire capoter sa campagne. Segretti a précisé à la commission du Watergate que le seul « coup » auquel il avait renoncé était l'envoi d'éléphants dans la salle de bal.

Depuis 1972, je suis souvent revenue au Hilton de Washington pour assister à une manifestation et, il n'y a pas si longtemps, en tant que membre d'un cabinet. Chaque fois que je m'avance dans le couloir qui mène à la salle de bal, je me revois en train de pénétrer dans cette pièce aux côtés du sénateur Muskie avec ma robe dorée et ma perruque blonde. Muskie n'a pas eu l'investiture du parti, mais pour moi ce dîner a marqué le début d'une longue et belle amitié avec le sénateur et sa famille.

Après l'agitation de la campagne, j'ai eu du mal à me concentrer sur ma thèse. C'était moins le travail en soi que les exigences de la vie quotidienne qui me posaient problème. La rédaction d'une thèse est une tâche solitaire. D'un autre côté, quand les enfants grandissent, ils réclament plus d'attention que les bébés. Toutes les mères savent cela. Ils ont des devoirs à faire, des activités extra-scolaires et il faut les conduire à droite, à gauche. Bien sûr, il n'y a aucune comparaison entre le plaisir que l'on a à être avec eux et la rédaction d'une thèse. J'adorais le vendredi après-midi, quand mes filles sortaient tôt de l'école et que nous allions faire de longues balades, ou quand je les conduisais à leurs cours de guitare ou d'équitation. Et puis il y avait ces moments privilégiés qu'étaient nos « thés de dadames », comme elles disaient.

Mais même lorsque les filles étaient à l'école, le téléphone n'arrêtait pas de sonner. Chaque fois que je réussissais dans un domaine, on me sollicitait pour autre chose. J'ai réuni des fonds pour les campagnes sénatoriales de Walter Mondale et du fils d'Adlai Stevenson. On m'a proposé de faire partie du conseil du Negro Student Fund (bientôt rebaptisé Black Student Fund) et du D.C. Citizens for Better Public Education. Je faisais déjà partie du conseil du National Cathedral's College of Preachers, et en tant que présidente du conseil de Beauvoir, j'étais automatiquement membre du conseil de la National Cathedral, le « Chapitre ».

C'est dans la cathédrale qu'ont lieu la plupart des manifestations épiscopaliennes et œcuméniques, ainsi que les enterrements et les cérémonies. À l'époque où j'appartenais au Chapitre, un vaste programme d'extension du monument était en cours, ce qui signifie que je devais voter pour décider des motifs du nouveau vitrail et discuter de l'apparence des futures gargouilles. Lorsqu'on a posé la pierre angulaire de la nef agrandie, j'ai fait un discours du haut de la chaire, ce qui m'a renvoyé à mon rêve d'enfance de devenir prêtre, même si l'Église épiscopalienne elle-même n'avait pas encore donné aux femmes l'accès au sacerdoce. Tous ceux qui ont occupé des fonctions de ce genre au sein d'une institution religieuse reconnaîtront que les conflits de personnes et les divergences de vues n'en sont pas exclus. Au Chapitre, chaque réunion avait beau commencer par une prière, il n'en est pas moins vrai que j'y ai tout autant appris sur la politique qu'en participant à des campagnes électorales.

J'ai toujours eu du mal à décrire cette époque, que j'ai pris l'habitude d'appeler « ma période bonnes œuvres ». Je n'avais pas un « vrai » emploi, mais j'étais tout le temps occupée. J'avais appris à organiser, gérer, créer un réseau, motiver les troupes et veiller à ne jamais faire défaut. Pourtant, dans la vie courante, toute cette activité était apparemment tenue pour négligeable et j'aurais bien aimé qu'il existe des équivalences entre le bénévolat et les emplois du public et du privé. « Vice-présidente en charge de la communication » sonnait infiniment mieux que « chargée de la lettre d'information de l'école ». C'est à cette époque que beaucoup de Washingtoniens se sont forgé une opinion sur mon compte. Mais tous n'avaient pas la même image de moi. Certains voyaient en moi une femme énergique et brillante, sachant assumer. Pour d'autres, j'avais beau monter dans la hiérarchie gouvernementale, je resterais toujours l'amie de leur épouse ou la maman coopérative qui organisait les tournées des parents pour conduire en voiture les enfants à l'école.

Et j'avais ma thèse à faire. J'avais toujours l'œil sur ma montre, comme le lapin blanc d'*Alice au pays des merveilles*. Finalement, j'ai trouvé la solution : profiter du seul moment où la maison était calme pour travailler. Pendant quasiment trois ans, je me suis donc levée à quatre heures et demie du matin. Après avoir bu mon café, je montais au second et me mettais au travail.

Un bon sujet de thèse ne doit pas seulement être original et se prêter aux recherches. Il doit aussi tenir en haleine le temps de sa rédaction. J'avais choisi mon sujet en août 1968, au moment où je m'apprêtais à quitter Long Island pour Washington.

Tout en faisant les cartons, j'écoutais à la radio, le cœur serré, les nouvelles de l'écrasement du « Printemps de Prague » par les chars soviétiques. Alexandre Dubček, premier secrétaire du Parti communiste, avait tenté d'instituer en Tchécoslovaquie ce qu'il appelait « le socialisme à visage humain ». Sous le leadership de ce Slovaque réformiste, la censure avait été abolie, les relations entre les communistes et les non-communistes s'étaient améliorées, on avait libéré les prisonniers politiques et dénoncé les abus passés du régime. L'arrivée de ce « Printemps de Prague » avait commencé à chasser la lourde atmosphère de peur qui enveloppait le pays.

Dubček avait eu beau déclarer que son programme de libéralisation était une affaire intérieure à la Tchécoslovaquie, le régime totalitaire de Moscou et ses satellites ne l'entendaient pas de cette oreille et ils avaient envoyé leurs chars. Dubček avait été arrêté, exclu du Parti et interdit de toute déclaration publique sans autorisation. Sous la botte soviétique, les dissidents allaient être réduits au silence quelque temps, mais l'attitude du peuple tchécoslovaque au cours des huit premiers mois de l'année 1968 prouverait qu'il n'était pas un clone de Moscou et qu'on pouvait desserrer l'étau de l'idéologie communiste.

Cela peut paraître égoïste, mais je dois dire que le Printemps de Prague est venu à point nommé me fournir mon sujet de thèse. J'ai choisi de traiter du rôle joué par la presse tchécoslovaque, un thème qui me permettait de mettre à profit ma connaissance de l'histoire et de la langue du pays, mon travail sur les changements au sein des systèmes communistes et mon intérêt pour le journalisme[1].

La rédaction d'une thèse de doctorat est une épreuve. Même les professeurs qui ont écrit d'autres ouvrages par la suite en gardent un très mauvais souvenir. Cela ne les empêche pourtant pas de faire passer leurs propres étudiants par les mêmes angoisses. On place tout son orgueil dans cette thèse, qui couronne des années de travail acharné, et l'on est jugé par des gens qui non seulement vont délivrer un verdict sur vous, mais sont jugés par leurs collègues selon leur sévérité à l'égard des étudiants.

Notre retour à New York était bien tombé, dans la mesure où il m'avait permis de suivre les cours de russe de l'université Columbia. De même, c'était pour moi une chance d'être revenue à Washington. Le département slave de la Library of Congress est formidable et j'ai pu y consulter les principaux journaux tchécoslovaques afin de déterminer à quel moment la presse avait senti qu'elle pouvait s'écarter de la ligne du Parti. Je travaillais toujours sur des fiches, comme à Wellesley College. Simplement, celles-ci étaient un peu plus grandes. Je sais que cette méthode peut paraître obsolète aujourd'hui, mais elle me réussissait bien.

Mes lectures, quoique passionnantes, manquaient de l'animation que seul peut fournir un contact direct avec les gens. J'avais pour voisins un couple de Tchécoslovaques influents, Jan et Meda Mladek. Ils m'ont fait rencontrer les nombreux compatriotes, visiteurs et réfugiés, qu'ils recevaient chez eux. J'ai essayé de parler à tous. Je dois énormément à deux journalistes qui m'ont consacré beaucoup de temps et donné de précieuses informations. Grâce à eux, j'ai pu mettre de la vie dans mon texte. J'ai dû conserver leur anonymat dans ma thèse, mais un quart de siècle plus tard, je peux révéler qu'il s'agissait d'une correspondante de radio de tout premier plan, Olga Králová, et de Jiří Dienstbier.

Dienstbier était un journaliste de la radio. Durant les huit mois du Printemps de Prague, il n'avait pas mâché ses mots. Puis, du temps de l'invasion soviétique, il avait fait en sorte que Radio Prague continue à émettre, sans déguiser la vérité. Grâce à des collègues, il avait été envoyé à Washington et j'ai été stupéfaite lorsqu'il a décidé de rentrer en Tchécoslovaquie. Il était certain d'être arrêté, mais il estimait que sa place était là-bas. De retour dans son pays, on lui a ôté sa carte de journaliste et il a dû faire des petits boulots, avant d'être

---

1. J'ai été très reconnaissante au professeur Seweryn Bialer, un émigré polonais qui avait connu la pire période du communisme dans son pays et dirigé ma thèse de maîtrise, d'accepter d'être mon directeur de thèse de doctorat.

finalement arrêté. Lorsqu'il a disparu derrière le Rideau de fer, j'ai cru que je ne le reverrais jamais.

Il m'a fallu en tout treize ans pour passer mon doctorat et rien n'a été plus difficile pour moi. J'ai commencé à peu près au moment des premiers pas d'Alice et d'Anne et terminé lorsqu'elles étaient au lycée. Dans l'intervalle, elles ne m'ont pas épargné leurs sarcasmes, disant qu'elles n'avaient aucune raison de finir leurs devoirs si je n'arrivais pas à venir à bout de mon propre travail.

Le matin du 1er mai 1975, il faisait déjà chaud. Dans une chambre d'hôtel new-yorkais, j'ai enfilé ma robe de laine vert olive porte-bonheur et suis allée soutenir ma thèse à l'université Columbia. Inutile de dire que j'étais nerveuse. Le jury était représentatif de l'Europe centrale. Il y avait là un professeur hongrois, un Yougoslave, un Polonais et un spécialiste de la Bulgarie. Compte tenu de mes origines, j'ai mis l'accent sur le rôle unique des journalistes en Bohême et dans la Tchécoslovaquie de l'entre-deux-guerres, mais visiblement les professeurs n'ont pas apprécié, chacun pensant que l'histoire de sa propre nation était unique. C'était comme si j'avais insulté les journalistes de leur pays. J'ai sué sang et eau, autant du fait de la chaleur que du feu roulant des questions. Ils m'ont pourtant donné mon diplôme avec les félicitations du jury. Folle de joie, j'ai aussitôt appelé mes parents. Je me suis aperçue que j'étais la seule à avoir douté de ma réussite. Joe, lui, en était si sûr qu'il avait déjà organisé une surprise-partie pour fêter l'événement à mon retour.

Lorsque la course à la présidentielle a commencé, en 1976, les partisans d'Edmund Muskie étaient arrivés à la conclusion qu'il avait de nouveau ses chances. Il avait certes été battu aux primaires de 1972, mais son action en tant que président de la nouvelle Commission du Budget du Sénat ne passait pas inaperçue, car il tentait de maîtriser le lourd processus législatif budgétaire. Il avait patronné la législation antipollution destinée à dépolluer l'air et l'eau dans notre pays et présidé une sous-commission sur les dépenses inutiles du gouvernement. Muskie était certes un démocrate libéral, mais il était aussi natif du Maine, un État où l'on n'aime pas le gaspillage. « Être libéral ne veut pas dire dilapider l'argent du contribuable », déclarait-il. Muskie avait la réputation – justifiée – de ne pas se laisser marcher sur les pieds, mais tant les républicains que les démocrates l'appréciaient pour sa fermeté et ses principes.

Nous avons jugé le moment venu de lancer sa candidature quand le Parti démocrate l'a désigné pour répondre au discours du Président Ford sur l'état de l'Union. L'excellent accueil fait à son discours six ans plus tôt, en 1970, avant les élections de mi-mandat, était de bonne augure. Pour préparer la prestation du sénateur, nous avons donc fait appel à des gourous du parti particulièrement respectés. Parmi eux, Bob Squier, consultant chevronné, qui avait joué un rôle majeur dans l'orchestration du discours de 1970, Richard Goodwin, qui avait rédigé les discours du Président Kennedy et de ses frères, et Patrick Cadell, le célèbre organisateur de sondages. Ma tâche consistait à réunir l'argent pour rémunérer leurs services. À nos yeux, le jeu en valait la chandelle.

Une déclaration au *New York Times* de Bob Squier, interrogé sur l'éventualité d'une candidature d'Edmund Muskie à la présidentielle, nous a quelque peu refroidis : « Je me place dans la position du Dr. Frankenstein : on a inventé Muskie en 1970 et on peut bien recommencer en 1976. » Ensuite, malgré des réunions sans fin entre les trois outsiders, aucune esquisse de discours digne de ce nom n'a vu le jour [1]. Pour finir, la retransmission télévisée a débuté sur une image d'Edmund Muskie assis dans un fauteuil trop petit pour lui, roulant des yeux parce qu'il n'y avait pas le bon texte sur le prompteur. Les personnes que j'avais réunies chez moi pour voir sa prestation à la maison se sont mises à rire, tandis que je m'efforçais de détourner leur attention en faisant circuler des plateaux de hors-d'œuvre. Finalement, le sénateur s'est bien débrouillé, mais l'aventure de sa candidature à la présidence s'est arrêtée là.

Il a toutefois réussi à être sur la liste des vice-présidents potentiels de Jimmy Carter. Tandis qu'avec sa famille Muskie allait rencontrer ce dernier en Georgie, j'étais à New York, où devait se tenir la Convention démocrate, avec mission de régler les détails de l'installation de la délégation du sénateur et de veiller à l'installation d'une ligne privée entre sa chambre d'hôtel et Jimmy Carter. Celui-ci voulait en effet pouvoir appeler en toute discrétion chacun des candidats à la vice-présidence. Lorsque Carter a obtenu l'investiture du parti, nous avons attendu son coup de fil. Il a appelé au matin du 15 juillet – sur la ligne de l'hôtel et non pas celle que j'avais eu tant de mal à faire installer. Muskie a décroché. Trois secondes plus tard, il raccrochait. Carter n'avait pas pris de gants. « Ce n'est pas vous. Merci », s'était-il contenté de dire. Nous avons eu un peu de mal à le digérer.

Peu de temps après notre retour à Chicago, le premier assistant parlementaire d'Edmund Muskie l'a quitté pour participer à la campagne électorale du tandem Carter-Mondale et le poste est devenu vacant. N'ayant jamais travaillé au Sénat, j'ignorais si j'étais quali-

---

1. Finalement, ce sont deux assistants parlementaires, John McEvoy et Al From, qui ont dû rédiger le plus gros du discours.

fiée pour postuler, mais Joe m'y a fortement incitée. Cette fois, mon doctorat a fait la différence. Muskie pouvait dire : « J'ai engagé à ce poste à responsabilités Mrs. Albright, titulaire d'un doctorat », au lieu de « J'ai engagé l'épouse de Joe Albright, qui s'est débrouillée pour collecter pas mal d'argent en ma faveur ». C'est ainsi qu'à trente-neuf ans, mère de trois enfants, j'ai décroché mon premier emploi rémunéré à plein temps depuis l'*Encyclopaedia Britannica*, quinze ans plus tôt.

C'était le bicentenaire des États-Unis et partout l'on assistait à des festivals, des parades, des feux d'artifice, des célébrations sur des navires, le tout en pleine période électorale. Selon leur habitude, mes parents téléphonaient pour savoir si les filles chantaient bien des chants patriotiques et pour leur rappeler la chance qu'elles avaient de vivre aux États-Unis. Une chance dont j'étais pleinement consciente pour ma part. En tant que première assistante parlementaire d'Edmund Muskie, j'avais enfin ma place à l'intérieur du système, là où les hommes prenaient les décisions et où je pouvais poursuivre ma formation.

J'ai fait mes classes parmi les meilleurs. Avec Muskie, j'ai été à bonne école, car je pouvais apprendre énormément rien qu'en le regardant agir, au grand jour comme en coulisse. Le sénateur savait se montrer diplomate pour obtenir des informations et former des coalitions, et se servir de son légendaire tempérament colérique pour demander des comptes à des responsables politiques et arrêter net ses opposants. Quand on travaillait pour lui, il fallait apprendre vite, car il était hors de question que le sénateur du Maine soit assisté par quelqu'un qui n'était pas à la hauteur.

J'ai dû d'un seul coup tout assimiler sur des industries essentielles pour le Maine, comme celles de la chaussure, de la pêche, de la pâte à papier. Avant chaque vote, j'avais pour mission de rédiger une note sur chaque sujet. J'ai préparé une argumentation en faveur du traité décrié qui devait permettre au Panama de contrôler le canal. J'ai aussi appris les mille et une manières dont le Congrès peut influer sur la politique internationale et, plus tard, ces leçons allaient m'être précieuses.

La plupart des assistants parlementaires avaient cinq à dix ans de moins que moi. Ils étaient célibataires ou jeunes mariés et le soir, après le travail, ils allaient dans les bars voisins du Capitole pour parler politique ou flirter. Moi, je rentrais directement à la maison. Alice et Anne avaient maintenant quinze ans, mais Katie n'en avait que neuf. Lorsque, me sentant coupable à l'idée de travailler à plein temps, je lui avais demandé si cela lui posait problème, elle m'avait répondu par la négative, car, m'expliquait-elle, elle saurait au moins où me joindre, ce qui n'était pas le cas avec mes innombrables activités bénévoles. Dès lors et jusqu'à mon dernier jour au gouvernement, j'ai tenu à ce que les appels de mes filles me soient passés sur-le-champ, dans la mesure du possible.

Un soir, lorsque je suis rentrée à la maison, Katie m'attendait impatiemment. « Maman, quand j'ai appelé ton bureau, on m'a dit que tu étais "sur les bancs*" avec le sénateur Muskie. Qu'est-ce que vous faisiez tous les deux sur des bancs ? » J'ai raconté l'anecdote à Muskie, qui aimait beaucoup Katie et l'appelait « Katiedid ». La première fois qu'elle l'avait rencontré, elle avait demandé, du haut de ses cinq ans, à ce grand gaillard d'un mètre quatre-vingt-treize : « Dis, sénateur Muskie, est-ce que t'es un géant ? »

Ceux qui suivent d'un peu près la politique américaine savent qu'à Washington il existe une rivalité entre l'exécutif et le législatif. Chacun des deux pouvoirs est jaloux de ses prérogatives et prétend mieux que l'autre représenter les intérêts du peuple en se servant de la Constitution pour appuyer ses revendications. Lorsqu'ils n'ont pas la même majorité politique, comme cela a été le cas à la fin de la législature du Président Ford, leur opposition n'en est que plus virulente.

En novembre 1976, au moment où Jimmy Carter a battu le Président Ford, nous étions impatients de voir un démocrate entrer à la Maison Blanche, mais la situation était en réalité assez complexe. Le camp Muskie était proche du vice-président Mondale, mais la procédure qui avait abouti au choix de ce dernier nous avait laissé un goût amer. Ignorant que c'était là le style de Jimmy Carter, nous avons été abasourdis de voir que dans son premier courrier présidentiel à notre sénateur, il s'adressait « À Ed Muskie » et non pas à « Cher Ed ». De même, les premières réunions avec les proches collaborateurs de Jimmy Carter se sont-elles assez mal passées. La course à la présidence s'était faite « contre Washington » et ils ne semblaient pas déterminés à changer leur approche. Pour nous, cette attitude chez des gens fraîchement débarqués s'apparentait à de l'arrogance et cela suscitait pas mal de grincements de dents au sein de notre équipe.

Un jour où nous ronchonnions contre ce manque de respect à l'égard de notre sénateur, Muskie est entré dans le bureau et nous a demandé ce qui nous préoccupait. « Que les choses soient bien claires, a-t-il déclaré en réponse à nos plaintes. Je sais quel est mon rang,

---

* En anglais, la formule est : « *On the floor* » soit, littéralement, « Sur le parquet » et la question de l'enfant, qui demande ce qu'ils faisaient tous les deux sur le parquet, a évidemment plus de sel (*N.d.T.*).

mais je sais aussi que nous n'avons qu'un Président. Il se trouve que celui-ci est démocrate et nous ferons de notre mieux pour coopérer. » Nous n'avions plus qu'à nous exécuter. Plus tard, sous la présidence de Bill Clinton, il m'est souvent arrivé de repenser à ce moment et de regretter que d'autres démocrates du Congrès n'aient pas été là pour retenir la leçon.

Ma vie commençait à prendre tournure, mais les projets de Joe échouaient les uns après les autres. Au printemps 1970, il se remettait d'une hépatite causée par la consommation d'huîtres lors d'un voyage à l'étranger, quand Oncle Harry lui a téléphoné. J'étais présente et j'ai entendu Joe protester. « Comment ça, tu vends *Newsday* ? disait-il. Mais tu ne peux pas faire ça, voyons ! Ma famille détient quarante-neuf pour cent des parts. » Convaincu que, sous la direction de Bill Moyers, *Newsday* devenait le porte-parole des libéraux, Harry avait l'intention de céder le journal à Norman Chandler, conservateur, propriétaire de la *Times Mirror* Company.

Joe et Bill Moyers n'avaient jamais été proches, mais ils ont uni leurs efforts pour rassembler l'argent nécessaire et faire une offre de rachat des cinquante et un pour cent de Harry Guggenheim. Ils y sont arrivés, mais Harry a refusé de leur vendre ses parts. En fin de compte, Joe et sa famille ont récupéré plus d'argent pour le rachat de leurs parts minoritaires que Harry pour les siennes, mais le problème n'était pas là.

Très déçu, Joe a néanmoins réagi rapidement en écrivant un livre, *What Makes Spiro Run*, qui dévoilait les dessous de l'affaire de pots-de-vin qui avait forcé Spiro Agnew, vice-président de Nixon, à démissionner. Il a continué sa carrière de journaliste d'investigation, travaillant entre autres pour le *San Francisco Chronicle*, puis pour la chaîne de journaux Cox.

Au cours de ses enquêtes, il a appris que le gouvernement souhaitait relever le niveau de sécurité de nombre d'installations d'armes nucléaires. Se faisant passer pour un fournisseur, il s'est vu confier les plans de sites. Il a ainsi pu en visiter certains et approcher les armes en question. Il a relaté cette expérience dans une série d'articles passionnants sur le manque de sécurité de ce genre d'installations. Ces articles ont reçu de nombreux prix et Joe a été cité pour le prix Pulitzer, le rêve de tous les journalistes. Son moral est remonté, mais il n'a pas eu le prix et cette déception l'a beaucoup déprimé. J'ai essayé de le réconforter en lui expliquant que j'avais entendu dire que le jury avait établi de nouvelles règles déontologiques et décidé de ne pas récompenser les journalistes qui avaient enquêté sous une fausse identité. J'ai aussi émis l'idée que plusieurs membres du jury en voulaient à sa famille pour une raison ou une autre, mais rien n'y a fait.

Il faut tout de même reconnaître que nous menions une vie formidable. Certes, Joe n'avait pas obtenu la direction du journal, mais il faisait le métier qu'il aimait et il était respecté au sein de la profession.

Au milieu des années soixante-dix, l'image que donnait la famille Albright était celle d'un couple heureux avec trois adorables filles. Nous continuions à nous rendre en Georgie, où nous jouions au croquet et allions à la chasse. Nous faisions du ski dans le Colorado. Nous avions notre ferme en Virginie, que nous retapions et dont nous agrandissions le terrain dès que l'occasion se présentait. Nous y avions tant de travaux en cours – jardinage, peinture, construction – que nous avons fini par en parler comme du « Goulag Albright », mais nous prenions aussi le temps de faire de longues randonnées, de lire, de jouer au tennis, d'aller aux courses, de recevoir, de contempler les vaches dans les prés et nos filles qui couraient gaiement autour d'elles. Joe avait le don de repérer les bonnes affaires lors des ventes aux enchères et nous avons joliment meublé la maison grâce à ses talents. Nous avions toujours de la famille chez nous, ce qui contrastait avec mon enfance. Mes parents et ceux de Joe nous rendaient régulièrement visite. Mon frère John, devenu économiste, s'était installé à Washington avec sa femme Pamela, et tous deux venaient passer les week-ends à la ferme et nous donner un coup de main.

Nous avions un cercle d'amis sympathiques et variés, mais ce que nous préférions, c'était être ensemble, Joe et moi. Nous étions mari et femme, mais aussi les meilleurs amis du monde.

Ma grande amie Wini Shore, que j'avais connue à Wellesley College, s'était mariée. Devenue Mrs. Wini Shore Freund, elle n'en restait pas moins ma confidente. Elle était une épouse comblée et la maman de filles merveilleuses. « Quelle chance on a ! » lui disais-je.

Elle frissonnait. « Ne dis pas ça, cela risque de nous porter malheur. »

CHAPITRE SIX

D'un « Pole » à l'autre

Pendant les vacances de Noël 1976, j'étais au fond de mon lit avec une pneumonie quand le téléphone a sonné. C'était mon ex-professeur, Zbigniew Brzezinski. Nous avions fini par nouer des relations d'amitié et je m'étais même déguisée en cheval, ou plutôt en moitié postérieure de cheval, lors d'une fête costumée chez lui, dans le New Jersey. Peu de temps auparavant, lors de la soirée électorale, il m'avait téléphoné dans le Maine où je me trouvais aux côtés de Muskie. Inquiet de voir les deux candidats à la présidence au coude à coude, il voulait connaître la tendance des votes des quatre grands électeurs de l'État. Maintenant, avec ce léger accent polonais que je connaissais bien, Zbig m'annonçait : « Le Président élu Jimmy Carter m'a demandé d'être son conseiller à la Sécurité nationale.

— Je sais, ai-je dit. Je suis ravie pour vous. Félicitations.

— Pouvez-vous vous charger de me trouver un toit ?

— Bien sûr. Mais pour être franche, je croyais que vous alliez me proposer de travailler avec vous, ai-je répondu en riant.

— Non, c'était juste pour ça. »

Il a fini par s'installer définitivement à McLean, en Virginie, et les liens entre nos deux familles se sont encore resserrés, d'autant plus que Muska, sa femme, était américano-tchécoslovaque et une ancienne de Wellesley College. Au début de l'année 1978, elle m'a téléphoné pour avoir des renseignements sur notre soirée patinage annuelle et me dire que si nous avions de la viande de cerf de la ferme, elle était preneuse. Dans la conversation, elle m'a demandé si j'avais jamais pensé travailler pour l'exécutif. Je n'y ai vu aucune intention et j'ai répondu que j'étais très contente de travailler au Capitole avec le sénateur Muskie, tout en lui indiquant l'endroit de la soirée patinage et en expliquant que nous ne tuions pas les cerfs qui vivaient sur la ferme.

Un peu plus tard, dans les bureaux du Sénat, l'une des secrétaires m'a passé Brzezinski au téléphone. « À propos de la conversation que vous avez eue avec Muska... » a-t-il commencé. Je me demandais en quoi il était concerné par le patinage ou la viande de cerf lorsqu'il a poursuivi : « Ça vous plairait de travailler à la Maison Blanche ? »

Au Sénat, on est les uns sur les autres dans les bureaux. C'est donc en chuchotant que j'ai répondu : « Non. J'aime bien ce que je fais ici. » Je n'avais pas plus tôt raccroché que je me mordais les doigts d'avoir dit non sans réfléchir. Je me suis précipitée dans le couloir et j'ai rappelé Brzezinski depuis une cabine. « Excusez-moi, j'ai répondu trop vite. » Nous avons pris date pour nous rencontrer.

En fait, j'hésitais beaucoup. Je ne connaissais pas le Président Carter et depuis un an je ne ménageais pas mes critiques envers la façon dont la nouvelle administration traitait avec le Congrès. D'un autre côté, travailler pour Brzezinski à la Maison Blanche me permettrait de me consacrer à la politique étrangère. Joe me poussait à accepter. « Pourquoi refuser une occasion pareille ? me répétait-il. Rends-toi compte, c'est ce que tu as toujours voulu faire ! »

Il s'agissait de gérer les relations entre le Congrès et le National Security Council, plus communément appelé NSC*. En collaboration avec les membres du NSC, j'attirerais l'attention du Congrès sur nos priorités en matière de politique internationale, je coordonnerais la stratégie de l'administration vis-à-vis du législatif, j'assisterais aux réunions entre la présidence et les membres du Congrès et je répondrais aux questions émanant du Capitole.

Il ne m'était jamais venu à l'idée de quitter Ed Muskie. Nos relations étaient chaleureuses et j'apprenais chaque jour à son contact. Mais malgré l'amitié que j'éprouvais à son égard, j'ai été piquée au vif quand il a émis des doutes sur ma capacité à être à la hauteur de la tâche. Il n'était pas sûr, disait-il, qu'une femme réussirait à ce poste, ne fût-ce que parce que les membres du Sénat et de la Chambre des représentants étaient quasiment tous des hommes. Muskie avait beau être le père de trois filles – sur cinq enfants – et avoir une épouse au franc-parler et au caractère bien trempé, il ne savait pas s'y prendre avec les femmes qui faisaient carrière. Il l'a prouvé une dernière fois lors de mon pot d'adieu. Levant son verre, il a lancé à la cantonade : « J'ai maintenant pas mal de femmes dans mon équipe, mais Madeleine restera toujours chère à mon cœur, car elle a été la première à introduire son sexe dans nos bureaux. » Cette déclaration a été accueillie par un éclat de rire.

---

* Conseil national de Sécurité (N.d.T.).

« Vous voulez certainement dire "le sexe féminin", Sénateur », ai-je corrigé. Faisant alors allusion à ses origines polonaises et à celles de mon nouveau patron, Muskie a poursuivi : « Je regrette de voir partir Madeleine, mais elle restera dans l'histoire comme la première femme à être allée d'un *Pole** à l'autre. »

Mon père venait souvent à Washington pour ses affaires. Avec ma mère, il avait assisté au dîner que j'avais organisé pour Edmund Muskie. Je pense qu'il a été surpris de me voir collecter des fonds, mais j'ai été encore plus étonnée de le voir se livrer à la même activité. Devenu doyen de la Graduate School for International Studies de l'université de Denver l'année de mon mariage, il a eu dans l'idée d'en faire ce qu'il appelait la « Harvard de la Côte ouest » et a réuni pas mal d'argent dans ce but. Je suis heureuse qu'il m'ait vue rejoindre l'équipe du sénateur Muskie. Mon seul regret est qu'il n'ai pas vécu assez longtemps pour me voir entrer à la Maison Blanche.

Mon père est mort relativement jeune, avant son soixante-huitième anniversaire, après une brève maladie. Il avait certes eu quelques problèmes d'estomac dans sa vie, mais il jouissait d'une bonne santé et nous nous faisions plutôt du souci pour ma mère. Vers la cinquantaine, on lui avait en effet découvert une maladie incurable, la sclérodermie, dont les symptômes – bleuissement des doigts, épaississement de la peau, difficultés respiratoires – inquiétaient beaucoup mon père.

Les ennuis de santé de ma mère ne les empêchaient pas de voyager. Au printemps 1977, mon père avait terminé son ouvrage *Twentieth-Century Czechoslovakia* et il travaillait à un projet sur la Légion tchécoslovaque, dont les troupes s'étaient retrouvées abandonnées en Russie à la fin de la Première Guerre mondiale. Il avait l'intention de se rendre en Angleterre pour faire des recherches dans les archives britanniques. En chemin, ils se sont arrêtés à Washington et nous sommes allés dans notre ferme. C'est là que, pour la première fois, j'ai vu mon père faire demi-tour alors que nous avions entrepris de gravir la colline derrière la maison. Il était trop fatigué pour continuer et a dû aller s'allonger.

Leur séjour en Europe s'est toutefois bien passé. Ils en ont même profité pour revoir mon oncle paternel, avec qui il s'était réconcilié après une longue brouille. En avril, peu de temps après leur retour,

---

* En anglais, *Pole* signifie à la fois « Pôle » et « Polonais » (*N.d.T.*).

ma mère m'a téléphoné. Mon père était devenu tout jaune. Pensant à une hépatite, j'ai pris l'avion pour Denver. À l'hôpital, en attendant le résultat des examens, mon père a essayé de nous convaincre qu'il allait très bien. Il avait fait de la natation l'avant-veille. Nous étions optimistes, mais les analyses ont révélé qu'il était atteint d'un cancer du pancréas. Il a été opéré. Les chirurgiens nous ont dit qu'ils avaient tout enlevé et nous avons de nouveau espéré. Mon père a repris des forces. Il a recommencé à nager.

Quelques semaines plus tard, ma mère a rappelé, complètement paniquée. L'état de mon père s'était considérablement aggravé. Il avait de la fièvre et des hallucinations. Je suis retournée à Denver pour entendre les médecins nous annoncer, à Kathy, à John et à moi-même, que les cellules cancéreuses avaient gagné le foie et qu'il avait des métastases un peu partout. Il n'y avait plus rien à faire. Ma mère avait passé une grande partie de sa vie aux États-Unis, mais elle était habituée aux méthodes des médecins européens, qui ne disaient jamais exactement les choses. Quand elle a appris la vérité, elle s'est évanouie.

En entrant dans la chambre de mon père, nous avons été frappés de la rapidité avec laquelle son état s'était détérioré. Cet homme aux grandes facultés intellectuelles était maintenant réduit par la maladie à tenir des propos incohérents. Les médecins étaient incapables de nous dire combien de temps il lui restait à vivre. Nous avons décidé de nous relayer pour rester auprès de lui. Kathy, qui était éducatrice et était en vacances, a pris le premier tour de garde. Cela a été aussi le dernier. John et moi pensons que nous n'aurions jamais pu dire adieu à notre père, mais nous aurons toujours le regret de ne pas avoir été là quand il est mort, le 18 juillet 1977, en présence de notre mère et de Kathy. Notre mère était submergée par la douleur et nous nous demandions si elle allait survivre à son mari. Ils s'étaient connus très jeunes et ils étaient tout l'un pour l'autre. Par la suite, elle nous a appelés le 18 de chaque mois pour que nous évoquions son souvenir.

À quarante ans, maintenant, j'étais largement capable de penser par moi-même, mais mon père avait toujours été mon meilleur ami et mon conseiller. Curieusement, dans mon chagrin, je ne me suis pas dit, comme on le fait souvent : « Si seulement j'avais fait ceci ou cela... » Je m'étais comportée en fille aimante et obéissante. Je n'avais péché ni par action ni par omission. J'ai cherché à suivre son exemple et je l'ai toujours senti présent à mes côtés, car sa pensée ne m'a pas quittée. Aujourd'hui encore, je ne peux croiser un homme qui fume la pipe ou sentir l'odeur si particulière de ce type de tabac sans penser aussitôt à lui.

Lors des obsèques, à Denver, les hommages ont été nombreux et vibrants. John, Kathy et moi étions très touchés du respect que lui portaient ses collègues et ses anciens étudiants, et de la chaleur avec laquelle ils l'exprimaient. C'était un peu comme une seconde famille pour lui. La maison était remplie de fleurs, dont une curieuse jardinière en forme de piano remplie de philodendrons. En me voyant l'examiner, ma mère m'a dit : « Elle est envoyée par l'étudiante préférée de ton père. » « Qui est-ce ? » ai-je demandé. « Elle s'appelle Condoleezza Rice[1]. »

Mon père adorait enseigner. Il avait souvent été élu meilleur conférencier de l'université et il avait continué à donner des cours après être devenu doyen. Il jouissait d'une grande estime dans les milieux universitaires, en partie à cause des ouvrages[2] et des nombreux articles dont il était l'auteur. Chaque fois qu'il se passait quelque chose d'important sur la scène internationale, on demandait à Josef Korbel de le commenter.

Parfois, nous évoquions ce qui se serait passé si les communistes n'avaient pas pris le pouvoir en Tchécoslovaquie. Dans son entourage, certains pensaient qu'il aurait pu devenir ministre des Affaires étrangères, mais ce genre de spéculation le mettait mal à l'aise. Visiblement, il avait abandonné tout espoir de parvenir à ce poste en devenant citoyen américain. Il avait troqué le costume-cravate contre le col roulé et la veste de sport et s'était laissé pousser la barbe. Je sais qu'il souffrait de savoir le peuple tchécoslovaque malheureux sous le régime communiste, mais il n'a jamais remis en cause sa décision d'être venu s'installer aux États-Unis avec les siens. Comme l'écrivait ma mère : « Il disait souvent que même s'il avait occupé des fonctions prestigieuses, il n'aimait rien tant que d'être professeur d'université dans un pays libre. »

Mon père menait la barque familiale, mais il n'y serait jamais

---

1. Condoleezza Rice s'était d'abord spécialisée en musique au cours de ses études, d'où le piano, puis elle s'était orientée vers les relations internationales après avoir suivi les cours de mon père. Elle avait travaillé avec lui sur sa thèse. Quand, dix ans plus tard, devenue conseiller de Michael Dukakis pour la politique étrangère, j'ai réuni un groupe d'experts pour constituer son *brain trust* de campagne électorale, j'ai cherché à l'engager. Elle avait tous les atouts nécessaires : elle était afro-américaine, spécialiste du domaine soviétique et vivait en dehors de Washington. Après avoir écouté mon petit laïus, elle m'a répondu : « Je ne sais comment vous dire ça, Madeleine, mais je suis républicaine. » Je n'en croyais pas mes oreilles. « Comment est-ce possible, Condi ? Nous avons eu le même père ! »

2. Outre son ouvrage sur Tito, mon père a publié *Danger in Kashmir, The Communist Subversion of Czecoslovakia, Poland between East and West*, Détente *in Europe : Real or Imaginary ?* et *Twentieth-Century Czechoslovakia*.

arrivé sans ma mère. Débrouillarde et charmante, elle s'en sortait toujours, quitte à faire et à dire les pires choses, y compris à son mari. Dans sa jeunesse, expliquait-elle, il avait un caractère de cochon et quand il piquait de nouveau une colère, elle n'hésitait pas à le remettre à sa place. Un jour où l'un de nous trois l'avait mis en rage avec une phrase « arrogante », il a reposé son assiette de petit déjeuner sur la table si violemment qu'elle s'est cassée. Ce soir-là, au dîner, nous avons mangé dans des assiettes en porcelaine, tandis qu'il devait se contenter d'une assiette en papier. « Qu'est-ce que ça veut dire ? » a-t-il tonné. « Il n'y a pas assez d'assiettes pour tout le monde », a répondu ma mère d'une voix douce. Mon père lui a lancé un regard noir, puis s'est mis à rire. Finalement, il est allé l'embrasser.

Ils n'ont jamais été aussi heureux que dans le Colorado. Même lorsqu'ils ont eu assez d'argent pour que ma mère cesse de travailler, elle a continué à être secrétaire dans un établissement financier pour être avec des gens qu'elle appréciait. Elle adoptait tous les nouveaux immigrants tchécoslovaques. Les étudiants venaient dîner à la maison pour sa cuisine et pour la conversation animée de mon père. Il n'était pas d'accord pour qu'elle consulte des voyantes et assiste à des séances de spiritisme, mais dès qu'il avait le dos tourné, elle demandait à une amie de l'accompagner.

On n'a hélas pas permis à mes parents de vivre assez longtemps pour s'occuper de leurs petits-enfants, mais mes parents ont été des grands-parents merveilleux pour mes filles, sur lesquelles ils ont eu une grande influence. Ma mère faisait des gâteaux avec elles et leur chantait des chansons tchécoslovaques auxquelles elles ne comprenaient pas un mot. Et surtout, elle leur a donné le sens de la famille. Mon père leur a communiqué le goût de la pêche à la ligne et la passion de l'histoire. Chaque été, nous les envoyions passer quelque temps près d'eux dans le Colorado. Lorsque les filles allaient en camp de vacances près de Colorado Springs, mes parents les retrouvaient le temps d'un week-end. Pour Noël, tout le clan était réuni à Aspen : les parents, John, Kathy, moi et nos familles respectives. Mes filles adoraient leur grand-mère et leur « Bumpa ». Aujourd'hui, elles me comparent à ma mère lorsque je suis inquiète et à mon père lorsque je me lance dans un grand discours sur un événement récent.

Au moment où je franchissais une nouvelle étape dans ma carrière, mon père me manquait terriblement. Ma mère, qui croyait au surnaturel, me disait : « Ne te tracasse pas. Il voit tout ce que tu fais et il l'approuve. » Il avait été ravi quand j'avais obtenu mon doctorat et il aurait aimé me voir suivre ses traces. Dans son dernier ouvrage, ma thèse figurait en bonne place dans la bibliographie, à la suite des sources principales. Je ne suis pas du genre à parler avec les morts, mais pendant que je travaillais dans l'administration Carter, je me suis souvent demandé ce que pouvait penser mon père. Je crois qu'il aurait apprécié de voir Jimmy Carter insister sur l'importance des droits de l'homme dans nos relations avec les pays étrangers, sans aller toutefois jusqu'à déclarer, comme le Président, qu'en agissant ainsi nous devrions nous débarrasser de notre « peur exagérée du communisme ».

En mars 1978, j'ai pris possession du placard qui allait me servir de bureau au sous-sol de l'aile Ouest de la Maison Blanche. J'aurais pu bénéficier d'un vrai bureau avec une cheminée en marbre dans le Old Executive Building, où travaillaient la plupart des membres du National Security Council, mais à la Maison Blanche comme dans l'immobilier, l'emplacement est essentiel.

Il n'est pas rare que des passionnés de politique fassent des allers et retours d'une extrémité à l'autre de Pennsylvania Avenue*. L'expérience acquise au Congrès vient appuyer celle qu'on acquiert dans les bureaux de l'exécutif et réciproquement. Sitôt installé à son poste, chacun défend bec et ongles son point de vue contre celui de l'autre pouvoir. Dès ma première journée à la Maison Blanche, j'ai compris qu'il n'était pas question d'avoir des états d'âme à ce sujet.

Ed Muskie était l'un des conseillers sénatoriaux pour les négociations en cours sur la Convention sur le droit de la mer, destinée à réviser les règles internationales d'utilisation des océans. Il respectait certes les accords internationaux, mais il était aussi le représentant d'un État doté de kilomètres de côtes, pour lequel l'industrie de la pêche constituait un enjeu économique majeur. L'une de mes dernières tâches, en tant que sa première assistante parlementaire, avait consisté à rédiger à ce propos un courrier à l'attention du Président Carter. Nous y expliquions que, tout en étant en faveur de ce traité sur le fond, nous regrettions que l'administration Carter refuse de prendre en compte les problèmes qu'il poserait à nos électeurs. La lettre a été signée et envoyée à la Maison Blanche un vendredi.

Le lundi, je prenais mes nouvelles fonctions à la Maison Blanche, qui consistaient, entre autres, à répondre au courrier du Capitole. À mon arrivée, j'ai trouvé la lettre que j'avais écrite sur mon bureau, attendant que j'y réponde. Ce que j'ai fait, en expliquant que nous étions sensibles à l'inquiétude des électeurs du sénateur, mais que, compte tenu de l'impact global de la Convention sur le droit de la

---

* Le Capitole et la Maison Blanche sont tous deux situés sur Pennsylvania Avenue (*N.d.T.*).

mer, nous devions considérer d'abord les intérêts américains en général. La lettre a été dactylographiée sur le papier vert pâle du Président, revêtue de sa signature automatique par les personnes
autorisées et expédiée. De la sorte, j'ai tout de suite été mise dans le
bain.

Durant les trois ans que j'ai passés au NSC, je me suis imprégnée
de tout ce qui m'entourait. J'ai appris comment se prenaient les décisions en matière de sécurité nationale. J'ai affiné mes méthodes de
négociation avec le Congrès. Je me suis frottée aux réalités quotidiennes de la politique internationale.

J'étais ravie de travailler à la Maison Blanche. Les lieux sont chargés d'histoire et chaque pièce, chaque couloir évoquent des intrigues
et des moments dramatiques. Toutefois, l'espace où se concentre le
travail effectif est réduit et l'on y est à l'étroit. La première fois où
j'ai émergé de mon sous-sol pour assister à ma première réunion
dans la Cabinet Room, je me suis demandé comment, sous Nixon,
ceux qui travaillaient à la Maison Blanche pouvaient ne pas être au
courant du scandale du Watergate. On y croise tout le temps des
représentants du gouvernement et il me paraît difficile qu'ils aient
réussi à ne rien laisser deviner de ce qui se passait sur leur visage.

C'était la première fois que je pénétrais dans la Cabinet Room.
Autour de la table ovale avaient pris place le Président, le vice-président Walter Mondale, le Secrétaire d'État Cyrus Vance, le Secrétaire
à la Défense Harold Brown, le directeur de la CIA, l'amiral Stans-
field Turner, le général George Brown, qui dirigeait l'état-major
inter-armées, Zbigniew Brzezinski et des sénateurs venus écouter le
Président. Je me suis installée sur une chaise à part.

La discussion devait porter sur une vente d'armes au Proche-
Orient. Tout en se déclarant fermement décidé à faire respecter la
sécurité d'Israël, le Président Carter jugeait essentiel de renforcer ses
relations avec les nations arabes modérées et pro-occidentales. À la
mi-février, l'administration avait donc annoncé son intention de fournir des F-16 et des F-15 à l'Arabie Saoudite et à Israël, et des F-5E
– des avions de combat un peu moins sophistiqués – à l'Égypte. Les
Israéliens s'opposaient aux ventes aux pays arabes et la communauté
juive américaine manifestait sa désapprobation.

J'ai écouté attentivement le Président expliquer pourquoi il était
favorable à ces ventes et j'ai pris des notes lorsque les sénateurs se
sont mis à poser des questions, car c'est moi qui allais devoir fournir
des réponses par la suite. Je m'imprégnais de l'atmosphère de cet
endroit inconnu : les portraits alignés sur les murs, la roseraie que
j'apercevais par la fenêtre et dont je me demandais à quoi elle ressemblait en été, à la floraison.

À la fin de la réunion, j'ai regagné mon bureau, contente de moi et de mon nouveau poste. Aussitôt, le téléphone a sonné sur la ligne directe avec Brzezinski. « Madeleine, voulez-vous monter, je vous prie ? » Zbig était encore en train de parler avec certains représentants du gouvernement qui avaient participé à la réunion. « Pouvez-vous s'il vous plaît consulter vos notes et donner à M. le Secrétaire Vance et à M. le Secrétaire Brown la formule exacte qu'a utilisée le Président pour ce point précis de la vente ? »

J'ai baissé les yeux vers les gribouillis sur mon bloc, aussi mal à l'aise que le jour de ma soutenance de thèse. Impossible de répondre autrement que par la négative. Je n'avais pas pris de notes sur ce point de la discussion. Congédiée, j'ai regagné mon sous-sol, convaincue d'être virée.

En vertu du principe que l'attaque reste la meilleure défense, je suis allée frapper à la porte de Brzezinski dès que la voie a été libre. Ma mésaventure venait de ce que j'avais été placée à un poste relativement important sans avoir gravi les échelons. Sur un ton quelque peu théâtral, j'ai déclaré : « J'ignorais qu'on m'avait engagée pour jouer les secrétaires. »

Sans élever la voix, Brzezinski m'a répondu qu'il ne comprenait pas à quoi je faisais allusion. « Vous avez vu qui était avec vous dans la Cabinet Room, n'est-ce pas ?

— Bien entendu.

— N'étiez-vous pas, parmi toutes les personnes présentes, celle qui avait le rang le moins élevé ?

— Si.

— Eh bien, vous avez la réponse à votre question. Vous n'êtes pas une secrétaire. Vous êtes simplement la personne qui a le rang le moins élevé dans une réunion de haut niveau. » Je n'aurais pu être plus justement remise à ma place, au sens propre.

Au fur et à mesure que je prenais de l'assurance dans mon travail et que mes liens d'amitié avec Brzezinski se resserraient, j'osais moi aussi le remettre de temps en temps à sa place. Il m'avait engagée pour travailler avec le Congrès, mais n'avait pas conscience de tout ce que cela impliquait. Il se refusait à se rendre au Congrès, non par crainte d'y être vu, mais parce qu'il ne voulait pas perdre son temps à rencontrer les sénateurs un par un, d'autant plus qu'ils le faisaient attendre. Quand il se plaignait, j'étais obligée de lui faire remarquer qu'ils étaient des élus et pas lui. Plus tard au cours de ma carrière, lorsque je serais convoquée au Capitole pour recevoir une volée de bois vert pour quelque chose que je n'aurais pas fait, je me souviendrais de ce que j'avais dit à Zbig.

Ce qui me plaisait le plus dans mon travail était la réunion hebdomadaire de l'équipe, qui ressemblait à un séminaire de haut niveau. Nous formions un groupe formidable. Brzezinski nous avait toujours dit qu'il nous tiendrait informés de ses rencontres avec le Président à condition qu'il n'y ait pas de fuites. Il a tenu parole et nous avons tenu notre langue. Après son commentaire, il choisissait un sujet de discussion en rapport avec le sujet, que ce soient les avantages et les inconvénients du contrôle des armements, une réflexion sur des relations nouvelles avec la Chine ou l'analyse de la situation au Moyen-Orient, et il attendait de nous que nous ayons une opinion sur la question, qu'elle soit ou non de notre ressort.

Ceux qui connaissaient Brzezinski uniquement via ses apparitions à la télévision le considéraient comme un personnage austère, avec un visage taillé à la serpe que les caricaturistes se sont fait une joie de représenter sous les traits d'un faucon. En tant que professeur, il me faisait peur, mais en tant que patron, il était chaleureux. Il ne se contentait pas de discourir sur la collégialité, il la pratiquait. Il ne nous présentait jamais comme son équipe, mais comme ses collègues. Souvent, à la fin de la journée, ceux qui, comme moi, avaient un bureau dans l'aile Ouest, se retrouvaient dans son bureau pour écouter les nouvelles ou faire le bilan de la journée. Son accent polonais était un sujet de plaisanterie et sa coupe de cheveux était souvent remise en question. Pour Hamilton Jordan [1], elle le faisait ressembler à Woody Woodpecker. Le jour où, sur les conseils de Jordan, désireux de changer son image, Brzezinski est revenu avec un brushing, nous n'avons pu nous empêcher de piquer un fou rire.

La plupart des directeurs du NSC étaient des hommes, mais il y avait quelques exceptions. La jeune et brillante Jessica Matthews était en charge des « questions internationales » – un nouveau secteur de la politique étrangère qui regroupait certains sujets de prédilection du Président Carter : les droits de l'homme, l'environnement et autres problèmes liés aux ressources de la planète. Christine Dodson, que j'avais connue à l'université Columbia, était la confidente de Zbig et son chef de cabinet. Nous sommes devenues proches, elle et moi, et c'est vrai encore aujourd'hui. C'est une femme d'un bon sens exceptionnel, l'un de ces êtres rares qui disent toujours la vérité en face.

Petit à petit, j'ai commencé à collaborer étroitement avec certains représentants du gouvernement, qui voyaient en moi une démocrate loyale et estimaient que pour une spécialiste des affaires étrangères, j'avais une bonne approche de la politique. J'assistais à la réunion

---

1. Le secrétaire général de la Maison Blanche.

quotidienne qui débutait à sept heures et demie dans la Roosevelt Room et se poursuivait souvent par un petit déjeuner au mess de la Maison Blanche, autour de la table ronde. Chaque matin, je faisais un résumé des nouvelles internationales et des sujets de préoccupation du jour, en insistant sur ceux qui pouvaient concerner plus particulièrement le Président ou le vice-Président.

La disparition d'un chef d'État important appartenait à cette catégorie. Pendant plusieurs semaines, j'ai suivi la détérioration de l'état de santé de Tito[1], le Président de la Yougoslavie, pour finalement annoncer sa mort, le 4 mai 1980. Tito était courtisé par les deux superpuissances, tout en étant de plus en plus respecté par les pays en voie de développement. Il y aurait donc beaucoup de monde à son enterrement. Le vice-Président Mondale avait été choisi pour conduire la délégation américaine, avec plusieurs membres des cabinets ministériels et des dignitaires de tous bords. Je dois à mes liens antérieurs avec la Yougoslavie d'avoir été invitée, moi aussi. Finalement, la délégation des VIP était si nombreuse qu'Averell Harriman, l'ex-gouverneur de New York, et son épouse célèbre pour son charme, Pamela, n'ont pu bénéficier d'un siège à l'avant de l'avion.

En revanche, la mère du Président Carter, que nous appelions tous « Miz Lillian », a eu ce privilège. Miz Lillian différait par le style de son célèbre fils, mais pas par la force de conviction. Tandis que le Président était tenu à une réserve de circonstance dans ses déclarations publiques, elle faisait preuve d'une franchise et d'une gaieté qui la rendaient particulièrement sympathique. On savait qu'un voyage en sa compagnie allait être une aventure. Elle dormait mal en avion et il fallait lui tenir compagnie. Nous avons pris des tours de garde. Le mien a débuté au milieu de la nuit. Miz Lillian émergeait tout juste des toilettes, qu'elle venait d'utiliser à la suite de Pamela Harriman. Une poignée de bagues à la main, la mère du Président nous a expliqué dans un langage plutôt vert que Mrs. Harriman les avait laissées sur le lavabo. « Et vous l'avez vue s'asseoir sur le bras du fauteuil de ce séduisant Walter Mondale ? Vraiment tout près ? Voilà ce à quoi elle est réduite, avec le vieux machin qu'elle a épousé. »

Notre avion était équipé de lits-placards qu'on dépliait pour la nuit et qu'on replaçait dans le plafond le lendemain. Au matin, nous

---

1. En 1978, j'ai eu l'occasion de l'accueillir à nouveau, trente ans après lui avoir offert un bouquet de fleurs à Belgrade. Cette fois, c'était sur la pelouse de la Maison Blanche, avant la maladie qui devait l'emporter. J'ai été frappée de voir à quel point l'homme fort de la Yougoslavie était bien conservé, si l'on excepte l'étrange couleur orangée de ses cheveux, qu'on ne pouvait pas ne pas remarquer.

étions debout depuis un moment et l'avion se préparait à atterrir lorsque Pamela Harriman s'est mise à déambuler dans l'allée centrale, l'air inquiet, en demandant si quelqu'un avait vu Averell. Tout le monde s'est mis à la recherche du vieil homme. Nous avons fouillé partout. Rien. Aucune trace. Nous n'en revenions pas. Où était donc passé Averell Harriman ? C'est alors qu'un steward a eu l'idée de déplier le lit placé au-dessus de son siège. Et nous avons eu l'explication. À quatre-vingt-huit ans, l'ex-gouverneur était un peu dur d'oreille et notre agitation matinale ne l'avait pas réveillé. L'équipage avait tout simplement replié la couchette dans laquelle il dormait encore et dont il émergeait sous nos yeux, imperturbable.

J'avais beaucoup à apprendre, mais le jeu en valait la chandelle. En m'engageant, Brzezinski m'avait demandé de ne pas chercher à définir mon poste, car ce serait aussi une façon de déterminer ce que je ne ferais *pas*. « Attention à ne pas passer à côté de choses intéressantes », me disait-il. À la fin, il m'a donné carte blanche pour assister aux réunions de politique étrangère entre le Président et des membres du Congrès, et pour coordonner la stratégie avec le législatif sur tous les sujets à l'étude au NSC. Du coup, je devais me tenir au courant de tout ce qui se passait dans le monde, me renseigner sur le Département de la Défense et la CIA, et connaître l'utilisation du moindre dollar dépensé dans le cadre de notre politique étrangère. Et surtout, je devais maîtriser dans le moindre détail la question complexe du contrôle des armements. Le Président Carter avait besoin de faire ratifier par le Sénat le traité SALT II, destiné à limiter la course à l'arme nucléaire avec l'Union soviétique, et la bataille promettait d'être difficile. Un grand nombre de sénateurs estimaient que cet accord donnerait un avantage aux Soviétiques et que son application serait difficile à vérifier. D'autres ne voulaient tout simplement pas permettre à un Président issu du Parti démocrate de remporter une grande victoire diplomatique. L'enjeu était de taille, si bien que l'administration Carter a constitué un groupe de travail pour coordonner la stratégie, avec à sa tête un avocat de Washington, Lloyd Cutler. J'avais pour mission de me tenir à l'écoute des sénateurs et de faire part de leurs positions.

Les accords SALT II ont finalement été signés le 18 juin 1979 à Vienne. L'un des derniers points en suspens portait sur un bombardier soviétique, le Backfire. Craignant que cet avion à moyenne portée puisse être modifié de façon à frapper les États-Unis, nous tenions à limiter ses performances et son rythme de production.

Une lettre apportant un certain nombre d'assurances et de précisions à ce sujet était jointe au dossier officiel de négociation. Quelques jours plus tard, l'épais traité relié en cuir bleu était sur mon bureau, pour transmission au Sénat. J'ai vérifié les signatures. Je connaissais bien celle de Carter, au tracé très ferme. À côté, la signature de Leonid Brejnev était étonnamment timide et peu appuyée. Manquait la lettre concernant le Backfire. Or elle devait être transmise avec le traité. J'ai appelé le spécialiste du contrôle des armements au NSC, mais il ignorait où elle se trouvait : ils avaient quitté Vienne en hâte. Quelqu'un s'est alors souvenu d'avoir vu quelque chose qui ressemblait à un exemplaire de ce courrier dans une corbeille à papier. Branle-bas de combat. On a fini par retrouver la lettre, par miracle. Je l'ai récupérée toute froissée sur mon bureau et là, écoutant mon instinct de femme d'intérieur, je l'ai soigneusement repassée. Malheureusement, elle n'avait toujours pas l'air très officiel. Je suis donc allée au mess de la Maison Blanche, où j'ai « emprunté » une reliure de menu en cuir bleu, puis dans un magasin où je me suis procuré du ruban bleu, blanc et rouge dont j'ai entouré la lettre. Ensuite, j'ai joint le courrier au reste du traité et j'ai transmis le tout au Sénat.

Vers la fin de l'année 1979, le débat sur SALT II battait son plein et le décompte des votes commençait à nous être favorable. Nous aurions certainement obtenu la ratification du Sénat, si les troupes soviétiques n'avaient envahi l'Afghanistan le jour de Noël. En franchissant cette frontière, les Soviétiques franchissaient aussi la ligne jaune. Ils utilisaient la force pour élargir leur sphère d'influence au-delà des territoires qu'ils avaient revendiqués après la Seconde Guerre mondiale. C'était purement et simplement de l'impérialisme, et même s'il en allait de l'intérêt des États-Unis de signer le traité SALT II, le Sénat refuserait sans aucun doute de le ratifier.

Avec cette invasion, un nouveau front s'ouvrait dans la guerre froide. L'administration a riposté par des mesures économiques : arrêt des livraisons de céréales, interdiction des transferts de technologies avancées, restrictions des droits de pêche. Sur le plan politique, nous avons réagi en boycottant les jeux Olympiques de Moscou en 1980 et en rétablissant la conscription. Sur le plan militaire, nous avons fourni une assistance à la résistance afghane en lui livrant des armes et en formant les moudjahidin, à partir de bases pakistanaises. Ces liens avec les moudjahidin, qui se développeraient au cours de la décennie suivante, allaient avoir des conséquences involontaires dont l'effet se ferait sentir lorsque je serais Secrétaire d'État et même après.

La crise afghane a réuni Vance et Brzezinski, du moins temporairement. Tous deux avaient œuvré à faire élire le Président Carter, mais ils avaient une approche très différente des grandes questions de politique étrangère, notamment les relations avec Moscou. Fin juriste, Vance croyait fermement que l'on pouvait réduire les tensions entre les États-Unis et l'URSS par la négociation, ce qui bénéficierait aux deux parties. Brzezinski, lui, considérait que les relations américano-soviétiques ne servaient pratiquement à rien. Il n'était pas opposé aux négociations quand elles portaient sur des questions comme le contrôle des armements, mais il ne pensait pas que les Soviétiques s'en tiendraient à la « coexistence pacifique ». Il y avait déjà un certain temps qu'il mettait en garde la présidence sur les intentions de Moscou vis-à-vis de l'Afghanistan. Pour lui, la seule position valable avec les Soviétiques était la fermeté, et sur tous les fronts.

Chacun de son côté, Vance et Brzezinski essayaient de gagner l'attention et l'amitié du Président. Cette concurrence discrète, mais permanente, donnait lieu à une guerre intestine souvent déplaisante. Théoriquement, le Secrétaire d'État a pour mission d'élaborer et de mettre en œuvre la politique étrangère des États-Unis, tandis que le mandat du conseiller à la Sécurité nationale consiste à veiller à l'harmonisation des différents éléments de la politique de sécurité, dont la Défense, la diplomatie et le renseignement. Le (ou la) responsable du NSC est censé coordonner cette politique et non la faire ou la conduire. Il en va autrement dans la pratique et les deux domaines se chevauchent souvent. Tout le monde sait à Washington que la seule période où le NSC et le Département d'État ont travaillé ensemble sans anicroche est celle où un même homme, Henry Kissinger, était en charge de l'un et de l'autre.

Face à l'invasion soviétique en Afghanistan, le NSC et le Département d'État ont laissé de côté leurs désaccords, mais la crise iranienne, à peu près au même moment, les a ravivés. Appuyés par le régime révolutionnaire de l'ayatollah Khomeyni, des activistes avaient pris en otage cinquante-trois Américains. Si le NSC et le Département d'État privilégiaient tous deux la voie diplomatique pour obtenir leur libération, c'était à peu près le seul point sur lequel ils s'accordaient. Devions-nous nous lancer dans des représailles et risquer de mettre la vie des otages en danger ? Quelle attitude adopter vis-à-vis de l'ex-Shah d'Iran, venu soigner son cancer aux États-Unis avec l'aval du gouvernement, ce qui avait joué le rôle de détonateur ? Devions-nous aller seuls délivrer les otages ou attendre que les Nations unies ou un autre médiateur négocie leur libération ? Le Président n'avait qu'une idée en tête : sauver ses compatriotes. Pendant ce temps, la presse lui mettait la pression. Ted Koppel, journaliste à la chaîne de télévision ABC, faisait de l'audience avec son émission du soir, *America Held Hostage* (devenue ensuite *Nightline*). Et tous les soirs, aux informations, le présentateur Walter Cronkite rappelait aux téléspectateurs le nombre de jours écoulés depuis le début de la prise d'otages. Les républicains fustigeaient le Président pour sa prétendue naïveté vis-à-vis des Soviétiques et son apparente impuissance à dénouer la crise iranienne.

Le 24 avril, munie de grandes cartes du Proche-Orient, j'avais accompagné Brzezinski à une réunion avec certains électeurs de Gary Hart, sénateur du Colorado, qu'il devait tenir informé de la situation israélo-palestinienne. Il n'avait pas plus tôt commencé son exposé qu'il recevait un message et quittait précipitamment les lieux. Je devais ensuite assister à une réunion dans la Situation Room. Elle a duré plus longtemps que prévu et lorsque j'ai quitté la Maison Blanche, sur le coup de vingt et une heures, j'ai croisé sur West Executive Drive une longue file de limousines de membres du cabinet. Il se passait quelque chose, mais j'ignorais quoi.

À trois heures du matin, le téléphone a sonné chez nous. J'ai entendu Joe dire : « Comment ça, l'expédition de secours a échoué ? » Il était déjà en train de s'habiller. « Laisse, je m'en occupe », ai-je dit, pensant que le coup de fil m'était destiné. « C'était mon bureau, Madeleine. L'information est officielle. La tentative a échoué. » À vrai dire, il y aurait eu un conflit d'intérêt entre nous si nous avions dû discuter de ce qu'il avait entendu ou de ce que je savais ou ignorais.

Ce matin-là, toute l'Amérique s'est réveillée en apprenant aux informations que trois marines et cinq soldats de l'armée de l'air avaient été tués lors de la collision entre un hélicoptère et un C-130 dans le désert iranien. L'expédition de secours prévue avait déjà été annulée à la suite d'une tempête de sable et de problèmes mécaniques. Cette tentative d'une audace incroyable se terminait en tragédie. Cyrus Vance y était opposé, certain que nous courions à l'échec. Par principe, il a démissionné.

« C'est votre ami Ed Muskie qui va remplacer Cy », m'a prévenue Zbig, la veille de l'annonce officielle. L'administration Carter avait besoin d'un homme de la stature de Muskie pour calmer l'opinion publique à la suite de l'échec de la mission et de la démission de Vance. Quand le Président nous en a informés, dans la Cabinet Room, il m'a adressé un clin d'œil. Plus tard, il m'a demandé si cette nomination me faisait plaisir. « Oui, ai-je répondu avec enthousiasme. Peut-être vous souvenez-vous que j'ai travaillé avec lui ?

— Bien entendu. »

Tandis que Muskie répondait aux questions des journalistes, nous suivions sa conférence de presse sur l'écran de la Cabinet Room. Au début, l'ambiance était bonne, puis on a entendu çà et là des remarques bougonnes sur l'extrême assurance dont il faisait preuve, qui risquait d'éclipser le Président. J'avais l'impression que certains membres de l'équipe gouvernementale se demandaient s'ils n'allaient pas avoir à regretter ce choix.

Les rapports entre Muskie et Brzezinski, cordiaux au début, se sont rapidement détériorés. Muskie était arrivé au Département d'État avec des collaborateurs qui lui étaient entièrement dévoués et ne semblaient guère apprécier Brzezinski, sans compter qu'ils n'avaient jamais travaillé pour l'exécutif, à une ou deux exceptions près. Par ailleurs, les membres du conseil sur la sécurité de Jimmy Carter, qui travaillaient ensemble depuis plus de trois ans, utilisaient un jargon que Muskie ne pouvait comprendre. J'étais dans une position particulière, dans la mesure où les deux hommes pensaient que j'allais arranger les choses entre eux. Ex-gouverneur, ex-candidat à la présidence, et président de la Commission du Budget du Sénat, Muskie se sentait traité de haut. Un jour, il m'a convoquée : « Dites-moi, pourquoi Zbig en fait-il des tonnes ? m'a-t-il demandé. Est-ce qu'il a besoin d'utiliser un jargon tel qu'on ne comprend rien à ce qu'il raconte ?

— C'est normal. Il est professeur et il a passé sa vie à étudier tout ça. »

Puis Brzezinski m'a convoquée à son tour. « Dites-moi, votre ami Muskie, pourquoi se borne-t-il à poser des questions sans jamais dire ce qu'il pense ?

— C'est normal. Il est sénateur et les sénateurs posent des questions. »

Muskie, dont le père était polonais, ajoutait : « Brzezinski se comporte comme s'il était plus polonais que moi.

— Il l'est. Son père et sa mère sont polonais et il parle parfaitement la langue. »

Les deux Polonais ont toutefois uni leurs efforts à l'automne 1980, lorsqu'on a appris par les services secrets que les Soviétiques s'apprêtaient à envoyer des troupes en Pologne pour écraser le mouvement Solidarność. Ils sont apparemment tombés d'accord pour alerter une troisième personnalité d'origine polonaise, le pape Jean-Paul II. Comme la standardiste de la Maison Blanche avait du mal à trouver son numéro de téléphone, Brzezinski a demandé : « Inscrivez-le dans mon carnet d'adresses. À la lettre P, comme pape [1]. »

---

1. En fait, nous nous sommes servis de ce numéro quelques mois plus tard, en mai 1981. J'étais dans le bureau de Zbig lorsque nous avons appris qu'on avait tenté d'assassiner le pape. J'ai pris le téléphone et j'ai fini par obtenir une bonne sœur au bout du fil. Zbig a alors pris l'appareil et a fait part de son inquiétude et de son affection envers le pape.

En m'engageant, Zbig m'avait expliqué que nous constituions le premier cercle et la garde prétorienne du Président. Nous devions donc être disponibles en permanence. Il savait que j'avais comme lui trois enfants, mais c'était un travailleur acharné et il attendait le même dévouement de tous ses collaborateurs. Au Capitole, les journées étaient longues, certes, mais il y avait souvent des breaks lorsque les sénateurs retournaient auprès de leurs électeurs. Tandis qu'au NSC, le rythme ne se ralentissait jamais.

Joe m'aidait énormément. Il faisait faire leurs devoirs aux filles et prenait avec elles les repas préparés par nos employées. J'essayais de rentrer tous les soirs dîner à la maison, mais ce n'était pas toujours possible. Alice et Anne, les deux adolescentes, avaient souvent envie de dîner dehors avec nous, tandis que Katie, plus jeune et toujours docile, ne faisait pas d'histoires. Parfois, les filles venaient déjeuner avec moi au mess de la Maison Blanche, le samedi. Parfois aussi, elles me retrouvaient lors des réceptions en l'honneur de dignitaires étrangers, ou assistaient au feu d'artifice tiré sur la South Lawn lors de la fête nationale. Elles étaient moins enthousiastes à l'idée de passer chaque week-end à la ferme et Joe et moi n'avions guère envie de les laisser avec leurs amies. Bientôt, nos week-ends à la ferme se sont réduits à un aller-retour dans la journée du dimanche pour nous occuper des travaux et de nos plants de tomates.

Comme on pouvait s'y attendre, je me sentais encore et toujours coupable de ne pas passer plus de temps avec ma famille, mais apparemment personne n'en souffrait. Joe était un père très attentionné et il était bien plus doué que moi pour apprendre à nos filles à écrire de belles phrases. Il essayait de me déculpabiliser en m'expliquant combien tous trois étaient fiers de moi. J'étais exactement la mère qu'il fallait à nos enfants, disait-il. Il racontait à tout le monde la question qu'on posait souvent à Katie lorsqu'elle skiait dans le Colorado. Comme les gens avaient l'habitude d'inscrire leur numéro de téléphone sur leurs skis, ceux qui faisaient la queue avec elle au remonte-pente lui demandaient en voyant l'indicatif de Washington, D.C., si son père travaillait pour le gouvernement. Et ma fille de rétorquer : « Pas mon père, ma mère. »

Pour ma part, j'avais une grande admiration pour Joe. Il avait décidé d'oublier l'épisode *Newsday* et se consacrait à la chasse aux scoops. Il était capable de traiter les sujets les plus variés, des ventes de céréales à la Russie aux baux consentis par l'État sur les territoires de l'Ouest.

J'aimais beaucoup Muskie et Brzezinski, mais je me disais que je ne pourrais pas travailler dans ces conditions lors d'un nouveau mandat, si Jimmy Carter était réélu. Finalement, la question ne s'est pas posée. Le Président Carter était l'un de nos plus brillants chefs de l'exécutif. Il était animé d'une volonté farouche de prévenir les conflits armés et de préserver la dignité humaine, convictions qu'il a défendues lors de son mandat et par la suite. Il a à son actif de belles réussites en politique étrangère, y compris les accords de paix historiques de Camp David sur le Proche-Orient.

Sur le plan politique, malheureusement, il a eu moins de chance. La hausse des prix du pétrole était catastrophique pour l'économie. À l'extérieur, l'invasion de l'Afghanistan par les troupes soviétiques avait sapé notre politique étrangère. La crise des otages en Iran avait laissé le pays avec un sentiment d'impuissance. Enfin, Ronald Reagan, le candidat républicain à la présidence, se révélait un adversaire infiniment plus dangereux que beaucoup de démocrates ne l'avaient cru au premier abord. Éternelle optimiste, j'ai cru que Jimmy Carter serait réélu malgré tout. Je me trompais.

Le 20 janvier 1981, à midi, un nouveau Président s'installait à la Maison Blanche. Christine Dodson et moi sommes restées sur place jusqu'à la dernière minute ou presque. Dans la Situation Room, certains collaborateurs se battaient encore pour obtenir la libération des otages, libération que les Iraniens allaient effectuer au moment de l'investiture de Reagan, bafouant une dernière fois Jimmy Carter. Dans la rue, nous avons croisé des reaganiens hilares qui s'apprêtaient à prendre possession de nos bureaux. Nous sommes montées dans ma voiture et avons mis le cap sur la base aérienne d'Andrews, dans le Maryland, où Jimmy Carter, pâle et frigorifié sur le tarmac, faisait ses adieux à ses collaborateurs attristés, avant de monter dans l'avion qui le conduirait en Georgie. Joe Albright, envoyé pour couvrir le départ de l'ex-Président, est monté à bord d'un autre appareil. Christine et moi sommes allées manger des *crabcakes* et une platée de frites.

Après quelques jours de repos, j'ai retrouvé Brzezinski. Cette fois ma tâche consistait à l'aider dans ses recherches lors de la rédaction de ses Mémoires, *Power and Principle*. Ce travail me plaisait beaucoup, mais en même temps je ressentais le besoin d'avoir un projet personnel. Il était temps de me tourner vers un troisième Polonais. En août 1980, Lech Wałesa, électricien de son métier, avait escaladé les grilles des chantiers navals Lénine de Gdansk pour réclamer un syndicat indépendant, révélant les injustices de la Pologne communiste. Comme les Tchécoslovaques en 1968, les Polonais tentaient de secouer le joug communiste. Une fois encore, j'étais curieuse de voir quel rôle la presse allait jouer dans ces moments cruciaux. Pour réaliser ce projet, j'ai demandé, et obtenu, une bourse du Woodrow Wilson International Center for Scholars.

C'est ainsi que, début septembre 1981, j'ai pris de nouvelles habitudes. Comme j'avais encore et toujours besoin de perdre du poids, je traversais à pied Key Bridge trois fois par semaine pour me rendre en Virginie, de l'autre côté du Potomac, dans un Diet Center. Après la pesée et une « supplémentation en vitamines », j'allais suivre une heure de cours de polonais, langue que, dans un grand moment d'enthousiasme, je m'étais promis d'apprendre afin de pouvoir interviewer les journalistes polonais. Ensuite, je prenais le métro jusqu'à la Smithsonian Institution, où se trouvaient les locaux du Wilson Center.

L'accélération des événements en Pologne m'a obligée à modifier mes plans. Au fur et à mesure que le mouvement autour de Solidarność s'amplifiait, il devenait évident que l'Union soviétique, qui avait encore à l'esprit le Printemps de Prague, allait intervenir et mettre un terme au processus de libéralisation. Si je ne partais pas très vite en Pologne, je manquerais les moments les plus intéressants. Le Wilson Center tenait à ce que ses boursiers restent à Washington, mais son directeur, James Billington, un grand historien, a compris que j'avais besoin de me rendre sur place.

Fin octobre, j'ai donc glissé des cadeaux dans mes valises – du Nescafé, des Marlboro, du chocolat et surtout des boîtes de jambon polonais – et me suis envolée pour la Pologne, où j'ai passé deux semaines intenses. J'ai commencé par rencontrer quelques journalistes dont une étudiante, Jane Curry, avait eu la gentillesse de me donner les noms. De fil en aiguille, chacun me mettant en contact avec d'autres, j'ai pu ainsi rencontrer les meilleures plumes de Gdańsk, Cracovie et Varsovie. Les entretiens avaient lieu n'importe où et n'importe quand, à leur bureau, chez eux, dans des restaurants bruyants, devant un verre, tôt le matin, tard le soir. J'étais stupéfaite de voir que ces gens n'avaient pas peur d'être enregistrés. Au contraire, ils tenaient à raconter leur aventure : comment ils avaient commencé par des feuilles d'information dactylographiées diffusées selon des circuits compliqués, avant de distribuer des cassettes sur leur activité aux ouvriers dans les usines, comment peu à peu ils avaient réussi à dire la vérité dans leurs journaux, comment ils avaient pu acquérir du papier. Même si j'avais eu plus de mal pour apprendre le polonais que le russe, je me faisais un point d'honneur de mener les interviews dans cette langue, où venaient se mêler de temps à autre quelques mots de tchèque.

J'étais en train d'interviewer le rédacteur en chef de la *Gazeta Krakowska* dans son bureau lorsqu'un coup de fil l'a averti que Lech Wałesa allait parler à Nowa Huta, l'une des plus importantes aciéries du pays. Ce journaliste au franc-parler m'a proposé de l'accompagner. J'ai attrapé mon magnétophone et c'est ainsi que j'ai assisté en direct à l'un des discours les plus impressionnants de Wałesa. Wałesa avait pris la tête d'un mouvement ouvrier, mais à ce moment précis il tentait de persuader ses troupes de cesser leur grève, de peur qu'il ne soit mis un terme à Solidarność. Vêtu d'une veste de coton bleu, les cheveux longs et le visage barré par une grosse moustache, Wałesa était le type même de l'ouvrier. Il parlait avec conviction et avec émotion. J'aime comparer la photo que j'ai prise de lui à cette époque avec une autre sur laquelle nous apparaissons lui et moi des années plus tard. Il a les cheveux courts, un costume trois-pièces gris. Ses responsabilités de chef d'État ont assagi son allure sans pour autant entamer son charisme.

J'étais à Gdańsk lorsque la ville a décidé de rebaptiser l'un de ses chantiers navals du nom du premier Président de la Pologne, Józef Piłsudski. Il y avait là des prêtres et des dignitaires, et une foule qui s'est mise à rugir lorsqu'un orateur a rappelé que Piłsudski avait envoyé ses forces armées vers l'est. Il n'a pas eu besoin d'ajouter que Piłsudski se battait contre les Bolcheviks.

J'étais descendue à Varsovie chez la mère de mon professeur de polonais. Visiblement, à une autre époque, l'appartement avait été confortable. Le parquet était magnifique, et j'ai vite appris à me déchausser et à marcher sur des patins confectionnés avec une vieille couverture, pour le polir au lieu de l'abîmer. Mme Stypułkowska partageait ses repas avec moi et me permettait de se servir de son tub, dans lequel je n'osais pas faire couler plus de quelques centimètres cubes d'eau chaude. Je lisais à la lumière d'une ampoule de quarante watts pour économiser l'électricité. Quand j'ai proposé de lui offrir certaines des provisions que j'avais apportées, elle a refusé. En fait, la distribution a été un moment intéressant. Le Nescafé et le chocolat pour les enfants sont partis facilement et j'ai donné le jambon à une école. Pour les cigarettes, il en est allé autrement. Je ne fumais pas, mais pour ne pas vexer les gens, j'en prenais une et je laissais ensuite le paquet sur la table. J'ai appris par la suite que j'avais tout gâché en ouvrant le paquet : un paquet entier pouvait servir de monnaie d'échange avec pratiquement n'importe quoi.

Le même chauffeur de taxi m'a accompagnée durant tout mon séjour et nous avons beaucoup parlé ensemble de mon projet.

Plusieurs fois, je lui ai demandé s'il connaissait quelqu'un qui possédait la collection complète de *Tygodnik Solidarność*, le journal du syndicat qui avait vu le jour en avril 1981. On y trouvait la chronique des objectifs et des idées du syndicat, jusqu'à ce qu'il soit obligé de cesser de paraître, huit mois plus tard. À ce moment-là, il avait la même audience que n'importe quel hebdomadaire polonais. Au bout de quelques jours, mon chauffeur de taxi a eu suffisamment confiance en moi pour admettre qu'il possédait la collection. Moyennant plusieurs centaines de dollars, qui ont fait son bonheur, j'ai donc eu entre les mains une vraie mine de renseignements.

Il était temps pour moi de rentrer. Lorsque les douaniers ont ouvert mes bagages, ils se sont montrés méfiants. J'emportais des piles de journaux et des objets en céramique, mais j'avais donné la plupart de mes vêtements à mon hôtesse et à des journalistes. En outre, j'avais une bonne douzaine de minicassettes dissimulées en divers endroits, y compris dans une chope à bière. Pour faire des économies, j'avais emporté de vieilles bandes appartenant à Joe, pour les réenregistrer. Quand le douanier m'a demandé ce qu'il y avait dessus, j'ai dit qu'il s'agissait de messages envoyés par mon mari. Il a voulu écouter une bande. Par miracle, je ne m'étais pas servie de celle qu'il a voulu écouter. En entendant Joe parler américain, il a été rassuré.

C'était la première fois que je restais quinze jours loin des miens et j'avais peur qu'ils ne se fassent du souci. Au cours de la première semaine, bravant un vent glacial, j'étais allée à la poste envoyer un télégramme à Joe, pour lui dire que tout allait bien. À Cracovie, aucun message ne m'attendait. À Gdańsk non plus. À Varsovie, toujours rien. Pas de nouvelles.

CHAPITRE SEPT

Jusqu'à ce que la mort nous sépare

L E MERCREDI 13 JANVIER 1982, Washington était paralysée par le bliz-
zard. Au National Airport, les avions attendaient à la queue leu
leu l'autorisation de décoller. À seize heures une, le vol 90 d'Air
Florida décollait péniblement, gêné par la glace qui se déposait sur
ses ailes, puis il perdait de l'altitude et s'écrasait sur la travée nord
du Fourteenth Street Bridge, fracassant des voitures, avant que la
carlingue désarticulée ne plonge dans le Potomac gelé. En attendant
les secours, une poignée de survivants tentaient de résister dans les
eaux glacées, sous les yeux des spectateurs impuissants. Au même
moment, une rame de métro s'encastrait dans un pilier de béton entre
les stations Federal Triangle et Smithsonian. Trois passagers étaient
tués, vingt-cinq autres blessés. Washington était en état de choc.

Je l'étais aussi, depuis quelques heures et pour une tout autre raison. Mon propre crash n'avait pas fait de morts, mais ma vie avait
soudain tourné au chaos. Des années durant, Joe et moi avions tranquillement siroté notre café dans les fauteuils confortables de notre
living-room. Jusqu'à ce matin. Depuis quelques semaines, très exactement depuis mon voyage en Pologne et les vacances de Noël qui
avaient suivi, Joe était sombre et distant, mais après tout, ce genre
de chose n'est pas rare dans un mariage, surtout quand il dure depuis
vingt-trois ans. Maintenant, de retour d'un reportage à l'étranger, il
m'annonçait que nous avions à parler. Puis, abruptement, il a
déclaré : « Nous allons nous séparer. J'aime quelqu'un d'autre. »

Il a ajouté qu'il quittait la maison l'après-midi même pour aller
vivre à Atlanta, où la femme qu'il aimait était reporter. Il n'a pas
voulu me dire quoi que ce soit d'autre, sauf qu'elle était belle et
beaucoup plus jeune que moi et que cela faisait un bon bout de temps
qu'il était malheureux. J'ai essayé de réfléchir aux signes qui auraient
pu m'alerter. En vain. Bien sûr, j'avais passé de longues heures à la

Maison Blanche, mais c'était terminé depuis plus d'un an. Dans une période récente, mis à part mon voyage en Pologne, c'est Joe qui était en déplacement et non l'inverse. Je ne comprenais pas ce qui se passait. Je préférais essayer de trouver une autre explication. Tandis qu'il parlait, je suis allée jusqu'à imaginer qu'il faisait preuve de noblesse et de courage. Peut-être venait-il d'apprendre qu'il avait une tumeur au cerveau et voulait-il éviter cette épreuve à sa famille. À moins que ses paroles n'aient dépassé sa pensée. Après tout, même mon exceptionnel époux pouvait comme tout le monde traverser la crise de la cinquantaine. Demain, il retirerait ce qu'il venait de dire. Peut-être était-ce une fausse alerte, comme celle qui avait eu lieu presque un quart de siècle plus tôt, à Williamstown, avant notre mariage.

Je ne sais ce que j'ai le plus mal vécu, que Joe m'ait mise devant le fait accompli et n'ait pas envisagé que nous puissions réfléchir à un moyen d'éviter la rupture, ou qu'il m'ait dit que je faisais désormais trop vieux, ou qu'il ne comprenait pas pourquoi j'étais aussi bouleversée. « Après tout, a-t-il conclu, nous ne serions pas les premiers à divorcer. »

Pour moi, l'annonce de notre séparation était un coup de tonnerre, mais Joe, lui, avait pris le temps de se renseigner sur ses modalités pratiques. Il m'a expliqué que le divorce pour faute n'existant pas dans le district de Columbia, il obtiendrait automatiquement le divorce au bout d'un an. Le délai serait réduit à six mois si je me montrais coopérative. En l'écoutant, je pensais à ces pièces de théâtre où l'héroïne s'écrie, par défi : « Si tu veux divorcer, tu devras me passer sur le corps ! » Je ne m'étais jamais sentie proche de ce genre de personnage, faute de pouvoir m'y identifier, mais ce n'était plus le cas désormais. À ceci près que je ne criais pas. Il y avait plus. Joe voulait que nous expliquions aux filles qu'il s'agissait d'une décision mutuelle. J'ai répondu par un « non » catégorique. Nous sommes convenus que nous garderions le silence quelque temps sur notre rupture et dirions à nos filles et aux amis que Joe était parti en reportage. À la suite de quoi, il est allé faire ses valises.

Je devais déjeuner avec Brzezinski. Je n'ai pas annulé. Il neigeait trop pour prendre la voiture. J'ai enfilé mes bottes, mis une paire d'escarpins dans un sac et je me suis rendue à pied au rendez-vous dans le centre-ville. Je suppose que Zbig et moi avons parlé politique et politiciens, mais je ne me souviens de rien. Je suis repartie dans la neige, complètement déboussolée, le cœur à la dérive.

Joe est parti dans l'après-midi. Les mois qui ont suivi ont été une torture d'un nouveau genre. Visiblement, Joe avait voulu couper les ponts sur-le-champ, mais une fois à Atlanta, il en est allé différemment. Peut-être se sentait-il moins sûr d'avoir pris la bonne décision, ou bien avait-il des regrets sur la façon dont il était parti. Toujours est-il qu'il m'appelait tous les jours. Je ne savais jamais à quoi m'en tenir sur ses sentiments. En fait, il parlait en pourcentages. « Je t'aime à soixante pour cent et elle à quarante pour cent », disait-il un jour. Et le lendemain : « Je l'aime à soixante-dix pour cent et toi à trente pour cent. » Je me demandais si je devais en rire ou en pleurer. En fait, c'était un honnête homme et il était malheureux. Je n'ai parlé de notre séparation qu'à un cercle restreint d'amis, Danny Gardner, Christine Dodson et Dale Loy. Mon amitié avec Dale remontait à l'époque de la Beauvoir School et de ma collaboration avec le séna-teur Muskie. Pendant des années, nous avions partagé les mêmes intérêts, que ce soit pour les enfants et la politique, pour les cours de cuisine chinoise et le yoga. Maintenant, elle me remontait le moral après les coups de fil de Joe.

Je ne pense pas que mes filles se soient doutées de quelque chose. Pourquoi l'auraient-elles fait, d'ailleurs ? Je ne montrais pas que j'étais malheureuse. Alice était en troisième année à Williams Col-lege. Anne, inscrite à Dartmouth College, était à la maison, mais deux amies de l'université habitaient chez nous et elle était très occu-pée. Katie, elle aussi, était très prise par ses études et ses amies. Par le passé, il était souvent arrivé que Joe s'absente pour son travail et il était parfaitement concevable qu'il soit en déplacement profession-nel. Chaque fois qu'il s'était écoulé un certain temps depuis son dernier coup de fil, il appelait les filles pour leur raconter ce qu'il faisait et leur dire qu'elles lui manquaient. Ne se doutant de rien, Katie avait proposé que Joe et moi servions de chaperons pour une sortie au ski organisée par l'école. Joe est revenu exprès, pour ne pas la décevoir. Cela m'a fait plaisir, peut-être parce que j'espérais encore qu'il reviendrait sur sa décision.

Il est ensuite retourné à Atlanta. En mars, il a apparemment décidé d'essayer de reprendre la vie commune. Nous avions l'habitude d'al-ler skier à Aspen au printemps. Pourquoi ne pas recommencer ? J'avais perdu du poids et Joe m'a félicitée pour ma ligne. C'est fou ce que le Diet Center conjugué à la menace d'un divorce peut faire. J'ai skié mieux que jamais, sans doute parce que je me moquais de me rompre le cou. Nous avons regagné Washington. C'était difficile. Parfois, je retrouvais l'homme que j'avais connu, parfois je me retrouvais face à un étranger insaisissable. Le soir, pour éviter de discuter à la maison, nous partions pour de longues promenades autour de Georgetown.

Un jour où je faisais des courses, une amie qui ignorait ce qui se passait entre nous m'a arrêtée dans la rue. « Je vous ai vus vous promener tous les deux, m'a-t-elle dit. Je vous envie. Comme j'aime-rais faire pareil avec mon mari ! » J'ai souri en pensant tout bas : « Surtout pas. »

Nous sommes allés voir un conseiller conjugal et nous sommes tombés d'accord sur un seul point : cette démarche ne servait à rien. Nous étions en avril, le mois où était décerné le prix Pulitzer. Les reportages de Joe lui avaient valu de nombreux prix, mais depuis que son rêve de devenir directeur de journal s'était évanoui, il convoitait le Pulitzer. Plusieurs fois, déjà, il avait été finaliste, mais cette année-là il pensait avoir de bonnes chances de l'emporter avec une série d'articles (sur les revolvers à canon court) qui avait déjà été distin-guée par la Correspondents' Association de la Maison Blanche.

Au fur et à mesure que la date approchait, Joe ne pensait plus qu'au prix. Un jour, il m'a fait une proposition ahurissante : s'il avait le Pulitzer, il restait avec moi, sinon, il s'en allait et nous divorcions. J'étais interloquée. Je ne voyais pas le rapport entre le prix et ses sentiments à mon égard. Il n'y avait qu'une explication à mes yeux : mon mari avait perdu confiance en lui et si une récompense ne venait pas le valoriser, il devrait entamer ailleurs une nouvelle vie.

Le 12 avril, en fin d'après-midi, le téléphone a sonné. C'était Joe. « Je ne l'ai pas eu, m'a-t-il annoncé. Je retourne à Atlanta. » Point final. Au moins, désormais, la situation était claire. Je n'ai jamais pu me faire à l'idée que si le jury du Pulitzer avait fait un autre choix, mon mariage aurait été sauvé.

Joe avait prévenu sa mère de notre rupture et elle m'a envoyé une très gentille lettre. Avec le temps, nous avions fini par nous apprécier mutuellement. Quant au divorce, elle savait par expérience combien cela peut être douloureux. Je n'avais pas le courage d'en parler à ma propre mère. Sa santé déclinait de plus en plus et, pour être franche, je ne me sentais pas assez forte pour la réconforter. En revanche, j'ai prévenu ma sœur, Kathy, qui avait elle-même divorcé. Le seul côté positif de cette épreuve est qu'elle nous a beaucoup rapprochées. J'étais heureuse par ailleurs que John et sa femme Pam vivent à Washington. Ils ont tout fait pour me soutenir. En revanche, j'ai eu du mal à dire à mon amie Wini Freund que je divorçais, parce qu'elle m'avait avertie cent fois que je tentais le diable en clamant à tous les vents que j'avais de la chance.

Maintenant que le divorce était en cours, nous ne pouvions repous-ser le moment de dire la vérité aux filles. Lorsque Alice est revenue du collège pour les vacances d'été, Joe est venu d'Atlanta et nous nous sommes installés dans le living-room. Joe leur a expliqué qu'il était malheureux depuis longtemps, qu'il aimait quelqu'un d'autre et qu'il s'en allait. Je n'osais pas regarder mes filles en face. Sur le moment, elles sont restées silencieuses, les larmes coulant sur leurs joues. Puis, entre deux sanglots, elles se sont mises à poser des questions, avec une étonnante logique, revenant en arrière pour savoir quand Joe avait commencé à être malheureux. Tu veux dire que lorsque nous sommes allés chasser en Georgie l'an dernier, Papa, tu n'étais pas heureux ? C'était pareil à Puerto Rico pour *Thanksgiving* ? Et quand nous avons fait ce voyage en Europe ? Chez elles, la stupéfaction le disputait à la colère et à l'incompréhension. Je restais silencieuse. Qu'aurais-je pu dire ? Que tout allait s'arranger ? Qu'elles avaient tort de se mettre en colère ? Que nous pouvions renoncer le cœur léger à continuer à vivre comme une famille unie ? Non.

Katie est allée en camp de vacances, Anne à Dartmouth, et un peu plus tard Alice est partie travailler comme serveuse pendant l'été à Nantucket. J'étais soulagée de me retrouver seule, de ne plus avoir à faire semblant d'aller bien. Pendant cette période, j'ai beaucoup réfléchi. Il n'était plus question de croire que Joe agissait ainsi pour nous épargner parce qu'il était atteint d'une tumeur, mais l'homme gentil, attentif et solidaire que j'avais connu pendant si longtemps ne pouvait avoir purement et simplement disparu. C'était sans doute la souffrance qui l'avait poussé à me dire des paroles blessantes. Et en matière de paroles blessantes, je n'avais pas été en reste quand il s'était agi de qualifier sa conduite et d'évoquer « l'autre femme ».

Pendant ce temps, la planète continuait de tourner. Je devais présenter oralement un rapport sur mon travail au Woodrow Wilson Center. À mon retour de Pologne, je m'étais empressée de continuer mes recherches et j'espérais en tirer un ouvrage sur le sujet en quittant le centre cet été-là. Je n'imaginais toutefois pas que je serais complètement déstabilisée, sans compter les coups de fil quotidiens d'un époux qui ne savait pas s'il allait me quitter ou non. J'essayais de faire comme si de rien n'était. Je n'arrivais pas à me concentrer dans quelque langue que ce soit et pourtant je devais essayer de déchiffrer des journaux polonais. Chaque jour, je laissais mon regard dériver par la fenêtre de mon bureau de la Smithsonian Institution et j'allais me promener sur le Mall.

Le jour de la présentation de mes travaux a fini par arriver. C'était au mois d'août et il faisait une chaleur étouffante. Je suis entrée dans la salle de conférences aux murs couverts de boiseries et me suis assise à une longue table recouverte de feutrine verte, face à un public constitué d'une bonne centaine d'universitaires et de journalistes. Des gens capables de déterminer le sérieux de mes propos. Tout en commençant à parler, je gardais l'œil sur eux, pour voir s'ils réagissaient bien. Personne n'avait l'air ahuri. J'ai donc continué. Il m'a néanmoins fallu une année de plus pour réaliser un ouvrage à partir de mes travaux.

Notre divorce a été prononcé le 31 janvier 1983. J'avais quarante-cinq ans et plus de la moitié de ma vie s'était écoulée auprès de Joe. Jamais auparavant je n'avais vécu seule. J'avais même passé les trois jours qui séparaient la cérémonie de remise des diplômes de Welles-ley et mon mariage au foyer d'étudiantes, en compagnie de Mary Jane. Le jugement prévoyait que je conservais la maison de George-town et la ferme. Sur le plan financier, je n'avais pas à me plaindre. Sur le plan psychologique, je devais repartir à zéro.

J'étais maintenant une femme seule, pour la première fois de ma vie. Je ne me voyais pas ainsi. J'avais trois enfants et Katie vivait toujours avec moi. On m'a décrite comme une mère seule et de fait je l'étais, mais pas au sens habituel du terme. Financièrement parlant, mes filles ne dépendaient pas de moi. Joe se montrait généreux. Si quelqu'un était dépendant à l'époque, c'était moi. Je dépendais de mes filles, qui étaient mon port d'attache. Il me suffisait de les regar-der ou de les entendre au téléphone pour savoir que j'avais – que nous avions – réussi au moins cela. Toutes les trois étaient affectueu-ses et respectueuses des autres, elles avaient le culte du travail et leurs valeurs étaient justes. Elles et moi faisions front ensemble.

J'ai fini par émerger, mais lentement. Le plus difficile était peut-être de prendre seule les décisions que nous prenions auparavant à deux. J'étais incapable de refuser une invitation : j'avais l'habitude de m'en remettre à Joe. J'étais même incapable de décider quels achats faire au supermarché, car les goûts de Joe étaient devenus les miens. Je restais plantée au rayon des céréales, hésitant entre deux marques. Du coup, je m'apercevais que je n'aimais pas vraiment le bœuf, dont nous avions pourtant fait notre ordinaire le soir, pendant des années.

Quelqu'un qui m'aurait rencontrée à cette époque ne m'aurait sans doute pas décrite comme une personne indécise et vulnérable. À tort. Inconsciemment, peut-être, j'avais toujours eu besoin que quelqu'un – père, patron ou mari – confirme ma valeur. Petit à petit, je me suis prise en charge, mais je me souviens que je ne voulais surtout pas devenir quelqu'un de cynique, de stoïque ou de dur pour survivre. Pas question non plus de faire quelque chose sans me demander si cela plairait à quelqu'un d'autre. Au cours des dix années suivantes, j'allais tenter de prouver que j'étais capable de m'en sortir tout en conservant ma personnalité.

Les deux postes que j'ai occupés par la suite m'ont servi de refuge. Au cours de ce pénible printemps, après que Joe m'eut fait part de son intention de me quitter, mais avant l'annonce du prix Pulitzer, j'avais dû effectuer un choix professionnel. Walter Mondale, qui envisageait déjà de se présenter à la présidence, m'avait offert de devenir sa directrice adjointe de campagne. En même temps, on me proposait un poste de professeur à l'université de Georgetown.

Entre l'université et la politique, le choix était difficile, mais j'ai opté pour Georgetown, séduite par l'idée de suivre les pas de mon père. Après tout, c'était dans ce but que je m'étais échinée à faire un doctorat. Je devais aussi me livrer à des calculs d'ordre personnel. Si le départ de Joe était dû au ressentiment qu'avait suscité chez lui, consciemment ou inconsciemment, le statut que m'avait donné mon poste à la Maison Blanche, il était évident que je ne ferais qu'aggraver la situation en acceptant l'offre de Mondale. J'espérais encore que Joe reviendrait. D'un autre côté, s'il partait définitivement, j'aurais besoin d'un emploi stable.

À l'époque, je pensais devoir choisir entre ces deux voies, mais je me trompais. À Washington, on a toujours la possibilité de travailler dans la politique, que ce soit à temps plein ou à temps partiel. Finalement, j'ai pu profiter de l'une et l'autre opportunités, dans ce qu'elles m'offraient de meilleur.

À l'université de Georgetown, j'avais une triple mission : enseigner, mettre sur pied le programme Donner pour les femmes[1] et représenter un modèle vis-à-vis des jeunes étudiantes. J'étais persuadée que si les femmes devaient être en compétition avec les hommes dans le domaine des relations internationales, il fallait les préparer à tous les défis, y compris ceux qu'aucune d'entre elles n'avait affrontés jusque-là.

J'enseignais les affaires internationales à mes étudiants en me servant de ce que j'avais appris à la Maison Blanche sous la présidence de Jimmy Carter. Persuadée de l'utilité des jeux de rôles, je leur demandais par exemple de renégocier le traité du canal de Panama ou de défendre le contrôle des armements comme s'ils étaient les représentants du gouvernement. Il m'arrivait de pouvoir leur fournir des documents récemment déclassifiés pour appuyer leur argumentation. Je faisais jouer à des jeunes femmes un rôle qu'elles n'auraient jamais pu tenir au gouvernement et demandais à des jeunes gens d'être sous leurs ordres. J'invitais des femmes à venir parler de leur

---

1. Allan E. Goodman, vice-doyen de la School of Foreign Service, avait obtenu de la Donner Foundation des fonds pour créer un programme d'études destiné à encourager les femmes à faire une carrière diplomatique.

carrière en dents de scie pour montrer que la ligne droite n'était pas forcément le plus court chemin d'un point à un autre.

Je me servais aussi de ma propre expérience. J'expliquais que, de peur de paraître stupide, j'avais souvent choisi de me taire durant une réunion plutôt que de donner mon avis, pour entendre ensuite un homme affirmer tout haut la même chose et recevoir des éloges. « Prenez la parole, disais-je à mes étudiants. Interrompez les gens ! » Il y avait certes un peu de chahut dans mes cours, mais les filles apprenaient et les garçons s'y habituaient. Je me souviens toutefois d'une occasion où mon système a échoué. En répartissant les rôles lors d'une crise diplomatique imaginaire, j'ai mis une femme à la tête de l'état-major interarmées. Au poste – inférieur – de Secrétaire d'État à l'Aviation, j'ai placé un jeune homme discret, David Hale. Hale était un étudiant extrêmement brillant et il a réussi en un rien de temps, hélas, à faire fondre en larmes le chef de l'état-major inter-armées du pays le plus puissant du monde [1].

Autrefois, il m'arrivait de railler mon père quand il était profes-seur. Je trouvais qu'il avait un métier pépère : quelques heures de cours, un entretien avec un étudiant par-ci, par-là, et pas mal de vacances. En fait, j'avais tout faux. Chaque cours nécessite des heu-res et des heures de préparation. De plus, c'est un travail solitaire. On n'a aucun collaborateur et rien n'est plus effrayant qu'une classe de jeunes gens avides d'apprendre, mais persuadés qu'ils savent déjà tout ou presque. Il faut être imbattable sur tous les sujets. Si l'on est pris en défaut une seule fois, c'est terminé.

Mais le plus difficile, pour moi, était de me persuader que je pou-vais jouer le rôle de modèle vis-à-vis de mes étudiantes. Certes, j'ex-pliquais à quels choix difficiles les femmes étaient confrontées ; je suppliais mes étudiantes de ne pas montrer qu'elles avaient l'amour-propre chatouilleux, surtout lors des entretiens d'embauche ; je me livrais à un vibrant plaidoyer pour que les femmes s'entraident au lieu de tirer l'échelle une fois parvenues au sommet. Je savais que tout cela était juste, mais en perdant mon statut de femme mariée, j'avais perdu beaucoup de crédibilité à mes propres yeux. Quand des étudiantes me demandaient comment j'avais fait pour réussir à mener de front ma vie de famille et ma vie professionnelle, je me sentais mal placée pour répondre, car en fait j'avais échoué.

J'étais ravie d'être à l'université de Georgetown, entourée par des confrères brillants. Nous organisions des séminaires formidables, donnions des conférences, assistions à d'autres. De plus, nous nous

---

1. Plus tard, devenue Secrétaire d'État, je ferai de David Hale, alors diplomate de carrière, mon collaborateur.

appréciions mutuellement. Je n'infirmerai pas pour autant tout ce que l'on a pu dire sur les jalousies et les mesquineries des milieux universitaires. Les étudiants avaient beau se presser à mes cours, certains de mes collègues me faisaient comprendre que je devais considérer comme un honneur d'être parmi eux. On m'avait collé une étiquette de professeur « politique ». Lorsque j'ai été titularisée, deux ou trois de ceux dont la candidature n'avait pas été retenue ont insinué que je le devais au piston. Et quand j'ai été élue meilleur professeur de la School of Foreign Office pour la quatrième année consécutive, j'ai failli sauter sur le collègue qui déclarait, en guise d'explication : « C'est parce que vos salles de cours sont très grandes. »

L'enseignement me plaisait beaucoup, mais je n'avais pas pour autant l'intention d'abandonner la politique. J'aimais réfléchir aux problèmes en cours et à leur impact sur la vie des gens, et je n'étais pas de ceux qui rejetaient la classe politique. En politique, on n'échappe pas aux compromis ni, parfois, aux promesses faciles. On dépense aussi beaucoup trop d'énergie à trouver de l'argent, c'est vrai. Mais on fait passer l'intérêt de la collectivité avant le sien propre, on travaille dur et, quand on est un bon politicien, le résultat est solide et durable.

Tout en donnant mes cours, j'avais réussi à trouver le temps d'être la conseillère en politique étrangère de Walter Mondale dans le cadre de sa campagne. L'ex-vice-Président, qui avait obtenu l'investiture du Parti démocrate pour la course à la présidence de 1984, devait prendre certaines options à son arrivée à la Convention, à San Francisco. Entre autres, il devait annoncer dans son discours d'acceptation qu'il avait l'intention d'augmenter les impôts afin de réduire le déficit abyssal du budget dû à la politique économique de Ronald Reagan. Sur le plan tactique, l'honnêteté de Mondale s'est révélée une erreur. Il était aussi le premier candidat à faire le choix d'une femme à la vice-présidence. Membre du Congrès, Geraldine Ferraro était une étoile montante du Parti démocrate. J'avais rencontré pour la première fois cette femme brillante et courageuse en 1978, lorsque, fraîchement élue, elle était venue rencontrer le Président Carter. Nous avons fait plus ample connaissance durant l'élaboration du programme du parti, dont elle présidait le comité de rédaction. J'ai été ravie quand l'état-major de campagne m'a envoyée la rejoindre à Lake Tahoe, où elle se trouvait avec Walter Mondale, pour passer en revue avec elle nos positions en matière de politique internationale.

Quand je suis entrée dans la salle, la colistière de Mondale s'est précipitée vers moi et m'a prise dans ses bras. J'étais étonnée de cet accueil chaleureux, face à tous les poids lourds de la politique présents. « Heureuse de vous voir, Madeleine, a-t-elle chuchoté. Auriez-vous un jupon à me prêter ? »

Les hommes de l'état-major de Mondale n'ont pas tardé à se rendre compte qu'avec une femme en campagne leur tâche serait différente. Gerry Ferraro était en train d'interroger des experts sur certains sujets lorsque ses trois enfants sont entrés. Sans marquer le moindre temps d'arrêt, elle a enchaîné : « Vous avez bu votre jus d'orange ? » avant d'ajouter : « Qu'est-ce que c'est que cette robe froissée ? Pas question d'aller à l'église dans cette tenue. » Dans le fourgon qui nous ramenait à l'hôtel, certains ont grommelé : « On n'est pas sorti de l'auberge si elle s'occupe de ce que ses gosses doivent porter ! »

Lorsque Gerry est apparue sur le podium de la Convention pour recevoir l'investiture du parti en tant que candidate à la vice-présidence, toutes les femmes présentes ont senti un frémissement les parcourir. Lumineuse dans son tailleur blanc, elle arborait un sourire radieux. Elle était belle et en même temps très professionnelle. « Je m'appelle Geraldine Ferraro », a-t-elle lancé, aussitôt accueillie par une salve d'applaudissements. Sa candidature marquait une étape essentielle, un pas de plus dans l'histoire de la participation des femmes à la vie politique américaine.

J'avais pour mission d'accompagner Geraldine Ferraro dans ses déplacements et de la conseiller en politique étrangère. Participer à la campagne me plaisait beaucoup, sauf sur le plan de la logistique. Comme je n'avais pas eu le temps de prendre un congé à l'université, je devais retourner passer deux jours à Washington chaque semaine. Nous faisions souvent campagne sur la Côte est et dans le Midwest, mais, comme un fait exprès, le mardi, à mon retour, les organisateurs avaient régulièrement programmé un déplacement sur la Côte ouest ou dans une petite ville. Chaque fois, je devais quitter le cocon de l'état-major, où tout – repas, trajet, bagages – était pris en charge, et jongler avec les horaires et les correspondances des vols commerciaux. Une fois mes dossiers et mes bagages à main fourrés dans le compartiment, je n'étais pas de la meilleure humeur quand je me retrouvais coincée sur mon siège, sans pouvoir aller et venir comme dans l'avion de l'état-major de campagne.

Déjà, à l'époque, j'étais parmi les cadres les moins jeunes de la campagne. Pas question, pourtant, de montrer ma fatigue. C'était fabuleux d'être prête à répondre à tout moment à des questions sur la Sécurité nationale, de rédiger des discours et de faire le tour des États.

Une campagne électorale constitue un test pour tous les candidats, mais en tant que première femme sur un ticket national, Geraldine Ferraro a dû répondre à des questions particulièrement incisives. Lors de l'émission *Meet the Press*, le journaliste de télévision Marvin Kalb lui a demandé si elle était assez forte pour appuyer sur le bouton de l'arme nucléaire, question à laquelle son adversaire, George Bush, a échappé. Quant à Ted Koppel, au cours de *Nightline*, il l'a soumise à un interrogatoire serré sur le contrôle des armements comme on n'en avait jamais vu sur un plateau de télévision.

Quelque temps après l'élection, Koppel est venu faire une conférence à Georgetown. Ignorant que je me trouvais dans l'assistance, il est revenu sur la façon dont il avait mené l'interview, notant qu'on l'avait trouvée, selon le cas, inquisitrice, pédante et professorale. De ma place, j'ai lancé : « Les trois à la fois, oui ! » avant d'ajouter : « Ne reconnaissez-vous pas que vous autres journalistes, vous avez été plus durs sur la politique étrangère avec Mme Ferraro qu'avec son adversaire parce que c'est une femme ?

— Si, je l'admets. »

Mais Gerry ne se laissait pas démonter. Quelles que fussent les difficultés, elle montait chaque matin dans l'avion et allait au charbon. Son énergie était communicative. Tous les professionnels de la politique nous disaient perdants, mais moi, j'étais persuadée que nous gagnerions. Au fur et à mesure que l'élection approchait, le public était de plus en plus nombreux, de plus en plus enthousiaste. Nous étions les mieux placés sur les questions fondamentales, me semblait-il. Gerry s'était bien sortie de son débat avec Bush, Mondale de son premier débat avec Reagan.

La suite m'a donné tort. Le ticket démocrate n'a pas remporté les élections. Je n'aimais pas perdre, mais cette campagne m'a permis d'entamer une nouvelle vie. Je me suis fait de nouveaux amis. J'ai tenu ma place dans les cercles les plus proches de la direction du Parti démocrate. À ma grande joie, les professeurs et les doyens qui me taxaient de « politique » ont commencé à mettre en avant mon background et mes idées quand ils voulaient mettre un peu de sel dans les conférences qu'ils organisaient. Ils adoraient me voir débattre avec d'autres professeurs « politiques », tel Chester Crocker, qui venait de passer huit ans en tant qu'adjoint chargé de l'Afrique du sous-secrétaire aux Affaires politiques du Président Reagan. Ils assistaient volontiers aux débats sur la politique étrangère que j'organisais désormais régulièrement chez moi le soir.

Ces réunions avaient pour but d'éviter que ne se reproduisent les affrontements sur la politique de sécurité nationale qui avaient opposé Walter Mondale à Gary Hart, son adversaire démocrate lors des primaires de 1984. Pour moi, si les spécialistes de politique étrangère du Parti démocrate se rencontraient et réglaient préalablement les différends, cela éviterait bien des désagréments durant la campagne.

J'ai donc réuni des membres du Congrès, des juristes et des membres de groupes de réflexion lors de dîners au cours desquels un spécialiste exprimait des idées dont nous débattrions ensuite. Ce qui ferait dire à certains que je tenais « salon » dans mon « élégante » demeure de Georgetown. Je précise que ma maison n'est pas élégante, mais simplement confortable et que les dîners consistaient en un buffet du genre viande froide-salade. D'ailleurs, l'un des participants à ces soirées devait déclarer à la presse, sous le sceau de l'anonymat : « Ce n'est certainement pas pour le dîner qu'on y allait. »

Dans la course à la Maison Blanche, quand on veut se mettre au service d'un candidat, il s'agit de ne pas se tromper sur le moment où on va le faire. En prenant tôt sa décision, on augmente ses chances de faire partie du premier cercle du candidat s'il obtient l'investiture du Parti. En la prenant tard, on a bien sûr plus de chances de travailler pour le bon candidat, mais on risque de ne jamais faire partie de ce premier cercle. En 1987, j'ai pris ma décision de bonne heure. J'avais vu le gouverneur du Massachusetts, Michael Dukakis, en 1976, au cours des débats sur l'élaboration de la plate-forme du Parti. Il m'avait impressionnée par sa connaissance des dossiers et sa force de persuasion. Depuis, il était considéré comme l'un des meilleurs gouverneurs des États-Unis. Je savais en outre que c'était un homme fondamentalement honnête, quelqu'un de bien. J'admirais aussi les gens de son entourage. Son directeur de campagne, John Sasso, avait dirigé la campagne de Geraldine Ferraro. Je connaissais son bras droit, Susan Estrich, qui devait plus tard lui succéder, pour l'avoir rencontrée à l'époque où elle était à la tête de l'équipe chargée d'élaborer la plate-forme du parti en 1984. Quant à Bill Woodward, qui écrivait les discours de Dukakis, je l'engagerais plus tard pour écrire les miens et il serait l'un de mes proches conseillers.

J'ai rejoint l'état-major de Dukakis en mars 1987. Nous étions relativement peu nombreux. Autour de moi, beaucoup estimaient que j'avais eu tort de m'engager aussi précocement, mais ils ont changé d'avis au fur et à mesure que Dukakis laissait derrière lui les autres candidats démocrates à l'investiture. Brusquement, je me retrouvais conseillère en affaires étrangères de l'homme qui allait certainement représenter le parti à la présidentielle. Chaque fois que les démocrates remportaient une primaire, le mardi, mon téléphone n'arrêtait pas de sonner le mercredi matin. Quand Dukakis a officiellement accepté l'investiture du Parti démocrate lors de la convention de 1988 à Atlanta, je recevais des dizaines de coups de fil par jour.

Cette convention a été marquée par la petite phrase assassine d'Ann Richards, gouverneur du Texas, disant de George Bush père, alors vice-Président : « *Poor George, he was born with a silver foot in his mouth** », par l'interminable discours de présentation de Bill Clinton et par l'arrivée triomphale de Dukakis, fils d'immigrés, au son de la chanson de Neil Diamond, *America*. Mes souvenirs personnels sont surtout d'ordre technique. Je devais parcourir les rangs pour défendre nos positions sur la politique internationale au niveau du programme du parti. Les conventions sont toujours chaotiques et il n'est pas facile de communiquer. J'étais guidée dans mes déplacements, à l'aide d'un talkie-walkie, par Susan Brophy, l'une de nos assistantes, à partir d'une caravane située à l'extérieur. Je me demande encore pourquoi j'avais décidé de porter une robe en soie bleue sous une parka assortie, avec des mocassins jaune et turquoise. J'avais des écouteurs et l'état-major m'avait baptisée R2D2, un nom emprunté à *La Guerre des Étoiles*. Sans cesse, je me cognais la tête à des caméras et je me prenais les pieds dans les jambes des gens, les câbles et les cartons de pizzas posés par terre. C'était un vrai chantier, mais j'étais dans mon élément. Je bataillais pour défendre mes idées en politique internationale et j'avais l'impression d'être la reine des débats. Cerise sur le gâteau : nous l'avons emporté à chaque fois.

De retour à Washington, je me suis aperçue qu'on ne me considérait plus de la même manière depuis que je m'étais engagée aux côtés de Michael Dukakis. C'est ce que j'appelais alors ma période « Brooke Shields ». Voici ce qu'on pouvait lire dans le *National Journal*, à propos d'une femme autour de laquelle les hommes se pressaient dans un cocktail : « On se dit que c'est sans doute Brooke Shields. Erreur. À Washington, la femme qui incarne la séduction a pour nom Madeleine K. Albright, conseillère pour la politique étrangère de Michael Dukakis, dans le cadre de sa campagne. » Même ceux qui ne semblaient guère m'apprécier par le passé me trouvaient du charme. On s'extasiait aussi sur mon esprit. Auparavant, j'avais du mal à placer un mot, y compris dans mes propres dîners. Désormais, chaque formule qui sortait de ma bouche suscitait des hochements de tête approbateurs. Il ne se passait pas de jour sans que mes paroles soient rapportées dans les journaux, ce qui n'était pas le cas des ténors de la politique. Cela a atteint les sommets du ridicule, au point qu'un soir, lors d'une réunion chez moi, je me suis discrète-

---

* Jeu de mots intraduisible, à partir de la formule « Il est né avec une cuillère [spoon] en argent dans la bouche » et de la formule « *to put one foot in one's mouth* » qui signifie faire une bourde (littéralement : mettre son pied [foot] dans sa bouche). Grosso modo : « Il est né avec la bourde à la bouche » (*N.d.T.*).

ment éclipsée et suis allée faire la leçon à mon reflet dans le miroir de la salle de bains : « Dis-toi bien, ma fille, que tu n'es pas plus intelligente que le mois dernier. D'ailleurs, si vous perdez, il n'y aura plus personne pour t'écouter. »

J'avais vu juste. Quelque temps après la défaite de Dukakis, je suis allée au théâtre au Kennedy Center. Dans le foyer, à l'entracte, personne ne me jetait un regard. Il y a tout de même eu quelqu'un pour m'adresser la parole, un juriste de Washington qui briguait un poste gouvernemental durant la campagne. Tombant sur moi par hasard, il m'a lancé : « On peut dire que vous avez tout f... en l'air. »

Les démocrates avaient de nouveau perdu la bataille des présidentielles, mais pour moi la campagne de Michael Dukakis avait été une nouvelle expérience enrichissante. Elle m'ouvrait en outre d'autres perspectives. J'avais entre autres eu la chance de me faire de nouveaux amis, car, peut-être à tort, les anciens m'avaient déçue. Je pensais qu'ils auraient pu raisonner Joe une fois notre séparation rendue publique. Plus tard, en voyant de plus en plus de gens autour de moi divorcer à leur tour, je me suis dit que je leur avais demandé l'impossible.

Comme tous les divorcés de fraîche date, je devais reconsidérer ma vie sociale, tâche délicate dans la mesure où je n'avais pas regardé un autre homme que Joe depuis l'âge de vingt ans et où ses paroles blessantes sur mon physique au moment de la séparation ne faisaient rien pour me donner confiance en moi, sans compter que j'étais plutôt prude. La dernière fois que j'étais sortie avec quelqu'un, c'était dans les années cinquante. Nous étions maintenant dans les années quatre-vingt et j'ignorais les nouvelles règles du jeu. Bref, je me sentais comme une vierge de quarante-cinq ans. Quand on a moins de trente ans, le passé ne pèse pas lourd. À la quarantaine ou à la cinquantaine, c'est une autre affaire. Les gens qu'on rencontre ont un passé, une histoire familiale compliquée, des goûts bien affirmés et des habitudes qui tournent parfois à la manie.

Dans les années soixante, lorsque nous avions des amis à dîner, les enfants venaient saluer, puis ils repartaient dans leur chambre ou allaient s'occuper ailleurs. Maintenant, si un homme m'emmenait dîner chez un couple moderne, les enfants étaient le centre d'attention durant toute la soirée. Si je sortais avec quelqu'un de plus jeune que moi, je ne devais pas oublier de partager l'addition. Si je sortais avec un étranger plus âgé, comme mon nouvel ami le fringant Argentin Ricardo Dell'Orto, je ne devais pas oublier de le laisser commander au restaurant, de ne pas m'asseoir le dos à la porte et de prendre un air outré si les autres hommes présents ne se levaient pas quand je quittais la table. Si j'avais une « aventure » avec quelqu'un, il fallait affronter le spectre de l'herpès et, plus tard, du sida. J'en voulais beaucoup à Joe de devoir me préoccuper de choses de ce genre à mon âge. Quand j'avais dû parler à mes filles de la nécessité des rapports protégés, cela n'avait pas été sans mal.

J'essayais malgré tout de combler le vide laissé par Joe. Pendant la campagne de Walter Mondale, j'avais rencontré Barry Carter, un professeur de droit qui avait travaillé au NSC du temps de Kissinger. C'était aussi un spécialiste du contrôle des armements et un démocrate fondamentalement attaché à la politique. Nous avions de nombreux points communs et nous passions de plus en plus de temps ensemble. Finalement, Barry est venu s'installer chez moi. Je ne suis pas sûre que cela ait été un bon exemple pour Katie, mais il était si gentil avec mes trois filles que j'ai cru un moment avoir reconstitué une famille. Nous nous sommes séparés en bons termes au bout de deux ans. Il était plus jeune que moi et il voulait avoir des enfants. C'était déjà fait pour moi. Barry a été un merveilleux ami, à une période difficile de ma vie. J'ai fini par me rendre compte que rien ne pourrait remplir l'immense vide laissé par le départ de Joe. Lorsque j'ai cessé cette quête douloureuse, je me suis sentie mieux.

Je n'aimais pas ma solitude, mais je m'en suis sortie avec l'aide de mes amies. Après avoir été durant quelques années l'une des rares femmes dans le milieu universitaire, j'avais commencé à rencontrer des femmes extraordinaires dans le milieu de la politique. La plupart avaient la trentaine, une dizaine d'années de moins que moi. En campagne électorale, les amitiés, comme les conversations, peuvent être superficielles, mais pas toujours. On se retrouve tard le soir, épuisées, dans un bus et on parle entre deux arrêts. On mange un morceau ensemble, on commence à se plaindre de ceci ou cela qui s'est mal passé dans la journée, puis on aborde des sujets plus intéressants et souvent plus intimes.

Un soir, vers la fin de la campagne électorale de Dukakis, six d'entre nous se sont retrouvées pour dîner. Nous avons parlé des femmes dans la campagne, constatant qu'elles avaient beau être nombreuses à occuper des postes importants, elles n'en étaient pas moins écartées quand on réduisait les frais. Personnellement, ce qui m'intéressait le plus, c'était ce qui se passait ensuite pour elles. Nous avions chacune un profil bien typé. L'une approchait de la quarantaine. Elle avait eu beaucoup d'aventures sans jamais rencontrer l'âme sœur. L'autre vivait avec un homme plus âgé. Elle voulait des enfants, mais son compagnon en avait d'un précédent mariage et il ne voulait pas devenir père à nouveau. Une troisième, bien établie sur la Côte est, s'apprêtait à changer de vie et à suivre son nouveau mari pour fonder un foyer à l'autre bout des États-Unis. Une quatrième avait une vie familiale épanouie, mais elle vivait dans l'Oklahoma, à des lieues du centre névralgique de la politique. Tous les quatre ans, elle laissait son mari et ses enfants pour avoir sa dose de politique. Une autre encore avait déjà un enfant, mais se posait à nouveau des questions sur la maternité.

J'écoutais ces femmes, fascinée par leurs problèmes et même un peu jalouse, surtout de celles qui étaient mariées. C'est alors que l'une d'elles s'est tournée vers moi et m'a dit : « Toi, Madeleine, tu es la seule à tout avoir, tu as été mariée, tu as trois filles formidables, un boulot fantastique. Comment y es-tu arrivée ? » Je n'en revenais pas. Ces paroles m'ont fait prendre conscience que je m'étais apitoyée sur moi-même. Au lieu de me concentrer sur ce que j'avais, je ne pensais qu'à ce que j'avais perdu. Je n'ai jamais oublié cette soirée. Auparavant, je n'étais pas capable de donner des conseils à des femmes plus jeunes parce que j'avais connu l'échec. Désormais, c'en était fini de ces pensées négatives.

En 1989, je m'apprêtais à me rendre à ma trentième réunion d'anciens élèves de Wellesley College. L'une de mes ex-camarades de classe m'a proposé de faire une conférence. Quand elle m'a parlé du thème, j'ai refusé sèchement. Elle voulait que je dise si ma carrière avait conduit mon couple au divorce. Je me suis dit que si c'était tout ce qui intéressait les gens chez moi, je n'irais même pas. Il a fallu les efforts conjoints d'Emily, de Wini et de Mary Jane pour que j'accepte de faire le déplacement. L'organisatrice de la réunion avait touché un point particulièrement sensible.

Ma carrière avait-elle conduit mon couple au divorce ? J'ai toujours trouvé cette question offensante. Elle me paraît être une insulte envers les femmes qui veulent entreprendre une carrière. Elle sous-entend également que j'ai fait preuve d'égoïsme, une accusation que je réfute. À vrai dire, je ne connais pas la réponse. J'éprouve des sentiments contradictoires. Quand je suis devenue Secrétaire d'État, je me suis rendu compte que, personnellement, je n'aurais pu monter si haut si j'avais été encore mariée. En même temps, je demeure profondément peinée que mon mari ait demandé le divorce. Je sais qu'à l'époque, si cela avait pu faire changer Joe d'avis, j'aurais abandonné toute idée de carrière.

Il m'a fallu du temps pour mettre mon parcours professionnel en perspective. Depuis le début de mes activités bénévoles, dans les premières années de mon retour à Washington, je progressais par étapes, en posant le pied sur une pierre après l'autre pour franchir le fleuve. Elles étaient certes disposées au hasard et parfois glissantes, mais je n'avais pas l'intention de tomber à l'eau. Je m'efforçais d'accomplir chaque tâche le mieux possible. Et quand la traversée devenait franchement difficile, les amis étaient là pour m'aider à garder l'équilibre.

Lentement, mais sûrement, au fur et à mesure que la décennie s'écoulait, ma solitude cédait la place à un sentiment de liberté. Je retrouvais ma capacité à décider. Je pouvais désormais faire ce que je voulais chez moi. Quand je donnais un cours de bonne heure, j'invitais les étudiants à venir prendre le petit déjeuner. J'avais mes dîners politiques. Quand des visiteurs des pays de l'Est venaient à Washington, ils descendaient chez moi, que nous commencions à appeler l'Auberge Albright.

L'été, je voyageais durant des semaines, dans le cadre soit des conférences de l'université de Georgetown, soit d'un programme américain qui finançait les séjours à l'étranger d'experts en rapport avec leur spécialité, soit encore en tant que vice-présidente du National Democratic Institute for International Affairs (NDI), organisme voué à la promotion de la démocratie dans le monde entier[1]. Je me suis ainsi rendue au Moyen-Orient, en Extrême-Orient, en Afrique et en Europe.

J'apprenais à vivre seule. Je n'ai jamais été une solitaire, mais je pouvais désormais passer un samedi entier sans parler à personne et dormir seule à la ferme. J'allais seule au concert et à l'opéra. J'étais capable d'aller au restaurant avec un livre pour unique compagnon, même si je le faisais plus facilement à l'étranger qu'à Washington. J'avais cessé de me sentir comme un œuf sans coquille.

J'étais aussi prête à saisir les occasions qui se présenteraient. Lorsque Ed Muskie m'a proposé la présidence d'un groupe de réflexion, le Center for National Policy (CNP), j'ai accepté, même si cela m'obligerait désormais à n'enseigner qu'à mi-temps. Je pouvais le supporter financièrement et je n'avais pas besoin d'être titularisée. Je pouvais continuer à donner des cours à Georgetown malgré tout. Je n'avais plus besoin de me démener. Et pendant que je me reconstruisais, le monde communiste se désintégrait. Il y avait tant de choses nouvelles à voir, à explorer... Je voulais être prête, le moment venu, à bondir sur la prochaine pierre.

---

1. Le NDI est l'une des associations à but non lucratif les plus actives dans le monde pour la promotion et le renforcement de la démocratie. Sous la présidence de Brian Atwood, puis de Kenneth Wollack, et la vice-présidence de Jean Dunn, les programmes du NDI ont aidé des millions de personnes de par le monde à mettre sur pied des institutions démocratiques efficaces et durables. Cela a été un grand honneur pour moi de devenir la présidente du conseil d'administration quand j'ai quitté mes fonctions.

CHAPITRE HUIT

La Révolution de velours

LES IMAGES SE SUCCÉDAIENT sur mon poste de télévision. À Prague, sur la fameuse place Wenceslas, la foule scandait des slogans et agitait des panneaux portant l'inscription « *Poslední Zvoňení* », c'est-à-dire « La dernière cloche ». Les manifestants secouaient leurs clés dans leur poche pour imiter le son d'une cloche sonnant le glas de quatre décennies de férule soviétique. Debout sur un balcon surplombant l'énorme rassemblement, se tenaient côte à côte Alexandre Dubček, héros de l'éphémère Printemps de Prague, et Václav Havel, dramaturge dissident qui allait devenir l'une des figures les plus respectées au monde. Un mois plus tôt, Havel avait été arrêté. Un mois plus tard, il deviendrait Président d'une Tchécoslovaquie nouvelle. Nous étions le 24 novembre 1989. « Ça y est ! me suis-je dit à voix haute, à la fois stupéfaite, ravie et soulagée. Dieu soit loué. »

Le 9 novembre, l'Allemagne de l'Est avait abandonné les postes de contrôle du Mur de Berlin. Le 10, les Bulgares, pourtant réputés flegmatiques, mettaient dehors leur dictateur communiste, installé au pouvoir de longue date. La Hongrie se préparait à des élections et Solidarność dirigeait la Pologne. Et Prague ? Quelques jours plus tard, j'écrivais dans un billet d'opinion du *Washington Post* ces lignes affligées : « La Tchécoslovaquie, pays qui a fourni une grande partie des bases intellectuelles [au rejet du communisme] [...] [continue à] se cacher derrière un rideau de fer auto-imposé et à critiquer tous ceux qui osent goûter aux libertés dont les Tchèques et les Slovaques eux-mêmes ont pu jouir brièvement il y a de cela vingt et un ans. »

En l'espace d'une semaine, ce triste constat n'était plus de mise. Le 17 novembre, une manifestation d'étudiants, modifiant son itinéraire autorisé, marchait vers le centre de Prague. Malgré une violente charge de police, les manifestants refusaient de se disperser et se regroupaient, bientôt rejoints par leurs parents, horrifiés par les brutalités policières et pleins d'admiration pour le courage de leurs enfants. L'esprit de la dissidence renaissait. L'Orchestre philharmonique tchèque venait jouer pour les manifestants, de plus en plus nombreux chaque jour. Bientôt, trois cent mille personnes se pressaient sur la place. Certains faisaient remarquer que si on lit « 68 » à l'envers, cela donne « 89 ». Des coalitions pro-démocratiques se formaient, rassemblant des Tchèques, comme le Forum civique, ou des Slovaques, comme le Mouvement public contre la violence. Elles réclamaient la démission du Président Gustáv Husák et autres dirigeants du Parti. Finalement, tout juste deux jours avant la fin de cette année 1989, Alexandre Dubček était élu Président de l'Assemblée fédérale et Havel Président de la Tchécoslovaquie. C'était la fin du régime communiste dans ce pays et le triomphe de la Révolution de velours, ainsi nommée à cause de son caractère pacifique.

J'étais à Washington, à des milliers de kilomètres de là, mais j'ai pu me tenir au courant en m'abonnant à un service d'informations qui me permettait de suivre en détail l'actualité quotidienne en Europe centrale et orientale. J'organisais aussi des débats durant mes cours à Georgetown. Je connaissais toutes les personnalités impliquées et j'étais là-bas par la pensée.

C'est à la fin des années quarante que le Rideau de Fer était descendu sur l'Europe centrale et orientale. Les dissidents, bâillonnés dans la plupart des pays, ne pouvaient faire entendre leur voix à l'Ouest, mais une ou deux fois par décennie, un souffle de liberté soulevait le Rideau, et l'espoir de voir un jour la liberté revenir renaissait. En 1948, Tito rompait avec Staline. En 1953, des émeutes secouaient l'Allemagne de l'Est. En 1956, les Polonais puis les Hongrois tentaient de se soulever. En 1968, c'était le tour des Tchécoslovaques. À la fin des années soixante-dix, des dockers polonais lançaient le mouvement Solidarność, auquel le gouvernement ripostait en instaurant la loi martiale en 1981. En Roumanie, Nicolae Ceaușescu, arrivé au pouvoir en 1965, y resterait presque un quart de siècle et deviendrait le tyran que nous connaissons, mais au début il apporterait un souffle d'air pur à son pays en défiant les Soviétiques et en proposant des réformes.

La solidité du ciment de l'empire soviétique avait été mise à l'épreuve, mais c'est seulement en 1985 qu'il se fissura, au moment où Mikhaïl Gorbatchev devint secrétaire général du Parti communiste de l'Union soviétique. Gorbatchev lança un programme de restructuration économique, la *perestroïka*, couplé à une nouvelle approche sociale et intellectuelle, la *glasnost*, qui remettait en cause les fondements du système soviétique. Il affirma sans ambiguïté que les satellites de l'URSS n'avaient désormais plus à être aux ordres de Moscou. Soudain, l'empereur se montrait plus libéral que les princes. Les dirigeants de ces États satellites, hommes vieillissants et tournés vers le passé, apparaissaient soudain dans toute leur incompétence. Par son attitude nouvelle, Moscou accentuait les changements en Europe de l'Est. Les mouvements dissidents fleurissaient un peu partout. La Hongrie se lançait dans un programme de réformes politiques et économiques et mettait au point sa propre recette de « communisme à la goulasch ». En Pologne, les autorités devaient lever la loi martiale sous la pression, donnant un second souffle à Solidarność[1]. Les dirigeants est-allemands, eux, pensaient avoir la situation bien en main jusqu'à ce que Gorbatchev, au moment de les aider à célébrer le quarante-deuxième anniversaire du régime, les prévienne qu'ils devraient apporter des changements s'ils ne voulaient pas affronter le mécontentement.

La Tchécoslovaquie, pour sa part, n'attirait guère l'attention, ce qui me paraissait compréhensible. L'entrée des chars soviétiques en 1968 avait brisé le moral de l'ensemble de la population. Les gens se repliaient sur eux-mêmes et passaient le moins de temps possible au travail. Ils préféraient consacrer leur énergie à construire leurs *chatas,* ces résidences secondaires où ils se repliaient dès le vendredi. Mais le Printemps de Prague n'avait pas été détruit à la racine. De nouvelles pousses commençaient à germer sous la surface.

Curieusement, la musique rock américaine a été l'un des ferments de ce renouveau. Un mois après l'invasion soviétique, un groupe se constituait et prenait le nom de The Plastic People of the Universe, d'après une chanson de Frank Zappa. Ses concerts attirèrent tant de spectateurs que les autorités lui interdirent de jouer en public. Le groupe n'en continua pas moins à se produire en tenant secret le planning de ses tournées. Néanmoins, ses membres finirent par être arrêtés et inculpés pour trouble de l'ordre public et production d'une musique « à l'impact antisocial et antisocialiste ». Les intellectuels dissidents considérèrent leur procès comme un test crucial. Le 1er janvier 1977, peu de temps après leur condamnation, quelque deux cent

---

1. Des années durant, Zbig Brzezinski et moi avons débattu des mérites comparés des Tchécoslovaques et des Polonais. Bien qu'ayant épousé une Tchèque, il montrait souvent du doigt mes compatriotes, qu'il jugeait moins courageux que les siens. J'ai tout de même pris ma revanche une fois, lorsque les généraux polonais ont imposé la loi martiale. « Zbig, ai-je dit, au moins les Tchécoslovaques n'envahissent pas leur propre pays. »

cinquante écrivains, professeurs et défenseurs des droits de l'homme signèrent la Charte 77. Ce manifeste demandait au gouvernement tchécoslovaque de respecter les droits civiques et politiques mentionnés dans l'Acte final d'Helsinski, que les membres du bloc soviétique avaient signé seize mois plus tôt. Parmi les leaders de cette Charte 77 se trouvait Václav Havel, qui fut arrêté à plusieurs reprises et passa plus de quatre ans en prison.

La religion n'était pas en reste. Les prêtres défroqués étaient devenus des héros, même aux yeux de jeunes gens élevés dans l'athéisme. Forcés d'effectuer des travaux humiliants, comme de nettoyer les latrines, ils continuaient à dire clandestinement la messe. Mais jusqu'en 1989, aucune forme de rébellion ne faisait le poids face au rouleau compresseur de l'État communiste.

Tout ce qui se passait dans mon pays natal m'intéressait, bien évidemment, et quand, en 1986, j'ai eu la possibilité de m'y rendre dans le cadre d'un programme éducatif de la US Information Agency, j'ai sauté sur l'occasion. Pour ma sécurité, je suis descendue chez le chargé d'affaires américain, Carl Schmidt, et sa femme Rika. L'un et l'autre étaient une vraie mine d'informations. Je savais que je devais éviter de me faire remarquer, dans la mesure où les autorités tchécoslovaques étaient rendues particulièrement nerveuses par l'activisme incessant de la Charte 77, mais je tenais aussi à rencontrer des dissidents. Un représentant du gouvernement américain avait organisé une rencontre discrète, un soir. Le sénateur du Dakota du Sud, Larry Pressler, qui se trouvait par hasard à Prague au même moment, avait également été informé du rendez-vous et manifestait à ce propos un enthousiasme quelque peu encombrant. Dans la journée, alors que nous voyagions dans la même voiture, il m'avait demandé : « Il y aura vraiment des dissidents ce soir ? »

Dans la mesure où la voiture était certainement truffée de micros, je lui avais fait signe de se taire.

« Quels dissidents seront là ? »

Même geste de ma part.

« Mais enfin, pourquoi ne voulez-vous donc pas parler des dissidents ? »

Cette fois, j'avais mis un doigt sur mes lèvres, secoué la tête et désigné des micros imaginaires.

Au cours de la soirée, on nous a informés que les dissidents attendus ne pouvaient venir, se sachant surveillés. Pressler a donc pris congé, mais l'un des leaders de la Charte 77, Martin Palouš, est tout de même venu, car il n'était pas repassé à son domicile, devant lequel des policiers étaient en planque. Tous les deux, nous avons parlé pendant presque quatre heures. Nous en étions à la moitié de notre conversation lorsque Pressler a appelé sur la ligne extérieure. « Allô, Madeleine ? J'ai appris que des dissidents étaient venus, finalement. Ils sont encore là ? » Je l'ai interrompu : « Désolée, vous avez fait un faux numéro. » Et j'ai raccroché. Un peu plus tard, on a frappé à la porte. C'était Pressler. Il s'est dirigé vers Palouš et lui a demandé, en lui martelant la poitrine de son index : « Vous êtes vraiment un dissident ? » Je ne savais si je devais en rire ou en pleurer.

À cette époque, le 4 juillet, les ambassades américaines dans les pays communistes célébraient notre fête nationale par des réceptions auxquelles étaient souvent invités des dissidents locaux. J'ai assisté à celle qui était donnée cette année-là à Prague, mais à cause du durcissement du régime, peu de dissidents se sont montrés. Tandis que je parcourais du regard l'assistance clairsemée, une jeune femme s'est approchée de moi. « Bonjour, a-t-elle dit en me tendant la main, je suis la femme de Jiří Dienstbier. »

Dienstbier était le journaliste tchécoslovaque qui m'avait aidée pour ma thèse de doctorat, plus de dix ans auparavant. Je pensais ne jamais le revoir. Son épouse m'a expliqué que Jiří n'avait pu venir, mais qu'il aimerait me retrouver le lendemain au café Savarin, un endroit très fréquenté à deux pas de la place Wenceslas. J'ai accepté avec empressement, mais lorsque j'ai prévenu le personnel de l'ambassade, on m'a dit : « Vous avez perdu la tête ! Rendez-vous compte, ils le surveillent et vous aussi, ils vous surveillent, parce que vous êtes la fille de Josef Korbel. Pas question de vous rencontrer dans un endroit public. Par-dessus le marché, vous êtes ici sous les auspices du gouvernement américain et nous ne voulons pas de problèmes. » Je ne suis donc pas allée au rendez-vous. De fait, Dienstbier s'est fait interpeller pendant qu'il m'attendait au café.

Je suis retournée à Prague l'année suivante et, cette fois, le personnel de l'ambassade et moi avons fait preuve de plus d'audace. Un membre du service de presse m'a organisé une rencontre avec un autre dissident, mais nous avons pris un maximum de précautions. On se serait cru dans un roman d'espionnage. Je devais attendre un homme en imperméable à une certaine heure, en face d'un certain bâtiment, près d'une église, sur une place très connue avec un monument. J'y suis allée, en m'efforçant de prendre l'air dégagé, mais je ne pouvais m'empêcher de jeter des coups d'œil inquiets de tous côtés. Soudain, surgi de nulle part, un homme en imperméable s'est approché de moi. « Suivez-moi, m'a-t-il dit en tchèque. On prend le métro. On descendra à une station dans quelques minutes. Ne me demandez pas laquelle. »

Une fois dans la rame, il m'a dit de me rapprocher de lui. « On va faire semblant d'être des amoureux. Personne ne nous prêtera attention. » C'est ainsi que j'ai été gentiment embrassée sur la bouche par un homme que je ne connaissais pas, dans un métro qui me conduisait vers une destination inconnue. Nous sommes descendus. Quelques centaines de mètres plus loin, nous sommes entrés dans un immeuble banal. Dans un local au sous-sol, sur des étagères rudimentaires, se trouvait le trésor du groupe que l'homme représentait : des exemplaires du magazine *Rolling Stone*. Il était membre de Jazz Section, une formation qui, à l'origine, en 1971, avait pour simple vocation de faire de la musique, mais avait fini par devenir le point de ralliement d'un certain nombre de dissidents. Nous avons parlé pendant des heures de leurs problèmes, de leur stratégie, de leurs espoirs. Avant de prendre congé, je lui ai donné tout l'argent liquide que j'avais sur moi. Je lui ai aussi proposé de leur envoyer d'abord deux cents dollars, puis plus si l'argent leur parvenait. Il m'a indiqué l'adresse où envoyer le mandat, ce que j'ai fait dès mon retour à Washington. Quand j'ai raconté ça à ma mère, elle s'est mise en colère, certaine qu'on retrouverait l'origine de ces fonds. Je l'ai rassurée. Le bénéficiaire m'a écrit pour me remercier des deux cents baisers, mais quand on l'a arrêté, pour de tout autres raisons, je n'ai pu échapper au « Je te l'avais bien dit » maternel.

Par la suite, au cours de mes voyages à Prague, j'ai pris de l'assurance. Je me promenais et prenais le métro seule. Quoique mes vêtements fussent d'une meilleure qualité que ceux de la population, je me fondais dans la masse, dans la mesure où la plupart des gens étaient plutôt ronds et pas très grands. Au restaurant, je commandais mes plats préférés, pas particulièrement légers, j'allais au cinéma et au théâtre et je comprenais très bien la langue. Mais j'avais un passeport américain et cela faisait toute la différence. Je pouvais rencontrer des dissidents, puis prendre un avion et quitter le pays. Je n'avais pas à faire les mêmes choix quotidiens qu'eux.

Tout en me promenant dans Prague, si belle et si triste à la fois, je m'interrogeais. Que se serait-il passé si mes parents n'avaient pas décidé de partir après la prise du pouvoir par les communistes ? J'aurais certainement fait partie des opposants politiques, mais serais-je passée à l'action ? De quelle manière ? Aurais-je eu le courage de manifester ? Ou me serais-je tenue tranquille pour pouvoir faire mes études universitaires ? Comment aurais-je réagi si j'avais dû subir un interrogatoire ? À quoi aurait ressemblé la prison ? Cela me faisait penser à cette histoire du leader dissident qui, rencontrant un vieil ami, lui demande de l'aider. « J'aimerais bien t'aider, dit l'ami, mais je ne peux pas, tu vois, car j'ai des enfants. » Et le dissident de répondre : « J'aimerais bien me taire, comme toi, mais je ne peux pas, tu vois, car j'ai des enfants. »

Je suis revenue à Prague en mars 1989. Lors d'un dîner à l'ambassade, j'ai enfin revu Jiří Dienstbier. Il avait maintenant les cheveux gris, ébouriffés, et une superbe moustache. Nous nous sommes étreints comme des amis perdus de vue depuis longtemps. Il a dû prendre congé de bonne heure, car il travaillait la nuit comme chauffeur de haut-fourneau. Quand j'ai de nouveau entendu parler de lui, c'était en janvier 1990. Havel était alors Président et Jiří Dienstbier son ministre des Affaires étrangères.

Quand j'ai appelé le ministère des Affaires étrangères, j'ai eu tout de suite Jiří au bout du fil. Je lui ai demandé en quoi je pouvais lui être utile. « Aidez les étudiants, a-t-il répondu. C'est grâce à eux que tout cela est arrivé. »

J'étais donc ravie, vers la mi-janvier 1990, de conduire une délégation du NDI en Tchécoslovaquie, en cette période historique. À mon arrivée, j'ai appelé Jiří, qui m'a invitée à l'accompagner voir une pièce de Havel, *Audience*. L'œuvre théâtrale du nouveau Président était jouée dans des villes comme New York, mais elle était depuis longtemps à l'index dans sa propre patrie. *Audience* raconte l'histoire d'un employé dans une brasserie qui refuse de devenir un indic communiste, malgré l'insistance du patron de la fabrique, un ivrogne. La pièce, fondée sur la propre expérience de Havel, illustre l'idée que l'on peut résister au totalitarisme par l'autodiscipline et la force de ses convictions. Le rideau retombé, le public a fait une ovation à Havel et aussi, je crois, à la Tchécoslovaquie.

Le lendemain, Jiří Dienstbier m'a reçue dans son bureau ministériel. Je n'en revenais pas de voir mon vieil ami dans le rôle d'un ministre des Affaires étrangères. J'en avais la chair de poule en entrant. Quelque quarante-trois ans plus tôt, mon père était entré dans cette même pièce en tant que chef de cabinet de Jan Masaryk. Jiří m'a fait visiter ses appartements privés dans l'enceinte du ministère. Un frisson m'a parcourue lorsqu'il m'a montré la fenêtre de la salle de bains carrelée de blanc par où Masaryk s'était jeté – ou avait été poussé – le 10 mars 1948. Afin de « prouver » la version du suicide, les communistes avaient laissé à sa place la modeste chaise de bois sur laquelle il était censé être monté afin d'enjamber le rebord de la fenêtre. Le nouveau gouvernement la garderait aussi un certain temps, pour ne pas oublier comment le pays avait perdu sa liberté.

Grâce à Jiří Dienstbier, j'ai pu rencontrer Václav Havel au château de Prague avec ma délégation du NDI. Le bureau présidentiel était encore meublé dans le style communiste, c'est-à-dire franchement massif, mais l'allure du Président tranchait sur ce décor. Bien que pas très grand, il remplissait la pièce de sa présence. Il portait ce jour-là un jean noir et un col roulé assorti. J'avais apporté le dernier ouvrage de mon père, *Twentieth-Century Czechoslovakia*. Havel s'attendait à rencontrer une délégation américaine et ne pensait pas à ce qu'il y ait des liens entre elle et la Tchécoslovaquie. Aussi a-t-il eu l'air surpris quand je lui ai tendu l'ouvrage. « Ah, bien, madame Fulbright », a-t-il dit. J'ai rectifié : « Mme Albright. Josef Korbel était mon père. » Ainsi a débuté entre nous une amitié devenue infiniment précieuse à mes yeux.

Havel n'était au pouvoir que depuis quelques semaines. Notre délégation lui a proposé de l'aider à mettre au point une nouvelle loi électorale, ce qu'il a tout de suite accepté. Une équipe d'experts, constituée non seulement d'Américains, mais aussi de ressortissants de pays ayant fait récemment la transition vers la démocratie, comme le Portugal, s'est bientôt mise au travail. En partant, j'ai signalé à certains conseillers de Havel que j'avais travaillé à la Maison Blanche et que je serais ravie d'aider à établir la structure du nouveau gouvernement. Ils m'ont invitée dans un restaurant derrière les flèches sombres de la cathédrale Saint-Vitus, dans l'enceinte du château. Nous y avons passé des heures à réfléchir et à dessiner des schémas, diagrammes et organigrammes. Ils m'ont informée que Václav Havel se rendrait bientôt en visite aux États-Unis, ajoutant qu'ils avaient besoin d'aide pour organiser son séjour. Là encore, je me suis portée volontaire.

Ce soir-là, quand je suis sortie du restaurant, une couche de neige recouvrait le sol, mais la lune était pleine et lumineuse. J'ai descendu l'escalier rapide du château, puis, prenant par la sinueuse rue Nerudová, je suis passée devant la vieille église baroque Saint-Nicholas avant de gagner les petites rues étroites qui conduisaient au pont Charles. En franchissant cette construction du XIVᵉ siècle, ornée de statues noires de saints, je me suis souvenue que mon père expliquait sa longévité par le fait que l'on avait mélangé des œufs au mortier. Je me suis penchée pour contempler les eaux de la Vltava. À ce moment, j'ai eu la sensation étrange de n'avoir jamais quitté la Tchécoslovaquie. C'était absurde. Je n'aurais jamais pu aider les Tchécoslovaques à mettre au point l'organigramme de leur gouvernement si je n'avais pas auparavant travaillé pour la Maison Blanche.

À mon hôtel, un billet m'attendait, signé Rita Klímová. « Nous n'avons pas encore fait connaissance, écrivait son auteur, mais cela ne va pas tarder. » Elle venait d'être nommée ambassadrice aux États-Unis et m'invitait le soir même à rencontrer certains de ses amis. À mon arrivée, elle était en train de préparer le repas, tandis que les membres du nouveau gouvernement se pressaient dans son appartement. Entre la cuisine et le salon, nous avons bavardé et nous

nous sommes rendu compte que sa vie et la mienne étaient les deux faces d'une même histoire.

Nos familles avaient passé la Seconde Guerre mondiale hors de la Tchécoslovaquie – la mienne à Londres, celle de Rita à New York – puis regagné Prague après la défaite des nazis. Le père de Rita étant communiste, au contraire de mon père, sa famille était restée de l'autre côté du Rideau de fer. Elle avait donné des cours sur l'histoire de la pensée économique à l'université Charles, avant de conclure que le marxisme n'avait aucun sens. Lors des purges qui avaient suivi l'écrasement du Printemps de Prague, elle avait perdu son emploi. Elle avait donc dû répondre pour de bon aux questions que je m'étais posées pour la forme. Pour gagner sa vie, elle avait fait l'interprète, généralement lors de rencontres entre des Américains et des dissidents. Durant la Révolution de velours, c'est elle qui traduisait les paroles de Havel en anglais, ou plutôt en américain de Brooklyn. Nous sommes tout de suite devenues des alliées. Plus tard, à Washington, nous nous sommes retrouvées pour rire et bavarder autour d'un sandwich au pastrami, avec du pain de mie blanc américain pour elle, car elle en raffolait mais n'en trouvait pas à Prague, tandis que je recherchais toujours le goût acide du pain de seigle noir tchécoslovaque que je ne trouvais qu'à son ambassade.

La visite du Président Havel aux États-Unis en février 1990 a été un mélange de célébration et de cirque. L'histoire était en roue libre et le monde se retrouvait soudain cul par-dessus tête. Il n'y avait pas eu de schéma directeur. Havel lui-même était ébahi de se retrouver avec le statut d'un chef d'État et d'un héros mondial de la démocratie sur le point de faire un discours devant les deux chambres du Congrès. Pour lui, j'ai transformé ma maison en QG avancé, mobilisé les amis que j'avais connus lors de précédentes campagnes électorales et recruté quelques-uns de mes étudiants de Georgetown pour donner un coup de main.

Je suis allée le retrouver dans la résidence de Rita afin de le préparer aux journées qui l'attendaient. Forte de mes expériences au Sénat, à la Maison Blanche et dans l'état-major de campagne de Geraldine Ferraro et de Michael Dukakis, je baignais dans mon élément. Le plus dur a été d'arriver à respirer, car Havel enchaînait cigarette sur cigarette – et quinte de toux sur quinte de toux. Et ses collaborateurs fumaient aussi. Je me suis donc efforcée de ne pas trop inspirer la fumée et lui ai remis les notes que j'avais préparées, ainsi que des pages de questions susceptibles d'être posées par les journalistes, avec les réponses. J'ai rougi de plaisir lorsqu'il s'est tourné vers son équipe et leur a dit, en tchèque : « Voilà ce que j'appelle une conseillère. »

Havel avait rédigé son discours sur un grand bloc-notes jaune qu'il a remis à Rita, avec mission de le traduire en anglais. Elle n'avait absolument pas besoin d'aide, mais j'ai tout de même mis de temps en temps mon grain de sel. J'avais aussi demandé à Frank Greer, un conseiller en communication chevronné, de préparer Havel à sa prestation. Certaines personnes sont naturellement douées pour parler sur un plateau de télévision ou devant une foule, mais la plupart d'entre nous faisons piètre figure au début. L'entourage de Havel lui-même admettait qu'il n'était pas bon à la télévision parce qu'il ne regardait pas la caméra. Il lisait son texte lentement, sans se servir du prompteur, qui, disait-il, aurait fait sonner faux son discours. Il évitait même de regarder les journalistes dans les yeux, une attitude qu'il avait dû adopter en prison, pour se défendre lors des contre-interrogatoires répétés. Mais malgré les répétitions et les bons conseils, le discours qu'il a fait au Congrès est resté plat [1]. Personne n'y a attaché d'importance, néanmoins. C'était le message qui comptait.

Fondamentalement, ce message jouait sur un paradoxe. « La meilleure façon de nous aider, expliquait Havel au Congrès qui n'en croyait pas ses oreilles, serait d'aider l'Union soviétique à accomplir le chemin qui la mène vers la démocratie, mouvement irréversible, mais particulièrement compliqué [...]. Plus tôt et plus vite l'Union soviétique commencera à avancer vers un authentique pluralisme, le plus pacifiquement possible aussi, et mieux ce sera non seulement pour les Tchèques et pour les Slovaques, mais pour le monde entier. »

Dans ce discours, Havel exprimait également un thème récurrent chez lui, sa crainte que les mauvais penchants humains qui avaient permis l'Holocauste et l'empire soviétique – y compris une certaine passivité de l'Ouest – ne resurgissent sous une autre forme. C'est pourquoi il incitait son auditoire à être à la recherche de « l'impossible », alors que les autres définissaient généralement la politique comme « l'art du possible ». Par certains aspects, Havel n'est pas un homme de bon sens. C'est quelqu'un qui dérange, un idéaliste qui met le doigt sur les faiblesses de la société et les failles de l'humain, tout en soulignant que le cynisme est fatal. Pour lui, il est essentiel que la conscience guide la main des politiques, sinon nous ne serons pas seulement mal gouvernés, nous serons perdus.

---

1. Michael Žantovský, qui devait devenir plus tard ambassadeur de la République tchèque aux États-Unis, l'a toutefois aidé par une interprétation très vivante.

Cela a bien entendu été un plaisir pour moi de faire visiter Washington à Václav Havel et d'aller avec lui à la rencontre d'étudiants, à l'université de Georgetown et ailleurs. Lorsqu'il m'a proposé de l'acccompagner à la Maison Blanche où il devait rencontrer le Président George Bush père, j'ai jugé plus sage de refuser, en tant que démocrate connue. Il a été très content de l'entretien et m'a montré le stylo à plume que le Président lui avait offert. Plus tard, je lui ai envoyé des cartouches de rechange.

J'ai ensuite accompagné Havel à New York, où le Président a laissé la place à l'homme de théâtre. À l'Actor's Studio, il a fait la connaissance de Paul Newman, qui lui a appris que sa mère était d'origine slovaque. Nous avons assisté à la cathédrale Saint John the Divine à un gala où se pressaient les vedettes. Et Robert Silver, de la *New York Review of Books*, qui avait publié Havel au temps de la guerre froide, a organisé une soirée sur la scène du Vivian Beaumont Theater, au cours de laquelle j'ai eu la chance incroyable de servir d'interprète à un quatuor réuni pour l'occasion : William Styron, Edward Albee, Norman Mailer et Václav Havel.

Au printemps, lorsque je suis retournée en Tchécoslovaquie, Havel m'a invitée à séjourner au château de Prague [1]. On m'a remis une énorme clé de fer, qui ouvrait une gigantesque porte de bois. Je devais être rentrée à onze heures du soir, avant la fermeture des grilles. Ma chambre donnait sur Hradčanské Náměstí. J'avais donc la vue sur la même place, le même parc et les mêmes pavés que je contemplais étant enfant, mais sous un autre angle. De ma fenêtre, j'ai assisté à la relève de la garde, dans son nouvel uniforme créé par Theodore Pištěk, lauréat de l'Oscar du meilleur costume pour le film *Amadeus*. En me tordant le cou, j'ai pu voir les trompettes qui accompagnaient le défilé de la garde d'honneur, postés sur un balcon au-dessus de moi.

Tout cela était d'autant plus émouvant pour moi que je le partageais avec mon frère John, présent à Prague à cette même période. C'est au château que Tomáš Masaryk avait vécu durant le premier âge d'or de la Tchécoslovaquie, à l'époque où mes parents s'étaient rencontrés et avaient fait ensemble des projets d'avenir. C'est là aussi que Hitler avait détruit les rêves de toute leur génération en annexant le pays. Durant la guerre froide, des potentats communistes comme Brejnev, Ceauşescu et Erich Honecker avaient résidé dans ces lieux

---

1. Les fondations du château de Prague datent du IXe siècle. Contrairement aux autres présidents, Havel y travaillait, mais n'y habitait pas. Il avait un appartement de l'autre côté du fleuve. Plus tard, il s'est fait construire une maison.

et posé leur postérieur sur l'affreux mobilier datant de l'époque du réalisme soviétique qui s'y trouvait encore.

J'ai fait un nouveau séjour à Prague en juin, au moment des élections, en tant que coprésidente de la délégation internationale d'observateurs de la NDI. L'euphorie était palpable. La loi électorale à laquelle nous avions prêté la main en janvier allait être mise en pratique. Les bureaux de vote étaient pavoisés de rouge, blanc et bleu. Ce sont les formations pro-démocrates Forum civique et Public contre la violence qui l'ont emporté. J'ai rejoint un groupe d'anciens dissidents au théâtre de la Lanterne magique, où ils s'étaient souvent réunis à l'époque de la répression. Tous ensemble, nous avons versé des larmes de joie en chantant l'hymne des défenseurs des droits civiques américains, *We Shall Overcome*. Dans la soirée, les gens se sont rassemblés sur la place de la Vieille-Ville autour de l'énorme monument à la gloire de Jan Hus, le martyr tchèque. La présence de Paul Simon a ajouté à la fête et ses chansons, paroles et musique, n'ont pas eu besoin de traduction pour toucher tous les cœurs.

Dans les années qui ont immédiatement suivi la Révolution de velours, mes rencontres avec des Tchèques et des Slovaques sont devenues plus fréquentes et plus compliquées. J'ai eu des discussions intenses sur la démocratie avec des relations nouvelles comme avec d'anciennes connaissances, dans des dîners comme dans des salons à Washington et à Prague, dans le cadre de l'université comme sur des plateaux de télévision. Nous débattions de la valeur des partis politiques, du rôle de la presse, de l'importance des investissements étrangers, des moyens de faire marcher l'économie pour que chacun en tire profit. Les Tchécoslovaques étaient ravis de leur liberté nouvelle et ils manifestaient une grande admiration à l'égard des États-Unis, mais cela ne les empêchait pas de critiquer classiquement notre intervention au Vietnam, notre pseudo-manque de culture, notre matérialisme. Aussi étais-je amusée de voir mes amis se précipiter pour tout acheter quand je les emmenais dans un centre commercial ou un grand magasin. En Amérique, quand nous voulons faire un achat, nous pouvons choisir entre une douzaine de marques. Pour quelqu'un d'habitué à la contemplation morose des rayons des magasins d'État d'un pays communiste d'Europe centrale, c'était Byzance.

Mes nouveaux amis étaient surpris de m'entendre parler tchèque couramment et, d'après eux, pratiquement sans accent, ce qui me faisait très plaisir. J'ai pourtant dû mettre à jour mon vocabulaire. Jusque-là, je n'avais jamais eu de véritables discussions politiques dans cette langue et mes interlocuteurs riaient parfois du choix de mes termes. J'étais devenue adulte dans un pays libre et je pensais comme une Américaine. J'essayais pourtant de ne pas prendre un ton condescendant en expliquant le fonctionnement d'un gouvernement démocratique, le sens de la propriété privée, l'importance des droits de l'individu, la nécessité de la liberté de la presse, mais je n'y parvenais pas toujours. Il arrivait qu'un de mes amis me rétorque : « Tout de même, nous ne descendons pas de notre arbre ! »

Grâce à l'ouverture de la Tchécoslovaquie, j'ai aussi pu revoir ma cousine Dáša, ce qui ne m'était arrivé qu'une fois depuis le départ de ma famille en 1948. Au cours de l'été 1967, Joe et moi avions fait un voyage en Europe centrale et nous nous étions arrêtés à Prague. À cette époque, j'avais beau avoir un nom américain, un passeport américain, un mari américain, je n'en étais pas moins angoissée. Des amis de mes parents m'avaient dit que mon père avait été jugé et condamné à mort par contumace. Ne voulant pas risquer de causer à Dáša des problèmes avec les autorités, je ne l'ai rencontrée qu'une heure dans un café pragois et cela a été un moment de tension.

En 1990, nous pouvions enfin parler librement, mais la rencontre n'a pas été facile pour autant. On peut être parent sans être proche. Dáša avait eu une vie beaucoup plus dure que la mienne et le fait qu'elle ait été la nièce de Josef Korbel n'avait rien arrangé. En fait, elle était plus résignée qu'amère. Elle voulait que je lui donne des détails sur ma famille, mais je répugnais à lui raconter notre existence privilégiée. En un sens, j'ai été soulagée de pouvoir lui dire que tout n'était pas si rose, puisque mon mari m'avait quittée.

Au cours d'un de mes séjours à Prague, j'ai aussi revu Josef Marek, l'ex-attaché de presse de mon père à Belgrade. Il était le parrain de mon frère et il m'a expliqué que ce lien lui avait valu d'être jeté en prison. J'étais en permanence déchirée entre la joie de savoir mon pays natal libéré et la tristesse de découvrir d'aussi près les souffrances que les gens avaient endurées, d'autant plus que certains d'entre eux avaient payé l'engagement démocratique de mon père.

C'est avec Václav Havel que j'avais les conversations les plus intellectuelles. Nous étions à peu près du même âge et compte tenu de la richesse de son expérience et de son esprit, ce n'étaient pas les sujets qui manquaient. Au cours de l'été 1990, je l'ai rejoint aux Bermudes, où il séjournait avec sa première femme, Olga. Nous avons visité la station de lancement de la NASA. Ce soir-là, nous sommes restés sous les étoiles à parler de cette façon qu'ont les Tchécoslovaques, peut-être parce que leur pays est enclavé, de contempler la voûte céleste et d'imaginer à quoi ressemblerait une promenade tout là-haut.

J'avais toutefois une autre préoccupation en tête. Je voulais savoir l'opinion de Havel sur les Tchécoslovaques qui avaient quitté le pays après la prise du pouvoir par les communistes. La réponse qu'il m'a donnée était formulée avec diplomatie, mais j'ai compris tout de même qu'il pensait qu'ils auraient dû rester. Havel avait eu maintes fois l'occasion d'aller vivre à l'Ouest. Il aurait pu s'installer à Hollywood et vivre confortablement de sa plume. Quand je lui ai demandé pourquoi il ne l'avait pas fait, il m'a simplement répondu qu'il jugeait de son devoir de rester. Une fois de plus, je me suis demandé comment, à sa place, j'aurais pu résister à tout ce qu'il avait subi.

En 1991 et 1992, tandis que la démocratie s'installait, le vieux Prague ressuscitait. Les concerts fleurissaient à tous les coins de rue, comme du temps de la jeunesse de mes parents. Des galeries d'art s'ouvraient. On affichait de nouveau les portraits de Jan et Tomáš Masaryk et d'Edvard Beneš dans les bâtiments officiels. Des foules de touristes arpentaient les rues pavées. Havel devenait une idole tant dans son propre pays qu'à l'étranger. Il avait commencé à s'habiller et à se comporter comme un Président, mais les magazines préféraient publier des photos sur lesquelles il arborait un tee-shirt des Rolling Stones ou une veste de cuir noir, ce qui le faisait ressembler à un Bob Dylan tchèque. C'était non seulement l'un des grands de ce monde, mais une autorité morale et intellectuelle, et pourtant on sentait qu'il ne prenait pas vraiment sa célébrité au sérieux. Quand il donnait un autographe, il signait habituellement avec un stylo vert et rajoutait un cœur sous son nom au stylo rouge.

Et puis, un peu comme un prisonnier qui a passé la moitié de sa vie dans une cellule et se brûle en s'exposant trop vite au soleil ardent, la Tchécoslovaquie a vu ce bel élan faire long feu. Le grand enthousiasme est retombé peu à peu. Dans son discours inaugural, Havel s'était déjà interrogé sur l'avenir des idéaux qui avaient donné naissance à la Révolution de velours. Il craignait surtout que les revendications ethniques du passé – « ce sentiment que l'histoire ne nous a pas fait justice » – ne resurgissent. En 1992, avec Andrew Kohut et le Times Mirror Center for the People and the Press, j'ai prêté mon concours à une enquête sur l'état d'esprit des peuples dans l'Europe de l'après-guerre froide. Il en ressortait que les Tchécoslovaques étaient favorables à l'économie de marché et à l'intégration à l'Europe de l'Ouest. On ne pouvait que s'en réjouir. Mais il y avait un point négatif : cette enquête révélait que l'esprit d'entente interethnique dont Masaryk s'était fait le champion et que Havel avait relayé était en train de se perdre. La population tchécoslovaque était celle qui avait l'opinion la plus négative sur les Roms, les gitans. Surtout, un grand nombre de Slovaques voulaient prendre leur indépendance. Nous avons demandé à un groupe de Slovaques s'ils préféreraient voir des Slovaques être champions du monde de hockey au sein d'une équipe tchécoslovaque, ou bien être en huitième position mais au sein d'une équipe entièrement slovaque. Ils ont choisi la seconde option.

Le débat nationaliste s'est durci. À Bratislava, la capitale slovaque, certains ne voulaient pas des plans économiques venant de Prague. Par ailleurs, la privatisation avait été défavorable aux Slovaques, dans la mesure où un grand nombre de combinats de l'ère soviétique étaient implantés sur leur territoire. Personne ne voulait y investir de l'argent. Les politiciens nationalistes profitaient de ce sentiment de discrimination qu'éprouvaient les Slovaques. Le souvenir des différences qui avaient existé par le passé entre les Tchèques et eux revenait sur le devant de la scène. Tout cela a abouti, le 31 décembre 1992 à minuit, à la dissolution de l'union mais, contrairement à ce qui s'est passé en Yougoslavie, il a été mis fin sans violence à l'État tchécoslovaque. C'est ce que l'on a appelé le Divorce de velours. Cette partition m'a attristée, car je m'étais toujours considérée comme tchécoslovaque, au même titre que mes parents. J'étais convaincue que les deux nations étaient plus fortes quand elles étaient réunies et je le suis encore, même si je suis heureuse que les relations entre les Tchèques et les Slovaques se soient améliorées depuis.

Avant même la scission, un autre fantôme du passé était venu rendre la vie politique plus difficile dans les deux Républiques. Quand on a ouvert les dossiers de la police secrète datant de l'époque de la guerre froide, nombre de gens se sont aperçus que certains de leurs amis l'avaient renseignée sur eux durant des années. On a aussi découvert que des prétendus dissidents étaient en fait des agents doubles. En 1991 avait débuté ce qu'on appelle la « lustration », un processus qui consistait à examiner scrupuleusement la vie passée des gens pour déterminer qui faisait quoi, quand et comment. Je m'étais souvent demandé comment les dissidents faisaient pour savoir s'ils pouvaient faire confiance à telle ou telle personne durant la période communiste. J'avais désormais ma réponse : ils ne pouvaient pas le savoir.

Ma mère n'a hélas pas eu le bonheur de voir la Tchécoslovaquie enfin libre. Elle est morte le 4 octobre 1989, six semaines avant la manifestation des étudiants. Au cours des années précédentes, sa sclérodermie s'était aggravée petit à petit et elle était pratiquement en permanence sous oxygène. L'atmosphère de Denver, qui se trouve à seize cents mètres d'altitude, ne lui convenait plus après lui avoir longtemps été bénéfique. Nous avons essayé de la convaincre de venir s'installer à Washington, auprès de nous et de John et Pam, ainsi que de leurs enfants Josef et Peter, mais il n'y a rien eu à faire. Elle tenait à rester à l'endroit où elle avait été heureuse avec mon père. « Respirer, c'est bien, mais il n'y a pas que ça qui compte. Jožka et mes amis sont ici. Venez me voir, vous. »

Elle a toutefois fini par accepter en 1987 et elle a passé le temps qui lui restait à vivre près de nous, dans un joli appartement. Nous la voyions très souvent. Nous l'emmenions à la ferme, au cinéma, partagions avec elle les jeux des enfants. Cela ne faisait qu'accentuer mes regrets qu'elle ne se soit pas rapprochée de nous plus tôt. Quand Joe a appris par nos filles qu'elle n'allait pas bien, il a téléphoné pour demander s'il pouvait lui rendre visite, ce qu'il a eu la délicatesse de faire.

Ma mère est devenue une collectionneuse de coupures de presse. « Il faut que je le fasse, me disait-elle, parce qu'un jour ou l'autre tu vas écrire un livre. » Elle était fascinée par tout ce qui se passait en Europe centrale et orientale. Sans doute se rapprochait-elle de mon père en suivant les événements. Elle ne s'était en fait jamais vraiment remise de sa mort. Elle me répétait toujours : « Ton père avait prévu qu'il y aurait une Europe unie. Il me l'a d'ailleurs encore répété cette nuit. » La lenteur des Tchécoslovaques l'énervait. Pourtant, peu de temps avant sa mort, elle m'a dit : « Ton père m'a affirmé que la Tchécoslovaquie serait libre un jour. Et il ne se trompe jamais. »

Durant la plus grande partie des années quatre-vingt, j'ai donné un cours sur les relations américano-soviétiques, mais lorsque Gorbatchev est arrivé au pouvoir, je ne me suis plus servi de mes notes. Ce que j'avais enseigné durant un semestre devenait caduc le semestre suivant. De même pour le cours consacré à la politique en Europe centrale que j'avais entamé. Moi qui étais auparavant une spécialiste du système communiste, j'avais maintenant l'impression d'être une sorte d'archéologue fouillant le passé.

J'ai expliqué à mes étudiants que nous vivions un moment fort. Les vieilles certitudes devaient être révisées, les institutions existantes adaptées, voire abolies. La rivalité entre les superpuissances ne semblait plus de mise, mais la messe n'était pas dite. De nouveaux défis se profilaient à l'horizon. Difficile de savoir ce qui allait prendre la place de l'empire soviétique. Comme Václav Havel l'avait prédit, la résurgence des nationalismes faisait le lit des conflits. En politique étrangère, il faudrait désormais prendre en compte, pour le meilleur ou pour le pire, le pouvoir grandissant des acteurs non étatiques comme les multinationales, les groupements d'intérêt général, le crime organisé ou le terrorisme. La guerre froide était derrière nous et, aux yeux de certains, l'Ouest avait définitivement gagné la partie, mais pour ma part je craignais que le triomphalisme ambiant ne conduise à l'autosatisfaction et à un dangereux refus de la part de l'Amérique d'assumer ses responsabilités. J'ai surpris mes étudiants en leur prédisant que le nouveau monde que nous voyions émerger risquait de se révéler encore plus périlleux que l'ancien.

Sur le plan personnel, ma route avait connu des tours et des détours, mais j'avais énormément appris depuis mon premier emploi en 1976. Non seulement j'avais eu des contacts avec des dirigeants tchèques et slovaques, mais j'avais pas mal voyagé en Europe centrale et en Europe de l'Est, ainsi que dans l'ex-Union soviétique, et j'y avais rencontré un certain nombre de citoyens et de responsables politiques. J'avais assisté à des conférences en Chine, en Afrique et en Amérique latine. J'enseignais, j'écrivais des articles, je prononçais des discours retransmis à la télévision, je témoignais devant le Congrès. Je dirigeais un groupe de réflexion progressiste. J'étais membre d'un groupe d'anciens de l'administration Carter encore très actifs à Washington et je participais régulièrement à des débats de politique étrangère.

Je m'intéressais aussi de très près à la bataille électorale des présidentielles de 1992. Il y avait une douzaine d'années que les démocrates n'étaient plus au pouvoir. J'avais cinquante-cinq ans et si je voulais un jour avoir une influence sur la politique étrangère au lieu de me contenter d'en parler, c'était l'occasion ou jamais. Mon rôle au Center for National Policy, association à but non lucratif, ne me permettait plus d'investir cent pour cent de mon temps dans la campagne présidentielle, mais j'ai fait de mon mieux. Quand on a eu les résultats des votes, j'ai frémi de joie. Déçus par les piètres performances de notre économie, les électeurs avaient donné leur chance aux démocrates. Un nouveau Président allait être à la tête du pays et l'une de ses premières tâches serait de constituer l'équipe de son ministère des Affaires étrangères.

DEUXIÈME PARTIE

Quatorze costumes et une jupe

CHAPITRE NEUF

Un écriteau marqué simplement « États-Unis »

L E GARDE EN FACTION à la grille nord de la Maison Blanche a levé les yeux de mon permis de conduire. « Mais je vous connais, madame. Vous avez déjà travaillé ici, n'est-ce pas ?

— Oui, et nous voilà de retour. »

J'étais ravie. Douze ans ou presque s'étaient écoulés depuis que j'avais emprunté l'allée conduisant à l'aile Ouest pour la dernière fois, mais il me semblait que c'était hier. Nous étions à la mi-novembre. L'élection de 1992 avait eu lieu une quinzaine de jours plus tôt et j'étais l'un des premiers membres de l'équipe Clinton à entrer à la Maison Blanche. J'étais chargée de veiller à la bonne marche de la passation des pouvoirs au niveau du National Security Council.

Je devais rencontrer mon contact du gouvernement Bush au NSC à l'endroit même où j'avais quitté la Maison Blanche le 20 janvier 1981, près des portes à système « cyberlock » qui défendaient l'entrée de la mythique Situation Room. J'ai emprunté le petit escalier qui descendait vers les bureaux du NSC. Il y avait partout des photos du tandem Bush-Quayle. À mon époque, les bureaux proches de la Situation Room ressemblaient plutôt à des cages à lapins, meublés de bric et de broc, avec d'énormes classeurs métalliques. Depuis, on avait réorganisé l'espace en supprimant des cloisons. Les bureaux étaient maintenant plus grands et meublés de classeurs intégrés en acajou, avec des tables de travail assorties. J'avais l'impression d'avoir loué quelque temps ma maison à des étrangers et de la retrouver décorée différemment et ornée de photographies d'enfants et d'animaux familiers inconnus.

Bientôt, les photos de Bill Clinton et d'Al Gore remplaceraient celles-ci. Ma joie se teintait pourtant d'anxiété. J'allais servir d'intermédiaire entre le Président élu et les membres sortants du NSC, c'est-à-dire que je devrais repérer les problèmes nécessitant un règlement urgent, compiler des piles de résumés et préparer des rapports circonstanciés pour le nouveau Président et son conseiller à la Sécurité nationale.

En tant que coordinatrice, j'étais chargée de faire des propositions pour mettre sur pied les opérations de sécurité nationale de la nouvelle administration. L'une d'elles me concernerait plus tard, mais je l'ignorais alors. J'ai proposé en effet que le représentant permanent des États-Unis à l'ONU soit membre de la Commission restreinte qui regroupait les conseillers du Président pour la politique étrangère au niveau le plus élevé[1].

Je tenais à réussir ma mission temporaire pour ma propre satisfaction, bien sûr, mais je n'ignorais pas que c'était aussi un test pour un poste dans l'administration Clinton. Je n'avais pas conseillé Bill Clinton durant sa campagne électorale, comme je l'avais fait pour d'autres candidats démocrates, mais je l'avais croisé à plusieurs reprises à cette époque et j'avais rédigé des papiers à la demande de son état-major. La première fois que je l'avais rencontré, c'était en 1988, au moment où il était venu à Boston pour aider Michael Dukakis à préparer un débat. Nous étions allés dîner en petit comité. Par la suite, j'étais restée en contact avec lui. Je l'avais même recommandé pour faire partie du Conseil des Affaires étrangères*.

Après la victoire des démocrates aux présidentielles de 1992, Nancy Soderberg, l'une de mes anciennes étudiantes membre de son état-major, avait transmis au Président élu une note concernant des candidatures à des postes gouvernementaux. Elle m'a adressé une photocopie de sa réponse. Mon nom était le seul souligné, avec la mention « bien » inscrite dans la marge. J'en ai déduit qu'on me proposerait quelque chose, mais j'ignorais quoi.

Compte tenu de mon expérience acquise au sein de l'administration Carter, je m'étais attendue à me retrouver au National Security Council, si possible à l'un des deux postes de direction, mais c'était désormais exclu. Tony Lake et Samuel (« Sandy ») Berger, deux de mes amis, étaient inscrits sur la liste. Tony avait été directeur du Comité de planification politique du Département d'État dans l'administration Carter, avec Sandy comme adjoint. Plus tard, l'un et l'autre

---

1. Dans l'administration Clinton, la Commission restreinte des Affaires étrangères réfléchissait aux principales questions de politique internationale et mettait au point des propositions destinées à être transmises au Président. Présidée par le conseiller à la Sécurité nationale, elle comprenait notamment le Secrétaire d'État et le Secrétaire à la Défense, le directeur de la CIA, le chef d'état-major interarmées et le conseiller à la Sécurité nationale auprès du vice-Président.

* Influent groupe d'étude américain qui réunit des experts en divers domaines, notamment la diplomatie, les finances et l'industrie (N.d.T.).

avaient participé à mes dîners-débats de Georgetown. En 1988, j'étais la plus proche conseillère en politique étrangère du candidat démocrate à la présidence. En 1992, c'est Tony Lake et Sandy Berger qui jouaient ce rôle. Sandy Berger était un éminent avocat en droit commercial aux manières franches, aux épaules larges et au visage poupin. C'était un remarquable stratège et un esprit brillant, à la plume élégante. Parfois brusque, il savait se montrer patient la plupart du temps. En tant qu'ami de longue date du Président élu, il aurait pu avoir le poste de conseiller à la Sécurité nationale. Au lieu de quoi, il a préféré le laisser à Lake, ce qui ne s'était jamais vu à Washington. Tony Lake avait entamé une carrière de diplomate avant de démissionner sous la présidence de Nixon pendant la guerre du Vietnam, au moment de l'invasion du Cambodge. Il était ensuite devenu professeur à Mount Holyoke College. C'était un homme très brillant, très impliqué dans l'humanitaire et grand spécialiste de l'Afrique. Maintenant, le tandem Lake-Berger allait être reconstitué, avec Tony à la tête du NSC et Sandy comme adjoint.

Je me suis alors tournée vers le Département d'État. Mon ambition la plus folle était de devenir la première femme au poste de Secrétaire d'État adjoint. Une ambassade à l'étranger ne m'intéressait pas et je ne pensais nullement aux Nations unies. Depuis que nous nous étions rencontrés, à l'époque du Président Kennedy, Richard Gardner ambitionnait de devenir représentant permanent à l'ONU. Il était parfaitement qualifié pour le poste et avait soutenu le ticket Clinton-Gore depuis le début. Visiblement, les jeux étaient faits.

Peu après *Thanksgiving*, Sandy m'a fait venir dans son bureau. Il voulait me parler d'un poste. J'ai été prise de court quand il m'a demandé : « Ça vous plairait de devenir ambassadrice à l'ONU ? » Au lieu de lui répondre comme il se doit : « J'en serais ravie », j'ai dit : « Dick Gardner va m'arracher les yeux. – Ne vous inquiétez pas, ce n'est pas votre problème. » Il a ensuite répété sa question. Cette fois, j'ai répondu : « Bien sûr, mais je rêve secrètement de devenir Secrétaire d'État adjoint. » Il n'a pas réagi et l'entretien s'est bientôt terminé.

Puis plus rien. Je me suis dit que j'avais tout gâché. Je m'efforçais de ne pas montrer ma nervosité, mais je mijotais dans mon jus. J'espérais tout de même avoir un poste *quelconque*. Les jours passaient. Je me suis mise à cirer toutes mes chaussures la nuit, à ranger mon bureau à la maison, à déplacer des papiers, puis à les remettre à leur ancienne place. Le 20 décembre, un dimanche, n'en pouvant plus d'attendre que le téléphone sonne, je suis allée à mon bureau de transition à la Maison Blanche et j'ai rédigé des notes, non sans interroger mon répondeur toutes les cinq minutes. Quand je suis rentrée chez moi, vers dix-huit heures, le téléphone a sonné. C'était Warren Christopher, ex-Secrétaire d'État adjoint, chargé d'organiser la phase de transition*. Il appelait de Little Rock** pour me dire que le président élu avait l'intention de me proposer le poste à l'ONU, mais qu'il souhaitait me rencontrer d'abord. Il m'a demandé de le rejoindre le lendemain après-midi. Je devais impérativement garder le secret sur cette conversation et ne dire à personne que je partais pour l'Arkansas. « Motus et bouche cousue, Madeleine. Apportez aux avocats vos déclarations d'impôts et les papiers nécessaires aux formalités de vérification, et venez me voir dès votre arrivée. Ah, et n'oubliez pas une brosse à dents, au cas où nous en aurions pour plus longtemps que prévu. » Grâce au classement que je venais de faire, j'avais toute ma paperasse sous la main, y compris les justificatifs de paiement des charges sociales pour les nounous des enfants Albright.

Je suis montée dans l'avion pour Little Rock aussi épuisée qu'excitée. J'avais surtout peur d'être vue. C'est alors que j'ai aperçu Tunky, la femme de Richard Riley. Ami du Président élu, Riley pensait être pressenti pour une fonction ministérielle. Tunky m'a expliqué que Richard avait été convoqué, lui aussi. Il avait passé toute la journée de la veille à attendre un coup de fil dans une chambre d'hôtel, rongé d'inquiétude. Finalement, tout allait bien : elle rejoignait son mari pour l'annonce officielle de sa nomination au poste de Secrétaire à l'Éducation.

À l'aéroport, personne ne m'attendait et j'ai de nouveau été gagnée par l'inquiétude. Ma nervosité s'est accrue à mon arrivée au bureau de Warren Christopher, quand on m'a demandé ce que je faisais là. Finalement, j'ai eu pour instruction de me rendre à l'Excelsior Hotel en évitant d'être vue et d'attendre dans ma chambre. La porte refermée sur moi, je commençais à souffler enfin lorsque le téléphone a sonné. « Ici CNN. Nous savons que vous êtes ici. » J'ai reposé le combiné comme si c'était un serpent venimeux.

On n'était qu'au milieu de la matinée, mais j'avais peur de décrocher à nouveau le téléphone. Je n'osais même pas me faire monter quelque chose par le service d'étage. Je me suis donc assise dans un fauteuil et j'ai regardé la télévision où, comme un fait exprès, toutes les pubs concernaient la nourriture. Finalement, sur le coup de cinq

---

* La phase de transition entre le Président en fonction et le Président élu va de l'élection, qui a lieu le mardi suivant le premier lundi de novembre, au 20 janvier, date à laquelle le nouveau locataire de la Maison Blanche entre en fonction (*N.d.T.*).

** Little Rock, Arkansas : résidence de Bill Clinton, gouverneur de l'Arkansas jusqu'à son élection à la présidence des États-Unis (*N.d.T.*).

heures du soir, n'y tenant plus, j'ai appelé Nancy Soderberg. « Que se passe-t-il, Nancy ? – Rien, tout va bien », m'a-t-elle répondu, avant d'ajouter cette phrase que j'entendrais sans cesse au cours des huit années suivantes : « Il a simplement du retard. »

Nancy m'a demandé si mes filles m'accompagnaient. J'ai répondu que non, car je n'étais pas sûre de faire officiellement partie de l'équipe gouvernementale et l'on m'avait recommandé la plus grande discrétion. En passant, je lui ai parlé du coup de fil de CNN, jurant que je n'avais rien dit à personne. « Bon, a-t-elle dit, ne bougez pas. Je vous rappelle. »

Peu de temps après, je recevais un coup de fil du bureau de Warren Christopher m'indiquant que mon entretien avec le Président élu n'aurait pas lieu avant dix heures du soir et que M. Christopher m'invitait à dîner avec lui avant le rendez-vous. J'ai accepté avec empressement. Au moins, j'allais savoir ce qui se passait.

Au restaurant, on m'a installée à une table au fond de l'immense salle faiblement éclairée et entièrement vide. Warren Christopher est arrivé quelques minutes plus tard. J'avais connu Christopher, ou Chris, comme on l'appelait, du temps de l'administration Carter. Sans être intimes, nos rapports n'en étaient pas moins très courtois. Nous avions à peine entamé la conversation que Christopher chuchota : « Madeleine, il faut que je vous dise quelque chose. Je vais être Secrétaire d'État. »

Je lui ai posé la main sur le bras : « Chris, c'est formidable ! Et tellement mérité ! » Nous étions les seuls clients, mais il a poursuivi, imperturbable : « Surtout, ne manifestez aucune émotion. » Un peu plus tard, lorsqu'une serveuse s'est approchée, il s'est mis à parler de la pluie et du beau temps. La jeune fille partie, il a regardé à droite et à gauche avant de poursuivre : « J'ai demandé à Clifton Wharton d'être mon adjoint et le Président élu va vous proposer le poste d'ambassadrice à l'ONU. Mais souvenez-vous : pas un mot à qui que ce soit. »

Un peu avant dix heures du soir, je me suis présentée à la résidence du gouverneur de l'Arkansas. On m'a demandé d'attendre sous un porche semi-ouvert. À l'intérieur de la maison, il y avait d'incessantes allées et venues. Visiblement, tout avait lieu en même temps : les préparatifs de Noël, les consultations avec les membres du futur gouvernement et le déménagement à Washington de la famille Clinton. Il y avait des cartons partout. Soudain, une jeune adolescente aux longs cheveux blonds et bouclés est sortie d'une pièce comme un diable de sa boîte et s'est mise à fouiller dans les cartons. C'était Chelsea. Quelques minutes après, James Woolsey, qui allait être choisi pour devenir le directeur de la CIA, a fait son apparition. Au passage, il m'a annoncé que son entretien était terminé et que Bill Clinton m'attendait dans son bureau.

Le Président élu m'a pas tourné autour du pot. Il m'a demandé d'emblée si le poste aux Nations unies m'intéressait et j'ai accepté sur-le-champ. Nous avons parlé longtemps, presque jusqu'à minuit. Sa vie et la mienne étaient sur le point de changer de manière radicale et pourtant notre conversation était très ouverte, très détendue. Assis dans un fauteuil dans une position décontractée, Bill Clinton m'a exposé ses vues sur la politique étrangère et nous avons passé en revue les différentes parties du globe. Comme moi, il aurait voulu voir l'ONU jouer un rôle plus actif et par la suite je m'en souviendrais lorsque j'aurais besoin qu'il appuie certaines de mes initiatives. Il m'a donné les noms des autres membres de l'équipe de la Sécurité nationale dont il annoncerait officiellement la nomination avec la mienne le lendemain matin. Il a précisé qu'il plaçait le poste de représentant permanent à l'ONU au rang ministériel, ce que n'avait pas fait George Bush père, son prédécesseur. « Je suis très impressionné, a-t-il ajouté, d'avoir devant moi celle qui, quatre ans de suite, a été couronnée meilleur professeur de la School of Foreign Service. » Visiblement, ce n'était pas une mauvaise chose qu'il ait lui-même étudié à Georgetown. L'entretien terminé, je suis rentrée à l'hôtel, épuisée mais ravie. Nancy Soderberg, bonne âme, m'avait laissé un message pour dire qu'elle avait eu mes filles au téléphone, qui étaient en route pour me rejoindre. C'est seulement alors que je me suis sentie suffisamment sûre de moi pour prendre un bloc et rédiger mon intervention du lendemain.

Le lendemain matin, la nouvelle équipe de la Sécurité nationale s'est réunie dans la résidence du gouverneur de l'Arkansas[1]. Mon discours était un brin sentimental, mais je m'étais promis de ne pas verser une larme d'émotion. Pourtant, quand j'ai regardé le public, j'ai vu qu'Anne, Alice et Katie pleuraient et que certaines parmi les journalistes, pourtant endurcies, s'essuyaient les yeux. À la fin, je me suis tournée vers le Président élu et je l'ai étreint. Lui aussi avait les yeux humides.

Au moment où mes filles m'ont félicitée, elles m'ont dit : « Maman, on connaît la plupart de ces gens. Ils sont venus dîner à la maison. » C'était vrai. Les membres de l'équipe se connaissaient bien et tous avaient hâte de travailler ensemble. Le soir, au moment

---

1. Il y avait là Warren Christopher (qui allait devenir Secrétaire d'État), Clifton Wharton (Secrétaire d'État adjoint), Les Aspin (Secrétaire à la Défense), Tony Lake (conseiller à la Sécurité nationale), Sandy Berger (conseiller adjoint à la Sécurité nationale), Jim Woolsey (directeur de la CIA) et moi.

de rentrer chacun chez soi, nous avons appris que l'aéroport de Little Rock était plongé dans le brouillard et que nous allions devoir passer la nuit sur place. Nous sommes tous allés fêter notre nomination dans un restaurant. J'ai eu du mal à m'endormir, car j'étais très tendue. En pleine nuit, le téléphone a sonné dans ma chambre. « Madame l'Ambassadrice ? »

C'était la première fois qu'on me donnait ce titre. J'ai répondu par un « oui » méfiant.

« Ici l'ambassadeur du Bangladesh. Je suis de l'autre côté de la rue et je veux être le premier à vous féliciter.

— Mais il est une heure du matin, ai-je protesté.

— Je voulais être sûr que vous vous souviendriez de moi. »

Effectivement, je ne l'ai jamais oublié.

J'avais maintenant un nouveau patron. Le choix de Warren Christopher comme Secrétaire d'État était logique et il a été bien accueilli. Sous l'administration Carter, Christopher avait personnellement conduit les négociations qui avaient abouti à la libération des otages américains en Iran. Il avait aussi apporté sa médiation dans des conflits à caractère racial, comme les émeutes consécutives aux brutalités policières dont avait été victime Rodney King à Los Angeles en 1991.

Warren Christopher était avocat jusqu'au bout des ongles. Pour lui, la préparation, la précision et la ténacité étaient des vertus cardinales. Il avait le corps sec et le verbe rare. Chez lui, un haussement de sourcils était signe d'une grande émotion, comme j'ai fini par m'en apercevoir. Il était toujours tiré à quatre épingles et un brin trop méticuleux, même si ses costumes aux fines rayures bleu marine impeccablement coupés étaient doublés de cachemire rouge. Lors de son premier voyage officiel à l'étranger en tant que Secrétaire d'État, son avion s'est arrêté pour faire le plein à l'aéroport international de Shannon, en Irlande. Cette escale était très appréciée de ses collaborateurs et des journalistes, car les *Irish Coffees* du bar, faits avec du whisky maison, étaient de vraies bombes. Voulant conserver toute sa lucidité sans paraître délicat, Christopher a commandé un « *Irish* déca sans alcool », formule devenue très vite légendaire. Plus tard, le Président Clinton devait dire en riant que Chris était le seul homme au monde à manger des M&Ms avec un couteau et une fourchette.

J'allais vite comprendre que j'avais une chance inouïe de travailler avec Warren Christopher. Sa grande expérience et ses nombreux succès l'avaient apparemment rendu incapable de la moindre petitesse, de la moindre jalousie. Nous n'étions pas d'accord sur tout et nos caractères étaient très différents, mais, professionnellement, c'était le partenaire parfait. Souvent, avant une réunion de la Commission restreinte des Affaires étrangères, nous nous retrouvions pour gommer d'éventuelles divergences de vues entre nous. Quand je n'adoptais pas exactement les positions du Département d'État, il m'incitait à exprimer mes opinions, ce qui était très généreux de sa part si l'on considère que je travaillais pour lui. Dans l'ensemble, il me soutenait et il s'est sans doute montré plus loyal avec moi que son successeur n'allait l'être avec le mien au cours du mandat présidentiel suivant.

Il se passerait un mois avant qu'un vote du Sénat n'approuve ma nomination. J'ai donc pris quelques jours de vacances à Noël, animée d'une énergie renouvelée par mes nouvelles fonctions et chargée de gros dossiers à étudier avant de me présenter devant les sénateurs. Il y avait des documents sur les opérations de maintien de la paix des Nations unies, des propositions pour une réforme de l'organisation, une estimation du budget et l'exposé de la position de la future administration sur un vaste ensemble de questions, du Moyen-Orient aux droits de l'homme en Chine. Le portefeuille que je détenais était en rapport avec l'actualité mondiale et je devais savoir quoi dire et *ne pas* dire sur tous les sujets, en prenant bien garde à ne pas donner des réponses que je risquerais de regretter par la suite.

Au retour, il a fallu penser au bal inaugural de Bill Clinton. Comment m'habiller ? Pas question de remettre la robe brochée qui dormait dans mes placards depuis la période Muskie. Direction l'une des meilleures boutiques de mode de Washington. Ce jour-là, j'étais affreuse, je l'avoue : toute de noir vêtue et sans maquillage. Pas étonnant, donc, que la vendeuse à la silhouette de rêve m'ait regardée d'un air condescendant tandis que j'examinais les quelques robes présentées sur les portants. En fait, je suis aussi mal à l'aise dans les boutiques où il faut demander à voir les belles tenues qui ne sont pas exposées, que chez les bouchers à qui l'on doit réclamer les bons morceaux.

« Je cherche une robe pour le bal de l'inauguration, ai-je dit à la vendeuse.

— Pour le bal de l'inauguration, vraiment ? »

Par un heureux hasard, Helen Thomas, la célèbre journaliste, venait d'entrer dans le magasin. Elle s'est dirigée vers moi en lançant : « Bonjour, Madame l'Ambassadrice. »

Il fallait voir la tête de la vendeuse. Aussitôt, tout le monde a été aux petits soins pour moi. On m'a emmenée dans une vaste pièce où l'on m'a montré les plus belles robes de la boutique.

J'étais en train d'essayer l'une de ces créations lorsqu'une autre vendeuse est venue me dire que Mme Hanan Ashrawi, porte-parole renommé de la délégation palestinienne, était dans le salon d'essayage voisin et voulait venir me saluer. Cela ne m'arrangeait pas. L'un de mes prédécesseurs, Andrew Young, avait dû démissionner pour avoir rencontré un représentant palestinien, et par-dessus le marché, j'étais en combinaison. J'ai hésité. Trop tard. Mme Ashrawi était déjà devant moi et nous nous sommes mises à bavarder.

J'étais ravie de ma robe et j'ai beaucoup apprécié les festivités de l'inauguration, mais j'ai dû rentrer tôt, car je devais être auditionnée le lendemain par les sénateurs. Pour ma plus grande fierté, c'est mon ex-patron, le sénateur Muskie, qui m'a présentée aux membres de la Commission des Affaires étrangères du Sénat, dont le président, Claiborne Pell, l'a invité ensuite à s'asseoir à ses côtés. Au Sénat, il n'y avait pas meilleur défenseur de l'ONU que Pell. Il se baladait d'ailleurs toujours avec un exemplaire écorné de la Charte des Nations unies. Comme je m'étais préparée à devoir répondre à beaucoup plus de questions que la Commission n'aurait le temps de m'en poser, mon audition s'est bien passée. J'en garde surtout le souvenir de ma première confrontation officielle avec Jesse Helms, l'inimitable sénateur d'extrême droite de Caroline du Nord.

Du temps où je travaillais avec Edmund Muskie, Jesse Helms faisait déjà partie du Sénat, mais je l'évitais, car ses convictions semblaient en tous points opposées aux miennes, que ce soit sur l'application du contrôle des armements ou sur le leadership américain à l'ONU. Il était néanmoins connu pour sa courtoisie d'homme du Sud, surtout vis-à-vis des femmes.

Avant que je ne fasse ma déclaration, Helms m'a demandé de présenter ma famille. Alice, Anne et Katie se sont donc levées. Helms a fixé son attention sur Katie. Âgée de vingt-six ans à l'époque, elle paraissait beaucoup plus jeune. « Voilà une bien jolie petite jeune fille », a-t-il dit, avant d'ajouter que sa petite-fille s'appelait également Katie. J'ai vu Katie serrer les poings, furieuse d'être prise pour une gamine, et j'ai touché du bois pour qu'elle ne réplique pas. Heureusement, elle a gardé son sang-froid. Plus tard, un soir où je l'avais emmenée à un dîner à la Maison Blanche, elle a de nouveau attiré l'œil du sénateur Helms. Lui affirmant qu'il se souvenait d'elle, il lui a demandé comment marchaient les études. Katie a expliqué qu'elle était avocate. « Ah, une dame avocat ! » a répondu Helms. Katie a tenu sa langue, mais durant le trajet du retour nous avons ri en imaginant la réaction de Helms si elle avait rétorqué : « Un avocat, oui, mais une dame, pas vraiment. »

Le 1er février, je prenais l'avion pour New York. J'allais représenter les États-Unis à l'ONU, l'institution même pour laquelle mon père avait travaillé à notre arrivée en Amérique. Au Conseil de sécurité, je serais assise derrière un écriteau marqué simplement « États-Unis ». Et j'arrivais à un moment crucial de l'histoire de l'ONU.

L'organisation avait émergé des décombres de la Seconde Guerre mondiale, faisant renaître l'espoir d'un monde de paix que la Société des Nations avait incarné un temps avant de le laisser se momifier. Malheureusement, la guerre de Corée puis l'extension de l'influence soviétique avaient très vite détruit l'illusion que l'ONU pouvait à elle seule assurer le maintien de la paix. L'organisation internationale continuait à être respectée aux États-Unis comme dans le monde entier pour ses idéaux généreux, pour le forum unique qu'elle offrait et pour l'œuvre qu'elle accomplissait à travers l'Organisation mondiale de la santé et l'Unicef. Au cours de la guerre froide, néanmoins, elle n'était intervenue que rarement pour préserver la paix dans le monde. Dans la mesure où l'Union soviétique et la Chine avaient un droit de veto en tant que membres permanents du Conseil de sécurité, l'ONU ne pouvait agir sans l'accord conjoint de l'Est et de l'Ouest, et ce cas de figure était rare.

Désormais, la guerre froide était terminée, l'Union soviétique n'existait plus et il n'y avait plus d'obstacle à une action coordonnée du Conseil de sécurité. L'accord donné par le Conseil d'utiliser « tous les moyens nécessaires » pour repousser l'invasion du Koweït par l'Irak, en 1990, en avait été l'illustration la plus spectaculaire. Cette résolution avait aidé l'administration Bush à rassembler une vaste coalition pour l'opération *Tempête du désert*.

Le monde de l'après-guerre froide, hélas, était né avec un dédoublement de la personnalité. Des millions de gens avaient été débarrassés d'un régime autoritaire. On pouvait envisager la fin des « guerres par pays interposés », que les tensions Est-Ouest avaient nourries, comme au Cambodge, au Mozambique, en Angola et en Amérique centrale. Mais l'empire soviétique avait également provoqué des « guerres ethniques d'un nouveau genre », nées de revendications territoriales et nationalistes non satisfaites en Afrique centrale, dans les Balkans et dans le Caucase.

Par le passé, l'ONU était très rarement intervenue dans les guerres « chaudes ». La tradition voulait que les soldats de la paix ne soient envoyés sur place qu'après un cessez-le-feu. Ces forces légèrement armées avaient pour mission de séparer les factions adverses avec leur accord, le temps que la diplomatie entre en jeu et négocie la paix, ce qui pouvait prendre quelques semaines ou plusieurs décennies. Ces opérations d'observation avaient pour but de stabiliser la situation, mais la vie des Casques bleus était rarement mise en danger.

Désormais, le Conseil de sécurité ayant retrouvé sa liberté de mouvement et les points du globe nécessitant l'intervention des soldats de la paix étant en nombre croissant, l'ONU était de plus en plus sollicitée. Au cours des quatre années du mandat de George Bush père et de la première du mandat de Bill Clinton, le Conseil a autorisé plus de missions de maintien de la paix que pendant les quarante-cinq années précédentes. En 1990, les troupes des Nations unies comptaient moins de quatorze mille hommes. En 1993, ils seraient plus de soixante-dix-huit mille. Pendant des décennies, le Conseil s'était rarement réuni. Durant les quatre années qu'a duré ma mission d'ambassadrice, nos réunions étaient quasi quotidiennes.

Cette activité débordante constituait une sorte d'épreuve du feu pour mes collègues de l'ONU et moi. Être au cœur de l'action et devoir faire face à autant de sollicitations était très excitant, mais en même temps nous nous débattions pour éviter à l'organisation de crouler sous ses nouvelles tâches et son nouveau succès. L'ONU, ce dernier recours, n'avait jamais été un modèle d'efficacité. Sous-employée durant la guerre froide, l'organisation était devenue une énorme machine rouillée. Dans mes discours, je disais pour plaisanter que sa bureaucratie avait pris des proportions éléphantesques et que, tout d'un coup, le monde lui demandait de faire de la gymnastique. « Que les Nations unies s'en occupent » était devenu le mot d'ordre à Washington comme dans d'autres capitales. Bien sûr, l'espoir que l'ONU réalise enfin le rêve de ses fondateurs motivait en partie ce renversement de tendance. Mais ce n'était pas la seule cause : nombreux étaient en effet les gouvernements – et parmi eux le gouvernement américain – qui préféraient ne pas avoir à faire le sale boulot.

Les sentiments ambivalents que beaucoup d'Américains éprouvaient à l'égard des Nations unies venaient encore compliquer ma tâche. Pour un sénateur Pell qui aimait l'institution, il y avait un sénateur Helms qui la tournait en dérision. Du fait de sa composition, l'ONU était vulnérable aux critiques de ceux qui y voyaient un forum de discussion sans grande utilité. Au fil des ans, le scepticisme du Congrès, joint à sa pratique du micromanagement, avait conduit les États-Unis à un arriéré de cotisations auprès de l'ONU de plusieurs centaines de millions de dollars. Cette ardoise était une vraie plaie. Chaque fois que je demandais que les autres pays respectent leurs obligations envers la communauté internationale, on me rappelait que le mien ne respectait pas ses propres engagements. Même les Britanniques, jusque-là peu portés sur la critique, se sont mis à accuser les États-Unis de chercher à « se faire représenter sans bourse délier », adoptant une ligne de conduite qu'ils devaient garder sous le coude depuis quelque deux cents ans.

La Mission américaine à l'ONU (USUN) est située sur First Avenue, en face du siège des Nations unies. L'adresse est prestigieuse, mais le bâtiment, un rectangle de béton de onze étages, est particulièrement laid. Mon bureau était au dixième. J'aurais eu une jolie vue sur l'East River et le Queens si elle n'avait été gâchée par des losanges de béton. J'avais apporté une photo représentant mon père en compagnie d'autres membres des Nations unies durant la mission qu'il avait effectuée au Cachemire à l'été 1948. J'ai aussi demandé à ce que l'on place un buste de mon illustre prédécesseur Adlai Stevenson dans mon bureau. Plus tard, quand on m'a donné un casque bleu, je l'ai posé sur son crâne chauve. Entre la photo et le buste, j'avais l'impression d'être en compagnie de vieux amis.

Pour ma première journée officielle d'ambassadrice, Warren Christopher m'avait accompagnée à New York, où je devais présenter mes lettres de créance au secrétaire général des Nations unies, Boutros Boutros-Ghali, un homme pour lequel j'avais a priori de la sympathie. Lui aussi avait été professeur et nous avons échangé nos impressions sur le passage du milieu universitaire au monde de la diplomatie. Je l'avais déjà rencontré en Afrique en 1986. Il représentait l'Égypte à une conférence sur la démocratie parrainée par le NDI. Le personnage m'avait impressionnée. J'avais admiré son intelligence, son assurance et son panache. Sur le chemin du retour vers les États-Unis, j'avais fait la connaissance de sa femme, Leia, et j'étais allée dans leur bel appartement du Caire, dont les fenêtres donnaient sur le Nil.

Boutros Boutros-Ghali était un diplomate-né. Son grand-père avait été Premier ministre du gouvernement égyptien et l'un de ses oncles ministre des Affaires étrangères. Lui-même avait été durant quatorze ans le numéro deux au ministère des Affaires étrangères. On murmurait que s'il n'avait pas eu le poste de ministre, c'était à cause de son appartenance à la religion catholique copte, minoritaire en Égypte, et à son mariage avec une juive. Plus tard, il avait été nommé vice-Premier ministre chargé des Affaires étrangères et il était apparu comme un candidat de compromis au poste de secrétaire général de l'ONU. Son expérience de la diplomatie et sa promesse de s'en tenir à un seul mandat de cinq ans avaient fait pencher le vote en sa faveur.

Au début, lors de nos rencontres et de nos dîners, nous avons réfléchi aux moyens d'améliorer l'image de l'ONU auprès des Américains. La liste des points à envisager était longue. Boutros Boutros-Ghali était toujours très poli ; j'étais amicale et pleine d'ardeur. Il m'a fallu des mois pour comprendre que notre relation avait trop bien commencé pour qu'elle ne se dégrade pas par la suite.

Je m'attendais à ce que mon premier Conseil de sécurité se déroule dans l'immense salle où se trouve la table en fer à cheval que l'on voit toujours à la télévision, mais cet endroit ne sert que pour les sessions officielles. La salle destinée aux réunions informelles – où, en fait, s'effectue vraiment le travail – n'était guère plus grande que les salles de séminaires de Georgetown que je venais de quitter. Quand je suis entrée, il y avait déjà là divers ambassadeurs et leurs collaborateurs, plutôt à l'étroit. Je me suis frayé un chemin jusqu'à ma place et me suis assise. Les quatorze autres représentants permanents se sont également assis, bras croisés. Je me suis aussitôt dit que si j'écrivais un jour mes Mémoires, je les intitulerais *Quatorze costumes et une jupe*. Devais-je obéir à mon intuition ou écouter mon devoir ? J'étais partagée. En tant que femme, j'avais envie de savoir qui était qui et quels étaient les rapports entre les parties en présence avant de m'exprimer. En tant que déléguée des États-Unis, je savais que je devais prendre la parole si je voulais faire entendre la voix de mon pays. Après quelques instants de réflexion, j'ai pris une profonde inspiration et j'ai levé la main.

J'étais depuis peu représentante permanente à l'ONU lorsque je suis tombée de nouveau sur Helen Thomas en faisant du shopping. Elle m'a demandé d'intervenir au dîner annuel du Gridiron Club. Ce n'est pas un club à proprement parler. Il n'existe que par ce dîner, au cours duquel des membres de la presse washingtonienne se livrent à la satire sur le dos des personnalités politiques de premier plan qu'ils suivent habituellement, au moyen de chansons et de parodies. Chaque année, le Président est invité à faire un discours, de même qu'un représentant des démocrates et un autre des républicains. Ils sont censés être drôles (ce qui est excellent) ou se couvrir de ridicule en essayant d'être drôles (ce qui est encore mieux).

Helen, première femme à présider le Gridiron Club, était déterminée à faire venir une femme. Hillary Clinton et Elizabeth Dole ayant décliné l'invitation, elle s'est tournée vers moi. Plusieurs présidents ont tenté, en vain, de décourager Helen. Je n'ai pas mieux réussi qu'eux. N'empêche qu'après avoir accepté, j'étais tétanisée. Ce genre de manifestation est certes censée être *off the record*, mais dès le lendemain tous les lecteurs du *Washington Post* savent qui a fait un flop. Je pouvais raconter des histoires, mais les blagues n'étaient pas mon genre et je n'avais aucune envie de me mettre volontairement dans une situation embarrassante.

Helen a tenté de me rassurer : « Ne vous inquiétez pas. Les intervenants n'écrivent pas leur texte. Je vais vous trouver quelqu'un pour
vous aider. » Je suis sûre qu'elle a fait de son mieux, mais je n'étais
guère rassurée par l'auteur qui a appelé. Après m'avoir demandé
quelle forme d'humour était la mienne, il a précisé qu'il prenait dix
mille dollars pour sa prestation, pour finir par reconnaître qu'il ne
savait pas du tout qui j'étais[1].

Cette mésaventure m'a donné une idée. Tout comme l'amiral
James Stockdale, colistier de Ross Perot, candidat du Parti de la
réforme à l'élection présidentielle de 1992, j'ai décidé de m'avancer
sur le podium en lançant au public : « Qui suis-je et qu'est-ce que je
fais ici ? » J'ai demandé à mes collaborateurs et à mes amis de me
donner des idées pour parvenir à me moquer de moi-même sans trop
en faire et à égratigner les autres sans être blessante. Au Gridiron
Club, on appelle ce principe « roussir sans brûler ».

Le sénateur Robert Dole a ouvert la soirée. Il a commencé par
chauffer le public – six cent cinquante personnes – en disant : « La
ravissante robe que porte ce soir Helen Thomas fait partie de la nouvelle collection J. Edgar Hoover*. » Puis il y a eu un assortiment
varié de chansons et de sketches à propos du Nannygate**, d'Albert
Gore, de la Cour suprême et des animaux familiers de la Maison
Blanche qui écrivaient des livres. Les numéros réalisés par les journalistes les plus velus de Washington travestis en drag-queens étaient
particulièrement drôles. Pas étonnant qu'aucun photographe n'ait été
admis dans la salle.

Quand mon tour est venu, je me suis retrouvée devant un public
qui comptait la moitié du cabinet présidentiel, la mère du Président
et pratiquement tout le *Who's Who* de Washington, d'Ethel Kennedy
et Pamela Harriman à Sam Donaldson en passant par William
Rehnquist, le président de la Cour suprême. Il n'y a rien de plus
terrifiant que de devoir être drôle. J'ignorais s'ils allaient réagir posi-
tivement ou rester sans réaction tandis que mes bons mots tombe-
raient à plat.

Je me suis lancée et bientôt les gens se sont mis à rire – aux

---

1. J'ai fini par payer une somme symbolique à Mark Katz, un jeune auteur
comique que j'avais rencontré pendant la campagne de Michael Dukakis. Robert
Shrum, de son côté, m'a offert ses conseils avisés – et gratuits – et je lui en ai été
très reconnaissante.

* Directeur du FBI, qui s'est suicidé en 1976, sans doute de peur que son homo-
sexualité ne soit publiquement reconnue *(N.d.T.)*.

** Scandale qui mit en cause Zoe Baird, choisie par Bill Clinton en 1993 pour
devenir son ministre de la Justice. Elle dut renoncer à son poste quand on apprit
qu'elle avait employé une nourrice sans papiers *(N.d.T.)*.

moments opportuns, à mon grand soulagement. J'ai remercié Helen Thomas de ce qu'elle faisait pour la condition féminine au sein du Gridiron Club, en expliquant que je l'avais personnellement félicitée tandis qu'elle servait les hors-d'œuvre dans le vestibule. J'ai pris le risque de railler un ami en comparant Warren Christopher au Sphinx qu'il était allé contempler lors d'un récent voyage en Égypte et en le décrivant comme ayant « tout de l'homme d'État, pratiquement tout du sage et presque tout d'un être vivant ». J'ai dit que l'humour de Robert Dole était si saignant que sa femme n'avait eu d'autre choix que de devenir présidente de la Croix-Rouge. Et j'ai raconté que lorsque j'avais connu George Stephanopoulos, au cours de la campagne de Michael Dukakis, on l'appelait George « Stuffingenvelopes* ».

Après les blagues, on est censé terminer sur une note plus sérieuse. J'ai donc pour finir fait référence à la ville natale du Président Clinton dans l'Arkansas, dont il parlait durant la campagne comme d'« un lieu nommé espoir ». « Quand je suis arrivée en Amérique, à l'âge de onze ans, ai-je enchaîné, je venais d'un quartier de Prague qui s'appelle *Smíchov*, ce qui veut dire "rire" en tchèque. Le monde peut prendre la tournure la plus sérieuse, il n'en reste pas moins que je crois toujours en un lieu nommé *Smíchov*. »

L'humour washingtonien est très particulier et comme le prouvent les quelques échantillons que je viens de citer, il résiste assez mal au temps. Une plaisanterie qui est bien passée ce soir-là et que j'ai regrettée par la suite est celle-ci : « Je suis très heureuse à l'ONU. Le seul problème, c'est qu'on a toujours l'impression de faire la même chose. Cela peut être très, très répétitif – du moins c'est ce que me dit Boutros Boutros-Ghali. » Le public a ri, mais en voulant faire drôle, j'ai peut-être donné des idées aux républicains, qui, plus tard, s'en prendraient aux Nations unies en se moquant du nom de leur secrétaire général.

Le lendemain matin, j'ai ouvert fébrilement le *Washington Post*. À la page « Style », j'ai trouvé un article qui rapportait l'événement. On avait droit à l'historique du Gridiron Club, aux détails sur l'atmosphère, sa présidente, les vêtements, les parodies et les chansons. « Très bien, ai-je pensé, mais qui est-ce que ça intéresse ? Et moi, alors ? » J'étais sur le point de refermer le journal quand je suis tombée sur cette phrase magique : les orateurs « ont fini en beauté. Madeleine Albright, représentante permanente à l'ONU, qui n'a pas la réputation d'être un as de la rigolade, a fait un tabac avec son humour à froid ».

---

* George « qui bourre les enveloppes » *(N.d.T.)*.

Vernon Jordan, fin connaisseur des arcanes de Washington, devait me dire par la suite que ma prestation avait changé l'image que les gens avaient de moi. J'ai tout de même trouvé ironique qu'il faille commencer par faire le zouave pour être prise au sérieux dans un rôle politique.

Avec la fin de la guerre froide, la diplomatie mondiale cessait d'être ce que j'avais pratiquement toujours connu, c'est-à-dire un jeu à deux partenaires – d'un côté les bons, de l'autre les méchants. Les équipes étaient désormais plus nombreuses. Du côté des uniformes et du tableau d'affichage des scores, c'était la confusion. Quant aux spectateurs, la société civile, ils avaient envahi le terrain. Au fur et à mesure que je m'installais dans mon rôle d'ambassadrice, je me rendais compte que si nous voulions comprendre quelque chose à ce monde nouveau, nous devions commencer par inventer une nouvelle manière d'en parler. À New York, entourée par les représentants de pratiquement toutes les nations, j'étais dans une position idéale pour le faire. Pour expliquer le monde de l'après-guerre froide, j'ai donc déterminé des catégories que mes collaborateurs ont fini par baptiser « les quatre groupes d'aliments ».

Selon cette « analyse », les nations qui étaient membres à part entière du système international constituaient le premier groupe. Leurs gouvernements signaient des traités et forgeaient des alliances mutuelles, leurs institutions fonctionnaient bien, le secteur privé était prospère, les droits de leurs citoyens étaient respectés et, en règle générale, leur système judiciaire faisait observer la loi.

Les nations du deuxième groupe étaient typiquement le produit de l'ouverture démocratique de l'après-guerre froide. Elles tentaient de faire le délicat passage d'un régime autocratique à un régime démocratique, en se dotant d'institutions capables de fonctionner correctement et en devenant membres d'institutions mondiales capables de les aider à assurer leur développement et leur sécurité.

Les pays dont le gouvernement était soit faible soit inexistant formaient le troisième groupe. Ils étaient souvent handicapés par un retard économique dû à la pauvreté, ou englués dans des conflits. Ces nations-là avaient besoin qu'on leur maintienne la tête hors de l'eau.

Quant au quatrième groupe, c'était celui des gouvernements qui, pour une raison ou pour une autre, refusaient de se plier aux règles du système international et cherchaient à les circonvenir ou à les subvertir. L'Irak de Saddam Hussein et la Corée du Nord de Kim Il-sung en étaient de parfaits exemples.

Ce n'était certes pas une vision scientifique de la situation mondiale. De nombreuses nations n'entraient pas dans ces catégories, tandis que d'autres étaient à cheval sur plusieurs. Mon classement laissait également de côté la montée des acteurs non étatiques, catégorie qui regroupe à la fois le terrorisme international, les multinationales et les groupements d'intérêt général. Il n'en était pas moins utile à mes yeux, ne serait-ce que dans la mesure où ce découpage correspondait à quatre modèles de politique étrangère pour les États-Unis et leurs alliés. Avec le premier groupe, nous avions pour mission de créer des liens aussi étroits que possible, de façon à établir les fondations solides d'une œuvre commune ; nous devions aider le deuxième groupe à réussir son entreprise de démocratisation ; parmi les nations du troisième groupe, nous devions apporter aide et assistance à celles qui manifestaient une véritable volonté de prendre leur destin en main, afin de réduire les foyers de guerre et les zones de non-droit ; quant au quatrième groupe, nous devions veiller à nous en protéger soit par l'apport de réformes, soit par l'isolement, soit en les mettant hors d'état de mire.

Ces différentes politiques avaient toutes un point commun : « l'intégration », un terme manquant sans doute un peu de relief, mais qui exprimait bien l'idée d'un rassemblement des nations autour des principes fondamentaux de la démocratie et de l'ouverture des marchés, du respect de la loi et du maintien de la paix. *In fine*, nous souhaitions voir tous les pays rassemblés au sein du premier groupe. Comme de bien entendu, mes collaborateurs et moi avons trouvé des formules lapidaires pour désigner ces diverses catégories. Faisant fi du politiquement correct, nous avons ainsi appelé la troisième « les cas désespérés ». Certains d'entre eux allaient bientôt m'occuper pratiquement à temps plein.

Au cours des années où j'ai exercé mes fonctions aux Nations unies, j'ai été en proie à des sentiments contradictoires. Dans mes moments d'optimisme, je me disais : « N'est-ce pas extraordinaire que le Conseil de sécurité fasse tout pour soulager les souffrances et mettre fin aux conflits dans des coins perdus de la planète, y compris ceux qui n'ont rien d'international et restent d'ordre interne ? » Et dans mes mauvais jours, je pensais : « À quoi cela sert-il d'être ici, à discutailler sur des virgules, pendant que des gens sont en train de mourir ? » La suite des événements prouverait qu'il y avait du vrai dans les deux cas.

CHAPITRE DIX

Le nouveau (dés)ordre mondial

QUAND UN NOUVEAU PRÉSIDENT arrive au pouvoir, les compteurs ne sont pas remis à zéro. Lorsque, dans les premiers temps, la politique étrangère de l'administration Clinton a été mise en cause et que le Président s'est vu reprocher de porter attention à des parties du monde qui n'étaient pas essentielles pour les intérêts stratégiques des États-Unis, ces critiques étaient injustes, d'autant que de telles options n'étaient pas vraiment les siennes. La nouvelle administration s'employait à traiter les dossiers prioritaires, comme de renforcer les liens avec nos alliés européens et asiatiques, d'établir des rapports nouveaux avec la Russie, d'œuvrer pour la paix au Proche-Orient ou de rechercher des appuis pour un accord de libre-échange avec le Canada et le Mexique. Mais l'équipe de Bill Clinton pouvait difficilement négliger le fait qu'au début de son mandat, une guerre civile déchirait la Bosnie, que plus de vingt mille soldats américains travaillaient à sauver des vies en Somalie, qu'au sein d'une nation d'Afrique centrale, le Rwanda, les tensions interethniques étaient au bord de l'explosion et que des milliers d'émigrants fuyaient Haïti et la cruauté de son régime illégitime.

Chaque matin, assise à mon bureau à New York ou au Département d'État, je découvrais à la lecture des journaux de nouveaux affrontements, de nouveaux meurtres, de nouvelles atteintes, de nouvelles menaces. Et, ce faisant, je savais que partout dans le monde les gens attendaient des États-Unis et du Conseil de sécurité qu'ils trouvent des solutions. Pas question de reprendre notre souffle. Tout était urgent. Nos décisions se fondaient donc sur les meilleures informations disponibles chaque jour et elles étaient forcément sous l'influence des décisions prises la veille, la semaine précédente ou l'année passée. Nous avancions pas à pas. Parfois, nous faisions fausse route et nous revenions en arrière. En Somalie, nous avons voulu trop en faire. Au Rwanda, nous n'en avons pas fait assez. En Haïti et en Bosnie, malgré un faux départ, nous avons fini par faire ce qu'il fallait.

Aujourd'hui, si l'on prononce le mot « Somalie » devant un Américain, il y a de fortes chances qu'il pense à de terribles images, celles d'un hélicoptère abattu, de l'attaque de son courageux équipage et du corps d'un soldat de son pays traîné dans les rues par la foule. Mais au cours de la période précédant l'élection du Président Clinton, c'était un tout autre spectacle que ce terme évoquait : des petits Somaliens squelettiques aux bras décharnés, aux orbites creuses et au ventre distendu par la famine. Depuis longtemps en proie à la misère, ce pays était livré au début des années quatre-vingt-dix à des factions rivales, dont l'une était dirigée par un personnage flamboyant, l'ex-général Mohammed Farah Aïdid. L'aide humanitaire envoyée par les organisations internationales était détournée par des bandes armées. L'opération de l'ONU organisée pour faciliter la distribution de cette aide avait échoué. Les denrées alimentaires parachutées par l'administration Bush avaient été pillées. La famine avait empiré et l'on estime à trois cent cinquante mille le nombre de victimes.

Vers la fin novembre 1992, Lawrence Eagleburger, le Secrétaire d'État d'alors, informa Boutros Boutros-Ghali que les États-Unis étaient disposés à prendre la tête d'une opération internationale destinée à apaiser les souffrances du peuple somalien. À la suite de quoi, la responsabilité de la mission reviendrait aux Nations unies. Le secrétaire général accepta, mais demanda que les États-Unis en profitent pour désarmer des chefs de guerre comme Aïdid, considérant que sinon l'insécurité reviendrait dans le pays. Eagleburger refusa. Les États-Unis, expliqua-t-il, voulaient s'en tenir à une intervention éclair en Somalie.

Sous la conduite des États-Unis, l'opération *Rendre l'espoir* démarra en décembre. Elle ne rencontra pratiquement aucune résistance et permit de sauver de nombreuses vies humaines en rétablissant l'acheminement des convois d'aide alimentaire. Comme prévu, les troupes américaines ne firent rien pour désarmer les chefs de guerre. En revanche, les Américains organisèrent des rencontres au cours desquelles Aïdid et d'autres chefs de guerre promirent de respecter un cessez-le-feu.

Lorsque j'ai pris mes fonctions de représentante permanente aux Nations unies, début 1993, j'avais pour instructions de négocier le transfert de l'ensemble des responsabilités de l'opération des États-Unis à l'ONU dans les meilleurs délais. Le Pentagone était pressé de rapatrier nos soldats, estimant avoir atteint le but de sa mission. Bou-tros-Ghali, pour sa part, renâclait. Pour lui, la force internationale ne disposait ni de l'état-major ni de l'équipement nécessaires pour se lancer dans une nouvelle opération d'envergure.

J'avais tous les jours au téléphone le NSC, où l'on voulait savoir pourquoi les choses traînaient en longueur. Avec l'impatience de la nouvelle recrue qui voulait être considérée comme un membre à part entière de l'équipe de politique étrangère, je n'ai finalement pas laissé le choix au secrétaire général. Les troupes américaines se reti-reraient de la Somalie, l'ai-je prévenu, que les Nations unies soient ou non prêtes à prendre leur place. Fin mars, nous sommes alors parvenus à un compromis. L'ONU constituerait une force de vingt-huit mille Casques bleus. Pour parer à toute éventualité, les États-Unis conserveraient dans la région un contingent d'environ quatre mille hommes placés sous commandement américain, dont les treize cents membres d'une force d'intervention rapide, la Quick Reaction Force. La tâche de l'ONU serait d'assurer la sécurité, de désarmer les chefs de guerre, de mettre sur pied des conseils de région et de trouver une formule politique durable fondée sur la coopération entre les chefs locaux. C'était mettre la barre très haut. L'ONU devrait en effet aller au-delà de ce qu'avaient fait les États-Unis, mais avec des troupes en nombre inférieur et des moyens nettement moins impor-tants. Un tel compromis conduisait également à une certaine confu-sion entre les rôles respectifs de l'ONU et des États-Unis, d'autant que l'envoyé spécial des Nations unies en Somalie, l'amiral en retraite Jonathan Howe, était américain.

Dès que les troupes américaines ont commencé à se retirer de Somalie, les tensions ont réapparu. Le général Aïdid s'est lancé dans une violente propagande contre les Américains et contre l'ONU, et a saboté toutes les tentatives pour parvenir à une réconciliation natio-nale. Le 5 juin, ses hommes tendaient une embuscade à des Casques bleus pakistanais, tuant et mutilant plus de deux douzaines d'entre eux. Aiguillonné par le représentant permanent du Pakistan à l'ONU, Jamsheed Marker, le Conseil de sécurité a réagi violemment, esti-mant que si l'on pouvait impunément massacrer des soldats de la paix en Somalie, les Casques bleus seraient désormais des cibles où que ce soit dans le monde. L'attaque menée par Aïdid allait permettre de savoir si la mission de maintien de la paix de l'ONU était entrée de fait dans une ère nouvelle.

Après un bref débat, le Conseil a donc unanimement condamné cette attaque et réclamé l'arrestation des responsables. Quelque temps après, la Quick Reaction Force effectuait plusieurs raids contre les caches d'armes d'Aïdid. Les forces de l'ONU agissaient de leur côté, mais avec des conséquences tragiques. Des Casques bleus pakistanais, craignant sans doute une répétition de l'attaque du 5 juin, tiraient dans une foule de civils somaliens sans défense, déclenchant une réaction violente de la population qu'Aïdid se hâtait d'exploiter.

Je suivais les événements de près grâce aux câbles, aux rapports de mes collaborateurs et aux médias, mais il me manquait une vision globale de la situation. Dans toutes mes fonctions, j'ai toujours voulu aller au fond des choses. Cette fois, en tant qu'ambassadrice, j'étais bien décidée à mettre la main à la pâte.

En juillet 1993, je suis partie pour la Somalie avec quelques conseillers. Notre voyage a commencé à Kismayu, un port du sud du pays. Dans la voiture qui nous conduisait de l'aéroport en ville, nous avons pu constater les dégâts causés en quelques mois par les combats. Seuls quelques rares immeubles étaient encore debout. La route passait entre deux étendues turquoise – pas la mer, hélas, mais les tentes de plastique des camps de personnes déplacées. Les chefs de clan locaux que j'ai rencontrés par la suite étaient pressés de s'organiser entre eux et de faire repartir l'activité économique. Ils soutenaient toutes les initiatives pour éliminer ou marginaliser Aïdid. Ici comme dans la plupart des autres régions somaliennes, le transfert de responsabilités entre les États-Unis et l'ONU se passait bien.

Ce n'était néanmoins pas le cas à Mogadiscio, notre prochaine étape. La capitale était une véritable zone de combats. Les routes étaient si dangereuses que nous avons dû prendre un hélicoptère Blackhawk pour aller de l'aéroport au quartier général des Nations unies. Tandis que l'hélicoptère décollait, je me demandais si je devais me réjouir ou m'inquiéter de voir les mitraillettes hérissant l'appareil et disposées un peu partout sur le tarmac pour parer à toute attaque. Durant le vol, j'ai vainement tenté de repérer un seul bâtiment qui eût encore un toit et quatre murs. Tout était éventré – appartements, magasins, bureaux. Les lignes électriques et les tuyaux étaient arrachés, les rideaux de fer des commerces baissés. Une fois au sol, nous nous sommes aperçus que l'ambassade des États-Unis avait été vandalisée. On avait volé les garnitures de marbre des escaliers extérieurs et les fils électriques pendaient lamentablement sur les murs. Des convois de Casques bleus lourdement armés patrouillaient dans la ville.

La dernière fois que j'avais vu l'amiral Howe, il était adjoint du conseiller à la Sécurité nationale du Président Bush et occupait un bureau impeccable à la Maison Blanche, avec une batterie de téléphones qui le reliaient à des diplomates de premier plan dans le monde entier. À Mogadiscio, en tant qu'envoyé spécial de l'ONU, il était assis sur une chaise pliante devant une table en bois des plus ordinaires, dans une pièce encombrée de cartons. Il était frustré de voir qu'au sein des troupes de l'ONU les contingents nationaux continuaient à opérer chacun à sa manière au lieu de se comporter comme une force militaire cohérente. Quant à Aïdid, il savait certes qu'il était essentiel de le capturer, mais il ne pensait pas avoir la puissance de feu nécessaire pour y parvenir. Il avait réclamé au Pentagone des chars, des transports de troupe blindés, des hélicoptères d'assaut ainsi qu'une unité des Forces spéciales américaines, et il me demandait de presser Washington d'agir. Ce que j'ai fait. Le Département de la Défense a commencé par refuser, car il ne tenait pas à « américaniser » un peu plus la situation, mais il a fini par céder. Vers le début du mois d'août, il a envoyé une équipe de quatre cents Rangers, un contingent des Forces spéciales et un supplément d'équipement.

De retour à New York, j'ai péché par optimisme. À la demande du Président, j'ai écrit un billet dans le *New York Times* pour demander à la communauté internationale de « tenir le coup » en Somalie. Le 27 août, le Secrétaire à la Défense Les Aspin exprimait le même sentiment en des termes encore plus nets. Nous voulions croire que nos efforts allaient être récompensés. Sur le terrain, on nous disait que le seul obstacle était Aïdid. Nous avions aussi des rapports nous informant que les membres du propre clan d'Aïdid étaient prêts à nous aider en persuadant le général renégat de quitter la Somalie. Il était évident que sa capture relancerait le processus politique et redonnerait de la cohésion aux troupes de l'ONU.

Et pourtant, bien que pressé sur tous les fronts, Aïdid continuait à échapper aux recherches. À la mi-septembre, le soutien du Congrès a commencé à faiblir. Nous étions tombés dans le piège d'une personnalisation du conflit en concentrant nos efforts sur Aïdid, puis en ne parvenant pas à l'épingler. Plusieurs incidents avaient fait des victimes dans les rangs des troupes américaines et des voix s'élevaient pour demander que l'on sorte du conflit. Du côté des dirigeants africains, on réclamait également un règlement de la question Aïdid par la voie diplomatique et non par des moyens militaires. Le temps était venu de changer notre approche du problème. Le 22 septembre, sur la demande pressante des Américains, le Conseil de sécurité de l'ONU approuvait une résolution qui mettait l'accent sur la nécessité de relayer les opérations par une stratégie à la fois économique et politique. Restant dans le droit fil de notre volonté de dépersonnaliser le conflit, je me suis même abstenue de prononcer le nom d'Aïdid dans mon intervention.

Les résolutions du Conseil de sécurité ne sont pas exécutées automatiquement et celle-ci ne faisait pas exception à la règle. Nous avions pris la décision de changer de stratégie, mais encore fallait-il que la diplomatie suive, et la coordination était loin d'être parfaite entre New York, Washington et la Somalie. Aucune solution diplomatique n'a été trouvée et les attaques d'Aïdid se sont poursuivies au même rythme. Les US Rangers stationnés à Mogadiscio avaient toujours les mêmes ordres : le capturer. L'après-midi du dimanche 3 octobre, des soldats américains ont pris d'assaut un bâtiment proche de l'hôtel Olympic de Mogadiscio. Aïdid ne s'y trouvait pas, mais les Américains ont fait prisonniers plus de deux douzaines de ses hommes. Ils s'apprêtaient à les emmener lorsqu'un hélicoptère Blackhawk a été abattu.

Les Américains qui tentaient de dégager l'équipage de l'hélicoptère ont été pris sous un feu nourri, tandis que des combattants somaliens élevaient des barricades pour bloquer leur retraite. Un hélicoptère venu à leur rescousse était touché par des armes légères et forcé de retourner à sa base. Quant aux Blackhawk, qui sont des appareils plus gros et plus lourdement armés, ne pouvaient se poser dans les rues étroites autour du crash. Des troupes et une équipe médicale étaient coincées sur le site du premier crash. Un convoi de véhicules Humvees et de camions a vainement tenté de rallier les soldats encerclés. Un autre Blackhawk a été abattu. D'autres soldats ont été bombardés tandis qu'ils roulaient dans la ville avec des prisonniers et des blessés. Pendant ce temps, un troisième contingent tentait d'atteindre le site du second crash. C'est à minuit passé qu'une compagnie d'infanterie américaine, appuyée par des troupes pakistanaises et malaises, a enfin rejoint le plus important groupe d'assiégés. Les soldats américains rescapés n'ont regagné leur base qu'à l'aube. Lorsque les renforts sont enfin parvenus sur le site du second crash, les cadavres avaient été évacués. L'unique survivant, le pilote, Michael Durant, allait être gardé en otage pendant onze jours. Au journal télévisé du soir, on a pu voir le corps d'un des membres de l'équipage de Durant traîné dans les rues sous les vivats et les coups de pied de la foule somalienne. Cette explosion de violence a coûté la vie à dix-huit Américains. Soixante-treize autres ont été blessés. J'étais atterrée. Au cours de nos réunions, nous avons cherché des explications à ce qui s'était passé. Chez moi, la nuit, je tournais et retournais le problème dans tous les sens. J'avais été, avec d'autres, à l'origine des décisions qui avaient conduit à cette catastrophe. Quelle erreur avions-nous commise ? C'était un vrai cauchemar.

Bouleversée et en proie à la plus grande tristesse, j'ai appelé certains membres de la famille des soldats tués lors de l'attaque. Je suis également allée représenter l'administration sur le plateau de *Nigthline* et autres émissions télévisées. Je pensais savoir gérer les moments de télévision difficiles, mais là, nous étions dans une véritable tragédie humaine et les mots étaient impuissants. Les interviewers passaient le film montrant l'horrible scène, puis demandaient : « Que pouvez-vous dire aux parents de ceux qui sont morts ? À quoi a servi le sacrifice de leur vie, exactement ? »

Il y avait des réponses à ces questions, mais aucune qui pût être de quelque secours aux familles. Si nous avions eu plus de temps devant nous, nous aurions certainement pu trouver la solution pour désamorcer la crise somalienne, mais nous ne nous étions pas donné les moyens de nos ambitions et des Américains courageux avaient perdu la vie dans l'aventure.

Au cours des six mois qui ont suivi, les États-Unis ont géré l'étape finale de l'opération somalienne de manière responsable et professionnelle. Le Président Clinton a su résister aux pressions de ceux qui exigeaient un retrait immédiat, tandis que le Pentagone veillait à organiser et fournir une protection non seulement à nos troupes, mais aussi à celles des autres nations engagées dans l'opération, dont la plupart étaient intervenues sur notre demande. Le Congrès nous a suivis et vers la fin mars 1994 il ne restait plus un soldat américain en Somalie.

Globalement, pour les Américains, le bilan de l'intervention en Somalie était à la fois positif et négatif. L'opération *Rendre l'espoir* était un succès en ce qu'elle avait permis à court terme la reprise de l'aide humanitaire, jugulant ainsi la famine et sauvant des vies humaines. Néanmoins, la force placée sous commandement américain avait explicitement refusé de s'atteler au désarmement des milices. Cette tâche délicate avait été laissée à l'ONU, qui n'était pas équipée pour le faire.

Au Congrès, dans la presse et même à la Maison Blanche, on a beaucoup insisté sur l'« échec de l'ONU », mais l'histoire était plus complexe. L'envoyé spécial du secrétaire général de l'ONU en Somalie était américain, tout comme le commandant en second. Les États-Unis avaient soutenu toutes les résolutions du Conseil de sécurité sur la Somalie et mes instructions n'avaient guère suscité de débat interne. Le dramatique épisode de l'intervention des Rangers avait eu lieu sous commandement américain.

En outre, certaines nations qui contribuaient au maintien de la paix avaient fait bande à part. Les Italiens avaient ouvertement critiqué la stratégie des Nations unies et on les soupçonnait d'avoir acheté les troupes d'Aïdid pour protéger les leurs. Les Saoudiens s'étaient réfugiés derrière leur statut particulier au sein de l'islam qui leur interdisait de s'engager dans des offensives. Les Français avaient collaboré dans certains cas seulement. L'Inde, qui avait envoyé une brigade, avait ensuite refusé de la déployer sur Mogadiscio. Enfin les Pakistanais, légitimement échaudés par l'attaque des hommes d'Aïdid, traînaient les pieds.

L'expérience somalienne servait de test pour savoir si les Nations unies étaient capables de mener à son terme une opération de maintien de la paix impliquant l'usage de la force contre un adversaire déterminé à saboter cette opération. La force des Nations unies n'est jamais que celle de ses membres et ces membres n'ont pas réussi le test. Leur mission, à l'origine d'ordre humanitaire, avait été élargie dans un but louable, mais avec une préparation et des moyens insuffisants. Les rapports entre les États-Unis et l'ONU n'avaient pas été déterminés assez clairement. L'ONU avait une puissance de feu trop faible pour triompher d'un adversaire rusé agissant sur son propre terrain. Dans de telles circonstances, il lui aurait fallu beaucoup de chance pour que la mission réussisse et le moins que l'on puisse dire, c'est que cela n'a pas été le cas.

Bien avant l'aventure somalienne, les États-Unis avaient pris conscience qu'il faudrait améliorer le fonctionnement de l'ONU si nous devions faire plus souvent appel à elle pour maintenir la paix. Lors de l'Assemblée générale des Nations unies en septembre 1992, le Président George Bush père avait fait des propositions pour accroître ses capacités. À l'époque de mon entrée en fonctions, les planificateurs du Pentagone, du NSC et du Département d'État travaillaient à la mise au point d'un programme détaillé. Cette proposition, qui sera connue par la suite comme la Presidential Decision Directive 25 (PDD-25), souscrivait aux opérations de maintien de la paix des Nations unies en tant qu'option, tout en déterminant des critères pour améliorer leur efficacité sur place et alléger la charge qu'elles représentaient pour notre pays.

Comme le Président Bush père avant lui, le Président Clinton se rendait compte que l'ONU n'avait pas les moyens de faire face à ses responsabilités croissantes. Lorsque je suis arrivée au siège des Nations unies, une douzaine de personnes seulement géraient les opérations de maintien de la paix. Il n'y avait rien qui ressemblât à un centre opérationnel fonctionnant vingt-quatre heures sur vingt-quatre et le contrôle de la logistique était réduit à sa plus simple expression. On démarrait chaque nouvelle intervention à partir de rien. Il fallait recruter les soldats et le commandement et fournir la totalité de l'équipement, des casques bleus aux crayons en passant par les camions. J'expliquais aux gens que le numéro d'urgence mondial était soit occupé, soit ouvert seulement de neuf à dix-sept heures, et que le secrétaire général passait le plus clair de son temps à mendier de l'argent et des troupes.

Avec l'aide des États-Unis et de certaines autres grandes puissances, l'ONU améliorait peu à peu ses capacités, mais elle avait un énorme retard à rattraper. Comme l'expérience somalienne l'avait montré, il fallait d'urgence introduire une discipline dans l'établissement des mandats pour les opérations de maintien de la paix, surtout dans les situations où l'on pouvait s'attendre à une résistance armée. Cette discipline devait être le fait du Conseil de sécurité.

Des fuites dans la presse, les manœuvres de l'opposition et les événements au jour le jour sont venus compliquer l'élaboration de la PDD-25. Néanmoins, la directive n'a pas été fondamentalement modifiée au cours des délibérations. La PDD-25 était destinée à montrer que l'Amérique s'engageait clairement en faveur d'un renforcement des opérations de maintien de la paix des Nations unies, étant entendu que la chaîne de commandement devrait être repensée et que nous tenions à ce que ces missions soient soigneusement planifiées, avec un mandat précis, qu'elles soient parfaitement exécutées et qu'elles aient eu le temps d'être débattues au Congrès. Pour nous, il n'était pas question de voir se répéter l'expérience somalienne.

C'est le 3 mai 1994 que la directive PDD-25 a vu officiellement le jour après un an et demi de travail, mais déjà la thèse qu'elle défendait était douloureusement mise à l'épreuve par le conflit qui déchirait une autre région de l'Afrique.

Je ne faisais pas partie des rares personnes qui avaient compris de bonne heure qu'un petit pays africain, le Rwanda, serait le théâtre des massacres les plus épouvantables de la décennie. Quand je me penche sur mes années passées au service de la nation, ce que je regrette le plus, c'est l'incapacité des États-Unis et de la communauté internationale à agir à temps pour mettre un terme à ces crimes. Par la suite, le Président Clinton devait présenter ses excuses pour notre inaction, et moi de même. On a beaucoup écrit sur ce drame, parfois avec honnêteté, parfois en présentant les faits de manière simpliste et en s'en tenant au mieux à des demi-vérités. Je n'ai pas l'ambition de faire ici le récit complet des événements. Je préfère m'attacher à les décrire avec concision, tels qu'ils se sont déroulés de mon point de vue.

La crise du Rwanda a eu pour origine la rivalité entre deux ethnies, les Hutus et les Tutsis. Certains considèrent que les tensions ont été entretenues par la Belgique coloniale, qui avait créé un système de castes au sein duquel la minorité tutsie occupait une position privilégiée. Après le départ des Belges, au début des années soixante, et l'indépendance du Rwanda, les violences de la part d'extrémistes étaient chose courante tant au Rwanda qu'au Burundi voisin. Le

Conseil de sécurité a donc considéré comme un signe encourageant la signature d'un accord de paix, en août 1993, entre le Président du Rwanda, Juvénal Habyarimana, un Hutu, et des leaders du Front populaire rwandais (FPR), mouvement de l'opposition contrôlé par les Tutsis.

Le 5 octobre 1993, deux jours après la mort des Rangers en Somalie, le Conseil de sécurité mettait sur pied la Mission des Nations unies pour l'assistance au Rwanda (MINUAR), mandatée pour veiller à l'application du cessez-le-feu et préparer les élections. Il s'agissait cette fois d'une mission traditionnelle, différente de l'intervention somalienne. Elle dépendait de la volonté des Tutsis et des Hutus de respecter ou non leur accord. Composée de deux mille cinq cents hommes, elle était placée sous le commandement d'un Canadien, le général Roméo Dallaire, et avait pour instruction de ne pas prendre parti pour l'un ou l'autre camp et ne pas engager le combat. Les Belges, que les Hutus soupçonnaient encore d'être favorables aux Tutsis, fourniraient les troupes les mieux armées et les mieux entraînées.

Arrivée en novembre, la mission a trouvé, en fait de paix à maintenir, une situation explosive. Sur fond de violences ethniques, la radio, contrôlée par le gouvernement, exhortait les paysans hutus à décapiter les Tutsis. Les tentatives pour parvenir à une réconciliation nationale semblaient vouées à l'échec.

Le 11 janvier 1994, Dallaire envoyait au siège des Nations unies un câble dans lequel il faisait état des allégations d'un informateur. D'après celui-ci, les milices extrémistes hutues étaient en train de s'armer en secret. Le même informateur avait aussi révélé qu'il existait des plans pour attaquer des Casques bleus belges, assassiner des membres de l'opposition et massacrer des Tutsis.

L'ONU a alors demandé à Dallaire d'informer le Président rwandais de ces allégations et de le pousser à faire une enquête. Parallèlement, les ambassadeurs américain, français et belge avaient pour instruction de mettre en garde le gouvernement contre le danger que représentaient ces extrémistes, et David Rawson, ambassadeur des États-Unis au Rwanda, signalait à Washington que le Président Habyarimana semblait avoir « compris le message ». Le 23 février, Dallaire prévenait le siège de l'ONU que des milices hutues s'apprêtaient à commettre des massacres de masse. De son côté, un représentant du Haut Commissariat des Nations unies pour les Réfugiés faisait aussi part de son inquiétude. Malheureusement, ces mises en garde intervenaient à un moment où nous arrivait une véritable avalanche d'informations de tous les points chauds de la planète. À l'époque, il y avait en effet des tensions extrêmes ou des conflits en Bosnie, en Somalie, en Haïti, en Géorgie, en Azerbaïdjan, en Arménie, en Angola, au Liberia, au Mozambique, au Soudan, au Cambodge, en Afghanistan et au Tadjikistan, sans compter l'Irak de Saddam Hussein, qui continuait à braver les résolutions du Conseil de sécurité. Durant tout ce temps, j'ai pris connaissance des rapports des services secrets sur ce qui se passait dans les pays où les soldats de la paix ou bien les organisations humanitaires étaient engagés. Les références au Rwanda y étaient peu fréquentes et d'importance minime.

Le 24 mars, j'ai entamé une tournée de quinze jours en Europe, en Afrique, dans les Balkans et en Amérique du Sud. Pendant ce temps, Edward Walker, représentant permanent adjoint des États-Unis à l'ONU, rencontrait le président entrant du Conseil de sécurité pour examiner avec lui le programme du mois d'avril. Il y avait une bonne douzaine de sujets à traiter, dont quatre portant sur l'Afrique, mais le Rwanda ne figurait pas sur la liste.

La veille de mon retour, le 5 avril, le Conseil a approuvé une brève prolongation de la mission de l'ONU, tout en manifestant une grande inquiétude face à une situation bloquée. Le lendemain, l'avion du Président Habyarimana était abattu au moment où il approchait de Kigali, la capitale du Rwanda. Il n'y avait aucun survivant. Dans la confusion qui a suivi, peu ou pas d'observateurs ont pris conscience que la disparition du Président donnait en fait le signal d'un massacre de tous les Tutsis et des Hutus modérés par les Hutus extrémistes. En quelques heures, les routes ont été barrées, des leaders politiques modérés traqués et assassinés.

La plupart d'entre nous allions mettre plusieurs semaines à comprendre la nature et l'ampleur des massacres. Au début, nous avons simplement vu dans ces événements une tentative de coup d'État par les forces de sécurité hutues après la mort du Président. Le 7 avril, nous avons appris l'assassinat du Premier ministre et des dix Casques bleus belges chargés de sa sécurité, abattus à coups de machette. Le même jour, le commandement de l'ONU sur place demandait au siège l'autorisation d'utiliser les armes, qui lui était refusée, l'ONU craignant d'être accusée de prendre parti dans le conflit et de se retrouver dans la même situation qu'en Somalie. Sans compter que les troupes de Dallaire étaient sous-équipées. Les contingents de la Tunisie et du Ghana n'avaient même pas de gilets pare-balles. Les réserves d'eau, de rations, d'essence, de munitions et de matériel médical étaient faibles.

Quand je relis les comptes rendus de nos réunions au cours de cette première semaine, je suis frappée par l'absence d'informations sur ces premiers massacres de civils sans défense, comparée aux renseignements dont nous disposions sur les affrontements entre les milices hutues et tutsies. Nous n'en recevions plus guère par la voie diplomatique, car la plupart des ambassades occidentales, dont la nôtre, avaient été évacuées. Les rapports que faisait Roméo Dallaire au siège de l'ONU étaient alarmants, mais les comptes rendus verbaux fournis au Conseil de sécurité, peu détaillés, ne donnaient pas idée de l'ampleur du désastre. Le Conseil espérait donc, contre toute attente, qu'un cessez-le-feu allait intervenir d'un moment à l'autre.

On ne savait pas non plus qui devait être tenu pour responsable. Les Français, par tradition favorables aux Hutus, ont cru au début que l'attentat contre l'avion présidentiel était le fait d'extrémistes tutsis, qui pensaient ainsi provoquer une réaction violente des Hutus et pouvoir justifier une contre-attaque tutsie. Les experts américains ont inutilement compliqué les choses en pointant du doigt des extrémistes hutus, des Hutus modérés et des Tutsis, c'est-à-dire tout le monde. Pendant ce temps, les véritables responsables des massacres racontaient mensonge sur mensonge sur leurs actes et leurs motivations.

Pour compliquer encore les choses, le commandant de la force onusienne ne contrôlait pas totalement ses troupes, comme cela avait été le cas en Somalie. La Belgique, bouleversée par l'assassinat de ses Casques bleus, annonçait son intention de se retirer, ce qui privait Roméo Dallaire de ses éléments les mieux équipés. En tant que membre de l'OTAN, Bruxelles avait cherché à obtenir le soutien des États-Unis pour un retrait total de la mission de l'ONU, mais j'avais prévenu par câble Washington que la plupart des membres du Conseil de sécurité voulaient maintenir sur place au moins quelques éléments. Le 15 avril, pourtant, j'étais priée d'informer l'ONU que les États-Unis étaient en faveur d' « un retrait complet et en bon ordre de tout le personnel de la MINUAR, dès que possible ». « Nous sommes fermement opposés au maintien de la présence de la MINUAR au Rwanda, disaient les instructions. Pour cela, nous nous fondons sur la conviction que le Conseil de sécurité a obligation de vérifier que les opérations de maintien de la paix sont viables [...] et que le personnel de l'ONU chargé du maintien de la paix n'est pas mis ou maintenu en connaissance de cause dans une situation intenable. »

Comme beaucoup, j'avais fini par être méfiante et sur la défensive quand il s'agissait des opérations de maintien de la paix de l'ONU et je ne voyais pas comment les Nations unies s'y prendraient, matériellement, pour rétablir l'ordre au Rwanda à ce stade. J'avais encore à l'esprit mes conversations avec les parents des Américains tués en Somalie et je craignais de voir tomber d'autres soldats de la paix trop légèrement armés. En même temps, je rejoignais mes collègues du Conseil de sécurité sur l'idée que l'ONU ne pouvait se retirer complètement. Lors d'un débat informel dirigé par le représentant permanent du Niger Ibrahim Gambari, ma conviction que notre position n'était pas la bonne s'est encore raffermie. J'ai donc demandé à mon adjoint de prendre ma place et je suis allée téléphoner d'une cabine dans le hall. Bien que recevant mes instructions du Département d'État, je me suis dit que tout irait plus vite si je m'adressais au NSC, car le National Security Council jouait un rôle essentiel de coordination en matière de maintien de la paix. De plus, Tony Lake connaissait parfaitement l'Afrique, ce qui, en l'occurrence, était très important. Dès que j'ai eu en ligne l'un de ses proches collaborateurs, je lui ai expliqué ce qui se passait au Conseil, ajoutant que la position des États-Unis était considérée comme obstructionniste. J'ai commencé par demander calmement des instructions moins rigides, mais bientôt j'ai élevé la voix pour les exiger carrément. On m'a alors dit de me calmer. Le NSC allait reconsidérer la situation.

Dans la semaine, au cours de l'une de nos réunions, l'ambassadeur de Nouvelle-Zélande à l'ONU, Colin Keating, a fait état d'un rapport de Médecins sans frontières. Ce rapport décrivait comment des miliciens hutus avaient pénétré dans un hôpital et tué tout le personnel avant de revenir le lendemain massacrer les malades. En entendant cela, j'ai jeté un regard à l'ambassadeur du Rwanda, dont c'était justement le tour de siéger au Conseil cette année-là. J'ai levé la main et suggéré de lui demander des explications : après tout, le Conseil avait l'habitude de faire appel aux représentants permanents des pays impliqués dans un conflit. Mon initiative a été accueillie par un long silence gêné. Finalement, le Rwandais a retrouvé sa langue pour dire que son gouvernement était disposé à s'asseoir autour d'une table pour parler de la paix, mais que les Tutsis n'y étaient pas prêts. J'ai trouvé déplacé que le régime anarchique du Rwanda soit encore autorisé à siéger au Conseil.

Le 20 avril, j'ai rencontré le secrétaire général, qui m'a fait part de son dilemme. Les membres africains du Conseil de sécurité réclamaient un renforcement de la MINUAR. Les Belges voulaient que l'ONU se retire pour couvrir leur propre retraite. Des dirigeants africains tentaient de jouer les bons offices et de faire asseoir les adversaires autour d'une table. Si un cessez-le-feu intervenait, il faudrait des troupes pour veiller à ce qu'il soit respecté. Comme la décision qui serait prise pour le Rwanda aurait un impact considérable sur l'image des Nations unies, Boutros-Ghali était favorable au maintien de la mission.

Dans la journée, il a soumis au Conseil un rapport comportant trois options. La première était un renforcement massif et immédiat de la MINUAR. La deuxième était la réduction des effectifs qui passeraient grosso modo de deux mille cinq cents à deux cent soixante-dix, avec un mandat pour parvenir à la signature d'un cessez-le-feu. La troisième était un retrait complet. La discussion n'a vraiment porté que sur la deuxième, car l'option renforcement n'était pas réaliste, faute d'avoir sous la main des troupes convenablement équipées.

J'avais d'abord eu pour instructions de me prononcer en faveur de l'option numéro trois, celle du retrait total, ce qui m'avait irritée. Puis, après ma demande, j'en avais reçu d'autres, plus souples. Le 21 avril, le Conseil adoptait la deuxième option, à l'unanimité. Ironie du sort, la « réduction » prévue des forces de l'ONU n'a jamais eu lieu. Le contingent belge et le contingent bangladeshi avaient déjà quitté le Rwanda, mais les cinq cent quarante militaires ghanéens et tunisiens ne se retireraient pas avant des mois, à la fin des combats.

Au cours des dix derniers jours d'avril, j'ai découvert, comme presque tout le monde, que le Rwanda n'était pas simplement le théâtre d'un déchaînement de violence, mais d'un véritable génocide. On pouvait maintenant lire dans la presse des comptes rendus détaillés des événements. J'ai par ailleurs beaucoup appris lors d'une rencontre avec Monique Mujawamariya, une militante rwandaise des Droits de l'homme qui se battait pour faire comprendre que l'objectif des extrémistes hutus était d'anéantir les Tutsis. En même temps, le Comité international de la Croix-Rouge informait la mission des Nations unies à Genève que, d'après son estimation, les massacres avaient déjà fait entre trois cent mille et cinq cent mille morts au Rwanda.

À la Maison Banche comme au siège des Nations unies, le but était maintenant d'arrêter les tueries, ce qui aurait dû être une priorité depuis le début. Le Secrétaire d'État, Warren Christopher, a alors avisé par câble la plupart des grandes capitales européennes et africaines de la nécessité d'un effort concerté pour persuader les autorités rwandaises de mettre fin à la violence. Prudence Bushnell, directeur adjoint pour l'Afrique au Département d'État, a appelé directement les dirigeants rwandais pour les prévenir qu'ils seraient tenus pour responsables si les massacres continuaient.

Le 29 avril, le Conseil de sécurité approuvait un communiqué du Président rendant le gouvernement intérimaire rwandais responsable de la plupart des atrocités. Utilisant la terminologie de la Convention sur le Génocide, le communiqué l'avertissait que de tels actes tombaient sous le coup de la législation internationale. Mais il ne suffisait pas d'employer des termes forts. Le plus important était de savoir si la communauté internationale pouvait sauver des vies au Rwanda et par quels moyens. Les hasards du calendrier ont fait que l'ombre de la Somalie planait sur ces deux questions.

Le 3 mai, la Maison Blanche rendait publique sa nouvelle politique vis-à-vis des opérations de maintien de la paix de l'ONU, fondée sur la directive PDD-25. Le même jour, le Conseil de sécurité adoptait un ensemble de principes parallèles, ajoutant qu'avant de lancer une mission, le Conseil devait vérifier « que les principales parties ou factions pouvaient fournir des garanties raisonnables sur la sécurité du personnel de l'ONU ». La Commission d'enquête des Nations unies sur la Somalie avait de son côté achevé sa tâche. Pour elle, « les Nations unies devraient éviter de s'engager dans de nouvelles opérations de maintien de la sécurité et de la paix au sein d'États en proie à des conflits internes ». Pendant ce temps, à Washington, le prestigieux Stimson Center* déclarait : « Lorsque le Conseil de sécurité donne son aval à une opération de maintien de la paix dont le mandat est ambigu ou impossible à réaliser, dans le seul but de "faire un geste politique" [...] il nuit à l'institution des Nations unies en elle-même et entame sa capacité d'action. »

Les experts avaient donc conclu que l'ONU devait éviter de s'engager dans des circonstances exactement similaires à celles du Rwanda, où il n'y avait ni garanties de sécurité, ni coopération entre les parties en présence, ni conditions pour mener à bien un mandat. Peut-être aurait-on pu faire intervenir une vaste coalition, lourdement armée, avec à sa tête une grande puissance, mais après la Somalie, les militaires américains n'étaient pas prêts à recommencer l'expérience. Les Français se seraient heurtés à une vive opposition du camp tutsi. Les Belges n'étaient pas prêts à retourner au Rwanda. Les Anglais avaient déjà des milliers d'hommes en Bosnie. Ce qui laissait la possibilité d'un panachage organisé soit par l'ONU, soit par l'Organisation de l'unité africaine (OUA), chacune espérant que l'autre serait la première à agir. Afin de hâter la décision, le Conseil de sécurité a demandé à Boutros-Ghali de préparer un plan des opérations. Malheureusement, celui qu'il a proposé ne convenait pas aux planificateurs de l'armée américaine, que son projet sollicitait pour aider à transporter et à ravitailler la mission. Ils ont donc fait une proposition de leur côté.

Des jours entiers, j'ai dû demander au Conseil de sécurité de patienter pendant que les experts américains et ceux de l'ONU discutaient sur la tactique et la stratégie. Pour les diplomates de l'ONU, la force basée à Kigali devrait assurer « les conditions de la sécurité », tout en n'utilisant la force qu'en cas de légitime défense, mais sans attendre un cessez-le-feu. Le Pentagone ne voyait pas comment les Nations unies arriveraient à persuader des États d'adhérer à un tel plan, présenté comme une opération humanitaire, mais dont le

---

* Le Henry L. Stimson Center est une institution neutre qui se consacre à l'élaboration de solutions aux problèmes de sécurité internationale (N.d.T.).

déroulement s'effectuerait dans un pays encore ravagé par la guerre civile. Les militaires américains soulevaient également le problème logistique du transport par avion de troupes et d'équipement lourd vers la capitale rwandaise en proie aux combats. L'opération présentait à leurs yeux des difficultés et un risque qu'ils n'étaient pas prêts à assumer, comme ils l'ont déclaré sans prendre de gants. Le Pentagone proposait plutôt d'établir une zone de sécurité à proximité de la frontière rwandaise pour mettre à l'abri les civils menacés et permettre un ravitaillement dans de bonnes conditions de sécurité.

Après un long marchandage, nous sommes parvenus le 17 mai à une résolution en faveur d'une mission élargie, pourvue d'un mandat pour créer des zones humanitaires sûres « là où ce serait possible ».

Hélas, nous avions raison de douter de la volonté des nations de s'impliquer dans ce genre d'intervention. Une fois encore, la preuve était faite que les résolutions du Conseil de sécurité n'avaient de sens que si on les rendait effectives. Boutros-Ghali a passé des semaines à essayer de convaincre des pays de participer à la mission. Certains se sont engagés, puis sont revenus sur leur parole. D'autres, comme le Canada, ont demandé des éclaircissements préalables sur le rapport entre le mandat de l'opération et ses moyens limités. Le ministre des Affaires étrangères australien, Gareth Evans, a indiqué que son pays était prêt à s'engager, mais n'enverrait aucun soldat au Rwanda tant que le problème fondamental de l'ONU ne serait pas réglé. « Vous ne pouvez monter une opération de maintien de la paix que s'il y a de la paix à maintenir. Vous ne pouvez monter une opération pour faire respecter la paix que si vous vous en donnez les moyens. » L'Australie estimait à trente ou quarante mille le nombre de Casques bleus nécessaires au rétablissement de l'ordre au Rwanda. Quant aux États-Unis, qui ne manifestaient aucun enthousiasme pour la mission telle que l'ONU l'envisageait, je dois dire en toute franchise qu'ils ne se sont pas démenés pour persuader d'autres pays de s'engager.

Les négociations pour accroître les effectifs de la mission s'éternisaient, les massacres aussi. Vers la mi-juin, la France a fini par proposer l'envoi de quinze cents hommes, auxquels un effectif de cinq cents Sénégalais était prêt à se joindre. Ce plan était présenté au Conseil par le très persuasif représentant permanent de la France à l'ONU, Jean-Bernard Mérimée. Malgré l'opposition des Tutsis et l'abstention de cinq États membres du Conseil de sécurité, Mérimée l'a emporté. L'opération *Turquoise* a donc établi une zone de sécurité dans le sud-ouest du Rwanda. Elle aurait permis de sauver plus de quinze mille vies humaines.

Fin juillet, les États-Unis envoyaient pour leur part un contingent chargé de s'occuper des réfugiés fuyant le Rwanda. Leur action allait également permettre d'épargner des milliers de vies humaines en enrayant une épidémie de choléra. Il n'en reste pas moins que, dans le contexte d'un génocide qui a fait, dit-on, huit cent mille victimes, les actions de la France et des États-Unis étaient nettement insuffisantes et beaucoup trop tardives. De plus, les camps de réfugiés ont servi de refuge provisoire à une grande partie des extrémistes hutus qui avaient participé à la boucherie avant de fuir devant l'avance des milices tutsies.

Certains commentateurs ont tenu l'Amérique en grande partie responsable de l'incapacité des Nations unies à réagir efficacement devant le génocide rwandais. Ils avancent que nous aurions dû appuyer le renforcement de la MINUAR en avril au lieu de voter la réduction du contingent. Mais tous les membres du Conseil de sécurité étaient unanimes sur ce point et l'éventualité d'un renforcement notable de la MINUAR était un mirage. On dit aussi qu'en mai, nous aurions dû instantanément soutenir le projet de mission de maintien de la paix de Boutros-Ghali, même si notre état-major n'y croyait pas.

Ces critiques sont en partie justifiées, mais la situation était beaucoup plus complexe que ceux qui l'analysent après coup ne veulent bien l'admettre. Quand on écrit l'histoire, on prend du recul. Pas quand on la fait. Durant la semaine critique du 15 au 22 avril, Mike McCurry, porte-parole du Département d'État, s'est vu poser une seule question sur le Rwanda lors de son point de presse quotidien, et encore concernait-elle la sécurité des Casques bleus. Les massacres avaient lieu en temps réel, mais c'est plus tard qu'on a pris la mesure de cette folie meurtrière, lorsque d'autres événements mondiaux les ont fait ressortir.

En fait, pendant plusieurs semaines, nous avons cru avoir affaire à un autre Burundi, où d'horribles massacres avaient été perpétrés à l'automne précédent, mais où la violence avait cessé avant d'atteindre pareilles proportions. Nous venions de passer une année à digérer les leçons de la Somalie. Nous avions fini, non sans mal, par obtenir l'accord quasi unanime du Conseil de sécurité et, grosso modo, l'approbation du Congrès, sur l'approche plus prudente et plus réfléchie des opérations de maintien de la paix de l'ONU que nous préconisions.

Quand la violence s'est déchaînée au Rwanda, nous avons tenté d'appliquer à la situation le schéma que nous venions d'élaborer. Avec des diplomates de l'ONU et des collègues africains, nous avons réfléchi aux moyens de relancer le processus de paix. Nous nous sommes efforcés de rester neutres et de condamner la violence, quel que soit son camp. À aucun moment de la crise, un pays n'a proposé d'envoyer des troupes au Rwanda dans un but militaire [1].

Malheureusement, les leçons que nous venions de tirer de l'expérience somalienne ne s'appliquaient tout simplement pas au Rwanda. La Somalie, c'était pratiquement l'anarchie. Ce qui se passait au Rwanda, c'était l'élimination massive et planifiée d'une population. La méfiance était de mise en Somalie. L'action était de rigueur au Rwanda. Un renforcement de la MINUAR aurait toujours servi à quelque chose, à condition que nous ayons eu les troupes adéquates. Pour agir efficacement, il aurait fallu disposer d'une coalition lourdement armée, placée certainement sous commandement américain, afin qu'elle puisse se déployer rapidement, intimider les extrémistes, arrêter leurs chefs et rétablir la sécurité. Je regrette profondément de n'avoir pas plaidé cette cause. Beaucoup m'auraient prise pour une folle et nous n'aurions jamais été suivis par le Congrès, mais j'aurais eu raison de le faire et avec un peu de chance mon appel aurait été entendu.

Je ne peux refermer le chapitre du Rwanda sans rendre hommage à ceux qui *ont eu* raison, non pas sur le tard, au moment où tout le monde pouvait voir ce qui se passait, mais à l'époque où leurs avertissements auraient pu faire toute la différence – à condition qu'ils aient été entendus. Roméo Dallaire, le commandant de la MINUAR, est de ceux-là, tout comme les représentants des ONG tels que la Croix-Rouge, Médecins sans frontières et Human Rights Watch. Je souhaite que, la prochaine fois, le monde les écoute et prenne les mesures nécessaires, mais je suis loin d'être persuadée que les choses se passeront ainsi.

Aucune société n'a jamais aspiré à être le gendarme du monde, sauf peut-être la Rome antique. Les États-Unis, pour leur part, n'ont pas cherché à jouer ce rôle – du moins jusqu'à la fin du XXᵉ siècle. Quant aux Nations unies, elles ont montré qu'elles pouvaient remplir celui de veilleur de nuit de la communauté internationale. Elles peuvent être à l'écoute et déclencher l'alarme, sans pour autant garantir que cette alarme sera entendue.

---

1. « L'incapacité de l'ONU à prévenir, puis à faire cesser le génocide rwandais doit être considérée comme un échec du système de l'ONU en lui-même. Le fond du problème tenait à l'absence de moyens et d'engagement politique vis-à-vis d'une action au Rwanda et de la présence des Nations unies dans le pays. On se doit de constater que les États membres ont manqué de la volonté politique d'agir, ou d'agir avec suffisamment de conviction. » *Rapport de la commission indépendante d'enquête sur l'action des Nations unies pendant le génocide de 1994 au Rwanda*, joint à un courrier du secrétaire général Kofi Annan au président du Conseil de sécurité S/1999/1257,1999, 15 décembre 1999, p. 1.

Probablement, si un nouveau scénario clairement identifiable à celui du Rwanda se mettait en route, la communauté internationale réagirait, mais chaque génocide a ses particularités, et chaque jour le bureau des dirigeants mondiaux croule sous les informations. Depuis 1994, nombreux sont les nouveaux dangers, tous redoutables, qui requièrent aussi leur attention. Rien ne permet de dire que nous saurons détecter à temps les prochains indices de génocide, ni qu'il y aura des volontaires pour faire cesser les massacres avant qu'ils ne prennent de l'ampleur.

La communauté internationale a pris un certain nombre de mesures pour éviter que ne se produisent d'autres Rwanda, mais la question fondamentale, c'est celle de la volonté politique. Si l'alarme se déclenche à nouveau, quelles leçons auront la priorité dans l'esprit de nos dirigeants, celles du Rwanda ou celles de la Somalie ?

L'ombre de l'intervention avortée de Somalie a également plané sur des événements plus proches des rivages américains. Le 11 octobre 1993, moins d'une semaine après la mort de nos Rangers à Mogadiscio, le navire de guerre USS *Harlan County* se préparait à entrer dans le port de la capitale de Haïti, Port-au-Prince, avec à son bord des ingénieurs et des instructeurs militaires américains et canadiens chargés d'aider à la réalisation de projets d'urbanisme et à une nécessaire restructuration de l'armée haïtienne. Au lieu de l'accueil chaleureux attendu, le commandant s'est vu refuser l'autorisation de jeter l'ancre, tandis que, sur le quai, une foule armée de bâtons montrait le poing et brandissait des pancartes portant la mention : « Rappelez-vous Mogadiscio. » Après deux jours d'attente, l'*Harlan County* faisait demi-tour. Le spectacle d'un navire de guerre américain battant en retraite devant une foule en colère a été un mauvais point pour la politique étrangère de l'administration Clinton, surtout après la Somalie.

L'*Harlan County* avait été envoyé en Haïti en application d'un accord avec les dirigeants militaires du pays, signé en juillet à New York, sur Governors Island. Ce pacte déterminait la feuille de route pour rendre le pouvoir au président démocratiquement élu, le père Jean-Bertrand Aristide, chassé par une junte militaire dirigée par le général Raoul Cédras.

J'avais déjà eu connaissance par Joe Albright de la terreur et de la pauvreté qui régnaient en Haïti au début des années soixante. De retour de l'île, il évoquait les conditions de vie épouvantables sous François Duvalier, « Papa Doc », un dictateur auquel avait succédé un peu plus tard son fils Jean-Claude, dit « Bébé Doc », tout aussi vénal que lui. À l'époque, Haïti était le pays le plus pauvre des Amériques. Il l'est toujours. On peut considérer que les trois quarts de sa population sont mal nourris, mal logés, mal vêtus ou malades. La population atteint sept millions d'habitants, un chiffre en hausse constante, alors que d'après les experts le pays ne peut en faire vivre que trois millions. Il y a belle lurette que la plupart des arbres ont été brûlés pour fournir du charbon.

Haïti est aussi divisée qu'elle est pauvre. La fin du duvaliérisme, en 1986, lui a permis de bénéficier d'une nouvelle constitution, du suffrage universel et de l'habillage de la démocratie, mais elle n'a pas résorbé les tensions. Pratiquement la moitié de la richesse nationale était entre les mains de deux pour cent de la population, la corruption et le goût de l'argent d'une partie de l'élite n'étaient un secret pour personne. Mais ils ont trouvé à qui parler en la personne du père Aristide. Brillant orateur, cet homme sec et nerveux, très exalté, apparut à la fin des années quatre-vingt comme le leader d'une alternative populiste à l'Église catholique traditionnelle. Pour lui, le pouvoir politique devait être au service du peuple et non l'exploiter, un discours qu'Haïti ne connaissait pas. Le père Aristide, devenu le héros des pauvres, fut élu Président du pays en décembre 1990 avec pratiquement soixante-huit pour cent des suffrages.

Moins d'un an après son accession au pouvoir, sa volonté de faire une politique radicalement nouvelle lui valut d'être renversé par l'armée. Ce coup d'État militaire fut accompagné d'une répression d'une grande ampleur. En juillet 1993, les Nations unies négocièrent l'accord de Governors Island, par lequel le général Cédras promettait d'« user du droit de se retirer de manière anticipée », permettant ainsi le retour d'Aristide. L'accord décidait également de la levée des sanctions économiques qui avaient été imposées à l'époque du putsch. Hélas, l'incident de l'*Harlan County* prouvait si besoin était que les chefs militaires n'avaient nullement l'intention de tenir parole. Si l'on voulait les voir partir, il fallait les pousser dehors.

Le Conseil de sécurité de l'ONU s'est attelé à la tâche. Il a commencé par imposer de nouvelles sanctions économiques au pays et par envoyer sur place une équipe réunissant des observateurs des Nations unies et de l'Organisation des États américains (OEA) chargés de signaler les violations des droits de l'homme. Au cours des premiers mois de 1994, la pression n'a cessé de monter. L'embargo sur le pétrole était désastreux pour l'économie déjà vacillante de Haïti, ce qui obligeait l'ONU à assurer la subsistance quotidienne d'un million de personnes. Nos efforts pour trouver une solution diplomatique étaient dans l'impasse. Les observateurs faisaient régulièrement état des tortures et des assassinats dont étaient victimes les

Haïtiens soupçonnés d'être restés fidèles à Aristide. Pendant ce temps, des milliers de leurs compatriotes fuyaient vers les États-Unis par la mer.

Malgré les conditions de vie épouvantables en Haïti, nous avons poursuivi la politique de l'administration Bush envers ces boat people. En dissuadant ces immigrants de prendre la mer sur des embarcations de fortune surpeuplées, nous avons sauvé des vies. Le père Aristide, néanmoins, a dénoncé notre position, qu'il considérait comme raciste, tandis que le *Black Caucus** du Congrès, qui soutenait habituellement la politique du Président, s'y opposait farouchement. Quant à l'administration, elle était divisée. À la Maison Blanche, dans les bureaux de la vice-présidence et au National Security Council, la majorité était persuadée qu'il n'était ni possible ni souhaitable de maintenir le statu quo, c'est-à-dire les sanctions, les souffrances du peuple haïtien et la présence de Cédras au pouvoir. Néanmoins, personne à la Défense n'était en faveur d'un changement de notre politique, de même que la plupart des membres du Département d'État. L'armée et les services secrets ne faisaient pas confiance à Aristide, jugé trop à gauche, et ne tenaient pas à risquer la vie de soldats américains pour le réinstaller à la tête du pays. Notre représentant spécial en Haïti, l'ambassadeur Lawrence Pezzullo, quant à lui, était persuadé que les démarches diplomatiques finiraient par porter leurs fruits et que l'autre solution, celle d'une intervention de l'armée américaine, provoquerait un tollé dans les Amériques.

Personnellement, j'étais favorable à l'action. L'ONU et l'Organisation des États américains avaient toutes deux appelé au retour d'Aristide. Les représentants de certains États des Caraïbes à New York m'affirmaient que leur gouvernement soutiendrait une intervention armée multinationale. J'étais convaincue qu'avec un peu d'habileté diplomatique, nous pouvions soumettre l'armée et déloger la junte sans être considérés comme des interventionnistes yankees. Nous devions mettre à profit les leçons de l'expérience somalienne. Ce n'était pas parce que nous avions échoué dans ce pays que nous ne devions plus jamais intervenir. Simplement, nous devions être mieux préparés.

Le 8 mai 1994, le Président Clinton annonçait notre nouvelle politique. Pour paralyser l'élite haïtienne, nous empêchions les membres les plus éminents de l'armée, de la police et de la société civile de voyager à l'étranger. Pour désamorcer toute critique à l'intérieur des États-Unis, nous mettions un terme au renvoi des immigrés haïtiens

---

* Ensemble d'élus noirs démocrates du Congrès (*N.d.T.*).

dans leur pays. En réaction, les militaires haïtiens ont encore durci leurs positions, puis ils ont commis une erreur fatale en expulsant les observateurs de l'ONU et de l'OEA chargés de vérifier la situation des droits de l'homme. Ce défi direct à la communauté internationale allait marquer le début de la fin pour les autorités haïtiennes.

J'ai passé le plus clair du mois de juillet 1994 à persuader le Conseil de sécurité d'autoriser l'usage de « tous moyens utiles » – nom de code de la force – pour restaurer la démocratie en Haïti en remplaçant Cédras par Aristide.

Il fallait déjà parvenir à un accord avec Boutros-Ghali. Le secrétaire général n'appréciait pas notre proposition initiale de l'envoi d'une importante force de l'ONU, car l'organisation manquait d'argent (en partie du fait du refus du Congrès américain d'acquitter nos cotisations) et avait du mal à réunir des troupes pour d'autres missions. Par ailleurs, l'opération telle que nous l'envisagions serait placée sous commandement américain, aurait lieu près des frontières américaines et comporterait une importante proportion de soldats américains. Or, comme me le faisait remarquer Boutros-Ghali, la Russie, après avoir envoyé des soldats de la paix en Géorgie, voulait maintenant que le Conseil de sécurité les désigne comme force officielle de l'ONU, ce qui aurait signifié une économie de quatre-vingt-dix pour cent pour Moscou. Ayant opposé un refus à la proposition russe, le secrétaire général voyait mal comment il pouvait accepter la nôtre.

Vers la mi-juillet, je suis revenue vers lui avec un plan révisé. Au lieu de démarrer par une mission des Nations unies, nous demandions maintenant au Conseil l'autorisation de mener une coalition pour chasser le gouvernement haïtien illégitime, rétablir la stabilité dans le pays et préparer de nouvelles élections. À la suite de quoi l'ONU prendrait le relais avec un contingent moins important. Cette perspective plaisait plus à Boutros-Ghali, mais il voulait avoir l'assurance qu'on ne demanderait pas à l'ONU de faire le sale boulot, c'est-à-dire désarmer les milices. « Je ne veux pas d'une autre Somalie, a-t-il objecté.

— Parce que vous croyez que c'est ce que nous voulons ? ai-je répondu, avant d'ajouter : Ne vous inquiétez pas, cette fois, ensemble, nous y arriverons. » Le secrétaire général a donc accepté, sans enthousiasme.

Maintenant, je devais m'efforcer d'obtenir du Conseil de sécurité le mandat le plus large possible. Un certain nombre de pays manifestaient leur inquiétude vis-à-vis de notre projet, mais c'est surtout le Brésil et la Russie qui me donnaient du fil à retordre. Il n'y a rien de plus difficile que de persuader un leader hispano-américain d'accepter publiquement une intervention armée des États-Unis dans notre hémisphère. Comme me le rappelait l'ambassadeur d'Argentine Emilio Cárdenas, favorable à notre proposition, les États-Unis étaient intervenus au sud de la frontière des dizaines de fois au fil des décennies, parfois avec un triste résultat, contraire aux règles démocratiques. Les Brésiliens n'avaient que faire de la junte haïtienne, mais ne tenaient pas à cautionner une opération militaire. Pour en sortir, nous avons fini par accepter de mettre l'accent sur le caractère unique de l'affaire haïtienne, de sorte que si nous devions en arriver à utiliser la force, cela ne serait pas considéré comme un précédent.

Les Russes n'étaient guère concernés par ce que nous faisions en Haïti, mais ils voulaient profiter de l'occasion pour se lancer dans un petit jeu de poker diplomatique. Leur ambassadeur, Youri Vorontsov, me bombardait de questions sur la mission en laissant entendre que Moscou soutiendrait une intervention américaine en Haïti si nous soutenions la proposition russe pour la Géorgie. En fait, je m'entendais bien avec Vorontsov. Mais à entendre nos échanges sur Haïti pendant les délibérations du Conseil de sécurité, on aurait pu croire que la guerre froide faisait toujours rage.

Il y avait encore un autre obstacle : le père Aristide. Exilé à Washington, il avait accès aux fonds du gouvernement haïtien, par ailleurs gelés. En tant que victime de la répression, il appréciait le capital de sympathie dont il jouissait auprès de la communauté internationale. Il semblait aussi prendre goût au confort de la vie américaine. Certains estimaient, non sans un certain cynisme, qu'il n'avait aucune envie de retourner à Port-au-Prince. Sans compter que pour quelqu'un comme le père Aristide, l'idée d'être réinstallé au pouvoir par les États-Unis, ces « impérialistes », était particulièrement irritante.

Or si Aristide, en tant que Président légitime de Haïti, n'appuyait pas notre plan, notre intervention n'avait plus aucun fondement légal. Et sa position n'était pas claire. En juin, il jurait que « pour rien au monde » il n'accepterait de reprendre sa place grâce à l'invasion de son pays par les Américains. À d'autres moments, il réclamait aux États-Unis « une frappe chirurgicale contre cette bande de brutes ».

Finalement, nous avons obtenu un courrier d'Aristide exprimant son soutien à la résolution à laquelle nous étions parvenus. Après m'avoir rendu la vie impossible, Vorontsov, goguenard, m'a fait savoir que la Russie ne se mettrait pas en travers de nos projets. Le 30 juillet, alors que la session officielle du Conseil devait avoir lieu le soir même, nous avons passé la journée à boucler le dossier. Je m'étais personnellement entretenue avec chaque représentant permanent et connaissais la position de tous. C'était de la diplomatie au petit point. Si chacun tenait parole, nous l'emporterions. J'étais épuisée, complètement défaite. Pendant un break, j'en ai donc profité pour rentrer chez moi. Après m'être lavé les cheveux, remaquillée et avoir enfilé une robe de lin bleue, je suis revenue dans la salle du Conseil affronter mes homologues, hagards et pas rasés.

La session a duré toute la nuit. Défendant le traditionnel principe de souveraineté nationale, plusieurs ambassadeurs hispano-américains se sont opposés à l'intervention. Le représentant d'Aristide s'est prononcé en sa faveur. Chaque représentant permanent au Conseil a fait un discours. J'ai déclaré pour ma part :

> « Nous ne pouvons ni soutenir ni accepter un statu quo en Haïti. Il faut choisir. [...] Aujourd'hui, le Conseil va faire le bon choix. Le choix de la démocratie, de la légalité, de la dignité, de la fin de longues et injustes souffrances. Et le message que le Conseil adresse au général Cédras [...] est extrêmement simple : Vous aussi, vous avez le choix. Vous pouvez vous retirer vite et de plein gré, ou vous pouvez vous retirer vite et contraint et forcé. »

Au moment du vote, j'ai retenu mon souffle. La résolution a été adoptée par douze voix pour et deux abstentions. La Russie elle-même a voté oui, tandis que le Brésil et la Chine préféraient s'abstenir[1]. Pour la première fois dans son histoire, le Conseil de sécurité avait spécifiquement autorisé les États-Unis à faire usage de la force pour intervenir dans un autre pays de notre hémisphère. Nous avions notre mandat. Maintenant, la question était de savoir si nous pouvions terminer le travail.

Septembre est arrivé. Notre préparation militaire s'intensifiait, mais nous espérions que la menace d'une intervention armée serait suffisante pour décourager la junte de rester au pouvoir. Dans une ultime tentative pour régler la question par la voie diplomatique, le Président Clinton a chargé l'ex-Président Jimmy Carter, le sénateur Sam Nunn et le général en retraite Colin Powell de rencontrer les militaires haïtiens et de tenter d'obtenir leur démission. Pour éviter que les négociations ne traînent en longueur, il a fixé une date butoir pour l'intervention. Le général Cédras a pourtant attendu que les

---

1. La Chine déteste les interventions de l'ONU qu'elle considère depuis sa tour d'ivoire comme de l'ingérence dans les affaires intérieures des autres pays. Pendant une réunion du Conseil sur un tout autre sujet, j'ai vu que le représentant chinois s'exerçait à serrer une balle de caoutchouc dans sa main. Je lui ai fait passer un message : « À quoi ça sert, cette petite balle ? » demandais-je. Il m'a répondu qu'il était en train de fortifier ses muscles parce qu'il allait lever le bras et voter oui ce jour-là.

avions de la 82ᵉ division aéroportée fassent route vers Port-au-Prince sur ordre du Président Clinton pour admettre qu'il ferait mieux de se retirer comme prévu. L'armée américaine allait tout de même intervenir à Haïti en tant que membre majoritaire d'une coalition rassemblant des représentants de vingt-huit pays, mais ce serait une invasion sans résistance – ce qu'on peut espérer de mieux dans le genre. À la mi-octobre, Aristide était de nouveau au pouvoir.

Vers la fin novembre, je me suis rendue en Haïti en compagnie du général Jack Sheehan, chef du commandement atlantique américain, et j'ai partagé un dîner de dinde-pommes de terre et tarte avec nos soldats. Les hommes m'ont raconté qu'ils avaient reçu un accueil extraordinaire de la part de la population, très éprouvée par les privations et la terreur. Ils étaient fiers d'avoir été envoyés en Haïti et pour me remercier ils m'ont offert un béret vert, que j'ai posé plus tard crânement sur le casque bleu qui coiffait le buste d'Adlai Stevenson dans mon bureau.

Rares sont les pays qui ont eu aussi peu de chance avec leurs gouvernants que Haïti. Autrefois, c'était parce que les personnalités honnêtes, éprises de démocratie, n'avaient aucune chance de survie. Depuis notre intervention, les chefs d'État haïtiens ont soit manifesté une certaine faiblesse, soit semé la discorde, comme dans le cas du Président Aristide. Aujourd'hui, les conditions existent pour que le pays, dirigé d'une main ferme, amorce son redressement, tout en bénéficiant largement d'une aide extérieure et en attirant des investissements étrangers. Nous savons que la relève est prête, car nous en voyons la preuve au sein de la communauté américano-haïtienne. J'espère simplement qu'un jour Haïti aura le gouvernement qui rassemblera le pays autour de lui.

Au début des années quatre-vingt-dix, nous avons fait l'expérience du potentiel et des limites du maintien de la paix multilatéral et nous en avons tiré de douloureuses leçons. La Somalie, le Rwanda et Haïti nous ont appris entre autres qu'on ne résolvait pas les conflits en les abordant de manière arbitraire, par une approche rigide ou en appliquant un modèle unique. Chaque situation avait sa particularité, un mélange spécifique d'histoire, de personnalités, de culture et de politique. Pour moi, néanmoins, la leçon principale était claire. Par le biais de l'ONU ou d'autres organisations, la communauté internationale avait la responsabilité de venir en aide aux sociétés victimes de catastrophes naturelles ou provoquées par les hommes. Il était dans l'intérêt des États-Unis de veiller à ce que cette responsabilité soit assumée, parce que ainsi le monde serait plus stable, plus tranquille, et parce que c'était juste.

Veille de Noël 1943, en compagnie
de mon père, dans notre maison
de Walton-on-Thames (Angleterre).
Mes parents faisaient leur possible
pour que nous menions une vie
normale et que nous nous sentions
en sécurité malgré la guerre.

Josef et Mandula Korbel, mes parents, durant la Seconde Guerre mondiale. Elle l'avait
giflé parce qu'il l'avait appelée la fille la plus bavarde de Bohême, mais elle n'a jamais
regretté d'avoir attendu sept ans pour épouser son Jožka.

Jan Masaryk (futur ministre tchécoslovaque des Affaires étrangères) en compagnie de son père, Tomáš Masaryk, le fondateur de la Tchécoslovaquie. Les vêtements, les chaussures et la luxuriante moustache du père soulignent le contraste entre deux époques. Parlant de cette photo, Jan Masaryk se souvenait qu'il préférait les calmes discussions avec son père aux bavardages inutiles des réunions officielles.

De gauche à droite : Josef Körbel (mon père), Arnošt Körbel (mon grand-père), John Körbel (mon oncle).

J'aime beaucoup cette vieille photo de mes parents. Ma mère ressemble à une « flapper » (jeune fille *in* des années 1920) ; mon père fume déjà la pipe.

À Berkhampstead (Angleterre), en compagnie de mes cousins George et Alena (au premier rang), de ma tante Ola, de ma cousine Dáša et de mes parents.

Photo prise par mon père en mai 1948, à Genève, quand mes parents sont venus me dire que nous ne retournerions pas à Prague où les communistes venaient de prendre le pouvoir.

À l'âge de neuf ans, aidée par ma sœur Kathy et un ami de la famille, je gagne mon argent de poche en jouant à la petite marchande de fleurs devant l'ambassade de Tchécoslovaquie à Belgrade, sous l'œil vigilant de Blanka, notre gouvernante.

KENT DENVER SCHOOL ARCHIVES

Je préside une séance de l'International Relations Club de la Kent School de Denver. J'avais fondé ce club et je m'étais autoproclamée présidente.

COLLECTION DE L'AUTEUR

Fin d'études secondaires, 1955.

COLLECTION DE L'AUTEUR

La robe blanche à ceinture rouge que j'avais empruntée à Miss Fackt. Je trouvais qu'elle ressemblait à un abat-jour.

M. et Mme
Joseph Medill
Patterson
Albright,
11 juin 1959.

Je tiens dans mes bras Anne et Alice, à
moins que ce ne soit Alice et Anne ?

Ma fille Katie, juste après son baptême.

Joe en compagnie de l'homme qui, tour à tour, nous charmait et nous intimidait : Harry Guggenheim, principal actionnaire de *Newsday*.

Harry Guggenheim et sa femme, Alicia Patterson. L'oncle et la tante de Joe, ont eu les honneurs de la couverture du magazine *Time*.

Trois générations de Patterson (de gauche à droite) : Alice, la sœur de Joe, Josephine, sa mère, et Alice Higinbotham Patterson, sa grand-mère, l'adorable et redoutable « Gaga ». Dina, la jeune sœur de Joe, essaie de regarder par-dessus mon épaule.

Le sénateur Edmund Muskie lors du dîner que j'avais organisé, en 1972, afin de réunir des fonds pour financer sa campagne présidentielle. Les républicains ont saboté ce dîner, mais j'étais seule responsable du choix de ma perruque. Je pensais qu'elle ferait de moi une grande blonde sophistiquée. De gauche à droite : Enud McGiffert, Dale Loy, Jane Muskie, June Isaacson, Madzy Beveridge.

D.R.

Entre deux des hommes que j'admirais le plus : le sénateur Edmund Muskie et le président Jimmy Carter, lors d'une soirée célébrant le soixante-cinquième anniversaire du sénateur.

MAISON BLANCHE

MAISON BLANCHE

Profitant d'un moment de détente en compagnie de mon boss, Zbigniew Brzezinski, conseiller à la Sécurité nationale, dans son bureau situé dans l'aile ouest de la Maison Blanche.

Le président Václav Havel se repose aux Bermudes. À noter son tee-shirt Rolling Stones et sa signature très caractéristique.

En campagne électorale, on passe beaucoup de temps en avion. Geraldine Ferraro a été la première femme candidate à la vice-présidence. Elle a frayé un chemin que beaucoup d'autres ont emprunté depuis.

Walter Mondale, ex-vice-Président et candidat démocrate à la présidentielle de 1984. Il a eu le courage de choisir une femme comme colistière et d'être honnête au sujet des impôts. Il était très respecté pour son intelligence et sa réserve, mais le verdict des urnes lui a été défavorable.

En route pour une nouvelle étape lors de la campagne pour la présidentielle de 1988. Le gouverneur Michael Dukakis jette un coup d'œil sur le travail de Bill Woodward, qui rédigeait ses discours avant de rédiger les miens.

Mai 1993, dans le Bureau ovale avec le Président Clinton et le Secrétaire d'État Warren Christopher. Le Président a écrit : « À Madeleine, cette édition de 1801 du livre de Thomas Jefferson. Vous êtes digne de lui succéder en diplomatie, et tellement plus jeune, même le jour de votre anniversaire. »

MAISON BLANCHE

DÉPARTEMENT D'ÉTAT

Je lève le bras pour voter au nom des États-Unis. C'est mon tour de présider le Conseil de sécurité de l'ONU. Je suis assise à la gauche du secrétaire général Boutros-Ghali. Je le respectais en tant que diplomate, mais j'ai pensé devoir m'opposer à sa réélection.

Lors de notre première rencontre, Kofi Annan avait les cheveux noirs. Quand il a été élu septième secrétaire général de l'ONU, j'ai plaisanté au sujet de ses tempes argentées. Depuis, ses cheveux sont devenus tout gris, mais la cordialité et le dévouement de ce haut fonctionnaire, prix Nobel de la paix, n'ont pas changé.

ONU/DPI PHOTO

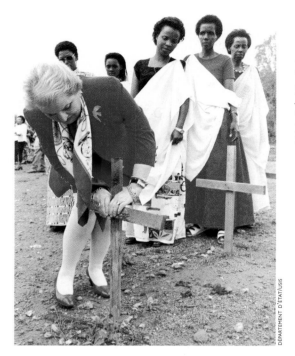

Au Rwanda, je redresse une croix marquant la tombe d'une victime du génocide. Je regretterai toute ma vie que nous n'ayons pas agi plus tôt et plus énergiquement pour mettre fin aux massacres.

En 1996, Hillary Clinton et moi avons visité le cimetière juif de la synagogue Pinkas, à Prague. Je devais y retourner l'année suivante, la tête pleine de nouvelles informations concernant le passé de ma famille. Derrière moi se tient Jenonne Walker, ambassadrice des États-Unis en République tchèque.

To Madeleine-who leads fearlessly where others may fear to tread- with great pride and affection from your friend in the "Girls Room"- Hillary 1996

« À Madeleine - qui va de l'avant sans peur là où d'autres craindraient de mettre les pieds - avec toute la fierté et l'affection de son amie de la "chambre des filles". Hillary. 1996. »

Sur la place Wenceslas, à Prague, avec Hillary Clinton et le Président Havel, qui montre du doigt le balcon d'où il haranguait la foule pendant la Révolution de velours. J'indique quant à moi un restaurant où l'on sert mes plats tchèques préférés.

L'OSSERVATORE ROMANO

Pour moi, le pape Jean-Paul II est un héros parce qu'il a déclenché le mouvement démocratique en Pologne. J'espérais que sa visite à Cuba, en 1998, apporterait le même espoir aux opposants au régime communiste.

J'ai saisi toutes les occasions de manifester mon soutien à une politique respectueuse de l'héritage culturel et religieux du peuple tibétain. Dans ce but, j'ai ignoré les objections chinoises et rencontré personnellement le Dalaï-Lama.

DÉPARTEMENT D'ÉTAT

Nelson Mandela a apporté la liberté à son pays et un nouvel espoir au monde. Il a également remporté sur ses geôliers la plus complète victoire qui soit, non en les punissant, mais en leur pardonnant.

DÉPARTEMENT D'ÉTAT/USIS

J'ai été ravie de remettre un poster dédicacé de la Conférence mondiale des femmes de Pékin à Aung San Suu Kyi, leader des forces démocratiques birmanes opprimées. Sous la beauté fragile de Suu se cache un cœur déterminé, une grande intelligence et un engagement inébranlable en faveur des droits de son peuple.

À l'école primaire d'Hillsboro, près de sa ferme de Virginie, le professeur Albright s'adresse à une audience plus jeune que d'habitude. Chaque fois que je me rendais dans une école, j'emportais un globe avec moi pour expliquer aux élèves qu'il est important de se soucier des peuples qui vivent de l'autre côté de la planète.

Arrivée à Moscou avec Strobe Talbott, le très perspicace et infatigable Secrétaire d'État adjoint. Je portais souvent mon Stetson noir, surtout les jours où mes cheveux étaient trop rebelles.

DÉPARTEMENT D'ÉTAT

REUTERS/EMIL VAS

En Bosnie, entourée de soldats américains et d'agents de la Diplomatic Security (DS). La jeune femme qui se trouve derrière mon épaule droite, avec des lunettes noires, est Elaine Shocas, mon très précieux chef de cabinet.

Dans les couloirs de l'ONU, accompagnée par Suzy George, l'adjointe d'Elaine Shocas, et son sourire de mille mégawatts.

COLLECTION DE L'AUTEUR

J'annonce ma désignation en tant que soixante-quatrième Secrétaire d'État. La *First Lady* avait dit au Président Clinton : « En choisissant Madeleine, tu auras à tes côtés quelqu'un qui partagera tes valeurs, défendra avec éloquence ta politique étrangère et fera la fierté de toutes les femmes. »

Lors de mon audience de confirmation devant le Sénat, je présente mes trois filles, Katie, Alice et Anne. Derrière elles, et de gauche à droite : Jeffrey Liss, fonctionnaire de la Maison Blanche, et quelques-uns de mes principaux conseillers : David Scheffer, Bill Woodward, Meg Donovan, Elaine Shocas, Jamie Rubin et Barbara Larkin. Le panneau d'affichage qui se trouve au fond avait été préparé par l'équipe du sénateur Jesse Helms, président de la Commission des Affaires étrangères, et reflétait ses a priori anti-ONU.

La nichée réunie pour le mariage de Katie : Greg Bowes (portant David), Alice, Katie, Jake Schatz, la mère très fière, Anne (enceinte de Jack), Geoff Watson.

John Korbel, mon frère, toujours aussi protecteur.

Kathy Silva, ma sœur et ma meilleure amie, qui m'a aidée de mille façons.

Mes anciennes camarades de promotion à Wellesley vieillissent magnifiquement. De gauche à droite : Susan Dubinsky Terris, Wini Shore Freund et Emily Cohen MacFarquhar.

CHAPITRE ONZE

Toujours entre deux avions

Durant les années soixante, lorsque je vivais à Long Island tout en suivant des cours à l'université Columbia, je m'étais dit que j'aimerais bien habiter New York dans de bonnes conditions. Et c'était exactement ce qui m'arrivait. L'appartement de fonction du représentant permanent des États-Unis à l'ONU est un penthouse, situé au quarante-deuxième étage des Waldorf Astoria Towers. Il y a un aigle doré au-dessus de la porte d'entrée, les pièces sont spacieuses et la vue sur Manhattan est digne d'une carte postale. On aperçoit même mon bâtiment préféré : l'immense cathédrale St. Patrick qui paraît minuscule parmi tous ces gratte-ciel.

Après avoir passé quelques mois dans cet appartement, j'ai décidé que j'avais avant tout besoin d'une « femme » bien à moi, et j'ai donc été extrêmement reconnaissante à ma sœur Kathy de prendre un congé exceptionnel et d'abandonner son travail d'enseignante à Los Angeles pour venir m'aider. Gérer les crises de Somalie, du Rwanda et d'autres pays, assumer une mission diplomatique, prendre constamment l'avion pour quitter Washington ou y revenir, s'occuper de deux résidences, tout cela semait la confusion dans ma vie. La plupart du temps, les choses ne se passaient pas trop mal, mais je ne savais jamais où étaient mes vêtements. Celui qui me manquait se trouvait toujours dans l'autre appartement. Parfois il m'arrivait même d'oublier où j'étais. Une nuit, à New York, je suis littéralement tombée de mon lit, croyant être à Washington où je ne dormais pas du même côté.

On a coutume de dire qu'un ambassadeur est quelqu'un qu'on envoie à l'étranger pour mentir au nom de son pays ; quant à moi, j'avais le sentiment qu'on m'avait envoyée à New York pour manger au nom du mien. Que ce soit en tant qu'hôte ou invitée, j'assistais sans cesse à des dîners, des déjeuners et des petits déjeuners. Je trouvais agréable de rencontrer des gens et de mêler travail et discussions à bâtons rompus, mais mon statut de célibataire posait un problème de protocole. Avant mon divorce, j'avais l'habitude, dans les réunions mondaines, d'être identifiée en premier lieu par la position sociale de mon mari. En tant qu'ambassadrice, je ne souhaitais pas que les épouses des autres invités pensent que je les snobais ou jugent que je me comportais de façon arrogante. Par ailleurs, les hommes avaient tendance à se tenir à l'écart des femmes avant et après le dîner, non pour boire du brandy et fumer des cigares comme dans le temps, mais pour parler affaires, c'est-à-dire diplomatie. Participer à ces discussions faisait partie de mon travail, mais je ne pouvais le faire sans délaisser les autres femmes. Résultat, j'allais d'un groupe à l'autre, quelquefois peu élégamment, d'autres fois avec plus de délicatesse, m'efforçant toujours de faire plaisir à tout le monde.

J'ai connu des jours difficiles, voire traumatisants, mais j'aimais mon travail. Pour la première fois, j'avais la sensation de pouvoir associer dans la même phrase, sans ironie, les mots « fascinante » et « ma vie ». Le Premier Mai, le Président qui se trouvait à New York est venu à la soirée donnée pour mon anniversaire. Ma fille Alice était également présente. Elle était sur le point d'accoucher, et quand le Président lui a demandé quand était prévue la naissance, elle a répondu : « D'un moment à l'autre. » Le Président lui a dit alors : « Ne vous inquiétez pas, je suis un adepte de la méthode Lamaze*. » À l'expression d'Alice, j'ai eu l'impression qu'elle avait entrevu la possibilité que le Président des États-Unis l'aide à mettre son bébé au monde et qu'elle s'était dit : « Pas question ! » Heureusement, elle a pu assister à toute la soirée et n'a donné naissance à David — mon premier petit-fils, un vrai petit diable — que le lendemain.

En vivant à New York et en occupant un poste en vue, je risquais de devenir ce que je n'ai jamais pu supporter : le genre de personne qui fait sans cesse référence à des gens connus. Pourtant il est exact que les personnages publics et les artistes sont attirés les uns vers les autres. On devine de l'envie des deux côtés. De nombreux artistes souhaiteraient jouer un rôle dans la politique et les politiciens aimeraient bien parfois être des stars.

Il m'a fallu un certain temps d'adaptation avant de découvrir que je pouvais inviter des gens célèbres à dîner et qu'ils acceptaient mes invitations. Une partie de ma stratégie consistait à faire se rencontrer des dignitaires étrangers et des journalistes influents comme Tom Brokaw, Dan Rather et Peter Jennings. J'invitais également des

---

* Fernand Lamaze, médecin français, l'un des promoteurs de l'accouchement sans douleur par la méthode psychoprophylactique (*N.d.T.*).

acteurs qui avaient manifesté de l'intérêt pour ce qui se passait dans le monde, comme Richard Dreyfuss qui était très bien informé des problèmes du Moyen-Orient et Michael Douglas à qui j'ai dit que j'aimais mon travail car il me permettait de suivre mes *basic instincts*. Douglas et d'autres acteurs éprouvaient de la sympathie pour le travail accompli par l'ONU et auraient souhaité encourager les États-Unis à accroître leur soutien. Quand la merveilleuse chanteuse Judy Collins a officiellement été nommée ambassadrice de bonne volonté pour l'Unicef, elle et son mari, le sculpteur Louis Nelson, sont devenus de très bons amis. À l'occasion d'un de mes dîners, Judy a chanté *Amazing Grace* tandis qu'autour de la table tous les convives s'efforçaient de retenir leurs larmes.

Quelquefois, je me montrais plus égoïste et j'invitais des gens pour la simple raison que j'avais envie de les rencontrer. La diva Jessye Norman est venue à l'un de mes dîners et a chanté, elle aussi. En l'écoutant, je me suis souvenue de ce dicton : « La musique est le bruit que fait Dieu en respirant. » J'avais été bouleversée par le livre de Frank McCourt, *Angela's Ashes**, et quand j'ai su que McCourt vivait à New York, je me suis empressée de le contacter. De même avec Walter Mosley, le spirituel et modeste auteur de *Devil with the Blue Dress*** et d'autres mystérieuses affaires résolues par Easy Rawlins, le fameux détective privé – ces deux ouvrages étant parmi mes préférés et ceux du Président Clinton.

De tous les gens célèbres que j'ai rencontrés, c'est avec Barbra Streisand que j'ai passé le plus de temps. Début 1993, je prononçais un discours devant le Hollywood Women's Political Caucus, quand une femme plutôt petite, portant un béret noir qui lui cachait la moitié du visage, est entrée et s'est assise. Lorsqu'elle a ôté son béret, j'ai été si surprise que j'ai failli m'arrêter au beau milieu d'une phrase. Après la réunion, nous avons eu le temps de parler et j'ai appris que Barbra se rendait souvent à New York. À la première occasion, je l'ai invitée à déjeuner. Elle m'a dit alors qu'au début de sa carrière elle avait joué dans une pièce de Karel Čapek, le dramaturge tchécoslovaque que mon père admirait tant. Barbra m'a plu parce qu'elle est passionnée, n'hésite pas à s'attirer des ennuis et dit ce qu'elle pense. Après cela, nous avons souvent déjeuné ensemble, fait du shopping, été voir des films et des spectacles. L'un des avantages d'accompagner Barbra, c'est que quand vous assistez à une comédie

---

* *Les Cendres d'Angela ; une enfance irlandaise*, prix Pulitzer 1997 ; Paris, Belfond, 1997.
** *Le Diable en robe bleue*, Paris, Albin Michel, 1996.

musicale de Stephen Sondheim, vous dînez ensuite avec M. Sondheim en personne.

J'aimais être en compagnie de Barbra, et je pense que de son côté elle se réjouissait d'avoir l'occasion de me faire subir un interrogatoire serré sur les événements du monde, afin d'obtenir des informations solides qui lui permettaient d'étayer ses réflexions. Pour l'un de ses derniers concerts, au Madison Square Garden, elle m'avait fait réserver une place au premier rang et a gracieusement partagé avec moi les applaudissements du public en me présentant comme son amie.

Parce que Washington n'était qu'à deux heures de vol et que je devais souvent assister à des réunions de la Commission restreinte des Affaires étrangères, je quittais souvent New York. Cela agaçait certains représentants permanents. Ils étaient également irrités par le fait qu'étant à la fois américaine et membre du cabinet, je pouvais m'entretenir avec leur ministre des Affaires étrangères quand je me rendais dans leur pays. À mon retour à New York, ils me faisaient savoir qu'ils n'appréciaient pas que je passe par-dessus leur tête. Je faisais valoir que ma participation aux délibérations politiques à Washington nous permettait d'être assurés que le gouvernement américain tiendrait compte du point de vue du Conseil de sécurité. Et j'ajoutais, sans mentir le moins du monde, que chaque fois que je rencontrais un ministre des Affaires étrangères, je commençais par faire l'éloge du représentant permanent de son pays à l'ONU.

Le fait est que la plupart des pays envoient à New York leurs diplomates les plus compétents et les plus expérimentés. Ce sont habituellement des gens qui ont fait leurs preuves dans d'autres fonctions ou qui ont montré des dispositions particulièrement prometteuses. Nombre d'entre eux ont été ou deviendront ministres des Affaires étrangères. C'est pourquoi il y a à l'ONU, plus que partout ailleurs, des discussions sur les problèmes internationaux, fondées sur la connaissance des faits, diversifiées et élaborées. Cependant, au début, j'étais une néophyte en matière de diplomatie, ce que certains de mes collègues ne manquaient pas de faire remarquer. De mon côté, je gardais les oreilles et les yeux ouverts, et j'apprenais.

Le Conseil de sécurité étant une assemblée législative, son rôle principal consiste à élaborer des résolutions. Bien sûr, nos collaborateurs préparaient les avant-projets, mais nous, les « Perm Reps* »,

---

* Pour « représentants permanents » (*N.d.T.*).

comme on nous appelait, étions chargés de les formuler, ce qui donnait parfois lieu à de violents affrontements verbaux. Thomas Pickering, mon prédécesseur, était passé maître dans l'art de manier le langage diplomatique. Star du corps diplomatique, il avait joué un rôle de premier plan dans la rédaction des résolutions votées par le Conseil de sécurité, avant, pendant et après la guerre du Golfe. À présent, Tom étant absent, cette tâche incombait à Sir David Hannay, le représentant britannique à l'esprit caustique. Hannay usait toujours de locutions latines comme *inter alia* (entre autres) et savait où il fallait mettre les virgules. Il avait également l'habitude de commencer toutes ses phrases par « *Désolé*, mais c'est ainsi qu'il faut dire... » Une fois, alors qu'il corrigeait les fautes grammaticales de tout le monde, je lui ai lancé : « *Désolée*, mais l'anglais n'est pas ma langue maternelle. »

Je ne maniais pas les mots aussi habilement que Tom Pickering, mais je profitais de l'expérience que j'avais acquise au Sénat, des conseils judicieux de mes collaborateurs et de l'exemple de mes collègues. J'ai très vite appris l'importance que pouvait avoir la ponctuation ou le remplacement d'un « et » par un « ou ». J'ai aussi appris à ajouter subtilement de la matière à une résolution en faisant référence à une autre résolution, une pratique courante à l'ONU. En apprenant à mieux connaître mes collègues, j'ai découvert plusieurs façons de parvenir à un consensus, sans renoncer à mes principes, et j'ai pu constater ce que j'appelais l'« effet boule de billard », ou comment une décision en entraîne d'autres. J'ai également appris à être directe quand il le fallait et à persuader les autres d'adopter mon point de vue, tout en restant dans l'ombre quand c'était nécessaire. Lorsque la résolution contestée sur Haïti a été débattue en 1994, j'ai eu le sentiment d'avoir compris non seulement comment fonctionnait le Conseil de sécurité, mais également comment le faire fonctionner.

Occasionnellement, je n'hésitais pas à utiliser l'effet de surprise en me dépréciant moi-même, dans un milieu où ce n'est guère une pratique courante. Au cours d'un débat, j'ai annoncé au Conseil qu'il devait attendre, avant de prendre sa décision, que j'aie reçu mes instructions de Washington. « La question ne sera pas tranchée, ai-je dit avec gravité, "tant que la grosse dame n'aura pas chanté*". » Tous furent très surpris que j'aie employé cette expression, vu que je ne suis pas spécialement mince, mais personne n'a soufflé mot. J'avais affaire à des diplomates !

---

* L'expression d'origine est : « Un opéra n'est jamais terminé tant que la grosse dame n'a pas chanté » (*N.d.T.*).

L'ONU ayant à traiter des problèmes de plus en plus nombreux, j'avais à jouer, dans l'élaboration et l'application de la politique étrangère des États-Unis, un rôle plus important que la plupart de mes prédécesseurs. C'était à la fois stimulant... et frustrant. Étant membre de la Commission restreinte des Affaires étrangères, j'avais ma place à la table où se prenaient les décisions ; mais j'étais également désavantagée, et de deux façons. Premièrement, en tant que membre du cabinet, j'avais des comptes à rendre au Président, mais en tant qu'ambassadrice je dépendais du Secrétaire d'État. Sur l'organigramme du Département d'État, je figurais à l'extrémité d'une ligne en pointillé qui partait de l'encadré dans lequel était inscrit le nom de Warren Christopher. Aussi ma position n'était-elle pas tout à fait la même que celle des autres membres de la Commission. Fort heureusement, j'avais affaire quotidiennement au sous-secrétaire aux Affaires politiques, Peter Tarnoff, qui a toujours su m'écouter avec sympathie.

En second lieu, alors que les autres membres de la Commission restreinte s'appuyaient sur une imposante bureaucratie, je ne pouvais compter que sur une simple mission diplomatique et une petite équipe, basée à Washington. Cette équipe travaillait très dur pour m'aider à préparer les réunions de la Commission, mais sur certaines questions nous manquions de sources d'informations pour apporter au débat une contribution indépendante.

J'ai dû travailler dur pour m'imposer, surtout au début. C'était en partie de ma faute. Désirant être acceptée par mes collègues, j'ai souvent oublié le conseil que je donnais aux débutants – parler haut et fort, et interrompre les autres si nécessaire. Je me maîtrisais trop. Cependant, lorsque je me décidais à parler haut et fort, l'attitude de Tony Lake, qui présidait les réunions, m'irritait. Les contraintes de son métier l'avaient rendu moins patient et accommodant que l'ami que je connaissais de longue date. Je le ressentais particulièrement lorsque je prenais la parole et qu'il tambourinait des doigts sur la table ou regardait sa montre. Cela me laissait perplexe car je ne monopolisais jamais la parole, et le plus souvent mon point de vue concordait avec le sien. J'ai souvent pensé que nous aurions dû discuter avant les réunions, mais ce n'était pas dans les habitudes de Tony. J'ignorais si le fait que je sois une femme jouait ou non un rôle, mais j'avais l'impression qu'il me traitait comme si j'étais l'une de ses étudiantes.

J'ai très vite compris que je ne pourrais pas influer sur des décisions en me contentant de répéter les arguments que l'on avait préparés pour moi. Sur bien des sujets, Christopher avait devant lui les mêmes notes que moi. Ma contribution avait un impact bien plus important lorsqu'elle se fondait sur des informations de première main, c'est pourquoi j'ai accepté avec empressement la chance que l'on m'offrait de représenter les États-Unis à l'occasion de missions à l'étranger. Je me suis rendue partout où se déroulaient des opérations de maintien de la paix car cela faisait partie de mon travail, mais j'ai été particulièrement heureuse quand le Président m'a chargée d'une mission ne dépendant pas de l'ONU, dans des pays que je connaissais bien.

Au début des années quatre-vingt-dix, beaucoup d'Américains voyaient encore l'Europe centrale comme un ensemble de pays mystérieux où l'on trouvait des châteaux médiévaux et des saucisses épicées, et dont les langues manquaient terriblement de voyelles. En réalité, chacun de ces pays a son histoire, sa culture et sa langue propres, chacun a son panthéon de héros et d'ennemis, et surtout chacun a le sentiment d'avoir été trahi à un moment ou à un autre. Pendant plusieurs siècles, ces nations ont été attaquées, morcelées et dominées par des voisins plus puissants. Après la Première Guerre mondiale, les « quatorze points* » du président Woodrow Wilson leur avaient accordé leur indépendance. Mais l'impérialisme soviétique avait tout balayé après la Seconde Guerre mondiale. Entre les années quarante et quatre-vingt, le Rideau de fer leur avait masqué la lumière de sorte que rien n'avait pu pousser.

À présent la lumière était revenue et la liberté pouvait refleurir, mais les griefs du passé pouvaient également resurgir. Il y avait un risque que les anciennes failles ne s'ouvrent de nouveau, inspirant les démagogues, attisant les peurs et incitant à maintenir l'ordre par la force. Après la chute du Mur de Berlin, les espoirs ont grandi. Les nations nouvellement libres désiraient rejoindre l'Ouest le plus rapidement possible, et elles ont vite été déçues par la lenteur du processus.

Certains pays avaient pensé être accueillis presque immédiatement au sein de la Communauté européenne (devenue l'Union européenne) et de l'OTAN. D'autres avaient espéré un nouveau Plan Marshall leur permettant de faciliter leur transition économique. L'Amérique et ses alliés les avaient aidés, mais pas suffisamment pour empêcher le chômage d'augmenter et les niveaux de vie de chuter. Les pays d'Europe centrale se sont sentis abandonnés et se

---

* Woodrow Wilson, Président des États-Unis, formula et rendit public (le 8 janvier 1918) un programme de paix dont les « quatorze points » furent par la suite admis comme base des négociations qui aboutirent au traité de Versailles, et étaient fondés sur le droit des peuples à disposer d'eux-mêmes et sur la constitution d'une Société des Nations destinée à prévenir leurs luttes futures (*N.d.T.*).

sont plaints que seule l'Allemagne de l'Est – réunie à l'Allemagne de l'Ouest – ait été acceptée à l'Ouest, les autres pays étant priés de patienter dans diverses salles d'attente institutionnelles.

En juin 1993, l'administration Clinton a adopté envers l'Europe centrale et l'Europe de l'Est une nouvelle politique destinée à encourager la démocratie, à abaisser les barrières douanières et à récompenser les nations qui entreprendraient des réformes économiques. Nous avons également défini les quatre principes qui devaient guider notre politique en ce qui concernait l'OTAN – l'institution que les pays de la région souhaitaient le plus rejoindre.

Premièrement, nous pensions que l'OTAN devait demeurer au centre du système de sécurité européen. Aucune autre organisation n'avait une influence comparable.

Deuxièmement, il était juste que l'OTAN ouvre ses portes aux nouvelles démocraties, à condition qu'elles satisfassent aux mêmes critères politiques et militaires que les autres membres.

Troisièmement, nous devions utiliser la perspective de rejoindre l'OTAN pour encourager ces pays à placer leurs forces armées sous le contrôle des autorités civiles, à libéraliser leur économie et à respecter les droits des minorités.

Et enfin, l'élargissement de l'OTAN devait se faire progressivement. Les nouvelles démocraties ne pouvaient pas être prêtes, du jour au lendemain, à se conformer aux critères de l'Alliance atlantique et elles ne feraient pas toutes des progrès au même rythme. Un processus transparent et volontaire contribuerait à convaincre Moscou que l'élargissement de l'OTAN aux pays de l'Est serait un pas en direction de la Russie et non contre elle.

Pour mettre ces principes en application, le Président Clinton a approuvé une idée avancée par le général John Shalikashvili, qui avait succédé à Colin Powell en tant que chef d'état-major des armées. Le général « Shali », comme nous l'appelions, était né en Pologne d'où il était parti, en 1944, dans une bétaillère, peu avant l'arrivée des troupes soviétiques. Il avait appris l'anglais, disait-il, en regardant les films de John Wayne, à Peoria. Shali devait faire profiter notre équipe de politique étrangère de son attitude constructive, de son intelligence aiguë, de sa vivacité d'esprit et de sa parfaite connaissance de l'Europe. Quand j'ai appris sa nomination, je l'ai aussitôt appelé pour lui souhaiter la bienvenue à la Commission restreinte des Affaires étrangères, lui qui était slave et originaire d'Europe centrale comme moi.

L'idée de Shali était d'inviter les démocraties naissantes, issues de l'ex-bloc soviétique et de l'ex-Union soviétique, à rejoindre une nouvelle organisation, le Partenariat pour la paix (PPP), dont les membres participeraient à des manœuvres conjointes d'entraînement militaire avec les pays de l'OTAN. Cela signifiait que d'anciens ennemis de l'Alliance atlantique apprendraient à collaborer avec elle, tandis que d'anciennes rivales, comme la Roumanie et la Hongrie, travailleraient ensemble. Les pays qui feraient le plus d'efforts pour moderniser leur armée, développer des relations pacifiques avec leurs voisins et renforcer leurs institutions démocratiques pourraient devenir des membres à part entière de l'Alliance atlantique.

Le projet consistait à créer une nouvelle structure de sécurité européenne qui préserverait et renforcerait l'OTAN, tout en réservant un rôle significatif à tous les pays, dont la Russie et l'Ukraine. Au début, les pays d'Europe centrale n'ont guère été favorables au PPP. Lech Wałesa l'a qualifié de « chantage » et jugé « très insuffisant ». Les dirigeants lituaniens insistaient pour que leur pays soit immédiatement admis au sein de l'OTAN. Afin d'obtenir des appuis pour son projet, le Président a décidé d'envoyer une mission diplomatique en Europe centrale et en Europe de l'Est, avant le sommet de l'OTAN prévu pour janvier 1994, sommet auquel il devait assister et où serait discuté le PPP. J'ai été très heureuse lorsque le Président Clinton nous a désignés, le général Shalikashvili et moi-même, pour cette mission.

Nous sommes arrivés en Europe dans le courant de la première semaine de janvier et nous avons constaté que les pays où nous nous rendions étaient très sensibles au fait que nous leur accordions une attention particulière. Nous sommes d'abord allés en Pologne où Lech Wałesa nous a accueillis avec beaucoup de scepticisme. Nous avons eu du mal à le persuader que le PPP était le chemin qui menait à l'OTAN, et non un détour comme il le craignait, et il a bien voulu déclarer à notre conférence de presse qu'il aurait préféré « sauter » dans l'OTAN, mais qu'il était prêt à procéder par « petites étapes ». Notre voyage nous a ensuite conduits en Hongrie, le premier pays à adopter le PPP sans réserve. À Prague, les Tchèques nous ont dit qu'ils étaient prêts à envisager un déficit budgétaire pour moderniser leur armée.

À chacune de nos escales, nous prônions la patience, insistions sur le fait que l'OTAN était une alliance militaire et non une association amicale. Les critères exigés pour en faire partie étaient élevés, et c'était la raison pour laquelle tant de pays désiraient y adhérer. Si un gouvernement voulait que la candidature de son pays soit prise au sérieux, il devait tout faire pour se conformer à ces critères. Les chefs d'État que nous avons rencontrés ont apprécié ma conviction que le PPP serait comme une carte routière qui les mènerait à l'OTAN. En revanche, ils ont été moins sensibles à mes analogies sportives. « Le

PPP, leur ai-je dit, c'est comme un match de football. La balle n'est pas toujours là où vous l'auriez souhaité, mais elle est en jeu et votre travail consiste à l'attraper et à courir. » Cette image aurait été comprise à Dallas ou à Detroit, mais à Varsovie, quand vous dites « football », personne ne pense au football américain, mais à celui qui se joue sans les mains. Si jamais un joueur touche la balle avec la main, le camp adverse bénéficie d'un coup franc.

Au début, l'équipe de Shali et la mienne ne savaient pas comment se comporter l'une vis-à-vis de l'autre. Je n'avais jamais voyagé avec un chef d'état-major des armées. De leur côté, les militaires ne sont pas habitués à se déplacer en compagnie de femmes assumant des fonctions importantes. Bien que nos sensibilités respectives aient été parfois mises à mal, nos équipes ont fini par bien travailler ensemble et par y prendre plaisir. Shali et moi considérions comme un hasard de l'histoire d'assumer les fonctions qui étaient les nôtres au moment où nos pays d'origine cherchaient à se faire accepter par l'Ouest. Pour les pays d'Europe centrale, nous étions les preuves vivantes que des membres importants du gouvernement américain comprenaient leurs problèmes passés et leurs espoirs futurs.

Craignant que l'« ours russe » ne reste pas longtemps inoffensif, les dirigeants que nous rencontrions souhaitaient bénéficier des garanties et de la protection qu'offrait l'OTAN. Toutefois, l'assurance de l'intervention militaire américaine ne peut se donner à la légère. J'étais seulement autorisée à dire que la sécurité de chacun des pays présentait un « intérêt direct et concret » pour les États-Unis. Ces mots rassuraient sans pour autant nous engager à quoi que ce soit de particulier. Une fois que j'avais expliqué cet « intérêt direct et concret », Shali exposait brièvement ce que chaque participant au PPP pouvait espérer. « Vous viendrez à Bruxelles, disait-il. Nous vous donnerons un bureau, un classeur et un téléphone. Il y aura sur place des personnes que vous pourrez consulter et avec lesquelles vous aurez la possibilité d'élaborer des projets. Nous apprendrons à coopérer sur le plan militaire. Et enfin nous développerons les moyens de communication et les autres équipements qui rendront notre coopération opérationnelle. »

Tandis que nous allions d'une capitale à l'autre, et vu la jalousie qui existait entre certains pays, nous n'osions pas apporter le moindre changement à notre propos ni à la routine diplomatique. Si nous avions pris un repas ou assisté à un dîner dans le premier pays visité, nous faisions de même dans les autres. J'estimais que ce voyage était pour moi une chance unique de rencontrer les dirigeants de la Pologne, de la Hongrie, de la République tchèque, de la Slovaquie, de la Roumanie, de la Slovénie, de la Bulgarie et de l'Albanie – cela en quelques jours –, mais parvenue au milieu de notre voyage, je n'étais plus très sûre de l'endroit où je me trouvais en descendant de l'avion, et j'en étais réduite à dire : « C'est si merveilleux d'être dans votre pays. » Nous nous sommes sentis très vite épuisés et repus. J'en suis arrivée à exprimer mon « intérêt direct et concret » à Shali tandis que nous volions vers l'étape suivante. En réponse, Shali m'a promis « un bureau, un classeur et un téléphone ». Et nous avons succombé au penchant du Pentagone pour les acronymes ; quand nous évoquions notre voyage, il n'était plus question d'un « hasard de l'histoire », mais d'un « AOH* ».

À Bruxelles, le 10 janvier 1994, les dirigeants des pays membres de l'OTAN ont approuvé officiellement le PPP, après quoi le Président Clinton s'est envolé pour Prague. Je l'ai rejoint en Belgique, ce qui m'a permis de lui faire un compte rendu de mes rencontres avec les différents chefs d'État, mais également de remplir la mission que le Président Havel m'avait confiée durant ma visite dans la capitale tchèque. Réfléchissant à la façon de recevoir le Président des États-Unis, Václav Havel avait décidé de lui offrir un saxophone, fabriqué en République tchèque, et de l'emmener dans un club de jazz. La mère du Président Clinton étant morte des suites d'un cancer du sein la semaine précédente, personne ne pouvait prévoir dans quel état d'esprit le Président se trouverait. Mon travail consistait à lui demander ce qu'il désirait faire et à transmettre discrètement la réponse à Václav Havel dès notre atterrissage.

Alors que nous nous préparions à descendre de l'avion, les personnes chargées du protocole nous ont mis en rang. Le Secrétaire d'État Warren Christopher devait descendre derrière le Président et je devais le suivre, mais, prévenant comme à son habitude, Chris m'a invitée à passer devant lui. Arriver à bord d'Air Force One, où que ce soit, est excitant, mais descendre la passerelle en compagnie du leader du monde libre, être accueillie par Václav Havel, un ami et un héros de la démocratie, dans mon pays d'origine, était totalement bouleversant. Nous étions au milieu de la passerelle lorsque j'ai murmuré au Président : « Je ne pouvais pas rêver mieux » et il a serré ma main. Une fois sur le tarmac, j'ai embrassé Havel et je lui ai rapporté la réponse de Bill Clinton : il acceptait de se rendre au club de jazz.

Nous avons quitté l'aéroport pour gagner le château de Prague où

---

* *Accident of History.*

devait avoir lieu la cérémonie d'accueil. La garde d'honneur a défilé, puis la fanfare a joué l'hymne national tchèque *Kde domov muj** et *The Star-Spangled-Banner*** dont le texte finit par ces mots merveilleux : « La terre de la liberté et la patrie des braves. » Deux hymnes, deux patries, pour la même personne. C'était un magnifique début – et le reste de la journée s'est mieux passé encore.

Václav Havel nous a emmenés dans son bureau, qui avait beaucoup changé depuis que j'y étais entrée, quatre ans auparavant. L'affreux mobilier avait disparu et la pièce était à présent décorée d'objets d'art moderne chers à Havel, dont une immense peinture représentant deux nus. Très étonné, le Président Clinton a regardé la toile et a dit : « Vous imaginez ce que diraient les gens si j'avais un tableau pareil dans mon bureau ? » Nous avons ensuite participé à la réunion officielle, les deux délégations étant assises de part et d'autre d'une longue table. Quelle que soit votre activité, il est toujours très agréable d'entendre quelqu'un faire l'éloge de votre travail. Quand le Président Havel a informé le Président Clinton qu'il soutenait le PPP, en grande partie grâce à la diplomatie dont j'avais fait preuve, et qu'il a ajouté : « Vous devez être fier qu'elle soit américaine », j'ai souri discrètement. Lorsque le Président Clinton lui a répondu : « Vous devez être fier qu'elle soit née tchèque », j'ai eu un sourire jusqu'aux oreilles.

Les quelques heures qui ont suivi semblaient sortir tout droit d'une émission de télévision à grand spectacle, avec en vedette deux chefs d'État charismatiques et une élégante dame d'un certain âge : Prague. Après s'être retrouvés dans le bureau de Havel, les deux Présidents sont descendus jusqu'à la Vltava et ont traversé le pont Charles qui avait été vidé de ses habituels marchands ambulants. Les trente statues baroques qui jalonnent le pont étaient éclairées et brillaient dans le crépuscule. Des milliers de Tchèques hurlaient « Clin-ton, Clinton » et leurs voix se répercutaient sur les bâtiments à travers les rues étroites.

J'ai rejoint les deux leaders dans un pub appelé Le Tigre doré. Tandis que nous nous régalions d'escalopes de veau et de bière, un couple de Tchèques âgés est venu se joindre à nous. Ils avaient reçu Bill Clinton lorsqu'il était venu visiter Prague des années auparavant, alors qu'il était étudiant à Oxford. Le Président a lancé : « Apportez-leur de quoi manger » dans une langue que Daniel Williams du *Washington Post* a définie comme « Arkanslovak ».

Nous nous sommes ensuite rendus au Reduta Jazz Club où le Pré-

---

* « Où est mon pays ? » (*N.d.T.*).
** « La Bannière étoilée » (*N.d.T.*).

sident Clinton s'est vu offrir un saxophone. Il l'a aussitôt essayé et pendant qu'il interprétait *My Funny Valentine* et *Summertime*, je me suis dit qu'il s'en tirait plutôt bien. En regagnant notre table, il a lancé : « Vous ne pouvez pas savoir comme c'est difficile de jouer d'un instrument neuf. » Plus tard, il a interprété un duo avec un merveilleux saxophoniste tchèque, tandis que Václav Havel, qui n'a aucun sens du rythme, les accompagnait – plus ou moins – aux maracas et au tambourin. À ce moment-là, il y avait dans la salle tant de politiciens tchèques et tellement de fumée que je ne voyais presque plus rien. Quand nous sommes sortis, ce qui pouvait très bien n'être qu'un simple pétard a éclaté dans la rue et les hommes du Secret Service* ont aussitôt entraîné le Président vers son hôtel. Dans l'ensemble, cette journée fut mémorable.

Compte tenu de l'agenda de l'ONU, la plupart de mes voyages m'ont conduite dans les régions les plus troublées du monde. Au cours de l'automne 1994, je me suis rendue sur les rives de la mer Noire et dans le Caucase où je suis restée une semaine. J'ai visité quatre petites Républiques, chacune possédant une identité distincte, l'une blottie entre la Roumanie et l'Ukraine, les trois autres situées entre la mer Noire et la Caspienne. Mon but était d'apporter le soutien américain aux nations nouvellement libres et de mettre en garde la Russie contre une ingérence injustifiée et la tentation de traiter cette région comme une « sphère d'intérêt ».

Je suis d'abord allée dans la minuscule République de Moldavie où je suis arrivée accompagnée par un convoi d'aide humanitaire en réponse aux difficultés provoquées par de récentes inondations. Le discours que j'ai prononcé et où je soutenais la souveraineté de la Moldavie a suscité de vifs commentaires de la part de l'armée russe, dont la 14e Armée était toujours présente en Moldavie alors qu'elle aurait dû avoir quitté le pays depuis longtemps. Les autorités moldaves ont invité notre délégation à un dîner long et copieux qui s'est tenu dans une cave à vin et au cours duquel nous avons porté des toasts aux relations américano-moldaves, à nos ambassadeurs, à l'avenir, à la démocratie, à la nourriture, à la boisson, au courageux peuple moldave et au noble peuple américain. À l'occasion d'un toast qui m'était porté, j'ai été comparée à Margaret Thatcher (la « Dame de Fer ») et surnommée la « Dame de Titane ».

L'étape suivante nous a conduits à Tbilissi, capitale de la Géorgie,

* Après l'assassinat du Président William McKinley, en 1901, le Congrès a chargé le Secret Service de protéger le Président des États-Unis (*N.d.T.*).

où nous avons embarqué à bord d'un vieil avion russe pour nous rendre à Zugdidi, située au nord. L'idée que les Russes se faisaient de la séparation entre les compartiments fumeurs et non fumeurs se résumait à installer les uns et les autres de part et d'autre de l'allée centrale. J'aurais pu m'y faire, mais la vue de mitrailleuses disséminées un peu partout et de grenades à main pendant aux ceinturons des soldats qui nous accompagnaient m'a fait souhaiter n'être jamais montée dans cet avion.

Une fois à terre, les choses n'ont fait qu'empirer. Au début des années quatre-vingt-dix, un mouvement séparatiste avait chassé de nombreux Géorgiens de chez eux. Ils avaient été regroupés dans des camps de fortune, non loin d'une ligne de cessez-le-feu négociée par l'ONU. Je me suis trouvée face à une foule de gens en colère auxquels j'ai expliqué que nous faisions en sorte qu'ils puissent rentrer chez eux, mais que je ne pouvais leur annoncer aucune avancée significative. Afin de tenter de détendre l'atmosphère, je suis entrée dans le bâtiment surpeuplé où étaient logées les familles déplacées. En tant qu'ambassadrice, je ne voyageais pas avec une équipe nombreuse. J'étais accompagnée de deux agents de la Diplomatic Security (DS), chargés de ma protection rapprochée, et d'Elaine Shocas, ma collaboratrice. Elaine et moi avons été rapidement séparées des deux agents et cernées par des gens qui criaient et nous bousculaient. La police locale n'a rien fait pour les repousser. Elaine a eu des bleus aux côtes après s'être cognée contre la crosse d'un fusil, et j'ai dû jouer des coudes pour descendre les escaliers et me frayer un chemin vers l'extérieur où nos courageux « protecteurs », James Rubin, mon porte-parole, chargé des relations avec la presse, et Bill Woodward, qui rédigeait mes discours, fumaient tranquillement une cigarette. C'est l'une des rares fois où je me suis sentie en danger [1].

Le président de la Géorgie, Edouard Chevardnadze, avait été ministre des Affaires étrangères de Gorbatchev et avait joué un rôle important au moment de la fin de la guerre froide. On le considérait comme un homme compétent et cultivé, et c'était tant mieux car

---

1. Shocas, Rubin et Woodward ont été mes conseillers les plus proches durant toutes les années où j'ai été ambassadrice puis Secrétaire d'État. J'ai rencontré Elaine dans les années quatre-vingt, par le biais du NDI ; elle avait travaillé pour le Département de la Justice et conseillé le sénateur Edward Kennedy pour la Commission judiciaire du Sénat. J'ai connu Jamie en 1988 alors qu'il travaillait pour l'Association pour le contrôle des armements ; il a été par la suite adjoint du sénateur Joseph Biden, chargé des questions de politique étrangère. Comme je l'ai mentionné précédemment, j'avais rencontré Bill au cours de la campagne de Dukakis ; il a ensuite travaillé pour le représentant Gerry Studds et le sénateur John Kerry.

vouloir imposer un gouvernement démocratique en Géorgie risquait d'être décourageant. Durant ma visite, nous avons discuté des problèmes qu'il avait à affronter, dont la criminalité, la corruption, le terrorisme et les conflits ethniques. Plus tard, nous avons partagé un long dîner – ponctué une fois encore de nombreux toasts.

Au cours de la soirée, je n'ai pas résisté à l'envie de raconter à Chevardnadze l'histoire qui circulait aux États-Unis vers la fin de l'administration Bush : un jour, le Président Bush a demandé à Gorbatchev comment il avait été assez malin pour découvrir Chevardnadze. Gorbatchev lui a répondu qu'il avait choisi « Chevvie », comme on le surnommait, parce qu'il avait répondu correctement à cette devinette : « Qui est le fils de votre père, mais qui n'est pas votre frère ? » Chevardnadze avait répliqué aussitôt : « Moi, bien sûr ! », et il l'avait donc engagé. Bush a alors décidé d'appeler le vice-Président Quayle et de lui poser la même question. Quayle a dit qu'il avait besoin de réfléchir et il est allé voir Richard Cheney, à l'époque Secrétaire à la Défense, à qui il a posé la question. Cheney a répondu : « Eh bien, c'est moi ! » Quayle est retourné auprès de Bush et lui a dit : « Posez-moi de nouveau la devinette. » Bush s'est exécuté et Quayle a répliqué aussitôt : « Dick Cheney ! » Mais Bush lui a répondu : « Non, imbécile, c'est Chevardnadze ! » Chevardnadze a apprécié la plaisanterie et proposé de nouveaux toasts.

L'Arménie et l'Azerbaïdjan sont tous deux de vieux pays, des voisins que leur culture et leur histoire divisent. Majoritairement chrétienne, l'Arménie garde le souvenir traumatisant des persécutions turques qui eurent lieu avant et pendant la Première Guerre mondiale. La population de l'Azerbaïdjan est en grande partie d'origine turque. L'un des stratagèmes de Staline avait consisté à intégrer la région du Haut-Karabakh, peuplée en majorité d'Arméniens, à l'Azerbaïdjan. Dès la fin de la guerre froide, les conflits avaient éclaté. Les Arméniens avaient pris le contrôle du Haut-Karabakh et ouvert un corridor pour y accéder. Durant ma visite, j'ai proposé que nous servions de médiateur pour régler le problème du Haut-Karabakh. Malheureusement, cette tentative de négociation devait se poursuivre sans succès pendant toutes les années que j'ai passées au gouvernement. Chaque fois que nous étions sur le point d'aboutir, les purs et durs d'un côté ou de l'autre provoquaient une crise.

Bakou, capitale de l'Azerbaïdjan et port pittoresque, est parsemé de puits de pétrole qui rappellent le rôle historique de ce pays en tant que producteur de pétrole. Lorsque j'ai visité cette ville, elle grouillait d'hommes d'affaires qui parlaient américain avec l'accent du Sud-Ouest et portaient des bottes de cow-boy. À la porte des restau-

rants, il y avait des pancartes priant les clients de bien vouloir déposer leurs armes à l'entrée. Je logeais à la résidence présidentielle, un
parfait exemple de l'architecture officielle de l'époque soviétique.
Dans le hall était suspendu un grand lustre, haut de quatre à cinq
mètres, fait de verre soufflé pourpre et vert représentant des grappes
de raisin. Le Président Heydar Aliyev m'a appris fièrement que
c'était son fils qui l'avait acheté. Après la réunion officielle, le
loquace Président m'a invitée à descendre au sous-sol où se trouvait
un night-club, La Cave, décoré de faux stalactites et stalagmites. Il
y avait là également une salle de projection, une piscine et un sauna.
Nous nous sommes assis sur des tabourets recouverts de peau d'ours
blanc pour écouter de la musique, pas très bonne et beaucoup trop
forte. Dans les réunions officielles, Aliyev parlait azeri, le reste du
temps il parlait russe, un souvenir de l'époque où il appartenait au
KGB. J'ai appris que La Cave avait été l'un des endroits favoris de
Leonid Brejnev lorsqu'il voulait se distraire et inviter des amis.

En tant que représentante des États-Unis à l'ONU, je me suis rendue trois fois en Afrique. Il y a bien des endroits magnifiques sur ce
continent, mais ils ne faisaient pas partie de mes itinéraires. J'ai visité
au contraire des pays marqués par des guerres auxquelles une grande
partie du monde tentait de mettre fin. Comme je peux en témoigner,
les enjeux étaient énormes. Au Burundi, j'ai insisté sur l'importance
des leçons à tirer de l'horreur des violences ethniques qu'avait
connues le Rwanda voisin, et j'ai rencontré des femmes hutues et
tutsies qui travaillaient ensemble afin d'éviter que ce génocide ne se
renouvelle.

En Angola, j'ai parcouru des champs déserts, en compagnie d'arti-
ficiers britanniques qui s'efforçaient de récupérer des mines antipersonnel. Les familles qui vivaient dans les environs étaient obligées
d'attacher leurs enfants à des poteaux pour qu'ils ne s'aventurent
pas dans ces champs. J'ai visité un hôpital dirigé par Médecins sans
frontières, où étaient soignés des enfants qui avaient perdu un bras
ou une jambe. Après cette expérience, le déminage est devenu pour
moi une priorité. J'ai obtenu que l'ONU approuve deux résolutions
appelant à l'arrêt immédiat du transfert ou de la vente de mines antipersonnel dans quelque pays que ce soit. Plus tard, soutenue notamment par le Président Clinton et Patrick Leahy, sénateur du Vermont,
j'ai lancé une campagne visant à éliminer d'ici l'an 2010 le danger
que représentent les mines antipersonnel pour les populations civiles.
J'ai eu la chance d'avoir pour adjoint l'ambassadeur Karl (« Rick »)

Inderfurth, qui est devenu le fer de lance de notre projet[1]. Parmi ses nombreuses initiatives, Rick a travaillé avec DC Comics pour faire paraître des éditions spéciales de *Superman*, *Wonder Woman* et *Batman*, qui mettaient les enfants en garde contre les mines, en usant d'un langage qu'ils comprenaient.

Au cours de mes voyages en Afrique, j'ai été consternée par le jeune âge des soldats dont beaucoup n'étaient même pas des adolescents. J'ai également été très déçue lorsque l'ONU, qui avait organisé le désarmement volontaire d'un certain nombre de soldats, ne leur a offert qu'un « colis de réhabilitation » qui contenait quelques dollars, des vêtements et une brosse à dents – nettement insuffisant pour commencer à se construire une vie nouvelle. La possession d'une arme avait donné à ces hommes – ou ces garçons – une identité. Une brosse à dents ne ferait certainement pas le même effet. Ils avaient avant tout besoin d'instruction et d'un travail. Où allaient-ils les trouver ?

Pendant tout le temps où j'ai représenté les États-Unis à l'ONU, j'ai pu constater deux tendances apparemment contradictoires. Certaines régions du monde se regroupaient comme jamais auparavant, d'autres se désagrégeaient. L'Europe s'était engagée dans un mouvement historique conduisant à une union économique et à une plus grande coopération politique. L'Amérique latine et l'Asie de l'Est négociaient de nouveaux traités commerciaux et étudiaient les moyens de parvenir à une meilleure collaboration qui leur permettrait de gérer leurs problèmes de sécurité ; mais les Balkans, le Caucase et certaines parties de l'Afrique volaient en éclats, en proie à des conflits et parfois en l'absence quasi totale d'institutions gouvernementales.

En voyant toute cette misère, j'ai songé aux politiciens de chez nous qui se moquaient des services publics et critiquaient nos institutions. Je me suis dit : qu'ils viennent ici et fassent l'expérience d'une vie sans « gouvernement interventionniste ». Après tout, on ne paie pas d'impôt sur le revenu au Liberia ; les armes de guerre ne sont pas interdites en Angola ; il n'y a pas de juges laxistes au Rwanda ; pas d'aide sociale au Soudan ; et pas de législation contraignante en matière d'environnement au Caucase.

---

1. J'ai rencontré Rick à l'époque où nous faisions tous deux partie du NSC présidé par Brzezinski. Par la suite, Rick est devenu mon adjoint au moment de la transition, puis le représentant des États-Unis à l'ONU pour les affaires politiques spéciales. Vu son dévouement et son savoir-faire, je l'ai fait participer au Conseil de sécurité et prendre part aux responsabilités de maintien de la paix. En 1997, en tant que Secrétaire d'État, j'ai demandé à Rick de devenir adjoint du sous-secrétaire aux Affaires politiques, chargé de l'Asie du Sud.

Début 1995, le soulèvement politique conduit par Newton Gingrich, le président de la Chambre des représentants, a mis fin à quatre décennies de contrôle de cette assemblée par les démocrates et amené à Washington une foule de nouveaux représentants. Dans un effort de conciliation, la Maison Blanche a organisé un briefing de politique étrangère pour le président de la Chambre et les nouveaux venus. Un après-midi de février, le Secrétaire d'État Christopher, Tony Lake, le général Shalikashvili, le Secrétaire à la Défense et moi-même sommes allés ensemble au Rayburn House Office Building. Je ne me rappelais pas avoir vu pendant toutes les années où j'avais travaillé avec le sénateur Muskie, et plus tard au NSC, l'équipe de politique étrangère du Président au complet se rendre au Congrès pour un échange général de points de vue. À notre arrivée, la salle était vide. Gingrich et les représentants républicains participaient à une autre réunion. On nous a demandé d'attendre, ce que nous avons fait pendant quarante minutes. À ce moment-là, j'ai commencé à me sentir agacée, Shali a changé de couleur, les oreilles de Lake fumaient et le sourcil gauche de Christopher n'arrêtait pas de se froncer nerveusement. Au bout de trois quarts d'heure, on nous a fait savoir que la réunion à laquelle assistait le président de la Chambre risquait de durer encore très longtemps, et nous sommes partis.

Le Président Clinton n'a pas renoncé pour autant. Il a décidé d'organiser un dîner auquel il a convié les principaux membres du Congrès et ceux du National Security Council. Ce soir-là, j'ai découvert un aspect totalement différent de la personnalité du président de la Chambre. À cette occasion, il est arrivé à l'heure, s'est assis avec quelques-uns d'entre nous dans la Blue Room, a discuté pendant plus d'une demi-heure d'histoire, de l'architecture de la Maison Blanche et de problèmes de défense. À l'arrivée du Président Clinton, la conversation s'est faite encore plus générale. Voir le Président et Gingrich dans ce cadre, participant à cette réunion mondaine, c'était comme observer deux généraux ennemis en train de disputer un bras de fer avant de regagner le champ de bataille pour se brûler la cervelle l'un l'autre. Tous les deux étaient des commandants-nés, et les commandants ont besoin de leurs propres armées. Gingrich pouvait se montrer courtois, flatteur, stimulant, érudit et séducteur, mais il n'était pas disposé à faire passer son artillerie dans notre camp. Nous étions l'ennemi, et il était venu au monde pour s'opposer à nous [1].

---

1. L'ascension de Gingrich a donné lieu à beaucoup d'exagération sur le prétendu manque d'à-propos du Président Clinton et sur le fait que Gingrich était un « homme de transition », comme il se définissait lui-même. Je ne pouvais pas m'empêcher de penser à ce roman de l'écrivain tchécoslovaque Karel Čapek, datant

Si Gingrich et moi avions des personnalités complémentaires, il était par ailleurs un maître de la dépréciation politique, et le dénigrement systématique de l'ONU était devenu le sport favori de la droite. Stimulée par son slogan politicien du « Contrat avec l'Amérique », la nouvelle majorité semblait déterminée à détruire les Nations unies. Elle a présenté un projet de loi qui devait conduire à la suppression du maintien de la paix par les forces de l'ONU. Elle a imposé des conditions de plus en plus draconiennes pour régler les factures de l'ONU. Certains représentants fraîchement élus ont envisagé la possibilité que les États-Unis se retirent totalement de l'organisation. À l'occasion d'une audition devant le Congrès, l'un d'eux m'a posé une question que je croyais de pure forme : « Que fait exactement l'ONU ? », mais j'ai vite réalisé que celui qui l'avait posée n'en avait pas la moindre idée.

Mes efforts pour travailler en harmonie avec le Congrès ont été compliqués par deux erreurs de ma part. J'ai commis la première lorsque j'ai réaffirmé, devant la Chambre des représentants, la nécessité que les États-Unis paient ce qu'ils devaient à l'ONU et que j'ai ajouté : « Il n'est pas facile de représenter un mauvais payeur ! » Harold Rogers, le représentant du Kentucky au Congrès (président de la sous-Commission des finances de la Chambre des représentants, chargée de mon budget), a aussitôt réagi : « Comment osez-vous insulter notre pays ? » J'ai répondu, avec la plus grande sincérité : « Je n'aurais pas dû présenter les choses de cette façon. Je suis très fière d'être américaine. Je vous prie de m'excuser. » Après la séance, j'ai appelé Hal Rogers pour me réconcilier avec lui, et depuis lors j'ai fait très attention aux mots que j'employais.

Plusieurs mois après, j'ai commis une seconde erreur, cette fois devant le Sénat. En tentant d'expliquer pourquoi il était important d'avoir des partenaires pour gérer des conflits régionaux, j'ai dit : « Le leadership des États-Unis au sein d'opérations collectives exige ce que je définirais comme un "multilatéralisme autoritaire". » J'entendais par là que, quand l'Amérique agissait conjointement avec d'autres pays, elle devait définir les objectifs et garantir le succès. Je n'écartais absolument pas la possibilité que nous puissions agir seuls pour nous défendre ou protéger d'autres intérêts vitaux. Malheureusement, le « multilatéralisme » est devenu le mot qui m'a poursuivie. Des critiques partisanes ont déformé mes intentions et le sens de mes paroles pour laisser entendre que je souhaitais soumettre la politique étrangère des États-Unis à l'ONU. Le multilatéralisme est certaine-

---

de 1936 : *La Guerre des salamandres*, qui raconte la course de salamandres géantes qui partent à la conquête du monde.

ment l'un des outils de la politique étrangère, mais le terme lui-même manque d'attrait, particulièrement pour les Américains. Ce mot de sept syllabes a des racines latines et se termine en « isme ». Pour quiconque souhaitait critiquer l'administration Clinton, j'avais fourni l'arme idéale.

Le véritable problème auquel nous étions confrontés venait du fait que nous tentions d'affûter un outil de politique étrangère – le maintien de la paix par l'ONU – que de nombreux membres du Congrès n'appréciaient guère. Après tout, nous avions l'armée américaine. De quoi d'autre avions-nous besoin ? Si des sociétés volaient en éclats, c'était leur problème. Le point de vue que j'essayais de défendre était que le Président pourrait faire davantage pour notre pays s'il disposait d'une panoplie d'outils – dont nos forces armées, des alliances puissantes, une influence économique et la possibilité, quand cela s'avérait nécessaire, d'agir sous couvert de l'ONU et d'autres organisations internationales. Je reconnaissais les défauts de l'ONU, mais je soutenais que beaucoup pouvaient être corrigés et étaient en voie de l'être, et que c'était l'intérêt de l'Amérique d'encourager ce processus. Plus l'ONU serait efficace, plus elle pourrait nous aider en partageant les coûts, les risques et les responsabilités du développement de la paix. Si nous ne soutenions pas suffisamment l'ONU, elle ne réussirait pas. Et si elle ne réussissait pas, nous en paierions tous le prix. Nous avions pu le constater en Somalie et au Rwanda. Et depuis que j'étais en poste à New York, nous l'avions vu également en Bosnie.

CHAPITRE DOUZE

Horreur dans les Balkans

Peu après mon entrée en fonctions en tant que représentante permanente des États-Unis à l'ONU, j'ai visité un charnier près de la ville croate de Vukovar. Je n'ai vu qu'un amoncellement de réfrigérateurs rouillés et de vieilles pièces de matériel agricole, une décharge entourée de fil de fer barbelé, près de laquelle patrouillaient des Casques bleus russes. Juste sous la surface de la terre, il y avait plus de deux cents cadavres. Les victimes n'étaient pas des combattants, mais des civils soignés dans un hôpital qui avaient été emmenés une nuit par les forces serbes. Les autorités serbes locales ne niaient pas l'existence de ce charnier mais s'étonnaient de me voir m'y intéresser. Selon elles, je ne pouvais pas comprendre l'histoire de cette région.

Au cours de cette visite, j'ai repensé à ces images de réfugiés expulsés de chez eux, dans divers endroits des Balkans : à Bihać, Brčko, Mostar. Pour la plupart des Américains, ces noms sont étranges, difficiles à prononcer et à retenir. Je me suis alors souvenue des visages d'autres personnes, photographiées alors qu'on les emmenait vers d'autres lieux inconnus, dont les noms étaient difficiles à prononcer eux aussi, comme Auschwitz, Treblinka ou Dachau.

L'horreur de l'Holocauste ne s'est pas répétée lors du conflit qui a fait rage en Bosnie au début des années quatre-vingt-dix, mais il existe certaines similitudes. En 1939, quand le maréchal nazi Wilhelm Keitel a ordonné l'épuration de la Pologne, il a appelé cela un « ménage politique ». Dans les années quatre-vingt-dix, nous avons qualifié les actes abominables qui ont été commis en Bosnie de « nettoyage ethnique ». L'ampleur des atrocités et le contexte étaient différents, mais pour la communauté internationale, la qualification des crimes restait la même. Dans l'un de ses livres, mon père a cité Tomáš Masaryk, le père fondateur de la République tchécoslovaque :

« L'amour de son voisin, de sa nation, de l'humanité impose à chacun d'entre nous l'obligation de se défendre et de s'opposer constamment au mal, à tout moment et dans tous les domaines. » Les campagnes du Président serbe Slobodan Milošević faisant appel à la brutalité m'ont rappelé cette obligation.

En 1980, en tant que représentante du gouvernement Carter, j'avais assisté aux funérailles du maréchal Tito, longtemps l'homme fort de la Yougoslavie. Dans les années qui ont suivi, la Fédération yougoslave a commencé à se fissurer. Elle a connu de graves problèmes économiques et l'agitation a régné parmi les différents groupes ethniques qui la constituaient. Quand il a paru évident que la guerre froide se terminait et que les régimes communistes devenaient obsolètes, des leaders d'un nouveau genre ont saisi l'occasion qui s'offrait à eux. Malheureusement, ces nouveaux leaders n'étaient pas nécessairement meilleurs.

Milošević était un homme d'affaires yougoslave qui avait grimpé les échelons du parti après la mort de Tito. Élu président par le Parlement serbe en 1989, il s'est rendu populaire en excitant les peurs et les ressentiments ethniques. Opportuniste impitoyable, il a adopté le style dur de Tito, tout en exploitant les conflits qui opposaient les Serbes à la quasi-totalité du reste de la Yougoslavie. Avec son visage large et lisse, ses manières cordiales et son élégante garde-robe, il ne ressemblait pas à un vaurien. Ses discours, quoique extrêmement nationalistes, n'étaient pas entachés de haine. Sa cruauté se manifestait dans ses manipulations qui encourageaient les forces serbes à utiliser la terreur, le viol et la violence aveugle envers ses adversaires des Balkans.

Les différents problèmes que j'avais eu à affronter en Somalie, au Rwanda et en Haïti étaient nouveaux pour moi, mais la Yougoslavie était un pays que je connaissais bien. Hormis les liens qui me rattachaient à la Tchécoslovaquie et aux États-Unis, ceux qui me liaient à ce pays étaient les plus forts. J'y avais vécu, mon frère y était né, et mon père y avait servi par deux fois. En tant qu'universitaire, j'avais suivi l'évolution du communisme et j'avais passé beaucoup de temps à étudier ce pays.

À New York, à Washington lors des réunions de politique étrangère, dans des notes confidentielles destinées au Président, dans les discours que je prononçais de par le monde, j'usais du langage le plus dur possible pour prôner une action énergique contre Milošević. Les Serbes m'ont souvent accusée de trahir mon héritage familial. J'ai toujours répondu : « Oui, il est vrai que mon père a dédié son livre sur Tito au peuple yougoslave, et qu'il aimait les Serbes. Il disait souvent que s'il n'avait pas été tchécoslovaque, il aurait voulu être serbe. Mais l'engagement de mon père était consacré à des idéaux de liberté et de tolérance. Si mon père était encore vivant, sa voix s'élèverait au moins aussi vigoureusement que la mienne pour défendre ces idéaux et accuser Milošević. »

Les terribles conflits qui ont eu lieu deux ans avant ma nomination en tant que représentante permanente à l'ONU ont fait exploser la Yougoslavie. Tout d'abord la Slovénie a obtenu son indépendance, après une brève période de combats. La Croatie est devenue libre à son tour, mais à la suite d'une guerre impitoyable, comme en témoignait le charnier près de Vukovar. La Macédoine a repris sa liberté sans violence, mais la Bosnie-Herzégovine s'est enlisée dans un conflit, les Serbes de Bosnie soutenus par Milošević prenant l'avantage. Jour après jour, le monde voyait des civils massacrés, des villages incendiés, des immeubles canonnés, des églises et des mosquées détruites, et entendait parler de viols collectifs.

Au début, les Européens et l'administration Bush considéraient cette crise comme un problème européen qui devait et pouvait être réglé par les Européens. Des diplomates faisaient anxieusement la navette entre les uns et les autres pour faire signer des cessez-le-feu qui n'étaient jamais respectés et annoncer la fin des violences qui n'arrivait pas. Une théorie très répandue en Europe selon laquelle les Serbes, les Croates et les Bosniaques musulmans étaient tellement décidés à se battre qu'il était vain d'essayer de les en empêcher, rendait ces tentatives de conciliation encore plus difficiles. Cette attitude condescendante et impitoyable se fondait sur l'histoire des rivalités ethniques de la région, mais elle ne tenait pas compte des siècles durant lesquels ces mêmes populations avaient vécu en paix ensemble, ni des mariages interethniques qui avaient depuis longtemps tempéré les prétentions de beaucoup à la pureté ethnique. Il existait également dans une grande partie de l'Europe une tendance historique à se sentir plus proche des catholiques (dont les Croates) ou des orthodoxes (dont les Serbes) que des musulmans. Il n'était pas difficile de deviner que pour ceux qui avaient adopté ce point de vue « philosophique » envers la violence dans les Balkans, alors que le dernier règlement de comptes risquait de mal se terminer, la disparition de la Bosnie-Herzégovine n'aurait pas été une si mauvaise chose.

Pour appuyer leurs efforts diplomatiques, le président Bush et ses homologues d'outre-Atlantique avaient envoyé en Bosnie des contingents militaires, légèrement armés, sous l'égide de l'ONU, avec pour mission de faire respecter les cessez-le-feu, de confisquer aux belligérants leurs armes lourdes et d'assurer l'acheminement de l'aide humanitaire. C'était un peu envoyer David contre Goliath, mais sans lance-pierres ni aucun signe du soutien divin. Tenus par la traditionnelle neutralité des soldats de la paix, les forces de l'ONU devaient d'abord demander « Maman, est-ce que je peux ? » avant d'agir. Ces soldats sont très vite devenus les témoins passifs de crimes monstrueux. Avant même que je n'arrive à New York, le Conseil de sécurité avait déjà réclamé plus de deux douzaines de fois la fin des combats. Une fois encore, le véritable échec ne venait pas de l'ONU en tant qu'institution, mais des membres du Conseil de sécurité qui ne soutenaient pas leurs déclarations d'intention par des actes.

L'une des premières mesures du Conseil avait été d'approuver un embargo sur les livraisons d'armes à la Yougoslavie. Cette mesure était supposée réduire la violence, mais son application à la Bosnie, après l'éclatement de la Yougoslavie, n'avait aucun sens. Contrairement à Belgrade, le gouvernement de la Bosnie nouvellement libre, qui siégeait à Sarajevo, n'avait rien fait qui justifie cette sanction de l'ONU. De plus, l'impact de l'embargo était injuste. Les Serbes de Bosnie avaient beaucoup d'armes et Belgrade pouvait les réapprovisionner si nécessaire. Pour tourner l'embargo, les Croates bénéficiaient de l'aide de Zagreb. Les musulmans, eux, étaient relativement démunis.

Durant les premiers mois de la présidence Clinton, notre équipe de politique étrangère a tenu de nombreuses réunions décousues et peu constructives sur la crise dont nous avions hérité, sans parvenir à un consensus. Les Aspin, le Secrétaire à la Défense, semblait tiraillé entre ses instincts interventionnistes et la réticence de l'armée à s'impliquer dans ce conflit. Le Secrétaire d'État, Warren Christopher, avait du mal à faire un choix. Tony Lake, quoique encore très imprégné du ton énergique des discours de la campagne présidentielle de Bill Clinton, s'est très vite souvenu du Vietnam. De façon assez compréhensible, il ne souhaitait pas engager des forces américaines dans une guerre impossible à gagner. En même temps, il était d'accord avec moi pour penser que les violences en Bosnie menaçaient la sécurité européenne et par conséquent nos propres intérêts. La position que j'occupais a renforcé mes convictions et m'a amenée à recevoir chaque jour plus de hauts fonctionnaires étrangers que n'importe lequel de mes collègues. La Bosnie étant pour eux une préoccupation constante, je me suis dit qu'il fallait que je donne une véritable réponse aux représentants des nations islamiques qui me pressaient de mettre fin au massacre de leurs frères.

Le vice-Président Al Gore participait également à nos discussions. Je l'avais connu en 1988, alors qu'il était le rival de Mike Dukakis pour le choix du candidat démocrate à l'élection présidentielle, et en tant que sénateur du Tennessee, spécialiste de la législation sur les armes et concerné par les problèmes écologiques. Après avoir été nommée représentante permanente à l'ONU, je me suis souvent assise à côté de lui durant les réunions et nous avons échangé des notes sur la politique et les différentes personnalités. Malgré sa réputation d'homme rigide, je trouvais Al Gore détendu et drôle. Dans les discussions politiques, le Président le traitait comme un partenaire à part entière, faisant peu de cas de la hiérarchie. Al Gore a eu une influence apaisante sur le reste de l'équipe, en particulier au début. Comme Leon Fuerth, son conseiller à la Sécurité nationale, il était passionné par les problèmes de justice et de droits de l'homme. Ils étaient tous deux favorables au principe d'une action énergique.

Le vice-Président Gore, Tony, Leon et moi étions favorables à un plan qui se résumait en deux mots : « lever et frapper ». Ce plan consistait à lever l'embargo sur la livraison d'armes à Sarajevo, tout en usant de la menace de frappes aériennes. Cela donnerait une chance aux Musulmans de Bosnie de se défendre eux-mêmes et enverrait un message aux Serbes afin de les dissuader de poursuivre leurs agressions.

Le Président a approuvé cette proposition et a demandé à Christopher d'aller consulter nos alliés européens. Revenu le 8 mai 1993, Christopher ne rapportait pas de bonnes nouvelles : « Notre idée principale de lever l'embargo sur les armes a rencontré une forte résistance, en partie parce que les alliés craignent pour la sécurité de leurs Casques bleus si nous donnons l'impression de prendre parti. » Selon lui, nous pouvions probablement les amener à accepter notre proposition en leur disant simplement que nous avions l'intention de passer à l'action, mais cela ne les aurait pas convaincus du bien-fondé de notre plan. Christopher pensait qu'une telle décision exigeait une vaste campagne diplomatique ; cette perspective ne l'enthousiasmait pas particulièrement et engagerait la crédibilité du gouvernement. Un échec serait préjudiciable tant pour les États-Unis que pour la communauté internationale. D'un autre côté, l'« approche consultative » choisie pour le voyage qu'il venait d'effectuer indiquait que le Président n'avait pas encore fait son choix. « Vous êtes libre d'envisager d'autres options, lui a-t-il dit, quoique aucune ne me semble séduisante. »

Ce briefing ne nous a pas été très utile, mais il nous a appris une chose. Les consultations entre alliés sont essentielles, mais elles ne doivent pas se transformer en débats interminables sur ce qu'il faudrait faire. Nous ne pouvions pas espérer convaincre les autres si nous ne l'étions pas nous-mêmes. Avec un nouveau Président, un

Secrétaire d'État prudent, un Pentagone négatif, des alliés nerveux, et des crises en Somalie, puis au Rwanda et en Haïti, nous n'étions pas prêts à courir le risque de prendre la direction des opérations en Bosnie – nous exposant de ce fait à des risques encore plus grands.

Durant les deux années qui ont suivi, nous avons privilégié la négociation, mais sans jamais user de la menace crédible d'employer la force pour parvenir à nos fins. Nous avons au contraire utilisé un mélange de demi-mesures et de fanfaronnades qui se sont révélées inefficaces. Nous avons négocié des accords de cessez-le-feu qui ont été violés au bout de quelques jours. Nous avons proposé une résolution au Conseil de sécurité visant à lever l'embargo sur les armes, mais l'abstention de neuf des membres du Conseil, dont la Grande-Bretagne, la France et la Russie, a empêché son adoption. Nous nous sommes engagés à renforcer six zones de sécurité musulmanes, mais les renforts ne pouvaient parvenir jusqu'à elles qu'avec le consentement des Serbes de Bosnie. Nous avons promis d'empêcher Belgrade de livrer des armes aux Serbes de Bosnie, mais Milošević a refusé que l'ONU contrôle les nouvelles frontières tracées à l'intérieur de l'ancien territoire yougoslave. Nous avons affirmé que nous ferions respecter l'interdiction de survol de la zone d'exclusion aérienne, mais les Serbes ont violé cette interdiction des centaines de fois, sans jamais en payer le prix.

Dès le début, nous avons demandé à Colin Powell, alors chef d'état-major des armées, de nous faire des propositions d'actions militaires. L'arrivée de Powell aux réunions, avec ses cartes et ses dossiers sous le bras, nous impressionnait beaucoup. Pendant la guerre du Golfe, Powell avait fait figure de super-héros, symbolisant la détermination américaine dans une période de triomphe largement célébré quoique incomplet. Le physique sympathique, le caractère chaleureux, le sens de l'humour et la réserve manifeste de Powell, associés à son allure militaire, font de lui un personnage terriblement séduisant. Alors que les autres membres de l'équipe de politique étrangère du Président Clinton étaient des nouveaux venus, Powell était un rescapé de l'administration précédente et il devait encore servir neuf mois sous la nouvelle présidence, jusqu'au terme de son affectation en tant que chef d'état-major des armées.

Durant les réunions, qui se tenaient dans la Situation Room de la Maison Blanche, Powell, utilisant un pointeur laser rouge et des cartes de la région des Balkans, nous indiquait où les bombardements et les mouvements de troupes pourraient avoir lieu si nous choisissions l'option militaire. Lorsque nous lui avons demandé ce que nécessiterait la libération de l'aéroport de Sarajevo cerné par l'artillerie serbe, fidèle à sa doctrine de la supériorité militaire écrasante, il nous a répondu qu'il faudrait des dizaines de milliers d'hommes, que l'opération coûterait des milliards de dollars, qu'il y aurait probablement beaucoup de blessés et de morts, et que cela impliquerait un engagement à très long terme des forces armées américaines. À plusieurs reprises, il nous a fait entrevoir d'immenses possibilités pour aussitôt nous décevoir en ajoutant ce qui équivalait pratiquement à un « oui mais c'est impossible ! ». Après avoir entendu ces mêmes arguments pour la énième fois, j'ai demandé, exaspérée : « Colin, pourquoi entretenir cette magnifique armée si nous ne pouvons pas l'utiliser ? » Powell a raconté dans son autobiographie qu'en entendant ma question il avait failli avoir une « rupture d'anévrisme » et qu'il avait dû m'expliquer « patiemment » le rôle de l'armée américaine[1].

Vu son prestige et le nombre de ses décorations, je trouvais difficile de discuter avec Colin Powell de la bonne façon d'utiliser les forces armées américaines. Si j'étais membre de la Commission restreinte, je n'en demeurais pas moins une simple civile. Cependant je pensais, et je pense toujours, qu'il y avait de meilleures leçons à tirer de la guerre du Vietnam. Je comprenais parfaitement que Powell souhaite plus de précisions sur la mission à accomplir et veuille être sûr de réussir avant d'engager nos forces, mais rester fidèle à la devise « plus jamais de bourbiers » n'était pas la stratégie qui convenait dans un monde complexe et en proie au désordre. Avec un planning soigneusement élaboré, une force armée restreinte pouvait être utilisée efficacement pour atteindre des objectifs limités. Une intervention en Bosnie était urgente, mais Powell ne souhaitait pas que l'armée américaine s'en charge.

Au cours de ma première année à New York, le Conseil de sécurité a autorisé la création du Tribunal pénal international (TPI). Basé à La Haye, ce tribunal chargé de juger les crimes de guerre commis dans l'ex-Yougoslavie était le premier du genre depuis la Seconde Guerre mondiale. Le TPI et son procureur, le courageux Richard Goldstone d'Afrique du Sud, ont dû surmonter d'énormes obstacles.

---

1. À la fin de 1995, après que les frappes aériennes de l'OTAN eurent aidé à mettre un terme à la guerre de Bosnie, un journaliste m'a interrogée à propos de ce passage du livre de Powell, et je lui ai répondu franchement que nous étions en désaccord. J'ai appelé Powell pour le mettre au courant de cette interview et je l'ai taquiné à propos du mot « patiemment ». Powell m'a aussitôt envoyé un exemplaire de son livre avec cette dédicace : « Avec mon admiration et mon amitié, patiemment vôtre, Colin Powell. » Je l'ai remercié en lui envoyant un mot qui se terminait par : « Avec mon admiration et mon amitié, énergiquement vôtre, Madeleine Albright. »

Contrairement aux accusés jugés à Nuremberg, les individus soupçonnés d'être responsables de crimes de guerre dans les Balkans n'étaient pas les hauts dirigeants d'un pays vaincu. Beaucoup exerçaient encore un pouvoir, ce qui empêchait le TPI d'avoir accès à des lieux contrôlés par des forces hostiles pour entendre des témoins et vérifier l'existence de charniers. Les procès ne pouvaient avoir lieu sans accusés, et pendant longtemps il n'y en a pas eu. De plus, le TPI ne possédait pas sa propre police et dépendait entièrement de la coopération des gouvernements [1].

Il existait un véritable risque que le TPI échoue dans sa mission et qu'une fois encore la communauté internationale soit accusée de promettre plus qu'elle ne pouvait donner. Mais l'administration Clinton, principal contributeur, ne s'est pas laissé décourager. Nous avons mis à la disposition du TPI nos moyens techniques, et nos bénévoles ont aidé à interroger des témoins et des réfugiés. Nous avons fait de la collaboration avec le TPI une question primordiale dans toutes nos relations bilatérales avec des gouvernements de la région ou d'ailleurs. J'étais fière du rôle que nous jouions et plus particulièrement du travail accompli par David Scheffer, mon conseiller juridique, qui a consacré des centaines d'heures à ce projet et est devenu par la suite le premier ambassadeur extraordinaire américain chargé des questions liées aux crimes de guerre, un poste qui a été créé lorsque je suis devenue Secrétaire d'État.

Notre foi en notre mission s'est révélée capitale. Au cours des années, le TPI a permis de constituer une jurisprudence solide sur laquelle pourraient s'appuyer de futures accusations de crimes contre l'humanité, de crimes de guerre et de génocides. Il a par exemple établi que le viol et l'asservissement sexuel pouvaient être considérés comme crimes de guerre. À ce jour, près d'une cinquantaine d'accusés ont été jugés, dont des Croates, des Serbes et des Musulmans de Bosnie. Par la suite, j'y reviendrai, le TPI a même fini par prendre le plus gros poisson.

En mars 1994, j'ai eu le privilège d'inaugurer le futur site de l'ambassade des États-Unis à Sarajevo. Cet événement symbolisait l'en-

---

1. Le travail du tribunal était encore compliqué par le fait que les victimes de viols hésitaient souvent à venir témoigner. Les femmes victimes de viols en Bosnie, dont beaucoup étaient des musulmanes démunies, chassées de leurs maisons, déplacées, devaient faire face à la pression des tabous sociaux, aux épreuves physiques et aux difficultés économiques. Il est même étonnant qu'il y en ait eu autant qui aient accepté de venir témoigner comme elles l'ont fait.

gagement de l'Amérique – en paroles sinon encore en actes – pour une Bosnie une et souveraine. Je n'étais encore jamais venue en Bosnie, mais tandis que je remontais en voiture le grand boulevard qui conduisait au centre ville, j'ai senti l'émotion me gagner. On ne voyait partout que des bâtiments détruits et du verre brisé. Les montagnes que tant de gens de par le monde avaient admirées durant les jeux Olympiques de 1984 grouillaient de batteries serbes. Des tireurs isolés et la pénurie de carburant empêchaient tout transport public. Des immeubles avaient été pillés, et à la place des fenêtres il y avait d'énormes trous. Chaque jour, des habitants de Sarajevo étaient tués, chez eux, en faisant leurs courses ou simplement en traversant la rue. Dans la campagne environnante, les conditions de vie étaient pires encore. Pour leur approvisionnement, des villages entiers dépendaient de parachutages aléatoires et de convois sur lesquels il était difficile de compter. Les gens étaient affamés et de nombreux bébés mouraient. Les médecins opéraient à la lueur de bougies, sans anesthésie.

Des années auparavant, en voyageant dans la région, j'avais été très impressionnée par la relative modernité de la Yougoslavie. Haris Silajdžić, le Premier ministre de Bosnie, m'a raconté avec fierté que quand il était enfant, il pouvait voir de la fenêtre devant laquelle nous nous tenions le clocher d'une église catholique, la croix d'une église orthodoxe et le minaret d'une mosquée. Désormais ces lieux saints étaient en partie détruits, et la Bibliothèque nationale, saccagée, brûlait.

La future ambassade que j'étais venue inaugurer était délabrée. Elle donnait sur ce qui avait été autrefois un parc et était à présent un cimetière. Dans mon discours d'inauguration, j'ai exprimé le plaisir que j'éprouvais à me trouver dans « la capitale indivisible de la Bosnie-Herzégovine, indépendante et souveraine ». J'ai déclenché des applaudissements en affirmant : « Je suis une Sarajévienne. » À l'époque, j'ai jugé cette déclaration un peu théâtrale, et rétrospectivement je la trouve prétentieuse. Elle reflétait pourtant ce que je ressentais.

Tandis que le temps passait et que les combats se poursuivaient, nous continuions à travailler pour tenter d'échapper au dilemme dans lequel notre politique était enfermée. Nous ne pouvions pas lever l'embargo sur les armes parce que nous n'avions pas réuni le nombre de voix suffisant au Conseil de sécurité ; et nous ne pouvions pas imposer un cessez-le-feu, qui était inacceptable pour les Musulmans de Bosnie et aurait récompensé le nettoyage ethnique. Il nous était également impossible d'utiliser des forces militaires importantes pour punir les Serbes de Bosnie car les Casques bleus risquaient d'être pris en otages et les missions humanitaires paralysées.

Cependant, nos sanctions économiques ont produit un certain effet. Milošević souhaitait que nous les levions, et de notre côté nous voulions qu'il fasse pression sur les Serbes de Bosnie, dont le quartier général se trouvait dans la ville de Pale, afin qu'ils viennent à la table des négociations. Notre but était de parvenir à un accord reconnaissant l'indépendance de la Bosnie-Herzégovine et partageant son territoire entre la Fédération croato-musulmane et l'entité serbe de Bosnie, semi autonome. Si Milošević acceptait de reconnaître la Bosnie et persuadait les Serbes de Pale d'accepter la carte que nous avions tracée, nous étions prêts à suspendre les sanctions.

À l'automne 1994, nous avons vu nos efforts dynamisés lorsque Richard Holbrooke, diplomate chevronné, est devenu adjoint du sous-Secrétaire aux Affaires politiques, chargé des Affaires européennes, et le principal négociateur dans le conflit des Balkans. Son arrivée nous a redonné courage, et je me suis enfin sentie réellement soutenue. Nous avions l'habitude de dire qu'en ce qui concernait notre politique vis-à-vis de la Bosnie, nous étions unis comme les doigts de la main.

À la fin de l'année, les négociateurs se sont mis d'accord pour un cessez-le-feu de quatre mois. Cela semblait être une grande réussite. Par ailleurs, il neigeait et les offensives militaires ont naturellement ralenti. Comme prévu, des semaines de « patinage » bureaucratique ont suivi tandis que les négociateurs cherchaient la bonne combinaison associant la levée des sanctions, le redécoupage de la carte et une reconnaissance mutuelle, susceptible d'avoir l'approbation des Serbes de Pale sans pour autant mécontenter la Fédération bosniaque.

Avec le mois de mai, l'horreur est revenue.

Les Serbes de Bosnie ont célébré la fin du cessez-le-feu en se livrant au pire pilonnage que Sarajevo ait connu depuis des mois. Le général Rupert Smith, le nouveau commandant des Casques bleus, a réclamé des frappes aériennes qui ont été refusées par Yasushi Akashi, le représentant civil du secrétaire général de l'ONU, obsédé par le principe de neutralité.

L'OTAN ne pouvait pas décider seule de procéder à des frappes aériennes à cause du mécanisme dit de la « double clé » selon lequel les autorisations de l'ONU et de l'OTAN étaient nécessaires pour pouvoir entreprendre des actions militaires. Akashi craignait que des frappes aériennes ne déclenchent des représailles contre les Casques bleus. J'ai eu l'un de mes entretiens les moins agréables avec Boutros-Ghali quand je me suis élevée contre cette inaction en disant qu'elle ne faisait qu'encourager les attaques des Serbes de Bosnie. Mes arguments ont eu un certain impact. Les tirs d'artillerie continuant, Smith a de nouveau réclamé des frappes aériennes, et cette fois Akashi est revenu sur sa décision.

Le 26 mai 1995, les avions de l'OTAN ont bombardé par deux fois des dépôts de munitions proches de Pale. Comme Akashi le craignait, les Serbes se sont déchaînés, pilonnant cinq des six zones de sécurité musulmanes de Bosnie et prenant en otages plus de trois cent quarante observateurs et Casques bleus. Ayant trouvé mon point faible, le nouveau représentant permanent de la Russie, Sergei Lavrov, un homme à l'esprit vif, a parlé des leçons à tirer de la Somalie. La semaine suivante, un F-16 de l'Air Force patrouillant dans la zone d'exclusion aérienne de Bosnie a été abattu. En apprenant que le pilote, le capitaine Scott O'Grady, était porté disparu, je me suis sentie coupable. Je savais que *j'avais raison* quant aux frappes aériennes, mais je me suis demandé ce qui pourrait encore mal tourner.

En quittant la réunion du Conseil de sécurité, je suis passée devant le pool de journalistes, et l'un d'eux m'a lancé : « Comment vous sentez-vous à présent, madame l'Ambassadrice ? Êtes-vous satisfaite de ces frappes aériennes ? » J'ai répondu, apparemment très sûre de moi, mais en réalité j'étais bouleversée. Les frappes aériennes avaient eu lieu et à présent l'ONU – à la veille de fêter son cinquantième anniversaire – avait l'air ridicule. Les Serbes de Bosnie avaient enchaîné des Casques bleus à des ponts, à proximité de batteries antiaériennes et d'autres cibles potentielles, et avaient invité les médias du monde entier à être les témoins de ce spectacle. Avant qu'il ne soit sauvé*, nous avons pensé pendant plusieurs jours que O'Grady était mort ou prisonnier. Nous avions besoin d'une meilleure stratégie.

La question essentielle était : que faire des Casques bleus ? Boutros-Ghali était prêt à laisser tomber. Le général Smith était d'avis que nous devions décider de combattre ou pas, mais que nous ne pouvions pas continuer à prétendre qu'il existait un moyen terme. J'étais d'accord, mais il y avait également de très bonnes raisons de ne pas renoncer à la présence de l'ONU en Bosnie. Les Casques bleus jouaient un rôle humanitaire essentiel, ne serait-ce que parce qu'ils servaient de témoins, ce qui avait l'avantage de refréner les pires instincts des combattants. Le retrait des Casques bleus risquait également de créer un grave désordre. Les planificateurs de l'OTAN

---

* Un commando de marines, à bord de deux hélicoptères, a récupéré le pilote qui était resté caché dans une forêt pendant six jours (*N.d.T.*).

prévoyaient que durant leur retrait ils deviendraient des cibles vulnérables, susceptibles d'être attaquées de tous côtés. Ils estimaient
qu'une force de soixante mille hommes dont vingt mille Américains
serait nécessaire pour que ce retrait s'effectue en toute sécurité. Au
cours d'une réunion de l'OTAN, l'année précédente, les États-Unis
avaient accepté de participer à une telle opération.

En fait, cela signifiait que nous nous étions engagés à aider au
retrait de nos alliés, mais pas à gagner – une position absurde. Fin
juin 1995, au cours d'une réunion de notre équipe de politique étrangère, j'ai déclaré : « Quand le leadership des États-Unis est remis en
question dans une région du monde, cela affecte notre leadership
partout ailleurs. Lorsque j'ai entendu récemment le Président Jacques
Chirac déclarer : "La place de leader du monde libre est vacante",
j'ai senti mon cœur se glacer. La stratégie que nous avons adoptée
laisse croire que le Président des États-Unis est faible. Nous avons
besoin de reprendre l'avantage. »

Tout en reconnaissant la difficulté de ce choix, j'ai recommandé
que nous acceptions l'inévitable retrait des forces de l'ONU. Lorsque
les Casques bleus ne seraient plus en danger, nos alliés ne pourraient
plus refuser d'armer les Bosniaques, leur permettant ainsi de se
défendre eux-mêmes. L'OTAN pourrait procéder à des frappes
aériennes pour les couvrir pendant qu'ils se prépareraient. Nous
devions insister pour que Milošević reconnaisse la Bosnie et rompe
tous liens avec les Serbes de Pale ; en retour, nous lèverions les
sanctions. Dans le même temps, nous ferions comprendre clairement
aux Serbes de Pale qu'un accord était toujours possible, et aux autres
Bosniaques qu'il leur faudrait accepter une solution négociée raisonnable, s'ils ne voulaient pas perdre l'aide des pays occidentaux.

Le Président a déclaré que « l'idée maîtresse de ma proposition »
lui plaisait et que c'était la « bonne direction à prendre ». Tony Lake
était d'accord, ce qui m'a fait plaisir et nous a encouragés à réfléchir
à la façon de mettre fin au conflit bosniaque. Dans les jours qui ont
suivi, les éléments d'une nouvelle stratégie se sont mis en place,
mais pas avant que toute une ville ne meure.

Un matin de juillet 1995, Stuart Seldowitz, un de mes collaborateurs, est entré dans le bureau de Shashi Tharoor, le sous-secrétaire
général de l'ONU. Tharoor était le type même du diplomate, affable,
s'exprimant aisément et doué d'un esprit analytique. Je ne l'avais
jamais entendu élever la voix ni vu laisser paraître la moindre émotion, mais Stu se rappelait que ce matin-là Tharoor semblait boule-
versé et affligé. Seldowitz lui ayant demandé ce qui se passait, il lui

avait répondu : « Je pense que nous avons affaire à une catastrophe humanitaire de dimension historique. On m'a signalé des massacres à Srebrenica. »

Seldowitz a traversé la rue en courant pour venir m'apprendre la nouvelle. J'ai aussitôt appelé Washington au téléphone. Un autre téléphone a sonné et Cameron Hume, mon conseiller politique, a répondu. Tout en m'entretenant avec mon correspondant, j'ai entendu Cameron dire : « Je comprends, Mo, je comprends. » J'ai aussitôt raccroché et Cameron m'a tendu son combiné en m'expliquant : « C'est Sacirbey, [le représentant permanent de la Bosnie à l'ONU] et il pleure. »

Srebrenica était l'une des trois enclaves musulmanes qui restaient à l'est de la Bosnie. Chacune de ces enclaves avait été déclarée zone de sécurité et accueillait un grand nombre de réfugiés. Elles étaient toutes les trois convoitées par les Serbes de Bosnie et très vulnérables aux attaques.

Encouragé par les prises d'otages, le général serbe de Bosnie Ratko Mladić avait estimé que c'était le bon moment pour frapper. Le 6 juillet, ses forces armées avaient commencé à pilonner Srebrenica qui, nichée dans une vallée, était devenue un véritable stand de tir. Cinq jours plus tard, les Serbes avaient pris la ville, chassé la plupart des femmes et des enfants, et retenu les hommes qu'ils avaient massacrés. D'après des listes dressées ultérieurement par la Croix-Rouge internationale, plus de sept mille Musulmans de Bosnie ont été exécutés entre le 12 et le 16 juillet. La plupart des corps ont été jetés dans des charniers [1].

Au cours d'une réunion très émouvante à la Maison Blanche, le vice-Président Al Gore a prononcé une allocution passionnée, nous exhortant à ne pas « tolérer le génocide ». J'ai affirmé la nécessité de nous montrer fermes avec nos alliés. Songeant à nos échecs précédents, j'ai précisé : « Nous devons leur dire que les choses ont assez duré. » Le Président a acquiescé. « Il faut pousser les Français et les Anglais à nous suivre. » Ce qui signifiait plus de références absurdes au mécanisme de la « double clé » de la part de l'ONU, et plus d'hésitation à utiliser les forces aériennes de l'OTAN pour empêcher de

---

1. Le contingent de Casques bleus hollandais qui se trouvait à Srebrenica n'avait pas la puissance de feu nécessaire pour arrêter les Serbes. Trente Casques bleus ont été pris en otages pendant l'attaque. Les officiers hollandais ont cru à la promesse du général Mladić de ne pas s'en prendre aux hommes de Srebrenica. Le massacre a eu lieu après le retrait des Casques bleus. En avril 2002, une commission d'enquête hollandaise indépendante a conclu à la responsabilité du gouvernement qui avait confié à des Casques bleus, mal préparés et mal soutenus, « la mission bâclée et impossible à réussir » de protéger Srebrenica.

futures attaques serbes. Dans les semaines qui ont suivi, l'ONU et l'OTAN ont rédigé un accord secret s'engageant à répondre par la force à toute attaque serbe sur les zones de sécurité qui restaient, quelles qu'elles soient.

Comme cela avait été le cas pour le Rwanda, nous n'avons pas connu tout de suite l'ampleur du massacre. Les premières informations étaient sommaires et les responsables de ces atrocités mentaient. Nous avions de graves soupçons, mais nous manquions de preuves. Les Serbes de Bosnie affirmaient qu'il n'y avait pas eu de massacre. À Belgrade, Milošević laissait entendre que les hommes disparus avaient paniqué, qu'ils s'étaient enfuis et sortiraient peu à peu des bois. Il suggérait même qu'ils étaient peut-être déjà rentrés chez eux, mais que les Musulmans de Bosnie refusaient sans doute de le reconnaître pour mettre les Serbes dans l'embarras.

Bien décidée à découvrir la vérité, j'ai demandé l'aide de la CIA. Si les hommes portés disparus étaient retenus prisonniers, où étaient-ils ? S'ils avaient été tués, pouvions-nous le prouver ? Il était possible que des vies puissent encore être sauvées et impératif que ceux qui s'étaient rendus coupables de meurtres – si meurtres il y avait – répondent de leurs actes.

Les services de renseignement ont commencé leurs recherches, mais pendant deux semaines ils n'ont rien trouvé. Puis un analyste consciencieux a découvert des photos aériennes sur lesquelles on voyait ce qui semblait être des prisonniers regroupés sur un terrain de football. Sur d'autres photos du même terrain, prises deux semaines plus tard, il a remarqué des endroits où la terre avait été retournée, et de nombreuses traces laissées par des véhicules. Nous avons entamé le processus de déclassification de ces photos afin de pouvoir les comparer aux informations déjà recueillies par ailleurs. Au bout de quelques jours, nous avions une histoire à raconter au monde entier.

Le matin du 10 août 1995, le Conseil de sécurité s'est réuni pour une séance non officielle. Me fondant sur les informations fournies par les services de renseignement, sur les photos aériennes et sur des interviews de survivants, j'ai évoqué deux cas importants. Un réfugié de Srebrenica avait témoigné qu'on l'avait conduit avec d'autres Musulmans jusqu'au terrain de football du village de Nova Kasaba. On les avait fait mettre en rang, par groupe, et on leur avait tiré dessus à la mitrailleuse. Ce réfugié avait survécu parce qu'il avait été enfoui sous d'autres corps, et il avait réussi plus tard à se sauver. J'ai fait circuler une photo datée du 13 juillet, montrant le terrain de football de Nova Kasaba. Des flèches blanches indiquaient deux groupes constitués, selon les analystes, d'environ six cents personnes.

Puis j'ai fait circuler une autre photo, datée du 27 juillet, montrant le même terrain de football, mais vide. Des flèches blanches indiquaient trois endroits où la terre avait été retournée récemment et formait des taches plus claires. On pouvait également distinguer des traces laissées par des véhicules.

Un second réfugié, un adolescent, avait témoigné avoir fait partie d'un groupe de quatre cents hommes de Srebrenica qu'on avait forcés à monter dans des camions et qu'on avait emmenés dans une école, près de Bratunac. Quand ils avaient tous été regroupés, on les avait fait sortir par petits groupes. Ceux qui étaient à l'intérieur entendaient des coups de feu. Lorsque le tour du garçon et de ceux de son groupe était venu, on les avait transportés en camion jusqu'à un champ couvert de corps. Blessé, l'adolescent avait feint d'être mort et plus tard avait réussi à se sauver.

Tandis que les photos circulaient, la salle du Conseil – où retentissait habituellement le bruit de débats parfois houleux – était silencieuse. Je pouvais entendre les doigts effleurer les photos qui passaient de main en main. Il faut ordinairement un expert pour déchiffrer ce que montrent les documents photographiques obtenus par les services de renseignement, mais le message délivré par les photos présentées au Conseil de sécurité était parfaitement clair : les réfugiés disaient la vérité[1].

Cet après-midi-là, le Conseil s'est réuni en séance officielle pour demander aux Serbes de Pale de laisser immédiatement la Croix-Rouge accéder à Srebrenica et aux villages avoisinants. Comme pour la plupart des demandes du Conseil de sécurité, la réponse des Serbes de Bosnie a été accusatrice, agressive, obstructionniste et longue à venir.

Trois facteurs ont permis de mettre fin à la guerre de Bosnie. Tout d'abord, les Serbes de Bosnie sont allés trop loin. Pendant des années, ils ont parié avec succès sur l'incompétence des pays occidentaux, mais ils n'ont pas su s'arrêter à temps. Ensuite, la situation militaire a évolué. Au début du mois d'août 1995, la Croatie a lancé

---

1. Peu après, je me suis rendue sur un autre lieu du massacre où j'ai failli marcher sur un os qui dépassait de la terre. Dans une haie, j'ai vu des vêtements tachés de sang. J'ai demandé à un fermier serbe ce que ces vêtements faisaient là. Il m'a répondu dédaigneusement qu'ils étaient là depuis la Seconde Guerre mondiale. La tuerie avait eu lieu près d'une route très fréquentée, non loin d'une rangée de maisons. Les habitants ont affirmé ne pas avoir entendu les cris des gens qu'on massacrait. Fort probablement, ils les avaient entendus, mais n'avaient rien fait.

une offensive pour reconquérir un territoire dont s'étaient emparés les Serbes de Bosnie. Cette offensive a été couronnée de succès et les Serbes ont compris qu'ils n'étaient pas invincibles et qu'en cas de crise ils ne pouvaient pas compter sur l'aide de Milošević. Et enfin la volonté de Bill Clinton d'aller de l'avant a compté pour beaucoup.

Après Srebrenica, la frustration du Président était à son comble et Tony Lake nous avait demandé de proposer des « stratégies de fin de partie ». Ces propositions ont été discutées au cours d'une importante réunion du cabinet à la Maison Blanche, la semaine même où j'avais présenté les documents sur Srebrenica aux membres du Conseil de sécurité. Comme cela avait été le cas depuis le début, les conseillers du Président étaient divisés.

J'ai fait valoir que l'armée américaine finirait tôt ou tard par aller en Bosnie et qu'il me paraissait sensé de l'y envoyer dans des conditions que nous choisirions et au moment que nous jugerions opportun. L'Europe n'avait pas réussi à résoudre la crise et, de ce fait, avait affaibli l'ONU et l'OTAN. Notre hésitation à prendre l'affaire en main avait fragilisé notre prétention à la position de leader. Il fallait obliger les Serbes de Bosnie à accepter des accords raisonnables s'ils ne voulaient pas voir leurs avantages militaires réduits. Si l'on ne parvenait pas à une solution négociée, il faudrait précipiter le retrait des forces de l'ONU, entraîner et équiper l'armée bosniaque, sous la protection des forces aériennes de l'OTAN.

Tony Lake a défendu une approche similaire et a proposé d'envoyer une équipe de haut niveau en Europe afin d'obtenir que nos alliés soutiennent la nouvelle ligne dure. Le Département d'État et le Département de la Défense n'ont pas fait de propositions différentes des nôtres, malgré l'opinion de l'état-major des armées qui recommandait une approche « réaliste » consistant à accepter la réalité de la puissance militaire serbe et à rechercher un cessez-le-feu permanent, basé sur le statu quo.

Tony a résumé mes propos : « Madeleine a le sentiment que les enjeux sont tellement importants qu'ils affectent le leadership de l'administration, chez nous et à l'étranger, et que nous n'avons pas d'autre choix que d'accepter de prendre un risque considérable. La grande crainte du Département d'État et de celui de la Défense est que nous nous enlisions dans un bourbier. Ils préféreraient un engagement plus limité. »

Tandis que Tony parlait, je ne pouvais m'empêcher d'observer le Président. Bill Clinton était quelqu'un qui savait très bien écouter. Il s'asseyait, griffonnait ou prenait des notes, un poing sous le menton ou, lorsqu'il avait mal à la tête, une boîte fraîche de Coca light appuyée contre sa tempe. Quelquefois, j'ai pensé qu'il se désintéressait de la discussion, mais j'ai réalisé que pas un mot de ce qui se disait ne lui échappait. Durant toutes les années où j'ai représenté les États-Unis à l'ONU, j'ai eu l'impression que le Président me témoignait plus de respect que la plupart des membres de l'équipe de politique étrangère, qui avaient parfois une attitude dédaigneuse. Le Président se montrait attentif et écoutait jusqu'au bout ce que j'avais à lui dire. J'ai toujours trouvé plus facile d'avoir affaire à des gens qui ont confiance en eux, ce qui était sans aucun doute le cas de Bill Clinton.

J'attendais avec anxiété la fin de l'exposé de Tony et le moment où nous nous tournerions tous vers le Président pour voir sa réaction. Pour moi, c'était l'instant de vérité. J'avais présenté mes meilleurs arguments sur ce problème qui me tenait tant à cœur. D'ordinaire, le Président commençait par poser des questions, mais cette fois, quand il a pris la parole, il paraissait évident que sa décision était déjà arrêtée. « Je suis d'accord avec Tony et Madeleine, a-t-il dit. Nous devons nous remuer pour parvenir à une solution dans les prochains mois. Il faut obtenir une Bosnie unifiée. Si nous ne pouvons pas y arriver à la table des négociations, il faudra aider les Bosniaques sur le champ de bataille. »

Peu après, Tony Lake a pris le chemin de l'Europe pour exposer notre plan à nos alliés et aux Russes. Une autre équipe, dirigée par Dick Holbrooke, s'est rendue dans les Balkans pour faire la navette entre les différentes parties. Les Européens ont donné une réponse favorable, ce qui m'a encouragée, mais les négociations dans les Balkans venaient à peine de commencer quand, le 19 août, trois membres de l'équipe Holbrooke ont été tués en Bosnie dans un accident de voiture, sur une route de montagne en mauvais état : l'ambassadeur Robert Frasure, le lieutenant-colonel Nelson Drew du National Security Council, et Joseph Kruzel, du Département de la Défense. Je les admirais tous, mais Bob Frasure était celui que je connaissais le mieux. J'ai été soulagée d'apprendre que Holbrooke et le général Wesley Clark, mon ancien agent de liaison avec l'état-major des armées, qui faisaient partie du convoi, étaient saufs. Je n'oublierai jamais la tristesse de leur retour, lorsqu'ils ont ramené les corps de leurs collègues.

Nos négociateurs ne sont pas retournés en Europe avant le 28 août. C'est le moment qu'ont choisi les Serbes de Bosnie pour frapper une fois encore ; une fois de trop. Un lundi matin ensoleillé, à onze heures dix, cinq obus de mortier tirés des collines entourant Sarajevo sont tombés sur le marché très animé de Markale, tuant trente-sept personnes et en blessant quatre-vingt-cinq. Je me suis aussitôt entre-

tenue avec le sous-secrétaire général de l'ONU chargé du maintien
de la paix, Kofi Annan, qui a accepté que l'accord rédigé conjointement par l'ONU et l'OTAN après le massacre de Srebrenica soit
appliqué. Le 30 août, plus de soixante avions, partis de bases italiennes et du porte-avions USS *Theodore Roosevelt* qui croisait dans
l'Adriatique, ont frappé les positions des Serbes de Bosnie entourant
Sarajevo. Les artilleries française et britannique ont participé à la
riposte. Cette action militaire de l'OTAN était la plus vaste jamais
entreprise à l'époque.

La balance a penché dans l'autre sens. Désormais, les Serbes de
Bosnie ne pouvaient plus agir en toute impunité, et l'OTAN n'était
plus empêchée d'utiliser ses forces armées. Les États-Unis avaient
repris le leadership diplomatique. Belgrade souhaitait désespérément
l'allégement des sanctions et Milošević venait de recevoir l'autorisation de négocier au nom des Serbes de Pale.

Le 8 septembre, les ministres des Affaires étrangères de Bosnie,
de Croatie et de Yougoslavie ont accepté que la Bosnie ne forme
qu'un seul État, mais que son territoire soit partagé, approximative-
ment à cinquante et un et quarante-neuf pour cent, entre les entités
croato-musulmane et serbe. À la fin du mois, nos négociateurs ont
obtenu l'accord de tous sur des principes généraux incluant la reconnaissance de la Bosnie-Herzégovine en tant qu'État démocratique et
souverain.

Le 5 octobre, un cessez-le-feu général a été conclu. Au début de
novembre, les représentants des différentes parties devaient venir à
Dayton (Ohio) pour participer aux négociations en vue d'un accord
final. Quand le compte à rebours est arrivé près de son terme, Milošević a demandé que les sanctions contre Belgrade soient suspendues
dès le début des négociations et levées définitivement lorsque l'accord serait signé. Notre position avait toujours été de suspendre les
sanctions quand l'accord serait conclu et de ne les lever définitivement qu'après son application.

Holbrooke nous a prévenus que Milošević pourrait refuser de venir
à Dayton s'il n'obtenait pas ce qu'il voulait, et il a fortement insisté
pour que nous cédions. Au cours de la Commission restreinte des
Affaires étrangères du 27 octobre, j'ai souligné que la suspension
des sanctions était un atout trop important pour que nous le gaspil-
lions ; nous aurions besoin d'exercer sur Milošević une forte pression
pour l'amener à tenir ses engagements. Je savais que cette position
était également celle du Président car, quelques semaines auparavant,
durant une session extraordinaire de l'Assemblée générale, j'avais eu
l'occasion de lui en parler en tête à tête. Je lui avais dit que certains
membres de l'ONU proposaient de lever les sanctions avant d'obtenir

un accord. Il s'était montré incrédule et avait rétorqué : « Pas question », ou quelque chose d'approchant, mais de plus imagé.

Je me trouvais à Chicago quand j'ai reçu un appel de Holbrooke. Il savait que j'étais opposée à la levée des sanctions. Si le langage diplomatique peut avoir cours entre diplomates de pays différents, il n'en va pas de même entre diplomates du même pays. Holbrooke et moi avons eu une discussion extrêmement peu diplomatique. Comme Holbrooke le prévoyait, Milošević a menacé de ne pas venir à Dayton. Comme beaucoup d'entre nous le pensions, il est venu malgré tout [1].

Après trois semaines de difficiles palabres, marqués par les incessants efforts de négociations de Holbrooke et la volonté de Christopher de ne pas s'écarter du fonds du débat, les accords de Dayton ont été signés à la Wright-Patterson Air Force Base, le 21 novembre 1995. C'était la semaine de *Thanksgiving*. La guerre en Bosnie était terminée.

Ce résultat confirmait ma conviction qu'il fallait respecter certains principes. Il montrait que l'utilisation limitée de la force – même de la seule force aérienne – pouvait jouer un rôle décisif. Il soulignait aussi l'importance de l'union des alliés et du leadership américain. Il indiquait également les possibilités qu'offrait cette ère nouvelle, une ère où les forces russes, côte à côte avec les soldats de l'OTAN, finissaient par faire respecter les accords de Dayton. Enfin il prouvait l'importance de se dresser contre des individus comme Milošević et Mladić.

En 1938, Neville Chamberlain avait justifié ainsi les accords de Munich qui permirent à Hitler d'annexer la Tchécoslovaquie : « Comme il serait horrible, invraisemblable, inacceptable, que nous ayons à creuser des tranchées et à mettre des masques à gaz, chez nous, à cause d'une querelle qui a lieu dans un pays lointain, entre des gens dont nous ne savons rien. » Un an plus tard, l'Angleterre était en guerre, en partie parce que Chamberlain n'avait rien fait pour aider ce « pays lointain » et ses habitants qu'il ne connaissait pas. L'Amérique et ses alliés peuvent être fiers d'être venus en aide,

---

1. Les sanctions de l'ONU contre la Yougoslavie (Serbie et Monténégro) ont été levées après les élections en Bosnie qui ont eu lieu un an après la signature des accords de Dayton. Cependant, l'administration Clinton a maintenu des sanctions bilatérales pour faire pression sur Milošević afin qu'il respecte les accords de Dayton, coopère avec le TPI et ne cède pas à la tentation de provoquer des violences au Kosovo. Milošević n'a jamais respecté ses engagements et les sanctions américaines n'ont été finalement levées que quand le peuple serbe l'a écarté du pouvoir, en 2000.

même tardivement, au peuple de Bosnie – dans son intérêt et dans le leur.

Le Jour de l'An 1996, quelques semaines seulement après la signature des accords de Dayton, j'ai lu dans le *New York Times* un article[1] qui illustrait bien ce vers quoi nos efforts avaient tendu. C'était une illustration de l'idée que je me faisais de la Bosnie, le principe simple qui veut que chaque être humain ait une valeur, et que chacun veille sur son voisin, non parce qu'il est serbe, croate ou bosniaque, mais parce que c'est un individu, comme lui.

Cet article parlait d'un Musulman de Bosnie, un fermier nommé Fadil Fejzic, qui vivait dans la ville majoritairement musulmane de Gorazde alors qu'elle était assiégée par les Serbes, et d'une famille serbe, M. et Mme Drago Sorak, qui vivait également à Gorazde et refusait d'en partir malgré les tensions grandissantes.

En juin 1992, la police musulmane avait arrêté Zoran, le fils aîné des Sorak, qui n'était jamais revenu. Leur second fils avait été tué en combattant les Musulmans de Bosnie. Peu après, la veuve de Zoran donna naissance à une petite fille, mais à cause de la pénurie de vivres, la mère était incapable de la nourrir. La famille fit boire du thé à l'enfant, mais il était évident qu'elle ne tarderait pas à mourir. M. Fejzic avait une vache qu'il gardait en dehors de la ville afin d'éviter les tireurs isolés serbes.

Cinq jours après la naissance de la fille de Zoran, la famille entendit des pas monter l'escalier conduisant à leur appartement. Un homme qu'ils connaissaient à peine leur tendit une bouteille d'un demi-litre de lait. Il revint le sixième jour, et le septième, et pendant quatre cent quarante-deux jours consécutifs, jusqu'à ce que les Sorak partent pour la Serbie. Malgré le froid, la neige, la pénurie de vivres, M. Fejzic ne manqua pas un seul jour et n'accepta jamais rien en retour. À la fin de la guerre, le journaliste du *New York Times* retrouva Fejzic parmi d'autres Musulmans de Bosnie, des réfugiés entassés dans une chambre. Sa maison avait été détruite et sa vache était morte depuis longtemps. Quand son visiteur lui apprit qu'il avait rencontré M. et Mme Sorak, Fejzic, le regard brillant, lui demanda : « Et la petite fille, comment va-t-elle ? »

---

1. Du journaliste Christopher Hedges, lauréat du prix Pulitzer.

CHAPITRE TREIZE

La force de ma propre voix

L E RÔLE QUE J'AVAIS JOUÉ dans le débat sur la Bosnie et le succès de la politique que j'avais défendue, associés aux victoires rempor- tées par le Conseil de sécurité en Haïti et dans d'autres pays, ont accru ma confiance en moi. Je me sentais de plus en plus à l'aise lorsque je défendais nos positions devant le Congrès, présentais des projets de résolutions au Conseil de sécurité et prenais la parole dans les réunions de la Commission restreinte des Affaires étrangères. Je m'habituais à mon travail d'ambassadrice et j'étais heureuse de représenter les États-Unis dans des situations où je pouvais apporter mes convictions et mon expérience personnelles, que ce soit à l'ONU ou à l'occasion de colloques de par le monde. Mon rôle en tant que présidente de la délégation américaine à la quatrième Conférence mondiale des femmes m'a permis de participer à un événement histo- rique tout en me liant d'amitié avec une femme dont la place dans l'histoire continue de grandir.

Hillary Clinton était connue bien avant que son mari ne soit élu Président des États-Unis. Alors qu'il n'était encore que gouverneur de l'Arkansas, le désir de Hillary de conserver son nom de jeune fille avait provoqué certains remous ; aussi on disait souvent qu'elle avait l'esprit vif. Elle se rendait fréquemment à Washington pour prendre la parole lors de soirées officielles ou à caractère politique. Je l'ai rencontrée à l'occasion de l'une de ces soirées, organisée au bénéfice de la Children's Defense Fund, une association que j'appré- ciais particulièrement, au conseil d'administration de laquelle elle siégeait et dont elle avait été un temps présidente. Je me suis présen- tée en tant que diplômée de Wellesley comme elle, et lui ai dit combien son discours m'avait impressionnée. Elle s'est montrée cha- leureuse, et entre nous un début d'amitié est né.

Je l'ai également rencontrée quelquefois au cours de la campagne de 1992 et de nouveau après l'investiture présidentielle, à l'occasion d'un séminaire réunissant le cabinet à Camp David. L'ambiance était curieuse. Il y avait là des gens qui se connaissaient à peine, entassés dans des bungalows et « gavés » de dynamique de groupe New Age. Dans cette atmosphère étouffante, l'épouse du Président des États-Unis était de l'oxygène pur. Pleine d'enthousiasme pour les années qui s'annonçaient, elle s'intéressait à tous les problèmes et participait avec assurance à toutes les discussions. Au cours des mois qui ont suivi, je me suis rendu compte qu'elle était très bien informée et s'intéressait beaucoup à la politique étrangère.

Hillary Clinton fascinait les Américains, mais ils avaient des avis très partagés en ce qui la concernait. Certains admiraient sa passion, sa sensibilité et son intelligence ; d'autres ne goûtaient pas sa façon trop franche d'exprimer ses idées. Ceux qui ne l'appréciaient pas la jugeaient froide ; son engagement plaisait à ceux qui l'aimaient. Comme Eleanor Roosevelt, autre First Lady remarquable, elle était à la fois encensée et calomniée. La comparaison s'est encore accentuée vers la fin du premier mandat présidentiel quand, en plaisantant, Hillary a dit avoir des conversations avec celle qui l'avait précédée et était morte depuis longtemps.

Ma relation avec la First Lady a évolué progressivement. Comme elle avait des raisons de venir souvent à New York, mon bureau travaillait avec le sien pour organiser des réunions où je pouvais la tenir informée de problèmes concernant l'ONU. Je l'ai invitée à rencontrer officiellement certains représentants étrangers qu'elle a beaucoup impressionnés. Une année, aux environs de Noël, alors qu'elle se trouvait à New York avec sa mère et Chelsea, sa fille, je leur ai prêté mon appartement, et une autre fois, elle est venue passer la nuit chez moi et nous avons bavardé en chemises de nuit. Lorsque le Président recevait un dirigeant étranger à la Maison Blanche, le visiteur s'asseyait à côté de la First Lady qui me réservait souvent la place de l'autre côté de l'invité d'honneur, pensant sans doute qu'avec le poste que j'occupais à l'ONU, nous ne manquerions pas de sujets de conversation. Notre collaboration s'est épanouie durant l'été et l'automne 1995, lorsque nous avons préparé la quatrième Conférence mondiale des femmes qui devait avoir lieu à Pékin.

Le statut des femmes me tenait bien évidemment à cœur. Lorsque j'avais été nommée ambassadrice, j'avais souhaité constituer un réseau de relations avec les autres femmes qui représentaient leur pays à l'ONU. À cette époque, l'ONU comptait plus de cent quatre-vingts pays et j'avais organisé un déjeuner où je pensais réunir plus d'une vingtaine de femmes. Je m'étais trompée. Lorsque je suis arri-

vée dans mon appartement, je n'ai vu qu'une seule table dressée ;
six autres pays seulement étaient représentés par des femmes : le
Canada, la Jamaïque, le Kazakhstan, le Liechtenstein, les Philippines
et Trinidad-Tobago.

Étant américaine, j'ai naturellement proposé que nous formions un
comité, ce que nous avons fait, et j'ai suggéré que nous échangions
nos numéros de téléphone. Plusieurs représentants ont été contrariés
par cette possibilité que nous avions de nous téléphoner directement
car ils trouvaient illogique que l'ambassadrice du Liechtenstein
puisse joindre l'ambassadrice des États-Unis plus facilement qu'eux.
Je leur ai répondu que la solution consistait à céder leur place à des
femmes, ce qui a coupé court à toute protestation. Notre groupe, que
nous avions baptisé « G-7 », se réunissait une fois par mois. Nous
bavardions, parlions du fait que les bâtiments de l'ONU étaient probablement les seuls de New York où l'on ne faisait pas la queue pour
accéder aux toilettes pour dames, mais nous élaborions également
d'importants projets. Quand le TPI a été créé, nous avons fortement
insisté pour qu'il y ait des femmes parmi les juges car de nombreuses
victimes étaient elles-mêmes des femmes. Nous avons réussi à en
faire nommer deux, dont l'éminente juriste américaine Gabrielle Kirk
McDonald qui est devenue par la suite présidente du TPI[1]. Nous
avons été reçues par le secrétaire général de l'ONU auprès de qui
nous sommes intervenues pour que davantage de femmes occupent
des postes importants au sein de l'organisation. Nous avons également préparé nos pays respectifs à la conférence de Pékin. Aux États-
Unis, la tâche n'a pas été facile.

Pour l'opposition républicaine au Congrès, la Conférence mondiale des femmes était la cible idéale. Organisée par l'ONU de Boutros Boutros-Ghali, elle était consacrée aux droits de la femme, se
tenait à Pékin, et il était possible que la First Lady y participe. Tout
cela a donné lieu à de nombreuses discussions. Des conservateurs
ont soutenu que la participation des États-Unis à cette conférence
cautionnerait les manquements aux droits de l'homme dont la Chine
se rendait coupable. Des journalistes ont laissé entendre que la délégation américaine projetait de redéfinir la maternité, la paternité, la
famille et le sexe des individus. Certains animateurs de débats télévisés affirmaient que la First Lady recherchait la parité absolue entre
les hommes et les femmes, sur tous les lieux de travail et dans tous

---

1. La seconde était Elisabeth Odio Benito, du Costa Rica. En novembre 1999,
Patricia Wald, un autre excellent juge, remplacera Gabrielle Kirk McDonald. La
tenace Louise Arbour, une Canadienne, deviendra procureur du TPI, et sera remplacée plus tard par la Suisse Carla del Ponte, une autre femme énergique.

les domaines. Une rumeur s'est même répandue selon laquelle je tentais d'obtenir la reconnaissance légale de cinq sexes, à quoi j'ai répondu que je n'avais jamais su compter au-delà de deux.

La Chine avait été choisie pour accueillir la Conférence mondiale des femmes avant même que le Président Clinton ne prenne ses fonctions. L'aspect prestigieux de cette conférence avait dû intéresser les dirigeants de Pékin, mais ils avaient totalement sous-estimé le casse-tête qu'un tel événement représentait. Ils n'avaient pas réalisé que la liberté était de mise dans de tels rassemblements. Les ONG se manifestaient par milliers, chacune avec ses motivations et son style propres. Leurs délégués se mêlaient librement aux représentants des divers pays, pesaient souvent sur l'issue des négociations et bouleversaient parfois l'ordre du jour. Inévitablement, les ONG s'efforçaient d'attirer l'attention à coups de manifestations, de défilés et de pancartes provocantes. Des journaux indépendants naissaient spontanément, un peu partout.

Comme c'est souvent le cas à l'occasion des conférences de l'ONU, un forum d'ONG devait avoir lieu en même temps que la réunion officielle. On attendait à Pékin plus de quarante mille représentants d'ONG. Quelques mois avant la date prévue, la Chine a fait savoir que la structure du stade où devait avoir lieu la réunion des ONG n'était pas suffisamment sûre et que le forum se tiendrait à Huairou, à une trentaine de kilomètres au nord de Pékin. Les ONG ont violemment réagi, d'une part parce que le stade à la structure insuffisamment « sûre » continuait d'accueillir des événements sportifs, mais également parce que Huairou manquait d'équipements adéquats. Après des mois de négociations, la Chine a fait certaines concessions, mais chacun campait sur ses positions. Les ONG avaient l'intention de se comporter comme des ONG ; et la Chine comptait bien éviter les « incidents embarrassants ». Elle avait même distribué aux chauffeurs de taxis des couvertures qu'ils étaient censés jeter sur les femmes nues qui ne manqueraient pas de sillonner les rues de la ville.

Des membres du Congrès, démocrates et républicains, ont exhorté l'administration Clinton à boycotter la conférence. J'ai contre-attaqué en expliquant qu'il était possible de participer à cette conférence sans pour autant cautionner la politique du pays qui nous recevait. La Chine ne pouvait que bénéficier de la présence de quarante mille délégués déterminés à améliorer le statut des femmes. En défendant ma position, j'ai été aidée par mes références anticommunistes qui ont pesé davantage devant le Congrès que mes sympathies féministes.

Cette controverse a posé un problème à la First Lady. Elle souhaitait se rendre à Pékin, mais les conseillers de la Maison Blanche se demandaient si cela valait la peine de courir un tel risque politique. Les projecteurs de l'actualité seraient braqués sur elle, et si elle commettait la moindre erreur, les adversaires politiques du Président sauteraient sur l'occasion. Pendant plusieurs semaines, les experts ont joué au jeu de « ira, ira pas ? ». La situation était compliquée par la détention en Chine de Harry Wu, un activiste sino-américain qui militait courageusement pour le respect des droits de l'homme. Finalement la détermination de la First Lady, associée à la libération de Harry Wu, a réglé la question. Elle irait en Chine.

Entre-temps, j'ai eu moi aussi un problème à résoudre. Ma fille Katie allait se marier avec Jake Schatz, un de ses camarades de promotion de la faculté de droit, mais en arrêtant la date de la cérémonie, aucun d'entre nous n'avait pensé à consulter le calendrier international. Le mariage était prévu deux jours avant le début de la Conférence mondiale des femmes qui se tenait à l'autre bout de la planète. Il fallait que je trouve une solution. Les horaires des vols réguliers et les fuseaux horaires semblaient s'être ligués contre moi. Dès que la soirée dansante a été terminée, vers minuit, je me suis précipitée chez moi pour dormir deux heures avant de préparer mes bagages et d'attraper un vol pour Hawaii, tôt le lendemain matin. J'ai raté les papotages et les festivités du lendemain, dont une réception à la campagne, mais j'ai réduit la durée du voyage en profitant, de Honolulu à Pékin, de l'avion qui emmenait la First Lady. Hillary et moi avons passé le temps du vol à harmoniser nos discours et à dormir.

Nous avons atterri à Pékin vers quatre heures du matin, sous une pluie battante qui n'a pas cessé de tomber tout le temps de la conférence. Chaque jour, un peloton de jeunes Chinoises se déployait à l'entrée de l'hôtel pour nous distribuer des sacs en plastique dans lesquels nous déposions nos parapluies dégoulinants. Les cyclistes omniprésents, vêtus de capes imperméables jaune, violet, vert clair, bleu marine et rouge, tout un arc-en-ciel qui tranche sur les rues boueuses et le ciel gris, et évoque vaguement un tableau impressionniste, sont un des plus jolis spectacles que l'on puisse voir à Pékin. Cédant à mes impulsions artistiques, j'ai acheté pour ma famille une douzaine de capes de différentes couleurs. De toute évidence, l'effet produit sur les routes de campagne de Virginie ne serait pas le même, mais ces vêtements, achetés moins d'un dollar pièce, nous protégeraient au moins de la pluie.

Nous logions au China World Hotel dont le hall offrait un spectacle étourdissant où se mêlaient saris, foulards, tuniques, burkhas, robes de toutes sortes, et tenues beaucoup plus conventionnelles.

Tandis que des femmes affairées allaient et venaient, des Chinois traînaient dans les coins, chuchotant dans de minuscules micros dissimulés sous les poignets de leurs chemises. Dans la soirée, un trio arrivé de Thaïlande a chantonné des ballades typiquement orientales comme *Moon River* et *New York, New York*.

Le lendemain de notre arrivée, Hillary a prononcé son discours. Ayant l'habitude de parler en public, je savais combien il était difficile d'intéresser toute une foule, surtout à une conférence où de nombreux orateurs chevronnés devaient prendre la parole. Je pensais qu'il était impossible de capter l'attention de ce public, composé de gens de cultures différentes et qui écoutaient les traducteurs massacrer d'une voix monotone la grammaire de la First Lady.

Le discours d'Hillary fut absolument fantastique. Très bien écrit et dit avec beaucoup de conviction, il vantait les valeurs familiales, blâmait la Chine qui ne tolérait pas la liberté d'expression, et insistait sur cette phrase qui allait devenir le leitmotiv de la conférence : « Les droits de l'homme sont les droits de la femme et les droits de la femme sont les droits de l'homme. » Tandis que la First Lady parlait, les bavardages multilingues se sont tus. Lorsqu'elle a terminé son discours, les applaudissements ont déferlé par vagues. Au cours de la conférence de presse qui a suivi, j'ai noté que notre « mouche du coche » la plus tenace, George Archibald, du *Washington Times*, avait décrit le discours de la First Lady comme « *an out of the ball park home run** ». Il n'est guère étonnant que les Chinois ne l'aient pas cité dans leur reportage.

Le lendemain, au cours de mon discours, j'ai souligné les engagements que devraient prendre les États-Unis pour améliorer la vie des femmes, en Amérique et dans le reste du monde. Peu importait que nous soyons en Chine, le message contenu dans le discours de la First Lady et dans le mien aurait été le même où que la conférence ait eu lieu. Ce message était simple et universel : toute violence contre les femmes devait cesser ; les filles devaient être considérées comme les égales des garçons ; les femmes devaient avoir libre accès à l'éducation, aux soins médicaux et aux instances du pouvoir économique et politique.

Tout au long de la semaine, délégués et participants ont ressenti la présence de la police chinoise, généralement oppressante mais parfois amusante. Par exemple, une déléguée américaine qui n'arrivait pas à obtenir d'image nette sur l'écran de son téléviseur s'est mise à

---

* Un coup de batte magistral qui permet au batteur d'envoyer la balle en dehors du stade de base-ball (*out of the ball park*) et donc de marquer un point en faisant un tour complet en une seule fois (*home run*) (*N.d.T.*).

pianoter sur les touches de la commande à distance quand soudain, l'image étant devenue nette, elle s'est vue sur l'écran en train de régler son téléviseur. Une autre déléguée a essayé de repasser une robe – contrevenant ainsi au règlement de l'hôtel – quand tout à coups des membres du personnel ont fait irruption dans sa chambre, ont ramassé ses vêtements et sont sortis, la laissant seule, en slip. Quelques heures plus tard, ils lui ont rapporté ses vêtements fraîchement repassés et bien pliés. Au forum des ONG, il y avait constamment des manifestations en faveur des droits de la femme dans presque tous les pays du monde, de l'Afghanistan aux États-Unis. Regardant passer un groupe de femmes portant des pancartes, un fonctionnaire chinois, très étonné, a demandé à son voisin américain : « S'il vous plaît, pourriez-vous me dire où se trouve cet endroit appelé Lesbie ? »

Un matin de bonne heure, j'ai reçu un appel téléphonique de Marie Wilson de la Ms. Foundation. Son groupe avait permis à des centaines de femmes handicapées de participer au forum, mais il y avait un problème. Chose incroyable, les organisateurs chinois avaient prévu d'installer un atelier de travail pour les handicapées au troisième étage d'un immeuble où il n'y avait pas d'ascenseur, et ils avaient été très contrariés quand les femmes avaient commencé à scander des slogans pour y avoir accès. Ils avaient également installé le chapiteau des handicapées très loin de la route. Comme il était impossible de faire avancer les fauteuils roulants dans la boue, de nombreuses déléguées avaient dû être portées jusque-là. Leur séjour en Chine tournait au désastre.

À la demande de Marie, j'ai accepté de prononcer mon discours pour les ONG sous le chapiteau des femmes handicapées. J'ai pu constater par moi-même combien il avait dû être difficile pour ces femmes de parvenir jusque-là. Nous avons grimpé et descendu des monticules, franchi des barrières, suivi un chemin étroit et traversé un champ. En prononçant mon discours, je m'en suis prise aux organisateurs qui n'avaient pas été capables d'assurer un accès facile aux personnes handicapées. J'ai ensuite fait remarquer qu'en dépit de progrès récents, des femmes, dans le monde entier, étaient une ressource humaine sous-estimée et sous-développée. Elles n'avaient pas de mal à trouver du travail. Dans de nombreuses sociétés, elles en effectuaient même la plus grande partie, mais il leur était interdit de posséder des terres ; on ne leur apprenait pas à lire ; elles ne pouvaient pas obtenir un crédit ; et elles n'étaient pas rémunérées. Et c'était très important, ai-je ajouté, car si les femmes avaient le pouvoir de faire des choix économiques et sociaux, les chaînes de la pauvreté pourraient être brisées, les familles consolidées, la progres-

sion des maladies sexuellement transmissibles ralentie, et les valeurs
de progrès social mieux communiquées aux jeunes.

Nous avons repris ensuite le chemin de Pékin en faisant un détour
pour aller voir la Grande Muraille de Chine. Personne n'a mieux
exprimé sa première réaction devant cette construction impression-
nante que le Président Nixon (« C'est vraiment un grand mur »).
J'étais déjà venue là du temps de l'administration Carter, mais cette
fois j'ai été étonnée par les centaines de marchands ambulants alignés devant l'entrée vendant les mêmes T-shirts, les mêmes serviet-
tes et les mêmes bibelots. Chacun était prêt à baisser ses prix, mais
tous faisaient exactement les mêmes réductions pour les mêmes articles. C'était de la libre entreprise, avec une très forte compétition,
mais sans la liberté.

Le discours de la First Lady a été le moment fort de la conférence,
mais loin des feux de l'actualité, un grand travail a été accompli dont
l'adoption d'un programme d'action visant à améliorer la vie des
femmes sur les cinq continents. Durant les années qui ont suivi cette
conférence, il m'est souvent arrivé de rencontrer des femmes, venues
de différents pays, qui me disaient qu'elles étaient à Pékin, ou que
des amies à elles s'y trouvaient, ou qu'elles s'étaient inspirées de
cette conférence pour prendre des initiatives. Dans tous les cas, elles
se sentaient plus fortes de savoir que leur gouvernement avait promis
devant le monde entier de respecter les droits de la femme et celui
des filles.

Nous avons tous nos héros. Je n'ai pas eu la chance de rencontrer
certains des miens, comme Eleanor Roosevelt ou le Mahatma Gandhi. D'autres, comme mon père ou Ed Muskie, ont disparu. Mais
Aung San Suu Kyi, elle, est bien vivante ; elle est à la tête des forces
démocratiques d'un petit pays du Sud-Est asiatique : la Birmanie. La
Birmanie est à la fois d'une beauté fascinante et, sous le régime
actuel, d'une désespérante pauvreté ; un pays où les buffles sont
encore la principale force motrice.

À ses débuts, George Orwell a écrit un livre intitulé *Une histoire
birmane*, mais la Birmanie me faisait songer à un autre de ses
romans : *1984*. La junte militaire qui dirigeait la Birmanie avait
coopté ou écrasé toutes les institutions libres, exploité le travail forcé,
réprimé l'opposition politique et fermé les universités. Aung San Suu
Kyi dirigeait la Ligue nationale pour la démocratie dont les candidats
avaient obtenu quatre-vingt-deux pour cent des voix aux élections
législatives de 1990. La junte avait promis de respecter le scrutin
mais n'a pas tenu parole. De nombreux députés ont été arrêtés pour

avoir commis le « crime » d'avoir été élus. D'autres ont dû s'exiler. Résistant à cette répression, Aung San Suu Kyi a été assignée à résidence pendant cinq ans. En 1991, elle a reçu le prix Nobel de la paix.

Je ne l'avais jamais rencontrée, mais je connaissais son mari, Michael Aris, qui était citoyen britannique. En 1992, Aris m'avait demandé si je pouvais obtenir de Václav Havel qu'il rédige un avant-propos pour un ouvrage réunissant les écrits de sa femme. J'avais appelé Havel qui avait été heureux d'apporter son aide. Il existait donc déjà un lien entre nous.

En quittant Pékin, je me suis arrêtée à Rangoon. J'étais la première personnalité politique américaine de haut rang à me rendre en Birmanie depuis le début des troubles politiques ; et la première de tous les pays à rendre visite à Aung San Suu Kyi depuis sa libération. J'ai commencé par rencontrer le chef de la junte, connue alors sous le nom de SLORC (State Law and Order Restoration Council, Conseil pour la restauration de l'ordre et de l'État de droit). Le général Khin Nyunt m'a assuré que l'armée avait sauvé la Birmanie en imposant la paix à une population multiethnique. Il a insisté sur le fait que les Birmans ne se contentaient pas de respecter son gouvernement, mais qu'ils l'aimaient. « Après tout, m'a-t-il dit, tous les Birmans ont des visages heureux. »

Désireuse de réfuter ce double langage, j'ai répondu que j'avais passé une partie de ma vie à étudier les régimes répressifs et que les dictateurs se faisaient souvent des illusions. Les gens sourient parfois non parce qu'ils sont heureux mais parce qu'ils ont peur. J'ai insisté auprès du général pour qu'il entame un dialogue avec Aung San Suu Kyi, sur la meilleure façon de rétablir la démocratie dans le pays. Le général m'a répondu d'un ton condescendant que la junte considérait Aung San Suu Kyi comme une jeune sœur qui avait besoin d'être protégée. Quant au rétablissement de la démocratie, il m'a seulement dit : « Ces choses-là prennent du temps. »

Le lendemain matin, Aung San Suu Kyi m'a accueillie dans sa maison, située au milieu d'un jardin entouré par une haute clôture. Elle se tenait sous le petit portique et portait des vêtements traditionnels dans des tons violet et lavande, une fleur dans les cheveux. Quand nous nous sommes embrassées, elle m'a dit qu'elle était tellement excitée à l'idée de me recevoir qu'elle avait lessivé elle-même les murs, lavé et repassé les rideaux. Elle m'a fait entrer dans une pièce où était accroché un immense portrait du général Aung San, son père, fondateur de la Birmanie indépendante, assassiné par des rivaux politiques en 1947.

Au cours de notre conversation, elle m'a appris qu'elle avait rencontré son mari alors qu'elle faisait ses études en Angleterre, et qu'elle était revenue en Birmanie en 1988, pour ce qu'elle pensait être un court séjour, afin d'être auprès de sa mère mourante. Au lieu de cela, elle s'était investie dans un mouvement démocratique naissant qui était devenu la force politique la plus populaire du pays. Elle avait cinquante ans, mais paraissait sans âge, et on ne pouvait lire la souffrance que dans son regard. J'étais étonnée par la discipline dont elle avait dû faire preuve pour supporter son assignation à résidence et je lui ai dit que je m'imaginais difficilement enfermée dans ma propre maison pendant tant de temps. Elle m'a expliqué avoir puisé sa force dans la lecture et la méditation, et dans les visites occasionnelles de ses fils et de quelques collègues, quand elles avaient été autorisées.

Me demandant de l'appeler Suu, elle a insisté sur le fait que la communauté internationale n'avait pas aidé à sa libération simplement pour qu'elle puisse recevoir des invités au petit déjeuner, même si cela lui était très agréable. Elle avait bien l'intention d'agir inlassablement en faveur de la démocratie.

Tandis que nous parlions, j'étais frappée par le contraste qui existait entre sa beauté éthérée et sa volonté inébranlable. À l'étranger, elle aurait pu mener une vie facile. En se taisant, elle aurait pu connaître la sécurité. Au lieu de cela, elle avait choisi le difficile chemin de l'opposition non violente et du respect de certains principes contre un régime brutal qui, lui, n'avait aucun principe. Après le petit déjeuner, nous nous sommes tenues côte à côte sur les marches de sa maison, brandissant un poster de la conférence de Pékin, et nous avons adressé quelques mots à la presse, tandis que par-derrière nos mains étaient jointes.

Avant de quitter Rangoon, j'ai tenu une conférence de presse au cours de laquelle je n'ai pas usé de précautions diplomatiques. J'ai dit que les dirigeants birmans pouvaient emprunter le chemin de la démocratie et réduire ainsi leur isolement, ou continuer sur le chemin de la répression et finir par anéantir leur pays et s'anéantir eux-mêmes. Tandis que je parlais, certains des diplomates américains qui m'accompagnaient avaient l'air gêné. Notre chargée d'affaires, le membre le plus important de notre personnel diplomatique, jugeant ma déclaration trop dure, m'a dit franchement : « Nous allons devoir remettre de l'ordre dans la pagaille que vous aurez laissée derrière vous. » Je ne me suis pas confondue en excuses et mon assistant, Stuart Jones, lui a fait remarquer qu'elle avait approuvé mon discours. La différence, je pense, ne venait pas des mots que j'avais employés, mais de la conviction avec laquelle je les avais prononcés. Je commençais à découvrir la force de ma propre voix.

Depuis notre rencontre, j'ai toujours trouvé le moyen de faire savoir à Suu que je pensais souvent à elle. En 1999, Michael Aris a été atteint d'un cancer. Nous avons lancé un appel aux autorités birmanes afin qu'elles autorisent Michael à revoir sa femme avant de mourir. Notre requête a été rejetée. Aung San Suu Kyi n'ose toujours pas sortir de son pays car elle sait qu'elle ne serait pas autorisée à y revenir. Pour transmettre son message au monde entier, elle a recours à des vidéos. J'en ai visionné beaucoup durant toutes ces années et je les ai toujours soigneusement étudiées pour y repérer des indices. Au fil du temps, il est évident que le stress s'accroît en même temps que la pression qu'elle subit, mais sa voix et son message sont plus forts que jamais.

Il est assez peu fréquent de penser que quelqu'un que vous n'avez rencontré qu'une fois puisse être une véritable amie. Pourtant, je sais que Suu est mon amie, et j'ai des raisons de croire qu'elle pense la même chose de moi.

Le 24 février 1996, quelques minutes avant quinze heures, le pilote d'un avion civil américain a informé le centre de contrôle de Cuba de son intention de poursuivre sa route, en compagnie de deux autres appareils, au sud du vingt-quatrième parallèle, environ à mi-chemin entre la Floride et Cuba. Le centre de contrôle a conseillé au pilote de n'en rien faire car la région située au sud du vingt-quatrième parallèle était « sous surveillance active et donc dangereuse ». Le pilote, José Basulto, a répliqué fièrement : « Nous savons que nous sommes en danger chaque fois que nous survolons cette zone, mais nous sommes prêts à courir le risque parce que nous sommes des Cubains libres. » Les trois avions ont maintenu leur cap.

À environ quinze heures dix, le radar des Douanes américaines a détecté deux avions de chasse cubains, des Mig, au nord de La Havane. Dix minutes plus tard, l'un des pilotes de chasse a informé le centre de contrôle de La Havane : « OK, cible en vue. C'est un petit avion... blanc et bleu. » Quelques secondes plus tard, il a ajouté : « Notre radar de tir l'a accroché. Attendons autorisation... c'est un Cessna 337.

— Autorisation de le détruire accordée, a répondu le centre de contrôle.

— Paré à tirer.

— Autorisation accordée.

— Premier tir. Touché ! *Cojones !* Touché ! *Cojones !* Nous lui avons éclaté les *cojones* !

— Celui-là ne viendra plus traîner par ici ! a ajouté le pilote de l'autre Mig.

— Félicitations ! »

Quelques minutes plus tard, le premier pilote a signalé :

« Un autre avion en vue.

— Autorisation de le détruire accordée.

— Touché ! Touché ! La patrie ou la mort ! Nous l'avons abattu lui aussi ! »

À des centaines de mètres au-dessous, dans les eaux internationales, les passagers d'un bateau de croisière norvégien et l'équipage d'un bateau de pêche américain ont assisté à cette agression en plein ciel.

J'étais à New York ce samedi-là quand le centre opérationnel du Département d'État m'a appelée pour m'apprendre que deux avions américains basés à Miami et appartenant à un groupe d'exilés cubains avaient été abattus par les forces armées de Castro. Quatre hommes, dont trois citoyens américains et un Cubain en situation régulière, avaient été tués[1]. Le troisième avion avait pu regagner sa base.

Le lendemain matin, les journaux ont relaté toute l'affaire. À bord des Cessna abattus, il y avait quatre membres des « Brothers to the Rescue ». Les membres de cette association, fondée en 1991, survolaient la zone qui s'étendait entre les États-Unis et Cuba, à la recherche d'embarcations cubaines fuyant l'île. Cette association à vocation humanitaire avait un programme politique. Par deux fois au moins avant le mois de février 1996, ses pilotes avaient survolé La Havane pour y lâcher des tracts anticastristes. José Basulto, le leader du groupe et le pilote de l'avion qui avait pu regagner sa base, accusé d'avoir survolé illégalement le territoire cubain au mois de juillet précédent, faisait l'objet d'une enquête de l'administration de l'aviation fédérale. Malgré ce précédent, le Département d'État a déclaré que les avions avaient été abattus dans l'espace aérien international. Les autorités de La Havane ont nié le fait. Le monde entier attendait de voir comment nous allions réagir.

Avant même d'avoir fini de lire les journaux du matin, j'ai téléphoné à Washington. C'était mon tour de présider le Conseil de sécurité et j'ai décidé de convoquer une réunion d'urgence. Il nous fallait établir la vérité avant que Castro n'ait le temps de déformer les faits. Très vite, nous nous sommes organisés pour que des experts viennent à New York et informent le Conseil sur le lieu, le moment et la façon

---

1. Les quatre victimes s'appelaient Pablo Morales, Carlos Costa, Mario de la Peña et Armando Alejandre Jr.

dont les avions avaient été abattus. Les premières preuves fournies par le radar, les témoins et les débris des appareils confirmaient la version des États-Unis. J'ai fait remettre à mes collègues une chronologie des événements et un projet de déclaration présidentielle condamnant cette agression et réclamant une enquête de l'Organisation de l'aviation civile internationale (OACI).

Durant la réunion qui s'est tenue le lendemain, le représentant de la Chine a proposé que nous attendions la venue du ministre cubain des Affaires étrangères afin qu'il présente le point de vue de son gouvernement. J'ai refusé. Le ministre des Affaires étrangères était en Europe au moment des faits et s'était ensuite rendu à Mexico. Il avait donc choisi de ne pas être présent. Le diplomate chinois a dit alors qu'il ne pouvait pas signer la déclaration – qui devait être approuvée à l'unanimité – car il n'avait pas reçu d'instructions de Pékin.

Les Chinois et leurs instructions nous posaient souvent un problème. Il était exact qu'ils avaient à gérer un décalage horaire de douze heures, et que, vu leur système politique, leur délégation à l'ONU était étroitement surveillée ; mais quelquefois ils cherchaient simplement à retarder les choses. J'ai donc décidé d'interrompre la réunion et de la reprendre à vingt-trois heures, ainsi les instructions auraient tout le temps d'arriver. À la reprise, le représentant chinois nous a fait savoir qu'il n'avait toujours rien reçu, espérant de toute évidence que les autres représentants, irrités et fatigués, approuveraient un ajournement. Je n'étais pas prête à accepter cela. J'ai donc proposé : « Peut-être devrions-nous transformer cette déclaration présidentielle en résolution, et la mettre aux voix ? » Miraculeusement, les instructions chinoises sont instantanément apparues et la déclaration présidentielle a été acceptée. Les Chinois ont seulement demandé que je permette au représentant de Cuba de s'exprimer. Je n'y voyais aucun inconvénient. Ayant le sentiment d'avoir retenu mes collègues trop longtemps, j'ai renoncé à mon temps de parole en tant que représentante des États-Unis et je me suis contentée de lire la déclaration présidentielle condamnant l'agression.

Il était trois heures trente du matin lorsque le représentant cubain a terminé sa diatribe résolument anti-américaine. Il m'avait traitée d'impérialiste intrigante et de menteuse, mais je ne pouvais pas lui répondre, ayant renoncé à mon temps de parole en tant que représentante des États-Unis. Finalement le protocole de l'ONU m'a offert une chance de me venger. La première fois que les représentants adressent leurs félicitations au nouveau président du Conseil de sécurité, une équipe prépare pour ledit président une réponse appropriée. Quand mon accusateur s'est enfin tu, le silence a envahi la salle. J'ai regardé la réponse qu'on m'avait préparée et j'ai dit : « Je remercie le représentant de Cuba pour sa déclaration et pour les paroles aimables qu'il m'a adressées. » Les membres du Conseil qui n'étaient pas encore endormis ont éclaté de rire, et nous sommes tous rentrés chez nous.

La déclaration présidentielle était importante car elle équivalait pour le Conseil de sécurité à déclarer officiellement que l'acte des Cubains était un crime. La preuve de ce crime est devenue encore plus flagrante le lendemain quand nous avons reçu de Washington les enregistrements du radar des Douanes montrant que les deux avions avaient été abattus bien en dehors de l'espace aérien cubain. Nous avons également reçu la transcription des conversations entre les deux pilotes des Mig et le centre de contrôle de La Havane, avant et après que les deux avions eurent été abattus. En relisant ces transcriptions, j'ai senti la colère me gagner. Les pilotes des Mig avaient parfaitement conscience d'avoir affaire à des avions civils, et pourtant ils n'avaient pas cherché à établir de contact radio avec leurs pilotes afin de les mettre en garde, ni tenté de leur donner la chasse ou de les escorter dans une autre direction. Ils les avaient simplement – et cyniquement – abattus en plein ciel.

J'estimais qu'il n'était pas nécessaire d'avoir un taux élevé de testostérone pour abattre un avion civil avec des missiles. J'ai dit à Jamie Rubin : « Je ne crois pas qu'ils aient des *cojones*, je pense plutôt que ce sont des lâches. » Après avoir consulté Elaine Shocas, qui jugeait des limites verbales à ne pas dépasser, j'ai fait une déclaration que le Département d'État n'aurait certainement pas acceptée si on la lui avait soumise. Après avoir exposé brièvement les faits et en me référant aux conversations des pilotes, j'ai ajouté : « J'ai été frappée par la joie de ces hommes lorsqu'ils ont abattu ces avions de sang-froid. Franchement, ce ne sont pas des *cojones*, c'est de la lâcheté. »

Dans la salle, beaucoup sont restés bouche bée. CNN couvrait la conférence de presse, mais le journaliste, Richard Roth, n'a pas rapporté fidèlement mes paroles : « Relevant l'utilisation d'une certaine vulgarité, madame l'ambassadrice Albright a déclaré : "Ce n'est pas de la vulgarité, c'est de la lâcheté." »

Mon manque de diplomatie a suscité une avalanche de critiques de la part de personnalités latino-américaines, dont mon ami Diego Arria, le représentant permanent du Venezuela à l'ONU, qui a déclaré à la presse : « Je n'oserais jamais utiliser ce mot, pas même chez moi dans ma ferme. » Par la suite, Arria s'est radouci, poussé peut-être par sa femme. En revanche, ma déclaration m'a valu un large soutien de la part des citoyens américains, dont les membres de la communauté d'exilés cubains de Miami. On m'a finalement demandé de représenter l'administration Clinton à la cérémonie du souvenir qui devait avoir lieu à Miami en l'honneur des disparus. Les conseillers de la Maison Blanche m'ont bien recommandé de m'habiller de façon classique et d'adopter une attitude réservée. « Cette communauté est en deuil », m'ont-ils rappelé.

Lorsque nous avons quitté l'aéroport de Miami et que nous nous sommes retrouvés dans les embouteillages, j'ai compris que mon séjour ne serait pas une sinécure. Nous avions vu beaucoup de drapeaux cubains et américains dépasser des portières des voitures et on nous avait appris que l'Orange Bowl était déjà bondé. À un moment, j'ai regardé les gens qui se trouvaient dans les autres voitures et j'ai remarqué qu'ils m'observaient. Puis ils sont descendus et sont venus vers nous en souriant, ont agité la main et crié en frappant sur le capot : « *Señora Cojones !* »

En arrivant à l'Orange Bowl, nous nous sommes rendus dans les bureaux du stade pour y rencontrer les familles des disparus. Très affligées, elles nous ont expliqué que les Brothers to the Rescue essayaient simplement d'aider leurs frères cubains. Les hommes chargés de ma protection rapprochée tenaient à m'encadrer en permanence, mais le père de l'une des victimes m'a demandé si je voulais bien marcher à ses côtés. J'ai aussitôt accepté. J'ai pris le bras de cet homme très digne et nous avons gagné le terrain en passant par le tunnel qu'empruntaient ordinairement les Miami Dolphins*. Nous avons eu l'impression de nous heurter à un mur de bruit. Tout d'abord, je n'ai pas compris ce que scandait la foule, puis j'ai entendu : « *Libertad*, Madeleine, *Libertad*, Madeleine », encore et encore. La cérémonie a commencé et j'ai écouté les témoignages et les hommages de ceux qui avaient perdu des êtres chers. Je me suis ensuite avancée vers les micros. J'avais deux objectifs. Je voulais convaincre le public que nous ne tolérerions pas que Castro échappe à ses responsabilités, mais je tenais également à empêcher toute action qui aurait pu engendrer une escalade de la violence.

N'ayant jamais pris la parole dans un stade, j'ai été surprise par l'écho. Tous les mots qui s'échappaient de mes lèvres revenaient vers moi quelques secondes plus tard. J'ai alors parlé plus lentement, ce qui a eu pour seul effet de retarder l'écho. Jamie Rubin, qui se tenait au bas de l'estrade, n'arrêtait pas de me faire signe de parler plus vite. J'ai fait de mon mieux pour délivrer ce que j'estimais être un message important. D'une façon ou d'une autre, ce message a dû

---

* L'équipe locale de football américain (*N.d.T.*).

être entendu car presque chacune de mes phrases était accueillie par des applaudissements et des martèlements de pieds, y compris ma conclusion : « L'erreur des tyrans est de confondre le pouvoir de contrôler une armée avec le pouvoir de dominer l'âme humaine. Castro n'avait aucune emprise sur les âmes des quatre hommes courageux que nous honorons aujourd'hui. Il ne peut pas freiner la tendance vers la démocratie qui se dessine partout dans le monde. Il ne peut pas se dresser contre le pouvoir de l'amour et l'amour de la liberté tels qu'ils se manifestent en ce moment même, dans ce stade. »

Pendant les semaines suivantes, la guerre des mots s'est poursuivie entre Cuba et les États-Unis. Les Cubains accusaient les Brothers to the Rescue d'être des terroristes. Ils ont rappelé l'invasion de la baie des Cochons, en 1961, et évoqué les trente-sept années d'agression yankee. Ils persistaient à citer des « faits » – qu'on savait déjà faux – sur l'endroit et le moment où la tragédie avait eu lieu. À ce jour, les autorités cubaines n'ont toujours pas exprimé de regrets pour les vies perdues, ni reconnu avoir commis une erreur ou violé la loi.

Au mois de juillet, l'Organisation de l'aviation civile internationale a terminé son enquête et confirmé la position des États-Unis. Les Brothers to the Rescue ne se sont pas laissés décourager par cette tragédie et ont continué à voler pendant les sept années qui ont suivi. Entre-temps, la citation sur les *cojones* a poursuivi seule son chemin. À Miami, elle était inscrite sur des autocollants pour pare-chocs. Tony Lake disait que chaque fois qu'on y faisait allusion, il avait envie de croiser les jambes, et le Président Clinton a déclaré publiquement que c'était « probablement le bon mot le plus efficace de toute la politique étrangère de son administration ».

Tandis que j'acquérais de l'assurance en tant que représentante permanente des États-Unis à l'ONU, je prenais de plus en plus d'initiatives. C'est ce que j'ai fait, en 1996, en essayant d'empêcher l'élection de Boutros Boutros-Ghali en tant que secrétaire général de l'ONU, pour un second mandat de cinq ans. De mois en mois, les différends entre le secrétaire général et moi n'avaient fait que croître. En ce qui concernait la Somalie, Boutros-Ghali avait été le premier à encourager – et le dernier à abandonner – la stratégie désastreuse de la confrontation avec le général Aïdid. Au Rwanda, il avait fait preuve d'un certain désintérêt durant la période qui avait conduit au génocide, négligence qu'il n'a jamais voulu reconnaître. En Bosnie, son insistance à appliquer le système de la « double clé » et son rejet du conflit qu'il appelait « une guerre de riches » étaient indéfendables. Il était également excessivement imbu de sa fonction et semblait penser que les tâches administratives étaient indignes de lui[1]. Le temps passant, il est devenu de plus en plus critique à l'égard des États-Unis, ce qui lui a peut-être attiré des sympathies dans d'autres pays, mais faisait que j'avais de plus en plus de mal à obtenir le soutien du Congrès.

C'était important, car les républicains contrôlant entièrement le Congrès, toutes les questions concernant l'ONU donnaient lieu à un débat, et le secrétaire général lui-même était devenu « radioactif ». Il affirmait être capable d'amener les membres du Congrès à partager ses points de vue en leur parlant directement, mais chaque fois qu'il s'y risquait, il ne faisait qu'aggraver la situation. Son attitude « impériale » n'était pas très appréciée et nos adversaires les plus partisans n'avaient aucune envie de l'écouter, trop contents de pouvoir dénigrer l'ONU. Les reparties les plus applaudies de Bob Dole, le candidat républicain à la présidentielle, étaient celles où il se moquait du secrétaire général de l'ONU dont il prononçait le nom lentement et dédaigneusement.

Je regrettais tout cela car, sur le plan personnel, j'admirais le secrétaire général et sa femme Leia qui avait une forte personnalité. Une fois, en entrant dans une pièce où se tenaient de hauts fonctionnaires, elle avait lancé : « Oh, un harem d'hommes ! » Boutros-Ghali et moi avons souvent participé à des dîners où les discussions étaient animées. Je me souviens par exemple qu'en 1995 il m'a raconté l'histoire d'un voyant nigérien qui était venu le voir et lui avait prédit : « Je vois une femme, et elle vous trahira. Son prénom est Madeleine. » Nous avons ri tous les deux.

En 1991, quand le secrétaire général avait été élu, il s'était engagé à ne pas se représenter, mais comme certains hommes politiques qui utilisent cet argument pour se faire élire et l'oublient aussitôt après, il avait bien l'intention de solliciter un nouveau mandat. Il se déplaçait beaucoup et accordait des entrevues avec autant de soin et de talent qu'un agent électoral du vieux Tammany Hall new-yorkais*. Confrontée à ce déploiement d'activité, je devais choisir soit de ne rien faire et lui permettre d'être réélu, soit de prendre la décision

---

1. Avant même que je n'arrive à New York, Edward Perkins, mon prédécesseur à l'ONU, décrivait le diplomate égyptien comme « vaniteux, irascible et impulsif [et ayant] des habitudes de travail et un comportement qui avaient fait chuter le moral du secrétariat à son niveau le plus bas ».

* Tammany Hall : siège du Parti démocrate new-yorkais aux XVIIIe et XIXe siècle (N.d.T.).

sans précédent d'empêcher sa réélection. Jusqu'alors, aucun secrétaire général ne s'était vu refuser un second mandat.

Je me suis dit que si les relations entre l'ONU et les États-Unis
devaient s'améliorer, il fallait que le secrétaire général parte. Cela
signifiait accepter l'affrontement. Nous avions dès le départ un gros
avantage. Si nous ne votions pas pour lui, il ne pourrait pas être
réélu, car il lui fallait obtenir les votes des cinq membres permanents
du Conseil de sécurité. Mais il y avait malgré tout quelques risques.
La France, elle-même membre permanent du Conseil, s'opposerait à
nous ; nous serions accusés de nous montrer trop autoritaires ; et on
nous reprocherait de devoir encore de l'argent à l'ONU. Par ailleurs,
il était peu probable que Boutros-Ghali accepte de se retirer ; et il
était possible qu'une fois la situation clarifiée, nous nous retrouvions
avec quelqu'un de pire encore.

Profitant de mes séjours à Washington, j'ai exposé mon point de
vue à Christopher et à Lake. Tous deux se sont montrés hésitants,
pourtant ils avaient encore plus de raisons de se plaindre du secrétaire
général que moi. Au mois de janvier 1996, tandis que nous nous
rendions en Bosnie, j'ai soumis le problème au Président Clinton qui
m'a donné son accord.

Christopher m'a demandé d'exposer mes arguments par écrit.
Dans la note que je lui ai remise, j'exposais les raisons que nous
avions de provoquer un changement et proposais d'éventuels rempla-
çants, dont mon candidat favori, le Ghanéen Kofi Annan, un homme
qui avait fait carrière à l'ONU et possédait une grande expérience
des situations les plus difficiles[1]. Annan avait été en première ligne
du combat qui avait pour but de rendre les opérations de maintien
de la paix plus professionnelles et, à l'inverse de ses collègues, il
n'avait jamais essayé d'esquiver la responsabilité des échecs. Fils
d'un chef de tribu, il semblait né pour être un leader. Lui qui n'était
pas très grand, avait un comportement qui imposait le respect. Il
parlait posément, sa voix avait des intonations mélodieuses, et ses
manières étaient engageantes ; un changement bienvenu qui contrastait avec l'attitude austère de Boutros-Ghali. Le fait que Kofi Annan
soit africain était un atout de plus car Boutros-Ghali, qui avait été

---

1. « Les raisons de s'opposer à la réélection de BBG sont d'ordre matériel et
politique. Il ne se donne pas la peine – ou n'est pas capable – de réaliser les
réformes que nous jugeons urgentes. Empêcher sa réélection augmenterait considérablement nos chances d'obtenir des fonds du Congrès, de payer nos arriérés et, à
l'avenir, d'honorer nos obligations. Enfin, son départ augmenterait également nos
chances de parvenir à un consensus intérieur qui soutiendrait les actions de
l'ONU. » Note de l'auteur au Président, mars 1996.

élu en tant que représentant de l'Afrique, ne manquerait pas d'affirmer que nos efforts pour l'éliminer étaient un affront pour le continent africain. De plus, Kofi Annan parlait suffisamment bien la langue de Molière pour éviter d'être immédiatement disqualifié par les Français. Pourtant, je souhaitais éviter que nous exprimions publiquement notre préférence pour un candidat avant que la partie ne soit presque jouée. Nous savions que certains seraient très fâchés contre nous et nous ne voulions pas qu'ils puissent retourner leur colère contre Kofi Annan.

Nous avons tenu notre décision secrète pendant plusieurs mois tandis que de son côté Christopher tentait de persuader le secrétaire général de tirer sa révérence avec grâce et d'accepter que son mandat ne soit prolongé que d'un an, jusqu'à ce qu'il ait atteint l'âge de soixante-quinze ans. Le secrétaire général a insisté pour obtenir une prolongation d'au moins deux ans et demi. Le Président égyptien Moubarak a tenté d'aplanir nos différends, sans succès. Pendant ce temps, le secrétaire général continuait à faire campagne.

À la mi-juin, Warren Christopher a décidé de faire connaître notre position au *New York Times*. Rendre cette nouvelle publique semblait sensé pour un certain nombre de raisons, mais notre action a manqué de coordination. J'ai appris la décision de Christopher alors que je me rendais en voiture de San Diego à Los Angeles. Je tenais absolument à joindre mes collègues du Conseil de sécurité car je savais qu'ils seraient furieux de ne pas avoir été consultés. Mon téléphone portable fonctionnant mal, nous avons dû nous arrêter dans une cabine publique, devant un restaurant appelé Bubba's Hundred Sandwiches. Alimentant l'appareil en pièces de monnaie, j'ai fait passer le mot. Comme je l'avais prévu, les autres représentants permanents n'étaient pas très contents.

Notre campagne, qui n'avait pas très bien débuté, a trébuché de nouveau. Nous avions espéré convaincre l'Organisation de l'unité africaine de ne pas se prononcer pour un candidat, mais nous avions attendu trop longtemps. À l'occasion de leur réunion annuelle, encouragés par la France et l'Égypte, les cinquante-trois pays membres de l'OUA ont déclaré soutenir la candidature de l'homme dont nous voulions empêcher la réélection.

Intensifiant notre action diplomatique, nous avons mis en avant notre conviction qu'un changement de secrétaire général accentuerait l'efficacité de l'ONU ; nous avons soumis des sujets de discussions lors des réunions officielles ; nous avons insisté sur notre désir de trouver un autre candidat susceptible de satisfaire l'Afrique en particulier. Peu de gouvernements étaient des supporters enthousiastes du secrétaire général, mais ils étaient encore moins nombreux à vouloir se joindre à nous pour s'opposer ouvertement à Boutros-Ghali. Beaucoup se montraient prudents et préféraient attendre et voir. Pendant ce temps, le secrétaire général ne renonçait pas. Certains de ses conseillers lui avaient affirmé que nos motivations étaient uniquement politiques et que notre position changerait après les élections présidentielles, en novembre. Toujours aussi obstiné, Boutros-Ghali a refusé d'examiner les différentes solutions que nous avions envisagées afin qu'il quitte la scène dignement. À plusieurs reprises, j'ai proposé que le secrétaire général soit nommé à la Cour internationale de Justice, prenne la direction de la Conférence de la francophonie (un poste qu'il a fini par occuper) ou accepte un nouveau rôle en tant que « secrétaire général émérite », avec bureau et fonctions officielles. Je voulais avant tout éviter une confrontation personnelle, mais je n'avais nullement l'intention de perdre ce combat.

Au mois d'octobre, Boutros-Ghali et moi avons eu un nouveau dîner de travail, dans sa résidence. Il a commencé par me dire qu'il ne ressentait aucune amertume, avant de préciser : « Il y a trop longtemps que je suis dans la politique et je n'ignore pas qu'on peut avoir des hauts et des bas sans en connaître la véritable raison. » Il a prédit que l'ONU traverserait des temps difficiles et que le prochain secrétaire général vivrait des moments pénibles. Je lui ai redit notre désir d'organiser pour lui une sortie élégante et il m'a demandé si j'étais en train de lui offrir un bakchich, un pot-de-vin. Je lui ai répondu que ce n'était absolument pas mon intention.

Après trois quarts d'heure de discussion, nous sommes passés dans la salle à manger. Le maître d'hôtel nous a servi des bols fumants de soupe aux pois cassés. Après en avoir avalé une cuillerée, j'ai commencé à avoir très chaud. Comme nous discutions de l'Irak et du Burundi, je n'ai fait aucun commentaire sur la température ambiante car elle ne semblait pas gêner le moins du monde le secrétaire général. J'avais depuis longtemps décidé de ne plus faire de commentaires sur la température d'une pièce, envisageant la possibilité que je puisse avoir une bouffée de chaleur.

Au moment où nous allions prendre le dessert, le maître d'hôtel m'a apporté une note sur un plateau en argent. Ce mot était écrit en français : « John Whitehead dit que tout ira bien. » J'étais très étonnée. Pourquoi cette missive était-elle rédigée en français ? Pourquoi Whitehead – un ami qui travaillait à l'ONU et habitait le quartier – m'écrivait-il ce mot ? Comment savait-il que je me trouvais avec Boutros ? Mon hôte se posait lui aussi des questions. « Est-ce un mot que vous envoient vos collaborateurs ? Ont-ils peur que je vous empoisonne ? » C'est alors que Leia a fait irruption dans la salle à manger en s'écriant : « Que faites-vous là tous les deux avec une chaleur pareille ? Vous devez bouillir ! »

Son mari lui a répondu : « Dieu merci ! Je transpirais, mais Madeleine ne disant rien, j'ai pensé que j'allais avoir une attaque et je ne voulais pas qu'elle s'en aperçoive. » Je leur ai alors expliqué pourquoi je ne m'étais pas plainte de la chaleur. Nous avons tous ri, amusés et embarrassés qu'après tant de temps nous soyons encore trop réservés pour exprimer quelque chose d'aussi simple. Jusqu'à la fin, le secrétaire général et moi n'avons jamais réussi à communiquer vraiment. Par la suite, j'ai rencontré Whitehead et lui ai demandé des explications sur le mot qu'il m'avait envoyé. Il m'a raconté qu'il avait vu Leia à un cocktail et qu'elle avait probablement mal interprété ce qu'il avait dit. C'était sans doute elle qui avait écrit cette note, destinée à son mari et que le maître d'hôtel m'avait remise par erreur. Je me demandais ce que Leia et Boutros avaient bien pu se dire après mon départ.

Bien que nous ayons fait savoir au monde entier que Boutros-Ghali ne l'emporterait pas, les candidats hésitaient à se manifester. Pendant ce temps, la bataille des relations publiques ne se passait pas très bien. À l'ONU, le secrétaire général, rompu aux conflits, jouait à l'opprimé confronté à un tyran qui ne lui rendait pas justice. La presse internationale nous éreintait et chez nous les critiques ne manquaient pas. La logique de notre stratégie nous empêchait de définir notre choix en des termes plus attrayants : le charismatique Kofi Annan contre l'aristocratique Boutros-Ghali.

Très vite, au sein même de notre gouvernement, des protestations se sont élevées contre « le pétrin dans lequel on s'était fourré ». Un jour, à New York, j'ai eu une vive altercation avec Tony Lake alors que nous nous trouvions chez moi, au Waldorf. Tony m'a dit qu'il n'avait jamais été convaincu que s'opposer à Boutros-Ghali était une bonne décision et qu'il fallait que je me débrouille seule. J'ai répliqué que nous avions fait le bon choix, même s'il n'était pas facile, et qu'il valait mieux changer de métier si nous n'étions pas capables de supporter quelques critiques. La discussion était tellement animée que Richard Clarke et Michael Sheehan du NSC, ainsi que Elaine Shocas, qui pourtant n'étaient pas exactement ce que l'on pourrait appeler de timides violettes, ont préféré quitter la pièce pour nous laisser échanger des paroles déplaisantes en privé. Tard ce soir-là, pour tenter de me calmer, j'ai tricoté deux bonnets rouges en forme de tomate pour mes petits-fils David et Jack.

L'automne de 1996 a été entièrement consacré à deux campagnes, la première pour faire réélire Bill Clinton et la seconde pour empêcher Boutros-Ghali d'être réélu. Pour détendre l'atmosphère, j'ai fait

un pari avec mon voisin au Conseil de sécurité, Joseph Legwaila, le
représentant permanent du Botswana. Pendant la Convention démocrate, le vice-Président Al Gore avait dit en plaisantant qu'il danserait
la macarena, une danse latine plutôt physique, en cas de victoire. J'ai
donc parié avec Legwaila que si les démocrates gagnaient les élections, je danserais la macarena avec lui, dans la salle du Conseil.
Quand le ticket Clinton-Gore l'a emporté, Joe et moi avons exécuté
notre danse. Ayant passé beaucoup de temps à forcer la main* des
représentants permanents, je pense qu'ils ont beaucoup apprécié de
me voir me tordre à mon tour, quoique brièvement.

L'épreuve de force approchant, mon équipe faisait son maximum ;
elle rencontrait d'autres délégations, passait quantité de coups de
téléphone, mettait au point des stratégies et comptait les votes. Malheureusement, compter les bulletins des membres du Conseil de
sécurité qui nous soutenaient ne s'est pas révélé un test très encourageant.

Le 19 novembre, j'ai opposé mon veto à une résolution qui aurait
accordé un second mandat au secrétaire général. Le résultat du vote
a été de quatorze contre un. La confrontation était inévitable et de
toute évidence nous étions isolés. J'étais mécontente, mais j'ai vu
cette défaite apparente comme un tournant décisif. Nous avions reçu
un coup de poing, mais nous étions toujours debout et nous avions
montré que la réélection du Président n'avait pas entamé notre détermination de faire élire un nouveau secrétaire général. Si Boutros-
Ghali pensait que nous reculerions à la dernière minute, il se trompait. De plus, le soutien international dont il semblait bénéficier
n'était pas aussi solide qu'il le croyait. Notre veto a fourni une couverture diplomatique aux nombreux pays qui avaient pris conscience
de la justesse de nos arguments et étaient prêts désormais à parier
ouvertement sur un cheval moins fatigué.

Le Président éthiopien Meles Zenawi a écrit à Paul Biya, le Président du Cameroun qui présidait également l'Organisation de l'unité
africaine, pour l'exhorter à trouver d'éventuels candidats africains.
Biya lui-même n'avait pas soutenu avec enthousiasme le candidat
sortant. Sa priorité était de s'assurer que le poste revienne à un Africain. Très vite, on a eu l'impression que tout le monde à New York
s'était engagé dans des discussions privées avec les différentes délégations africaines, pour tenter de trouver des candidats capables de
diriger une imposante organisation et qui satisfassent aux exigences
particulières des États-Unis (favorables à une réforme), de la France

---

* En anglais on dit : « tordre le bras » (*N.d.T.*).

(qui tenait à ce que le futur secrétaire général parle couramment le français) et de la Chine (qui voulait qu'il n'ait aucune relation avec Taiwan). Finalement, le lendemain de *Thanksgiving*, Biya a envoyé aux membres de l'Organisation de l'unité africaine une lettre qui les dégageait de l'obligation de soutenir le secrétaire général.

Une fois la défaite de Boutros-Ghali acquise, j'ai assisté à quantité de réunions, dissuadant les uns et les autres de soutenir des candidats sur lesquels nous avions des doutes et promouvant tranquillement la candidature de Kofi Annan. Nous étions grandement aidés par le fait que ce dernier était de toute évidence le candidat le plus qualifié pour ce poste. Personne, de quelque continent que ce soit, n'était plus informé ni mieux préparé. La France a tenu bon jusqu'à la dernière minute pour nous faire transpirer un peu, mais aussi pour obtenir notre soutien afin qu'un Français remplace Kofi Annan en tant que sous-secrétaire général de l'ONU, chargé du maintien de la paix. Le 13 décembre, le Conseil de sécurité a enfin voté à l'unanimité la nomination de Kofi Annan en tant que septième secrétaire général de l'ONU[1].

La pertinence de la décision de l'administration Clinton de chercher à remplacer Boutros-Ghali s'est trouvée confirmée dans les années qui ont suivi. En 1998, le Congrès a accepté de payer les arriérés des États-Unis et a encouragé l'ONU à procéder à de nouvelles réformes. Bien que je n'aie pas toujours été d'accord avec Kofi Annan, je dois reconnaître qu'il s'est montré un secrétaire général populaire, créatif et très travailleur ; en 2001, personne ne s'est opposé à sa réélection ; et par la suite, il a été récompensé, conjointement avec l'ONU, par le prix Nobel de la paix.

Dans son livre, *Unvanquished*, Boutros-Ghali adopte une attitude que ses collègues ont jugée irritante. Il ne reconnaît avoir commis qu'une seule erreur pendant les cinq années où il a dirigé l'ONU (permettre à l'Italie d'envoyer des Casques bleus en Somalie). Tout ce qui s'est mal passé, il le met sur le compte des États-Unis et des pays occidentaux. Il m'a également assené pas mal de coups, et c'est très bien. Je n'ai pas revu le diplomate égyptien, mais un jour, dans une rue de New York, j'ai rencontré Leia. Je ne savais pas comment

---

1. Boutros-Ghali a prétendu que j'avais mis sur pied toute cette opération parce que je faisais campagne pour être nommée Secrétaire d'État. C'est faux. Ce n'est que vers la fin que les deux questions se sont trouvées mêlées. Je savais que si je ne gagnais pas cette bataille diplomatique très importante, on dirait de moi : « Elle est incapable de faire quoi que ce soit. » Bien sûr, une fois que j'ai été désignée par le Président, tout est devenu plus facile. Qui allait s'opposer au futur Secrétaire d'État ?

me comporter, mais elle m'a aussitôt prise dans ses bras en me disant : « Nous aimerions tant vous voir ! » Durant les années que j'ai passées à New York, le secrétaire général Boutros-Ghali m'a appris beaucoup de choses sur la diplomatie, mais je crois que sa femme aurait pu m'en apprendre bien davantage.

TROISIÈME PARTIE

Madame le Secrétaire d'État

CHAPITRE QUATORZE

« Voulez-vous être mon Secrétaire d'État ? »

« LES COPAINS SONT EN ÉTAT DE CATATONIE, m'a écrit Tom Oliphant. Ils n'auraient jamais cru que cela puisse arriver. La moitié de Washington est sous le choc. » C'était l'après-midi du 5 décembre 1996, et je recevais quantité de messages de félicitations de la part de collègues et d'amis proches comme Tom, chroniqueur au *Boston Globe*. Le « choc » dont parlait Tom avait été causé par la décision que le Président Clinton avait prise, un peu plus tôt ce jour-là, de me nommer Secrétaire d'État.

Les événements qui avaient conduit à cette nomination s'étaient déroulés selon une tradition spécifique à Washington. À l'inverse des candidats à l'élection présidentielle qui doivent rivaliser férocement pour affirmer leurs positions et étaler leurs propres mérites tout en essayant de ridiculiser leurs adversaires, ceux qui prétendent au poste de Secrétaire d'État sont tenus de se cantonner dans un rôle passif, comme les soupirants d'autrefois. Il paraîtrait inopportun qu'ils se vantent, dénigrent leurs concurrents ou affichent ouvertement leur intérêt. La subtilité est de mise. On ne fait pas campagne pour obtenir ce poste – ou du moins cela n'est pas admis.

Diriger le Département d'État ne m'avait jamais paru une possibilité réellement envisageable. Durant la campagne de Dukakis, en 1988, la presse avait laissé entendre que je pourrais diriger le NSC si nous l'emportions. Je m'imaginais assez bien en coordinatrice politique œuvrant dans l'ombre, mais pas dans un rôle aussi en vue que celui de Secrétaire d'État. Après cette élection perdue, chaque fois que l'on me présentait comme quelqu'un qui aurait pu être conseillère à la Sécurité nationale, je répondais : « Oui, et si ma mère avait eu des roues, elle aurait été une bicyclette. »

Pourtant, durant ces années passées à l'ONU, j'avais acquis beaucoup d'expérience sur le tas et j'étais devenue une personnalité connue. Fin 1994, lorsque Warren Christopher avait un moment envisagé de démissionner, Strobe Talbott, son adjoint, m'avait dit que je pourrais être un successeur logique. Cette idée m'est entrée sérieusement dans la tête pour la première fois. Christopher n'a pas démissionné, mais il était fortement question qu'il se retire à la fin du premier mandat présidentiel, deux ans plus tard.

Tandis que cette date approchait, Patrick Leahy, sénateur du Vermont, a passé toute une soirée à New York à essayer de me convaincre que j'avais une réelle chance d'être choisie. Melanne Verveer, la directrice adjointe de l'équipe de la First Lady, m'a affirmé que mes chances étaient aussi bonnes que celles des autres candidats. Judith Lichtman et Marcia Greenberger, qui toutes deux dirigeaient des groupes féministes internationaux, m'ont vivement conseillé de « foncer ». Des journalistes de la presse écrite et de la télévision m'ont encouragée confidentiellement à tenter le coup, comme l'avait fait Bill Moyers, l'ancien attaché de presse de la Maison Blanche, directeur de la rédaction de *Newsday*. Je pensais que ce serait pour moi un immense honneur et un véritable défi que d'aider le Président à trouver la bonne façon de faire jouer l'influence de l'Amérique dans un monde en perpétuel changement. Aussi, lorsque Leon Panetta, le secrétaire général de la Maison Blanche, a voulu connaître les projets d'avenir des membres du cabinet, je lui ai répondu ce que je pensais ne jamais avoir le courage de dire : « J'aimerais bien continuer à travailler pour l'ONU, mais cela m'intéresserait également de devenir Secrétaire d'État. »

Le jour de la réélection du Président, Christopher a confirmé son intention de partir. À ce moment-là, les spéculations sur son remplacement donnaient déjà lieu à des discussions passionnées. Prédire l'identité des candidats retenus par le Président est un passe-temps dont tout Washington raffole. Dans les conversations téléphoniques et dans les dîners de la capitale, il n'est question que de qui voit ses chances grimper et de qui les voit s'effondrer. Chaque nouvelle étape apporte un nouveau lot de noms, de commentaires et de potins. Tout le monde joue à ce jeu, à la fois passionnant et totalement dénué de sens puisque les seuls véritables joueurs sont le chef de l'exécutif et un petit cercle de conseillers.

En novembre, les spéculations ne portaient plus que sur cinq noms. Le favori était George Mitchell, l'ancien chef de la majorité démocrate au Sénat, envoyé spécial en Irlande du Nord dans le cadre du processus de paix, dont le succès avait rajouté l'éclat de la politique étrangère à ses exceptionnelles références politiques. J'ai été ramenée à la réalité lorsque certains de mes meilleurs amis m'ont dit sans ménagement combien Mitchell ferait un grand Secrétaire d'État. Plus important encore, Tony Lake, et peut-être même Christopher, soutenaient la nomination de Mitchell.

Richard Holbrooke était considéré comme le principal rival de Mitchell. Il avait été adjoint du sous-Secrétaire aux Affaires politiques, chargé de l'Asie de l'Est sous l'administration Carter, et s'était opposé au NSC et à mon supérieur, Zbig Brzezinski, à propos de la politique chinoise. Durant la campagne pour les primaires de 1988, je conseillais Dukakis alors que Holbrooke conseillait Al Gore. J'avais toujours eu beaucoup de respect pour son intelligence qui s'était manifestée de façon si évidente au moment des négociations de Dayton et j'avais essayé à plusieurs reprises d'établir avec lui de bonnes relations. Il pouvait se montrer extrêmement charmant quand il le voulait, et, depuis la Bosnie, nous étions habituellement d'accord sur les questions politiques. Je trouvais que c'était quelqu'un qu'il faisait bon avoir à ses côtés dans les moments difficiles. Pourtant nous avions tendance à ne pas nous y prendre de la même façon pour régler les problèmes. Holbrooke était connu pour être très agressif, ce qui pouvait parfois être gênant pour des relations diplomatiques efficaces et de bonnes relations personnelles.

Les deux autres candidats étaient Sam Nunn, sénateur de Georgie, et l'ambassadeur Tom Pickering. Nunn était extrêmement respecté pour son intégrité et sa connaissance de la politique de défense, mais ce n'était pas un proche du Président Clinton et il s'était même opposé à lui sur des dossiers importants. Pickering était à juste titre considéré comme l'un des meilleurs diplomates d'Amérique, mais son manque d'appuis politiques le désavantageait. Un seul membre du corps diplomatique (Larry Eagleburger) était devenu Secrétaire d'État, et uniquement pour terminer le mandat de James Baker. Ce n'était pas juste, mais Pickering n'avait aucune chance tant que les candidats fortement soutenus politiquement n'étaient pas éliminés.

Le dernier nom sur la plupart des listes était le mien, ordinairement précédé de la mention « autre possibilité » ou « outsider ». J'étais très heureuse d'apparaître sur ces listes, mais n'avais aucun moyen d'évaluer mes véritables chances. Je savais que le Président était d'accord avec moi sur les questions essentielles et qu'il avait confiance en mon aptitude à transmettre notre message de politique étrangère, avec diplomatie ou sans ménagements selon les cas. J'avais l'impression qu'il me considérait comme un bon membre de l'équipe, mais j'ignorais s'il avait seulement pensé à moi pour le poste le plus important du cabinet. J'ai repris confiance quand Elaine Sciolino, journaliste au *New York Times*, a demandé à la Maison Blanche si ma candidature était envisagée et que Michael McCurry, le porte-parole, lui a donné une réponse positive qu'il disait tenir du Président lui-même.

Certains des « sages » les plus influents du Parti démocrate m'ont conseillé de ne pas « faire campagne ». De toute façon je n'avais pas l'intention de faire fabriquer des badges vantant mes mérites, mais je me doutais bien que George Mitchell et Dick Holbrooke ne restaient pas tranquillement assis chez eux, attendant que le téléphone sonne. J'étais certaine qu'ils faisaient tout leur possible pour mettre à contribution le réseau de supporters et d'amis que chacun d'eux s'était constitué.

S'appuyer sur de tels réseaux est comme une seconde nature chez les politiciens de Washington. Les liens qui les unissent les uns aux autres datent du lycée, de l'université, ou de l'époque de leurs premiers postes dans des cabinets juridiques ou au Congrès. Tandis que leurs carrières progressent, leurs réseaux s'élargissent. Ces amitiés sont entretenues à coups de verres, de cigares, de steaks, de matchs des Redskins* et de parties de golf. On échange des services pour des amis et des parents. Des problèmes sont résolus et des arrangements conclus grâce à quelques conversations et coups de téléphone discrets, et tant pis pour ceux qui ne font pas partie de ces réseaux.

Les femmes de Washington ont également leurs réseaux, mais jusqu'à une date récente ceux-ci avaient avant tout un caractère social ou philanthropique. Les hommes recherchaient le pouvoir. Les femmes recherchaient tout, excepté le pouvoir. Dans les années soixante, les choses ont commencé à changer, très lentement. Kay Graham, qui fut directrice de la rédaction du *Washington Post,* a été la pionnière. Meg Greenfield, Helen Thomas et Mary McGrory sont devenues de talentueuses journalistes très écoutées. Pamela Harriman a également fait son apparition sur la scène, d'abord aux côtés des hommes dont elle a partagé la vie**, puis seule comme collectrice de fonds et stratège politique, et plus tard en tant qu'ambassadrice des États-Unis en France. De plus en plus de femmes étaient élues au Congrès ou occupaient des postes importants dans l'administration et la magistrature. D'autres femmes déterminées créaient des associations ayant pour but d'influer sur la politique et d'élargir le champ des débats intellectuels et politiques.

Lorsque la non-campagne pour le poste de Secrétaire d'État a

---

* L'équipe de football américain de Washington (*N.d.T.*).

** À dix-neuf ans, elle a épousé Randolph Churchill, fils du Premier ministre. Après avoir divorcé, elle est devenue la femme de Leland Hayward, un producteur de Broadway. À sa mort, elle a épousé en 1971 Averell Harriman, ancien diplomate et gouverneur de l'État de New York (*N.d.T.*).

débuté, mon propre réseau était très restreint comparé à ceux de Mitchell et Holbrooke, mais il comprenait quelques personnes douées et décidées. Geraldine Ferraro, les sénateurs Leahy et Mikulski, les représentantes Barbara Kennelly et Wendy Sherman (ex-adjointe du Secrétaire d'État adjoint, chargée des Affaires législatives) transmettaient à tous ceux qui voulaient les écouter un message positif sur ma capacité à travailler avec le Congrès. Jamie Rubin, qui avait quitté temporairement mon équipe pour participer à la campagne présidentielle, continuait à veiller sur mes intérêts. De plus, Elaine Shocas classait quotidiennement les informations provenant d'alliés bien placés qui récoltaient des renseignements, faisaient des suggestions et aidaient à parer aux attaques [1]. Ils avaient d'excellentes sources et nous ont souvent permis de prendre les devants. Nous avons appris par exemple qu'un camp adverse avait l'intention de déclarer à la presse qu'une femme Secrétaire d'État serait dans l'incapacité de travailler efficacement avec des leaders arabes conservateurs. Nous avons aussitôt demandé à des journalistes d'interroger à ce sujet des représentants de pays arabes à l'ONU qui ont déclaré que cette allégation était insultante et que le sexe de leur interlocuteur ne jouait aucun rôle dans les affaires diplomatiques.

Je savais que la quasi-totalité du petit monde de la politique étrangère, à Washington comme à New York, était partagée entre Mitchell et Holbrooke. Je pensais malgré tout pouvoir compter sur le soutien de quelques personnes. Deux membres de mon réseau m'ont alors rapporté qu'un des plus proches conseillers du Président était contre ma candidature et disait que je n'avais aucune chance d'être nommée à ce poste.

Très honnêtement, je comprenais que Mitchell et Holbrooke étant sur la scène politique depuis longtemps et ayant les qualités requises, nombre de leurs amis auraient aimé les voir devenir Secrétaire d'État.

---

1. Parmi eux : Judith Lichtman, Marcia Greenberger, Sally Painter, Anne Reingold, Susan Brophy, Elaine Kamarck, Lula Rodriguez, Barbara Larkin, Meg Donovan, Ertharin Cousin, Jean Dunn, Rachelle Horowitz et Tom Oliphant. Bien d'autres personnes m'ont prodigué leurs conseils et ont contacté des hommes politiques importants : John Cooke, Ellen Malcolm, Marylouise Oates, Bob Shrum, Elaine Jones, Irene Natividad, Kate Michelman, Eleanor Smeal, Patricia Ireland, Pat Reuss, Nikki Heidepriem, Carol Foreman, Sammie Moshenberg, Audrey Tayse Haynes, Carmen Delgado Votaw, Nancy Zirkin, Elizabeth Bagley, Harriet Babbitt, Anne Wexler et Michael Berman. J'ai appris plus tard les efforts déployés en ma faveur par plusieurs membres des équipes du Président, du vice-Président et de la First Lady. De nombreux membres du Sénat et de la Chambre des représentants m'ont également beaucoup aidée. Je les remercie tous et regrette de ne pas pouvoir citer le nom de chacun.

Pourtant, j'étais troublée par le fait que les femmes semblaient m'être favorables et qu'à quelques exceptions près les hommes préféraient un autre candidat. Beaucoup de mes supporters étaient convaincus que l'opposition des hommes à mon égard était une forme de discrimination, mais je ne tenais pas à utiliser ce mot. Je pensais plutôt que cette opposition était due à un ensemble de facteurs tels que la monopolisation historique de ce poste par les hommes, le sentiment qu'ils étaient plus à l'aise entre eux, et une inquiétude, que j'espérais injustifiée, quant à mes capacités. Ces problèmes ne m'étaient pas réservés, toutes les femmes qui se sont trouvées être les premières, ou en faible minorité, à choisir des tâches ordinairement réservées aux hommes, ont eu à les affronter. L'excuse habituelle était que ces femmes n'étaient pas suffisamment qualifiées. Avant qu'elles n'aient fait leur travail, personne ne les en jugeait capables. Mais peu importaient les causes, le résultat me perturbait.

Je ne tenais pas à ce que le Président rejette ma candidature parce que ses conseillers ne pouvaient pas envisager que le Secrétaire d'État soit une femme. En revanche, si le Président me choisissait, je voulais que ce soit pour mon mérite et non parce que j'étais une femme. En tout cas, j'étais convaincue que si ma nomination était vue comme un test décisif pour juger de l'engagement du Président en faveur des droits de la femme, je ne serais jamais choisie pour ce poste. Bill Clinton, qui avait déjà montré plus d'une fois l'importance qu'il accordait à cette cause, ne réagirait pas favorablement face à ceux qui laisseraient entendre qu'il avait encore quelque chose à prouver dans ce domaine. Mes alliés ont donc vivement recommandé aux groupes féministes d'agir avec retenue et de renoncer à leur idée de faire circuler une lettre en ma faveur parmi les femmes membres du Congrès.

Bien sûr, il y avait ceux qui se demandaient si j'étais à la hauteur de ce travail. Certains jugeaient mes antécédents trop « eurocentriques » malgré l'extrême diversité géographique des affaires que j'avais traitées à l'ONU. D'autres exprimaient des doutes quant à mon intelligence. En fin de compte, personne n'était plus sévère à mon égard que je ne l'étais moi-même. J'intériorisais souvent les critiques, surtout quand je pensais qu'elles contenaient un embryon de vérité. J'étais terriblement furieuse contre moi pour avoir déclaré à la journaliste Elaine Sciolino : « Je ne suis pas si intelligente que ça, [mais] je travaille très dur. » Cette phrase a été imprimée en gros caractères dans le *New York Times*. Des amis m'ont fait remarquer que jamais un homme n'aurait fait une pareille déclaration, pourtant, si je l'avais faite, c'était parce que j'avais souvent entendu mon père dire la même chose de lui. Je me demandais si, comme moi, les autres candidats avaient leurs peurs secrètes et se posaient des questions sur eux-mêmes. Je me suis rappelé ces sentiments quelques années plus tard, quand Sandra Day O'Connor, juge à la Cour suprême, a été interviewée par Katie Couric, pour NBC. Quand cette dernière lui a demandé si elle avait eu peur de devenir la première femme juge à la Cour suprême, elle a répondu : « Oui, je me suis demandé si je pourrais faire ce travail suffisamment bien pour me montrer digne d'avoir répondu oui » à l'offre du Président Reagan.

On a beaucoup spéculé sur le rôle de la First Lady dans le choix du Président. Après la conférence de Pékin, notre amitié a continué à grandir. Lorsque nous nous rencontrions, nous commencions toujours par discuter de problèmes politiques, puis nous abordions des sujets plus personnels. Je prenais plaisir à lui parler de mes filles, et elle de Chelsea.

Pendant l'été 1996, alors que nous effectuions l'une et l'autre un voyage officiel, nous nous sommes retrouvées à Prague. Hillary avait noué des liens d'amitié avec Václav Havel lorsqu'il était venu en Amérique, et nous formions donc un trio cohérent. Le Président tchèque nous a reçues dans la résidence où il venait juste de s'installer. J'ai proposé de faire visiter la ville à Hillary et nous avons flâné tous les trois sur la place Wenceslas où Havel nous a montré le balcon où il se tenait durant la Révolution de velours. Nous avons également visité le vieux cimetière juif, remonté la Vltava en bateau le 4 juillet, et admiré les boutiques remplies de cristaux gravés, d'animaux fantastiques en pâte de verre et de bijoux anciens.

Certaines de mes initiatives ont eu plus de succès que d'autres. J'ai emmené Hillary dans le restaurant qui se trouve à l'intérieur des murs du château où j'avais déjà rencontré un petit cercle d'amis de Václav Havel. Je pensais que Hillary devait goûter à la cuisine typiquement tchèque, et en particulier à mon plat favori, le zelí – une sorte de choucroute relevée qui se prépare avec du chou blanc ou rouge. Quand on nous a servies, j'ai dit : « Ces portions sont trop petites pour pouvoir vraiment goûter ce plat. Pouvons-nous, s'il vous plaît, en avoir davantage ? » Le chef était furieux, et bientôt on a posé devant nous d'énormes monticules de choucroute. Pourtant, dès la première bouchée, il a paru évident que ce plat n'était pas du goût de Hillary. Après cela, je suis persuadée qu'elle n'a plus eu confiance dans mon jugement en matière de gastronomie.

Il n'est pas facile de flâner dans les rues en compagnie de Hillary car les gens l'arrêtent sans cesse, mais nous avons insisté et nous avons été surprises par une pluie torrentielle ; nos parapluies se sont retournés et les agents du Secret Service ont fait de leur mieux pour nous ramener jusqu'à nos voitures.

Durant nos promenades, nous avons discuté de nos professeurs à Wellesley, parlé de la synergie régnant à la Maison Blanche, et plus particulièrement au sein de l'équipe de politique étrangère. J'avais déjà été pressentie pour succéder éventuellement à Christopher, mais nous n'avons jamais abordé ce sujet directement.

Je n'ai vraiment été informée de l'influence de Hillary sur le choix du Président que plusieurs mois après ma nomination, au cours d'une soirée à l'ambassade des États-Unis à la Barbade, à laquelle assistaient la First Lady et le Président. Ce dernier a fait des remarques flatteuses me concernant et a rapporté le conseil que lui avait donné Hillary : « Ce n'est qu'en choisissant Madeleine que tu auras à tes côtés quelqu'un qui partagera tes valeurs, défendra avec éloquence ta politique étrangère et fera la fierté de toutes les femmes. »

Un matin du mois de novembre, à six heures, Elaine Shocas m'a téléphoné pour me demander de lire le *Washington Post*. « Ils l'ont fait ! Ils ont joué contre leur propre camp », a-t-elle ajouté. Noyée dans un article qui spéculait sur les futures nominations au cabinet, il y avait cette petite phrase : « Madeleine K. Albright, la représentante permanente des États-Unis à l'ONU, que beaucoup croient être parmi ceux qui ont le plus de chance d'être choisis, ne fait en réalité partie que des candidats de "second niveau", nous confiait hier un conseiller du Président Clinton, une opinion confirmée par deux membres de l'administration. » Cette phrase ne figurait qu'en fin d'article, mais je la voyais aussi nettement qu'une tache de ketchup sur du lin blanc. De toute évidence, certaines personnes de l'entourage du Président cherchaient à me barrer la route et le faisaient de façon maladroite et condescendante. En dépit de mes références, j'étais non seulement écartée, mais on se payait ma tête.

Cette déclaration a galvanisé mes supporters, et des groupes féministes ont aussitôt demandé à la Maison Blanche de la désavouer. Elle avait nettement touché une corde sensible. Une réunion, prévue depuis un certain temps entre le vice-Président Al Gore et les leaders des associations féministes, eut lieu la semaine suivante. Al Gore les a assurés que ma candidature était envisagée sérieusement. La remarque sur le « second niveau » n'a eu sans doute aucune influence sur le choix final, mais il est devenu plus difficile, pour les intimes du Président qui souhaitaient s'opposer à ma sélection, de m'enterrer tranquillement. Si je n'étais pas choisie, quelqu'un aurait à expliquer pourquoi.

Durant cette période, j'ai eu plusieurs entretiens privés avec le Président et avec le vice-Président. Nos conversations reflétaient bien les styles très différents des deux hommes. Al Gore, consciencieux et précis, m'a fait subir un interrogatoire serré sur les problèmes cruciaux, puis sur ceux de moindre importance. Selon moi, que faudrait-il faire dans les pays du Maghreb ? Quel était mon point de vue sur la question de l'île Sakhaline ?

Contrairement à ce que je pensais, mon entrevue avec le Président a été beaucoup plus détendue. Je craignais d'être nerveuse et de tout gâcher. Lorsque je suis arrivée dans le Bureau ovale, on m'a dit que le Président souhaitait me voir dans son bureau privé, à l'étage supérieur. On m'y a conduite, on m'a offert le thé et, tandis que j'attendais le Président, j'ai regardé les nombreux souvenirs qui décoraient la pièce, dont un immense tableau représentant un groupe d'hommes rassemblés autour d'un document. En entrant, le Président m'a expliqué que nous nous trouvions dans la Treaty Room et que le tableau rappelait la signature du traité hispano-américain, qui avait eu lieu dans cette même pièce, en 1898. La table que le Président utilisait comme bureau était celle sur laquelle avait été signé ce traité et bien d'autres par la suite, dont les accords de Camp David.

Nous nous sommes ensuite assis face à face, dans des bergères à oreilles, de part et d'autre d'une table basse. Le Président m'a appris que j'étais la première personne qu'il recevait et qu'il était inutile que nous parlions de mes qualifications ; j'avais extrêmement bien fait mon travail, dans des circonstances difficiles, et nous allions nous contenter d'échanger des idées. Une discussion d'une grande portée a suivi durant laquelle le Président a exposé la façon dont il envisageait son second mandat, une vision empreinte d'un enthousiasme contagieux, et il m'a fait part de son désir de s'attaquer à des questions difficiles comme la Chine, l'Iran, le Moyen-Orient et les relations avec le monde islamique. Le Président ne m'a pas posé beaucoup de questions, il a plutôt cherché à connaître mes pensées. Avec le vice-Président Gore, j'avais eu l'impression de passer mon examen d'entrée à l'université. Mon entrevue avec le Président me rappelait un peu une épreuve écrite, ce que j'ai toujours préféré. Je me suis détendue et j'ai eu l'impression que les choses se déroulaient bien. En partant, j'ai croisé George Mitchell, de toute évidence le suivant sur la liste. Nous nous sommes salués, conscients tous les deux de la situation. Puis on m'a demandé de rencontrer les conseillers juridiques de la Maison Blanche qui m'ont interrogée sur mon passé. Pour finir ils m'ont demandé s'il y avait quelque chose me concernant qui pourrait les surprendre. J'ai répondu que j'avais reçu récemment des lettres laissant penser que mes parents pourraient être d'ascendance juive. Ils m'ont répondu en haussant les épaules : « Et alors ? »

Dans l'après-midi du 3 décembre, je me trouvais dans ma maison de Georgetown avec Elaine Shocas et Suzanne George, une jeune avocate brillante et infatigable qui s'acquittait d'un million de tâches différentes au sein de ma petite équipe [1]. Ensemble nous fouillions dans des boîtes à la recherche des articles que j'avais écrits durant ma carrière universitaire. Lorsque j'avais rencontré les enquêteurs du Président, ils m'avaient demandé copie de tous mes écrits.

Le téléphone a sonné. C'était l'opératrice de la Maison Blanche. Elle m'a demandé si je pouvais prendre un appel du Président. J'ai attendu sept minutes. Tandis que j'écoutais intensément sans rien entendre, j'ai eu l'impression que mon estomac se retournait comme si j'avais été sur des montagnes russes. J'ai dit à Elaine et Suzy : « Je vais vomir. Il appelle tous ceux qui ne sont pas retenus. Tout est fini. Je suis grillée ».

Le Président a enfin pris l'appareil. Il m'a saluée, m'a priée d'excuser sa voix ; il était enroué à cause d'une allergie. Puis il m'a demandé des nouvelles de Václav Havel qui avait eu récemment quelques problèmes de santé, m'a interrogée sur la situation de Boutros-Ghali, et a fait quelques commentaires d'ordre général sur l'Europe. J'ai répondu à ses questions du mieux que j'ai pu, et le Président a raccroché. J'en ai aussitôt conclu : « Il appelait pour dire non, mais il s'est dégonflé. Vous allez voir, il va demander à Panetta ou à Erskine Bowles (l'adjoint de Panetta) de jouer le mauvais rôle. »

Comme toujours, Elaine a essayé de me rassurer. J'ignore si elle était douée de dons psychiques particuliers ou de bon sens politique, mais elle affirmait depuis des mois que ma candidature serait retenue. Je connaissais tous ses arguments. À l'ONU j'avais subi le meilleur entraînement possible. J'étais capable de travailler avec le Congrès. Je savais faire preuve de fermeté. Je faisais de bons discours et passais bien à la télévision. Je connaissais bien les dossiers et j'avais eu raison pour plusieurs de ceux qui importaient particulièrement au Président. Quant au Président, il aimait les effets un peu théâtraux, et nommer une femme Secrétaire d'État produirait sûrement l'effet recherché. Pourtant, au fond de moi, j'étais incapable de faire preuve d'objectivité. Qu'on songe à moi pour ce poste me transportait de joie, je savais que cette chance ne se présenterait pas une seconde fois et je voulais faire de mon mieux, mais je n'ai jamais cru, ni au fond de mon cœur ni dans ma tête, que le Président me choisirait.

Le lendemain, j'étais de retour à New York quand Bowles m'a

---

1. Suzy était à la fois la sous-directrice de mon équipe et l'organisatrice de mes déplacements. Je lui serai toujours reconnaissante pour sa loyauté, son énergie, son humour et la créativité avec laquelle elle s'acquittait des tâches les plus ingrates.

téléphoné. Résignée, j'ai pris l'appareil et j'ai attendu qu'il m'annonce la mauvaise nouvelle. Il ne m'a posé que deux questions : « Si le Président vous demandait d'être Secrétaire d'État, accepteriez-vous ? » et « Pourrez-vous prendre un appel du Président demain matin à neuf heures ? » Tandis qu'il me parlait, je faisais de mon mieux pour rester calme. Je pensais « Croyez-vous que quelqu'un répondrait non à ces deux questions ? » Tout haut, j'ai dit : « Oui, bien sûr, absolument, oui. »

Elaine, Jamie et moi avons pris le dernier avion pour Washington. Des rumeurs circulant sur mon éventuelle nomination, Jamie, dès notre arrivée, s'est chargée de répondre aux innombrables appels de la presse. J'ai demandé à Elaine de passer la nuit dans ma maison de Georgetown, et je lui ai prêté une de mes chemises de nuit en flanelle pour qu'elle n'ait pas à rentrer chez elle. Le lendemain matin, nous étions assises toutes les deux dans mon living-room, vêtues des mêmes peignoirs roses, n'osant pas prendre une douche de peur de manquer l'appel du Président. À neuf heures, rien ; à neuf heures et quart, le téléphone a sonné. C'était Wendy Sherman qui voulait savoir si j'avais des nouvelles de la Maison Blanche. Nous avons répondu précipitamment : « Non, pas encore, au revoir. » À neuf heures et demie, le téléphone a de nouveau sonné. C'était une autre amie, Susan Berger, la femme de Sandy, qui voulait savoir si j'avais eu des nouvelles de la Maison Blanche. Nous avons répondu, encore plus brusquement : « Non, pas encore, au revoir. »

À neuf heures quarante-cinq, j'ai bu un café, mais à ce moment-là mon corps fabriquait sa propre caféine. Je n'arrivais toujours pas à y croire. J'ai dit à Elaine : « Le Président a changé d'avis. Il a veillé très tard et quelqu'un l'a fait changer d'avis au milieu de la nuit. Il ne va même pas vouloir que je reste à l'ONU. » Enfin, à neuf heures quarante-sept, le téléphone a sonné. Elaine a décroché, a écouté une seconde puis, sans dire un mot, m'a tendu l'appareil.

« Voulez-vous être mon Secrétaire d'État ? » Ce sont les premiers mots que le Président a prononcés. Enfin je pouvais y croire. J'ai répondu, très lentement : « Je suis honorée et reconnaissante. Bien sûr, j'accepte, et j'y consacrerai toute mon énergie. » Le Président m'a félicitée chaleureusement et allait raccrocher quand j'ai ajouté : « Merci encore, monsieur le Président. J'aurais aimé que mes parents soient toujours en vie. Je ne vous décevrai jamais. »

J'ai reposé l'appareil et j'ai serré Elaine dans mes bras, puis je me suis assise pendant plusieurs minutes, essayant de réaliser que ma vie venait d'être transformée. C'était vraiment arrivé. Je me suis demandé si j'avais remercié correctement le Président, puis j'ai pensé que j'aurais tout le temps pour cela. J'ai alors appelé ma sœur, mon frère, mes filles et autant d'amis que j'ai pu. J'ai ensuite pris un bain, je me suis coiffée, j'ai mis une robe rouge, une veste et un collier de perles avec un pendentif en forme d'aigle, et j'ai pris le chemin de la Maison Blanche où devait être faite l'annonce officielle. Debout à côté du Président et de mes nouveaux collègues [1]. Faisant référence au Secrétaire d'État Warren Christopher, j'ai déclaré : « J'espère seulement pouvoir suivre ses traces. »

Le lendemain en me réveillant, j'ai enfilé mon peignoir de bain rose et je suis allée chercher les journaux du matin dans la boîte aux lettres. Ma photo était en première page du *Washington Post* et du *New York Times*. Après avoir pris mon petit déjeuner, je me suis rendue à Union Station pour attraper le train de neuf heures pour New York. Je faisais cela souvent quand le temps était mauvais et que les avions avaient du retard. Dans ces cas-là, j'étais toujours à bout de nerfs car je décidais de prendre le train au dernier moment et j'avais toujours peur de ne pas être à l'heure. Ce matin-là, 6 décembre, j'étais peut-être encore épuisée mais également transportée de joie.

J'avais l'esprit occupé par tout ce qui m'attendait, mais j'avais encore une tonne de travail à faire à l'ONU, et je me suis installée dans mon compartiment avec la ferme intention de lire le plus possible pendant le trajet qui durait trois heures. Dès que le train s'est mis en marche, le contrôleur est venu prendre nos tickets. Il s'est également excusé pour avoir amené avec lui une jeune fille qui voulait me demander un autographe. J'ai écrit sur son numéro du *Washington Post* : « Vous pouvez être tout ce que vous voulez être. Bonne chance et tous mes vœux », puis je me suis remise à lire.

Environ une minute plus tard, le contrôleur est revenu. « Madame le Secrétaire, cette jeune fille a montré son autographe aux voyageurs de son wagon et à présent ils veulent tous venir vous saluer. Si nous les laissons entrer ici, ça va être une drôle de pagaille. Est-ce que ça vous ennuierait de vous rendre au wagon suivant ? »

En entrant dans le wagon, j'ai vu les voyageurs assis, qui me tournaient le dos, chacun lisant son *Washington Post*, et je me suis trouvée face à une multitude de photos du Président et de moi, tous deux souriants. Je me suis avancée dans l'allée centrale. Des gens m'ont

---

1. Sandy Berger, conseiller à la Sécurité nationale, désigné ; William Cohen, secrétaire à la Défense, désigné ; et Tony Lake qui devait devenir directeur de la CIA mais dont la nomination a été annulée par la suite, à cause de l'opposition partisane d'une poignée de sénateurs républicains.

serrée contre eux, embrassée et m'ont tendu leurs journaux pliés pour que je les signe. Il m'a fallu si longtemps pour me frayer un chemin à travers tous les wagons que le *Washington Post* a cédé la place au *Baltimore Sun*, puis au *Philadelphia Enquirer* et enfin au *New York Times*, mais la photo en première page et l'enthousiasme des voyageurs sont restés les mêmes. Je ne connaissais probablement personne dans ce train, mais ce matin-là j'avais l'impression de les connaître tous. Quelqu'un a crié « Vas-y Madeleine ! », d'autres ont enchaîné, disant combien la décision du Président était extraordinaire et combien les années à venir seraient capitales.

Tandis que nous traversions les plaines du New Jersey et dépassions le port de New York pour entrer dans la ville, je suis retournée m'asseoir dans mon compartiment et j'ai regardé par la fenêtre. Bien que sachant combien les événements pouvaient être imprévisibles, je ne pouvais m'empêcher d'être émerveillée. J'étais arrivée dans ce port un demi-siècle auparavant, petite émigrante de onze ans venant de Prague, et j'avais contemplé la Statue de la Liberté. Combien il était étonnant que cette petite fille soit sur le point de devenir le soixante-quatrième Secrétaire d'État, la plus haute fonction à laquelle une femme soit jamais parvenue dans l'histoire des États-Unis.

Durant les jours qui ont suivi, nos bureaux ont été submergés de bouquets de fleurs, de télégrammes de félicitations, de messages téléphoniques et de notes[1]. J'ai appelé de nombreuses personnes pour leur demander conseil, dont tous les anciens Secrétaires d'État vivants. Henry Kissinger m'a reproché de lui avoir pris la seule chose qui le rendait unique, le fait qu'il soit né à l'étranger. Je lui ai fait à mon tour un reproche : il restait le seul Secrétaire d'État à parler avec un accent.

Une autre nomination signifiait une autre audition de confirmation devant la Commission des Affaires étrangères du Sénat et une autre rencontre avec Jesse Helms. Il était difficile de défendre un homme qui tirait fierté de ne *jamais* se rendre à l'étranger et dont les critiques envers le service diplomatique des États-Unis étaient si souvent injustes. Si je n'avais connu Helms qu'à travers la télévision et la presse, je n'aurais probablement pas eu une très haute opinion de lui.

---

1. Parmi les notes que j'ai reçues, une en particulier a retenu mon attention. Robert Strauss, un homme très en vue à Washington, longtemps leader du Parti démocrate, ancien ambassadeur des États-Unis en Russie, me félicitait tout en admettant ne pas avoir favorisé ma désignation. Peu de gens ont été aussi francs – ou honnêtes.

Pourtant, en tant que personne, Helms possédait de grandes qualités qui rachetaient ses défauts. Il était ce que l'on a coutume d'appeler vieux jeu. La plupart des politiciens auraient volontiers sacrifié leur dimanche matin pour participer à l'un des magazines d'informations télévisés hebdomadaires. Helms refusait toujours car cela l'aurait empêché d'assister au service religieux. Ses engagements envers la patrie, la religion et la famille étaient sincères. Helms accordait également une grande place à l'honneur dans les relations personnelles ; il m'a dit plus d'une fois que malgré nos désaccords sur des problèmes essentiels, nous n'avions pas à nous montrer discourtois dans nos discussions. « Madame le Secrétaire, nous allons surprendre tout le monde et écrire une page d'histoire ensemble. »

Nous allions être aidés dans cette tâche par les démocrates de la Commission sénatoriale, avec à leur tête Joseph Biden, sénateur du Delaware – un orateur fougueux dont la vive opposition au nettoyage ethnique en Bosnie avait reflété et renforcé la mienne –, et, parmi eux, Paul Sarbanes, John Kerry, Christopher Dodd, Dianne Feinstein puis, plus tard, Barbara Boxer.

Je comptais beaucoup d'amis à la Commission sénatoriale et j'avais toutes les raisons de penser que ma nomination serait approuvée, mais je n'avais pas pour autant l'intention de relâcher mes efforts. J'ai repris les mêmes habitudes de travail qui m'avaient permis d'être reçue à Wellesley et d'obtenir mon diplôme de troisième cycle. Installée chez moi, sans maquillage et des stylos à bille plantés dans les cheveux, je lisais des rapports, prenais des notes et griffonnais un tas de questions sur des post-its jaunes. Le matin, j'arrivais à mon bureau de transition avec ma collection de post-its et je demandais à mes collaborateurs de trouver les réponses. Puis je passais ensuite des heures à répondre aux questions de collègues du Département d'État qui jouaient le rôle de sénateurs. Ces « horribles commissions » étaient organisées par Barbara Larkin, adjointe du Secrétaire d'État adjoint, chargée des Affaires législatives, et son assistante, Meg Donovan. Mes collègues me mettaient au courant des intérêts politiques spécifiques de chaque sénateur et des questions qu'ils risquaient de me poser. Ces réunions étaient pour moi un excellent exercice et permettaient à mes collègues de rivaliser en cherchant qui pourrait mettre son futur boss dans l'embarras en lui posant les questions les plus difficiles.

Comme je l'avais fait quatre ans auparavant lorsque j'avais été nommée représentante permanente à l'ONU, je suis partie en vacances dans le Colorado avec d'énormes blocs-notes et, entre les réunions familiales, je travaillais à la maison. Chaque nuit, je rêvais que je me préparais pour une audition de confirmation devant la

Commission sénatoriale. Chaque matin, je me levais et je le faisais vraiment. Il n'y avait aucun moyen d'y échapper. Je n'ai eu un véritable moment de détente que le jour de Noël : je l'ai passé à faire du ski de randonnée avec les agents chargés de ma protection sur les talons.

Mon audition a eu lieu le 8 janvier, dans le Hart Senate Office Building, spacieux mais sans charme. Traditionnellement, le nominé est présenté par les sénateurs de l'État où il réside. Malheureusement, puisque j'habitais Washington, il m'était impossible de respecter cette tradition*. Warren Christopher a gentiment accepté de créer un précédent et m'a présentée lui-même. Avec élégance et intelligence, il a résumé ma carrière et exprimé sa confiance en mes capacités. Puis, après m'avoir embrassée, il est parti sous les applaudissements de toute l'assistance.

Dans ma déclaration, j'ai exposé les buts que j'entendais poursuivre en tant que Secrétaire d'État. J'ai expliqué aux sénateurs que nous avions atteint un point à mi-chemin entre la désintégration de l'Union soviétique et le début du XXIe siècle. Le monde était libre comme jamais auparavant, mais il n'était pas certain que ce progrès se poursuive. Le leadership américain était essentiel. Un demi-siècle auparavant, il n'avait pas suffi pour vaincre les nazis. La génération de Truman et Marshall avait travaillé avec ses alliés pour créer un ensemble d'institutions destinées à assurer une paix durable.

« Aujourd'hui, ai-je déclaré, il ne suffit pas de dire que le communisme a échoué. Nous devons bâtir une nouvelle structure, adaptée aux demandes du nouveau siècle », pour contrôler les menaces que représentent les armes de destruction massive et le terrorisme ; mettre fin à des conflits régionaux dangereux ; maintenir l'Amérique au centre d'une économie globale en expansion ; défendre les principes de démocratie et de respect de la loi qui nous sont chers. Au cœur de cette structure « se trouvent nos principales alliances et relations bilatérales. Ce sont elles qui soutiennent notre politique étrangère, mais aussi le système international tout entier. Lorsque nous coopérons avec les autres grandes nations, nous créons un réseau dynamique de principes, de pouvoirs et d'objectifs qui élèvent les normes et font progresser le monde ». Pour saisir les opportunités et déjouer les périls que nous rencontrerons, « nous devons être plus que des spectateurs, plus que des acteurs, nous devons être les auteurs de l'histoire de notre temps », ai-je conclu.

Après m'être préparée fiévreusement à cette audition, elle me sem-

---

* N'étant pas un État, le district de Columbia n'est pas représenté au Sénat (*N.d.T.*).

blait à présent se passer en douceur. Le président Helms était on ne peut plus courtois. Les sénateurs m'ont offert leurs encouragements. Les questions que l'on m'a posées étaient épineuses mais loyales. Tout cela m'a ravie et a fort ennuyé la presse qui préfère de beaucoup les affrontements violents à la courtoisie. Chaque sénateur m'interrogeant à son tour, l'audition s'est prolongée jusque tard dans l'après-midi. Richard Lugar, sénateur de l'Indiana, un homme à la fois réfléchi et consciencieux, a conclu avec une série de questions sur la dégradation de l'environnement en Afrique, le développement de la population du Moyen-Orient, les initiatives de maintien de la paix dans diverses régions du monde, les crises financières internationales, les dangers de l'extrémisme islamique, l'éventualité d'un accord de libre-échange avec le Chili, les perspectives de démocratie en Serbie, la politique des États-Unis à l'égard de l'Ukraine, le contrôle des armements, la représentation diplomatique américaine à Moscou, les Philippines en tant que modèle pour la démocratie asiatique, et les implications économiques de l'augmentation de la consommation d'énergie en Chine. Le temps que je réponde à toutes ces questions, mes filles elles-mêmes n'écoutaient plus, pourtant cela valait la peine quand Helms a promis d'organiser une réunion extraordinaire de la Commission pour l'Inauguration Day (jour de l'investiture présidentielle) afin d'examiner ma nomination. Et il a tenu parole.

Le 22 janvier 1997, le Sénat a confirmé ma nomination par quatre-vingt-dix-neuf voix contre zéro[1]. Cela faisait vingt ans que j'étais entrée en politique, quatorze ans que j'avais divorcé et quatre ans que j'étais devenue grand-mère pour la première fois. On venait de me confier un poste qui dépassait mes espérances les plus ambitieuses. Lorsque j'enseignais, j'avais appris à mes étudiants à s'entraîner à des jeux de rôles et à imaginer ce qu'ils feraient en temps de crise s'ils occupaient des postes importants. À présent, cette occasion m'était réellement offerte et je savais que mes diplômes ne me seraient pas décernés par des professeurs mais par l'Histoire, un juge plus sévère mais plus juste.

Prêter serment en tant que Secrétaire d'État est quelque chose que je serais heureuse de faire chaque jour de ma vie. J'aurais simplement aimé pouvoir arrêter ce moment afin de le savourer encore et encore. Je m'étais déjà trouvée dans le Bureau ovale auparavant, mais je

---

1. Jay Rockefeller, sénateur de la Virginie Occidentale, qui n'était pas aux États-Unis, n'a pas pris part au vote. Nous nous connaissons depuis longtemps, mais comme le prouve cette note, il n'a pas fini d'en entendre parler.

n'avais jamais été le centre de la réunion. Cette pièce est étonnamment petite et l'assistance est donc limitée. Les chaises que le Président offrait habituellement aux dignitaires étrangers avaient été enlevées pour pouvoir accueillir tous les invités. En plus de ma famille, j'ai été très heureuse que les sénateurs Helms et Mikulski soient présents ainsi que mes principaux collaborateurs. Le Président se tenait devant son bureau. Sa présentation a été éloquente et généreuse. Le vice-Président Gore, qui était à ses côtés, m'a demandé de poser la main sur la Bible et de prêter serment. Mes filles ont tenu la Bible tandis que je répétais les mots historiques.

Nous étions le 23 janvier 1997, quelques minutes avant midi. Plus de deux cent sept ans après la nomination du premier Secrétaire d'État, une femme allait diriger le Département d'État. Beaucoup de gens m'ont demandé ce que je ressentais à ce moment-là. En fait, une partie de mon esprit était totalement étourdie à l'idée d'hériter d'une fonction dont le premier titulaire avait été Thomas Jefferson ; une autre partie essayait de se concentrer pour ne pas commettre d'erreurs en prêtant serment, et une autre partie encore était préoccupée par la crainte que ma broche tombe. Plusieurs mois auparavant, j'avais remarqué dans une boutique une broche ancienne en forme d'aigle, belle mais très chère. Je m'étais promis de l'acheter si le Président Clinton retenait ma candidature, songeant que je n'aurais probablement jamais l'occasion de signer un chèque pour l'acquisition de ce bijou. J'avais donc acheté cette broche et je la portais pour la cérémonie, mais le fermoir s'était ouvert. Je n'avais pas envie de me piquer ni de piquer quelqu'un, ni que ma broche tombe sur la Bible. Heureusement elle a tenu, mais l'aigle s'est retourné et, après toutes ces péripéties, on ne le voit même pas sur les photos.

J'ai ensuite remercié chaleureusement le Président et exprimé ma gratitude pour la chance qui m'était offerte. Puis j'ai remercié tous ceux qui m'avaient aidée et avaient rendu ce moment possible :

« Alors que je me trouve aujourd'hui dans ce bureau qui symbolise le pouvoir et la détermination des États-Unis, je pense tout particulièrement... à ma mère et à mon père qui m'ont appris à aimer la liberté ; au Président Václav Havel qui m'a aidée à comprendre les responsabilités qu'impose la liberté ; et à Edmund Muskie qui m'a donné suffisamment confiance en moi pour savoir qu'aucune barrière ni aucun plafond ne pourraient m'empêcher de servir la liberté, ma vie durant. »

Coïncidence, ma première réunion en tant que Secrétaire d'État a été avec le Président et Kofi Annan. Le nouveau secrétaire général m'a félicitée pour ma promotion, et je l'ai félicité pour la sienne.

Nous avons constaté que jamais les deux personnes occupant nos fonctions respectives n'avaient eu des relations professionnelles et personnelles aussi étroites. Nous avons discuté de la nécessité de réformer l'ONU et des chances d'obtenir du Congrès qu'il accepte de payer ce que nous devions à l'ONU. Je suis ensuite retournée au Département d'État pour participer à une réunion sur la Chine et pour voir mon nouveau bureau.

De l'extérieur, le bâtiment du Département d'État ressemble à deux boîtes encastrées l'une dans l'autre. Il se compose de deux énormes parallélépipèdes de béton, totalement dépourvus d'élégance. Le romancier Ward Just l'a comparé à un pénitencier. À l'intérieur, les plafonds sont blancs, le sol des interminables couloirs est recouvert de linoléum blanc, et les murs blancs sont parcourus de bandes de couleurs différentes selon les services afin d'éviter que les visiteurs ne se perdent. J'ai souvent pensé que si les lois de la gravité le permettaient, on pourrait marcher au plafond sans voir la différence. Le bureau du Secrétaire d'État, situé au septième étage, côté sud, donne sur un couloir tranquille qui se différencie du reste du bâtiment par ses murs lambrissés d'acajou où sont accrochés les portraits des anciens Secrétaires d'État. Je l'ai longé lentement. C'était une expérience à ne pas oublier. J'ai longuement regardé les portraits ; nombre d'anciens Secrétaires avaient une moustache et tous portaient un costume.

Je suis passée sous la voûte où est inscrit « Secrétaire d'État » et j'ai tourné à gauche pour entrer dans la grande antichambre, qui comporte une cheminée, et que l'on utilise parfois pour recevoir des dignitaires étrangers, puis dans le bureau adjacent où j'allais vivre les quatre prochaines années. Comme pour le Bureau ovale, j'étais déjà venue plusieurs fois dans cette belle pièce, mais à présent je la voyais avec des yeux neufs. Lorsque je me suis assise pour la première fois dans le fauteuil du Secrétaire d'État, j'ai eu l'impression de planer. On dit qu'on ne peut voler sur un tapis magique que si l'on ne doute pas de la capacité du tapis à rester en l'air. À cet instant, j'étais tellement excitée par les défis que j'allais avoir à relever que mes doutes se sont évanouis. J'ai aussitôt décoré le bureau avec une lithographie représentant une femme conduisant un chariot dans les rues de Washington, du temps d'Abraham Lincoln, et portant sur la poitrine une écharpe où était écrit « Émancipation ».

Je suis entrée ensuite dans le secrétariat au centre duquel se trouvait le bureau de Liz Lineberry, une professionnelle accomplie qui devait être ma secrétaire, comme elle avait été celle de Warren Christopher, de Larry Eagleburger et de Jim Baker. Sur la partie droite étaient installés les bureaux des autres membres du secrétariat, appartenant au service diplomatique ou administratif, qui ont été dirigés par quatre grands fonctionnaires : le secrétaire général William Burns, auquel a succédé plus tard Kristie Kenney [1], et l'adjoint du secrétaire général David Hale auquel a succédé plus tard Alex Wolff. Je lasserais certainement le lecteur le plus patient si je tentais de dresser la liste de tous ceux qui ont contribué aux réalisations du Département d'État durant les années où j'étais Secrétaire d'État. Chaque accord, initiative, voyage, audition, déclaration et tâche était le résultat des efforts de toute une équipe, souvent épuisée mais toujours professionnelle, de l'ambassadeur le plus chevronné jusqu'à la nouvelle recrue. Notre nation est fière, à juste de titre, de ses forces armées, les meilleures du monde, mais les hommes et les femmes qui collaborent à nos missions diplomatiques sont également un élément vital de notre sécurité et méritent, eux aussi, notre gratitude.

Le premier lundi où j'ai pris mes fonctions, je me suis rendue à l'auditorium Dean Acheson pour rencontrer les employés du Département d'État et les remercier pour le dur travail qu'ils accomplissaient. Je me suis engagée à me battre pour obtenir les ressources qui leur étaient nécessaires pour servir notre nation et faire leur travail. J'ai exposé mes plans pour améliorer notre formation, moderniser notre technologie, et j'ai incité chacun à joindre ses efforts aux miens pour faire mieux comprendre au peuple américain l'importance de notre diplomatie.

J'ai insisté sur ce dernier point car je tenais à réconcilier les citoyens américains avec la politique étrangère. Durant la guerre froide, la plupart d'entre eux s'étaient montrés attentifs aux événements internationaux car ils savaient que des missiles soviétiques étaient pointés sur leurs maisons. Une seule erreur et tout était fini. Après l'éclatement de l'Union soviétique (et avant les attentats du 11 septembre 2001), ils ont pensé avoir moins de raisons de s'intéresser aux affaires internationales. J'espérais profiter de la position

---

1. J'ai été fière de nommer Kristie Kenney, la première femme à avoir été secrétaire général. Mon secrétariat comprenait également John Crowley, mon secrétaire particulier, qui avait travaillé avec tous les Secrétaires d'État depuis Kissinger ; Suzanne McPartland, ma secrétaire lorsque j'étais représentante à l'ONU, que j'avais attirée à Washington ; Linda Dewan, ma programmatrice ; Lynn Sweeney, un génie de l'informatique ; Nichole Tucker, l'adjointe d'Elaine, également chargée d'organiser mes déplacements. Les fonctionnaires du Centre opérationnel me tenaient quotidiennement informée. Richard Shinnick, George Rowland et leurs collègues faisaient tourner mon secrétariat – et moi – à toute vitesse. Charles Duncan, chargé des relations avec la Maison Blanche, un maître de l'organisation, veillait au bon déroulement de mes voyages. Je les remercie tous pour leur dévouement et leur travail.

privilégiée que me conférait ma fonction pour amener les Américains, et particulièrement les jeunes, à s'intéresser de nouveau à la politique étrangère.

Je désirais également encourager un renouveau de la tradition bipartite en matière de politique étrangère. J'étais optimiste car à la fin de la guerre froide il n'existait plus de divergences fondamentales entre les positions des démocrates et des républicains en ce qui concernait la plupart des questions de politique étrangère. Les étiquettes du passé – faucon, colombe, conservateur, libéral – ne semblaient plus signifier grand-chose. Il existait également une raison pragmatique à cette volonté de tendre la main aux républicains : nous avions besoin de leurs votes. Les républicains avaient la majorité au Sénat et à la Chambre des représentants, et contrôlaient les principales commissions. En entrant au gouvernement, j'ai donc plaisanté en expliquant que j'avais subi l'« ablation » de mes instincts partisans ; et j'ai fait mon possible pour établir de bonnes relations de travail entre nous.

Très vite, j'ai dû me présenter devant la Commission des Affaires étrangères de la Chambre des représentants et son président Benjamin Gilman, représentant de New York. J'ai également rendu visite, dans leurs circonscriptions respectives, aux présidents des quatre sous-commissions qui contrôlaient une partie de notre budget. En Alabama, le représentant Sonny Callahan a dit de moi que j'étais « un flamant rose dans la basse-cour de la politique », ce que j'ai interprété comme un compliment, pour moi sinon pour la politique.

Je me suis également rendue en Caroline du Nord en compagnie du sénateur Helms. Dans sa ville natale, devant tous ses admirateurs, nous avons été photographiés nous serrant la main et je lui ai offert une chemise de nuit avec cette inscription « Quelqu'un au Département d'État vous aime ». Tout cela était du bon spectacle, mais pour moi le plus important restait le résultat politique. Durant cette visite, Helms m'a assuré qu'il ne chercherait pas à bloquer le vote sur la participation des États-Unis à la Convention sur les armes chimiques. Obtenir l'approbation du Sénat sur cette question faisait partie de mes priorités, et avec la décision de Helms de ne pas bloquer le vote, nous remportions une victoire importante.

Durant cette période, le changement le plus visible dans ma vie a été la présence d'agents de la Diplomatic Security qui désormais m'accompagnaient presque partout où j'allais. La Diplomatic Security (DS) est pour le Secrétaire d'État ce qu'est le Secret Service pour le Président[1]. Lorsque je représentais les États-Unis à l'ONU,

---

1. Je suis très reconnaissante à Larry Hartnett, chef de l'équipe de la DS chargée de ma protection rapprochée, et à ses collaborateurs et collaboratrices pour les

seules quelques personnes assuraient ma protection rapprochée. Elles m'ont accompagnée dans le cadre d'opérations de maintien de la paix, un peu partout dans le monde, sans parler des rayons lingerie de différents magasins.

Peu après ma nomination, la DS m'a informée que ses agents devaient s'installer chez moi. J'avais un garage au fond du jardin qui a paru leur convenir, sauf qu'il était plein de cahiers de mes filles, de vieilles malles, de sacs à dos, de skis, de papiers ayant appartenu à mes parents, et de poussière. Nous avons entreposé tout cela ailleurs, y compris la poussière. C'est alors que les agents de la DS ont décidé qu'ils devaient creuser dans mon jardin pour faire passer des câbles de téléphone (et ce en dépit de mes magnolias géants). Et ils ont garé leurs véhicules dans une allée, de l'autre côté de la rue. Mes voisins sont passés par différents stades. Tout d'abord, ce remue-ménage les a excités. Puis ils se sont dit qu'il était bien agréable de vivre dans un voisinage aussi sûr. Et enfin, une fois l'excitation passée, ils ont commencé à compter les jours qui restaient avant la fin de mon mandat.

Une de mes premières tâches a été de constituer une équipe efficace. À Washington, on disait que je n'engagerais pas d'hommes forts car je me sentirais menacée. À la vérité, j'aurais volontiers mis la main sur George Marshall lui-même, s'il avait été disponible.

Le Président et moi souhaitions que Strobe Talbott demeure Secrétaire d'État adjoint, et il a accepté. J'avais souvent travaillé avec Strobe quand j'étais représentante à l'ONU. Lorsque je me trouvais à Washington, il m'arrivait parfois de passer le voir dans son bureau pour parler d'opérations de maintien de la paix ou pour savoir ce qu'il pensait de la Russie. Je savais qu'il serait le meilleur des partenaires, et je ne me suis pas trompée.

Pour occuper le poste important de sous-secrétaire aux Affaires politiques, j'ai choisi Tom Pickering. La coutume veut que dans les ambassades des États-Unis on expose les photos de tous les anciens ambassadeurs. J'ai eu parfois l'impression de voir la photo de Tom Pickering sur tous les murs. Il avait été ambassadeur en Russie, en Inde, à l'ONU, en Israël, au Salvador et au Nigeria. En dépit de cette

---

milliers d'heures qu'ils ont passées à veiller sur moi (nom de code « BOLIDE ») et pour le constant professionnalisme dont ils ont fait preuve. Durant certaines périodes de tension, comme au moment des problèmes avec l'Irak et le Kosovo, les menaces étaient nombreuses. Grâce à la DS, je n'ai jamais été inquiète et j'ai pu me consacrer à mon travail. Même si parfois j'aurais préféré jouir d'un peu plus d'intimité, j'ai accepté la présence des agents de la DS et, en apprenant à mieux les connaître, je ne les ai plus considérés uniquement comme des protecteurs mais comme des amis.

brillante carrière, Pickering était affable et dénué de prétention. Je me sentais toute petite devant lui, d'abord parce qu'il mesurait presque cinquante centimètres de plus que moi, mais surtout à cause de son expérience, tant dans le domaine de la politique que du management.

Pour le poste de sous-secrétaire aux Affaires économiques internationales, je me suis tournée vers Stuart Eizenstat qui avait été ambassadeur auprès de l'Union européenne et sous-secrétaire au Commerce durant le précédent mandat présidentiel. Je connaissais Stuart depuis l'époque de l'administration Carter et j'admirais son éthique du travail, la finesse de son esprit et sa générosité. Personne n'était plus qualifié que lui pour les tâches difficiles. En 1999, il a été remplacé par le très talentueux Alan Larson, du service diplomatique.

L'une des plus belles réussites de mon mandat devait être la réorganisation de la bureaucratie de la politique étrangère pour marquer la fin de la guerre froide. Pour cela j'ai demandé à John Holum, directeur de l'ACDA (Arms Control and Disarmament Agency) d'accepter la double casquette de sous-secrétaire au Contrôle des armements et à la Sécurité internationale. John était capable de discuter calmement et clairement des scénarios les plus terrifiants liés à la propagation et à l'utilisation éventuelles d'armes de destruction massive.

Suivant les suggestions de Strobe, j'ai fait appel à Bonnie Cohen pour le poste de sous-secrétaire au Management. Ayant travaillé pendant des années au Département de l'Intérieur, Bonnie avait acquis la réputation de savoir passer outre à la bureaucratie et d'obtenir des résultats. C'était précisément ce qu'elle devait faire au Département d'État en apportant des idées neuves, en améliorant l'efficacité et en augmentant la sécurité.

Timothy Wirth, le sous-secrétaire aux Affaires internationales, un homme consciencieux et énergique, ancien sénateur du Colorado, était un rescapé du premier mandat présidentiel. Frank Loy, un environnementaliste, ancien directeur de la German Marshall Fund, a remplacé Wirth en 1998. Il avait d'excellentes références pour occuper ce poste.

Le poste de conseiller auprès du Département d'État est particulièrement important car il n'a pas de place définie dans la hiérarchie bureaucratique. Son titulaire dispose d'une petite équipe et doit s'efforcer de donner au Secrétaire d'État de meilleurs conseils que ceux qu'il reçoit par ailleurs, puis s'assurer que ses conseils sont mis en pratique. Mon choix pour ce poste s'est porté sur Wendy Sherman, une femme habile et solide, un vétéran des conflits politiques de la capitale fédérale, capable d'assimiler n'importe quel sujet plus vite que personne. Nous étions des amies de longue date et je savais pouvoir compter sur sa loyauté et son talent pour faire la différence entre l'essentiel et la poudre aux yeux.

Pour le poste de directeur du bureau de la Planification, j'ai choisi Gregory Craig, un avocat de Washington, ingénieux et résolu, qui avait beaucoup d'idées créatives sur la question du leadership des États-Unis. Il occupait également le poste de coordinateur spécial des États-Unis pour le Tibet. Mon conseiller juridique, David Andrews, était un avocat très intelligent et très expérimenté, capable de s'attaquer aux tâches les plus dures. Pour le poste de directeur général du service diplomatique, j'ai fait appel à l'ambassadeur Edward « Skip » Gnehm, qui avait été mon adjoint à New York et devait m'être d'une aide constante dans un travail souvent ingrat [1].

Deux de mes collaborateurs m'étaient particulièrement indispensables. Ils m'avaient offert leur soutien dans les périodes difficiles et étaient à mes côtés pour partager les bons moments. Il n'y a jamais eu le moindre doute sur le fait que ma confidente, Elaine Shocas, continuerait à diriger mon équipe. Elle paraissait capable d'avoir un millier de projets en tête en même temps, possédait un punch politique étonnant et savait faire preuve d'autorité. Jamie Rubin, qui avait été mon porte-parole pendant que j'étais en poste à l'ONU, m'a paru le meilleur choix pour devenir adjoint du sous-secrétaire aux Affaires publiques, tout en continuant à jouer son rôle crucial de conseiller. Quand Nicholas Burns, le porte-parole officiel du Département d'État, est devenu ambassadeur en Grèce, Jamie l'a remplacé et s'est parfaitement acquitté de sa tâche.

Une fois mon équipe constituée, je me suis mise au travail. Pour mon premier déplacement en tant que Secrétaire d'État, je me suis rendue au Congrès. Pour mon deuxième voyage, je ne me suis pas envolée vers une capitale étrangère, mais je suis allée à Houston où j'ai donné une conférence à l'université Rice, qui avait pour thème « Construire une politique étrangère bipartite ». Cette conférence avait été organisée par l'ancien Secrétaire d'État James Baker. Le lendemain, j'ai pris le petit déjeuner chez George Bush et sa femme, l'incomparable Barbara, puis nous avons donné une conférence de presse au cours de laquelle l'ex-Président a vivement défendu la

---

1. En 1999, dans le cadre d'une réorganisation, l'US Information Agency a été intégrée au Département d'État. J'ai eu l'excellente idée de recruter Evelyn Lieberman, une personne judicieuse et pleine d'entrain, pour le poste de sous-secrétaire à la Diplomatie ouverte et aux Affaires publiques. Evelyn a magnifiquement mené à bien cette fusion et a réussi à placer la Diplomatie ouverte au cœur de notre politique étrangère.

Convention sur les armes chimiques que son administration avait négociée à l'origine.

Petite fille, à Denver, j'aimais beaucoup les chapeaux de la marque Stetson. Ma présence au Texas a ravivé la flamme. J'en ai acheté trois : un rouge, un noir et un marron.

Mike Dukakis avait l'habitude de dire en plaisantant : « L'avenir est si brillant que je dois porter des lunettes de soleil. » Très impatiente de me mettre au travail, j'avais espéré avoir la même impression durant mes premiers jours en tant que Secrétaire d'État, mais cela n'a pas été le cas, et pour une raison qui n'avait rien à voir avec l'avenir. Je me suis sentie, au contraire, abattue, mentalement et émotionnellement, en découvrant soudain une partie de mon passé.

CHAPITRE QUINZE

Des noms sur le mur d'une synagogue

LE MATIN DU 4 FÉVRIER 1997, on pouvait lire en gros titres, à la une du *Washington Post* : « Révélations sur la tragédie de la famille Albright » et en plus petit, au-dessous : « Le Secrétaire d'État dit avoir ignoré que trois de ses grands-parents étaient des juifs victimes de l'Holocauste. » Ce soir-là, quelques minutes avant que Bill Clinton ne prononce le premier discours sur l'état de l'Union de son second mandat, l'huissier d'armes a ouvert les portes de la Chambre des représentants pour annoncer d'une voix tonitruante : « Monsieur le président de la Chambre des représentants, le cabinet du Président. » Pour la première fois, une femme descendait en tête l'allée centrale, sous les applaudissements des représentants et des sénateurs, serrant des mains et embrassant des démocrates comme des républicains. Cela aurait dû être pour moi un moment de joie absolue, et pourtant ce n'était pas le cas. J'avais réussi ce qu'aucune autre femme n'était parvenue à faire jusque-là, mais je craignais de tout perdre parce que je n'avais pas découvert plus tôt que j'étais d'ascendance juive et que trois de mes grands-parents étaient morts dans des camps de concentration.

Mon ignorance était présentée de telle façon qu'elle passait pour un crime. Les gens ne pouvaient pas croire que j'ignorais mon passé familial. Au lieu de me permettre d'assimiler, en privé, les faits tragiques dont j'avais eu connaissance récemment, on m'accusait d'être une menteuse ; et mon père, que j'adorais, était présenté comme un imposteur sans cœur.

Je portais un tailleur bleu marine, ma broche en forme d'aigle, bien fermée cette fois, et j'arborais un sourire forcé. En tant que membre le plus important du cabinet, je me tenais devant mon siège tandis que mes collègues faisaient leur entrée. Peu après, le Président a commencé son discours. Je m'efforçais d'écouter, sachant que j'étais censée être la première à me lever pour donner le signal des applaudissements. Je devais également surveiller discrètement ceux qui se trouvaient derrière moi pour être sûre de me lever s'ils le faisaient les premiers. Je me suis souvenu brièvement du mariage d'Alice et Greg au cours duquel toutes les personnes présentes étaient restées debout parce que la mère de la mariée, moi, avait oublié de s'asseoir. Il fallait que je trouve le moyen d'assumer mes émotions et toute la publicité qui entourait ma famille car j'avais beaucoup à faire, et plus encore à prouver.

Je me souviens très précisément des sentiments que j'éprouvais ce soir-là, tandis que le Président prononçait son discours. Il m'est plus difficile de décrire mes pensées durant les jours qui ont précédé ce 4 février et les gros titres du *Washington Post*, et les semaines qui ont suivi. L'histoire de mes origines juives et du sort réservé à mes grands-parents et à d'autres membres de ma famille était une question très personnelle, même si j'en avais été informée publiquement, de façon inhabituelle. Comme beaucoup de ce qui nous arrive dans la vie, cette histoire n'a pas vraiment de début, de milieu ni de fin. Certains éléments demeurent inconnus, d'autres sont inconnaissables. Aujourd'hui encore je me demande si en découvrant cette histoire plus tôt, j'aurais été différente. Comment peut-on assumer une vérité aussi grave alors qu'on aborde la sixième décennie de sa vie ?

Lorsque je suis devenue représentante permanente à l'ONU, j'ai commencé à recevoir des lettres d'un peu partout dans le monde. Cette correspondance arrivait au Département d'État, chez moi, à Washington, ou à mon bureau de New York. Parmi ces milliers de lettres, certaines étaient écrites à la main, en tchèque ou dans une autre langue slave qu'aucun membre de mon équipe n'était capable de déchiffrer, et j'avais malheureusement trop peu de temps pour les lire toutes. Celles qui semblaient avoir un caractère officiel étaient normalement envoyées au Département d'État où on les traduisait avant d'y répondre. Beaucoup de celles qui étaient trop difficiles à lire restaient là, probablement jusqu'à ce que quelqu'un finisse par les ranger dans un tiroir où on les oubliait. Bien sûr, je recevais également de nombreuses lettres rédigées en anglais. Généralement, les lettres contenaient des requêtes, des compliments, des insultes et, occasionnellement, des menaces.

Une infime partie de ce courrier comportait des informations sur ma famille, et certaines précisaient que mes ancêtres étaient juifs. Il était très difficile de leur accorder foi car la plupart étaient accompagnées d'insultes racistes. Par exemple, on me traitait de « garce juive » parce que je défendais la politique des États-Unis au Proche-Orient et dans les Balkans. Dans d'autres cas, des gens affirmaient connaître ma famille, mais les détails qu'ils donnaient étaient faux. L'un disait par exemple être allé au lycée avec mon père, mais à une époque où celui-ci n'avait encore que six ans. Un autre affirmait avoir connu ma mère, mais se trompait sur le nom de ses parents ou sur la ville où elle était née. J'ai reçu des bijoux qui étaient censés appartenir à un parent, alors que je ne voyais personne qui aurait pu porter ce nom. Quelques lettres affirmaient que ma famille devait de l'argent à leurs auteurs et indiquaient où le chèque devait être envoyé. Je n'ai reçu aucune lettre suffisamment convaincante pour me faire douter de l'histoire de ma famille.

En plus du courrier que je recevais, des bruits circulaient ici et là, surtout dans la presse arabe, fournissant des raisons antisémites de ne pas me nommer Secrétaire d'État. Ces bruits ont incité quelques journalistes à demander à Jamie si ma famille était juive. Dans la mesure où il n'en savait pas plus que moi à ce moment-là, Jamie a répondu non. Tout cela a continué jusqu'en novembre 1996. À cette époque, la presse passait son temps à spéculer sur le nom du successeur de Warren Christopher et je recevais du courrier de presque tous les coins du monde.

Tandis que nous nous trouvions dans un avion entre New York et Washington, Elaine m'a remis une lettre écrite en tchèque, ne sachant pas si elle était importante ou pas. En la lisant, j'ai réalisé que cette lettre ne ressemblait pas aux autres. Elle avait été écrite par une femme qui semblait vraiment connaître ma famille et qui fournissait des détails, presque tous exacts, dont la date et le lieu de naissance de mes parents. Elle précisait également que ma famille était juive. Pour la première fois, j'ai eu le sentiment que je devais prendre cette hypothèse au sérieux. Pourtant, cela m'était difficile, car ajouter foi à ce que disait cette lettre, c'était douter de mes parents.

En décembre, j'ai donc décidé de chercher à en savoir un peu plus, tout en me disant naïvement que rien ne pressait. J'avais déjà fait part de mes interrogations aux conseillers juridiques de la Maison Blanche et j'en ai également entretenu Sandy Berger qui m'a répondu : « Et alors ? Le Président n'est pas antisémite. »

J'ai décidé d'en parler à mes filles durant notre réunion familiale annuelle à Aspen, pour les fêtes de Noël. Même là, il ne m'a pas été facile de trouver le bon moment. J'ai fini par leur dire qu'il fallait absolument que je leur parle. Elles m'ont regardé avec appréhension, comme si elles craignaient d'apprendre que j'étais atteinte d'un mal incurable. Je leur ai raconté qu'on m'avait envoyé quelques lettres qui laissaient entendre que notre famille était d'ascendance juive. J'ai précisé que je n'en étais pas sûre, mais que cela pouvait être vrai. Inquiètes que j'aie voulu ainsi les réunir, elles ont paru à la fois soulagées et surprises : « C'est étonnant. Pourquoi tes parents ne t'ont-ils rien dit ? Est-ce que nos cousins le savent ? Il faut tirer tout cela au clair. »

Ma sœur Kathy était venue avec moi à Aspen, et nous en avions également parlé à mon frère John et à sa femme, Pam. Nous étions tous très intrigués à l'idée de nous trouver face à un mystère familial. En même temps, nous étions troublés par tout ce que nous semblions ignorer. En 1990, John et Pam étaient allés en vacances en Tchécoslovaquie et avaient visité les villes natales de mes parents. Ils avaient consulté les registres de la paroisse où était né mon père, mais sans trouver trace de sa naissance. Les prêtres les avaient néanmoins aidés à localiser la maison où mon père était né. John et Pam s'étaient également entretenus avec des gens qui avaient connu nos familles. Personne n'avait fait la moindre allusion au fait que nos familles étaient juives et, bien sûr, John n'avait aucune raison de leur poser la question.

Kathy, John et Pam travaillaient à plein temps, mais ils pouvaient plus facilement que moi trouver l'occasion de partir en voyage. Nous avons donc décidé qu'ils se rendraient en République tchèque, si possible au cours de l'été 1997, pour voir ce qu'ils pourraient découvrir. Mais nous n'avons pas eu à attendre aussi longtemps. Durant la période de transition, Jamie m'a dit qu'un journaliste du *Washington Post* se préparait à écrire mon histoire, et qu'il aurait aimé avoir mon aide. Je n'ai jamais hésité à parler de moi, et j'ai donc appelé ce journaliste, Michael Dobbs. L'usage m'interdisant de lui accorder une interview officielle avant ma prestation de serment, nous avons simplement bavardé pendant un moment et je lui ai dit que j'aurais plaisir à le rencontrer lorsque j'aurais été confirmée dans mes fonctions. J'ai également été heureuse de lui donner les adresses de personnes à Belgrade et en République tchèque avec lesquelles il pourrait avoir envie de parler, dont ma cousine Dáša. Je n'avais jamais rencontré Dobbs, mais il avait la réputation d'être un journaliste sérieux.

Les semaines de transition ont passé très vite et j'ai été entraînée dans un tourbillon où se sont mêlés préparatifs, cérémonies inaugurales, parades, soirées et, pour finir, prestation de serment. Le vendredi 24 janvier a été mon premier jour de travail en tant que Secrétaire d'État. J'avais l'impression d'avoir l'esprit à cent endroits en même temps. J'ai tenu une conférence de presse et je me suis préparée pour quelques interviews, j'ai étudié certaines candidatures pour des postes à pourvoir, et j'ai donné deux grandes réceptions. Pendant que j'étais ainsi occupée, j'ai reçu un coup de téléphone de ma fille Anne. Elle pleurait. Elle m'a appris que Michael Dobbs l'avait appelée et lui avait dit : « Saviez-vous que trois de vos arrières-grands-parents étaient morts dans des camps de concentration nazis ? » Incrédule, j'ai essayé de la consoler. Anne a poursuivi d'une voix angoissée : « À présent je comprends pourquoi Grand-mère était si protectrice et s'inquiétait toujours autant pour nous. Pauvre Grand-mère et pauvre Bumpa, c'est terrible. »

J'étais bouleversée, furieuse que Dobbs ait appelé ma fille, et abasourdie par cette information. Bien sûr, je savais que l'un de mes grands-parents était mort avant-guerre et les trois autres pendant que nous étions en Angleterre, mais personne jamais ne m'avait parlé de camps de concentration. Si cette nouvelle brutale était exacte, c'était à moi de l'apprendre à mes enfants. Indignée, j'ai appelé Jamie. « Pourquoi Dobbs a-t-il téléphoné à Anne pour lui transmettre cette information ? Pourquoi n'a-t-il pas cherché à me parler ? Et d'où viennent ces soi-disant renseignements ? » Jamie m'a rappelé que nous avions promis une interview à Dobbs et il m'a suggéré de le voir dès que possible pour tirer les choses au clair.

J'aurais aimé pouvoir tout mettre de côté pour enquêter moi-même sur cette étonnante nouvelle, mais je n'en avais pas le temps. Des journalistes de CNN et *Meet the Press* voulaient connaître nos projets à long terme. J'ai rencontré mes nouveaux collègues, Sandy Berger et Bill Cohen, le Secrétaire à la Défense, pour fixer les priorités, comparer nos notes et établir des plans. J'ai proposé au Secrétaire aux Finances, Robert Rubin, de travailler ensemble sur des problèmes d'ordre économique. Des ministres des Affaires étrangères appelaient pour me féliciter. J'ai fait des visites de politesse au Congrès et j'ai déjeuné avec le directeur par intérim de la CIA, George Tenet. J'ai participé également à des soirées, dont le dîner annuel du Alfalfa Club, l'hommage au Congrès du Washington Press Club, et une réception pour les journalistes accrédités auprès du Département d'État. Toute cette musique ne parvenait pas à couvrir un battement de tambour lancinant. Je téléphonais très souvent à mes filles, à ma sœur et à mon frère. Un journaliste affirmait détenir une information qui bouleverserait ce que nous croyions savoir du passé de notre famille. Durant les semaines précédentes, nous avions commencé à envisager la possibilité d'avoir des origines juives. À présent, nous nous trouvions confrontés à ce qu'impliquait cette possibilité. Que mes grands-parents aient été juifs, c'était une chose, mais qu'ils aient été juifs en un temps et dans un pays où le pouvoir de vie et de mort était entre les mains d'Adolf Hitler, c'en était une autre.

Le 30 janvier, à dix-sept heures quarante-cinq, Dobbs et son collègue Steven Coll sont venus dans mon bureau. C'était pour eux la date limite s'ils voulaient que leur article paraisse dans le magazine du *Washington Post*. Elaine et Jamie étaient également présents. L'entrevue a bien commencé. Les journalistes ont installé leur magnétophone et nous avons échangé des propos de bienvenue. Puis ils sont directement entrés dans le vif du sujet. Dobbs ayant appelé Anne et ayant eu une conversation téléphonique avec Jamie [1], je savais à quoi m'attendre, mais je n'étais pas préparée à ce que cette entrevue devienne aussi pénible.

Après m'avoir remerciée pour ma coopération, Dobbs m'a parlé des personnes qu'il avait rencontrées et qui connaissaient ma famille. Il m'a présenté des listes de gens qui étaient morts dans les camps nazis, à Theresienstadt (Terezín) ou Auschwitz, dont mes grands-parents paternels, Arnošt et Olga Körbel, et ma grand-mère maternelle, Růžena Spieglová [2]. Il m'a posé une série de questions sur ce que je savais et quand je l'avais appris. Puis il m'a présenté une photographie montrant trois filles d'âge différent. « Je reconnais tout le monde », ai-je dit. La plus grande était ma cousine Dáša, la petite fille qui se tenait à côté d'elle, c'était moi, et ma sœur était le bébé qui se trouvait dans la poussette. Dobbs m'a corrigée : j'étais le bébé dans la poussette, et la petite fille était la sœur de Dáša, Milena. « Milena, elle aussi, a été emmenée à... Auschwitz », a-t-il ajouté.

Tandis que j'essayais d'assimiler ces horribles informations tout en gardant mon calme, j'étais à la fois écrasée par tout ce que j'entendais et inquiète de ce que je pourrais encore apprendre. J'étais également très mal à l'aise car l'interview, qui avait commencé sur un ton aimable, tournait à la confrontation. Bien sûr, c'est le travail des journalistes de poser des questions, mais j'avais l'impression de me trouver dans une salle d'audience et d'être le témoin interrogé par un avocat qui connaissait tous les faits alors que je les ignorais. À un moment, le collègue de Dobbs a même dit : « C'est notre affaire... »

---

1. Il y a un long paragraphe à propos de cette entrevue dans le livre de Dobbs, *Madeleine Albright, A Twentieth-Century Odyssey*. Le seul point de désaccord que nous ayons porte sur le fait que le journaliste dit avoir parlé à Jamie Rubin des circonstances qui avaient conduit à la mort de mes grands-parents, le 21 janvier, soit trois jours avant d'avoir appelé Anne. Jamie confirme cette discussion, mais dit qu'elle est restée très vague et que dans le cas contraire il m'aurait aussitôt informée du sort réservé à mes grands-parents. En tout cas, je ne crois pas que Dobbs nous ait causé de la peine volontairement. Si à cette époque j'étais en colère, je suis, depuis, très reconnaissante à Dobbs pour les longues recherches qu'il a effectuées sur mes ascendants.

2. Dobbs n'a pas écrit correctement le prénom de ma grand-mère dans son article, l'appelant Anna au lieu de Růžena.

Quelle affaire ? Le *Washington Post* en savait davantage sur ma famille que moi, et à cause de cela je semblais accusée soit d'essayer de cacher quelque chose, soit d'être une imbécile. J'étais bouleversée par la confirmation de Dobbs quant au sort horrible réservé à mes grands-parents, ces êtres qui avaient élevé et nourri mes parents et m'avaient, indirectement, donné la vie. Puisque j'avais accepté cette interview, je devais parler, mais ce n'était guère facile pour quel-qu'un qui se sentait sans voix.

Après une réunion à la Maison Blanche, j'ai informé le Président et le vice-Président Gore de ce que j'avais appris concernant mes grands-parents. Nous nous trouvions dans le Bureau ovale. Bill Clin-ton a passé son bras autour de mes épaules et m'a dit : « Je suis vraiment désolé. Il faut que vous cherchiez à en savoir davantage. » Ce soir-là, Hillary m'a appelée, chez moi. « Je sais que tout cela doit être terriblement pénible pour vous. Je ferai n'importe quoi pour vous aider. Soyez forte. Nous vous aimons », m'a-t-elle dit.

Lorsque la nouvelle a été connue, la première réaction du public a été un mélange de sympathie et de profond intérêt. J'ai reçu des lettres et des appels téléphoniques de nombreux membres du Congrès, et j'ai rencontré des personnalités importantes de la communauté juive dont le rabbin de New York, Arthur Schneier, et Elie Wiesel. Des gens m'ont raconté leurs expériences personnelles, assez peu différentes de la mienne, comme l'auteur et journaliste Kati Marton qui avait été élevée dans la religion catholique et n'avait appris ses origines juives qu'en allant visiter sa Hongrie natale, à l'âge de vingt-neuf ans. « On se sent perplexe, mise à nu, et un peu vulnérable aussi », m'a-t-elle écrit. Abraham Foxman, directeur national de la Ligue anti-diffamation, a déclaré au *New York Times* : « En Pologne, chaque jour, des gens qui toute leur vie ont cru être catholiques découvrent qu'ils sont juifs. » Des articles citaient d'émi-nents psychologues qui, ayant vu cette même histoire se répéter, avaient déclaré que beaucoup de ceux qui avaient échappé ou survécu à l'Holocauste ne parlaient pas de leur passé car ils ne pensaient qu'à se construire une nouvelle vie, dans un nouveau pays.

Si désormais je ne doutais plus de la véracité de l'histoire racontée par le *Washington Post*, je ne tenais pas à en apprendre davantage par le biais des médias. Notre famille devait effectuer ses propres recherches. John et Kathy le pensaient aussi. J'ai appelé mon ami Mark Talisman qui nous a mis en contact avec Tomáš Kraus, prési-dent de la Fédération des communautés juives en République tchè-que. Au mois de février, ma sœur, mon frère et sa femme sont partis pour Prague.

Le fait que j'aie un travail à faire et que ma famille soit en train d'essayer de reconstituer notre histoire n'a pas atténué le tumulte, bien au contraire. Articles, commentaires et lettres envahissaient les médias. Si je m'étais sentie submergée, j'avais à présent l'impression de me noyer. Je ne voyais aucune objection à ce que la presse traite l'histoire de ma famille comme n'importe quelle information, cela faisait partie du prix à payer lorsqu'on devenait un personnage public. J'ai accordé des dizaines d'interviews, la plupart des journalistes m'ont posé des questions franches et ont écrit des articles honnêtes, mais les choses n'en sont pas restées là.

Certains observateurs, dépassant la tragédie vécue par mes grands-parents et d'autres membres de ma famille, ont remis en question mon honnêteté et la réputation de mon père. Des donneurs de leçons et des experts qui ne m'avaient jamais rencontrée ont pris sur eux de déclarer qu'il était « impossible » que j'aie ignoré mes origines. D'autres, dont certains chroniqueurs que je connaissais bien, ont jugé « étrange » que je ne sache rien ou « bizarre » que ma mère ne m'ait pas transmis le secret. D'autres encore ont laissé entendre que je « ne voulais pas savoir » ou que j'avais fait preuve d'un « manque de curiosité ». Un lecteur a écrit pour s'étonner que je n'aie pas demandé à voir les tombes de mes grands-parents lorsque, à l'âge de huit ans, j'avais appris leur mort. De toute évidence, il insinuait que j'étais une menteuse.

Parmi les amies proches que j'avais à Wellesley, deux étaient juives : Wini Shore Freund et Emily Cohen MacFarquhar. Elles ont répondu aux personnes qui les interrogeaient qu'elles me connaissaient depuis presque quarante ans et étaient absolument convaincues que j'ignorais la vérité. Seulement, pour les sceptiques, le témoignage d'amies n'a guère de valeur.

J'étais exaspérée parce qu'il m'était impossible de fournir des preuves. Ce que j'ignorais, je l'ignorais, et il ne m'était jamais venu à l'esprit que mes parents aient pu me cacher une chose pareille. Il était facile de dire que j'aurais dû poser davantage de questions, mais je pensais connaître déjà toute l'histoire de ma famille. Ni John, ni Kathy, ni moi n'avions de doutes sur notre identité et nous n'avons pas cherché à savoir qui nous étions ni d'où nous venions. Il nous a toujours paru évident que notre grand-mère manquait terriblement à notre mère, mais cette absence paraissait lui faire tant de peine que nous ne l'avons jamais interrogée pour avoir des détails. Quant à notre père, ce n'était pas le genre de personne à qui l'on posait des questions. Nous le considérions comme l'incarnation même de la vérité.

J'ai appris la mort de mes grands-parents quand ma famille est retournée à Prague, après la guerre ; j'avais alors huit ans. J'ai eu de la peine pour mes parents, mais je ne me suis pas sentie triste moi-même car je ne savais pas vraiment ce qu'étaient des grands-parents. Je ne me souvenais pas de leurs visages ni de leurs sourires, et je ne me rappelais pas qu'ils m'aient prise dans leurs bras. J'avais moins de deux ans lorsque je les avais vus pour la dernière fois, et je ne me suis donc pas montrée très curieuse à leur sujet. Je savais aussi que les vieilles personnes mouraient.

Par la suite, je n'ai eu aucune raison de douter du récit que mes parents nous avaient fait de notre passé, car ils ne s'étaient jamais montrés hésitants ni mystérieux. Au contraire, ils nous parlaient très souvent de ces années-là. Le document que j'ai trouvé après la mort de ma mère correspondait à ce que mes parents nous avaient toujours raconté. Elle y faisait allusion à une intrigue qui avait motivé notre départ de Prague pour Londres, via Belgrade, en mars 1939, mais ne disait rien de nos origines juives. Mon père étant un haut fonctionnaire du gouvernement, nous avions de bonnes raisons de fuir la Gestapo pour des raisons politiques. Une fois installés aux États-Unis, mes parents aimaient parler de leurs camarades de classe, de l'époque où mon père faisait la cour à ma mère, de leurs familles et de leur vie dans la Tchécoslovaquie de l'entre-deux-guerres. Ils nous racontaient à mon frère, ma sœur et moi, des histoires sur les fêtes de Noël et de Pâques, passées en famille. Nous avons souvent parlé, en particulier lorsque j'étudiais l'histoire de l'Europe, de l'ascension de Hitler, du démembrement de la Tchécoslovaquie et de l'horreur de l'Holocauste. Mes parents ont toujours attiré passionnément notre attention sur la nécessité de se montrer tolérant et sur l'importance de s'opposer au mal, mais je n'ai jamais eu le sentiment que cette passion était la conséquence d'une perte ou d'un chagrin personnel.

Aurais-je aimé connaître la vérité plus tôt ? Oui. Apprendre les circonstances de la mort de mes grands-parents aurait été un terrible choc, mais cela m'aurait incitée à en savoir davantage sur leurs vies, une chance que j'aurais beaucoup appréciée. Et cela m'aurait également permis de les honorer comme ils le méritaient.

Si certains articles que l'on écrivait sur moi me touchaient, les critiques que l'on portait contre mes parents me rendaient furieuse. Quelques personnes s'interrogeaient sur la décision de mes parents de quitter la Tchécoslovaquie. D'autres laissaient entendre que la volonté ultérieure de mes parents de ne pas révéler leurs origines juives était motivée par les ambitions professionnelles de mon père, par une forme de snobisme ou de honte. Ces allégations ne correspondaient pas du tout au souvenir que j'avais de mes parents, que j'admirais et chérissais.

Il est toujours plus facile de juger après coup, surtout pour ceux qui n'ont pas vécu d'expérience comparable. Je n'ai aucun moyen de savoir ce qui a amené mes parents à prendre la décision de quitter la Tchécoslovaquie. Si, au début de 1939, la folie de l'Holocauste était encore inimaginable, la répression et l'occupation étaient proches. Avec les nazis aux commandes, la carrière de mon père, qui était un partisan du Président Beneš, était bloquée et il ne pouvait plus travailler efficacement et ouvertement à Prague, pour le pays qu'il aimait. Il a eu l'opportunité de rejoindre le Président Beneš et d'autres leaders tchécoslovaques à Londres afin de rallier un soutien international à la cause de sa patrie. Mes parents avaient également une toute petite fille à protéger.

Je ne peux qu'imaginer les conversations que mon père et ma mère ont dû avoir avec leurs parents juste avant leur séparation. Ma mère était extrêmement proche de sa mère et de sa sœur aînée, Marie, que tout le monde appelait Máňa. Je frémis lorsque je pense au choix qu'elle a dû faire entre s'éloigner avec son mari et sa petite fille, ou rester auprès de sa mère et de sa sœur. J'ai le sentiment que ma grand-mère maternelle, récemment veuve, a refusé de partir parce que Máňa, qui souffrait d'une affection rénale, était trop malade pour voyager. J'ignore pourquoi mes grands-parents paternels n'ont pas quitté la Tchécoslovaquie, ou même s'ils en ont eu la possibilité avant qu'il ne soit trop tard. Le frère de mon père avait gagné Londres le premier, mais leur sœur et leur famille étaient restées en Tchécoslovaquie. Seule Dáša nous a rejoints plus tard[1].

Quant à la décision de mes parents de ne pas nous révéler nos origines juives, là encore je ne peux que spéculer. Selon moi, ils associaient ces origines à la souffrance et désiraient nous protéger. Ils étaient venus en Amérique pour commencer une nouvelle vie. Dans les années cinquante, avec le début du maccarthysme, ils n'étaient peut-être pas très sûrs de ce qui les attendait. Il se peut qu'ils aient envisagé de me l'apprendre, mais n'aient jamais trouvé le bon moment.

---

1. Dáša a pu quitter la Tchécoslovaquie grâce au Kindertransport qui a permis à neuf ou dix mille enfants vivant en Allemagne ou dans des pays occupés par les Allemands de gagner la Grande-Bretagne entre 1938 et 1940. Les enfants de moins de dix-sept ans, qui ne pouvaient pas être accompagnés par des parents ou des tuteurs, voyageaient par train et par avion jusqu'en Angleterre où ils étaient autorisés à entrer avec un simple visa.

J'aurais voulu répondre personnellement à chaque article, allégation et commentaire à propos de ma famille, mais mes journées étaient tellement occupées que je n'ai même pas eu le temps de tout lire. C'était un peu comme si, étant enfin parvenue à participer aux jeux Olympiques pour représenter mon pays dans une course, on m'avait remis au moment du départ un paquet qu'il fallait que j'ouvre tout en courant.

Pendant tout ce temps, j'avais non seulement l'impression d'être surveillée de près, mais également de devoir prouver que j'étais capable de bien faire mon travail de Secrétaire d'État. J'ai été très en colère lorsque certains journaux arabes ont écrit que les révélations sur mes origines faisaient de Tel-Aviv, et non plus de Washington, la capitale de la politique étrangère américaine. Notre service de presse a rapidement démoli cette allégation, et beaucoup de gens ont écrit pour rappeler que Henry Kissinger, qui était juif, avait été un excellent Secrétaire d'État.

Au bout de quelques semaines, Kathy, John et Pam sont revenus de la République tchèque en rapportant des bandes vidéo, des enregistrements sonores et des informations. En plus de Prague, ils s'étaient rendus à Kostelec nad Orlicí, le lieu de naissance de ma mère, à Letohrad, d'où mon père était originaire [1], à Podebrady, une petite ville où avait vécu ma grand-mère maternelle, et à Terezín, le camp de concentration, au nord de Prague.

À Prague, à l'Hôtel de Ville juif, ils avaient pu consulter les archives de guerre des nazis et avaient trouvé des fiches de transport aux noms de mes grands-parents. Arnošt et Olga Körbel, venant de Prague dans un train de marchandises, étaient arrivés au camp de transit de Terezín le 30 juillet 1942, avec neuf cent trente-six autres juifs. Arnošt était mort deux mois plus tard d'une bronchopneumonie, probablement provoquée par la typhoïde. Le 23 octobre 1944, Olga avait été envoyée à Auschwitz où elle était morte peu après. La fiche de transport de ma grand-mère maternelle Růžena Spieglová indiquait qu'elle était, elle aussi, passée par le camp de transit de Terezín. Rien ne laissait penser qu'elle ait survécu, mais il n'y avait aucune précision sur la date et le lieu de sa mort. D'autres parents, une tante et un oncle, l'une de mes cousines, et plusieurs grands-tantes et grands-oncles, étaient également morts à Auschwitz, Treblinka et Terezín. Mon frère m'a dit : « C'était comme peler un oignon,

---

1. Au moment de la naissance de mon père, Letohrad s'appelait Kyšperk.

chaque couche révélait de nouveaux drames et faisait couler de nouvelles larmes. » Au total, plus d'une douzaine de membres de notre famille étaient parmi les victimes de l'Holocauste.

Lorsqu'ils ont visité les lieux où étaient nés nos parents, John et Kathy ont été chaleureusement accueillis. Les habitants les plus âgés ont confirmé certaines des histoires avec lesquelles nous avions grandi. Grand-père Körbel avait créé une fabrique d'allumettes qui employait trois mille personnes de la ville. Notre grand-père maternel avait dirigé une affaire d'alimentation en gros. Ma mère avait l'habitude d'acheter beaucoup de produits d'épicerie et mon père se moquait d'elle en lui disant qu'elle avait été élevée dans « une famille de vente en gros ».

Lorsque mon frère jouait au football américain au lycée, mon père en profitait souvent pour raconter ses propres exploits sportifs. « L'un des amis de papa nous a confirmé qu'il était en effet le capitaine de l'équipe de football de la ville », m'a dit John avant d'ajouter, d'un ton pince-sans-rire : « Bien sûr, c'était en grande partie parce qu'il était le seul à posséder un ballon. »

John et Kathy avaient été accompagnés par Tomáš Kraus, le compagnon idéal pour les mettre en contact avec les communautés juives locales. Tout en sillonnant le pays, ils avaient discuté de l'importance des traditions et échangé des souvenirs d'enfance. John nous a dit : « J'ai raconté à Tomáš comment, après un dîner de fête, nous nous disputions le lendemain matin pour être les premiers à étaler sur une tranche de pain de seigle frais la graisse de dinde, figée au fond de la saucière. Kraus en a eu le souffle coupé et s'est exclamé : "C'est si typiquement juif !" Tu vois, Madeleine, la clé du mystère a toujours été sous nos yeux : c'était la graisse ! »

Bien sûr, le but de ce voyage ne consistait pas uniquement à recueillir des faits précis, mais à aborder des questions plus générales comme l'attitude de nos parents face à la religion. Si nos parents étaient juifs, pourquoi nous avaient-ils parlé des fêtes chrétiennes qu'ils célébraient ? Pourquoi leur certificat de mariage portait-il la mention « *bez vyznání* », c'est-à-dire « sans confession », sans aucune religion ?

Tomáš Kraus leur avait expliqué que la communauté juive tchèque était historiquement plus laïque que les autres. Durant l'entre-deux-guerres, la plupart des familles aimaient penser qu'elles étaient d'abord tchèques ou tchécoslovaques avant d'être juives. Certaines parmi les plus assimilées avaient simplement cessé de respecter les traditions religieuses juives. D'autres observaient la pâque juive et les grandes fêtes comme Rosh Hashana et Yom Kippour, mais fêtaient également Noël et Pâques. La famille de Kraus, dont certains membres étaient des survivants de Terezín, avait l'habitude de décorer l'arbre de Noël le dernier jour de Hanouccah. Et John se rappelait que l'un des dessins d'enfants du musée de Terezín représentait un arbre de Noël.

John et Kathy ont émis l'hypothèse que la famille de notre mère avait été plus religieuse que celle de notre père, en partie peut-être parce qu'il y avait une synagogue dans la ville où elle vivait, alors qu'il n'y en avait pas dans celle où habitait notre père. En tout cas, on pouvait conclure, semblait-il, que les histoires que nos parents nous avaient racontées sur leurs fêtes de famille étaient vraies et n'avaient pas été inventées pour nous berner. Mes parents n'ont jamais eu l'esprit rigide ni dévot. Cela explique la mention « sans confession » sur leur certificat de mariage. Ma cousine Dáša m'a également appris que plusieurs de nos proches parents avaient été baptisés. Mon père et ma mère étaient en fait assez typiques du pays où ils étaient nés, de leur communauté et de leur époque.

Un des buts essentiels du voyage de Kathy, John et Pam était de rencontrer notre cousine Dáša. L'article qui avait paru dans le magazine du *Washington Post* avait essayé d'établir un parallèle révélateur entre l'existence de Dáša et la mienne. Tandis que j'avais eu une belle vie, Dáša avait souffert. C'était vrai, mais l'article laissait entendre que mon père était responsable de la décision de Dáša de ne pas venir aux États-Unis avec le reste de notre famille. « Je pense qu'il [Josef Körbel] a mal agi avec moi, aurait-elle dit. Il n'aurait pas dû me laisser ici. S'il m'avait proposé de partir avec eux, je les aurais suivis. Il aurait dû être conscient des dangers que j'encourais en restant ici. »

Ces mots accusateurs m'ont fait frémir la première fois où je les ai lus car je savais qu'ils étaient faux, mais que des milliers de lecteurs les penseraient vrais. Nous avions toujours cru que quand mon père était retourné à Prague en 1948, pour les funérailles de Jan Masaryk, il avait demandé à Dáša, qui avait alors vingt ans mais était toujours légalement sa pupille, de venir vivre avec nous. Elle avait refusé parce qu'elle était amoureuse de l'homme qu'elle a épousé plus tard et voulait aller à l'université en Tchécoslovaquie. À présent, elle disait, paraît-il, que mon père l'avait abandonnée et lui, bien sûr, n'était plus là pour se défendre. Je ne pouvais pas croire que Dáša ait dit une chose pareille.

John m'a raconté que quand ils étaient allés voir Dáša, il leur avait fallu se frayer un chemin parmi des caméras de télévision, installées là dans l'attente de la visite « privée ». Kathy se rappelait que dans un premier temps tout le monde était mal à l'aise. Lorsqu'il avait été question de la dernière visite de mon père à Prague, Dáša avait répondu : « Il aurait dû simplement me gifler et me dire que je devais partir. Je ne pouvais pas imaginer ce que cela signifiait de vivre sous un régime communiste. » Elle avait ajouté que ma mère lui avait écrit régulièrement et envoyé des photos de toute la famille. Elle lui avait également transmis le titre de propriété d'une maison familiale. Dáša l'avait vendue par la suite, ce qui lui avait permis d'acheter une petite maison de campagne. John a dit que Dáša avait été boule-versée et très contrariée par le scandale que son interview avait pro-voqué.

Mais le mal était fait. Après les allégations selon lesquelles mon père avait renié ses origines, tout le monde était persuadé qu'il avait également abandonné sa « pupille ».

En 1997, je me suis rendue deux fois en République tchèque, la première en voyage officiel, la seconde en visite privée. En juillet, après le sommet de l'OTAN qui s'était tenu à Madrid, je suis allée à Prague recevoir une récompense et célébrer l'invitation à devenir membre de l'OTAN que mon pays natal venait de recevoir.

Mon programme ne m'a laissé que quelques heures de temps libre et je n'ai pas pu visiter tous les lieux où mon frère et ma sœur étaient allés, mais je tenais à me rendre à la synagogue Pinkas, un lieu saint et empreint de mélancolie. En entrant, on a l'impression que les murs sont recouverts d'un papier peint au décor très fin, mais en appro-chant on s'aperçoit que les dessins sont en réalité de longues listes de noms écrits en noir, ceux des soixante-dix-sept mille deux cent quatre-vingt-dix-sept juifs tchécoslovaques, victimes de l'Holo-causte. En tête de chaque liste est inscrit en rouge le nom de la ville d'où étaient originaires les victimes. Leur nom est accompagné de l'initiale de leur prénom, de leurs dates de naissance et de décès. Chaque liste est séparée de la précédente par une petite étoile orange. Une année auparavant, en compagnie de Hillary Clinton, j'avais visité cette synagogue. Elle était restée la même. C'était moi qui avais changé.

Les personnes qui m'accompagnaient m'ont montré les noms de Arnošt et Olga Körbel dans une première colonne. Il a fallu monter deux volées de marches pour trouver le nom de Růžena Spieglová. J'ai fermé et ouvert les yeux plusieurs fois afin que l'empreinte de ces noms reste gravée dans ma mémoire. Je savais que je me sentirais accablée et triste. J'avais visité beaucoup de mémoriaux de l'Holo-causte, dont Yad Vashem en Israël et l'Holocaust Museum à Washington. Chaque fois, je n'avais pas pu m'empêcher de penser que, dans toute l'histoire, il n'y avait rien eu de comparable, rien d'aussi incompréhensible, rien de plus horrible à contempler, et rien de plus vital à se rappeler.

J'étais désormais préparée à éprouver de tels sentiments, mais je ne savais pas quelles autres émotions allaient m'assaillir. L'idée que mes grands-parents n'avaient jamais eu pour moi d'existence réelle me poursuivait. C'était à présent que j'étais moi-même grand-mère que je pouvais imaginer les liens qui auraient dû nous unir. Quand je regardais mes petits-enfants, débordante d'amour, je pensais que c'était ainsi que mes grands-parents m'avaient sans doute regardée, il y avait bien des années.

Contre toute attente, j'ai commencé par voir des images de mes grands-parents vêtus de l'uniforme rayé des déportés, avec leurs visages émaciés et leurs yeux creux qui me fixaient. J'ai alors réalisé que je ne savais absolument pas à quoi ils ressemblaient au moment de la guerre, les quelques photos que nous possédions ayant été prises des années auparavant. J'ai songé aux souffrances qu'ils avaient dû endurer, à leur lutte pour survivre, à la torture qu'avaient probablement été leurs dernières heures. J'ai songé également à l'angoisse que mes parents avaient dû connaître et qu'ils m'avaient si soigneusement cachée ; à la souffrance des adieux, à l'agonie de ne pas savoir, au chagrin d'apprendre, et à leur détermination inébranlable de nous protéger.

Lorsque j'ai détaché mon regard des noms inscrits sur les murs de la synagogue, je me suis sentie profondément triste et reconnaissante. La présence de ma famille sur ces murs avait ajouté un élément personnel mais n'avait pas changé fondamentalement ma façon de considérer l'Holocauste et son horreur. Pourtant, je savais à présent que si mes parents n'avaient pas pris la décision de quitter Prague, leurs noms et le mien seraient inscrits sur le mur de cette synagogue, et ma sœur et mon frère n'auraient jamais vu le jour. Mes parents ne m'avaient pas donné la vie une fois, mais deux.

Fin août, je suis retournée en République tchèque, en vacances cette fois. Mes filles, leurs maris et Kathy m'ont accompagnée. Leur présence et un emploi du temps peu stressant ont chassé toute mélancolie. C'était la première fois que je me rendais en République tchèque avec mes filles. J'avais espéré qu'elles seraient ravies, et elles l'ont été. Elles ont retrouvé dans les lieux que nous avons visités et dans ce que nous avons fait tant de choses qu'elles avaient aimées chez leurs grands-parents. À Prague, j'ai joué au guide touristique tandis que nous suivions le chemin que mon père et moi empruntions lorsqu'il m'accompagnait à l'école. Je leur ai montré les fenêtres de l'appartement que nous habitions, et mes filles m'ont imaginée en Madlenka, jouant sur la place. Nous avons mangé tous les plats épicés que mes parents leur préparaient pendant l'été, à Denver ; refait le trajet suivi par Kathy, John et Pam ; visité les villes où mes parents avaient grandi et étaient allés à l'école ; et nous sommes même entrées dans leurs salles de classe. Nous nous sommes également rendues à Terezín.

La Seconde Guerre mondiale nous a légué une liste de noms synonymes d'indicible horreur : Auschwitz, Buchenwald, Treblinka, Mauthausen, Bergen-Belsen, Majdanek, et d'autres encore. Terezín est un peu moins connu parce qu'il n'avait pas été conçu pour être un camp de la mort, mais un camp de regroupement pour les juifs tchécoslovaques et les autres. Pourtant, plus de trente-trois mille juifs y ont péri et presque quatre-vingt-sept mille de plus ont été déportés vers des camps de la mort et des ghettos, situés plus à l'est. Entre 1942 et 1944, plus de dix mille enfants ont été internés à Terezín ; huit mille ont été envoyés dans des camps d'extermination, moins de cent cinquante ont survécu.

La ville de Terezín est située au nord-ouest de la République tchèque, près de la frontière allemande. Dans les années 1780, une forteresse fut construite à cet endroit afin que les soldats de l'Empire austro-hongrois puissent y vivre en sécurité avec leurs familles. Elle était entourée de douves, ses murs étaient épais, et plus tard elle fut naturellement transformée en prison. Dans les années 1880, on y enferma des prisonniers politiques et militaires. En novembre 1941, la forteresse en forme d'étoile devint un lieu d'enfermement pour les juifs. Aujourd'hui, c'est un musée dédié au souvenir.

Nous avons traversé la campagne verdoyante jusqu'à Terezín et, arrivées là, nous nous sommes garées sur un immense parking. Ce jour-là, il n'y avait pas beaucoup de monde, mais on nous a appris que des gens venaient du monde entier pour visiter le musée. Ce camp a joué un rôle important dans le plan de Hitler qui consistait à exterminer tous les juifs, mais à l'époque sa mission a été tenue secrète. Les propagandistes nazis parlaient de Terezín comme d'une « ville d'eau » où les juifs pouvaient s'autogérer, recevoir des soins médicaux et prendre leur « retraite ». Certains juifs ont été dupés au point de payer pour être admis à Terezín.

Cependant, ce prétendu paradis est vite devenu un enfer. À l'été 1942, lorsque Arnošt et Olga Körbel, et Růžena Spieglová sont arrivés, le nombre des internés était passé d'environ vingt mille à presque soixante mille. Les hommes dormaient sur des châlits superposés sur trois niveaux ; les femmes s'entassaient sur le sol recouvert de paille. Tous souffraient de la faim. Les plus robustes étaient employés à poser les rails d'une voie de chemin de fer destinée à faciliter le transport des juifs vers les camps de la mort et à le rendre plus rapide. Les conditions sanitaires étant déplorables, la typhoïde a fait son apparition. Beaucoup, dont mon grand-père, en sont morts et chaque jour le nombre de décès augmentait. Au cours de notre visite, on nous a montré les fours où les nazis brûlaient les corps de ceux qui n'avaient pas résisté à ces conditions de vie inhumaines.

À présent, je connaissais au moins les grandes lignes de cette horrible histoire. Mes grands-parents, mais aussi nombre de mes proches, étaient morts durant l'Holocauste. Les faits étaient là, sous mes yeux, depuis longtemps – ni bien cachés ni même difficiles à découvrir. Je n'avais simplement pas regardé. C'était comme être devant un tableau dans lequel on ne discerne pas de dessin précis, jusqu'au moment où quelqu'un vous dit : « Vous ne voyez pas le visage d'un homme, là, juste au milieu ? » Alors vous regardez de plus près et vous voyez ce visage distinctement, et vous vous demandez pourquoi vous ne l'avez pas vu plus tôt.

Je suis accablée de savoir que trois de mes grands-parents sont morts dans des camps de concentration et que mes parents ont vécu avec ce chagrin. J'ai toujours pensé que c'était une terrible histoire, mais à présent je suis fière de connaître mes origines et je me sens plus riche de savoir que je fais partie d'un peuple courageux qui a survécu et prospéré malgré des siècles de persécution.

Depuis 1997, on m'a souvent demandé si j'allais pratiquer le judaïsme. Je ne le pense pas. J'ai grandi et vieilli dans la foi chrétienne et, comme je l'ai dit précédemment, il est difficile de désapprendre sa foi. Je ne fréquente plus l'église aussi régulièrement qu'auparavant, mais j'y vais occasionnellement et presque toujours à Noël et à Pâques. Lorsque j'ai appris que j'avais des origines juives, je me suis sentie gênée en me rendant à la cathédrale à l'occasion des fêtes de Pâques qui ont suivi. Il n'est pas facile de vieillir et de ne plus avoir de certitude quant à sa religion.

Lorsque la nouvelle a été révélée au public, on m'a demandé à plusieurs reprises ce que je ressentais en sachant que j'étais d'origine juive. Je sais que certaines personnes, dont des relations de longue date, ont pensé que je devais connaître la vérité depuis longtemps et que j'avais essayé de la nier ou de la cacher. C'est faux. En tant qu'adulte, je me suis toujours considérée comme américaine d'abord, tchécoslovaque ensuite ; mais pour moi, comme pour mes parents, l'identité est avant tout une question de nationalité et de valeurs, et non de sang. Bien sûr, je réalise parfaitement que cette notion de sang importait beaucoup à Hitler et que ce fait doit nous concerner tous, car c'est pour cette raison que six millions de juifs sont morts.

De tous les articles qui ont été écrits sur ma famille, j'ai été particulièrement touchée par celui d'A.M. Rosenthal, paru dans le *New York Times* : « Arnost Korbel, Olga Korbel, Anna [Růžena] Spieglova ont été assassinés il y a près d'un demi-siècle. À présent, ils reçoivent enfin ce que les vivants doivent aux victimes de l'Holocauste : se rappeler leurs noms et ne jamais oublier qu'ils sont morts dans des chambres à gaz parce qu'ils étaient juifs. Il n'y a qu'une leçon à tirer de l'Holocauste : nous avons connu le mal absolu et cela pourrait se reproduire, à moins que les vivants ne se souviennent. »

CHAPITRE SEIZE

Construire une Europe unie et libre

Q UAND L'AGITATION PROVOQUÉE par les révélations concernant le
passé de ma famille a atteint son paroxysme, un journal a
publié un dessin humoristique montrant des psychiatres assis
près d'un divan vide. Sur ce divan était posée une note sur laquelle
on pouvait lire : « Partie travailler, M.A. » La dessinatrice ne pouvait
pas connaître mon état d'esprit, mais elle avait dit vrai : en dépit de
toutes ces perturbations, j'avais plongé, la tête la première, dans mon
travail de Secrétaire d'État. J'étais bien déterminée à brandir le drapeau américain partout où nos intérêts étaient en jeu, et je m'étais
fixé des objectifs sur chaque continent. En Europe, j'avais trois priorités : réussir le processus d'élargissement de l'OTAN, de façon que
personne ne se pose plus de questions quant à l'utilité de l'alliance
militaire la plus efficace du monde ; favoriser l'intégration de la Russie à l'Ouest afin de réduire les risques de voir renaître les divisions
du temps de la guerre froide ; m'assurer que les accords de Dayton
étaient bien appliqués pour éviter tout danger que la Bosnie ne s'en-
flamme de nouveau. Dès mon entrée en fonction, je suis intervenue
sur ces trois fronts à la fois.

Après la disparition, en 1948, de Jan Masaryk, le ministre tchécoslovaque des Affaires étrangères, il a paru évident que Staline était
bien décidé à étendre sa domination sur l'Europe de l'Est et l'Europe
centrale. Ce défi a incité Washington à créer une alliance militaire
transatlantique : l'Organisation du traité de l'Atlantique Nord
(OTAN), afin de stopper les empiètements des communistes et de
procurer aux pays d'Europe de l'Ouest, dont les économies avaient
été détruites par la guerre, une protection à l'abri de laquelle ils
pourraient se reconstruire. L'OTAN a aidé à ramener les anciennes

nations fascistes, l'Italie d'abord, puis l'Allemagne et l'Espagne, dans la famille des démocraties européennes ; elle a stabilisé les relations entre la Grèce et la Turquie, et a contribué à la chute du Mur de Berlin. Et tout cela, sans qu'un seul coup de feu soit tiré.

Quand Bill Clinton est devenu Président, une question s'est posée. À quoi servait l'OTAN puisqu'il n'y avait plus de superpuissance ennemie ? Le Président a répondu que l'OTAN restait la pierre angulaire de la sécurité en Europe. La menace soviétique avait disparu, mais il existait d'autres dangers comme le terrorisme, la prolifération des armes de destruction massive et le nettoyage ethnique.

Une seconde question se posait : comment remplir le vide laissé par la dissolution du Pacte de Varsovie ? Pendant des siècles, la région qui s'étend de l'Allemagne à la Russie avait été une poudrière. Les grandes puissances en avaient fait leur champ de bataille pour délimiter l'étendue de leurs empires respectifs, divisant et redivisant cette région en sphères d'intérêt. Le Président Clinton et ses alliés étaient bien décidés à changer tout cela.

Ensemble, ils ont cherché à faire pour l'Europe de l'Est ce que l'OTAN et le Plan Marshall avaient fait pour l'Europe de l'Ouest. Leur objectif était de créer une sphère d'intérêt commun dans laquelle chaque nation pourrait vivre en sécurité. À cette fin, et sous couvert du Partenariat pour la paix, ils ont établi des relations entre l'OTAN et les nouvelles démocraties européennes. Ils ont transformé l'Organisation pour la Sécurité et la Coopération en Europe (OSCE), où l'on se contentait de bavardages stériles, en une arène où l'on a encouragé la démocratie et les droits de l'homme dans les cinquante-trois pays membres. À Bruxelles, en 1994, le Président Clinton a annoncé que les États-Unis étaient favorables à l'élargissement progressif de l'OTAN. En 1997, des invitations devaient être lancées lors du sommet de l'Alliance atlantique, en juillet.

Bien qu'étant favorable à l'élargissement de l'OTAN, je n'ai pas fait connaître ma position lorsque la question a été soulevée, car je ne voulais pas que l'on puisse me suspecter de plaider en faveur de la République tchèque, de la Slovaquie ou d'autres candidats potentiels. Pourtant, le débat progressant, j'ai vigoureusement défendu l'élargissement, et à présent que le principe en était accepté, j'avais hâte d'aider à sa réalisation en ma qualité de Secrétaire d'État.

Il n'était pas nécessaire d'être originaire de ces régions pour deviner ce qui, en toute logique, se préparait. Après quatre décennies de domination communiste, les pays d'Europe centrale et d'Europe de l'Est étaient impatients d'intégrer l'OTAN élargie. Je pensais que nous devions les accueillir car si on leur refusait la protection de l'OTAN, ces pays pourraient se retrouver dans une situation d'incertitude politique qui les pousserait à chercher d'autres moyens de garantir leur sécurité, à conclure des alliances imprévisibles, à faire des efforts pour se réarmer et à user de la force pour régler leurs conflits.

Tout cela me paraissait évident, mais plusieurs personnalités du monde de la politique étrangère ne partageaient pas mon point de vue. On a tendance à oublier à quel point l'opposition était forte. Le toujours jeune George Kennan, l'idole de la diplomatie, dénonçait l'élargissement de l'OTAN comme « la plus grande erreur de la politique occidentale, de toute la période de l'après-guerre froide ». Thomas Friedman, le chroniqueur habituellement perspicace du *New York Times*, le jugeait « imprudent » et l'ex-sénateur Sam Nunn avait fait signer une lettre par cinquante éminents intellectuels et hommes politiques, accusant l'administration Clinton de « commettre une erreur de dimension historique ». Un sondage officieux effectué au Conseil des Affaires étrangères a montré que les opposants à l'élargissement étaient deux fois plus nombreux que ceux qui y étaient favorables.

Non seulement l'élargissement de l'OTAN préoccupait légitimement toutes ces personnalités, mais de son côté, le Président russe, Boris Eltsine, et ses compatriotes y étaient résolument opposés, le considérant comme une stratégie destinée à exploiter leur vulnérabilité et à repousser vers l'est la ligne divisant l'Europe, ce qui aurait pour conséquence de les isoler.

Nous devions tenir compte de l'inquiétude de Moscou car la Russie offrait un spectacle auquel le monde n'était pas habitué, celui d'un pays faible et potentiellement instable, et qui possédait des milliers d'armes nucléaires. Eltsine comprenait que la Russie avait besoin d'entretenir de bonnes relations avec l'Ouest ; mais si le ressentiment créé par l'élargissement de l'OTAN amenait au pouvoir les forces les plus nationalistes, il en résulterait une guerre froide encore plus dangereuse que la précédente.

Il nous fallait marcher sur une corde raide pour conserver la confiance des nouvelles démocraties européennes tout en évitant de ressusciter notre vieil ennemi. Ceux qui nous critiquaient ne croyaient pas que nous réussirions à conserver notre équilibre. Je pensais au contraire que nous en étions capables.

En février 1997, quelques semaines seulement après avoir pris mes fonctions, je me suis rendue à Moscou, dans le cadre d'un tour du monde qui devait me conduire dans dix pays différents. Ma réputation me précédait. Depuis ma nomination, la presse russe, se basant sur mes origines d'Europe centrale et sur mon soutien affirmé à l'élargissement de l'OTAN, me décrivait comme une nostalgique de la guerre froide. Les médias me surnommaient « *Gospozha Stal* », ou la « Dame d'acier ». De leur côté, les journalistes américains s'étaient posé des questions à propos du nouveau ministre russe des Affaires étrangères, Evgueni Primakov, ex-directeur du SVR, le service de renseignement extérieur russe ayant succédé à la Première Direction du KGB, en 1991. Depuis sa nomination, Primakov s'était efforcé de réaffirmer l'influence internationale de la Russie, souvent aux dépens des relations entre Moscou et Washington. Tout le monde s'attendait à ce que notre première rencontre soit orageuse.

En arrivant à Moscou, je me suis rendue à la résidence du ministre des Affaires étrangères où, avant notre entrevue officielle, Primakov m'a reçue dans un confortable salon. Après un échange de propos aimables, il m'a confié : « Vu mon début de carrière, je sais tout de vous, mais j'aimerais que vous me disiez si, comme votre vieux professeur Brzezinski, vous êtes anti-russe ?

— Je suis très proche du Dr Brzezinski, ai-je répondu, et j'ai beaucoup de respect pour lui, mais j'ai mes propres opinions et vous ne devriez pas me juger d'après mes relations passées. Je sais que vous êtes un ardent défenseur des intérêts russes. Vous devriez donc comprendre que de mon côté je défends ardemment les intérêts américains. Si nous admettons cela tous les deux, nous devrions bien nous entendre. »

Après avoir décidé de nous appeler par nos prénoms, nous nous sommes lancés dans une discussion sur l'élargissement de l'OTAN. Evgueni, qui est solidement charpenté, a d'impressionnants sourcils et un sourire forcé, m'a dit que la Russie ne pouvait pas accepter cet élargissement et n'envisageait pas sérieusement la possibilité d'être un jour invitée à intégrer l'OTAN. « Dans le passé, les États-Unis et la Russie ont manqué beaucoup d'occasions, ai-je expliqué. Nous devons désormais raisonner de façon nouvelle et plus créative. Il faut envisager l'élargissement de l'OTAN comme un moyen d'assurer la stabilité en Europe centrale, ce qui va dans le sens des intérêts russes. »

Primakov m'a répondu que la Russie avait besoin qu'on lui garantisse qu'il n'y aurait ni armes nucléaires ni développement des infrastructures militaires sur le territoire de nos nouveaux alliés. Sans prendre d'engagements, je lui ai dit que j'étais justement venue discuter de ce genre de questions. Ce soir-là, nous avons rejoint nos équipes respectives pour un dîner de travail où l'on nous a servi du borchtch, de l'esturgeon et de délicieux pruneaux en gelée. Avant de partir, j'ai offert à Primakov une photo du Président Clinton et moi, pour sa petite-fille née la veille. Sur la photo j'avais écrit en russe :

« Petite Mary, lorsque tu es née, ton grand-père et moi tentions de faire en sorte que tu puisses vivre dans un monde meilleur. »

Le lendemain matin, j'ai eu une entrevue avec Boris Eltsine qui se remettait d'une rude campagne électorale, d'une opération du cœur et d'une double pneumonie, et qui devait rencontrer le Président Clinton à Helsinki, le mois suivant. Malgré sa ressemblance occasionnelle avec W.C. Fields, le Président russe a largement contribué à mettre son pays sur le chemin de la démocratie. C'était un personnage qui avait joué un rôle majeur dans la transformation de la Russie. Pourtant, ce matin-là, on aurait cru une figure de cire ; il avait le teint terreux et était étonnamment mince. Pour lui serrer la main, j'ai dû traverser une pièce au plancher bien ciré, sous l'œil des caméras. J'ai fait très attention de ne pas glisser, songeant que les talons hauts n'étaient d'aucune aide quand la diplomatie vous obligeait à marcher sur une corde raide.

Bien que diminué, Eltsine avait conservé une voix forte et des yeux bleus très vifs. J'ai été très flattée lorsqu'il a refusé les services de son interprète en disant que je n'avais pas besoin d'aide pour comprendre le russe[1]. Il m'a ensuite fait remarquer que l'élargissement de l'OTAN risquait de diviser une fois encore l'Europe en deux camps, et que l'Ouest n'avait rien à craindre de la « nouvelle Russie ». « Monsieur le Président, ai-je répondu, si, comme vous le dites, il y a une nouvelle Russie, il y a également une nouvelle Alliance atlantique, pas une alliance où nous sommes contre vous, ou vous contre nous, mais une alliance où nous sommes du même côté. » Eltsine a alors exprimé une idée qui lui tenait à cœur. « Certains des problèmes de la Russie et des États-Unis ne peuvent être résolus que par leurs présidents. Si nous devons arriver à un accord sur l'OTAN, Bill Clinton et moi serons les seuls qui en décideront. » Pour Eltsine, rien n'était possible s'il ne pouvait pas en discuter en tête à tête avec son ami, qu'il appelait « Biiill ».

Le but de l'administration Clinton était de parvenir à l'élargissement de l'OTAN sans trop indisposer les Russes. Notre plan consistait à élaborer une charte réglementant les rapports entre l'OTAN et la Russie, qui accorderait une voix à Moscou, mais pas de veto dans les discussions portant sur la sécurité européenne. Négocier cette

---

1. Les interprètes jouent dans la diplomatie un rôle essentiel mais souvent méconnu. Les meilleurs sont capables non seulement de traduire les mots, mais également de respecter le ton et d'insister sur certains points importants ; et ils veillent à ce que les expressions idiomatiques ne soient pas mal comprises. J'ai beaucoup apprécié les interprètes qui ont travaillé régulièrement pour moi et aussi certains interprètes étrangers dont je connais intimement les voix.

charte a été une tâche laborieuse. Les Russes demandaient une inter-diction permanente de déploiement de forces et d'infrastructures militaires sur le territoire de nos futurs alliés, ce qui aurait conféré à ces alliés un statut de second ordre, nous aurait rendus incapables de faire face à des situations d'urgence, et nous aurait amenés à conclure un accord concernant la sécurité de ces pays sans leur consentement.

Au cours d'une réunion orageuse à Washington, j'ai dit à Prima-kov : « Ni le Président ni moi ne négocierons sans consulter les pays d'Europe centrale sur les questions ayant trait à leur sécurité. Cela s'est fait dans le passé, mais ne se reproduira plus, tant que je serai là pour y veiller.

— Madeleine, pourquoi ne pourrions-nous pas nous rencontrer à mi-chemin ?

— À mi-chemin ? À mi-chemin ? Mais vous n'arrêtez pas de revenir à la case départ !

— Je ne crois pas que nous puissions arriver à un accord, a dit Primakov en soupirant.

— Très bien, nous n'en avons pas besoin », ai-je conclu.

Bien sûr, une partie de notre stratégie consistait à convaincre les Russes que l'élargissement de l'OTAN se ferait avec ou sans leur assentiment. Nous espérions que les leaders du Kremlin prendraient conscience qu'ils avaient autant à gagner que nous en concluant cet accord. En revanche, nous ignorions si Eltsine réalisait bien cela ou s'il avait plutôt intérêt à laisser éclater son indignation face à l'« arro-gance » américaine.

Un premier test a eu lieu à la mi-mars 1997, lorsque les Présidents américain et russe se sont rencontrés en Finlande pour ce que l'on a appelé en plaisantant le « sommet des invalides ». Eltsine n'était pas encore tout à fait remis de son opération, et Bill Clinton s'était déchiré un tendon en glissant sur les marches de la maison du golfeur Greg Norman, en Floride. À son arrivée à l'aéroport d'Helsinki, le Président a dû descendre sur le tarmac à bord d'un chariot de restau-ration avant d'être transféré sur Wheelchair One*. Un peu plus tard, au cours d'une discussion un peu vive entre les deux Présidents, Bill Clinton s'est écrié : « Hé, allez-y doucement avec moi, j'ai un genou esquinté ! » et Boris Eltsine a alors fait mine d'ouvrir sa chemise pour exhiber ses cicatrices.

Les deux Présidents venaient juste d'être réélus, et chacun devait très probablement avoir un œil sur l'Histoire. Ils avaient prévu d'aborder plusieurs sujets mais ont commencé par discuter de l'élar-

---

* *Wheelchair* : fauteuil roulant. Wheelchair One fait référence à Air Force One, l'avion présidentiel *(N.d.T)*.

gissement de l'OTAN. Eltsine a répété qu'il jugeait illogique et dangereux d'intégrer de nouveaux membres à l'Alliance atlantique, mais il a également exprimé sa volonté de collaborer avec les États-Unis pour éviter ce qu'il a appelé des « conséquences négatives ». Il a ensuite demandé au Président américain de l'assurer que d'anciennes composantes de l'URSS (Estonie, Lituanie, Lettonie) ne seraient pas intégrées à l'OTAN. Le Président Clinton a refusé, arguant qu'un tel accord laisserait croire à la faiblesse de la Russie, diviserait de nouveau l'Europe, entamerait le moral des pays membres du Partenariat pour la paix et susciterait la colère des Pays baltes.

Quand Boris Eltsine a réitéré sa demande, le Président Clinton, irrité, a haussé le ton : « Allons, Boris, même si je m'enfermais avec vous dans un placard pour vous dire ce que vous voulez entendre, le Congrès le saurait et présenterait une résolution invalidant l'accord entre l'OTAN et la Russie. Je ne peux pas prendre d'engagements au nom de l'OTAN. Je ne suis pas en position de m'opposer à l'éligibilité de quelque pays que ce soit, et je ne vous laisserai pas, vous ou qui que ce soit d'autre, le faire. »

Boris Eltsine a battu en retraite mais n'a pas renoncé pour autant. Il voulait obtenir l'assurance que les anciennes composantes de l'URSS ne seraient pas admises « au premier tour ». Le Président Clinton lui a répondu qu'il ne ferait rien pour raviver les vieux stéréotypes ou laisser penser que l'OTAN et la Russie n'avaient pas changé. Après une discussion apparemment orageuse avec ses collaborateurs, le Président russe s'est tourné vers Bill Clinton et a dit en haussant les épaules : « D'accord, Bill, mais j'ai essayé. »

Tandis que nous nous rendions dans la salle où devait avoir lieu le dîner, des personnalités des deux pays ont fait part à Bill Clinton de leur crainte que Boris Eltsine ne boive un peu trop. Bill Clinton a promis de garder un œil sur lui, et on pouvait lui faire confiance pour montrer le bon exemple. Le Président a bien joué son rôle de chaperon et a particulièrement apprécié le plat principal, du steak de renne. « On devrait en servir à la Maison Blanche, a-t-il lancé. C'est très faible en cholestérol. » En entendant cela et en regardant ce que j'avais dans mon assiette, j'ai répondu : « Monsieur le Président, avec tout le respect que je vous dois, permettez-moi de vous conseiller de vous en tenir à vos activités habituelles. Voulez-vous que le monde entier apprenne que vous avez mangé Donner et Blitzen* ? »

Le sommet d'Helsinki a fait progresser les choses, mais durant deux mois il nous a fallu mettre au point la charte OTAN-Russie.

---

* Deux des rennes du Père Noël (N.d.T.).

Comparant la stratégie de négociation des Russes à une intervention sur la racine d'une dent, Strobe Talbott affirmait que Moscou voulait rendre l'épreuve la plus douloureuse possible afin que nous renoncions à poursuivre les discussions sur l'élargissement. En ce qui nous concernait, nous avons attaqué les Russes par vagues. Tout d'abord, Strobe a cherché à faire évoluer leur position par petites touches, allant souvent jusqu'à leur suggérer comment justifier certains compromis. De mon côté, j'ai eu quelques entrevues animées avec Primakov qui attendait toujours la dernière minute pour changer d'avis. Et enfin, s'appuyant sur les progrès que nous avions accomplis, le secrétaire général de l'OTAN, Javier Solana, a réussi à aller encore plus loin, faisant clairement comprendre aux Russes qu'ils ne pourraient pas obtenir ce à quoi ils tenaient par-dessus tout : jouer un rôle officiel dans les prises de décision des alliés.

Les efforts de Javier Solana étaient primordiaux car les négociations sur la charte se déroulaient officiellement entre la Russie et les seize pays membres de l'OTAN, et non exclusivement entre la Russie et les États-Unis. J'avais rencontré Solana alors qu'il était ministre des Affaires étrangères et que j'étais à l'ONU. Barbu, intelligent, c'était un maître en matière de diplomatie. Ironiquement, le secrétaire général de l'OTAN appartenait au Parti socialiste espagnol qui s'était opposé à l'entrée de l'Espagne dans l'OTAN, quinze ans plus tôt.

Tandis que les négociations se poursuivaient, nous tentions de rapprocher les points de vue de la Russie et les nôtres. Nous envisagions la sécurité européenne dans une optique d'après-guerre froide. Notre modèle était la Bosnie où les alliés de l'OTAN, du Partenariat pour la paix et d'autres pays travaillaient ensemble, en collaboration avec la Russie. Les Russes préféraient la vieille stratégie du contrôle des armements où chaque partie se voyait accorder un certain nombre de missiles, de lanceurs et d'ogives nucléaires, préservant ainsi un équilibre prudent entre les blocs de l'Est et de l'Ouest. Les Russes insistaient donc sur la limitation des armements sur le territoire des nouveaux alliés. Nous ne voulions pas négocier sur ces bases, tout en précisant que nous n'avions « ni le besoin ni l'intention » de déployer des armes nucléaires ou d'importantes forces militaires à l'Est[1].

Au début du mois de mai, je me suis de nouveau rendue à Moscou pour rencontrer Primakov. Lorsqu'il était venu à Washington, j'au-

---

1. Nous insistions également sur le fait que des négociations étaient en cours à Vienne pour l'adoption d'un traité sur la limitation des forces conventionnelles en Europe, y compris, bien sûr, celles des membres et futurs membres de l'OTAN. C'était l'occasion pour les Russes d'obtenir la limitation qu'ils souhaitaient.

rais aimé l'inviter à déjeuner chez moi, mais j'en avais été empêchée car les termites avaient dévoré une partie du plancher de ma salle à manger. En revanche, nous avions été tous deux les hôtes de Strobe Talbott et de sa femme, Brooke Shearer. Primakov et sa femme nous ont invités chez eux, à un dîner intime. Le repas était excellent et la conversation a été animée. Nous avons évoqué la tendance de nos bureaucraties respectives à avancer pas à pas alors que nous étions capables d'aller beaucoup plus vite en ayant des contacts directs. Tout en buvant de la vodka, nous sommes tombés d'accord pour penser que nos bureaucraties se comportaient comme des termites. À compter de ce jour, chaque fois qu'il y avait le moindre malentendu entre nous, nous mettions cela sur le compte des « termites ».

Nous avons fini par avoir raison des Russes. Vu la tournure de nos réunions – paroles fermes aussitôt suivies d'un retrait –, il était devenu évident que Eltsine voulait parvenir à un accord. Effectivement, le 13 mai, le Président Clinton et le secrétaire général Solana ont pu annoncer que c'était chose faite. L'Acte fondateur OTAN-Russie accordait à la Russie un moyen institutionnel de participer aux délibérations portant sur la sécurité transatlantique, sans enfreindre aucune des conditions que nous avions fixées au préalable. Nous avions réussi à conserver notre équilibre en marchant sur la corde raide.

Le 27 mai 1997, nous nous sommes réunis à Paris pour la cérémonie de signature. Pour fêter l'événement, j'avais mis un tailleur lavande et je me sentais très à mon avantage. Durant le déjeuner qui réunissait tous les ministres des Affaires étrangères, je bavardais avec Klaus Kinkel, le ministre allemand, quand mon regard est tombé sur ma jupe. Elle était couverte de vinaigrette. J'ai aussitôt pensé : « Bon sang, tous ces hommes avec leurs costumes sombres ! Ils peuvent renverser ce qu'ils veulent sur leurs pantalons, personne ne s'en apercevra. » Pour moi, c'était un véritable désastre. Pis encore, le ministre français des Affaires étrangères, Hervé de Charette, a annoncé qu'aussitôt après le déjeuner nous nous réunirions pour une photo souvenir ; et il a jouté qu'étant la seule femme, j'occuperais la place d'honneur, au premier rang et au centre.

Je n'écoutais plus ce que me disait Kinkel car j'essayais de trouver une solution. J'avais renoncé à prendre un sac à main parce que je l'oubliais toujours, où que je sois. J'ai envisagé de voler le menu et de le tenir devant mes taches. Et puis soudain j'ai eu une inspiration. Lorsque je me lèverais, je tournerais ma jupe devant derrière. Je me suis assurée que la ceinture était suffisamment lâche ; heureusement je ne portais pas une de ces jupes élégantes, fendues dans le dos. J'ai mis mon projet à exécution et tout s'est très bien passé. Ce n'était pas une situation dont Henry Kissinger aurait pu se tirer.

Deux jours après la cérémonie de signature à Paris, les ministres des Affaires étrangères des pays membres de l'OTAN se sont retrouvés au Portugal, à Sintra, pour discuter du nombre de pays qui seraient les premiers invités à intégrer l'OTAN. Les États-Unis n'avaient pas encore pris de position officielle, mais nous étions très favorables à un groupe qui se limiterait à trois pays, plutôt que quatre ou cinq comme certains l'avaient proposé. Cependant, nous comptions bien faire cette omelette sans casser d'œufs. Nous tentions d'unir l'Europe, pas de la diviser, et nous ne voulions pas que les invitations de l'OTAN passent pour des bulletins scolaires qui récompenseraient les uns et sanctionneraient les autres.

Une première série de trois pays nous paraissait un choix préférable parce qu'ainsi tous les problèmes liés à l'élargissement seraient plus faciles à régler. Le coût serait moins élevé, les risques de diluer la puissance de l'OTAN moindres et les chances d'obtenir l'approbation du Sénat américain plus grandes.

Nous ne pensions pas rencontrer d'opposition quant aux trois candidats que nous avions l'intention de soutenir – Pologne, Hongrie et République tchèque – mais nous savions que nous ferions des mécontents en refusant d'en accepter d'autres. Par exemple, le président Jacques Chirac soutenait la Roumanie. Ce pays avait de nouveaux dirigeants qui s'étaient lancés dans des réformes économiques et tendaient la main à leurs rivaux historiques. Je devais aussi reconnaître que la perspective de devenir membre de l'OTAN soulevait beaucoup plus d'enthousiasme chez les Roumains que chez les Tchèques. Malheureusement, la Roumanie avait passé sept années sur la ligne de départ de l'après-guerre froide. De 1989 à 1996, son économie avait stagné. En 1997, la Roumanie avait choisi la bonne voie, mais malheureusement depuis trop peu de temps.

Si la Roumanie était un candidat qui avait mis longtemps à s'épanouir, la Slovaquie, elle, se flétrissait. Le premier ministre Vladimír Mečiar, avec son style très autoritaire, une mauvaise gestion économique et un nationalisme exacerbé, avait affaibli son pays. Parmi ses projets les moins judicieux, il avait appelé au rapatriement volontaire de la minorité hongroise de Slovaquie. Ce n'était certainement pas le genre de démarche que la nouvelle Europe accueillait favorablement. À l'occasion du sommet de Madrid, j'avais bien l'intention de dire à Mečiar qu'il avait personnellement fait perdre toutes ses chances à la Slovaquie.

Le 30 mai, à Sintra, au cours d'un dîner, sans caractère officiel, avec les ministres des Affaires étrangères, j'ai exposé la position des États-Unis. Pour éviter toute discussion, je n'ai pas mentionné le nom des pays dont nous soutenions la candidature. Mes collègues ont fait preuve de moins de réserve. Apparemment Jacques Chirac s'était montré particulièrement actif et convaincant. La majorité des seize ministres des Affaires étrangères étaient favorables à l'intégration de plus de trois pays. Les gros titres des journaux laissaient entendre que les États-Unis étaient isolés, ce qui, en surface, paraissait exact. Seules la Grande-Bretagne et l'Islande partageaient notre position.

Nous suspections pourtant qu'un certain nombre de pays alliés, tout en ne voulant pas déplaire à la France, comptaient en réalité sur les États-Unis pour imposer la discipline. Le secrétaire général Solana m'a dit en privé que les membres de l'OTAN semblaient être divisés en deux camps d'égale importance. Il m'a expliqué qu'il allait faire tranquillement la tournée des capitales pour écouter ce qu'il a appelé les « confessions » de chacun et essayer de parvenir à un consensus.

À la mi-juin, nous avons donné un petit coup de pouce au consensus en rendant publique notre position. Cette démarche reflétait bien l'importance du timing dans la diplomatie des États-Unis. Nous n'avions pas révélé notre position plus tôt, de façon à donner à ceux qui soutenaient d'autres candidats le sentiment qu'on leur avait accordé la considération qu'ils méritaient, mais à présent nous devions prendre une décision. Aussi longtemps que nous continuerions à dire « peut-être », les autres continueraient à dire « oui* ».

Les décisions à l'OTAN se prenant par consensus, notre déclaration réglait fondamentalement la question. Pourtant, le Président Chirac, qui ne perdait jamais une occasion de démarquer la politique française de celle des États-Unis, était bien décidé à jouer sa carte jusqu'au bout, même si la partie était perdue d'avance. Au sommet qui s'est tenu à Madrid, Jacques Chirac et le président du Conseil italien, Romano Prodi, ont présenté leurs arguments en faveur de l'admission de cinq nouveaux membres. Le Président Clinton a précisé les raisons que nous avions de limiter le nombre de nouveaux membres à trois. La bataille était engagée, mais le chancelier Helmut Kohl a convaincu tout le monde de mettre l'artillerie lourde de côté.

Jusqu'alors, les Allemands avaient veillé à ne pas froisser la France ou d'autres pays. Helmut Kohl a éloquemment plaidé la

---

* En français dans le texte *(N.d.T.)*.

défense du consensus. Il a expliqué que c'était un « miracle » que l'OTAN ait accepté d'inviter la Pologne, la Hongrie et la République tchèque. « Il y a encore deux ou trois ans, il n'en aurait même pas été question, [mais] l'accord ne pourra pas se faire sur plus de trois pays. » L'Alliance atlantique devait plutôt porter toute son attention sur le message public que véhiculerait un tel accord. Les Roumains comprendraient que s'ils continuaient à réformer leur pays, leur candidature serait sérieusement envisagée ; il en allait de même pour les Pays baltes, la Slovénie et d'autres candidats. Suivant les recommandations de Helmut Kohl, le communiqué de Madrid a limité les invitations à trois pays, mais a établi le processus de la « porte ouverte » qui prenait en considération les demandes des futurs candidats.

Le sommet de Madrid a également été l'occasion d'une réunion du conseil OTAN-Ukraine, et d'un déjeuner inaugural avec les leaders du Conseil de partenariat euro-atlantique. La création de ces nouveaux organes faisait partie de la réorganisation institutionnelle qui a caractérisé toute cette décennie. La fin de la guerre froide avait provoqué une sorte de gigantesque confusion à la blanchisserie européenne. Toutes les vieilles étiquettes étaient tombées et chaque pays avait l'occasion d'essayer des vêtements d'une nouvelle marque. Des « pays satellites » étaient devenus des démocraties naissantes, d'anciens adversaires s'étaient transformés en alliés et partenaires, et de vieilles institutions insignifiantes commençaient à prendre un coup de jeune. Tout cela aurait pour effet, nous l'espérions, de créer un look très XXIe siècle, qui, en dépit des différences nationales, serait caractérisé par un engagement commun en faveur de la démocratie, de la sécurité mutuelle, de la prospérité partagée, et de la paix.

Après le sommet de Madrid, le Président Clinton s'est rendu à Varsovie pour féliciter la Pologne, puis à Bucarest pour rassurer les Roumains. En association avec nos hôtes polonais, une équipe de la Maison Blanche avait organisé sur la place du Château, à Varsovie, des festivités style campagne électorale américaine. Trente mille « amis du défunt » radieux ont assisté à ce qui était annoncé comme les « funérailles de Yalta ». Il y avait des orchestres avec majorettes, des tapis rouges, des ballons et des bannières. Le soleil s'est même montré au moment précis où le Président Clinton a commencé à parler des chances qui s'offraient aux nouveaux membres de l'OTAN et des obligations qui leur incombaient.

Si l'accueil en Pologne avait été merveilleux, en Roumanie l'ambiance était incroyable. La décision de Bill Clinton de se rendre en Roumanie comportait un risque. Les Roumains pouvaient très bien exprimer leur amertume à la suite de la décision de l'OTAN. Au lieu de cela, la foule était encore plus dense et plus enthousiaste, à tel point que nous nous sommes sentis coupables. Je savais que nous avions pris la bonne décision dans l'immédiat, mais j'espérais ardemment que les Roumains rejoindraient très vite l'Alliance atlantique [1].

Tandis que le Président regagnait les États-Unis, je me suis rendue à Saint-Pétersbourg pour y rencontrer Primakov. Notre réunion officielle a été plus orageuse que jamais, Primakov clamant que ce serait la fin du monde si les Pays baltes intégraient l'OTAN. Plus tard, nous sommes allés dans un élégant restaurant situé dans un parc, pour un dîner privé, du moins aussi « privé » que cela puisse être quand un interprète est assis à vos côtés. Tant pour nos réunions officielles que privées, Primakov et moi utilisions les services d'un interprète, mais nous ne faisions appel à lui que lorsque nous connaissions des difficultés. Evgueni parlait russe et moi anglais. Le temps que nous gagnions en discutant directement nous permettait d'aborder un tas de sujets. J'ai fait remarquer à Primakov que je n'étais Secrétaire d'État que depuis six mois et que nous en étions déjà à notre huitième rencontre. Il m'a répondu que nous devrions informer la presse que nous nous étions déjà rencontrés « publiquement » huit fois et laisser les journalistes deviner ce que nous ne leur disions pas.

Après le dîner, il a emmené notre délégation au grand complet visiter l'Ermitage, le palais d'Hiver, vieux d'un quart de millénaire, rendu célèbre par la Grande Catherine. Nous étions à la saison des nuits blanches où, au crépuscule, une lumière bleue enveloppe la vieille capitale, où l'obscurité n'est jamais totale, où la fin du jour se fond doucement dans l'aube naissante. C'était une expérience unique que de voir les magnifiques collections d'objets d'art du palais dans de telles conditions. Primakov et son équipe ont généreusement offert à tous les membres de la délégation – y compris la presse, l'équipe administrative et l'équipage de l'avion – de se joindre à la visite. Le lendemain matin, nous nous sommes rendus au palais d'Été de Catherine où nous avons été accueillis par une fanfare de douze musiciens en uniforme d'époque, avec épaulettes. Il ne manquait que Marlene Dietrich sur son cheval blanc [2].

---

1. En novembre 2002, l'OTAN a lancé des invitations à la Roumanie, la Slovaquie, la Slovénie, la Bulgarie et les trois Pays baltes à l'occasion d'un sommet qui s'est tenu à Prague, ce qui m'a fait plaisir.

2. Pour voir Marlene Dietrich sur son cheval blanc, il suffit de regarder le film, tourné par Josef von Sternberg, en 1934, et consacré à Catherine II : *L'Impératrice rouge*.

Depuis mon arrivée en Amérique, j'étais retournée plusieurs fois en Tchécoslovaquie ou en République tchèque, en tant que touriste, ambassadrice de bonne volonté, « enquêtrice », promotrice de la démocratie et représentante permanente des États-Unis à l'ONU. Après le sommet de Madrid, le Président Clinton s'est rendu en Pologne, le Secrétaire à la Défense, Bill Cohen, est allé à Budapest, et moi à Prague. Ce voyage, très émouvant pour moi, a commencé par la visite de la synagogue Pinkas. Václav Havel m'a ensuite décorée de l'ordre du Lion blanc. Tandis qu'il me passait autour du cou le ruban rouge et blanc, je me suis souvenue de la robe de bal en forme d'abat-jour que je portais à Denver, il y avait très longtemps.

Le but officiel de ma visite était de prononcer un discours dans la salle Smetana de l'Hôtel de Ville, où la première République tchécoslovaque avait été proclamée en 1918, parallèlement à la déclaration de Tomáš Masaryk aux États-Unis*. La structure de ce bâtiment a été conçue par le maître de l'Art nouveau, Alphonse Mucha, avec l'intention de contrer l'influence allemande, en célébrant la culture slave. Je n'avais jamais visité l'Hôtel de Ville car il avait été longtemps en cours de restauration. Toutes les appliques, peintures murales, sculptures et tous les vitraux ont retrouvé leur beauté originelle.

L'estrade où je devais prononcer mon discours était décorée de drapeaux tchèques et américains. J'ai descendu l'allée centrale en compagnie du ministre des Affaires étrangères, Josef Zieleniec, et nous sommes montés sur l'estrade pour attendre la fanfare présidentielle. Finalement, Václav Havel est arrivé ; nous étions au grand complet.

Zieleniec m'a présentée avec beaucoup d'éloquence, et je me suis levée pour prendre la parole. Devant moi, il y avait beaucoup de visages familiers ; ma cousine Dáša était au premier rang. Depuis quatre ans et demi, j'avais souvent pris la parole en public, mais je n'avais jamais prononcé un discours où mes sentiments personnels et professionnels étaient aussi intimement mêlés. Mes paroles témoignaient de la fierté que j'éprouvais pour le peuple de mon pays natal.

« Les autorités communistes vous ont caché la vérité, et pourtant vous avez clamé la vérité, ai-je dit en pensant au Printemps de Prague et à la Charte 77. Ils vous ont nourris d'une culture vide de sens, et pourtant vous nous avez donné des œuvres d'art qui emplissent nos vies d'intelligence, d'humour et de chaleur. Ils ont essayé d'étouffer vos allégeances, votre foi et vos initiatives, et pourtant vous avez

---

* Le 14 novembre 1918, alors qu'il était encore à l'étranger, Tomáš Masaryk fut désigné comme Président de la République par le Comité national de Prague (N.d.T.).

enseigné au monde ce que signifie la solidarité et le sens civique. Ils ont banni vos meilleurs leaders, et pourtant vous nous avez donné Václav Havel. »

Le Premier ministre Václav Klaus m'a dit plus tard que pas un seul dirigeant tchèque n'aurait pu prononcer un tel discours, tant il était optimiste et typiquement américain. Mon intervention terminée, j'ai dû une fois encore surmonter mon émotion en entendant les hymnes nationaux tchèque et américain. Plus tard, tandis que, les larmes aux yeux, je marchais dans les rues, saluant de la main de vieilles femmes tchèques aux yeux pleins de larmes, je voyais en chacune d'elles l'image de ma mère.

En ce qui concernait l'élargissement de l'OTAN, nous avions passé un bon accord avec la Russie et obtenu un bon résultat à Madrid. Il nous restait à convaincre le Sénat. Quand nous avons fini par avoir gain de cause, plusieurs personnes ont laissé entendre que l'issue était inévitable, mais sur le moment les choses ne paraissaient pas aussi sûres. Nous devions convaincre deux tiers du Sénat d'étendre la protection de l'Alliance atlantique aux trois nouveaux candidats. Nos arguments étaient solides, mais nous craignions qu'une coalition ne se forme entre des sénateurs libéraux et conservateurs. Nous savions qu'à gauche, certains s'opposeraient à l'élargissement en arguant que cela risquait de pousser la Russie à radicaliser sa position ; à droite, certains pensaient que nous prenions trop en compte les intérêts de la Russie [1].

Notre stratégie consistait à conforter le soutien des sénateurs bien informés qui partageaient notre point de vue, et à tout faire pour convaincre les membres du Congrès qui avaient l'esprit ouvert, que notre politique était sensée.

---

1. Tout en me préparant pour le débat, j'ai lu l'excellente biographie de Dean Acheson, écrite par James Chace [*The Secretary of State Who Created the American World*, New York, Simon and Schuster, 1998], et en particulier le récit du difficile combat mené par l'administration Truman pour amener le Sénat à ratifier le traité qui a créé l'OTAN. J'ai été très impressionnée par la façon dont l'administration Truman a su gagner à sa cause les anciens combattants, le monde des affaires et les syndicats, et par ses consultations minutieuses avec des membres du Congrès, et j'ai pensé que nous devrions entreprendre une campagne similaire. Nous avons recruté Ronald Asmus, spécialiste de l'OTAN, qui dirigeait la Rand Corporation et qui a été nommé adjoint du sous-secrétaire aux Affaires politiques, chargé des Affaires européennes. Il avait pour mission de coordonner nos efforts. Nous avons également engagé Jeremy Rosner, ancien directeur des Affaires législatives au NSC, que nous avons chargé d'obtenir le soutien de l'opinion publique et du Congrès.

Avant que le Sénat ne l'étudie en séance plénière, le traité devait être approuvé par la Commission des Affaires étrangères, c'est-à-dire par Jesse Helms. Au début, il s'était rangé de notre côté, mais la signature de l'Acte fondateur OTAN-Russie l'a amené à me montrer les dessins de presse qui se trouvaient dans son bureau et où il était représenté comme le « Sénateur NON ». Des accords tranchés avec Moscou n'étaient pas pour lui plaire. Ayant travaillé pour un sénateur, je comprenais très bien la valeur de la comédie législative. En politique, un accord sans conditions est très ennuyeux. Même les sénateurs les plus amicaux ont souvent des exigences et posent des conditions qu'il faut satisfaire pour obtenir leur soutien. Cela leur permet de s'attribuer le mérite d'avoir empêché l'administration de faire quelque chose de stupide, même si ladite administration n'a jamais eu cette intention.

Dans le cas de l'élargissement de l'OTAN, Helms a posé trois conditions. En premier lieu, il voulait que nous spécifiions les menaces militaires que l'OTAN aurait à affronter au cours du nouveau siècle. C'était sa façon de nous faire dire publiquement que nous considérions toujours la Russie comme un danger. En deuxième lieu, il voulait connaître par avance le coût de l'élargissement et savoir qui en assumerait les frais. Il protégeait ainsi sa position de conservateur en matière de fiscalité, qui ne tolérait pas le gaspillage de l'argent des contribuables pour des opérations qui ne bénéficiaient pas directement à la Caroline du Nord. En troisième lieu, il voulait que nous lui confirmions que la Russie ne jouerait aucun rôle dans les prises de décision de l'OTAN. Il dissipait ainsi la peur qu'avaient fait naître Kissinger et d'autres en prétendant que nous avions donné à Boris Eltsine les clés qui lui permettraient d'avoir accès aux avions et aux chars de l'OTAN [1].

Les conditions de Helms étaient précisément celles qu'un sénateur posait lorsqu'il avait en fin de compte l'intention de dire oui. Dans la mesure où je savais parfaitement qu'il était tout à fait capable de poser des conditions impossibles à satisfaire, j'ai été soulagée de lui donner, devant sa Commission, les assurances qu'il demandait, au cours d'un échange méticuleusement préparé d'avance.

Bien que gagnant des sénateurs à notre cause et étant sur le point de l'emporter, notre travail n'était pas terminé pour autant. Souvent, au Congrès, le vote final n'est pas le plus important. Il nous fallait éviter des amendements paralysants. Plusieurs ont été déposés durant

---

1. Avec une inexactitude inhabituelle chez lui, Kissinger nous avait accusés d'avoir accordé à la Russie le droit de veto dans les prises de décision de l'Alliance atlantique, ce qui était le contraire de ce que nous avions fait.

cette fin de partie, dont un par John Ashcroft, sénateur du Missouri, qui proposait de limiter le rôle de l'OTAN à une défense collective et d'empêcher à l'avenir toute mission « hors zone ». Cet amendement était motivé par l'idée, très répandue parmi la droite qui critiquait l'administration Clinton, selon laquelle nous voulions transformer les soldats de l'OTAN en globe-trotters du maintien de la paix. Ashcroft aurait voulu nous emmener dans une autre direction en faisant intervenir la force de l'OTAN là où elle était le moins nécessaire et en l'empêchant de riposter au terrorisme mondial et aux autres menaces qui s'annonçaient. Le sénateur affirmait rester ainsi fidèle aux fondateurs de l'OTAN, mais le Secrétaire d'État Acheson avait fait savoir, un demi-siècle plus tôt, que les membres de l'Alliance atlantique pouvaient se grouper pour défendre des intérêts communs, hors des limites géographiques des pays membres, comme l'OTAN l'avait déjà fait en Bosnie et le ferait au Kosovo.

Le 30 avril 1998, le Sénat a finalement procédé au vote. Tandis que les autres amendements étaient discutés, Ashcroft a insisté pour que le chef de la majorité au Sénat, Trent Lott, prévoie quatre heures pour débattre de sa proposition de limiter les missions de l'OTAN. Au lieu de cela, Lott a proposé que l'amendement d'Ashcroft soit rejeté sans débat, proposition qui a été votée à une large majorité. Le Sénat a ensuite approuvé l'élargissement de l'OTAN par quatre-vingts voix contre dix-neuf, une confortable majorité des deux partis ayant voté favorablement.

Un peu moins d'un an après ce vote, j'ai eu l'honneur de voir Jan Kavan, ministre tchèque des Affaires étrangères, János Martonyi, ministre hongrois des Affaires étrangères, et Bronislaw Geremek, ministre polonais des Affaires étrangères, signer le traité de l'OTAN. La scène se déroulait à la Truman Presidential Library, à Independence (Missouri). Le maître de cérémonie, Larry Hackman, directeur de la bibliothèque, m'a fait très plaisir en mentionnant que Katie Albright avait passé plusieurs semaines en ce lieu pour faire les recherches nécessaires à sa thèse sur la politique de Truman et Acheson en Corée.

Cette cérémonie à laquelle le monde entier assistait, tandis que des feux d'artifice étaient tirés simultanément à Varsovie, Prague et Budapest, m'a rappelé les années où j'étais professeur. J'avais enseigné l'histoire et la politique de l'Europe centrale à une époque où beaucoup pensaient que l'histoire était tout ce qui restait aux habitants de la région car leur avenir semblait figé pour toujours dans la glace de la guerre froide. À présent que les États-Unis, l'OTAN et l'Europe centrale étaient devenus des alliés et des amis, les frontières du possible avaient été repoussées jusqu'à un nouvel horizon apparemment sans limites.

Lorsque mon tour est venu de prendre la parole, j'ai souligné combien les perspectives d'avenir de l'Europe centrale avaient radicalement changé, tout en reconnaissant que les Américains n'avaient pas toujours accordé suffisamment d'attention à cette région. Pour illustrer mes propos, j'ai raconté l'histoire qui était arrivée à Jan Masaryk, alors qu'il était en visite aux États-Unis, il y avait longtemps de cela. Un sénateur lui ayant demandé : « Comment va votre père ? Joue-t-il toujours du violon ? », Jan avait répondu : « Monsieur, je crains que vous ne fassiez une petite erreur. Vous songez peut-être à Paderewski et non à Masaryk. Paderewski joue du piano et non du violon, et il n'était pas Président de la Tchécoslovaquie mais de la Pologne. Parmi nos présidents, Beneš était le seul à jouer ; mais il ne jouait ni du violon ni du piano, il jouait au football. Pour tout le reste, vos informations sont exactes. »

En rapprochant de l'Ouest l'Europe centrale et l'Europe de l'Est, l'élargissement de l'OTAN contribuait dans une large part à l'effort que nous avions entrepris pour construire une Europe unie et libre. La question urgente qui se posait était de savoir si l'on pouvait également rapprocher les Balkans de l'Ouest. La réponse, j'en étais convaincue, dépendrait du succès ou de l'échec des accords de Dayton. Ces accords avaient mis fin à la guerre en Bosnie en ouvrant la porte à la force de maintien de la paix de l'OTAN. Tandis que l'on rangeait armes à feu et chars, l'eau et l'électricité étaient rétablies, les tramways recommençaient à circuler, les enfants reprenaient possession des rues, autrefois aux mains des tireurs isolés, et la reconstruction démarrait. Pourtant, il restait encore de sérieux problèmes à régler. Les accords de Dayton avaient affirmé le principe d'une Bosnie unie, mais il allait falloir beaucoup plus qu'un bout de papier pour faire de cet objectif une réalité.

J'ai été le témoin des tensions persistantes lorsque je me suis rendue dans la région, quelques mois après la signature des accords. En tant que représentante permanente des États-Unis à l'ONU, je voulais apporter mon soutien aux efforts de rapatriement des réfugiés. Dans ce cas précis, l'ONU essayait d'aider des Croates à revenir dans une région conquise par les Serbes durant la guerre, une démarche peu appréciée par ces derniers. Tandis que notre délégation visitait la place du Marché à Vukovar, personne n'a voulu me serrer la main, et puis soudain des œufs ont commencé à s'écraser autour de nous et des gens ont crié « *kurva* » et « *kučka* ». Le fait que je parle serbe m'a bien servi. Alors que tous mes collègues se demandaient ce qui se passait, je savais qu'on me traitait de putain et de garce. J'ai aussitôt dit aux personnes chargées de ma sécurité : « Partons d'ici. » Tandis que nos voitures démarraient, des gens nous ont jeté de la boue, puis des cailloux, et une pierre a brisé la vitre d'un de nos minibus.

Quelques heures plus tard, ma fille Anne m'a téléphoné. Elle paraissait nerveuse, mais le ton de sa voix était grave. « Maman, m'a-t-elle dit, CNN vient de raconter que vous aviez été entourés par une foule de gens qui vous avaient jeté des pierres. À quoi penses-tu ? Pourquoi n'es-tu pas plus raisonnable ? Tu aurais pu être tuée ! » Les rôles étaient renversés. En plus de veiller à la bonne tenue de mes comptes bancaires et de me demander pourquoi je dépensais autant d'argent en vêtements, à présent mes enfants s'inquiétaient pour moi. Plus tard, je leur ai offert des T-shirts qu'avait fait faire l'un de mes compagnons de voyage [1] et sur lesquels était inscrit : « J'ai été lapidé à Vukovar avec Madeleine Albright. »

Les accords de Dayton avaient fixé des objectifs ambitieux : procéder à des élections, veiller au retour des réfugiés et rétablir l'unité dans le pays. Malheureusement, au sein de chacune des trois communautés ethniques, les extrémistes, opposés à ces accords, exerçaient une forte influence, et le premier tour des élections a légitimé leur pouvoir. Des leaders locaux, en particulier parmi les Serbes, étaient ouvertement hostiles à ces accords. Comme la façon dont j'avais été reçue à Vukovar le prouvait, la haine qui s'était déchaînée pendant les années de guerre était toujours vive.

L'avenir était encore assombri par l'engagement, pris par la première administration Clinton, que la force de maintien de la paix aurait terminé sa mission au bout d'un an. Après la signature des accords de Dayton, Warren Christopher avait insisté sur cette date butoir, et dans un discours qu'il avait prononcé en mars 1996, Tony Lake avait fait de cette « stratégie du retrait » une doctrine politique. Ces déclarations étaient destinées à rassurer le Congrès et le Pentagone qui craignaient que la Bosnie ne devienne un nouveau Vietnam, mais il est vite apparu qu'elles étaient totalement irréalistes. Parmi la population de Bosnie, une personne sur dix avait été blessée ou tuée durant le conflit. Parmi les survivants, cinq sur dix avaient perdu leur maison, huit sur dix comptaient sur l'ONU pour les nourrir, et neuf sur dix étaient sans travail. Il paraissait évident qu'il faudrait plus d'un an pour rétablir la paix dans le pays.

---

1. Jacques Klein, un Américain, administrateur de transition de l'ONU pour la région.

En novembre 1996, l'administration Clinton a renoncé à cette date butoir prématurée et en a aussitôt fixé une autre. Une force de stabilisation de l'OTAN (SFOR) a été créée. Le Président a promis que cette nouvelle force aurait achevé sa mission en juin 1998. Malheureusement, lorsque je suis devenue Secrétaire d'État, l'application des accords de Dayton tardait encore. La SFOR ne prenait pas de risques et faisait très peu de choses pour que les objectifs concernant la population civile soient atteints. Ni la Yougoslavie ni la Croatie ne remplissaient leurs obligations. Nos alliés européens ne semblaient pas voir l'urgence de la situation. De plus en plus d'experts pensaient que la seule solution réaliste était la partition de la Bosnie, une partie allant à la Serbie, une autre à la Croatie et une troisième devenant un protectorat international.

Je ne croyais pas que la partition apporterait la stabilité, mais qu'elle fournirait au contraire l'occasion d'un nouveau conflit sur la question du tracé des frontières. Il fallait que nous insistions sur le fait que l'Europe nouvelle devait être construite sur des principes de démocratie et de respect des droits de l'homme, et non sur le nettoyage ethnique et la force brutale. Les États-Unis, l'OTAN, la Russie, le Partenariat pour la paix, l'OSCE, l'Union européenne et l'ONU s'étaient tous engagés à aider au succès des accords de Dayton. Ce n'était pas un exercice facile.

Tout d'abord, j'avais besoin du soutien de mes collègues. Le problème le plus important venait du fait que le nouveau secrétaire à la Défense, Bill Cohen, alors qu'il était sénateur, s'était opposé à la politique du Président en ce qui concernait la Bosnie, et qu'à présent il suggérait que la SFOR se retire à la date prévue, même si cela devait conduire à une reprise de la guerre. Après des semaines de discussions, nous sommes finalement tombés d'accord pour ne pas mettre publiquement l'accent sur la date à laquelle la SFOR devait se retirer, mais sur ce que la communauté internationale, y compris la SFOR, pouvait faire pour aider la Bosnie.

Le 22 mai 1997, j'ai révélé notre nouvelle approche dans un discours prononcé à l'Intrepid Sea-Air-Space Museum à New York. Mes déclarations s'adressaient à quatre publics différents. Je voulais que mes collègues sachent que je me battrais pour développer la présence militaire américaine en Bosnie si cela s'avérait nécessaire. J'ai expliqué au Congrès pourquoi il n'était pas indifférent pour nous que la Bosnie reste unie dans la paix ou s'engage dans un nouveau conflit. J'ai fait savoir à l'Europe que nous attendions et comptions sur son entière participation. Et enfin j'ai offert aux habitants de Bosnie et à leurs voisins de Croatie et de Yougoslavie un choix : soit ils rejetaient les accords de Dayton et s'exposaient à des sanctions, soit ils faisaient des efforts pour que ces accords soient appliqués, et ils recevraient alors notre aide et pourraient participer aux institutions occidentales.

Pour mettre l'accent sur l'importance de ce choix, je me suis ensuite rendue dans la région, en commençant par la Croatie. J'ai vu des maisons qui avaient été brûlées lorsque des réfugiés serbes avaient cherché à les récupérer, et j'ai rencontré des familles aux origines multiples qui avaient été malmenées par des voyous locaux. Ces gens ne se considéraient pas comme appartenant à un groupe ethnique particulier. Ils étaient yougoslaves et fiers de l'être ; pourtant ils avaient été brutalisés parce que leur sang n'était pas assez « pur ». Parmi eux, il y avait une grand-mère aux cheveux blancs qui avait été victime de sévices. « Comment pouvez-vous laisser faire de telles choses ? ai-je demandé durement au ministre croate de la Reconstruction. Vous devriez avoir honte. »

Ce que je voulais obtenir de la Croatie n'était pas facile. Les guerres qui avaient sévi dans la région avaient éparpillé les populations. Tout cela faisait penser à un grotesque jeu de chaises musicales, sauf qu'il s'agissait là de maisons musicales. Chacun se retrouvait dans la maison de quelqu'un d'autre, et il n'y avait plus suffisamment de maisons pour tout le monde. Il régnait un désordre incroyable et la situation était terriblement difficile, mais en refusant de faire respecter le droit des réfugiés de récupérer leur maison, nous cautionnions le nettoyage ethnique et renforcions la pression en faveur de la partition.

À Zagreb, la capitale de la Croatie, j'ai rencontré Franjo Tudjman, l'homme à la crinière argentée qui se prétendait le père de son pays. Des années auparavant, alors que j'étais représentante permanente à l'ONU, nous avions discuté plaisamment d'un voyage que j'avais fait étant enfant sur l'île de Brioni, au large de la Dalmatie. À présent, j'affrontais un Tudjman ultranationaliste. En politicien habile, il avait réussi à contrôler les institutions les plus importantes de Croatie, tout en perdant le contrôle de son ego. Il essayait de faire passer son pays pour une démocratie occidentale stable, mais il le dirigeait d'une main de fer et avec un esprit corrompu.

Je lui ai dit que les États-Unis éprouvaient des sentiments chaleureux à l'égard du peuple croate et souhaitaient entretenir avec lui de bonnes relations, mais que nous avions besoin de sa coopération. Il m'a répondu que la Croatie attachait une grande importance à ses relations avec nous et qu'elle « soutenait totalement » les accords de Dayton. Puis sont venus les « mais ». La Croatie ne pouvait accepter qu'un petit pourcentage des réfugiés serbes qui avaient le droit de revenir. Elle ne pouvait promettre de coopérer avec le TPI que si la

Serbie le faisait, et elle ne pouvait pas encourager l'idée d'une Bosnie unie parce que celle-ci servirait de base au fondamentalisme islamique. De plus, les pays occidentaux ignoraient la Croatie.

J'ai rappelé à Tudjman qu'on m'avait jeté des pierres parce que je défendais les droits des réfugiés croates à Vukovar. Je lui ai dit qu'il n'y aurait pas de place à l'Ouest pour des pays qui pratiquaient ou toléraient le nettoyage ethnique, et je l'ai averti que le soutien des États-Unis pour l'obtention de prêts internationaux dépendrait de sa coopération.

De toute évidence, Tudjman espérait qu'en monopolisant la parole il éviterait la discussion, et il s'est lancé dans une longue version chauvine de l'histoire des Balkans. Il a souligné la nécessité pour une Croatie catholique d'empêcher le « croissant vert » des musulmans de se répandre des Balkans au Moyen-Orient, et la « croix orthodoxe » des Slaves d'envahir toute la région. Au nom de ces valeurs européennes traditionnelles, nous devions l'aider à créer un État occidental ethniquement pur.

Il était impossible de lui répondre ; il n'écoutait pas. J'ai réussi pourtant à formuler une requête : « La Bosnie a besoin de routes commerciales en direction du nord. Je dois me rendre à Brčko demain et j'aimerais leur annoncer que vous êtes d'accord pour ouvrir le pont qui franchit la Sava. Est-ce possible ? » Tudjman a accepté – enfin une avancée.

Cet après-midi-là, je me suis rendue à Belgrade pour rencontrer Slobodan Milošević. Ce devait être notre seule entrevue face à face. Malgré son comportement passé, il avait réussi à persuader quelques diplomates qu'on pouvait croire en sa parole. Il était aidé par le fait qu'il parlait anglais et condamnait avec enthousiasme ses homologues serbes de Bosnie. C'était un homme rusé, mais qui n'avait pas une compréhension très subtile de l'Ouest et sous-estimait la détermination de l'administration Clinton.

Je lui ai dit que je venais de passer une semaine importante en Europe au cours de laquelle avait été signé l'Acte fondateur OTAN-Russie, créé le Partenariat euro-atlantique, et célébré le cinquantième anniversaire du Plan Marshall. J'ai fait remarquer que la Yougoslavie n'avait pris part à aucun de ces événements, mais que cette situation pouvait changer si Belgrade acceptait de respecter ses obligations. Slobodan Milošević m'a répondu – comme le faisaient habituellement tous les Serbes hostiles – que je connaissais mal l'histoire et la situation présente de la région. Il a ajouté que la Yougoslavie devrait faire partie de l'Europe, mais que la communauté internationale lui barrait la route.

Je l'ai interrompu poliment mais fermement : « Je connais très bien cette région ; mon père a écrit un livre sur elle et depuis j'ai suivi scrupuleusement tous les événements qui s'y sont déroulés. Je n'ai pas besoin que vous me fassiez un cours sur son histoire. » J'étais d'accord pour que ce pays soit traité impartialement, et j'ai souligné que je m'étais rendue en Croatie le matin même, pour protester contre le traitement réservé aux réfugiés serbes. J'ai insisté sur le fait que nous étions prêts à entretenir de bonnes relations avec la Yougoslavie, mais que nous avions besoin de quelques actes concrets. Je lui ai demandé de remettre à La Haye trois hommes suspectés d'être des criminels de guerre et dont on pensait qu'ils servaient dans les forces armées yougoslaves. En faisant la grimace, Milošević m'a dit qu'il étudierait les accusations que je lui avais fournies et que, si les preuves étaient solides, il recommanderait qu'on juge les suspects en Yougoslavie. Il refusait l'extradition.

Enfin, je l'ai engagé à rencontrer les leaders de la communauté albanaise du Kosovo. J'ai ajouté que les États-Unis ou d'autres pays étaient prêts à envoyer des représentants pour participer à cette rencontre si cela pouvait être utile. Milošević m'a répondu qu'il ne tenait pas à internationaliser le problème du Kosovo et que son gouvernement n'avait nul besoin d'une aide extérieure. Avant de conclure, nous avons eu un entretien en tête à tête au cours duquel le président serbe a tenté de me séduire et où j'ai tenté de résister à son charme. Je dois reconnaître que j'avais, et de loin, la tâche la plus facile. Lorsque nous sommes sortis par une porte-fenêtre très ouvragée, la presse nous attendait. Je me suis sentie piégée car nous étions d'accord pour qu'aucune photo ne soit prise, mais je ne voyais pas comment j'aurais pu refuser de serrer la main de Milošević. J'ai tenté de garder un visage fermé et inexpressif, mais c'est plus difficile qu'il n'y paraît

Pendant que j'étais à Belgrade, j'ai trouvé le temps de visiter la résidence de l'ambassadeur de la République tchèque. J'avais vécu là avec ma famille un demi-siècle auparavant. Les lieux, bien sûr, m'ont paru plus petits que dans mon souvenir, et une partie avait été transformée en bureaux. En traversant mon ancienne chambre, je me suis dit que si le sort en avait décidé autrement, j'aurais peut-être pu suivre les pas de mon père et m'installer dans cette maison, avec ma famille, en tant qu'ambassadrice de Tchécoslovaquie en Yougoslavie.

Le lendemain, à Sarajevo, j'ai rencontré des membres de la présidence collégiale de Bosnie pour inaugurer une commission qui devait assurer une coordination militaire entre les différents groupes ethniques. C'était une étape importante et une rupture nette avec la mentalité de temps de guerre.

Après la réunion, j'ai descendu la rue que l'on appelait peu de temps auparavant « l'allée du tireur isolé » et je me suis arrêtée près d'une aire de jeu remise en état grâce aux fonds de l'USAID. Là, j'ai croisé une petite fille qui a remercié l'Amérique pour avoir réparé ses balançoires. J'ai déposé des fleurs sur le pont de Grbavica, en souvenir de Suada Dilberović, une étudiante en médecine, victime d'un tireur isolé, la première des cent cinquante mille Bosniaques morts pendant la guerre. J'ai également rencontré un contingent des nouvelles forces de police. J'ai été ensuite le premier membre du cabinet américain à me rendre sur le territoire de la Republika Srpska (RS), l'entité serbe de Bosnie.

Je me suis d'abord arrêtée au nord, dans la ville de Brčko, où je comptais tirer parti de la promesse que Tudjman m'avait faite la veille, et annoncer la réouverture du pont qui traversait la Sava pour déboucher en Croatie. Ce pont reliait la Bosnie à une grande route qui conduisait au cœur de l'Europe. Le rétablissement d'une frontière normale serait un signe de bonne santé. Brčko elle-même était une ville test que se disputaient encore les Serbes et les Musulmans de Bosnie. Son ouverture vers l'ouest profiterait à tous.

Dans un esprit de réconciliation, les trois premiers ministres qui présidaient le Conseil des ministres collégial de Bosnie devaient me rejoindre pour une courte cérémonie. Kitty Bartels, une jeune assistante de Jamie Rubin, a dû faire preuve d'une grande ingéniosité pour venir à bout de l'organisation de cet événement. Kitty mesure environ un mètre soixante-trois ; elle a un visage angélique, des yeux ronds, et elle est douée d'une créativité inépuisable. Sa mission consistait à s'assurer que chacun serait à sa place à mon arrivée.

Cet après-midi-là, elle a dû affronter une foule de politiciens bosniaques, hostiles les uns envers les autres, qui grouillaient autour de l'estrade installée à l'entrée du pont, où seuls les trois Premiers ministres et moi étions censés nous tenir. Personne ne portant de badge à son nom, Kitty était incapable de distinguer les Premiers ministres des autres. La Bosnie est un pays machiste et aucun de ces politiciens ne s'intéressait aux problèmes de Kitty. Quand elle a entendu les sirènes de mon cortège de voitures, elle s'est mise à repousser fébrilement les gens, mais en approchant j'ai vu qu'il y avait encore au moins deux douzaines d'hommes sur l'estrade. En désespoir de cause, Kitty a crié pour réclamer le silence, puis elle a dit : « Si vous êtes Premier ministre, levez la main s'il vous plaît. Je répète, si vous êtes Premier ministre, levez la main s'il vous plaît. Tous les autres doivent descendre de l'estrade. » Miraculeusement, une, puis deux et enfin trois mains se sont levées. Lorsque ma voiture s'est arrêtée devant l'estrade, les trois Premiers ministres étaient à leur place.

Plus tard, nous avons poussé un soupir de soulagement, non seulement parce que Kitty avait eu la bonne réaction, mais aussi parce que la courte cérémonie s'était déroulée sans incidents. La veille au soir, un membre de notre équipe était allé sur le pont afin d'étudier les angles possibles pour prendre des photos. Aucun Bosniaque n'avait voulu l'accompagner par peur des tireurs isolés. Pour me rendre sur le lieu de la cérémonie et pour en revenir, j'étais entourée de soldats américains et des hommes chargés de ma protection rapprochée, ostensiblement armés. On m'avait également demandé de porter sous mon imperméable un gilet pare-balles qui était chaud, inconfortable et si gros qu'il me faisait une bosse sur les épaules. J'ai prudemment fait face aux photographes, craignant de lire le lendemain, sous les photos, la légende : « Madeleine Albright, la Dame bossue. »

Notre dernière étape a été Banja Luka où j'ai rencontré la Présidente de la Republika Srpska, Biljana Plavšić, une ardente nationaliste serbe, surnommée la « Dame de fer » des Balkans. Cette rencontre était risquée pour nous deux. Mon indice d'approbation de sa politique était au-dessous de zéro et je ne tenais pas à donner l'impression que les États-Unis soutenaient ses vues extrémistes. J'espérais pourtant l'encourager à rompre avec la politique passée des Serbes de Bosnie en la poussant à se conformer aux accords de Dayton.

Nos deux délégations se sont retrouvées à l'Hôtel de Ville de Banja Luka. Biljana Plavšić ayant adopté une attitude inflexible, j'ai demandé à la voir en tête à tête. Nous nous sommes rendues dans son bureau où nous avons parlé longuement ; j'ai trouvé ses idées complexes et prometteuses. Le nationalisme serbe faisait partie de son identité et elle n'était pas prête à se confondre en excuses pour cela. Par ailleurs, elle s'était montrée une rivale acharnée de Radovan Karadžić, un virulent partisan de la ligne dure, qui avait été à la tête des Serbes de Bosnie durant la guerre et dont la corruption contribuait à étrangler l'économie locale. Plavšić voulait que son peuple bénéficie d'institutions solides, et elle a reconnu devant moi, puis publiquement par la suite, que coopérer au processus de Dayton représentait la seule voie pratique pour aller de l'avant et bénéficier d'une aide extérieure. Son pragmatisme a fait une énorme différence [1].

---

1. En 2001, Plavšić a été mise en accusation par le TPI pour son rôle de leader des Serbes de Bosnie durant la guerre, de 1992 à 1995. Elle s'est rendue volontairement à La Haye. Inculpée de « persécutions politiques, raciales et religieuses », elle

Pendant plus d'un an, Karadžić a été la cible principale de nos efforts pour arrêter les personnes mises en accusation par le TPI. Nous pensions qu'il était responsable des pires atrocités commises durant la guerre, dont le massacre de Srebrenica. Peu de temps après mon voyage durant l'été 1997, nous avons mis au point une opération de grande envergure. En association avec quatre autres pays, nous projetions un vaste coup de filet en Bosnie destiné à prendre, en un seul jour, Karadžić et quinze à vingt autres personnes suspectées d'avoir commis des crimes de guerre. J'ai été très en colère quand, à la dernière minute, un des pays avec lesquels nous collaborions – dont l'identité reste secrète – a renoncé à cette opération. Nous avons fini par entreprendre une action plus modeste qui a conduit à l'arrestation d'un suspect et à la mort d'un autre qui a été abattu. Karadžić nous a échappé.

Durant l'automne 1997, le Département d'État s'est focalisé sur deux objectifs dans les Balkans. Tout d'abord, nous avons fait notre possible pour soutenir les partisans des accords de Dayton, en particulier parmi les Serbes de Bosnie. En octobre, la SFOR s'est emparée de deux émetteurs radio que Karadžić utilisait pour diffuser sa propagande anti-Dayton. Ce coup audacieux a été orchestré par le général Wesley Clark, le nouveau commandant suprême des forces alliées en Europe. Le général Clark avait joué un rôle important dans les négociations de Dayton et savait comment l'armée pouvait aider efficacement à l'application des accords, y compris des clauses concernant les civils. Comme je l'ai dit au Président Clinton, Clark était le meilleur partenaire que nous puissions avoir.

Ensuite, nous avons persuadé la Maison Blanche et les autres membres de l'administration Clinton que la SFOR ne devait pas quitter la Bosnie à la date butoir de juin 1998. Nous avions prouvé qu'une campagne déterminée en faveur de l'application des accords de Dayton avait le pouvoir de transformer les dynamiques politiques de la région. À la mi-décembre, j'ai adressé une note personnelle au Président, l'exhortant à poursuivre le déploiement de troupes américaines en Bosnie. Un engagement fort des États-Unis entraînerait la participation de l'Europe, tout en maintenant notre leadership. Ce serait, ai-je dit au Président, « l'une des décisions les plus importantes de votre second mandat ».

---

a plaidé coupable. En décembre 2002, à la demande de l'accusation et de la défense, j'ai témoigné devant le tribunal. Âgée de soixante-douze ans, Plavšić a été condamnée à onze ans d'emprisonnement. Au moment où j'écris, elle reste la personnalité du plus haut rang à avoir reconnu être coupable de crimes contre l'humanité et la première à le faire tout en appelant à la réconciliation.

Le 18 décembre, au cours d'une conférence de presse, le Président a annoncé sa décision de maintenir notre présence militaire en Bosnie, cette fois sans fixer de date butoir. Les progrès accomplis par cette nouvelle force seraient jugés en fonction des tâches menées à bien et non du temps écoulé. La semaine suivante, le Président s'est rendu à Sarajevo pour confirmer l'engagement des États-Unis, et, à la fin de l'année, la Bosnie était considérée par la plupart des observateurs comme étant sur la bonne voie.

Si le Département d'État n'avait pas insisté autant pour revigorer les accords de Dayton, je suis convaincue que l'administration Clinton aurait laissé les choses aller et que la force de maintien de la paix aurait été retirée prématurément. Peu de temps après, les hostilités auraient repris et le cauchemar des années précédentes se serait répété. Finalement, nous aurions été obligés de retourner dans la région avec des forces plus importantes et dans des conditions beaucoup plus périlleuses.

J'avais un point de référence personnel qui me permettait de déterminer les progrès accomplis à Sarajevo : l'hôtel Holiday Inn. La première fois où je m'étais rendue dans la capitale de la Bosnie, en 1994, le Holiday Inn était en ruine et personne n'y logeait. En 1996, j'ai pu habiter l'hôtel, mais il y avait un énorme trou au milieu du bâtiment dont une moitié était inutilisable. En 1997, l'hôtel avait été repeint en jaune vif et toutes les chambres avaient été remises à neuf. Lorsque je suis revenue, en 2000, le Holiday Inn était le centre prospère d'une métropole animée. Sarajevo, la ville olympique, revivait.

CHAPITRE DIX-SEPT

Le casse-tête Saddam Hussein

LE 12 SEPTEMBRE 2002, le Président George W. Bush est intervenu devant l'Assemblée générale de l'ONU pour présenter ses arguments en faveur d'une action internationale destinée à désarmer l'Irak de Saddam Hussein. Je ne pouvais qu'approuver le contenu de son discours, car il me rappelait un certain nombre de ceux que j'avais prononcés alors que j'étais représentante permanente des États-Unis à l'ONU, puis Secrétaire d'État. L'histoire de la confrontation entre les États-Unis et Saddam Hussein s'étend tout au long de trois présidences ; elle reflète à la fois la continuité de nos grandes orientations politiques et les violents contrastes dus aux circonstances et à la manière d'aborder les problèmes ; des contrastes accrus principalement par les tragiques attaques terroristes du 11 septembre 2001. Les conséquences de cette confrontation se feront sentir dans la région du Golfe et dans le monde entier pendant des décennies. De nombreuses personnalités ont joué un rôle dans ce drame. Voilà ce qui s'est passé pendant que j'étais en scène.

De tous les casse-tête dont l'administration Clinton avait hérités, Saddam Hussein était le plus difficile à résoudre. Nous avons passé huit ans à nous colleter avec des problèmes qui n'avaient pas été résolus à la fin de la guerre du Golfe. Quand ce conflit s'était terminé, en 1991, le gouvernement américain était parti du principe que les jours de Saddam Hussein étaient comptés[1]. Et même s'il n'était

---

1. Invité, le 27 avril 1999, à l'émission de télévision *Frontline* (intitulée « *Spying on Saddam* », Espionner Saddam, et diffusée sur le Public Broadcasting System), Richard Haass, ancien membre de l'administration Bush, a déclaré : « Nous pensions alors que Saddam Hussein ne survivrait pas politiquement à sa défaite, nous étions surtout persuadés que l'armée irakienne, de retour de la guerre, le renverserait ; que d'une façon ou d'une autre il paierait le prix de son fiasco stratégique. »

pas renversé par ses chefs militaires vaincus, ou par telle ou telle faction, la première administration Bush était convaincue que les résolutions du Conseil de sécurité de l'ONU exigeant le recensement et la destruction des missiles et des armes de destruction massive (nucléaires, chimiques et biologiques) rendraient l'Irak inoffensif. De toute manière, les États-Unis ne croyaient pas que l'Irak soit allé très loin dans ce type d'armements, et tout le monde pensait que le processus d'inspection et de désarmement ne prendrait que quelques mois.

Comme chacun sait, ce n'est pas ainsi que les choses se sont passées. Au lieu de capituler, Saddam Hussein a terrorisé ses rivaux potentiels et contrecarré le travail des inspecteurs de l'ONU. Les programmes d'armement de l'Irak se sont révélés plus importants qu'on ne l'avait estimé. Quand je suis arrivée à l'ONU, en 1993, nous commencions seulement à réaliser à quel point l'Irak serait un problème difficile à traiter.

J'étais en fonction depuis moins de trois mois lorsque les autorités koweïtiennes déjouèrent une tentative d'assassinat contre l'ancien Président Bush, à l'occasion de sa visite au Koweït pour la commémoration du deuxième anniversaire de la guerre du Golfe. Après enquête, le FBI ayant conclu à la responsabilité d'officiers de renseignement irakiens, nous avons décidé de riposter en bombardant le QG des services de renseignement de Saddam Hussein, ce qui m'a valu une mission diplomatique délicate le jour du bombardement. Je devais informer le représentant permanent de l'Irak à l'ONU que nous étions en train de tirer des missiles de croisière sur une cible située dans sa capitale.

Comme cela se passait durant un week-end et que l'immeuble de l'ONU était donc fermé, j'ai rendu visite à l'ambassadeur Nizar Hamdoun dans sa résidence privée de l'Upper East Side de Manhattan. À mon arrivée, on m'a conduite jusqu'à une pièce spacieuse et lambrissée, où l'on m'a invitée à m'asseoir sur un canapé placé sous un gigantesque portrait de Saddam Hussein. L'ambassadeur est entré, nous avons échangé des civilités, il m'a offert du thé et m'a demandé avec un léger sourire : « Alors, qu'est-ce qui vous amène ici aujourd'hui ? » Il était visiblement surpris par ma visite, mais il le fut plus encore par ma réponse : « Eh bien, je suis venue vous informer que nous sommes en train de bombarder votre pays parce que vous avez tenté d'assassiner l'ancien Président Bush. »

Oublié le thé. Hamdoun a bredouillé : « C'est un mensonge scandaleux.

— Ce n'est pas un mensonge. Venez demain au Conseil de sécurité, j'y présenterai les preuves afin que le monde entier puisse en prendre connaissance. »

Il m'a foudroyée du regard et j'ai pensé : « Il ne va pas me laisser partir. » Je me suis levée, je l'ai remercié d'avoir bien voulu me recevoir, et je me suis hâtée de sortir. Le lendemain après-midi, je suis allée au Conseil de sécurité où j'ai fait une présentation détaillée, photos à l'appui, et prouvant que l'Irak était bien derrière cette tentative d'assassinat.

La confrontation avec Bagdad s'est poursuivie, avec des hauts et des bas, tout au long des années Clinton. Durant tout le temps où j'ai été en poste à l'ONU, j'ai eu pour instructions de faire tout ce qui était en mon pouvoir pour maintenir les sanctions et contraindre Bagdad à faire toute la lumière sur ses programmes d'armement. Afin de limiter les effets des sanctions sur des Irakiens innocents, nous avons fait approuver un programme autorisant Bagdad à vendre une certaine quantité de pétrole pour acheter des denrées alimentaires et des produits pharmaceutiques – des marchandises qui n'étaient pas interdites par le régime des sanctions. Pendant des années, Saddam Hussein a rejeté en bloc ce programme, et par la suite il n'a pas permis à ses concitoyens d'en bénéficier pleinement. Dans le secteur kurde du nord de l'Irak où ce programme était géré par l'ONU, les enfants étaient mieux nourris après la guerre du Golfe, sous le régime des sanctions, qu'avant la guerre. Si Saddam avait consacré davantage d'argent à l'achat de denrées de première nécessité, les souffrances de son peuple auraient été bien moindres. Au lieu de cela, il a dilapidé les finances de son pays pour reconstruire des usines d'armement et bâtir de somptueux palais pour lui, sa famille et ses copains.

Afin d'illustrer l'arrogance de Saddam Hussein, nous avons déclassifié des photos aériennes prises après la guerre du Golfe et montrant des palais et des usines d'armement en construction, des lacs artificiels en cours de création. Ces photos étaient très parlantes et, en 1995, je me suis rendue dans plusieurs capitales de pays membres du Conseil de sécurité pour les présenter à mes interlocuteurs. Sur certaines on voyait un palais cinq fois plus grand que la Maison Blanche. Quand je les ai montrées à un souverain arabe, il s'est exclamé : « Mais enfin, ce palais est plus grand que le mien ! »

À la fin de la guerre du Golfe, l'ONU avait reçu pour tâche de désarmer un pays sans l'occuper militairement – une première dans l'histoire. Cette mission avait été confiée conjointement à l'IAEA (International Atomic Energy Agency, Agence internationale de l'Énergie nucléaire) et à l'UNSCOM (United Nations Special Commission, Commission spéciale des Nations unies pour le désarmement), un groupe d'experts internationaux. Trompés, harcelés, intimidés, les inspecteurs avaient tout de même obtenu des résultats importants, démantelé des usines d'armements chimiques et biologiques, récupéré des matières fissiles et mis en place un système de surveillance très élaboré.

Saddam Hussein avait pour objectif de court-circuiter le travail des inspecteurs en obtenant la levée des sanctions sans avoir à livrer les armements qu'il possédait encore. Sa stratégie consistait à exploiter les épreuves endurées par les Irakiens pour s'attirer la sympathie des Arabes et des Occidentaux ; il y a réussi en partie. Dans certains milieux, l'antiaméricanisme trouvera toujours un écho favorable.

Je dois bien avouer qu'à l'occasion d'une interview diffusée le 12 mai 1996 dans le cadre de l'émission de CBS, *60 Minutes*, j'ai contribué à aggraver nos problèmes de relations publiques. L'émission incluait un reportage sur les hôpitaux et centres de soins irakiens dans lequel on voyait des enfants souffrant de la faim et des responsables irakiens dénonçant la politique de l'ONU. Il n'était guère question de la culpabilité de Saddam Hussein, ni du gaspillage des ressources de l'Irak, ni du fait qu'il n'y avait pas d'embargo sur les produits pharmaceutiques ou les denrées alimentaires. J'étais exaspérée de voir que notre télévision diffusait ce qui s'apparentait à de la propagande irakienne. Vers la fin de l'émission, la journaliste Leslie Stahl a dit : « Nous avons entendu qu'un demi-million d'enfants sont morts [à cause des sanctions]. C'est-à-dire plus d'enfants qu'il n'en est mort à Hiroshima. Et je me demande si le prix à payer est justifié ? »

J'ai dû avoir un coup de folie. J'aurais dû répondre à sa question en la reformulant et en soulignant le défaut inhérent aux prémisses de son raisonnement. Saddam Hussein aurait pu éviter les souffrances endurées par ces enfants en remplissant tout simplement ses obligations. Au lieu de cela, j'ai dit : « Je pense que c'est un choix très difficile, mais nous pensons que le prix à payer est justifié. » À peine avais-je prononcé ces mots que j'aurais voulu pouvoir revenir en arrière et les ravaler. Irréfléchie, maladroite et inacceptable, ma réponse était une terrible erreur. Rien n'est plus important que la vie de victimes innocentes. J'étais tombée dans un piège et j'avais dit quelque chose que je ne pensais pas. Ce n'était la faute de personne. J'étais la seule responsable. Il y a comme cela, dans la vie de chacun de nous, de nombreuses occasions où la langue fonctionne plus vite que le cerveau. Dans toute ma carrière, il n'y a pas d'exemple plus regrettable de ce dysfonctionnement que cette réponse inconsidérée à Leslie Stahl.

Quand je suis devenue Secrétaire d'État, la Maison Blanche m'a demandé de prononcer un discours au sujet de l'Irak. J'ai accepté, convaincue que notre politique consistant à maintenir la pression sur ce pays pour l'obliger à désarmer, tout en contenant son armée, était parfaitement appropriée. Chaque fois que Saddam Hussein avait voulu tester nos réactions, nous avions resserré notre étreinte. Les armées de l'air alliées faisaient respecter des interdictions de survol sur quarante pour cent du territoire irakien. Une flotte d'interception internationale s'efforçait d'empêcher des cargaisons illicites d'atteindre l'Irak par le golfe Persique. À cette date, la capacité de l'Irak de produire des armes de destruction massive avait été réduite plus significativement par les inspections de l'ONU que par la guerre du Golfe, et les forces armées irakiennes étaient de moins en moins bien équipées.

Mais les choses risquaient d'en rester là. L'Irak devait de l'argent à la Russie et à la France, et ces deux pays voulaient être remboursés. Evgueni Primakov, ministre russe des Affaires étrangères, m'a expliqué : « Sans les sanctions, les Irakiens vendraient leur pétrole et nous rembourseraient ; avec les sanctions, ils vendent du pétrole mais prennent prétexte des sanctions pour ne pas nous rembourser. » Beaucoup étaient « las des sanctions », et on estimait dans certains milieux que Bagdad ne représentait plus une menace sérieuse.

J'avais envie de tirer la sonnette d'alarme. Saddam Hussein n'était pas un dictateur comme les autres. Il avait envahi l'Iran et le Koweït, et était impatient de posséder l'arme atomique afin d'impressionner un monde arabe qui le méprisait.

On a dit depuis, à tort, que le discours que j'ai prononcé à l'université de Georgetown marquait un tournant dans la politique étrangère des États-Unis. En fait, il ne faisait que la réaffirmer. Le Président George Bush père avait fait le serment que les sanctions ne seraient pas levées tant que Saddam Hussein resterait au pouvoir. Malheureusement, cette formulation n'encourageait guère les dirigeants irakiens à se conformer aux résolutions du Conseil de sécurité de l'ONU. La première administration Clinton avait choisi une approche légèrement différente, disant que nous nous opposerions à la levée des sanctions tant que l'Irak ne remplirait pas toutes ses obligations vis-à-vis des Nations unies. Nous n'affirmions pas qu'il était impossible que cela se produise sous le régime de Saddam Hussein, mais nous exprimions des doutes. Personnellement, je ne croyais pas que Saddam ait la moindre intention de s'exécuter, mais la combinaison des sanctions, des inspections, des pressions militaires et d'éventuelles frappes aériennes l'avait enfermé dans une boîte.

Durant toutes les années que j'ai passées à l'ONU, j'ai travaillé avec persévérance et succès au maintien de la coalition qui l'empêchait d'en sortir. Mais en tant que Secrétaire d'État, j'ai été confrontée à la question de savoir si nous parviendrions à faire que cette solidarité résiste à l'usure du temps, au coût économique et humain des sanctions et à la propagande de Saddam Hussein.

Le premier test majeur a eu lieu en octobre 1997, quand le leader irakien a décidé de mettre notre résolution à l'épreuve en s'opposant aux inspections de l'ONU et en réclamant le rappel des inspecteurs américains. Les membres du Conseil de sécurité ont rejeté unanimement ses exigences, mais se sont montrés très divisés sur l'attitude à adopter si l'Irak ne permettait pas à tous les inspecteurs de reprendre leur travail. Primakov s'est opposé publiquement à toute discussion à propos d'une intervention militaire. Je lui ai répondu que toutes les options devaient être discutables.

La stratégie de Saddam Hussein consistait à exploiter les divisions du Conseil de sécurité en rejetant le blâme sur les inspecteurs de l'ONU. Les Irakiens soutenaient que l'UNSCOM était sous la coupe des Américains et des Anglais, et que les sanctions ne seraient jamais levées, quoi que fasse Bagdad. Richard Butler, le président de l'UNSCOM, un Australien au franc-parler qui supportait difficilement les rodomontades de Saddam Hussein, a tenu à rétablir la vérité. Son équipe était composée d'inspecteurs venus de plus de trois douzaines de pays et il avait été mandaté par une décision unanime du Conseil de sécurité. Si Bagdad acceptait de coopérer, les inspecteurs pourraient achever leur mission en une année. L'opinion selon laquelle l'Irak n'était pas traité loyalement était un non-sens ; elle me rappelait cette histoire à propos d'un écolier qui rentre chez lui le nez tuméfié et la chemise déchirée. Quand sa mère lui demande comment la bagarre a commencé, il répond : « Quand l'autre a riposté. »

La position du Président Clinton était très ferme. L'UNSCOM devait pouvoir reprendre son travail sans aucune restriction. Pour montrer sa détermination, le Président a ordonné le renforcement du dispositif militaire américain dans le Golfe. À la télévision, William Cohen, le Secrétaire à la Défense, a brandi un sac de sucre de cinq livres et demandé aux téléspectateurs d'imaginer qu'il était rempli de bactéries responsables de l'anthrax – une bactérie que l'Irak avait admis avoir produit avant la guerre du Golfe. « Si l'on répandait cette quantité de bactéries sur une ville, disons de la taille de Washington, on détruirait au moins la moitié de sa population. » Puis il a montré un tube à essai et ajouté : « Le VX est une substance neurotoxique. Une goutte du contenu de ce tube, une seule goutte, vous tuerait en quelques minutes. » Or les inspecteurs en désarmement avaient trouvé presque quatre tonnes de VX en Irak.

Il y avait de quoi donner le frisson. Nous avions enfin réussi à capter l'attention du public. L'arsenal de Saddam Hussein inquiétait les Américains et ils voulaient savoir ce que nous comptions faire. L'ennui, c'était que nous n'avions pas de réponse vraiment satisfaisante à leur fournir. Nous menacions d'utiliser l'US Air Force contre des cibles militaires, mais des frappes aériennes, même très efficaces, ne pouvaient pas garantir le retour en Irak des inspecteurs en désarmement, ni détruire définitivement la capacité de Bagdad de produire des armes de destruction massive. Nous n'envisagions pas sérieusement d'envahir l'Irak. Le Président George Bush père ne l'avait pas fait alors qu'il en avait la possibilité à la fin de la guerre du Golfe, avec des centaines de milliers de soldats déjà sur place. Si le Président Clinton avait proposé d'agir ainsi en 1998, on l'aurait accusé d'agir à la légère et il se serait heurté à l'opposition de nos amis dans le Golfe, de nos alliés, de la plupart de nos responsables militaires et des républicains [1].

Notre préférence allait donc à une solution diplomatique. Nous pensions que les Russes pourraient négocier un tel accord, tout en étant sceptiques quant au résultat. Du temps où il était numéro deux du KGB, Evgueni Primakov avait noué des liens étroits avec Saddam Hussein, ce qui lui permettait d'avoir ses entrées à Bagdad, mais faussait son jugement. Quand je l'ai interrogé au sujet du dictateur irakien, il m'a répondu que nous exagérions la menace qu'il représentait. Moscou désirait assouplir les obligations des Irakiens pour qu'il leur soit plus facile de s'y conformer, ce qui permettrait de lever les sanctions. Nous pensions qu'il n'y aurait rien de pire que d'accorder un blanc-seing à un Saddam Hussein toujours menaçant. Nous avons donc insisté pour que les règles des inspections demeurent suffisamment contraignantes et que l'Irak soit tenu de rendre compte de ses programmes d'armements interdits, et d'y mettre fin définitivement.

À la mi-novembre 1997, j'ai quitté les États-Unis pour un long voyage en Europe, dans la région du Golfe et en Asie du Sud, avec

---

1. Manifestement, le 11 septembre 2001 a changé de nombreux points de vue. À la question : faut-il employer la force pour remplacer Saddam Hussein ?, Richard « Dick » Cheney, alors candidat républicain à la vice-présidence, a répondu au cours de la campagne présidentielle de 2000 : « Je pense que nous voulons conserver la même attitude vis-à-vis de l'Irak. » Et il a ajouté un moment plus tard que la première administration Bush s'était abstenue de renverser le dictateur irakien parce qu'elle ne voulait pas que les États-Unis soient perçus comme « une puissance impérialiste, allant bon gré mal gré d'une capitale à l'autre dans cette partie du monde pour démonter les gouvernements » (émission *Meet the Press*, diffusée le 27 août 2000 sur NBC).

pour principale préoccupation l'Irak (pendant toutes les années où j'ai exercé la fonction de Secrétaire d'État, j'ai découvert que les voyages n'étaient pas une perte de temps, les contacts directs poussant à l'action et facilitant par la suite les relations téléphoniques). Lors de ma première escale, j'ai été l'hôte de Robin Cook, le ministre britannique des Affaires étrangères, dans son Écosse natale. Au cours des années qui allaient suivre, nous devions travailler en étroite collaboration et partager des moments dramatiques et de grande tension. Il avait les cheveux roux, des sourcils expressifs et une réputation bien méritée d'homme d'esprit et de brillant débatteur. Pendant tout le temps où nous avons été en poste conjointement, Cook a contribué à faire de la Grande-Bretagne une alliée fidèle qui a soutenu inconditionnellement la ligne dure vis-à-vis de l'Irak. Nous étions tous les deux bien déterminés à maintenir la pression jusqu'à ce que l'Irak remplisse ses obligations et désarme. J'ai quitté Édimbourg convaincue que les États-Unis et le Royaume-Uni seraient côte à côte pour contraindre Bagdad à accepter, sans restriction, le retour des inspecteurs en désarmement. J'ignorais par contre si nous serions les seuls.

Tout en jouant à la marelle d'une capitale à l'autre, je restais en contact permanent avec Robin Cook et Hubert Védrine, le ministre français des Affaires étrangères. Il était vital que les alliés répondent d'une seule voix à toute proposition concoctée par les Russes. Nous avions également besoin du soutien des pays arabes, même si leurs gouvernants avaient souvent une attitude ambiguë. En privé, beaucoup méprisaient Saddam Hussein et n'auraient pas été mécontents de le voir partir, mais ils craignaient que nos menaces de procéder à des frappes aériennes ne risquent d'enflammer les opinions publiques arabes. Résultat, il était difficile de décider la plupart d'entre eux à prendre fermement position, surtout officiellement.

L'émir du Qatar s'est dit très préoccupé par l'impact que les sanctions de l'ONU pouvaient avoir sur le peuple irakien. « Nous sommes en train de pousser la nouvelle génération vers l'extrémisme le plus radical », a-t-il précisé. J'ai rencontré également l'émir de Bahreïn, un vieux monsieur très aimable qui ne cessait d'affirmer son désir de paix. Lors de la conférence de presse qui a suivi, les journalistes m'ont demandé si j'avais réussi à convaincre Bahreïn de soutenir les frappes aériennes. Comme je ne désirais pas répondre à cette question, je leur ai dit que Bahreïn soutenait sans restriction notre exigence que l'Irak accepte la reprise des inspections. Quand nous avons rejoint notre avion, on nous a remis deux grands sacs remplis de cadeaux offerts par l'émir. En les ouvrant, nous avons été surpris d'y trouver des Rolex, une pour chacune des personnes qui se trouvaient à bord, dont une en or incrustée de diamants pour moi. Selon les règles du Département d'État, nous ne pouvions pas accepter ces cadeaux, mais selon les règles de la diplomatie arabe, il nous était impossible de les refuser ; nous les avons donc rapportés aux États-Unis où ils ont été vendus aux enchères au profit des contribuables américains.

Escale suivante, le Koweït, où je ne devais rester que le temps d'une conférence de presse commune. Malheureusement, un peu plus tôt dans la journée, le ministre koweïtien des Affaires étrangères avait déclaré au Caire qu'il s'opposerait à toute action militaire contre l'Irak. Ce n'était pas ce que le Koweït nous avait dit précédemment et je voulais profiter de la conférence de presse pour obtenir un rectificatif officiel. Finalement, les Koweïtiens rédigèrent une déclaration en arabe, traduite en anglais par nos soins. Quand le ministre koweïtien des Armées l'a lue devant les journalistes, on aurait dit qu'il s'agissait d'un texte vieux de plusieurs années : « En multipliant les provocations, l'Irak ouvre la porte à toutes les options contraires à ses intérêts. » Fallait-il voir là une approbation de la politique américaine ? Je pensais que ça y ressemblait, et j'ai répondu aux journalistes qui me posaient la question : « Absolument. »

Pendant que je me trouvais en Arabie, j'ai eu la chance de rencontrer les inspecteurs de l'UNSCOM expulsés d'Irak. Ils étaient furieux, découragés et impatients de reprendre leurs inspections. Ils m'ont dit qu'à leur avis la capacité de l'Irak de produire de l'uranium militaire avait été pratiquement réduite à néant, ce qui limitait sérieusement le risque de voir les Irakiens fabriquer une bombe atomique, à moins qu'ils ne parviennent à se procurer cet uranium à l'étranger. En revanche, les armes chimiques et biologiques étaient plus faciles à produire... et à dissimuler.

En quittant le Golfe, le 17 novembre, j'ai gagné l'Asie du Sud. Je savais que des milliers de kilomètres plus au nord, des dirigeants irakiens se trouvaient à Moscou pour y rencontrer discrètement Primakov et Eltsine. Que préparaient-ils ? La nuit suivante, au lieu de dormir, j'ai passé ou reçu vingt-six coups de téléphone. Hubert Védrine m'a appris que Primakov avait retardé le voyage qu'il devait faire en Amérique latine. Il voulait provoquer une réunion des ministres des Affaires étrangères des pays membres du Conseil de sécurité, à Genève, le 19 novembre 1997 au soir, afin de discuter d'un accord avec l'Irak. J'ai répondu que je ne pouvais pas être à Genève avant le 20 au matin et que de toute façon nous ne pouvions rien décider avant de savoir si l'Irak acceptait le retour des inspecteurs.

J'ai appelé Primakov, amorçant le jeu classique des surenchères téléphoniques. Il m'a dit qu'il était désolé que je ne puisse pas être à Genève parce qu'il pensait que c'était l'occasion ou jamais de faire avancer les choses. Je lui ai répondu que j'étais prête à abréger mon voyage en Asie du Sud, mais que je ne pouvais pas partir avant d'avoir rencontré les dirigeants indiens. Il fallait donc qu'il accepte de retarder sa visite au Brésil de douze heures supplémentaires. Il a prétendu que c'était impossible, mais que je pouvais peut-être me faire représenter. Je lui ai dit que ce n'était pas une bonne méthode de travail et que je serais à Genève à deux heures du matin. « Parfait, m'a-t-il répondu, mais je serai déjà parti. »

Quelques heures plus tard, il m'a rappelée pour m'apprendre que Bagdad était prêt à autoriser le retour en Irak de tous les inspecteurs de l'UNSCOM, sans exception. Il a ajouté qu'il m'informerait de tout cela en détail à Genève, à minuit, et je lui ai répondu : « Je serai là à deux heures du matin.

— Pas question. Je ne peux pas rester au-delà de minuit.

— Evgueni, cela paraîtrait vraiment bizarre que le ministre russe des Affaires étrangères puisse exclure le Secrétaire d'État américain d'une réunion consacrée à l'Irak en prétextant un problème d'emploi du temps de deux heures seulement. Surtout après que le Président Clinton a soutenu si activement l'association de votre pays au G7, devenu ainsi le G8. »

Primakov a soupiré bruyamment. « Nous nous verrons à Genève, à deux heures du matin.

— Merci. » Et j'ai raccroché.

Il m'a paru révélateur de me trouver en Inde, une ancienne alliée de l'URSS durant la guerre froide, tandis que Primakov était impatient de se rendre au Brésil, un ami de longue date des États-Unis. Le jeu auquel jouaient auparavant les deux superpuissances était manifestement terminé, mais nous étions en train d'essayer de marquer des points à un nouveau jeu dont les règles restaient encore à définir.

Dans l'avion qui me conduisait à Genève, je me demandais quelle sorte d'accord Primakov avait bien pu négocier. Je savais qu'il allait nous dire que Bagdad avait décidé de se montrer raisonnable, mais j'ignorais dans quelles conditions les inspecteurs de l'UNSCOM seraient autorisés à travailler désormais, ou encore ce que Moscou avait promis à Bagdad pour obtenir son consentement.

Genève est une belle ville, mais à deux heures du matin et sous une petite pluie fine toutes les villes se ressemblent. Notre cortège de voitures s'est arrêté devant le bâtiment du palais des Nations, construit en 1936 pour abriter la Société des Nations. J'avais visité ce palais étant enfant, à l'époque où mon père travaillait pour l'ONU, et je me souvenais des paons qui se pavanaient alors sur les pelouses, mais à cette heure-là les paons étaient couchés.

D'un air las et circonspect, j'ai salué mes collègues et je me suis assise. Evgueni était la vedette de la soirée. Il a commencé par annoncer que l'Irak avait effectivement accepté d'autoriser sans conditions le retour des inspecteurs de l'UNSCOM. Puis il nous a « passé de la pommade », nous félicitant d'avoir si bien travaillé ensemble, et a fait allusion aux « mesures positives » qui pourraient être envisagées après la reprise des inspections. Il a ajouté qu'il avait préparé un projet de déclaration commune qui permettrait à l'Irak d'apercevoir le bout du tunnel des sanctions.

Robin Cook lui a demandé si les Irakiens comprenaient bien que leur acceptation du retour de l'UNSCOM devait être inconditionnelle, et que la composition de l'équipe d'inspecteurs ne subirait aucun changement. Primakov lui a répondu : « Oui, mais il faudra aborder certaines questions après le retour de l'UNSCOM. »

J'ai félicité Primakov tout en cherchant à savoir s'il y avait un vice caché. Que disait le projet de déclaration ? Était-il bien entendu que l'UNSCOM devait demeurer indépendante ? Les Irakiens s'imaginaient-ils avoir obtenu une sorte d'engagement quant à la levée des sanctions ? Est-ce que Moscou avait fait des promesses secrètes ? « Il n'y a pas de piège », m'a assurée Primakov, ce qui m'a fait craindre qu'il n'y en ait effectivement un. Je savais qu'il ne me dirait pas toute la vérité à propos de ses discussions avec les Irakiens, mais je lui ai fait clairement comprendre qu'aucune promesse, aucun engagement, aucun arrangement entre Moscou et Bagdad ne saurait engager le Conseil de sécurité, et Primakov m'a répondu qu'il le savait.

L'essentiel de la discussion a tourné autour de la formulation de la déclaration commune. J'ai insisté pour que le texte précise bien que la décision de l'Irak d'accepter le retour des inspecteurs était « inconditionnelle », et qu'il soit fait mention de la résolution du Conseil de sécurité spécifiant que les inspections de l'UNSCOM devaient être aussi intrusives que cela se révélerait nécessaire. J'ai insisté également pour qu'il soit dit clairement que tout changement dans la composition, les attributions ou les procédures de l'UNSCOM devrait être approuvé par le Conseil de sécurité.

Au moment où je me suis levée pour quitter la table des discussions, j'ai eu la sensation que nous avions remporté une victoire, même si elle n'était que temporaire. Nous avions utilisé efficacement la menace d'employer la force, et empêché Saddam Hussein d'exploiter les divergences entre nos alliés, la Russie et nous. L'UNSCOM aurait ainsi une nouvelle chance de tester les intentions des Irakiens. Nous n'avions fait aucune concession, mais nous étions pratiquement revenus à la case départ, et Saddam Hussein avait toujours le pouvoir de provoquer une nouvelle crise.

L'accord de Genève a été respecté pendant deux mois, puis les premiers différends ont porté sur l'accès des inspecteurs de l'UNS-COM aux « sites présidentiels », des palais et d'autres installations gouvernementales suspectés de dissimuler des secrets. Les Irakiens soutenaient que ces sites devaient échapper aux inspections. L'UNS-COM, de son côté, rappelait que l'accord de Genève avait confirmé son droit d'accéder à tous les sites, sans aucune restriction. À la mi-janvier 1998, Bagdad s'est opposé à une série d'inspections surprises, puis a demandé un moratoire de trois mois sur toutes les inspections, et un délai maximum de six mois pour la levée des sanctions, quel que soit l'état d'avancement du désarmement de l'Irak. Résultat, nous sommes revenus à la situation de l'automne précédent.

Une fois de plus, la viabilité de l'UNSCOM était remise en cause. Une fois de plus, le Président Clinton a exigé que l'Irak rende des comptes, et il a accru la présence militaire américaine dans le Golfe. Une fois de plus, je m'apprêtais à traverser l'Atlantique pour rencontrer personnellement nos alliés et nos amis ; parlant de la tâche qui m'incombait en des termes qui allaient se révéler prémonitoires : « Au cours des prochains jours, j'expliquerai la position des États-Unis aux dirigeants des pays dans lesquels je vais me rendre, et je leur dirai clairement que, confrontée au danger manifeste et actuel que représente le comportement illicite de l'Irak, l'option diplomatique arrive à son terme. »

En Europe, les Anglais m'ont assuré de leur total soutien, et les Français ont eu une attitude particulièrement positive. À Paris, Hubert Védrine a déclaré devant la presse : « Nous ne rejetons aucune option », sa déclaration la plus ferme à ce jour.

En retournant dans le Golfe, j'avais une priorité : obtenir le soutien de l'Arabie Saoudite, l'État le plus influent de la région. Le roi Fahd étant âgé et en mauvaise santé, la réalité du pouvoir se trouvait concentrée dans les mains de son jeune demi-frère, le prince héritier Abdullah – l'un des trente-sept fils des seize épouses de son père, le roi Ibn Saoud, le fondateur de l'Arabie moderne. Le prince héritier, élevé dans le désert, à la façon bédouine traditionnelle, me reçut dans un campement superbement aménagé où il résidait occasionnellement, en dehors de Riyad, la capitale. Un cortège de bus luxueux nous a conduits jusque-là. Nous avons découvert ce qui ressemblait à une petite ville constituée de tentes magnifiques et de camping-cars équipés de l'air conditionné. À notre arrivée, chacun de nous a reçu une grosse boîte de « truffes du désert ». Ces cadeaux étant périssables, le règlement du Département d'État nous autorisait à les garder. Puis, après un déjeuner pris en commun, nous nous sommes isolés, le prince héritier et moi, dans un des camping-cars pour discuter plus sérieusement.

Bien que physiquement imposant dans ses longs vêtements blancs, le prince héritier, comme la plupart des autres dirigeants arabes que j'ai eu l'occasion de rencontrer, se montrait toujours bienveillant. En dépit des stéréotypes, je n'ai jamais eu la sensation d'être traitée avec condescendance ou de ne pas être prise au sérieux. Tout le bien qu'il a dit de moi à d'autres dirigeants de la région m'a facilité les choses par la suite. Sur la question de l'Irak, le prince héritier partageait les sentiments mitigés de la plupart des dirigeants arabes. Il n'avait que faire de Saddam Hussein mais s'inquiétait des possibles réactions des populations arabes en cas d'attaque contre un pays frère. Il m'a expliqué que c'était un sujet excessivement sensible pour les Saoudiens à cause de leur position particulière au cœur de l'islam. Je lui ai répondu : « C'est précisément parce que l'Arabie Saoudite joue un rôle unique au sein du monde musulman qu'elle a également une responsabilité particulière qui consiste à protéger cette honorable religion. Vous savez, et personne n'ignore, que Saddam Hussein est un être infâme, un affront à l'islam. » Le prince héritier a précisé très clairement ce qui, dans notre conversation, ne pouvait pas être rendu public, mais je suis rentrée aux États-Unis satisfaite de ce que nous avions réussi à accomplir. Tout bien réfléchi, j'ai pu rapporter au Président Clinton que nous pouvions compter sur au moins quinze pays prêts à contribuer à l'effort de guerre, plus une douzaine d'autres qui nous autoriseraient à utiliser leur territoire ou leur espace aérien.

Le soutien d'un certain nombre de pays étrangers nous étant acquis, il nous restait à mieux défendre notre position devant nos concitoyens. Le service des relations publiques du National Security Council avança l'idée d'une réunion publique télévisée, diffusée internationalement, et réunissant la conseillère du Président en matière de Sécurité nationale, le Secrétaire d'État et le Secrétaire à la Défense. Restait à choisir l'endroit. Ce fut l'université d'État de l'Ohio, et la date, le 18 février 1998.

Il existe de nombreuses façons d'exprimer son désaccord lors d'une réunion publique sans empiéter pour cela sur les droits des autres personnes présentes. On peut brandir une pancarte, tourner ostensiblement le dos, faire des gestes impolis ou s'habiller de façon bizarre, mais on a plus de chances de se faire remarquer si l'on crie. Il y avait un grand nombre de crieurs à l'université de l'Ohio. Répartis dans tout l'auditoire, les contestataires interrompaient les orateurs à tour de rôle. À peine un de ces chahuteurs était-il réduit au silence, ou expulsé, qu'un autre prenait la relève. CNN, la chaîne de télévision qui retransmettait l'événement, ne faisait rien pour nous faciliter les choses. En quatre-vingt-dix minutes, Bill Cohen, Sandy Berger et moi avons été interrompus à vingt-neuf reprises, et il nous a été difficile d'exposer nos arguments. Étant équipés tous les trois de micros-cravates, nous étions dans l'impossibilité de nous concerter, mais nous échangions des regards éloquents qui signifiaient : « Bon Dieu ! Qu'est-ce qu'on fait là ? »

Malheureusement pour moi, je ne savais pas encore comment il faut s'y prendre avec des contestataires. Étant alors plus professeur que politicienne, j'espérais toujours que la raison finirait par l'emporter. De plus, je n'avais jamais toléré que l'on crie pendant mes cours. J'avais tendance à prendre les choses trop à cœur, à m'indigner quand quelqu'un disait, par exemple, que j'étais responsable de la mort de millions de personnes. À l'université de l'Ohio, un gentleman à l'allure professorale m'a demandé si les États-Unis avaient le droit moral de menacer l'Irak d'une action militaire, alors qu'il me semblait évident, étant donné les circonstances, qu'il aurait été immoral de ne pas tenir tête à Saddam Hussein.

Les intentions des contestataires étaient louables mais ils avaient plus de souffle que de bonnes informations. Désireux de faire cesser les souffrances des Irakiens, ils pensaient que la meilleure façon d'y parvenir était de s'opposer à notre politique. La plupart d'entre eux n'avaient pas vu les images montrant l'attaque lancée par Saddam Hussein, en 1988, contre le village kurde de Halabja – bilan, cinq mille victimes –, les images de ces pères tentant de protéger leurs enfants du poison qui tombait du ciel, de ces femmes qui mouraient en essayant d'avaler un peu d'eau. Ils n'avaient pas parlé à ces Koweïtiens dont des parents avaient disparu durant l'occupation irakienne, et qui ignoraient tout du sort de ces disparus ; ni à ces dissidents irakiens torturés dans les prisons de Saddam Hussein, ni à ces transfuges irakiens qui décrivaient en détail la recherche maniaque d'armes de plus en plus létales que poursuivait Saddam Hussein. Ils nous accusaient de nous désintéresser du sort des Irakiens, mais semblaient ignorer que le fait de tolérer un dictateur impitoyable risquait de causer bien des souffrances. Niant l'évidence, ils soutenaient que l'embargo incluait denrées alimentaires et produits pharmaceutiques.

Les contestataires ayant réussi à accaparer l'attention, notre prestation à l'université de l'Ohio a été un fiasco, le jour le plus difficile de ma carrière, à cette date. J'étais furieuse contre le National Security

Council, les contestataires et moi-même. Pour tout arranger, j'ai reçu un message de félicitations de CNN m'informant que la retransmission avait été suivie par environ huit cents millions de téléspectateurs dans plus de deux cents pays. Un dessin humoristique nous représentait tous les trois alors que nous entrions en chancelant dans le bureau ovale, dans le même état que si nous revenions de la guerre. À compter de ce jour, chaque fois que quelqu'un avait une idée loufoque pour faire passer notre message, il suffisait de lui dire « Université de l'Ohio ».

Au mois de novembre précédent, Evgueni Primakov avait accaparé la vedette en évitant un affrontement avec l'Irak. Et voilà que Kofi Annan faisait son entrée. À la mi-février, il s'est rendu à Bagdad et a négocié un accord destiné à ménager les susceptibilités irakiennes tout en satisfaisant pour l'essentiel aux exigences de l'UNSCOM. Selon cet accord, les irakiens s'engageaient, une fois encore à la dernière minute, à se conformer aux résolutions du Conseil de sécurité et à coopérer avec l'UNSCOM. En retour, le secrétaire général de l'ONU désignerait des diplomates chargés d'accompagner les inspecteurs de l'IAEA et de l'UNSCOM lorsqu'ils visiteraient des « sites présidentiels », probablement pour s'assurer que les inspecteurs étaient polis.

Cet accord a provoqué des murmures de mécontentement à Washington. J'avais aidé le secrétaire général à accéder à ce poste, et à présent j'étais tenue pour responsable de sa contre-performance. Pour sa part, Kofi Annan faisait ce qu'il pensait être le mieux pour préserver la paix, mais j'étais préoccupée par sa tendance à assimiler un accord de procédure à un réel progrès. J'ai également sursauté quand, lors d'une conférence de presse, il a dit de Saddam Hussein : « C'est un homme avec lequel je peux traiter. » Par contre, l'accord exigeait la reprise des inspections, et nous avons fait voter par le Conseil de sécurité une nouvelle résolution menaçant les Irakiens des « conséquences les plus graves » s'ils ne se décidaient pas à autoriser les inspecteurs à accéder à tous les sites, sans exception.

L'accord négocié par l'ONU a été respecté pendant plusieurs mois. L'UNSCOM est retourné en Irak et a repris ses inspections ; puis, début août 1998, les ennuis ont recommencé. Furieux que l'UNSCOM ne se décide pas à lui délivrer un certificat de bonne conduite, Saddam Hussein a piqué une nouvelle crise, cessant de coopérer avec les inspecteurs tout en autorisant la poursuite d'importantes activités de surveillance.

Presque simultanément, l'un des inspecteurs américains les plus agressifs a donné sa démission sous prétexte que j'entravais personnellement les activités des agences de l'ONU. Il affirmait que j'avais empêché plus d'inspections que Saddam Hussein. C'était pain bénit pour l'opposition républicaine au Congrès, qui pensait que j'étais prise la main dans le sac, en train d'essayer de saper les efforts déployés par mon propre pays pour atteindre ses objectifs politiques.

C'est avec une joie malicieuse que Trent Lott, le leader des républicains au Sénat, a escorté l'inspecteur mécontent lors de son audition par les sénateurs ; une audition à l'occasion de laquelle j'ai été accusée, *in absentia*, de quasi-trahison. Le Sénat avait prévu une seconde audition où je devais faire office de plat de résistance et Bill Cohen d'accompagnement, mais elle n'a jamais eu lieu parce que les sénateurs ont très vite réalisé que les « révélations » de l'inspecteur n'étaient que le résultat de sa vision trop réductrice, et que nous n'avions rien fait de répréhensible.

Nous avions simplement changé discrètement de stratégie afin d'avoir une meilleure chance de maintenir la pression sur Bagdad. Les affrontements précédents nous avaient appris que l'objectif de Saddam Hussein était de diviser le Conseil de sécurité. Sa tactique consistait à accuser l'UNSCOM ou les États-Unis, ou les deux à la fois, d'être arrogants et déraisonnables. C'était une bonne méthode parce que les Russes et les Français, mais aussi les membres les plus crédules de l'entourage de Kofi Annan, se montraient déjà critiques vis-à-vis de l'UNSCOM.

Nous avions prévu de nouveaux affrontements et nous voulions être sûrs que, quand ils se produiraient, la faute retomberait sur l'Irak et non sur l'UNSCOM. Nous avions donc discuté avec Richard Butler, le président de l'UNSCOM, de son programme d'inspections et recommandé de légers reports dans un petit nombre de cas. Pour quelques-uns d'entre eux, Butler avait déjà décidé de retarder les inspections. Pour les autres, il a accepté volontiers nos recommandations, mais dans tous les cas, la décision finale lui a toujours appartenu. Au cours de ces discussions, notre but commun était de faire en sorte que l'UNSCOM puisse finalement remplir sa mission[1].

La Russie et la France continuaient de soutenir que les Irakiens accepteraient de coopérer si seulement on leur expliquait clairement ce que l'on exigeait d'eux pour lever les sanctions. L'ONU a donc proposé aux Irakiens de leur fournir une « liste détaillée » de leurs

---

1. Dans son mémoire *The Greatest Threat* (New York, Public Affairs, 2000, pp. 179-180), Richard Butler a écrit : « Les dirigeants américains n'ont jamais franchi la ligne nette entre, d'un côté, dire ce qu'ils pensaient être le mieux, et de l'autre, chercher à me donner des directives. Ils reconnaissaient qu'en tant que président de l'UNSCOM, j'étais le seul habilité à donner des directives, à décider des orientations et des actions. »

obligations, à la condition qu'ils autorisent la reprise des inspections de l'UNSCOM. Si Saddam Hussein avait eu la moindre intention de s'exécuter, il aurait dû saisir l'occasion. Au lieu de cela, le 31 octobre 1998, l'Irak a mis un terme à toutes les inspections et à toutes les activités de surveillance.

Un nouvel affrontement se préparait. Notre retenue précédente avait accru notre capacité à répondre. En agissant ainsi, Saddam Hussein violait de façon flagrante l'accord qu'il avait passé avec l'ONU. Cela signifiait que la crédibilité de Kofi Annan était en jeu. Les Russes et les Français se disaient affligés, en public, et stupéfaits, en privé. « Sa logique n'est pas la nôtre, m'a confié Hubert Védrine. Saddam Hussein a renoncé à faire le moindre effort pour obtenir la levée des sanctions. » La participation active du Président Clinton au processus de paix au Proche-Orient, mais aussi mes tournées dans le Golfe, ont été payantes sur le plan diplomatique. Huit pays arabes, dont l'Égypte et la Syrie, ont déclaré : « L'Irak doit tenir compte de toutes les résolutions du Conseil de sécurité de l'ONU et s'y conformer afin d'éviter un affrontement militaire. »

Le Président avait approuvé secrètement une campagne de bombardements intensifs prévue pour le 14 novembre 1998, tout en ordonnant des manœuvres militaires destinées à donner l'impression que nous ne passerions à l'action que vers la fin du mois. Pour compliquer les choses, je devais être le 14 novembre en Malaisie pour la réunion annuelle du Forum de coopération économique de l'Asie et du Pacifique (APEC). Annuler mon voyage aurait causé des problèmes avec les pays asiatiques, qui se trouvaient alors au cœur d'une grave crise financière. Cela risquait également de dévoiler nos plans. En même temps, on aurait besoin de moi à Washington pour diriger notre diplomatie pendant et après la campagne de bombardements prévue.

Afin de me rendre tout de même en Malaisie et d'en revenir rapidement, j'ai réussi à obtenir de pouvoir utiliser ce que l'on appelait à une certaine époque le *Doomsday plane**, un vieux Boeing 747 construit dans les années soixante-dix pour servir de bureau présidentiel et de centre de commandement volant en cas de conflit nucléaire. La possibilité de ravitailler en vol me permettrait de gagner du temps. Nous avons décollé dans l'après-midi du 14 novembre et pris la direction opposée à la course du soleil, survolé l'Atlantique, le nord de l'Afrique et le Proche-Orient. Ordinairement, le *Doomsday plane* était équipé de moyens de communication sophistiqués, mais j'ai

---

* L'avion du jour du jugement dernier (*N.d.T.*).

découvert peu après le décollage que les militaires avaient retiré la plupart des équipements électroniques pour les utiliser dans le Golfe. Je ne pouvais pas leur en vouloir, mais les pertes de contact intermittentes avec Washington me rendaient très nerveuse.

Au milieu de cette longue nuit, Tom Pickering m'a appelée pour me dire que l'on semblait se diriger vers une rediffusion d'anciens épisodes du feuilleton irakien. Une fois encore, les dirigeants irakiens avaient écrit au secrétaire général de l'ONU, lui promettant de coopérer de nouveau avec l'UNSCOM et l'IAEA. Tom a ajouté : « Nous sommes censés donner notre réponse dans un délai de trois ou quatre heures.

— Combien de temps avant le déclenchement de l'opération ?

— Deux heures et quarante minutes.

— Dommage que nous n'ayons pas plus de temps... »

Avant que je ne puisse ajouter qu'à mon avis il ne fallait pas reporter les frappes aériennes car il était évident que Saddam faisait encore des siennes, la communication a été interrompue et nous ne sommes pas parvenus à la rétablir. Ne recevant pas d'autres directives, Tom Pickering et Strobe Talbott ont informé la Maison Blanche que le Département d'État était favorable à un report.

À l'heure où nous avons atterri à Kuala Lumpur, les frappes avaient été reportées, mais pour quelques heures seulement. J'ai été furieuse d'apprendre que mon opinion avait été déformée, même si j'accusais les moyens de communication et non les messagers. Je me suis rendue immédiatement à mon hôtel où j'ai pu participer à une téléconférence avec le Président et ses conseillers pour la politique étrangère. J'avais le sentiment que nous nous étions déjà trouvés dans cette situation trop souvent et que si nous ne faisions pas usage de la force, nous nous retrouverions dans la même situation quelques semaines plus tard.

La téléconférence n'a abouti à aucune conclusion. Pour respecter mon programme, j'ai dû me passer de dormir. J'ai participé à des réunions sur la crise financière, rencontré les autorités locales pour les presser de respecter les droits de l'homme. Entre les réunions et les entrevues, je reprenais contact avec Washington pour parler avec le Président ou d'autres personnes. J'ai appris ainsi que la lettre envoyée par les dirigeants irakiens au secrétaire général de l'ONU avait considérablement réduit le nombre des pays qui étaient prêts à soutenir une intervention militaire. Même à la Maison Blanche, beaucoup de gens avaient changé d'avis. Le Président Clinton pensait que nous ne pouvions pas prendre le risque de tuer des centaines de civils irakiens au moment où leur gouvernement accédait à nos demandes, même si nous étions convaincus qu'il mentait. Les frappes furent donc reportées une fois encore.

Dans les jours qui ont suivi, les inspecteurs de l'ONU sont retournés en Irak, persuadés que la prochaine inspection interdite par Bagdad serait la dernière. Le 15 décembre 1998, Richard Butler expliqua au Conseil de sécurité que l'Irak n'avait pas fourni certains documents relatifs à ses programmes d'armements chimiques et biologiques, et s'était de nouveau opposé à une inspection. Cette fois-ci, les choses n'en resteraient pas là.

Au matin du 16 décembre, nous nous sommes réunis dans la Situation Room. Le rapport de l'UNSCOM était clair : l'Irak refusait de se soumettre. Les conseillers pour la politique étrangère étaient unanimement en faveur des frappes. Le temps pressait car nous voulions en avoir terminé avant le début du ramadan, quatre jours plus tard. L'opération *Desert Fox**, avec la participation des Anglais, a été déclenchée dans l'après-midi. Elle a duré soixante-dix heures, totalisant six cent cinquante missions de bombardement ou tirs de missiles sur diverses cibles. Comme nous l'avions espéré, les frappes ont causé des dommages significatifs aux infrastructures du commandement militaire irakien. Les unités de la Garde républicaine de Saddam Hussein ont été contraintes de se disperser et de camper sous des tentes, de crainte d'une nouvelle attaque. Selon des estimations militaires américaines, les frappes ont fait revenir le programme irakien de production de missiles deux ans en arrière. Grâce à la précision des bombardements et des tirs de missiles, il y avait peu de victimes civiles à déplorer.

L'opération *Desert Fox* a marqué un tournant dans ce qui était devenu un soap-opéra, avec les États-Unis, le Conseil de sécurité de l'ONU et Saddam Hussein dans les principaux rôles. L'UNSCOM et l'IAEA ne se trouvant plus en Irak, nous avons changé de politique, passant de l'endiguement au moyen des inspections à ce que nous appelions l'« endiguement renforcé ». Nous comptions désormais sur les forces militaires alliées présentes dans la région pour empêcher Saddam Hussein de sortir de sa boîte, tout en prenant des mesures pour l'affaiblir. Dans la pratique, cela signifiait faire respecter plus strictement encore les interdictions de survol des zones nord et sud du territoire irakien. En cas de provocation, il ne fallait pas hésiter à prendre pour cible les radars et les batteries antiaériennes. Afin de conserver le soutien des autres pays arabes, nous avons favorisé le développement du programme pétrole contre nourriture, et avons

* Renard du désert (*N.d.T.*).

réfléchi à des sanctions « plus intelligentes » susceptibles de faire plus de mal à Saddam et moins à son peuple. Nous avons cherché à unifier et renforcer l'opposition irakienne et fait du « changement de régime » à Bagdad un des objectifs explicites de la politique étrangère américaine. Rien là de spectaculaire, mais l'ensemble a réussi à limiter les choix de Saddam Hussein, à accroître son isolement et à encourager ses opposants – de l'intérieur comme de l'étranger – à œuvrer ensemble pour réduire sa mainmise sur l'Irak. De plus, son armée a été affaiblie de façon significative, ce qui l'a rendu de moins en moins apte à survivre longtemps à une attaque menée par des forces supérieures.

Je demeure convaincue que notre approche de la question irakienne était la bonne, étant donné le contexte et les circonstances. Quand le Président George W. Bush est entré en fonction, des voix se sont élevées au sein de la nouvelle administration pour réclamer des changements radicaux, mais les éléments de base de la politique américaine sont restés les mêmes jusqu'après le 11 septembre 2001. Le Président Clinton a toutefois reconnu, et j'ai fait de même, que le mélange constitué par les actes de défi de Saddam Hussein, les sanctions, l'endiguement, l'incertitude dans laquelle nous nous trouvions à propos de l'armement de l'Irak, ne pouvait pas durer indéfiniment. Au cours des mois qui ont précédé la guerre de 2003, j'ai exprimé de sérieux doutes à propos du timing diplomatique choisi, de la tactique employée, de la logique sous-tendant les décisions prises, ainsi que des projets pour l'après-guerre présentés par l'administration Bush, mais je ne pouvais pas contester l'objectif de ce conflit : chasser Saddam Hussein. Comme le Président Clinton l'avait déclaré en 1998 : « [Le leader irakien menace] la sécurité du monde [...] et le meilleur moyen d'en finir avec cette menace une bonne fois pour toutes, c'est un nouveau gouvernement irakien. »

CHAPITRE DIX-HUIT

Bienvenue au Proche-Orient

L'APRÈS-MIDI DU 13 SEPTEMBRE 1993 fut véritablement un moment miraculeux et merveilleux. Assise au premier rang des fauteuils qui avaient été disposés sur la pelouse de la Maison Blanche, je regardais le Président Clinton tendre les bras pour pousser doucement l'un vers l'autre le Premier ministre israélien Yitzhak Rabin et Yasser Arafat, le président de l'Organisation de libération de la Palestine (OLP). Après un moment d'hésitation de la part de Rabin, les deux hommes se sont serré la main, et l'image de cet instant a fait la une de pratiquement tous les journaux de la planète. La cérémonie marquait la signature des accords d'Oslo, l'aboutissement d'un long processus destiné à concilier le désir de sécurité d'Israël et les espoirs territoriaux du peuple palestinien. Notant la présence de jeunes Israéliens, Palestiniens et Égyptiens, rendue possible grâce au sponsoring de l'association Seeds of Peace, le Président Clinton a déclaré que c'était un « fameux pari de vouloir que l'avenir soit meilleur que le passé ». Au cours des sept années qui ont suivi, nous n'avons pas ménagé notre temps, notre énergie, nos ressources et notre prestige pour aider Israéliens et Palestiniens à gagner ce pari. L'effort était louable et sera, je l'espère, jugé méritoire par l'Histoire, mais le Président Clinton et moi avons quitté nos fonctions avant que la Terre promise, un Proche-Orient pacifié, ne soit en vue.

J'ai appris à connaître le Proche-Orient de la même façon que j'ai appris le russe, d'abord en écoutant, puis en parlant, enfin en m'attaquant à la grammaire et en lisant la littérature. En discutant avec mes collègues durant mes années à l'ONU, j'ai découvert la litanie des arguments avancés par les parties en présence et acquis le vocabulaire du processus de paix. Quand je suis devenue Secrétaire d'État, j'ai dû étudier l'histoire, le dossier des négociations passées et la personnalité de ceux dont les choix allaient déterminer l'avenir de la région.

Personnellement, je n'ai pas abordé la question du Proche-Orient avec des idées préconçues, excepté sur un point : j'ai toujours pensé qu'Israël était un allié privilégié des États-Unis et que nous devions faire tout ce qui était en notre pouvoir pour garantir sa sécurité. Pour moi, la décision du président Truman de reconnaître Israël dès sa création, en 1948, est l'une des plus courageuses qu'il ait prises. J'admirais également l'attachement d'Israël à la démocratie. La continuité de nos intérêts a fait que notre politique dans la région est demeurée relativement constante sous les diverses administrations républicaine et démocrate. Depuis que l'État d'Israël a remporté la guerre des Six Jours, en 1967, nous l'avons aidé à préserver sa supériorité militaire sur les autres pays de la région afin que ses ennemis ne puissent le détruire. Nous avons fourni une aide généreuse à tous ceux qui ont fait la paix avec lui et soutenu le principe « un territoire pour la paix » inscrit dans les résolutions 242 et 338 du Conseil de sécurité de l'ONU.

Les Arabes se plaignent souvent que les États-Unis ne fassent pas suffisamment d'efforts pour contraindre Israël à respecter ces résolutions. Ils oublient leur propre histoire. À l'époque où la résolution 242 fut adoptée, l'OLP l'a rejetée avec colère. En 1967, la Ligue arabe déclarait qu'il ne saurait être question de reconnaître l'État juif ni de faire la paix avec lui. Jusqu'au traité de paix israélo-palestinien de 1979, pratiquement tous les pays arabes ne pensaient qu'à détruire Israël. Quand Anouar el-Sadate, le leader égyptien qui avait fait la paix avec Israël, a été assassiné, peu d'Arabes en dehors de l'Égypte ont versé des pleurs. Il aurait été plus facile de persuader Israël de se retirer des territoires occupés en 1967 si le retour aux frontières d'avant la guerre des Six Jours avait pu garantir la sécurité de la région. À cause de l'hostilité incessante et de l'extrémisme des Arabes, la moindre concession israélienne devait être pesée avec soin.

D'un autre côté, il aurait été plus simple d'atténuer l'hostilité des Arabes si certains dirigeants israéliens n'avaient revendiqué le droit d'occuper totalement et de façon permanente la Cisjordanie et Gaza. Au cours des années soixante-dix et quatre-vingt, les Premiers ministres israéliens avaient encouragé la prolifération des colonies de peuplement, non seulement pour des raisons de sécurité, mais également pour appuyer leur revendication selon laquelle Dieu avait donné cette terre aux juifs. Si certaines de ces « colonies » n'étaient constituées que de quelques camping-cars, les autres ressemblaient à des banlieues américaines, avec leurs centres de loisirs façon *country clubs*, et leurs maisons construites le long de voies sans issue. À l'intérieur des murs qui entouraient ces « colonies » habitaient des gens qui avaient les moyens de vivre confortablement. À l'extérieur, les Palestiniens habitaient des taudis et menaient des existences misérables. Les colons israéliens les plus provocateurs – dont certains avaient la double nationalité, israélienne et américaine – semblaient attiser le ressentiment de leurs voisins arabes. En pensant à ces extrémistes, je m'étais dit parfois : « Quelle merveilleuse histoire que celle d'Israël, un désert devenu vert, une économie innovante et high-tech, une démocratie dynamique ; mais comment vivre en sécurité quand vos voisins vous haïssent ? »

Les accords d'Oslo, signés à l'occasion de cette mémorable cérémonie organisée sur la pelouse de la Maison Blanche, visaient à faire qu'Israéliens et Palestiniens cessent d'être des ennemis acharnés pour devenir des partenaires. Ils définissaient une série de mesures réciproques destinées à rétablir la confiance entre les deux parties en vue de négociations sur les questions primordiales que soulevait le « statut final[1] ». L'OLP devait réaffirmer sa volonté de renoncer au terrorisme et reconnaître le droit à l'existence d'Israël. De son côté, Israël acceptait qu'une partie de la Cisjordanie et de la bande de Gaza passe sous contrôle palestinien. Le président Arafat est revenu de son exil à Tunis, et a installé le quartier général de l'Autorité palestinienne dans la ville cisjordanienne de Ramallah. Avec l'aide de la communauté internationale, les Palestiniens ont commencé à instaurer des institutions autonomes. Les tensions régionales se sont atténuées. En 1994, la Jordanie a été le deuxième pays arabe à signer la paix avec Israël. Israël a établi de nouvelles relations avec des dizaines d'autres pays, ouvrant même des bureaux de liaison dans plusieurs pays arabes. Les investissements étrangers ont afflué et l'économie israélienne a connu une forte progression.

Rien de tout cela ne se serait produit sans Yitzhak Rabin. Le Premier ministre israélien était un héros national. Il avait élaboré la doctrine militaire israélienne, basée sur le mouvement et la surprise, qui s'était révélée si efficace en 1967, durant la guerre des Six Jours. Les Israéliens, qui mettaient en doute la vigilance des autres dirigeants du Parti travailliste, avaient confiance dans la force et la ténacité de Rabin. Contrairement à certains de ses successeurs, Rabin pensait qu'il ne fallait pas tolérer que des actes de violence anti-israélienne viennent compromettre les négociations, pour ne pas permettre aux terroristes de contrecarrer le processus de paix. Il disait

---

1. Problèmes de sécurité, tracé des frontières, sort des réfugiés palestiniens, statut de Jérusalem.

souvent que le bon sens voulait que l'on combatte le terrorisme comme s'il n'y avait pas de négociations, et que l'on négocie comme s'il n'y avait pas de terrorisme. Il se méfiait des Palestiniens, et en particulier de Yasser Arafat, mais il était persuadé qu'une paix bien conçue était le seul choix pragmatique pour les deux camps, puisqu'ils étaient appelés à vivre ensemble, comme des voisins partageant la même terre.

J'ai rencontré Rabin et sa femme Leah pour la première fois au début des années soixante-dix, alors que Rabin était ambassadeur aux États-Unis. Le couple se plaisait à Washington et s'entendait très bien avec la communauté diplomatique. Deux décennies plus tard, tandis que j'étais en poste aux Nations unies, Rabin et sa femme venaient parfois à New York à l'occasion des Assemblées générales de l'ONU. Un soir, lors d'un dîner au siège de la mission diplomatique israélienne, j'ai porté un toast à Yitzhak Rabin, citant un souvenir de Leah qui se rappelait que la première fois où elle avait rencontré Yitzhak, ses cheveux frisés, ses yeux bleus et son regard perçant lui avaient fait penser au roi David. Rabin « a peut-être perdu quelques cheveux, ai-je ajouté, mais il a toujours les yeux de David ».

Le 4 novembre 1995, je me trouvais dans ma maison de Georgetown quand j'ai reçu un appel du centre opérationnel du Département d'État. « Madame l'Ambassadrice, nous avons reçu une terrible nouvelle. Le Premier ministre Rabin a été assassiné. » J'ai eu l'impression de recevoir un coup de poing. Le monde venait de changer brutalement... et pour le pire. Rarement une seule balle – cette fois-ci, celle d'un fanatique israélien d'extrême droite – avait causé autant de dégâts. Au moment où j'écris ces mots, Rabin n'a toujours pas été remplacé.

Le monde entier a regardé les funérailles de Rabin à la télévision, et un grand nombre de personnalités y ont assisté. Pour le roi Hussein de Jordanie, il s'agissait de sa première visite officielle en Israël, quant au président égyptien Hosni Moubarak, c'était la première fois qu'il mettait le pied sur le territoire israélien. La cérémonie elle-même a été mémorable du fait du courage de Leah Rabin, de la cordialité du Président Clinton, du vibrant appel pour la paix lancé par le roi Hussein, et du témoignage bouleversant de la petite-fille de Rabin, âgée de dix-sept ans, Noa Ben Artzi-Pelossof : « D'autres, plus grands que moi, ont déjà fait ton panégyrique, mais aucun d'entre eux n'a jamais eu le privilège de sentir la caresse de tes mains douces et chaudes, de mériter ton étreinte affectueuse qui nous était réservée, de voir ton demi-sourire qui me disait toujours tant de choses, ce sourire qui a disparu, figé dans la tombe avec toi. »

L'application des accords d'Oslo était déjà un défi difficile à relever du vivant de Rabin. Les Palestiniens voulaient un territoire, les Israéliens la sécurité. La question était de savoir quel pourcentage des territoires occupés les Israéliens étaient prêts à céder, et quelles garanties les Palestiniens pouvaient fournir à Israël en matière de sécurité. Le 28 septembre 1995, les deux parties avaient signé à Taba, en Égypte, un additif aux accords d'Oslo, un accord intérimaire connu sous le nom d'Oslo II et prévoyant le retrait des forces israéliennes de sept agglomérations palestiniennes, sur une période de dix-huit mois et en trois phases. Par contre, l'accord ne spécifiait pas la superficie des territoires qui devaient être transférés, ce qui suscitait de nombreux différends. Les Palestiniens croyaient qu'on leur avait promis de leur rendre la totalité de la Cisjordanie et de la bande de Gaza, exception faite de Jérusalem, des colonies de peuplement et des installations militaires israéliennes – ce qui devait représenter près de quatre-vingt-dix pour cent des territoires contestés – avant même que ne débutent les négociations sur le statut final. Les Israéliens refusaient catégoriquement, arguant que cette question était uniquement de leur ressort, et rappelaient que Shimon Peres, alors ministre des Affaires étrangères de Rabin, avait convaincu Arafat d'accepter un texte qui ne fixait aucun pourcentage précis.

C'était Peres qui avait pris l'initiative des négociations d'Oslo, et il s'était toujours montré plus optimiste que Rabin quant à leurs chances de réussite. Ancien Premier ministre, leader du Parti travailliste, Peres croyait vraiment qu'Israël pourrait un jour vivre entouré d'amis. Dans un pays de grands orateurs, il était l'un des plus inventifs et des plus entraînants, et son accession au pouvoir après la mort de Rabin fut bien accueillie. Malheureusement, il n'avait pas les antécédents militaires et la franchise charismatique de Rabin. Si Rabin était l'équivalent israélien du général George C. Marshall, Peres ressemblait plutôt à Adlai Stevenson. C'était un homme politique admiré pour sa foi dans la nature humaine par une population qui se demandait si cette qualité suffirait à elle seule à assurer la sécurité du pays.

En mai 1996, les Israéliens sont allés aux urnes. Peres et les travaillistes avaient la faveur des pronostics, mais à la fin de la campagne électorale, une série d'attentats terroristes a fait des dizaines de victimes israéliennes, compromettant la victoire des travaillistes. Embarrassé par ces attaques, Arafat a réagi en sévissant vigoureusement contre les groupes extrémistes palestiniens. En Égypte, Moubarak a réuni une conférence internationale au cours de laquelle le Président Clinton et plus d'une douzaine de dirigeants arabes ont fait cause commune avec Peres pour condamner le terrorisme. Une telle manifestation de soutien était sans précédent, mais elle n'a pas suffi à sauver Peres et les travaillistes. Benyamin Netanyahou, chef du Likoud, le principal parti d'opposition, a profité au maximum des peurs israéliennes, accusant Peres de faiblesse et promettant de mettre fin aux attentats.

En prenant ses fonctions de Premier ministre, Netanyahou – « Bibi » pour ses amis comme pour ses adversaires – héritait d'un processus de paix qu'il avait condamné et d'engagements qu'il n'approuvait pas mais ne pouvait pas renier ouvertement. Il a commencé par adopter une ligne dure, choisissant comme ministres des ultraconservateurs et refusant de rencontrer Arafat. En septembre 1996, les Israéliens ont entrepris des fouilles archéologiques près d'un lieu saint musulman dans la vieille ville de Jérusalem, déclenchant des affrontements qui firent quatre-vingts victimes palestiniennes et quinze israéliennes. Pour la première fois, les forces de sécurité palestiniennes avaient tiré sur des soldats israéliens. En mars 1997, deux mois avant que je ne devienne Secrétaire d'État, des bulldozers israéliens avaient ouvert un chantier de construction très controversé à Jérusalem-Est, dans le quartier de Har Homa (connu des Palestiniens sous le nom de Jebel Abu Ghunaym). Aux yeux des Palestiniens, ces constructions semblaient destinées à séparer les quartiers arabes de Jérusalem-Est des populations palestiniennes installées au sud et à l'est. La question était d'une extrême importance car Yasser Arafat avait insisté pour que Jérusalem soit la capitale du futur État palestinien, alors que les dirigeants israéliens étaient bien déterminés à empêcher le partage de la ville. Le 21 mars, trois Israéliennes sont mortes dans un attentat suicide perpétré dans un café de Tel-Aviv, et Netanyahou a accusé Arafat d'avoir donné le feu vert aux terroristes Sous perfusion depuis la mort de Rabin, le processus de paix semblait sur le point d'être débranché.

Peu après mon entrée en fonction, le Président Clinton et moi avons discuté de tout le temps que nous consacrions aux négociations pour la paix au Proche-Orient. Nous sommes tombés d'accord pour décider que je ne me rendrais dans la région que quand des progrès seraient manifestement possibles. De toute façon, il n'a pas été nécessaire que je me déplace durant les premiers mois puisque de nombreux dirigeants des pays du Proche-Orient sont venus à Washington. Ces diverses rencontres nous ont appris qu'une crise de confiance avait éclaté entre les cosignataires des accords d'Oslo. Netanyahou soutenait que le fondement même de la « Déclaration de principes » était bafoué. Les Palestiniens avaient obtenu quelques concessions territoriales et ils en voulaient davantage. Le terrorisme étant toujours un problème, Netanyahou ajoutait que ses ministres et sa conscience ne lui permettraient pas de faire de nouvelles concessions, excepté en échange d'une paix réelle. Il proposait d'oublier les retraits de troupes israéliennes prévus par l'accord intérimaire et de passer directement aux négociations sur le statut final. Il proposait même un nouveau Camp David à l'occasion duquel le Président Clinton pourrait expliquer à Arafat les dures réalités de la vie. Arafat de son côté insistait sur le fait que les Israéliens refusaient de tenir leurs engagements et qu'il lui était donc de plus en plus difficile de contrôler les extrémistes. Il avait besoin de présenter à son peuple un résultat plus tangible obtenu en échange de l'acceptation de négocier avec Israël.

Nous désirions trouver un moyen de restaurer la confiance, mais pensions qu'à ce stade il serait inutile de proposer notre propre plan. Nous avons préféré encourager les deux parties à travailler ensemble discrètement afin de définir la base sur laquelle les pourparlers officiels pourraient reprendre. Après des semaines de discussions secrètes, Israéliens et Palestiniens ont annoncé leur volonté commune de retourner à la table des négociations.

Mais il semble qu'au Proche-Orient chaque événement positif doive être suivi immédiatement d'un nouveau problème. Le 30 juillet 1997, deux bombes ont explosé sur le marché Mahane Yehuda, à Jérusalem, tuant quatorze Israéliens et en blessant cent soixante-dix autres. De retour d'un voyage en Asie, j'ai appelé Netanyahou pour lui présenter mes condoléances, puis Arafat pour lui demander d'arrêter les extrémistes, de confisquer les armes et d'interdire les groupes qui prônaient l'action violente. Arafat a condamné les attentats mais ajouté qu'il aurait du mal à justifier des mesures répressives alors que le processus de paix était dans l'impasse depuis un an.

Dès mon arrivée à Washington, je suis allée à la Maison Blanche et nous avons pris plusieurs décisions. D'abord, nous allions envoyer l'ambassadeur Dennis Ross [1] sur place afin de convaincre les Palestiniens de coopérer de nouveau avec les Israéliens dans le domaine de la sécurité. Ensuite, si Ross faisait des progrès, j'effectuerais mon premier voyage dans la région en tant que Secrétaire d'État et j'essaierais de relancer les négociations sur les sujets politiques. Enfin,

---

1. Ross était le conseiller du Président pour le Proche-Orient, mais aussi le mien. Son intelligence n'a d'égale que son dévouement et sa discrétion. Il ne ménageait ni son temps ni ses efforts pour servir la cause de la paix, même si les chances de réussite étaient minces. Contrairement à certains envoyés spéciaux qui adorent se trouver sous les feux des projecteurs, Dennis était très effacé. On pourrait en dire autant de ses collègues Aaron Miller, Gamal Helal et Nicholas Rasmussen. Au moment où j'écris ces lignes, Dennis Ross est sur le point d'achever ce qui sera sûrement le livre qui fera autorité sur le processus de paix au Proche-Orient.

nous nous efforcerions de rallier des soutiens pour le processus de paix, en Amérique et au Proche-Orient.

Le 6 août 1997, j'ai pris la parole devant le National Press Club afin de rendre publics nos efforts pour résoudre la crise. Souhaitant ménager les diverses sensibilités, je tenais à ce que chaque mot soit bien pesé afin qu'il ne puisse pas être mal interprété ni sorti de son contexte. Comme nous avions eu peu de temps pour préparer mon discours, mon équipe avait effectué des modifications jusqu'à la dernière minute. Quand je me suis dirigée vers le podium, je n'étais même pas certaine que les pages étaient dans le bon ordre.

Du fait de la précipitation je me suis sentie devenir toute rouge, et quand j'ai commencé à parler, les projecteurs installés par les équipes de télévision m'ont aveuglée. Un instant, j'ai pensé que j'allais me trouver mal. J'ai poursuivi ma lecture. Une moitié de mon cerveau se concentrait sur le texte du discours tandis que l'autre me mettait en garde contre les conséquences d'un éventuel évanouissement. Un membre du cabinet de sexe masculin pouvait se permettre d'avoir un malaise – en fait, cela était arrivé à l'un d'entre eux, qui se tenait à côté de moi au moment de la présentation du nouveau cabinet à la presse – mais j'imaginais les titres des journaux si je m'effondrais alors que j'étais en scène.

Quand j'ai eu la certitude que les pages qui se trouvaient devant moi étaient dans le bon ordre, j'ai commencé à me sentir mieux. Mon discours était intentionnellement optimiste, mais également franc quand il soutenait que la paix n'était possible que si les deux parties en présence étaient prêtes à faire des choix difficiles. Dans le cadre des accords d'Oslo, Israéliens et Palestiniens s'étaient entendus sur une feuille de route programmant la transformation de ce qui avait été un conflit insoluble en une négociation politique. Il n'était plus possible de faire machine arrière. J'ai prédit que la présente crise s'apaiserait si les Palestiniens faisaient de gros efforts pour combattre le terrorisme, et si les Israéliens cessaient de prendre des mesures unilatérales comme le projet de construction de Har Homa ; mais j'ai fait la distinction entre le terrorisme et la multiplication des colonies de peuplement : « Sur le plan moral, il n'y a pas d'équivalence entre des plastiqueurs kamikazes et des bulldozers, entre tuer des innocents et construire des maisons. »

Par ailleurs, j'étais d'accord avec l'argument avancé par Netanyahou, selon lequel l'approche « incrémentielle » des accords d'Oslo n'était plus pertinente, et j'ai suggéré que les États-Unis pourraient contribuer à précipiter la négociation du statut final. J'ai précisé également qu'il fallait que le monde arabe accepte Israël comme un membre de la communauté internationale, et que tous les pays devaient apporter leur soutien au processus de paix.

Dans le domaine des relations publiques, la première règle commande de ne pas susciter de trop folles espérances. Alors que je me préparais à partir pour le Proche-Orient, ce n'était vraiment pas le problème. Fin août, Arafat a été photographié en train de donner l'accolade à un chef du groupe terroriste Hamas. Le 4 septembre, trois plastiqueurs suicide ont frappé simultanément sur la promenade Ben Yehuda, à Jérusalem-Ouest. Netanyahou a décidé le bouclage de la Cisjordanie et de la bande de Gaza, fait arrêter des militants palestiniens, et bloqué des millions de dollars provenant des impôts sur le revenu payés par des Palestiniens.

Pour ma première visite dans la région, je ne m'attendais pas à des avancées spectaculaires. Je voulais assurer les Israéliens que les Américains seraient à leurs côtés dans la lutte contre le terrorisme, et chercher à persuader Arafat d'y participer activement. Je voulais aussi en appeler directement aux Israéliens et aux Palestiniens pour leur demander leur aide et trouver une façon de présenter les négociations qui soit acceptable pour chaque camp.

À l'aube du 10 septembre 1997, je suis arrivée à l'aéroport Ben-Gourion de Tel-Aviv-Jaffa, et quarante minutes plus tard j'étais à Jérusalem. La ville sainte est un lieu fascinant, sacré même aux yeux des athées. Il semble que chaque pierre ait une signification particulière et que des souvenirs différents s'y rattachent. Comme me l'a dit un diplomate : « Jérusalem est si compliqué que Dieu a dû y envoyer trois messagers différents. »

L'histoire est toujours omniprésente au Proche-Orient. Le premier jour, j'ai visité le Mémorial de la Shoah à Yad Vashem, et le lendemain matin je suis allée en compagnie de Leah Rabin m'incliner sur la tombe de Yitzhak Rabin. J'avais apporté une pierre que j'avais ramassée à Terezín, le camp de concentration nazi, situé au nord de Prague, où trois de mes grands-parents avaient été emmenés. En accord avec la tradition juive, j'ai déposé la pierre sur la tombe de Rabin et récité une courte prière. Lors d'un précédent séjour à Washington, Leah m'avait offert une broche en forme de colombe que je portais, en signe de remerciement silencieux, le jour où j'ai prononcé mon discours sur le Proche-Orient ; et elle venait de m'offrir un collier assorti accompagné d'un petit mot disant que, parfois, même une colombe avait besoin de renforts.

Bibi Netanyahou était le plus jeune Premier ministre de l'histoire d'Israël. Pugnace, partial et doucereux, il me rappelait Newt Gingrich. Il avait passé des années aux États-Unis et parlait anglais couramment et sans accent notable. J'ai expliqué par la suite au Président Clinton que j'avais du mal à me faire à l'idée que Netanyahou n'était pas américain. Au cours des discussions que nous avons eues, il pouvait se montrer à la fois désarmant et assez peu sincère. À certains moments, on aurait pu penser que nous étions parvenus à nous comprendre et que nous nous dirigions vers un accord, mais seulement pour nous apercevoir que ce n'était pas du tout son intention.

J'avais lu sur Netanyahou un tas de choses écrites dans le jargon des psy. Selon une des théories, il aurait cherché à s'insinuer dans les bonnes grâces de son père qui aurait soi-disant préféré son frère aîné, un héros, tué alors qu'il commandait le fameux « raid sur Entebbe* ». Netanyahou père était un adepte de l'idéologie intransigeante connue sous le nom de « sionisme révisionniste », que son fils semblait avoir adoptée lui aussi.

À Jérusalem, j'ai demandé à Netanyahou s'il considérait le processus d'Oslo comme mort, et il m'a répondu : « Arrêtez les chefs du Hamas, confisquez toutes les armes, fermez les ateliers où sont fabriquées les bombes, interdisez toute incitation au terrorisme quels qu'en soient les auteurs, y compris les imams des mosquées. Si les Palestiniens acceptent de faire tout ça, nous participerons aux négociations sur le statut final. L'accord intérimaire qui a prévu des retraits progressifs ne fait qu'encourager les affrontements et le terrorisme. »

Le Premier ministre israélien a jugé ridicule l'idée selon laquelle Arafat aurait été trop faible politiquement pour prendre de telles mesures, et il a ajouté que le leader palestinien pouvait mettre fin aux activités du Hamas en deux mois s'il le souhaitait. Je ne l'ai pas contredit, mais je l'ai pressé de reconnaître la responsabilité d'Israël. Le terrorisme serait plus facile à éradiquer si les Palestiniens pouvaient constater les bénéfices concrets du processus de paix. Netanyahou a insisté sur le fait que le terrorisme était le seul problème : « Les Israéliens savent qu'en l'absence de paix, il leur faudra peut-être combattre, mais ils pensent qu'ils devront combattre de toute façon, et ils préfèrent combattre une Autorité palestinienne faible qu'un État palestinien plus fort et reconnu internationalement. »

Arafat et Netanyahou vivaient à une trentaine de kilomètres l'un

---

* Le 4 juillet 1976, sur l'aéroport ougandais d'Entebbe, un commando israélien, amené à pied d'œuvre par trois avions, réussit à libérer les deux cent quarante-six passagers et douze membres d'équipage d'un Airbus d'Air France détourné par des terroristes. Le chef du commando, trois des otages et sept des pirates de l'air furent tués au cours de l'assaut (*N.d.T.*).

de l'autre, mais dans deux univers différents. Durant mes huit années au gouvernement, Israël a eu quatre Premiers ministres successifs. Pendant toutes ces années et les vingt précédentes, les Palestiniens ont été représentés par un seul homme, ce qui est bien la meilleure preuve des talents de manipulateur de Yasser Arafat, et de sa capacité à survivre envers et contre tout.

Aux yeux des Occidentaux, le leader palestinien souffre de certains handicaps esthétiques, parmi lesquels son côté perpétuellement mal rasé et sa voix haut perchée. Les séquelles d'un accident d'avion datant de 1992 avaient réduit son endurance et sa capacité d'attention. Probablement pour compenser ces handicaps, il prenait constamment des notes sur un petit carnet qu'il tirait de sa poche de poitrine. Dans la conversation il pouvait se montrer charmant, mais la plupart du temps il était peu commode.

Mes premières conversations téléphoniques avec lui furent extrêmement difficiles. Il comprenait l'anglais mais nous avions tout de même recours à des interprètes. Je l'appelais généralement pour préciser un point ou solliciter une réponse sur une question particulière. Comme il voulait toujours refaire l'historique de la lutte des Palestiniens, il se lançait dans des discours et parlait suffisamment fort pour rendre le téléphone inutile. Malgré tout, il était la seule personne ayant le pouvoir de négocier au nom du peuple palestinien. Les optimistes croyaient qu'à Oslo Arafat avait fait le choix stratégique de la paix ; les pessimistes craignaient qu'il ne soit en train de jouer un jeu cynique, empochant les concessions israéliennes tout en projetant de nouvelles actions violentes. Je tenais à me faire ma propre opinion.

Les accords d'Oslo imposaient à Arafat, leader d'un mouvement nationaliste utilisant le terrorisme, de devenir le leader d'un mouvement autonomiste qui devait combattre le terrorisme. Il fallait aussi qu'il administre effectivement la Cisjordanie et Gaza au lieu de se contenter de voyager de par le monde et d'être reçu partout en grande pompe. Du jour au lendemain, il a dû s'occuper d'assainissement, du règlement des notes de téléphone et de la délivrance des permis de conduire, tout en tenant compte d'un parlement et d'une presse relativement libre. Très vite, il a paru évident qu'Arafat n'était pas très doué pour ce genre de travail. Son style autocratique ne permettait guère à la démocratie de se développer. N'ayant pas réussi à accomplir des réformes économiques, il s'est aliéné des donateurs potentiels ; quant à sa tentative de coopter plutôt que d'éliminer les éléments terroristes du Hamas, elle n'a fait qu'accroître l'intransigeance d'Israël.

Un mélange de corruption, de violence intermittente et d'explosion démographique a fait baisser encore le niveau de vie déjà faible des Palestiniens. Depuis les accords d'Oslo, le revenu moyen n'avait cessé de chuter et le taux de chômage de grimper. Les jeunes arrivaient à l'âge de la majorité en ayant perdu tout espoir – mauvaise nouvelle pour les Palestiniens, mais aussi pour Israël.

À l'occasion de ma première visite, j'ai rencontré Arafat dans son QG de Ramallah, un immeuble blanc, austère et modestement meublé, que l'armée israélienne devait détruire cinq ans plus tard. Assis devant une grande photo du Dôme du Rocher*, il semblait relativement résigné. Il s'est plaint du blocage des ressources fiscales et du bouclage de la Cisjordanie et de la bande de Gaza décidés par Israël. Il reprochait à Netanyahou de ne pas tenir les engagements figurant dans les accords d'Oslo, mais cette fois-ci il n'a pas chicané quand je l'ai pressé sans ménagement de contribuer à la sécurité de la région. Je lui ai dit que nous voulions des actes, pas des promesses, et que le terrorisme était aussi destructeur pour la cause palestinienne que pour Israël. Il a répondu en acceptant de mettre au point un plan destiné à démanteler l'infrastructure terroriste du Hamas – plan dont nous n'avons jamais cessé de discuter les détails.

À l'époque, le Hamas comptait des dizaines de milliers de membres dont beaucoup se consacraient à des activités strictement pacifiques – écoles, mosquées, camps de vacances et services sociaux ; mais au sein du Hamas se propageaient des métastases cancéreuses qui fabriquaient des explosifs, préparaient des embuscades et des enlèvements, et persuadaient des jeunes de commettre des attentats suicide. Il existait de telles cellules terroristes dans la plupart des agglomérations palestiniennes.

En général, l'Autorité palestinienne acceptait d'agir contre le Hamas quand on lui fournissait des informations spécifiques concernant telle ou telle installation, ou un projet précis d'action terroriste ; mais elle était plus réticente quand on lui remettait seulement des listes de personnes à arrêter. Elle rechignait surtout à agir de sa propre initiative. Arafat préférait que les extrémistes tournent leur colère contre Israël plutôt que contre lui. C'était la raison pour laquelle ses promesses n'étaient guère crédibles. Cette question relative à une réponse effective au terrorisme était, et est demeurée, le problème central de la poursuite du processus de paix.

Durant mon court séjour, je me suis rendue dans une école de

---

* Cette mosquée de Jérusalem, construite en 691 sur l'emplacement du Temple de Salomon, abrite le rocher sur lequel Abraham s'apprêtait à sacrifier son fils, et d'où Mahomet est monté au ciel. C'est le troisième lieu saint de l'islam et le symbole du nationalisme palestinien (*N.d.T.*).

Ramallah pour rencontrer les élèves. La veille, j'avais su répondre aux questions et aux attentes d'élèves israéliens préoccupés par le terrorisme, en leur affirmant que les États-Unis comprenaient leurs craintes et seraient toujours à leurs côtés ; mais les élèves israéliens n'avaient guère de problèmes économiques, ils habitaient de belles maisons et voyaient de nombreux débouchés s'ouvrir devant eux.

À Ramallah, peu d'élèves habitaient de belles maisons et se sentaient maîtres de leur destinée. Tous se considéraient comme des victimes et posaient à propos de leur avenir des questions auxquelles j'étais incapable de répondre de façon satisfaisante. Un élève né à Jérusalem m'a demandé pourquoi il n'avait pas été autorisé à y retourner depuis trois ans. Un autre voulait savoir pourquoi Jérusalem ne pouvait pas être à la fois la capitale d'Israël et d'un État palestinien. Un troisième m'a dit : « Que pensez-vous de la terreur provoquée par les arrestations de personnes innocentes, en plein milieu de la nuit, du fait de vivre sous la menace des armes, des remarques humiliantes aux barrages routiers, des attaques contre notre religion, de la destruction de nos maisons ? »

Mes réponses reflétaient notre politique, mais notre politique consistait à garder le silence sur le futur statut de Jérusalem, laissant aux négociateurs le soin de régler cette question. Parce qu'il nous fallait travailler avec Arafat et Netanyahou, je ne pouvais pas être explicite au sujet de leurs manquements mutuels qui étaient responsables des souffrances des Palestiniens, mais je me devais de dire ce que je croyais, à savoir que les mesures de sécurité prises par Israël, aussi sévères soient-elles, ne justifiaient pas le terrorisme. Rien de ce que j'ai pu dire n'a su apaiser les sentiments d'impuissance, d'injustice et d'incertitude quant à l'avenir qu'éprouvaient les élèves de Ramallah. Cette rencontre m'a incitée à en savoir plus sur les besoins légitimes du peuple palestinien. Je me suis dit : « Les jeunes Palestiniens ne sont pas responsables du triste sort que l'histoire leur a réservé. Jamais ils n'obtiendront ce qui leur paraît juste, mais le processus de paix est le meilleur chemin vers un avenir meilleur[1]. »

Dans les jours qui ont suivi mon départ, les deux camps ont fait de petits pas dans la bonne direction. Arafat a ordonné l'arrestation de militants extrémistes et la fermeture d'une station de télévision coupable d'incitation à la haine. Les Israéliens ont débloqué la moitié

---

1. En 2002, n'étant plus en fonction, j'ai donné une conférence au Guilford College (Caroline du Nord). Une jeune femme qui se trouvait dans l'assistance est venue me dire qu'elle était l'une des élèves que j'avais rencontrés ce jour-là dans cette école de Ramallah. Nous avons évoqué ce souvenir commun et elle m'a fait remarquer que, depuis ce jour, tout allait de mal en pis.

des revenus douaniers, puis, la coopération dans le domaine de la sécurité s'améliorant, ils ont levé progressivement le bouclage de la Cisjordanie et de Gaza. Enfin, les négociateurs des deux camps ont accepté de me rencontrer à New York, fin septembre, à l'occasion de la session annuelle de l'Assemblée générale de l'ONU.

Presque simultanément, Netanyahou a dû faire face à de sérieux problèmes. Le 25 septembre, à Amman (Jordanie), un dirigeant du Hamas nommé Khaled Meshal a été agressé par deux hommes au moment où il descendait de sa voiture. Un de ses agresseurs lui a appliqué un instrument métallique derrière l'oreille et lui a injecté un poison qui a paralysé sa colonne vertébrale. À la suite d'une violente empoignade, le garde du corps de Meshal a finalement réussi à maîtriser les deux agresseurs et à les livrer à la police jordanienne, qui a découvert rapidement que les deux hommes étaient des officiers de renseignement israéliens.

Le roi Hussein de Jordanie, probablement le meilleur ami d'Israël dans le monde arabe, menaçant de rompre les relations diplomatiques entre les deux pays, Netanyahou s'est rendu personnellement à Amman pour présenter ses excuses, mais le roi a refusé de le recevoir, se contentant de lui faire savoir que si Meshal venait à mourir, les deux officiers de renseignement seraient jugés publiquement et pendus. Netanyahou a fourni l'antidote du poison utilisé, sauvant ainsi la vie de Meshal, et a accepté de libérer soixante-dix terroristes palestiniens emprisonnés en Israël, dont Cheikh Ahmed Yassine, chef spirituel du Hamas. Depuis des mois, les Israéliens et moi ne cessions de harceler Arafat pour qu'il arrête des terroristes, et voilà que Netanyahou se trouvait contraint de relâcher l'un des plus redoutables – une contradiction qu'Arafat n'allait pas manquer de rappeler par la suite à la moindre occasion.

Les négociations se sont poursuivies, sans faire beaucoup de progrès, jusqu'à la fin de 1997. À la veille du Nouvel An, nous sommes arrivés à la conclusion qu'aucune des deux parties en présence n'était susceptible de faire des propositions acceptables pour l'autre. Nous avions progressé sur des sujets tels que l'aéroport et la libre circulation des Palestiniens d'une enclave palestinienne à l'autre, mais nous étions dans une impasse en ce qui concernait les futurs retraits des troupes israéliennes. Les décisions qui restaient à prendre étant extraordinairement difficiles, mais également très urgentes, nous avons décidé de présenter nos propres propositions à Netanyahou et à Arafat, séparément, en espérant qu'ils voudraient bien consentir à participer à une réunion trilatérale avec le Président Clinton afin de parvenir à un accord.

Le 19 janvier 1998, Netanyahou est arrivé à Washington et s'est exprimé lors d'une soirée organisée par des chrétiens évangéliques. Parmi ses hôtes se trouvait le révérend Jerry Falwell, qui faisait alors la promotion d'une bande vidéo ridicule, censée démontrer l'implication du Président Clinton dans un trafic de drogue et un meurtre. Comme il fallait s'y attendre, les médias ont présenté la participation de Netanyahou à cette soirée comme un véritable affront pour le Président.

Le lendemain, nous nous sommes réunis dans le Bureau ovale avant l'entrevue officielle. Comme nous n'avions rien à gagner à affronter Netanyahou, le Président a suggéré : « Oublions cette affaire d'affront. Nous devons avoir une attitude positive. » Mais il est très vite apparu que Netanyahou n'était pas prêt à accepter nos propositions ni à participer à une quelconque réunion trilatérale. Au lieu de cela, il nous a soumis un plan prévoyant la création de zones de sécurité permanentes en Cisjordanie et dans la bande de Gaza en échange de retraits israéliens. Nous ne pouvions l'accepter dans la mesure où la création de ces zones relevait de la négociation du statut final, mais Netanyahou ne cessait de répéter qu'il devait faire face à une situation politique intérieure difficile et que ses ministres ne lui permettraient pas de faire davantage de concessions.

Avant la réunion dans le Bureau ovale, j'avais pris le petit déjeuner avec Netanyahou à l'hôtel Mayflower. Après l'entrevue à la Maison Blanche, j'ai eu une conversation avec le Premier ministre israélien dans la suite qu'il occupait au dixième étage du Mayflower, puis je suis retournée à la Maison Blanche pour la conférence de presse, avant de revenir au Mayflower. À vingt et une heures quarante, nous nous sommes tous retrouvés à la Maison Blanche pour une nouvelle réunion qui s'est prolongée au-delà de minuit. La tâche était difficile, le débat acharné, mais je ne pouvais m'empêcher de me demander comment tant de personnes si intelligentes pouvaient parler autant sans jamais rien dire de nouveau.

Cinq heures plus tard, j'étais de nouveau sur pied, une tasse de café à la main, et je parcourais le *Washington Post*. Je suis tombée sur un article intitulé « Clinton accusé d'avoir poussé une assistante à mentir ; Starr cherche à savoir si le Président a demandé à cette femme de démentir une présumée liaison ». Ma première réaction a été un grommellement de désapprobation. On racontait tellement de choses à propos de l'interminable enquête du procureur spécial Kenneth Starr sur l'affaire Whitewater, un scandale politico-financier, et d'autres affaires, connexes ou non. Je ne voulais surtout pas entendre parler de cette histoire au sujet d'une jeune femme nommée Lewinsky.

Ce soir-là, après avoir accueilli Arafat et avoir dîné en sa compagnie, je me suis rendue à la base aérienne d'Andrews pour prendre congé de Netanyahou qui regagnait Israël. Il s'est dit préoccupé par les nouvelles de plus en plus sensationnelles que publiait la presse, m'a expliqué qu'il avait connu lui aussi ce genre de chose, qu'on avait fouillé dans sa vie privée, et m'a demandé s'il devait appeler le Président Clinton pour lui exprimer sa sympathie. Je lui ai répondu que je pensais qu'une telle attention serait certainement appréciée.

Le lendemain matin nous avons rencontré Arafat. Avant le début de l'entrevue, la presse a été autorisée à entrer dans le Bureau ovale le temps de prendre des photos. Assis côte à côte, le Président et le leader palestinien ont répondu à quelques questions au sujet du processus de paix, puis un attaché de presse de la Maison Blanche a lancé : « Merci, monsieur le Président », pour mettre un terme aux questions, mais son intervention a déclenché un tumulte de protestations, comme si l'on venait de retirer leur ration de viande fraîche à des lions affamés. Finalement, le Président Clinton a dit : « Continuez », et on lui a posé des questions à propos de Monica Lewinsky. Je me suis demandé ce qu'Arafat pouvait penser de tout cela. Il venait discuter du sort de son peuple, comme Netanyahou deux jours plus tôt. Le monde avait les yeux fixés sur Washington, mais il n'assistait pas à un débat sur le sujet capital de la guerre et de la paix, il était le témoin du début d'une nouvelle époque intitulée : « Rien que Monica, tout le temps. »

Ce jour-là, Arafat a rejeté, comme prévu, l'offre de Netanyahou consistant en un retrait, limité et soumis à de rigoureuses conditions, des troupes israéliennes, la qualifiant de « cacahuètes », et a prévenu qu'une absence persistante de progrès risquait de déclencher « une explosion de violence ». Il n'a répondu ni oui ni non à nos propositions, mais nous a remis une lettre précisant les modifications apportées à la Charte palestinienne pour l'expurger des articles et des points anti-israéliens. Il a également donné son accord à un plan relatif aux questions de sécurité et incluant : 1) l'interdiction de la branche armée du Hamas ; 2) la confiscation de toutes les armes ; 3) des consultations préalables à la libération de certaines catégories de prisonniers. Il a également accepté que les retraits israéliens prévus par l'accord intérimaire soient reportés après le début des négociations sur le statut final. Tout cela allait dans le bon sens, mais quand Arafat a réclamé un retrait israélien plus important, le Président Clinton a répondu : « Je n'accepte pas l'offre de Netanyahou, et je ne peux pas accepter ce que vous demandez. »

Dans l'après-midi, j'ai informé la presse des derniers développements. Comme d'habitude, j'ai dit que nous étions en train de « rapprocher nos points de vue ». La formule était exacte, mais commençait à être usée. Ce soir-là, nous avons eu une nouvelle entrevue avec Arafat, cette fois-ci dans le bureau privé des appartements présidentiels, où le Président Clinton m'avait interviewée avant de me nommer Secrétaire d'État. Après le départ d'Arafat et de la délégation palestinienne, Sandy Berger et moi sommes restés seuls avec le Président qui, changeant de sujet, nous a dit que tout ce que l'on racontait à son sujet était sans fondement, et que les ennuis seraient bientôt terminés.

Le lendemain matin, vers onze heures, nous nous sommes tous retrouvés pour une réunion de l'ensemble du cabinet. Je me suis assise à ma place habituelle, à la droite du Président. Je ne le voyais que de profil, mais il n'y avait rien dans son comportement qui soit susceptible d'exprimer l'hésitation ou l'incertitude. Il a répété que toutes les allégations formulées à son propos étaient sans fondement, et il a ajouté que nous devions continuer à travailler comme si de rien n'était, qu'il n'y avait aucune raison de s'inquiéter. Nous nous sommes plongés dans nos dossiers ; nous étions perplexes mais nous pensions que le moment était mal choisi pour poser des questions.

Il ne m'est pas venu à l'idée de ne pas croire le Président. Je ne pensais pas qu'il mentait parce que je le croyais suffisamment sensé pour savoir qu'il finirait par se faire prendre, et qu'alors ses mensonges rendraient les choses pires encore. Après tout, c'était la principale leçon à tirer du Watergate et de presque tous les scandales ultérieurs ayant concerné la Maison Blanche : plus que les agissements répréhensibles, c'était la tentative d'étouffer les affaires qui faisait tomber des têtes. J'étais convaincue que le Président avait conscience de cela. Je n'avais aucune estime pour Starr et tous ceux qui ne pensaient qu'à attaquer la Maison Blanche, et il était évident que certaines personnes essayaient depuis des années de traîner le Président dans la boue.

Il y a des moments à Washington, et plus généralement dans le monde de la politique, où il faut choisir son camp, où la neutralité est une position intenable. Le Président venait d'affirmer que les allégations le concernant étaient mensongères, il n'y avait pas à revenir là-dessus. À la fin de la réunion, un assistant m'a informée que quelques membres du cabinet allaient s'adresser à la presse et m'a demandé si je voulais me joindre à eux. J'ai répondu « oui » et nous sommes sortis par la porte nord de l'aile Ouest devant laquelle se trouvaient réunis les représentants des médias. J'ai dit : « Nous venons de participer à une drôle de réunion du cabinet que le Président a entamée en disant : Concentrez-vous sur votre travail et tout ira bien pour moi. »

En réponse à la question d'un journaliste, j'ai déclaré : « Je crois que toutes ces allégations sont totalement fausses. » William M. Daley, le Secrétaire au Commerce, s'est joint à moi : « Je suis absolument d'accord avec cette déclaration.

— Moi aussi », ont surenchéri en chœur Donna E. Shalala, Secrétaire à la Santé et aux Affaires sociales, et Richard W. Riley, Secrétaire à l'Éducation.

Le lendemain, avant une réunion de politique étrangère consacrée à l'Irak, le Président Clinton m'a dit : « Hier, vous avez été formidable. Merci. J'apprécie. »

Tout au long de ce printemps 1998 tumultueux, tandis que le scandale Lewinsky faisait les gros titres de la presse, nous avons continué à nous occuper activement du Proche-Orient. Il faudrait un Homère pour faire la chronique des multiples activités que le Président parvenait à mener de front [1]. Fin mars, nous avons progressé quand Yasser Arafat a donné son accord « de principe » à nos propositions et nous a encouragés à aller de l'avant, « avec l'aide de Dieu » ; une décision qui reflétait la faiblesse de sa position, car nos propositions étaient beaucoup plus proches de celles des Israéliens que des siennes. Ainsi, Arafat avait demandé que trente pour cent du territoire de la Cisjordanie soient placés sous contrôle palestinien dès l'ouverture des négociations sur le statut final. En janvier, les Israéliens avaient accepté neuf pour cent et en mars Netanyahou avait confié au Président en privé qu'il pourrait aller jusqu'à onze pour cent. Nous avions proposé treize pour cent sur la plupart desquels Israël demeurerait l'autorité suprême en matière de sécurité. Notre plan exigeait que les transferts territoriaux aillent de pair avec des mesures de sécurité destinées à mettre fin aux activités terroristes anti-israéliennes. Durant une série de réunions houleuses tenues à Londres, en mai, j'ai fait de gros efforts pour convaincre Netanyahou d'accepter les deux pour cent supplémentaires, mais il n'a pas cédé.

Durant l'été 1998, Israéliens et Palestiniens ont eu recours une fois encore à des rencontres secrètes. En s'appuyant sur les propositions

---

1. Bien sûr, le Président n'était pas le seul à avoir cette faculté. Tout en écrivant ce passage, je tombe sur une page de mon agenda à la date du 28 janvier 1998 : « 1) Appeler le sénateur Helms ; 2) Appeler le roi Hussein ; 3) Appeler le ministre des Affaires étrangères Moussa ; 4) Appeler d'autres membres du Congrès ; 5) Préparer la réunion sur la Chine ; 6) Acheter des yaourts à 0 %. »

américaines, ils ont réussi à rapprocher leurs positions, finissant même par se mettre d'accord sur le pourcentage de territoires à transférer, soit treize pour cent dont trois pour cent seraient des réserves naturelles, ce qui permettrait aux Palestiniens de dire qu'ils s'en tenaient au chiffre qu'ils avaient accepté précédemment, tandis qu'Israël pourrait prétendre ne céder que dix pour cent aux Palestiniens et le reste à Mère Nature.

Le problème majeur restait la sécurité. Plusieurs mois auparavant, les Palestiniens avaient promis d'élaborer un plan capable de stopper les terroristes. À la demande des négociateurs, George Tenet, directeur de la CIA, a commencé à travailler avec l'Autorité palestinienne. Tenet avait une réputation bien méritée de franchise et de loyauté, et avait la confiance de tous. C'était important, car les Israéliens ne pouvaient pas se satisfaire de vagues engagements, ils avaient besoin de repères précis pour pouvoir juger des résultats, et pensaient que la CIA rendrait les mesures de sécurité prises par les Palestiniens plus crédibles. Les Palestiniens se disaient que leurs efforts dans le domaine de la sécurité seraient plus aptes à satisfaire Israël et l'opinion internationale s'ils avaient l'approbation de la CIA. L'Agence, elle, craignait de jouer les arbitres pour un combat à mort dans une des régions les plus dangereuses de la planète, mais aucune autre institution n'avait la même aptitude à travailler avec les deux camps.

Une autre question importante concernait le Conseil national palestinien (CNP), une organisation gigogne qui était censée exercer son autorité sur tous les Palestiniens, où qu'ils vivent. Aux termes des accords d'Oslo, la Charte nationale de l'OLP, ou Charte palestinienne, devait être amendée afin d'en éliminer les appels à la destruction d'Israël. En janvier, Arafat nous avait remis une lettre affirmant que le Comité exécutif du CNP avait supprimé les passages incriminés. Netanyahou soutenait qu'un vote de l'assemblée générale du CNP était nécessaire. Le désir de clarté d'Israël était légitime. Il est difficile de faire la paix avec un ennemi qui se donne pour objectif votre destruction. Arafat n'était pas très chaud pour un tel scrutin car il n'était pas certain du résultat.

Début septembre, un accord était en vue, mais le manque de confiance mutuel empêchait les deux parties en présence de franchir seules les derniers mètres. La question qui se posait à nous était la suivante : Devions-nous risquer de compromettre le prestige de la présidence en invitant Arafat et Netanyahou à un sommet rappelant celui de Camp David qui avait abouti, en 1978, au traité de paix israélo-égyptien ?

J'étais favorable à un sommet, tout en émettant des réserves. Même si j'avais appris la patience, le mode de négociation proche-oriental m'agaçait. Ayant un faible pour les contacts directs, je souhaitais ardemment amener ce round du processus de paix à son paroxysme. En même temps, je n'étais pas sûre que le Président Clinton réussisse à persuader Netanyahou et Arafat de se mettre d'accord. Ni l'un ni l'autre ne voulait être tenu pour responsable d'un blocage du processus de paix, mais tous deux semblaient craindre les conséquences de la signature d'un accord. Ils avaient donc tendance à réagir aux concessions du camp adverse en se montrant non pas plus conciliants mais plus exigeants. Ainsi, le processus se poursuivait, mais l'objectif à atteindre reculait de jour en jour. Netanyahou et Arafat ayant pris en public des positions intransigeantes, aucun des deux ne voulait être accusé de céder aux pressions américaines. Si nous réunissions un sommet qui n'aboutissait à rien, nous serions accusés d'impuissance, et on reprocherait au Secrétaire d'État d'avoir mal calculé les risques. Cependant, nous n'avions guère le choix. Pour la première fois depuis la signature des accords d'Oslo, en 1993, certains sondages montraient qu'une majorité de Palestiniens, terriblement déçus, étaient favorables à l'usage de la force pour contraindre Israël à se retirer sur les frontières de 1967. De son côté, Israël avait la preuve que la branche armée du Hamas préparait une nouvelle série d'attentats. Pendant que nous discutions, le temps passait.

Cet automne-là, lors de la session de l'Assemblée générale de l'ONU, je suis parvenue à réunir Arafat et Netanyahou pour leur première rencontre face à face depuis onze mois. L'emploi du temps de chacun d'entre nous étant absolument fou, nous avons convenu d'un rendez-vous à minuit dans mon ancien appartement des Waldorf Astoria Towers, occupé désormais par mon excellent successeur, Bill Richardson, le nouveau représentant permanent des États-Unis à l'ONU. Tout en attendant mes invités, je me demandais s'ils allaient seulement venir, mais ils sont venus. Je voulais les voir ensemble pour juger des chances de succès d'un éventuel sommet. Au début, ils se sont assis bien droits, très raides. Ils me regardaient, regardaient les interprètes, les plantes vertes, mais évitaient de se regarder en face. Je les ai exhortés à ouvrir un véritable dialogue afin de parvenir à des décisions sur les problèmes les plus ardus, puis je les ai invités à rencontrer le Président Clinton à la Maison Blanche le lendemain. Ils ont accepté, et je les ai laissés seuls afin qu'ils puissent discuter plus librement. Assise dans la pièce voisine, j'ai été soulagée de ne pas entendre d'éclats de voix. Le lendemain, à Washington, le Président a rendu public le projet de sommet et annoncé que je me rendrais de nouveau dans la région pour le finaliser.

À l'occasion de ce voyage, Netanyahou, Arafat et moi nous sommes rencontrés dans un avant-poste militaire israélien situé à la frontière entre l'État hébreu et Gaza. Après deux heures de discussion, Netanyahou a proposé de faire venir des sandwichs, mais Arafat lui a dit qu'il avait prévu de m'inviter à déjeuner dans sa résidence qui se trouvait de l'autre côté de la frontière, et il a demandé à Netanyahou s'il aimerait se joindre à nous. « Bibi » a stupéfait tout le monde en répondant « bien sûr », devenant ainsi le premier Premier ministre israélien à entrer à Gaza depuis que cette ville était palestinienne. Nous avons pris place autour d'une table en forme de T et goûté, entre autres mets raffinés, à un plat de *denise fish*, un poisson de la région qu'Arafat, en plaisantant, appelait « Dennis » en pensant à Dennis Ross. À la fin du repas, Netanyahou a demandé à Arafat s'il pouvait allumer un cigare, et le leader palestinien lui a présenté une pleine boîte de Cohibas*. Comme j'étais la seule femme et que tous les hommes présents autour de la table, une douzaine environ, se sont mis à fumer le cigare, j'ai cru devoir – réflexe d'autodéfense – en faire autant. La conversation devenant plus détendue, j'ai proposé de porter un toast à la diplomatie, et Arafat, Netanyahou et moi avons levé nos verres « comme un seul homme » devant les caméras des médias du monde entier.

Ariel Sharon, qui était sur le point d'être nommé ministre des Affaires étrangères et chargé de coordonner les négociations sur le statut final, a participé à une autre de nos réunions. Âgé de soixante-dix ans, Sharon était le principal adversaire de Netanyahou pour le leadership de la droite israélienne. Il avait qualifié les accords d'Oslo de « suicide national » et soutenait que le meilleur résultat que l'on pouvait espérer obtenir en négociant avec les Palestiniens, était de parvenir à un état de tension sans belligérance. Il était pour beaucoup, principalement pour les Arabes, un objet de mépris à cause du rôle qu'il avait joué, en 1982, dans l'invasion du Liban par Israël, au cours de laquelle les milices libanaises alliées des Israéliens avaient massacré des centaines de réfugiés palestiniens désarmés. La meilleure biographie, publiée en hébreu, du futur ministre des Affaires étrangères était intitulée : *Il ne s'arrête pas aux feux rouges*.

Pendant une quinzaine d'années, les États-Unis n'avaient eu que très peu de relations avec Sharon. Il était par contre un héros aux yeux de certains Israéliens parce qu'il appartenait à la génération fondatrice. Comme Moshe Dayan et Yitzhak Rabin, il avait participé à toutes les guerres faites par Israël et contribué à transformer son pays en un État moderne et fort. La décision de Netanyahou de faire

---

* Les havanes préférés de Fidel Castro (*N.d.T.*).

de lui son ministre des Affaires étrangères pouvait signifier deux choses : soit Netanyahou pensait que le prochain sommet serait un échec, et il comptait se servir de l'entêtement de Sharon comme d'une excuse ; soit il pensait que le sommet déboucherait sur un accord, et il comptait se servir de Sharon comme d'un bouclier pour se protéger des attaques des partisans de la ligne dure.

Le but d'un sommet est d'augmenter la pression sur les deux parties en présence, permettant ainsi aux deux dirigeants de justifier plus aisément des décisions difficiles. Un tel événement n'avait rien d'une simple formalité. La préparation de la rencontre signifiait des milliers d'heures de travail, des centaines de réunions et de coups de téléphone pour le Président, moi et notre équipe. Il s'agissait d'un travail ardu et méticuleux, mais c'était toujours ainsi que l'on avait réussi à progresser sur le chemin de la paix au Proche-Orient. Tout en faisant les derniers préparatifs pour le sommet, nous savions pertinemment que notre tâche était bien loin d'être achevée.

CHAPITRE DIX-NEUF

« Palestiniens et Israéliens enfin réunis »

À LA DEMANDE DE LA MAISON BLANCHE, le Département d'État a élaboré une stratégie en prévision du sommet israélo-palestinien. Nous avons prévenu le Président que l'un des deux camps, voire les deux, menacerait certainement de quitter la table des négociations, et que les choses ne progresseraient guère tant que les deux parties en présence ne seraient pas convaincues que le sommet approchait de sa fin. Netanyahou devant accepter de céder des territoires – une décision irréversible –, il exigerait les garanties les plus formelles en matière de sécurité. Il était important pour lui de pouvoir se vanter de s'être montré plus ferme et d'avoir obtenu de meilleurs résultats que ses prédécesseurs travaillistes. Quant à Arafat, il lui fallait obtenir la cession des territoires sans accéder pour cela à ce que les Palestiniens pourraient considérer comme des exigences humiliantes d'Israël. Les rapports du Président Clinton avec Netanyahou pouvaient être facilités par leur passion commune pour la politique. Arafat avait de bons rapports avec le Président parce que ce dernier le traitait avec respect et comprenait les besoins des Palestiniens. La principale question était de savoir si Netanyahou et Arafat allaient reconnaître qu'ils avaient une responsabilité l'un envers l'autre. Dans le cas contraire, nous risquions de parvenir à un accord sur le papier qui serait immédiatement dénoncé par la rue.

Le jour prévu pour le début du sommet, le Président Clinton et le reste de notre équipe ont accueilli les deux interlocuteurs à la Maison Blanche. Comme à son habitude, Arafat a rappelé son titre de vice-président permanent de l'Organisation de la conférence islamique, ce qui a incité le vice-Président Al Gore à lui demander quelle impression cela faisait d'être un vice-président permanent, et si c'était une bonne ou une mauvaise chose.

Après quoi, le Président Clinton a fait une brève déclaration à la presse. Comme un journaliste lançait une question, le Président a refusé de répondre, expliquant avec assurance : « Nous avons décidé tous les trois de ne pas répondre à vos questions pour le moment. Nous allons plutôt nous mettre au travail. » Peu après, Netanyahou est apparu sur la pelouse de la Maison Blanche et a invité les journalistes à lui poser des questions, en anglais ou en hébreu. Dès qu'il a eu fini, Arafat s'est emparé du micro. Le sommet n'avait pas encore commencé que déjà les règles du jeu étaient enfreintes.

Nous avions choisi le Wye River Conference Center, situé à Queenstown (Maryland), comme cadre des négociations parce qu'il était proche de Washington et assez vaste pour nous permettre d'organiser des réunions de dimensions variables selon les besoins. Nous espérions que les quatre cent cinquante hectares de paysage idyllique auraient un effet apaisant sur les participants. Le Wye River Center est installé sur un vaste domaine, appelé autrefois Wye Plantation, avec des prairies, des champs, des bois, et même un troupeau de Black Angus* « réputé dans le monde entier ».

Nous avions prévu des hébergements séparés et inégaux, particulièrement en ce qui nous concernait. L'ancienne demeure des propriétaires du domaine, appelée Houghton House, est admirablement décorée de meubles d'époque. Nous y avons installé les Palestiniens et nous avons installé les Israéliens à River House, un bâtiment moderne et confortable avec une terrasse en bois, des dépendances et des jardins. En tant qu'hôtes, nous étions bien sûr logés plus modestement.

Cette disposition avait l'avantage de préserver l'intimité de chacun. L'inconvénient, c'était qu'elle multipliait les déplacements. Il me fallait aller d'un endroit à l'autre dans ma limousine officielle, escortée par un petit cortège de voitures, gyrophares allumés. Dans cet endroit perdu, parmi les oies sauvages et les chants d'oiseaux, cela paraissait ridicule, mais la Diplomatic Security (DS) avait insisté pour qu'il en soit ainsi. Par la suite, Yasser Arafat devait créer son propre spectacle en faisant du vélo pour la première fois depuis des décennies, chevauchant un vélo rouge vif à travers la propriété, son keffieh flottant au vent et ses gardes du corps trottinant à ses côtés.

Le sommet a débuté par une réunion plénière tenue dans la grande salle de conférences. En entrant, Netanyahou est allé droit vers les Palestiniens et a serré la main de chaque délégué. Arafat a fait de même. L'ambiance semblait excellente, mais l'impression était trom-

---

* Race bovine écossaise originaire du comté d'Angus, ou comté de Forfar (*N.d.T.*).

peuse. Nous avons eu rapidement l'impression de nous trouver dans la cage aux lions.

Notre planning ne se fondait pas sur l'expérience, mais sur l'espoir. Nous avons commencé un jeudi et avions prévu d'en avoir fini le dimanche soir. Nous pensions que cette date limite était réaliste puisque Netanyahou devait se trouver à Jérusalem le mardi suivant pour l'ouverture de la session d'automne de la Knesset, le Parlement israélien. Nous avons donc essayé de susciter un sentiment d'urgence. Les deux délégations ont réagi le lendemain en allant faire du shopping.

Nous avons convenu que rien ne serait décidé définitivement tant que les deux parties ne seraient pas d'accord sur tout, c'est-à-dire qu'elles pouvaient s'entendre sur certaines questions sans que cela les engage aucunement si jamais les négociations venaient à être rompues. Lorsque le Président Clinton aurait une entrevue avec un des protagonistes, j'aurais une entrevue avec l'autre. Quand le Président retournerait à Washington, j'assurerais la continuité des négociations. Nous avons constitué des commissions pour traiter de chaque problème particulier. Les États-Unis rédigeraient ensuite le projet d'accord en fonction des discussions entre les deux parties.

Le premier jour, le Président Clinton et moi avons rencontré Netanyahou et Arafat chacun de notre côté, pendant environ une heure, après quoi nous avons déjeuné tous les quatre à proximité du centre de conférences. Bien que n'étant pas à Washington, nous étions servis dans la vaisselle de la Maison Blanche et il y avait au menu du vivaneau et du poulet, suivis des inévitables bonbons à la menthe enveloppés dans du papier doré, spécialité de la Maison Blanche. Particulièrement empathique, ce qui était bien dans son caractère, le Président a encouragé ses deux interlocuteurs à exprimer très franchement leurs préoccupations. Arafat a parlé calmement des aspirations des Palestiniens, du problème de sécurité que représentaient pour eux les colons israéliens armés, des soucis que lui causaient les extrémistes. Il a tenu à rappeler que c'était Netanyahou qui avait remis en liberté le cheikh Ahmed Yassine, le chef spirituel du Hamas. La réponse de Netanyahou a été très diplomatique ; il s'est engagé à œuvrer avec les Palestiniens contre le terrorisme. Les bons négociateurs n'ignorent pas qu'il faut savoir se mettre à la place de son interlocuteur. Le Président Clinton était passé maître dans cette discipline. Il s'est efforcé de persuader Netanyahou et Arafat de réfléchir à la façon dont ils pourraient s'aider mutuellement à affronter les réactions de leurs extrémistes respectifs à la suite d'un éventuel accord. C'était une approche prévoyante mais qui supposait que chacun des deux dirigeants se soucie de la situation politique de l'autre.

Netanyahou et Arafat se sont retrouvés le lendemain matin en tête à tête, avec comme interprète Gamal Helal, un des traducteurs du Département d'État, et un spécialiste du Proche-Orient. Arafat était l'hôte de Netanyahou, qui l'a reçu sur la terrasse arrière de River House, celle qui donne sur la rivière. Quand Dennis Ross et moi les avons rejoint pour le déjeuner, l'ambiance était aussi glaciale que le soleil d'octobre était resplendissant. Netanyahou insistait sur la question de la Charte palestinienne, et exigeait l'arrestation de Palestiniens accusés de terrorisme, dont treize membres des services de sécurité palestiniens. C'étaient des questions épineuses pour Arafat, et il avait une mine sinistre. Pour finir de tout arranger, le Premier ministre israélien a parlé de « Judée et Samarie » au lieu de Cisjordanie, s'est plaint des Arabes qui volaient des voitures, et ne s'est pas levé pour accompagner Arafat jusqu'à la porte à la fin du déjeuner, sachant pourtant combien celui-ci est sensible au protocole.

Chaque jour, les commissions que nous avions constituées faisaient leur rapport à leur chef de délégation. En les écoutant, je me disais qu'il n'y avait pas de problèmes simples. Les Palestiniens devaient disposer d'un aéroport, mais les Israéliens s'inquiétaient à juste titre de l'usage qu'ils en feraient. Il fallait que les Palestiniens puissent circuler librement entre la Cisjordanie et la bande de Gaza, mais les Israéliens pouvaient légitimement craindre d'éventuels déplacements de criminels et de terroristes. Les deux parties en présence étaient proches d'un accord dans la plupart des domaines, mais il ne serait pas facile de leur faire franchir les derniers mètres.

Ce soir-là, les Israéliens ayant décidé de rester entre eux à River House pour le dîner du shabbat, j'ai invité la délégation palestinienne à se joindre à nous dans la grande salle à manger. En dépit de l'âpreté des négociations, nous avons eu de nombreuses occasions de rire. Cette soirée-là fut marquée par de fréquents toasts et des conversations détendues. J'ai été photographiée en compagnie de deux adjoints d'Arafat : Abou Ala et Abou Mazen – une photo que nous avons sous-titrée par la suite : « Madeleine et les Abous[1] ». J'étais fière de notre aptitude à franchir les barrières culturelles, mais les barrières linguistiques ne sont pas aussi aisément franchissables. Quand j'ai présenté Suzy George, l'adjointe d'Elaine Shocas, à Arafat, elle lui a dit en arabe quelques mots de bienvenue dont elle

---

1. En mars 2003, Abou Mazen, alias Mahmoud Abbas, est devenu Premier ministre dans le cadre d'une tentative de réforme de l'Autorité palestinienne destinée à convaincre Arafat de partager le pouvoir.

pensait qu'ils signifiaient : « Ma maison est votre maison. » En fait, elle avait dit au leader palestinien : « Vous faites partie de ma famille et je suis une vallée très fertile. » Gamal Helal a fait irruption dans la salle. C'était lui qui avait fourni à Suzy la formule de bienvenue en arabe et il a avoué en riant le mauvais tour dont il s'était rendu coupable. Arafat a souri et Suzy est devenue rouge comme une pivoine.

Après avoir travaillé toute la nuit, Dennis Ross est venu me dire le samedi matin que les Palestiniens étaient globalement d'accord avec nos propositions en matière de sécurité, mais étaient bien déterminés à gommer certaines références trop précises figurant dans le texte. Leur problème était politique. Les demandes d'Israël étaient raisonnables mais extrêmement intrusives. Elles incluaient une liste de personnes – que Netanyahou appelait « les trente tueurs » – à appréhender, un plan de confiscation des armes en circulation, et un accord sur la façon d'empêcher les terroristes d'utiliser des institutions civiles telles que les mosquées. Naturellement, les Israéliens voulaient que ces questions soient traitées de la façon la plus explicite possible, tandis que les Palestiniens préféraient une formulation plutôt vague.

Le sommet était censé se terminer le dimanche. En réalité, nous avons passé cette journée à faire machine arrière. Dans l'après-midi, Netanyahou a confié au Président Clinton qu'il ne croyait pas qu'un accord global soit possible. En guise de solution de remplacement, il avançait l'idée d'un accord partiel incluant seulement le retrait israélien de treize pour cent des territoires occupés et la coopération des Palestiniens en matière de sécurité. Quand le Président nous a demandé notre avis, Sandy Berger et moi nous sommes élevés contre cette proposition. Nous luttions depuis plus d'un an pour parvenir à ce sommet et nous avions besoin de profiter au maximum de l'occasion qui nous était offerte.

Vers minuit, le Président a rencontré seul à seul Ariel Sharon qui venait d'arriver au Wye River Center. Il était capital de le convaincre, car il était difficile de croire que Netanyahou puisse rejeter un accord accepté par Sharon, et vice versa. L'entrevue n'a pas été très plaisante. Sharon s'en est tenu à la proposition israélienne d'accord partiel et a reproché au Président Clinton de ne pas avoir fait libérer l'espion Jonathan Pollard [1].

---

1. Pollard était un employé civil de l'US Navy, un analyste du service de renseignement condamné à perpétuité en 1986 pour avoir livré à Israël des informations sur les méthodes de déchiffrage, les agents et les contacts des services de renseignement américain. Depuis, les Israéliens s'efforçaient d'obtenir sa libération. Cette question était sans rapport avec le processus de paix au Proche-Orient, mais Pollard

À la fin de ce long dimanche, nous étions très déçus. Les Israéliens essayaient de retirer de la table des négociations la moitié des sujets de discussion, tandis que leur redoutable ministre des Affaires étrangères compliquait encore les choses. Le lundi après-midi, le Président Clinton s'est montré créatif et optimiste. Il a dit aux deux parties qu'il pensait qu'un accord global était encore possible. Bien informé de tous les détails et conduisant habilement la discussion, il a invité chaque délégation à défendre sa position, puis il leur a soumis des idées pour résoudre leurs divergences sur les sujets dont il avait dressé la liste en les classant par ordre de difficulté croissante. Consultant un bloc-notes jaune sur lequel il avait inscrit, de son écriture absolument illisible, tous les points à débattre, le Président a fait part de son optimisme quant au travail accompli dans le domaine de la sécurité, en prenant pour référence les négociations relatives à l'Irlande du Nord. Lorsque les Palestiniens ont demandé la libération de détenus incarcérés dans les prisons israéliennes, le Président a exprimé sa sympathie pour leurs familles mais a expliqué ce qu'il avait ressenti en tant que gouverneur de l'Arkansas quand un détenu dont il avait autorisé la libération anticipée avait commis un meurtre.

Ce soir-là, Sharon est arrivé au moment où nous allions prendre place à la table du dîner – situation embarrassante car sa venue était tout à fait inattendue. Sachant que Sharon se vantait en public de refuser de lui serrer la main, Arafat s'est contenté de lui adresser un bref salut, que Sharon a semblé ignorer. Durant tout le repas, Sharon n'a guère arrêté de parler, essayant de se montrer sociable. Je trouvais toutefois bizarre qu'il parle des Palestiniens à la troisième personne alors qu'Arafat et sa délégation étaient assis à la même table. Sharon disait être un éleveur qui s'était toujours bien entendu avec les Palestiniens et admirait leur productivité en tant que cultivateurs. Quand Arafat s'est plaint que les agriculteurs de la bande de Gaza crevaient de faim, Sharon a répondu : « Non, monsieur le président, ils ne crèvent pas de faim. »

Après le dîner, le Président Clinton a de nouveau essayé de rapprocher les deux points de vue. Je me suis dit qu'il était comme un psychiatre tentant d'amener ses patients à inhiber leurs mécanismes

---

pouvait constituer une sorte de trophée permettant à Netanyahou de faire accepter plus facilement par la droite israélienne un accord avec les Palestiniens. Quand j'ai informé George Tenet, directeur de la CIA, que les Israéliens avaient de nouveau soulevé la question, il s'est mis en colère. Il était résolument opposé à la libération de Pollard car elle pouvait laisser supposer que la haute trahison était un crime acceptable si l'on avait les amis qu'il fallait. J'étais entièrement d'accord avec Tenet.

de défense et à révéler honnêtement ce qu'ils pensaient et ressentaient. Même Netanyahou ne trouvait rien à redire. Pour la première fois, j'ai eu le sentiment qu'un accord était vraiment possible. Le Président a encouragé les deux participants à bien réfléchir aux enjeux. S'adressant à Netanyahou, il a insisté sur la nécessité de renforcer la capacité d'Arafat de traiter avec les Palestiniens les plus extrémistes. Avec Arafat, il a abordé une fois encore les problèmes de sécurité et a insisté sur la nécessité de trouver une façon de donner satisfaction à Israël à propos de la révision officielle de la Charte palestinienne.

Nous n'étions au Wye River Center que depuis quelques jours, mais nous avions déjà pris des habitudes. Malgré nos longues veilles, je me levais tôt et commençais la journée par une promenade en tenue de jogging bleue. Puis je m'asseyais à la table du petit déjeuner en compagnie de notre équipe de négociateurs conduite par Dennis Ross, Wendy Sherman, Martin Indyk, l'adjoint du sous-secrétaire aux Affaires politiques, chargé du Proche-Orient, Toni Verstandig, son adjoint, Gamal Helal et le très estimable Aaron Miller. Aaron avait rebaptisé le Wye River Center « Camp Albright – un camp pour les très, très mauvais garçons ».

Le roi Hussein de Jordanie et la reine Noor sont venus au Wye River Center et je leur ai rendu visite le mardi. Le roi, qui avait signé la paix avec l'Israël de Yitzhak Rabin en 1994, avait quitté son lit de malade à la clinique Mayo, dans le Minnesota, pour se joindre à nous. Quelques mois plus tôt, ses médecins avaient diagnostiqué un cancer. Quand il est entré dans la pièce où je l'attendais, il m'a paru terriblement changé par rapport à nos dernières rencontres. En tant que diplomate, j'étais souvent obligée de dissimuler mes émotions, mais il m'a fallu prendre énormément sur moi pour ne pas paraître bouleversée à la vue de ce monarque que j'avais connu si vigoureux. Son teint était épouvantable ; la chimiothérapie avait fait tomber ses cheveux, sa barbe et ses sourcils. J'avais envie de pleurer... et de prier. Par contre, le roi jouissait de toutes ses facultés intellectuelles, et son sens des responsabilités était intact. Je l'ai informé de l'avancement des négociations, et il m'a proposé de faire tout ce qui était en son pouvoir pour aider à les faire aboutir.

Ce soir-là, Dennis, Martin et moi avons retrouvé Saeb Erekat, le principal conseiller de Yasser Arafat, et quelques autres délégués palestiniens, afin de conclure un accord sur la sécurité ; en fait, une longue liste de choses que les Palestiniens s'engageaient à faire. Nous progressions – même s'il restait encore des points de désaccord – quand, comme nous en avions convenu auparavant, le Président Clinton est passé nous voir, et a offert de poser pour quelques photos.

Brusquement, les Palestiniens ont été tout sourire. Les photographes ont pris des photos de groupes, puis Saeb Erekat a demandé une photo personnelle et, bien sûr, chacun a voulu la sienne. Durant tout ce temps, le Président a mêlé plaisanteries et propos sérieux : « Votre peuple compte sur vous. Dans dix ans, de la position que vous occuperez alors, vous regarderez en arrière et vous saurez que vous avez fait ce qu'il fallait. » En sortant, le Président s'est tourné vers moi et m'a dit à voix basse : « Obtenez-moi cet accord à présent, que je puisse aller voir les Israéliens. »

Peu après le départ du Président, nous sommes parvenus à un accord, et les Palestiniens ont dit qu'ils devaient vite aller le soumettre à Arafat. Je leur ai demandé s'ils ne pouvaient pas se contenter de lui téléphoner ?

« Non, nous devons le lui porter.

— Très bien. Alors, allons-y ensemble. »

Nous nous sommes donc rendus en voiture jusqu'à Houghton House où Arafat nous attendait. Je l'ai d'abord rencontré en tête à tête pendant une dizaine de minutes, durant lesquelles je lui ai expliqué combien il était vital que je puisse dire au Président Clinton que nous étions finalement parvenus à un accord sur les questions de sécurité. Puis la délégation palestinienne nous a rejoints et a expliqué en détail la proposition que nous avions élaborée. Le président de l'Autorité palestinienne a donné son assentiment et je lui ai dit : « Monsieur le président, si vous agissez conformément à vos engagements, vous venez de faire un pas historique en direction de la paix et de la satisfaction des besoins fondamentaux de votre peuple. »

J'ai informé le Président Clinton, puis nous sommes allés trouver Netanyahou. Nous lui avons fait part de la position adoptée par les Palestiniens en matière de sécurité, et nous l'avons assuré que nous tiendrions compte des préoccupations israéliennes en rédigeant le projet d'accord final.

Le Président Clinton est alors parti pour Washington et j'ai regagné mon bungalow. Il était minuit passé. Nous étions donc le 21 octobre. J'ai pensé que c'était un excellent prétexte pour téléphoner à Netanyahou. Quand il a répondu, je lui ai dit : « Monsieur le Premier ministre, permettez-moi, je vous prie, d'être la première à vous souhaiter un joyeux quarante-neuvième anniversaire. » Bibi a répondu : « Merci, madame le Secrétaire d'État, mais est-ce bien la vraie raison de votre appel ?

— Oui, bien sûr, et je vous prie de bien vouloir étudier très soigneusement le plan palestinien relatif à la sécurité ainsi que le projet d'accord final. Nous nous efforcerons d'apporter les meilleures réponses possibles à vos préoccupations et à vos questions à propos du texte. Une fois que nous aurons pris en compte vos remarques, si vous estimez qu'un accord est possible, le Président Clinton nous rejoindra pour discuter des problèmes non encore résolus. Si vous pensez, tout bien réfléchi, que ce n'est pas satisfaisant, nous en resterons là. Nous dirons que nous avons passé un bon moment ensemble. Nous vous serions très reconnaissants de nous faire connaître votre réponse avant demain midi. »

Les Israéliens n'ont manifestement pas aimé notre projet, car le lendemain ils ont décidé de nous mener en bateau. Pour commencer, Sharon n'est pas venu à une réunion prévue à onze heures. Appelé au téléphone, il a répondu qu'il avait besoin de prendre une douche. Quelques heures plus tard, Arafat s'est exclamé : « Sharon a dû se noyer dans sa baignoire. » Après quoi, nous avons été prévenus que les Israéliens avaient demandé qu'on les conduise à l'aéroport, et que leurs bagages étaient entassés sur la pelouse.

J'ai téléphoné à Netanyahou et demandé à le rencontrer. Alors que je me rendais à River House, des agents de la DS ont arrêté ma voiture pour me prévenir qu'un membre de la délégation israélienne désirait me parler, et ils ont montré du doigt un homme qui venait vers nous en traversant un pré dans lequel paissaient paisiblement des Black Angus. Il s'agissait de Yitzhak Mordechaï, le ministre israélien de la Défense. Mordechaï m'a expliqué qu'il avait prétexté une promenade afin de pouvoir m'intercepter. « Je n'ai pas fait mes bagages. Nous devons rester et essayer de terminer ce que nous avons commencé. » Je lui ai répondu que j'étais d'accord et j'ai ajouté : « Nous ne pouvons pas laisser passer cette chance. Si votre délégation a des problèmes, nous devons en discuter et les résoudre. » Sous le regard des Black Angus « réputés dans le monde entier », nous nous sommes donné diplomatiquement l'accolade et avons poursuivi chacun notre chemin.

À mon arrivée, River House avait un aspect particulier. Les bagages de la délégation israélienne étaient étalés au bord de l'allée d'accès semi-circulaire – une raison supplémentaire de penser que les Israéliens bluffaient. S'ils avaient vraiment eu l'intention de partir, ils auraient pu le faire sans attendre. Je suis descendue de voiture et, passant entre les valises en feignant de ne pas les voir, j'ai salué Netanyahou d'un : « Et si nous réexaminions ce projet d'accord ?

— Très bien. »

Durant la réunion, le Premier ministre israélien n'a proféré aucune menace, n'a pas pris de grands airs. Nous avons décidé que Dennis Ross et George Tenet travailleraient avec les deux délégations pour préciser les assurances en matière de sécurité. Netanyahou a réitéré ses demandes relatives à la Charte palestinienne. Nous avons parlé de la nécessité pour chacune des deux parties de tenir ses engagements.

À ce moment-là, Sharon nous a interrompus pour dire qu'il était venu au Wye River Center avec l'intention de parvenir à un accord, même si Arafat avait violé tous les accords qu'il avait signés jusquelà. Il a ajouté que les Palestiniens n'étaient pas des démocrates mais « une bande de voyous ». J'ai répliqué : « Nous ne considérons les Palestiniens ni comme des démocrates ni comme une bande de voyous, mais comme un peuple vivant à côté de vous. Nous sommes vos meilleurs amis. Si nous ne réussissons pas, votre sécurité va se détériorer. Si vous les considérez comme une bande de voyous, c'est sans espoir. Ils se comporteront comme tels.

— J'ai vécu avec des Arabes toute ma vie, m'a répondu Sharon, et je n'ai pas de problème avec eux. J'ai des problèmes avec leurs dirigeants, ou du moins avec certains d'entre eux qui sont des assassins. C'est une erreur de traiter avec eux. »

Voyant le temps passer, j'ai décidé de camper dans un petit bureau proche de River House afin de me tenir au courant de tout ce qui se passait. Je me trouvais là quand Dennis m'a rejointe précipitamment, brandissant la copie d'un communiqué de presse annonçant l'intention de la délégation israélienne de quitter la table des négociations si les Palestiniens n'acceptaient pas immédiatement de tenir leurs engagements au sujet « du transfert des terroristes recherchés et de la révision de la Charte palestinienne ».

Netanyahou n'avait rien dit de cela au cours de notre réunion. Le faire après coup, par l'intermédiaire de ce communiqué de presse, était inacceptable. Tandis que nous réfléchissions à la meilleure façon de réagir, Zalman Shoval, l'ambassadeur d'Israël aux États-Unis, est venu nous présenter ses excuses, affirmant que Netanyahou ignorait tout de ce communiqué de presse. Shoval paraissait véritablement embarrassé. Je venais d'accepter ses excuses quand Tenet nous a rejoints pour nous informer que les deux parties étaient parvenues à un accord sur les problèmes de sécurité. Rien ne pouvait contribuer plus efficacement à faire avancer les choses dans la bonne direction.

Je suis retournée voir Netanyahou pour lui dire que je n'ignorais pas qu'il était sous pression, mais que le moment était venu de prendre une décision : était-il sérieux ou non ? Le lendemain devant être impérativement le dernier jour, il fallait absolument soumettre le projet d'accord final aux Palestiniens sans attendre. Bibi a acquiescé d'un signe de tête.

Le dernier jour des négociations a été interminable. Il a commencé à dix heures et demie par une réunion plénière, tenue dans la grande salle de conférences du Wye River Center, et suivie par une foule de réunions trilatérales plus restreintes avec pratiquement toutes les permutations possibles et imaginables. Le Président Clinton était revenu de Washington patient mais déterminé, prêt à écouter de vrais arguments mais peu disposé à supporter les comportements ostentatoires des uns ou des autres. Oubliant les incidents de la veille, Netanyahou a commencé par modifier la position israélienne. En début d'après-midi, les Israéliens ont même proposé des réunions bilatérales au cours desquelles les deux parties se sont mises d'accord sur plusieurs sujets, y compris sur une idée astucieuse pour satisfaire l'exigence de Netanyahou concernant l'approbation de la révision de la Charte palestinienne par le Conseil national palestinien. Arafat inviterait le CNP et des membres d'autres organisations à une réunion extraordinaire, à Gaza. Le Président Clinton se joindrait à Arafat et s'adresserait à l'assemblée, qui serait ensuite appelée à affirmer son soutien à la révision de la Charte et à la paix par un vote à main levée, ou par acclamation. Sandy Berger a aussitôt émis des doutes quant à l'opportunité de placer le Président dans cette situation, et j'ai convenu volontiers que c'était risqué. Par contre, le Président avait confiance dans sa capacité à galvaniser n'importe quelle foule.

À dix-sept heures, nous avons tenu une nouvelle réunion plénière pour comparer nos notes. Il restait un problème à résoudre : la demande d'Arafat concernant la libération de certaines catégories de détenus palestiniens. Netanyahou affirmait comprendre l'importance qu'elle avait pour les Palestiniens, mais refusait de libérer des membres du Hamas et tous ceux qui avaient du sang sur les mains. Il était d'accord uniquement pour les condamnés de droit commun, et ceux dont les atteintes à la sûreté intérieure d'Israël n'avaient pas entraîné mort d'homme – au total plusieurs centaines de personnes. Arafat argumentait pour obtenir au moins un millier de libérations.

Nous avons travaillé sur ce problème pendant cinq heures. On nous a servi à dîner. Nous étions manifestement dans la bonne direction, mais l'accord global n'était toujours pas acquis. La tension était telle qu'un accrochage sur pratiquement n'importe quel sujet aurait pu bloquer le processus. C'est alors que j'ai annoncé que nous avions un visiteur.

On m'avait expliqué que l'état de santé du roi Hussein avait atteint un stade à partir duquel il prenait un risque en rencontrant un grand nombre de personnes. La moindre infection pouvait lui être fatale. J'ai donc demandé à toutes les personnes présentes de s'enduire les mains d'un désinfectant liquide que nous avons fait circuler. Puis le roi est entré et tout le monde s'est levé. Même si nos mains étaient désinfectées, nous avions presque peur de le toucher.

Le Président Clinton lui a expliqué où en étaient les négociations. Le contraste entre la fragilité du monarque et la vigueur de Bill Clinton était saisissant. Quand le roi a commencé à parler, le silence s'est fait. Il a dit que l'Histoire nous jugerait tous, et que les différends qui séparaient encore les deux parties étaient bien minces comparés à l'importance des enjeux. « Après être parvenus à un accord, a-t-il ajouté, vous regarderez en arrière et vous ne vous souviendrez même plus de ces différends. Il est temps d'en finir, et d'assumer les responsabilités que vous avez envers vos peuples et plus particulièrement envers vos enfants. »

La fragilité du roi ajoutait à la force de ses propos. Tout en l'écoutant, je repensais à la perte qu'avait été la mort de Rabin, et je me demandais quel allait être pour le Proche-Orient le coût de la disparition de cet autre dirigeant courageux. Dix-neuf mois plus tôt, un soldat jordanien, devenu subitement fou, avait tué sept écolières israéliennes. Contrairement à d'autres dirigeants du Proche-Orient, le roi Hussein ne s'était pas contenté d'excuses officielles ; il s'était rendu personnellement en Israël, dans les maisons des victimes, s'était agenouillé avec leurs familles, avait demandé pardon au nom de son pays et exprimé sa peine. Son geste était lourd de signification, c'était une marque de respect et d'affection envers toute vie humaine, arabe ou israélienne. Ce simple geste renfermait la solution à tous les problèmes qui tourmentaient le Proche-Orient.

Avant de partir, le roi a fait le tour de la table pour serrer la main à tous ceux qui étaient présents. Arafat, qui l'aurait ordinairement embrassé sur la joue, l'a embrassé sur l'épaule pour éviter de transmettre des germes à cet homme rongé par la maladie.

Du fait de sa charge émotionnelle, la visite du roi nous a donné à tous un coup de pouce, mais plus les pourparlers se prolongeaient, plus la fatigue se faisait sentir. La vaste salle était le cadre de scènes très disparates. De nombreux membres des trois délégations, comateux ou assoupis, s'étaient effondrés dans des fauteuils, tandis que d'autres, assis autour de petites tables, discutaient toujours. Aussitôt qu'une discussion prenait fin, ceux qui y avaient participé se séparaient pour aller s'asseoir à d'autres tables. Un grand feu crépitait dans la cheminée, dominant parfois le bourdonnement des voix. Il y avait partout des tasses de café, des bouteilles d'eau vides, des panières avec des bonbons et des biscuits.

Le Président Clinton partageait son temps entre la lecture de son bloc-notes jaune, et des conversations avec Arafat ou Netanyahou, ou les deux à la fois. Portant un pull-over rouge, les lunettes perchées au bout du nez, l'air fatigué, Bill Clinton était concentré et paraissait déterminé. Vers deux heures et demie du matin, je l'ai vu discuter vivement avec ses deux interlocuteurs, tandis que Gamal Helal traduisait fiévreusement. Brusquement, Arafat s'est levé, s'est dirigé à grands pas vers sa propre table et s'est assis, seul. Le Président s'est levé à son tour et s'est écrié : « C'est scandaleux ! C'est méprisable ! Je ne tolérerai pas ce genre de conneries ! »

Gamal est venu me raconter ce qui s'était passé. Tous les trois discutaient de la question des détenus palestiniens. Netanyahou était d'accord pour en libérer cinq cents, mais seulement si Arafat « prenait soin » d'un certain Palestinien, un personnage très en vue, et s'il arrêtait les « trente tueurs » dans les deux semaines qui suivaient la signature d'un accord. Arafat avait demandé comment il était censé « prendre soin » du Palestinien en question, « en le faisant exécuter ? » ; et Netanyahou avait répondu : « Je ne vous demanderai rien, vous ne me direz rien. » Là-dessus, Arafat avait bondi de sa chaise et le Président Clinton avait éclaté.

Cet accès de colère du Président nous avait tous déconcertés. Il s'était montré jusque-là si patient. Netanyahou n'était pas le moins surpris. Il a paru accuser le coup physiquement et a demandé à parler au Président seul à seul. J'ai conseillé au Président d'en profiter pour lui demander s'il accepterait de libérer sept cent cinquante prisonniers, un chiffre à mi-chemin entre les positions des deux parties. Le tête-à-tête a duré trois quarts d'heure et à la fin le Président nous a dit que Netanyahou avait accepté.

Nous avions encore devant nous plusieurs heures sans sommeil. Dès que nous parvenions à un accord de principe, les équipes de rédaction s'efforçaient de finaliser le texte ; un processus qui révélait souvent de légères divergences que les trois dirigeants devaient s'empresser de résoudre. Finalement, un quart d'heure environ avant sept heures du matin, alors que l'aube pointait, le dernier problème a été résolu. Nous étions tous bien trop épuisés pour éprouver la moindre émotion, mais nous nous sommes tout de même congratulés et avons fêté cela. Tandis que nous commencions à organiser la cérémonie de signature à la Maison Blanche, nous avons aperçu Netanyahou assis seul sur un canapé, l'air furieux. Cela ne présageait rien de bon. Le Président Clinton est allé aux nouvelles, puis il est revenu nous dire que Netanyahou menaçait de ne pas signer l'accord si les États-Unis ne libéraient pas Jonathan Pollard.

J'ai dit au Président : « C'est du chantage. C'est également une mauvaise tactique. Nous ne pouvons pas céder. » Je suis allée m'asseoir à côté de Netanyahou et lui ai expliqué que ce serait une grave erreur d'empêcher la signature de l'accord. Il m'a répondu qu'en ce qui le concernait, il n'y avait pas d'accord parce qu'il n'aurait jamais consenti à faire autant de concessions s'il n'avait pas compté sur la libération de Pollard. Sans cette compensation, il lui serait impossible de faire accepter par les Israéliens l'accord signé avec les Palestiniens.

Aujourd'hui encore, j'ignore ce qui a pu amener Netanyahou à croire que nous allions relâcher Pollard. Le Président Clinton affirmait ne pas avoir pris un tel engagement. Il est possible, par contre, que Netanyahou ait, pour une raison quelconque, mal interprété l'empathie instinctive manifestée par le Président lors de leurs tête-à-tête, ou encore que Sharon ait, involontairement, induit son Premier ministre en erreur. Toujours est-il que Netanyahou a pensé pouvoir forcer la main du Président. Dans tous les cas de figure, le résultat était un véritable gâchis.

Toute la matinée, nous avons œuvré de diverses façons pour tenter de convaincre Bibi qu'il était parvenu à un bon accord, même sans la libération de Pollard. J'ai demandé au roi Hussein d'user de toute son influence, puis j'ai parlé à Arafat – qui ignorait tout du problème – simplement pour le calmer. J'ai passé une bonne heure avec Yitzhak Mordechaï, qui s'est montré de nouveau très coopératif. Les Israéliens ayant fait savoir à la presse que la signature de l'accord était compromise parce que le Président Clinton était revenu sur sa promesse de libérer Pollard, Jamie Rubin s'efforçait d'éluder les questions des journalistes. Du sein même de notre équipe, des voix s'élevaient pour dire au Président que la libération de Pollard pourrait ne pas être une si mauvaise idée. Pour couronner le tout, nous avions des impératifs d'horaire. Nous étions vendredi et il fallait impérativement que la cérémonie à la Maison Blanche s'achève avant le coucher du soleil et le début du shabbat. C'était apparemment sans espoir ; Sandy Berger et moi avons craint de craquer physiquement.

Mais le Président Clinton a eu un nouveau tête-à-tête avec Netanyahou et a finalement réussi à le convaincre de faire marche arrière, moyennant une concession. Le Premier ministre israélien voulait que, parmi les Palestiniens libérés, il y ait davantage de condamnés de droit commun et moins de condamnés pour atteinte à la sûreté intérieure d'Israël. Le Président nous a informés de ce qui venait d'être convenu entre Netanyahou et lui. Il restait à persuader Arafat d'accepter cette modification de l'accord final, et c'était à moi de m'en charger. Au milieu des préparatifs de départ pour Washington, Dennis Ross et moi avons reformé une dernière fois notre cortège de voitures, façon Wye River Center, pour aller voir Arafat. Nous lui avons expliqué le changement proposé, ajoutant que c'était le mieux que le Président puisse faire, et il a acquiescé d'un signe de tête. La bonne volonté dont le Président et moi avions fait preuve envers les Palestiniens portait ses fruits. Nous tenions finalement un accord.

J'ai regagné précipitamment mon bungalow pour me changer. Au cours de ces neuf jours passés au Wye River Center, j'avais mangé tellement d'en-cas, d'amuse-gueule et de friandises que j'avais du mal à entrer dans mes vêtements. Heureusement, j'avais une veste un peu ample pour aller avec ma robe bleu marine. Une bonne couche de maquillage a dissimulé en partie les cernes sous mes yeux, mais pour mes cheveux, c'était sans espoir.

Nous avons rejoint la Maison Blanche en hélicoptère. J'étais lessivée par le manque de sommeil, mais lorsque nous nous sommes retrouvés dans le Salon rouge, je me suis sentie ragaillardie. Après avoir été opposé au processus d'Oslo, voilà que Netanyahou y participait. Quant à Arafat, il semblait plus à l'aise dans son rôle de négociateur. La veille – en fait un peu plus tôt au cours de cette interminable journée sans sommeil –, les deux parties étaient parvenues à se mettre d'accord sur des questions importantes en s'asseyant autour d'une table et en négociant directement, ce qui ne s'était pas produit depuis trois ans.

Les Palestiniens avaient obtenu plus de territoires, un aéroport, un port, la libre circulation entre la Cisjordanie et la bande de Gaza, la libération de certains détenus, un engagement sur la limitation des colonies de peuplement israéliennes, un nouvel afflux d'aide économique. Les Israéliens étaient assurés d'une coopération sans précédent en matière de sécurité. Ils obtenaient l'incarcération des Palestiniens recherchés, la révision de la Charte palestinienne, une rapide ouverture des négociations sur le statut final.

Treize mois s'étaient écoulés depuis ma première visite au Proche-Orient en tant que Secrétaire d'État. Au début, une crise de confiance presque totale envenimait les rapports entre les deux parties. Manifestement, le niveau de méfiance était encore élevé, mais Dennis Ross et son équipe avaient réussi l'improbable grâce à leur dévouement inébranlable, leur patience et leur créativité tactique. Quant au Président Clinton, il avait réussi à s'arracher à un roncier de préoccupations politiciennes et personnelles pour réaffirmer son statut de leader mondial.

Pour définir mon rôle, Sandy Berger a utilisé une analogie sportive, ce qui est toujours risqué en ce qui me concerne. Il a dit que j'avais tenu la place du premier lanceur dans un match de base-ball : j'avais permis à mon équipe d'arriver en tête à la fin de la huitième et avant-dernière manche du match, puis j'avais remis la balle au deuxième lanceur, le Président Clinton, pour la neuvième et dernière manche.

La cérémonie de signature du mémorandum de Wye River a été la plus émouvante jamais conduite par des somnambules. Le Président Clinton n'avait rien perdu de son éloquence. Le Premier ministre Netanyahou s'est montré courtois et diplomate. Le président Arafat a déclaré renoncer catégoriquement à la violence.

Mais la présence spirituelle la plus forte fut celle de l'homme dont la présence physique était la plus faible. Pour sa dernière apparition en public à la Maison Blanche, le roi Hussein s'est exprimé, sans lire de notes et avec beaucoup de passion, sur la nécessité de mettre fin à la culture de mort, de destruction et de gâchis, et d'occuper « sous le soleil une place au-delà de nous-mêmes et de nos peuples, et qui soit digne d'eux, les descendants des enfants d'Abraham – Palestiniens et Israéliens enfin réunis ». Il a prévenu que certains allaient réagir à cet accord par la violence et a exhorté les majorités des deux peuples à s'opposer fermement aux ennemis de la paix.

Le mémorandum de Wye River était destiné à n'être qu'une étape sur la route conduisant à une paix totale entre Israéliens et Palestiniens. Nous devions découvrir au cours des années suivantes à quel point cette route était rocailleuse et dangereuse. Mais le sommet de Wye River a fait naître en moi l'espoir qu'il soit possible de faire aboutir les négociations les plus difficiles à condition d'y consacrer suffisamment d'efforts et de temps – un espoir qui nous a animés, le Président Clinton et moi, jusqu'au terme de nos mandats respectifs.

Aujourd'hui, quand je repense à mon séjour au Wye River Center, les images qui me reviennent en mémoire ne sont pas celles des querelles entre délégations ni celles des événements décevants qui allaient suivre, mais celles du roi Hussein et de la reine Noor allongés sur des chaises longues et emmitouflés dans des couvertures, face à la vallée de la Wye River et au coucher du soleil ; conscients de la venue de l'obscurité, mais savourant ensemble les derniers instants de lumière.

CHAPITRE VINGT

Passes d'armes avec quelques dictateurs

L'OBJECTIF DE LA POLITIQUE ÉTRANGÈRE consiste à influer sur les politiques et les agissements des autres pays dans un sens qui serve vos intérêts et respecte vos valeurs. Les moyens disponibles vont des paroles aimables aux missiles de croisière. Tout l'art de la diplomatie consiste à les combiner convenablement et à faire preuve de suffisamment de patience. La difficulté est souvent plus grande quand il s'agit d'amener un pays à franchir la ligne séparant les hors-la-loi internationaux des membres respectables de la communauté internationale. En tant que Secrétaire d'État, je me suis trouvée confrontée, à maintes reprises, à de telles difficultés, tout particulièrement quand j'ai eu à traiter avec des Iraniens turbulents, des Libyens obstinés et des Cubains oppresseurs.

Dès ma nomination comme Secrétaire d'État, le Président Clinton et moi avons étudié la possibilité d'entretenir de meilleures relations avec l'Iran qui, du fait de sa situation stratégique, de son influence culturelle et de sa superficie, jouait un rôle crucial dans une des régions les plus inflammables du globe. Il existait toutefois de nombreux obstacles à l'amélioration de nos relations, y compris des raisons historiques. En 1953, l'administration Eisenhower avait orchestré un coup d'État pour chasser Muhammad Mossadegh, le Premier ministre élu, et replacer le shah Mohammed Reza Pahlavi sur le trône. Durant le quart de siècle qui avait suivi, le shah avait entretenu d'étroites relations avec les États-Unis, modernisant énergiquement l'économie iranienne tout en réprimant impitoyablement toute opposition. En 1979, de gigantesques manifestations l'avaient forcé à l'exil et avaient installé à sa place ce qui allait devenir rapidement – sous la conduite de l'ayatollah Khomeyni – un régime théocratique radical et farouchement anti-américain. En novembre 1979, l'administration Carter avait accepté avec réticence, et pour raisons médicales, que le shah, mourant, entre aux États-Unis. En représailles, des extrémistes iraniens avaient saccagé notre ambassade à Téhéran et pris en otages une cinquantaine d'Américains qu'ils allaient retenir prisonniers pendant plus d'un an.

Les mauvais souvenirs de cette époque avaient façonné l'image que les Américains avaient de l'Iran, une image encore noircie durant les années quatre-vingt par le soutien apporté par l'Iran aux terroristes libanais, mais aussi par les kidnappings d'Américains et d'Européens. Pendant la première présidence Clinton, nous avions poursuivi une politique de « double endiguement », mettant dans le même sac l'Iran et l'Irak que nous considérions comme des « États voyous » parce qu'ils violaient les lois internationales, étaient antidémocratiques et hostiles à nos intérêts. Notre politique visait à les isoler et à les empêcher de développer des programmes d'armement de pointe.

En mai 1997, un corps électoral iranien dont la moyenne d'âge était jeune a stupéfait les observateurs en élisant un nouveau Président, Mohammed Khatami, réformateur convaincu et qui semblait très différent de ses quatre prédécesseurs conservateurs. Lors de la conférence de presse qui a suivi son élection, Khatami a déclaré : « Nous sommes désolés que les politiques menées par les Américains aient toujours été hostiles. » Il a choisi des modérés comme ministres et – soucieux de soigner sa popularité parmi l'électorat féminin – il a nommé une femme vice-Président. Dans ses déclarations publiques, il exprimait l'espoir, non l'amertume, et insistait sur la liberté plutôt que sur l'orthodoxie. En janvier 1998, à l'occasion d'une interview accordée à CNN, Khatami a établi un parallèle entre la guerre de l'Indépendance américaine et la lutte de l'Iran pour son indépendance, et il s'est fait l'avocat d'un « dialogue des civilisations », à commencer par l'échange de scientifiques, d'artistes, de journalistes et de touristes. Son rameau d'olivier avait tout de même quelques épines : il reprochait aux États-Unis d'avoir conservé une attitude héritée de la guerre froide [1].

Ce même mois, Yasser Arafat nous a montré une lettre que Khatami lui avait envoyée. Modifiant du tout au tout la position de l'Iran, la lettre soutenait la participation des Palestiniens au processus de paix, reconnaissait la légitimité d'Israël, et évoquait la possibilité d'une paix globale à l'échelon de la région au cas où les Palestiniens

---

1. Cette interview ne m'aurait certainement pas échappé, mais pour moi, son intérêt était renforcé par l'identité de l'intervieweuse, Christiane Amanpour, qui venait de se fiancer à Jamie Rubin, mon porte-parole.

seraient autorisés à faire de la Cisjordanie et de Gaza un État indépendant. J'en ai conclu que l'Iran n'appartenait plus à la même catégorie que l'Irak, et que le moment était venu de renoncer à la politique de double endiguement.

En juin 1998, j'ai prononcé un discours dans lequel j'ai salué l'élection de Khatami et le fait que le peuple iranien réclamait de plus en plus de liberté. J'ai également approuvé l'appel de Khatami prônant des contacts interculturels ; j'ai même ajouté que si les dirigeants iraniens étaient d'accord, nous étions prêts à nous asseoir avec eux à une table de négociations pour discuter, sans conditions préalables, du rétablissement de relations normales. Pour tenter d'amorcer le dialogue, j'ai parlé respectueusement de l'histoire de l'Iran, de sa culture, de son peuple et de son Président. Je dois bien admettre pourtant qu'il n'était pas facile de tenter d'accoupler des expressions amicales et des critiques concernant le soutien apporté par l'Iran au terrorisme et à d'autres activités d'une triste notoriété.

Malheureusement, selon la constitution iranienne, les pouvoirs de Khatami étaient limités. L'armée, les services de renseignement, la police, les institutions judiciaires relevaient toujours du guide suprême, l'ayatollah Ali Khamenei, qui incitait régulièrement les auditoires auxquels il s'adressait à scander « Mort à l'Amérique ». Les forces placées sous le contrôle de Khamenei soutenaient les groupes terroristes anti-israéliens, étaient responsables de la poursuite du programme d'armement nucléaire et des atteintes aux droits de l'homme.

Les Iraniens n'ont pas réagi immédiatement à mon discours parce qu'ils étaient bien trop occupés à fêter la victoire de leur équipe de football sur celle des États-Unis lors de la Coupe du monde disputée en France ; une victoire saluée par l'ayatollah Khamenei avec son tact habituel : « Une fois de plus, l'ennemi arrogant a connu le goût amer de la défaite. » Ce qui se passait dans les rues de Téhéran était plus intéressant. Au cours des réjouissances, un jeune Iranien a mis le feu à un drapeau américain, tandis que d'autres commençaient à distribuer des tracts sur lesquels était écrit « Mort à l'Amérique », mais la foule a réagi en s'emparant du drapeau, en éteignant les flammes et en déchirant les tracts.

Le président Khatami n'a répondu qu'au bout de plusieurs jours. Il a déclaré : « Nous pensons que le ton a changé, mais nous attendons toujours des actes. » C'était astucieux car j'avais fait la même réponse lorsqu'on m'avait interrogée sur les changements en cours en Iran. Peu après, un diplomate iranien a demandé à un ancien fonctionnaire du Département d'État si la nature relativement amicale de mon discours était une ruse, ajoutant que les dirigeants iraniens avaient des doutes quant à nos intentions. Puis le diplomate iranien a expliqué que son gouvernement pensait que l'influence des juifs américains était trop forte pour permettre une réelle souplesse de la position des États-Unis. Dans son discours inaugural de 1989, le Président Bush avait déclaré : « La bonne volonté engendre la bonne volonté. » Par la suite, les otages retenus au Liban avaient été libérés, mais l'hostilité des États-Unis n'avait pas faibli pour autant. L'ancien fonctionnaire du Département d'État nous avait fait part de sa conversation avec le diplomate iranien, et de la conclusion qu'il en avait tirée : seuls des contacts directs de gouvernement à gouvernement étaient susceptibles de clarifier la situation. Étant parvenus à la même conclusion, nous avons fait des efforts pour contacter personnellement Khatami, mais nous avons essuyé une rebuffade. Même si les déclarations publiques du Président Khatami et de l'ayatollah Khamenei étaient très différentes, nous avons compris rapidement que nous ne pourrions pas traiter avec l'un en ignorant l'autre.

À l'automne 1998, la venue de Khatami aux États-Unis, à l'occasion de l'Assemblée générale de l'ONU, a fait naître quelques espoirs. Durant son séjour à New York, Khatami a lancé un vibrant appel en faveur de la liberté d'expression et de l'autorité de la loi, provoquant les applaudissements nourris d'un public composé de membres influents de la communauté américano-iranienne. Il a marqué des points supplémentaires – encourageant même le Royaume-Uni à renouer des relations diplomatiques avec l'Iran – en affirmant : « Nous devons considérer l'affaire Salman Rushdie comme complètement terminée [1]. »

Les États-Unis et l'Iran avaient des intérêts communs en Afghanistan, où la guerre civile faisait rage et où neuf diplomates iraniens avaient été assassinés récemment. Pour chaque crise, ou presque, la communauté internationale constitue un groupe de travail ; pour débattre de l'Afghanistan, nous avions créé le groupe « six plus deux » composé de la demi-douzaine de pays voisins de l'Afghanistan, dont l'Iran, plus la Russie et les États-Unis. En partie pour faciliter une rencontre entre le ministre des Affaires étrangères iranien, Kamal Kharrazi, et moi, Kofi Annan avait prévu une réunion des « six plus deux » à l'échelon ministériel. Ce devait être la première rencontre entre des représentants de haut niveau de nos deux pays

---

1. Neuf ans auparavant, les autorités iraniennes avaient condamné à mort, par contumace, l'écrivain britannique Salman Rushdie sous prétexte que son roman *Les Versets sataniques* était irrévérencieux envers l'islam. En dépit de la déclaration de Khatami, une partie du clergé iranien affirme que la sentence de mort prononcée contre Rushdie tient toujours.

depuis plus d'une décennie. Je souhaitais qu'elle puisse contribuer à une détente dans nos relations.

La réunion s'est tenue dans l'immeuble du secrétariat général de l'ONU, dans une pièce à peine plus grande que la table carrée et évidée en son centre qui en occupait la majeure partie. Nous devions être assis l'un en face de l'autre, et quand je suis entrée, le représentant de l'Iran a souri et m'a saluée de la tête. Je lui ai rendu son salut, mais j'étais perplexe. J'avais connu Kharrazi quand il était représentant de l'Iran à l'ONU et que j'assumais les mêmes fonctions pour les États-Unis, et j'avais du mal à le reconnaître. J'ai pensé qu'il avait peut-être pris du poids. Quand mon tour de parole est venu, j'ai dit que c'était toujours un grand plaisir de rencontrer des collègues qui avaient profité de leur expérience à l'ONU pour devenir ministre des Affaires étrangères. L'Iranien a souri de nouveau. C'était parfait, mais j'avais toujours un doute. J'ai rédigé une note à l'intention de mes collaborateurs, qui étaient assis derrière moi : « Vous êtes sûrs que c'est bien Kharrazi ? » J'ai entendu les membres de mon brain-trust – nos meilleurs experts sur l'Iran – chuchoter, puis la réponse est arrivée : « Nous n'en savons rien. »

Le mystère a été résolu quand la personne qui présidait la réunion s'est adressée au représentant de l'Iran en l'appelant « monsieur le secrétaire d'État aux Affaires étrangères ». Il s'agissait en fait d'un adjoint de Kharrazi. Nous avons appris par la suite que le guide suprême avait demandé à Khatami et à son ministre des Affaires étrangères d'éviter tout contact avec des dirigeants américains durant leur séjour à New York. Par contre, Khatami avait prononcé un discours dans les locaux de l'Asia Society – là même où j'avais prononcé mon discours sur l'Iran, en juin 1998 –, traitant certains des sujets que j'avais abordés. Le ballet diplomatique se poursuivait.

Vers la fin de 1998, la politique de libéralisation de Khatami a été remise en cause. Une demi-douzaine des principaux dissidents iraniens, écrivains et intellectuels, ont été assassinés, des journaux indépendants ont été interdits et des alliés de Khatami ont été accusés de corruption. De plus, la coalition présidentielle étant gravement divisée entre des technocrates qui voulaient moderniser l'économie et des gauchistes qui voulaient niveler les conditions sociales, la paralysie gagnait le pays, l'inflation était en hausse et la croissance stagnait. Notre position était délicate car nous ne pouvions pas aider les réformateurs en nous rangeant ouvertement à leurs côtés. Pour l'ayatollah et ses acolytes, nous étions encore le grand Satan, et les forces du changement n'avaient rien à gagner à avoir le diable comme avocat.

C'est seulement au début de l'an 2000 que nous avons décidé de faire une nouvelle tentative pour améliorer nos relations avec l'Iran. Le moment semblait bien choisi. Les partisans de Khatami venaient de rebondir de façon spectaculaire aux élections de février, remportant la majorité au Parlement. L'Iran avait signé la Convention sur les armes chimiques et était devenu le pays le plus en pointe de la région dans la lutte contre le trafic de drogue. Sa position quant à la nécessité de trouver une solution négociée à la guerre civile en Afghanistan était parallèle à la nôtre, et la marine iranienne avait intercepté des bateaux transportant frauduleusement du pétrole irakien, en violation des résolutions du Conseil de sécurité de l'ONU. Dans d'autres domaines, la politique de l'Iran demeurait très inquiétante. Téhéran continuait de fournir des armes au Hezbollah, un groupe terroriste basé au Liban, et à financer les actions violentes anti-israéliennes menées par des Palestiniens. Les dirigeants iraniens, y compris Khatami, ne niaient pas ces faits mais soutenaient que ceux qui combattaient pour « libérer » des terres musulmanes ne devaient pas être qualifiés de terroristes.

En dépit de leurs nombreux démentis, nous pensions également que les Iraniens cherchaient toujours à acquérir ou à produire des armements nucléaires. Certes, depuis près d'une décennie, les dirigeants israéliens ne cessaient d'affirmer que l'Iran disposerait de l'arme nucléaire dans un délai de trois ans au maximum, et ces prédictions s'étaient révélées jusque-là inexactes. D'un autre côté, la bonne leçon à tirer de la fable d'Ésope, *L'enfant qui criait au loup*, c'est que le loup finit par se montrer. Les ambitions nucléaires de l'Iran remontent au règne du shah Mohammed Reza et les Iraniens ont continué de développer leur programme nucléaire alors qu'ils sont parmi les plus gros producteurs de pétrole. Ils ont leurs propres gisements d'uranium, une usine d'enrichissement, des centres de recherche nucléaire, deux réacteurs de recherche – sans compter d'éventuels sites clandestins où ils pourraient travailler à fabriquer le noyau d'une bombe atomique[1].

En juin 1996, l'attentat contre les Khobar Towers, un complexe d'habitation utilisé par les militaires américains stationnés en Arabie Saoudite, avait soulevé un autre grave problème. Dix-neuf Américains avaient été tués lors de l'explosion d'un camion piégé. Fin 1998, le FBI a obtenu des informations qui semblaient accuser des dirigeants iraniens d'avoir commandité l'attentat et utilisé le Hezbollah pour le commettre. En 2001, cinq mois après mon départ du

---

1. Notre opposition à la vente par la Russie de technologie nucléaire à l'Iran a été l'un des principaux problèmes de nos relations bilatérales avec Moscou pendant tout le temps où j'ai été Secrétaire d'État.

Département d'État, treize membres du Hezbollah ont été arrêtés en Arabie Saoudite et leur inculpation a révélé les liens existant entre le Hezbollah et l'Iran. Cette tragédie soulignait une fois de plus la difficulté de traiter avec un Iran divisé. Nous ne pouvions ignorer la ligne politique dure de l'ayatollah quand nous cherchions à venir en aide à l'Iran de Khatami, et nous ne voulions pas ignorer les promesses de réformes quand nous nous efforcions de serrer la bride à l'ayatollah. Nous avions eu successivement une politique vis-à-vis du régime communiste de l'URSS, puis une autre politique vis-à-vis du régime démocratique de la Russie. En Iran, démocrates et partisans d'un régime totalitaire étaient au pouvoir côte à côte.

En février 2000, j'ai adressé au Président Clinton un mémorandum dans lequel je suggérais de faire un geste pour répondre aux mesures positives prises par les dirigeants iraniens, mais sans renoncer à la politique de la carotte et du bâton. Le Président m'ayant donné le feu vert, j'ai annoncé en mars la levée des restrictions à l'importation sur les principales exportations de l'Iran, en dehors du pétrole : tapis, pistaches, fruits secs et caviar. Même si le caviar et les tapis sont considérés chez nous comme des produits de luxe, leur fabrication et leur commercialisation en Iran sont le fait de la classe moyenne, qui avait voté en majorité pour Khatami. En ouvrant notre marché, j'espérais engendrer de la bonne volonté tout en établissant de nouveaux contacts sur le plan commercial. Dans mon discours, j'avais mêlé une fois encore l'aveu des préoccupations que nous causait la politique iranienne, avec l'expression de notre respect, et j'avais invité les dirigeants iraniens à venir dialoguer avec nous officiellement.

Les réactions ont été favorables aux États-Unis et en Europe, mais partagées, comme on pouvait s'y attendre, en Iran. On m'a rapporté que l'ayatollah avait été scandalisé que je le traite de « non élu », ce qui était pourtant la stricte vérité. Khatami a mis l'accent sur les aspects les plus positifs de mon discours mais a répété que nos actes étaient insuffisants pour ouvrir la voie à de nouvelles relations.

Un autre facteur est venu compliquer encore les choses. Au printemps 1999, les services de renseignement iraniens avaient arrêté treize membres de la communauté juive iranienne et sept musulmans. Après une détention préventive de plusieurs mois, les vingt détenus ont été inculpés d'espionnage pour le compte des États-Unis et d'Israël. De concert avec l'ONU, l'Union européenne et d'autres pays amis, nous avons exercé des pressions diplomatiques sur les dirigeants iraniens afin qu'ils remettent les détenus en liberté, ou du moins leur accordent un procès équitable. Ces efforts ont produit quelque effet, mais n'ont pas réussi à éviter une issue peu satisfaisante. Douze des accusés ont été jugés coupables et condamnés à des peines de prison[1].

Les affrontements violents entre réformateurs et traditionalistes se sont poursuivis tout au long de ma dernière année en tant que Secrétaire d'État. Les réformateurs s'efforçaient, mais en vain, de permettre aux journaux de continuer à paraître, de faire élire leurs candidats, et d'élaborer un projet économique cohérent. Tout en demeurant relativement populaire, Khatami s'est montré de moins en moins audacieux. À l'automne 2000, il est revenu à New York pour participer au sommet du Millénaire organisé par l'ONU, et à un événement présenté comme le « Dialogue des civilisations », dont il avait été l'initiateur.

Kofi Annan m'a suggéré d'assister au discours que le Président iranien devait prononcer dans le cadre du « Dialogue », ce que j'ai fait. Le lendemain, se prêtant à un échange de courtoisie orchestré par le secrétaire général de l'ONU, le président Khatami a assisté au discours prononcé par le Président Clinton devant l'Assemblée générale des Nations unies, et le Président Clinton a assisté au discours de son homologue iranien. À l'occasion de ses deux discours, Khatami a tenu des propos érudits et idéalistes, mais vagues. En répondant aux questions, il a fait montre de la même impatience vis-à-vis de ses partisans et de ses opposants conservateurs. Lors d'une rencontre avec des Américains d'origine iranienne, il a tout simplement refusé de répondre aux questions – attitude qui contrastait avec l'échange très franc auquel il s'était prêté en 1998 dans des conditions similaires. J'étais déçue. Khatami semblait s'installer inconfortablement dans le rôle de celui qui survit envers et contre tout, qui a pris la mesure de ses limites et rechigne à se lancer dans de nouveaux affrontements. Il reste à voir ce que ce pragmatisme pourra accomplir à long terme[2].

La politique iranienne de l'administration Clinton était parfaitement appropriée. Pour brusquer les choses, il nous aurait fallu négliger nos intérêts au Proche-Orient, renoncer à nos principes relatifs à la non-prolifération nucléaire et au terrorisme, ce qui était un prix exorbitant à payer. Nous aurions pu éviter d'être accusés de faiblesse

---

1. Huit ont été graciés après avoir accompli seulement une partie de leur peine. En février 2003, tous avaient été remis en liberté.

2. J'ai assisté à une seconde réunion du groupe « six plus deux » au cours de la session 2000 de l'Assemblée générale de l'ONU. Cette fois-ci, Kamal Kharrazi était présent, mais nous n'avons eu aucune conversation privée, et à cause de la différence de sexe, nous ne nous sommes pas serré la main. Lors de la session 2001, Colin Powell et Kharrazi ont été photographiés en train de se serrer la main.

envers l'Iran en ignorant totalement le mouvement réformiste, mais cela nous aurait isolés sur le plan international et n'aurait pas incité l'Iran à aller de l'avant. Au contraire, nous avons choisi une ligne de conduite qui, tout en ne permettant qu'une progression graduelle, contribuait à faire évoluer nos relations dans la bonne direction, et ouvrait la porte à des contacts de plus en plus développés. En proposant un dialogue sans conditions préalables, nous mettions l'Iran dans l'obligation d'expliquer pourquoi il ne voulait même pas parler de nos différends, ni préparer le terrain afin de permettre d'ouvrir des discussions officielles dès que cela deviendrait possible. En reconnaissant le désir de démocratie du peuple iranien, nous l'encouragions à imaginer un avenir libéré de la répression présente et passée.

Au moment où j'écris ces lignes, au milieu de l'année 2003, la lutte entre libéralisation et répression s'intensifie en Iran. Du résultat de cette lutte dépendent nos chances de maîtriser le terrorisme, de stopper la prolifération des armements nucléaires, de parvenir à stabiliser le Proche-Orient, de développer la compréhension entre les pays occidentaux et les pays dont la population est à majorité musulmane. Ce dernier point est capital car depuis des décennies le taux de natalité élevé des pays majoritairement musulmans du Proche-Orient, du Moyen-Orient, de l'Asie du Sud et du Sud-Est, a engendré plus de jeunes que les économies centralisées et anémiques de ces pays ne pouvaient en absorber. En Iran, par exemple, la moyenne d'âge est de quinze ans environ.

Il est difficile de reprocher à un jeune, né pauvre dans un de ces pays, d'être pessimiste ou même désespéré. Chaque jour, il (ou elle) peut voir des dizaines de personnes se disputer le moindre emploi et, dans sa famille, une douzaine de bouches affamées lors de chaque repas. Il lui est impossible de manifester son désir de changements sociopolitiques sans risquer d'être emprisonné et peut-être torturé. Il (ou elle) n'éprouve probablement que peu de respect pour son gouvernement, qui est peut-être indifférent et corrompu. Les revenus du pétrole dont profite une petite partie de ses frères musulmans ne parviennent pas jusqu'à lui (ou elle), mais il (ou elle) peut contempler le monde des riches dans les vitrines des magasins, à la télévision, et même le croiser dans la rue. À la mosquée, s'il est un homme, on lui enseigne qu'il est, devant Dieu, l'égal de n'importe quel autre homme, et que s'il observe les préceptes de l'islam, il vivra éternellement au paradis. On peut également lui enseigner que sa pauvreté sert les intérêts des Américains et des juifs, que les États-Unis ont déclaré la guerre à l'islam, et que son devoir sacré lui commande de le défendre.

Le radicalisme présent dans certaines parties du monde musulman est relativement récent. Il s'est développé au même rythme que la montée d'un sentiment de colère et d'impuissance, et que l'aggravation des inégalités existant dans les pays arabes ou musulmans. Il a été alimenté par les mythes et la réalité du conflit israélo-palestinien, et par l'incapacité chronique des dirigeants de nombreux pays arabes ou musulmans à tenir leurs promesses. Ces dirigeants ont réagi à la montée du radicalisme de diverses façons. Certains ont sévi contre les groupes extrémistes. D'autres ont mis hors-la-loi même les opposants les plus pacifiques. D'autres encore ont tenté de corrompre les chefs des extrémistes à coups de pots-de-vin et de faveurs. D'autres enfin ont toléré les incitations au terrorisme à condition qu'il soit dirigé contre les États-Unis et Israël et non contre leur propre régime. L'Iran, avec son double leadership, est unique en son genre.

Je crois surtout que la réaction des États-Unis, sous administration républicaine comme sous administration démocrate, a toujours été maladroite et inefficace. Nous avons agi trop timidement en faveur de la démocratie, particulièrement dans les pays arabes. Nous avons peur, peut-être à juste titre, que si les islamistes arrivaient au pouvoir à la faveur d'élections libres, il n'y ait plus d'élections du tout — c'est le principe « une personne, une voix, une fois ». Nous craignons également l'instabilité temporaire qui pourrait en résulter. Que nos craintes soient ou non justifiées, nous passons pour des hypocrites parce que nous sommes condamnés à soutenir des régimes ayant une politique que nous condamnerions si cela se produisait ailleurs dans le monde. Deuxième problème : à cause des perceptions qui se sont développées et sclérosées, nous pouvons déployer en direction du monde musulman tous les efforts de diplomatie ouverte que nous voulons, ils ne produiront aucun réel effet tant que les relations israélo-palestiniennes ne se seront pas améliorées de façon significative. Troisième problème : l'étonnante ignorance mutuelle existant entre la majorité des Américains et la majorité des musulmans. Dans un monde où la télévision émet à l'échelle planétaire et vingt-quatre heures sur vingt-quatre, nous devrions nous connaître beaucoup mieux les uns les autres. C'est pourquoi j'ai demandé, en 1999, au conseiller Wendy Sherman d'étudier les mesures à prendre au sein du Département d'État pour améliorer notre ouverture et notre accès au monde musulman en couvrant tous les domaines, depuis le recrutement et la formation des personnels jusqu'à la diplomatie ouverte et à l'aide étrangère. Nous avions également entamé une série de discussions avec les Américains de confession musulmane, qui avaient inclus les premiers « dîners de l'iftaar » donnés par un

Secrétaire d'État pour marquer la fin du jeûne diurne durant le ramadan [1].

Surmonter l'ignorance et les malentendus est une tâche ardue que l'on ne peut accomplir en un seul jour. De part et d'autre du fossé séparant le monde musulman et l'Occident, les plus grands esprits devront s'y atteler résolument. Le fait que de nombreuses voix musulmanes s'expriment déjà à l'Ouest et qu'il existe des exemples importants d'ouvertures à la démocratie dans des pays majoritairement musulmans devraient faciliter les choses. Peu d'initiatives seraient plus importantes pour la bonne marche du monde au XXIe siècle que l'instauration d'un véritable dialogue des civilisations du type proposé par le Président iranien Khatami – malheureusement, ce dialogue n'a été promu jusque-là que timidement et de façon intermittente.

Avant Oussama Ben Laden, il y avait le dirigeant libyen Muammar al Kadhafi. Le 21 décembre 1988, un avion de ligne de la Pan American explosait en plein ciel au-dessus du village de Lockerbie (Écosse), tuant deux cent cinquante-neuf passagers et membres d'équipage, ainsi que onze villageois. Environ les trois quarts des victimes étaient des Américains, parmi lesquels des étudiants qui rentraient chez eux pour les fêtes de Noël. Après deux ans d'enquête, les autorités britanniques et américaines ont inculpé un officier de renseignement libyen de haut rang et un employé des Libyan National Airlines, les accusant d'avoir placé une bombe dans la soute à bagages de l'appareil.

Le Royaume-Uni et les États-Unis ont demandé à Kadhafi d'extrader les deux hommes afin qu'ils soient jugés par un tribunal américain ou écossais. Devant son refus, le Président George Bush senior a préféré le respect de la loi et la diplomatie à la force, choisissant la voie des sanctions multilatérales. Avec l'appui total des Britanniques et des Français, l'ONU a mis l'embargo sur la vente à la Libye d'armes et d'équipements destinés à l'exploitation pétrolière, et inter-

---

1. Cette étude nous a beaucoup appris. Nous avons découvert par exemple qu'il existait une tendance réflexe à transmettre toutes les questions relatives au monde musulman à notre bureau du Proche-Orient, et ce en dépit du fait que la majorité des musulmans vivent en dehors de cette région. Durant l'une des réunions organisées par le conseiller Sherman, un respectable ambassadeur ayant servi en Asie du Sud s'est demandé s'il était bien sage de recruter des musulmans pour servir dans les missions diplomatiques américaines. « Il s'agit d'une simple observation, a-t-il précisé, mais vous n'ignorez pas que ces gens-là prient cinq fois par jour. Cela pourrait avoir un effet perturbateur. » Ce commentaire m'avait consternée.

dit tout trafic aérien avec ce pays. Le Conseil de sécurité de l'ONU promettait de suspendre les sanctions si la Libye extradait les deux suspects et de les lever totalement si la Libye renonçait au terrorisme, acceptait d'endosser la responsabilité du crime et de dédommager les familles des victimes. Une partie de bras de fer a commencé.

Durant mes années à l'ONU, j'ai réussi, dans un premier temps, à faire renforcer les sanctions, puis à empêcher que d'autres ne les assouplissent. Mes meilleurs alliés étaient les familles des victimes qui venaient à New York pour assister aux séances du Conseil de sécurité. Je n'oublierai jamais notre première rencontre. Les uns après les autres, parents, frères, sœurs et enfants des victimes ont parlé de leurs chers disparus et de leur frustration devant notre incapacité à contraindre Kadhafi.

Tout en les écoutant, je pensais à ma fille Katie qui étudiait au Royaume-Uni l'année où l'avion de la Pan Am 103 a été détruit en vol. Je tremblais en pensant combien il aurait été horrible de l'attendre en vain à l'aéroport, d'apprendre en écoutant la radio, en regardant la télévision ou en répondant au téléphone que je ne la reverrais plus jamais. Ça me rendait malade de ne pas pouvoir assurer les familles que les mesures que nous avions mises en place seraient suffisantes pour aboutir à un résultat. Le Conseil de sécurité réexaminait les sanctions tous les quatre mois. Ayant participé à plus d'une douzaine de ces réunions, j'ai pu constater l'impatience grandissante de mes collègues à propos des sanctions. C'était dû en partie à l'attitude de Kadhafi qui faisait de son mieux pour transformer son image de radical irresponsable en quelque chose de plus respectable. Donnant l'impression d'avoir cessé toute participation directe au terrorisme, il avait amélioré ses relations avec les pays arabes et africains. Il s'attira la sympathie du monde musulman et de certains membres du Conseil de sécurité en prétendant que l'interdiction du trafic aérien empêchait les Libyens de se rendre en Arabie Saoudite pour visiter les Lieux saints et que les sanctions ruinaient l'économie libyenne, rendant plus difficile l'acquisition d'équipements médicaux et de matériel agricole.

En 1996, l'Organisation de l'unité africaine a proposé que la Libye extrade les deux suspects afin qu'ils soient jugés dans un pays neutre. Nous avons immédiatement refusé, soutenant que justice ne serait rendue que si le procès se déroulait selon la procédure et la législation en vigueur dans l'un des pays dont étaient originaires les victimes : les États-Unis ou l'Écosse. Toutefois, le maintien des sanctions devenant de plus en plus problématique, nous avons commencé à envisager d'autres options.

David Andrews, mon conseiller juridique, et David Welch, adjoint du sous-secrétaire aux Affaires politiques, chargé du Proche-Orient – qui avaient perdu un collègue et un ami lors du drame de Lockerbie – ont avancé avec moi l'idée d'un procès se déroulant aux Pays-Bas, mais devant un tribunal écossais et selon la législation écossaise. Aucun de nous trois n'était certain que cette approche sans précédent soit réaliste, mais j'étais bien décidée à explorer toutes les pistes susceptibles d'aider les familles des victimes ; et, selon Welch, les Britanniques s'orientaient dans la même direction. Je devais justement passer Noël 1997 à Londres en compagnie de ma fille Alice, de son mari et de leur fils. Alors que je me trouvais là, Robin Cook, le ministre britannique des Affaires étrangères, m'a invitée à lui rendre visite dans sa résidence secondaire officielle, et nous avons discuté longuement de la Libye. Neuf ans s'étaient écoulés. Les familles des victimes du vol Pan Am 103 n'avaient déjà que trop attendu. Nous sommes tombés d'accord pour tout mettre en œuvre afin que les suspects soient en état d'arrestation avant le dixième anniversaire. Dans ce but, il fallait absolument faire progresser notre idée d'un procès se déroulant dans un pays tiers.

J'ai pris bien soin de garder le secret. Nous ne voulions pas que Kadhafi puisse poser de nouvelles conditions ou critiquer notre idée avant qu'elle ne soit parfaitement au point. Nous avions besoin par contre de l'aide du Département de la Justice. Le 15 janvier 1998, j'ai donc rencontré Janet Reno, l'Attorney General. J'admirais Janet pour ses qualités et son absence de prétention, traits de caractère que l'on trouve rarement réunis à Washington. Tout au long des années où elle a été en fonction, politiciens et commentateurs politiques ont essayé de la calomnier, de la manipuler ou de l'intimider, sans succès. Pendant la première présidence Clinton, nous avions dîné ensemble dans un restaurant du district de Columbia pour faire plus ample connaissance. Étant donné notre différence de taille, nous formions une drôle de paire – un peu comme Mutt & Jeff*. Au cours du repas, un homme est venu vers nous et a voulu nous donner à chacune un anneau fait d'un billet de banque roulé très serré et de façon complexe. Cet homme était tout à fait aimable, mais Janet lui a dit d'un ton très ferme : « En tant qu'Attorney General, je ne peux pas accepter d'argent, et en tant qu'avocat, je dois informer madame

---

* Bande dessinée quotidienne créée en 1907 par Bud Fisher pour le *San Francisco Chronicle*. Reprise ensuite par d'autres dessinateurs, elle a perduré jusqu'en 1983. Publiée en France dans les années trente par le magazine *Jumbo* sous le titre « Débrouillard et Tire-au-Flanc », puis dans les années cinquante-soixante par divers magazines de la SPE (*N.d.T.*).

l'ambassadeur Albright que ce serait également illégal pour elle d'en accepter. »

À propos de la Libye, Janet avait aussi des opinions très arrêtées. Ne voulant pas démordre de notre position initiale, elle insistait pour que le procès se déroule aux États-Unis ou en Écosse. « On nous accuserait de négocier avec les terroristes. Et que se passerait-il si le procès était entaché d'un vice de procédure, ou s'il se terminait par un acquittement pour cause de faux témoignages ou de preuves falsifiées ? Est-ce que les suspects seraient purement et simplement relâchés ? » Je l'ai assurée que notre proposition serait « à prendre ou à laisser », qu'il n'y aurait pas de négociations, et que nos conseillers juridiques pouvaient répondre de façon convaincante à ses autres questions. J'ai ajouté que le régime des sanctions commençait à battre de l'aile et que notre suggestion de procès dans un pays tiers nous permettrait de reprendre la situation en main. « Si Kadhafi livre les suspects, c'est parfait. S'il refuse, il sera plus facile pour nous d'obtenir le maintien, voire le renforcement des sanctions. » Janet n'était pas convaincue mais elle a tout de même accepté de demander aux juristes du Département de la Justice de consulter leurs homologues écossais puis hollandais, et elle a bien voulu rencontrer Dave Andrews, qui était chargé de gérer notre initiative. À ma grande consternation, ma rencontre avec Janet Reno a été suivie par des mois de controverses juridiques et politiques. Bill Clinton et Tony Blair voulaient avancer rapidement, et j'étais aussi impatiente qu'eux. Seulement, les juristes se comportaient comme des juristes, ils répondaient à chaque question par une nouvelle question, ralentissant le processus mais évitant en fin de compte des erreurs fatales.

Finalement, notre plan a pris forme. Nous avons consulté discrètement les familles des victimes. La plupart soutenaient notre initiative. Certaines étaient violemment opposées à ce qu'elles considéraient comme une concession et exprimaient très franchement leurs sentiments. Leurs critiques faisaient mal parce que nous avions beaucoup travaillé sur ce dossier, mais je ne pouvais pas leur en vouloir dans la mesure où je ne savais pas quelle aurait été ma réaction si j'avais été à leur place.

Le 24 août 1998, Robin Cook et moi avons annoncé notre nouvelle proposition « à prendre ou à laisser ». La première réaction de Tripoli a été encourageante. Kadhafi a confié à des diplomates arabes qu'il désirait trouver une solution. Des juristes libyens et des juristes de l'ONU ont commencé à discuter certains détails. Très vite, ils ont buté sur un problème. Kadhafi demandait que les sanctions soient levées, et pas seulement suspendues, quand il livrerait les suspects. C'était une question essentiellement symbolique, car une nouvelle résolution du Conseil de sécurité était nécessaire pour réactiver les sanctions, qu'elles soient levées ou simplement suspendues ; mais parfois les symboles sont importants. Suspendre les sanctions revenait à laisser planer un nuage noir sur la Libye. Les lever signifiait beau fixe et nouveau départ. Nous n'étions pas prêts à accorder cela à la Libye tant qu'elle n'aurait pas accepté d'endosser la responsabilité du crime et de dédommager les familles des victimes. Les morts de Lockerbie et du vol Pan Am 103 n'avaient pas été victimes d'un simple accident, mais d'une tuerie préméditée.

Notre persévérance a payé. Kadhafi a finalement livré les deux suspects au mois de mars 1999, en échange de la suspension des sanctions. Les deux hommes sont arrivés aux Pays-Bas le 6 avril. Un peu moins de deux ans plus tard, le tribunal écossais a rendu son verdict : prison à vie pour l'officier de renseignement libyen, acquittement faute de preuves suffisantes pour l'employé des Libyan National Airlines. Selon les attendus du jugement, « la conception, la planification et l'exécution du complot qui a conduit à la mise en place de l'engin explosif étaient libyennes ».

Dans le cas de la Libye, des sanctions multilatérales, même imparfaites, ont finalement contraint Kadhafi à faire ce à quoi il se refusait jusque-là, et à obtenir le jugement, la condamnation et l'incarcération de l'homme qui était le plus directement responsable de la mort de deux cent soixante-dix personnes et du chagrin de milliers d'autres. Ce procès a également attribué, sans ambiguïté, la responsabilité de cet acte de terrorisme à la Libye et préparé le terrain pour des discussions destinées à arracher un aveu de culpabilité et des dédommagements ; des discussions qui n'aboutiront malheureusement pas de sitôt. Comme beaucoup de résultats obtenus par la politique étrangère, celui-ci est bien loin d'être totalement satisfaisant, mais il démontre que les outils de la diplomatie peuvent nous permettre de parvenir à un certain respect du droit international et à ce que chacun réponde de ses actes.

En tant que représentante permanente des États-Unis puis Secrétaire d'État, une de mes responsabilités consistait à répondre, généralement à la suite d'un discours, aux questions que se posaient les Américains. Après le Proche-Orient et le Moyen-Orient, Cuba était le sujet le plus fréquemment abordé. En fonction de l'endroit où je me trouvais, ceux qui me questionnaient voyaient Fidel Castro à travers des verres rouges ou roses. Les uns voulaient savoir pourquoi nous ne nous montrions pas plus sévères envers Castro ; les autres se demandaient s'il était logique de commercer avec la Chine, le Vietnam et d'autres pays communistes, mais pas avec Cuba.

Je n'aimais pas beaucoup défendre l'embargo contre Cuba parce qu'il était en place depuis longtemps, et sous huit administrations différentes, sans produire aucun effet décisif. Il n'avait pas empêché Castro d'intervenir en Amérique centrale et en Afrique durant la guerre froide. Il n'avait pas non plus contribué à rétablir la démocratie à Cuba. Au contraire, Castro se servait du spectre de l'« impérialisme yankee » pour préserver son image de macho.

Pourtant, avec la fin de la guerre froide, Castro a perdu toute importance sur le plan international. Les rebelles gauchistes du Salvador et du Guatemala ont déposé les armes et se sont présentés aux élections. Des dirigeants élus ont remplacé les régimes communistes en Europe centrale et orientale, y compris en Russie. Privée de l'aide soviétique, l'économie cubaine s'est effondrée. Quand je suis arrivée à l'ONU, Castro faisait figure de relique. J'ai commencé à discuter avec d'autres membres de l'administration Clinton de la possibilité de normaliser nos relations et d'assouplir ou même de lever l'embargo. Je me demandais si le moment n'était pas venu de priver le dictateur de ses excuses.

J'ai brusquement arrêté de me poser des questions en 1996, quand les Mig de Castro ont abattu les deux Cessna des Brothers to the Rescue. Une des conséquences de cette tragédie a été le vote de la loi rédigée par le sénateur Jesse Helms, selon laquelle l'embargo ne pourrait être levé que quand Cuba serait devenu une véritable démocratie. Jusque-là, l'embargo était la conséquence d'un simple décret que le Président pouvait abroger sans avoir besoin de l'approbation du Congrès. En fixant pour Cuba une règle que nous n'avions jamais établie pour aucun autre pays, cette nouvelle loi a limité sérieusement les possibilités, pour n'importe quelle administration, de se préparer pour le jour où Castro, âgé aujourd'hui de soixante-seize ans, quittera finalement la scène politique.

Ce jour-là viendra inévitablement, mais nous n'avons rien de prévu pour les jours suivants. Les Cubains descendront-ils dans la rue pour réclamer leur liberté ? Les hommes de main de Castro s'efforceront-ils de conserver le pouvoir au prix d'une violente répression ? Des milliers de Cubains tenteront-ils de gagner les États-Unis par la mer, comme cela s'est produit lors des crises précédentes ? Des aventuriers basés aux États-Unis chercheront-ils à « libérer » l'île ? Ou bien assisterons-nous à une transition pacifique de la dictature à la démocratie ?

De toute évidence, cette dernière éventualité serait la meilleure, à tout point de vue, excepté celui des communistes ; mais Castro étant toujours là, les Cubains n'ont pas la possibilité de se préparer à un passage progressif à la démocratie et à l'économie de marché. J'ai pensé que nous devions faire tout ce qui était en notre pouvoir, dans le cadre de la législation américaine, pour permettre aux Cubains d'avoir un avant-goût de la libre entreprise et de créer des institutions indépendantes de leur gouvernement. Je voulais également qu'ils sachent que nous n'avions pas oublié dans quelle situation désespérée ils se trouvaient.

Le 21 janvier 1998, le pape Jean-Paul II a entamé une visite de cinq jours à Cuba. J'étais impatiente de voir ce qui allait se passer, car en se rendant en pèlerinage dans sa Pologne natale, dix-neuf ans auparavant, Jean-Paul II avait dynamisé les forces démocratiques et déclenché une succession d'événements qui avaient conduit à la chute du Mur de Berlin. Soucieux de ne pas donner sa caution à cette visite, le régime communiste polonais avait commis l'erreur d'en confier l'organisation aux paroisses. En préparant la venue du souverain pontife, paroisses et paroissiens avaient refait l'apprentissage de l'indépendance. Les Polonais avaient envahi les rues pour acclamer leur bien-aimé compatriote et savourer pleinement le « pouvoir populaire » et la liberté. J'ai souvent décrit ce phénomène d'une phrase qui me paraît assez juste : « Ils ont découvert combien ils étaient les uns les autres. »

En dépit d'évidentes différences géographiques et culturelles, j'espérais que le voyage du pape à Cuba déclencherait un processus similaire. Durant sa visite, Jean-Paul II a célébré de nombreuses messes, rencontré la jeunesse cubaine, réconforté les malades, prononcé des homélies et des discours devant des foules enthousiastes. La majorité de ses propos avaient pour thème la nécessaire obéissance à la doctrine catholique, mais il a aussi fait des déclarations énergiques concernant la liberté d'expression, les droits de l'homme et la libération des prisonniers politiques.

Contrairement à son homologue polonais, le gouvernement cubain a contrôlé de très près le déroulement de la visite pontificale. Fidel Castro a accueilli personnellement Jean-Paul II et assisté à la messe célébrée par le pape sur la place de la Révolution – point culminant de la visite. Même si les Américains n'ont pas prêté grande attention à cet événement (l'affaire Monica Lewinsky venait tout juste d'éclater), la visite du souverain pontife a redonné courage aux Cubains et éveillé en eux l'espoir d'un avenir meilleur. En faisant honte à Castro, Jean-Paul II a même réussi à le décider à décréter que Noël serait à nouveau un jour férié, après quarante années d'interruption.

Le Président Clinton s'intéressait autant que moi à la question de Cuba. Le pape était à peine rentré à Rome que nous avions déjà rassemblé quelques idées susceptibles de nous permettre d'aider le peuple cubain sans faire la moindre faveur au régime de Castro. En février, je me suis rendue en Floride pour jauger les réactions éventuelles de la communauté cubaine, très susceptible sur le plan politique, aux mesures que nous envisagions. Pour me déplacer dans Miami, j'avais choisi comme guide Lula Rodriguez, l'adjointe du sous-secrétaire à la Diplomatie ouverte et aux Affaires publiques, chargée des affaires publiques. Lula était d'origine cubaine, elle avait grandi à Miami, connaissait tout le monde, et combinait force de caractère et détermination exubérante. Elle m'a permis de rencontrer non seulement les leaders les plus connus de la communauté cubaine, mais aussi de nombreux représentants du monde des affaires, des membres du clergé, de jeunes Cubains et même des artistes, dont Gloria Estefan, la diva de la pop music, et son mari Emilio, qui nous ont invitées à dîner chez eux.

La plupart d'entre eux avaient été chassés de leur pays natal par un régime communiste, comme moi ; nous avions donc quelque chose d'important en commun. Bien sûr, je n'avais pas grandi dans une communauté de réfugiés, ma famille n'avait pas eu d'activités politiques au sein de la communauté tchécoslovaque des États-Unis, et la Tchécoslovaquie ne se trouvait pas à cent cinquante kilomètres au large des côtes américaines. Néanmoins, je pensais pouvoir comprendre les liens qui unissaient les Américains d'origine cubaine, et leur sentiment d'avoir une identité commune. Chaque nouvelle vague d'immigrants leur rappelait leur terre natale et réveillait l'immense douleur que leur causait le fait de la savoir privée de liberté. Il existe dans certains milieux une tendance à mépriser la communauté cubaine sous prétexte qu'elle serait monolithique et extrémiste sur le plan politique, mais rien ne m'a permis de penser que c'était effectivement le cas.

J'ai été confrontée au contraire à un large éventail d'opinions conditionnées en grande partie par l'âge des individus et leurs expériences personnelles. Parmi les plus âgés, beaucoup rêvaient encore à leur pays tel qu'il était quand ils l'avaient quitté, aux maisons dans lesquelles ils avaient grandi et à une population qui était principalement d'origine européenne. Ils en voulaient personnellement à Fidel Castro et soutenaient totalement l'embargo.

Ceux qui appartenaient aux générations médianes, qui avaient une quarantaine ou une cinquantaine d'années, méprisaient Castro mais étaient plus pragmatiques. Beaucoup de mes interlocuteurs avaient envie d'aider les dissidents cubains et de participer à la reconstitution de la société civile. La plupart se montraient enthousiastes à propos de la visite du pape, dont ils pensaient qu'elle avait marqué un tournant. L'un d'eux m'a dit : « C'est la première fois en près de quarante ans que le peuple cubain se rassemble pour écouter quelqu'un d'autre que Castro. »

J'ai rencontré aussi des personnes plus jeunes qui voulaient lever l'embargo et lancer une « invasion Sears »* pour inonder Cuba de biens de consommation durables et priver ainsi Castro de la possibilité d'accuser les États-Unis d'être responsables des difficultés économiques de son régime.

Il y avait au moins un sujet sur lequel ils étaient tous d'accord : la question des « versements » – les sommes d'argent que les Américains d'origine cubaine envoient à leurs parents restés au pays. Après l'affaire des deux Cessna abattus par des Mig cubains, les versements avaient été interdits, mais cela n'empêchait pas des centaines de millions de dollars de parvenir à Cuba en empruntant des filières secrètes. Comme un membre conservateur de la communauté cubaine de Miami me l'a expliqué : « Nous autres émigrés sommes les meilleurs avocats de l'embargo. Nous sommes également les premiers à l'enfreindre. » Malheureusement, une bonne partie de cet argent était intercepté par des fonctionnaires corrompus. Mais même si les versements aidaient le régime de Fidel Castro en faisant rentrer des devises fortes, ils donnaient aussi à certains Cubains les moyens de survivre sans dépendre du gouvernement.

Je suis revenue de Miami persuadée qu'une modeste initiative en direction de Cuba était envisageable. Toutefois, avant de passer aux actes, je désirais savoir ce que le pape pensait de son voyage dans l'île, et discuter avec lui de la façon dont les États-Unis et le Vatican pourraient collaborer dans ce domaine. Je voulais aussi pouvoir dire que le pape soutenait les mesures que nous envisagions. Au mois de mars 1998, j'ai donc profité d'un voyage en Europe pour faire escale à Rome.

Pénétrer au Vatican, c'est comme entrer dans un tableau Renaissance. Les murs sont hauts, les corridors longs, les embrasures de portes cintrées, l'ambiance feutrée. Les uniformes des gardes suisses datent d'un autre siècle, le protocole est élaboré et minutieux. À mon arrivée, un homme en chemise blanche, avec des chaînes en argent autour du cou, m'a invitée à le suivre, à l'heure exacte prévue pour l'entrevue. Nous avons suivi un corridor, puis traversé plusieurs pièces ornées chacune de peintures et de sculptures magnifiques. Enfin, j'ai été introduite dans le cabinet de travail du pape.

Dans cette vaste pièce, Sa Sainteté était assise à l'extrémité d'une longue table en bois. Ayant été élevée dans la religion catholique,

---

* Du nom d'une chaîne d'hypermarchés nord-américaine (*N.d.T.*).

j'avais grandi dans le respect de la papauté, mais du fait des éminents services qu'il avait rendus à la démocratie, j'éprouvais un respect particulier pour Jean-Paul II. Il s'est levé pour m'accueillir et nous avons échangé des civilités en polonais. « Mais je pensais que vous étiez tchèque », m'a-t-il dit avant de se mettre à parler anglais. Je lui ai appris que j'étais une amie de Zbig Brzezinski. Le pape a hoché la tête et m'a demandé de lui transmettre son bon souvenir. Il était exactement comme on s'attendait à le voir : tout de blanc vêtu, le teint rose, enveloppé d'une aura qui me donnait envie de baisser la tête – j'avais pris soin de mettre mon chapeau noir à larges bords.

Tandis que nous conversions, le pape s'est penché en avant, en s'appuyant sur les coudes, et j'ai donc parlé plus fort. Je lui ai expliqué que j'avais étudié le communisme toute ma vie et que j'admirais le rôle qu'il avait joué dans le rétablissement de la liberté en Pologne. J'ai ajouté que son voyage à Cuba pouvait provoquer des changements similaires et que nous observions de près les réactions du gouvernement cubain. Quelques prisonniers politiques avaient été libérés, mais d'autres dissidents avaient été arrêtés. Le pape m'a assurée qu'il était lui aussi très attentif et restait en contact avec l'Église cubaine.

Je l'ai informé que nous désirions apporter notre soutien à l'antenne cubaine de Caritas, l'association caritative de l'Église catholique. Nous espérions faire savoir au peuple cubain que nous souhaitions l'aider et lui faciliter le passage à la démocratie. J'ai précisé que je n'ignorais pas que l'Église cubaine n'était pas l'Église polonaise, et le pape a répondu : « Absolument pas. » En Pologne, l'Église catholique est identifiée à la nation.

Comme nous évoquions la communauté d'exilés cubains de Miami, il m'a fait part de son opposition à l'embargo qu'il jugeait nuisible pour les gens du peuple. Par contre, il aimait bien l'idée d'essayer de travailler avec nous afin de venir en aide aux Cubains et m'a vivement conseillé de rester en contact avec le cardinal Angelo Sodano, Secrétaire d'État du Vatican.

La demi-heure d'entrevue qui m'avait été accordée est passée rapidement et je me suis levée pour partir, mais le pape a tenu à saluer les autres membres de ma délégation. Il m'a entraînée jusqu'à la salle de réception où ils se trouvaient et a exprimé sa surprise en voyant que beaucoup étaient des femmes. Des journalistes sont entrés au moment où je prenais congé du pape en lui demandant de bien vouloir prier pour moi. Il a répondu : « Je ferai comme vous me l'avez demandé. » Ayant entendu la réponse du pape, mais pas ma question, les journalistes étaient impatients de savoir ce que Sa Sainteté avait accepté de faire pour les États-Unis. Je me suis contentée de sourire.

À mon retour à Washington, j'ai annoncé que les Américains d'origine cubaine seraient autorisés à envoyer directement des versements à leurs parents résidant à Cuba. Les associations caritatives pourraient organiser des vols afin de convoyer ces fonds, au lieu d'avoir à payer des intermédiaires pour les faire transiter par quelque pays tiers. Nous avons accordé rapidement les autorisations nécessaires pour que les associations à but non lucratif puissent expédier des médicaments à Cuba et avons promis de demander au Congrès d'autoriser les dons de produits alimentaires.

Début 1999, nous avons pris quatre nouvelles mesures qui allaient dans le même sens : développement des échanges, autorisation à tous les Américains d'envoyer des versements, autorisation de la vente de produits alimentaires aux restaurants qui étaient des entreprises privées, multiplication des vols directs entre les États-Unis et Cuba, dans les deux sens.

Cet ensemble de mesures a fait la différence. Quand j'ai quitté mes fonctions, plus de cent mille Américains se rendaient à Cuba chaque année dans le cadre d'activités universitaires, culturelles ou sociales. Les États-Unis autorisaient chaque année des expéditions de produits pharmaceutiques et de matériel médical pour un montant qui se chiffrait en dizaines de millions de dollars, et des envois de versements pour un total d'environ un milliard de dollars. Le nombre d'autorisations accordées à des associations s'occupant d'aide humanitaire avait augmenté considérablement, et le Congrès venait d'autoriser, pour la première fois depuis près de quarante ans, des ventes directes de produits alimentaires.

Toutes ces initiatives n'avaient qu'un seul but : réduire l'isolement du peuple cubain. Elles n'ont toutefois pas affecté la longévité de Fidel Castro. Visiblement, le dictateur cubain n'est pas du tout pressé de se retrouver, comme ses vieux copains de l'époque du Pacte de Varsovie, à l'état de statue renversée. Il est vrai qu'il a sur eux quelques avantages. En dépit de ses excès, Castro n'est pas un de ces apparatchiks insipides, imposés par l'étranger, qui gouvernaient l'Europe centrale et orientale durant la guerre froide. C'est un authentique leader charismatique. De plus, Cuba étant une île, il a été plus facile pour le gouvernement castriste de contrôler les flux d'informations. Enfin, le voyage du pape n'a pas produit le même effet qu'en Pologne parce que Jean-Paul II est polonais et non cubain, et que l'Église cubaine est peu disposée à jouer un rôle politique.

Castro s'est néanmoins empressé d'étouffer les petites étincelles de liberté provoquées par la visite du pape. En mars 1999, quatre dissidents pacifiques ont été condamnés à la suite d'un procès à huis clos qui a été dénoncé en Europe et en Amérique latine. Je gardais sur mon bureau la liste de ces dissidents emprisonnés, et je mentionnais souvent leurs noms quand j'avais l'occasion de m'exprimer en public, afin que les médias n'oublient pas le traitement qui leur était réservé, et pour essayer de susciter des pressions en faveur de leur libération[1]. En novembre 1999, Castro a accueilli le sommet ibéroaméricain à La Havane. Alors qu'il espérait se servir de ce sommet pour mettre les États-Unis dans l'embarras, c'est lui qui a été très embarrassé par le nombre de dirigeants étrangers qui cherchaient à rencontrer des activistes engagés dans la bataille pour la démocratie, mais aussi par la déclaration finale du sommet appelant à plus de liberté d'expression politique. Plus récemment, Castro a été encore plus embarrassé par une initiative d'Oswaldo Payá Sardiñas*, le « projet Varela », une pétition ayant récolté des milliers de signatures et réclamant l'organisation d'un référendum sur les libertés fondamentales. Preuve que les champions de la liberté se serrent les coudes, Václav Havel a proposé Payá pour le prix Nobel de la paix[2].

Tandis que j'aidais à élaborer notre politique vis-à-vis de Cuba, bon nombre de gens des deux bords ont essayé de faire pression sur moi. Souvent, ce lobbying m'irritait ; une fois pourtant, il m'a fascinée. L'écrivain colombien Gabriel García Márquez, prix Nobel de littérature 1982, n'était pas quelqu'un que je pensais rencontrer un jour. En 1997, le Président mexicain a donné un dîner officiel en l'honneur du Président Clinton, et García Márquez était au nombre des invités. Je lui ai raconté que j'avais offert son roman *L'Amour au temps du choléra* à Václav Havel, mais seulement pour entendre le Président tchèque me dire qu'il l'avait déjà lu et l'aimait beaucoup. C'est le genre de chose que les écrivains adorent entendre, et nous avons eu une intéressante conversation.

Un an plus tard, quand García Márquez est venu à Washington, invité au dîner officiel que le Président Clinton donnait en l'honneur

---

1. Les efforts déployés pour attirer l'attention sur la situation des droits de l'homme à Cuba ont été entravés à la fin de l'année 1999 et durant les premiers mois de 2000 par le tumulte fait autour du triste sort d'Elián Gonzalez, ce petit garçon sauvé des eaux par les garde-côte au large de la Floride. En ce qui concerne les dissidents, Marta Beatriz Roque, Félix Bonne et René Gómez Manzano ont été libérés en 2000 et Vladimiro Roca en 2002.

* Président du Mouvement chrétien de Libération. Prix Sakharov pour la liberté d'expression, décerné en 2002 par le Parlement européen (*N.d.T.*).

2. Au printemps 2003, tandis que la seconde guerre du Golfe accaparait l'attention du plus grand nombre, Castro a de nouveau lâché la bride à la répression, faisant emprisonner des douzaines de dissidents.

du Président colombien Andrés Pastrana, il m'a demandé si j'accepterais de déjeuner avec sa femme et lui afin que nous ayons le temps de discuter plus longuement. Je feins d'être une personne très digne, mais en réalité je peux me montrer sans-gêne. Je me suis donc dit que j'allais profiter de cette invitation pour demander à ce célèbre écrivain de me dédicacer certains de ses livres. En rentrant chez moi, j'ai cherché ceux que je possédais, mais j'ai été incapable de les retrouver parce que ma femme de ménage avait décidé de ranger mes livres par ordre de taille plutôt que par auteur ou par sujet. J'ai couru jusqu'à une librairie, puis jusqu'à une autre, et j'ai fini par arriver au déjeuner avec un grand sac plein de livres, et l'impression de jouer les groupies. García Márquez, un bel homme aux cheveux argentés, au visage intelligent et animé, m'a fait un large sourire et a consenti à tout dédicacer.

Pendant le repas, « Gabo » m'a expliqué pourquoi il désirait me revoir : Fidel Castro. Il l'avait rencontré en 1975 alors qu'il écrivait un livre sur la révolution cubaine, et ils étaient restés amis depuis. Il m'a dit que nous nous trompions tous sur le compte de Fidel. Le dictateur cubain cherchait une bonne raison de se réconcilier avec les États-Unis, mais en était empêché par l'embargo. Selon García Márquez, Castro était un homme bon, et même religieux, et il demeurait populaire parmi son peuple malgré les nombreuses difficultés économiques.

Je lui ai répondu que la loi nous empêchait de lever l'embargo, mais que durant les trois précédentes décennies, Castro aurait pu y mettre fin à tout moment en organisant des élections libres. Comme il est très vite devenu évident que ni Márquez ni moi ne changerions d'opinion, je lui ai dit que je préférais de beaucoup discuter de ses ouvrages. Il m'a expliqué que ses lecteurs croyaient qu'il avait inventé les histoires qu'il racontait dans ses livres, alors que tout était vrai, mais simplement disposé dans un ordre différent. Ses Mémoires, qu'il était en train d'écrire, expliqueraient tout cela.

Je suis restée en contact avec Gabo tant que j'ai été en fonction, l'appelant régulièrement durant son combat contre son lymphome et m'entretenant avec lui des terribles problèmes auxquels était confrontée la Colombie, son pays natal. Nos meilleurs moments ensemble, nous les avons justement passés en Colombie, à Cartagena, où après un dîner très simple à la résidence présidentielle, il m'a fait visiter la ville et m'a montré les principaux décors dans lesquels se déroule l'action de son livre L'Amour au temps du choléra. Il m'a également donné quelques conseils que je n'oublierai jamais. Il m'a dit par exemple : « Quand vous écrirez vos Mémoires, souvenez-vous : ne soyez pas en colère. »

CHAPITRE VINGT ET UN

Ainsi va le monde

O N ME DEMANDE SOUVENT de décrire ce qu'était ma vie de Secrétaire d'État. La réponse peut tenir en un seul mot : mouvement. Le monde n'arrêtait pas de tourner et moi non plus. Plus je faisais de choses, plus il y en avait à faire. Les mots les plus importants de ma vie étaient : téléphone, avion, réunion et mémo. J'ai découvert qu'il m'était hélas impossible de conserver nombre des amitiés personnelles que j'avais nouées à Washington au cours des deux décennies précédentes. J'étais si souvent obligée de décommander des invitations à dîner ou à un spectacle que j'ai fini par renoncer. Je n'avais tout simplement pas le temps d'avoir une vie privée.

Les seules exceptions étaient mes petits-enfants, en compagnie desquels je passais le plus de temps possible. Ils se moquaient bien de savoir quel métier je faisais du moment que je pouvais leur préparer un croque-monsieur, leur lire un livre du Dr. Seuss* ou leur acheter un train électrique. Ils trouvaient par contre tout à fait naturel de voir leur grand-mère parler à la télévision ou se déplacer encadrée par un groupe de ninjas amicaux et protecteurs. Quand j'étais plus jeune, je ne comprenais pas pourquoi les femmes plus âgées insistaient toujours pour me parler de leurs petits-enfants. À présent, je comprends : il est impossible de ne pas le faire.

Mais de tels moments étaient rares. Les problèmes que j'avais à traiter ne se présentaient pas successivement, de manière que je puisse me concentrer sur l'un d'eux avant de passer au suivant. Au beau milieu de réunions tendues et dont les enjeux étaient très importants, il arrivait souvent qu'on m'apporte une note à propos d'un coup de téléphone que je devais passer d'urgence en réponse à des

---

* Theodor Seuss Geisel (1904-1991), américain, auteur à succès de dessins humoristiques, de bandes dessinées et de livres pour enfants (*N.d.T.*).

événements qui venaient juste de se produire à l'autre bout de la planète. Une seule chose était sûre, nous ignorions de quoi le lendemain serait fait. Serions-nous confrontés à de nouveaux développements de telle ou telle affaire internationale, ou à des événements de politique intérieure qui menaceraient d'affecter la conduite de notre politique étrangère ? Malgré tout cela, je m'efforçais de faire mon travail le mieux possible, en accord avec mon style et ma personnalité. La première année, j'ai appris mon nouveau rôle et j'ai été ravie de constater que tout se passait généralement bien. La deuxième année a été très différente : une période de rudes épreuves, de revers, de controverses politiques, avec des moments de doute.

À l'occasion d'une réunion publique qui s'est tenue peu de temps après ma prestation de serment en tant que Secrétaire d'État, Henry Kissinger m'a accueillie officiellement au sein de la « fraternité » de ceux qui avaient occupé ce poste avant moi. En le remerciant, je lui ai fait remarquer : « Henry, je suis au regret de vous le dire, mais ce n'est plus seulement une fraternité. »

Le Président Clinton a fait voler en éclats le « plafond de verre* » dans le domaine de la politique étrangère. Durant ses huit années à la présidence, sept des dix plus hautes fonctions du Département d'État ont été, à un moment ou à un autre, occupées par une femme. Aucun secteur ne leur était interdit. Des femmes étaient chargées de la politique économique, du contrôle des armements, du management, de la diplomatie ouverte, des relations avec le Congrès. Par contre, lorsque le Président réunissait son équipe de politique étrangère, qui comprenait des membres du NSC et d'autres départements et agences gouvernementales, il m'arrivait souvent d'être la seule femme.

En tant que Secrétaire d'État, j'étais déterminée à faire de la lutte pour améliorer les conditions de vie des femmes une des principales composantes de la politique étrangère américaine, une prise de position qui n'avait que trop tardé. Un des objectifs prioritaires des États-Unis était la promotion de la démocratie, mais la démocratie n'était pas possible si les femmes étaient considérées comme des citoyens de seconde zone, si elles étaient victimes de discriminations ou de mauvais traitements.

En 1995, lors de la Conférence mondiale des femmes, tenue à Pékin, nous avions pris une série d'engagements destinés à améliorer

---

* *Glass ceiling :* métaphore désignant l'ensemble des facteurs qui empêchent les femmes de parvenir aux plus hautes responsabilités (*N.d.T.*).

le statut des femmes aux États-Unis, et à encourager de tels efforts à l'étranger. Afin de concrétiser ces engagements, le Président Clinton a créé le White House Inter-Agency Council on Women, présidé par Donna Shalala, notre dynamique Secrétaire à la Santé et aux Affaires sociales ; et quand je suis devenue Secrétaire d'État, il m'a demandé d'en être coprésidente.

Nous avons fêté la transition en mars 1997, à l'occasion de la Journée internationale des femmes. La First Lady et moi avons pris la parole lors d'une réunion qui se tenait au Département d'État, et au cours des mois qui ont suivi, nous nous sommes appuyées sur notre amitié pour bâtir un partenariat sans précédent. Tant que j'ai occupé mes fonctions, la First Lady a été l'un des atouts majeurs de notre politique étrangère. Diplomate autodidacte, elle était pour les États-Unis une ambassadrice non officielle extrêmement populaire. On m'a demandé une fois s'il était bien approprié pour nous deux de collaborer aussi étroitement. J'ai reconnu bien volontiers qu'il s'agissait d'une entorse à la tradition, mais j'ai fait remarquer que les temps avaient changé. « Je ne suis pas Thomas Jefferson, et Hillary n'est certainement pas Martha Washington. »

Notre objectif commun consistait à dépasser les discours de pure forme et les doutes, et à informer tous les services du Département d'État, toutes les ambassades que je tenais à savoir si des femmes participaient aux projets d'éveil à la démocratie, s'il existait des programmes destinés à combattre les violences contre les femmes, si la micro-entreprise était encouragée afin que les femmes aient accès au crédit, si les besoins particuliers des réfugiées étaient satisfaits, si on accordait aux programmes de planning familial la priorité qu'ils méritent. Pour confirmer cet engagement, j'insistais pour rencontrer des groupes de militantes féministes chaque fois que c'était possible à l'occasion de mes voyages à l'étranger.

Pendant que j'étais en poste à l'ONU, j'avais créé un groupe de représentantes permanentes. Devenue Secrétaire d'État, je réunissais chaque année à New York, dans le cadre de l'Assemblée générale de l'ONU, les femmes ministres des Affaires étrangères du monde entier. Nous commencions toujours par des discussions sérieuses à propos de la meilleure façon d'attirer l'attention du monde sur des problèmes tels que l'augmentation choquante de la traite des femmes. Nous n'étions encore qu'un petit groupe – passant d'une poignée à une bonne douzaine –, mais nous nous sommes très vite rendu compte que nos projets communs avaient plus d'impact et de poids que nos initiatives individuelles. Nous comparions également nos notes au sujet de nos existences personnelles et des difficultés que nous rencontrions en évoluant dans un environnement encore très majoritairement masculin. Que nous venions d'Afrique, d'Europe, d'Amérique du Nord ou du Sud, ou d'ailleurs, nos expériences étaient similaires par bien des aspects. Nous devions travailler deux fois plus pour être prises au sérieux, et trois fois plus pour faire avancer nos projets.

À en croire Dean Acheson : « La première condition requise pour être un homme d'État, c'est d'être insignifiant. » Acheson n'ayant rien dit à propos des femmes d'État, je ne me sens pas concernée par sa recommandation.

En tant que Secrétaire d'État, je m'efforçais d'éviter de faire quoi que ce soit d'incompatible avec la dignité de ma fonction, mais j'étais également bien déterminée à rester moi-même, et ma personnalité ne correspondait pas à l'image conventionnelle d'un Secrétaire d'État. J'aurais pu choisir de gommer les différences dans toute la mesure du possible, et faire de mon mieux pour imiter les hommes qui m'avaient précédée. J'aurais pu éviter les endroits trop décontractés, m'habiller de façon conventionnelle et refréner mon penchant pour le franc-parler. Mais mon travail n'aurait pas été aussi agréable et je n'aurais pas pu accomplir autant de choses.

La nouveauté de ma nomination ayant suscité un intérêt considérable, j'ai décidé de tirer parti de l'attention que l'on me portait, en espérant que si les Américains me voyaient prendre plaisir à relever les défis qui m'étaient lancés, ils pourraient peut-être s'intéresser davantage à la politique internationale. À commencer par les jeunes. Je me suis souvent rendue dans des écoles publiques pour parler aux élèves des plus petites classes et répondre aux questions de leurs aînés. Je me servais souvent d'un globe pour situer les pays où je me rendais et expliquer pourquoi les Américains devaient se préoccuper des événements qui se déroulaient de l'autre côté de la planète. Bien sûr, c'était toujours les plus jeunes qui posaient les questions les plus embarrassantes, qui voulaient savoir si les Australiens marchaient la tête en bas – et si ce n'était pas le cas, pourquoi ? Mes efforts pédagogiques ont été décuplés quand j'ai eu les honneurs de la *Mini-Page*, un supplément du dimanche diffusé par des centaines de journaux. Un gros titre s'étalait à la une : « La première femme Secrétaire d'État s'adresse aux enfants », et à l'intérieur il y avait mon message, un fouillis de mots émaillés de termes tels que « traités », « visas » et « cabinet », ainsi qu'un jeu du genre « points à relier » qui proposait aux enfants de dessiner mes cheveux.

En avril 1997, les dirigeants de l'équipe de base-ball des Baltimore Orioles m'ont demandé de remplacer le Président Clinton – handi-

capé par une blessure au genou – et de lancer la première balle du
match d'ouverture de la saison. J'ai téléphoné à ma fille Anne, la
joueuse de softball de la famille, qui m'a dit crûment : « Maman, je
suis sûre que tu lances comme une fille. » Je n'ai donc accepté de
jouer les lanceurs qu'après avoir décidé Anne et les agents de la DS
qui assuraient ma protection rapprochée à me servir d'entraîneurs.
J'ai emprunté un vieux gant et me suis entraînée dans les sous-sols
du Département d'État, dans un parc proche et même sur le tarmac
d'Andrews Air Force Base – malgré mes chaussures à talons hauts
– tandis que j'attendais mon avion.

Le jour du match, je suis arrivée en avance au Camden Yards, le
stade des Orioles, et je me suis échauffée sous les tribunes avant de
m'aventurer sur le terrain pour la cérémonie d'ouverture. Vêtue d'un
pantalon noir et d'un maillot des Orioles, je me tenais à côté du
légendaire Carl Ripken junior, surnommé « Iron Man », et j'étais
émerveillée par la verdeur du gazon tondu ras, la petitesse du « diamant », l'immensité du stade et le tumulte provoqué par les quarante-
huit mille supporters qui le remplissaient. Je commençais à m'inquiéter car il s'est écoulé plusieurs minutes avant que l'on ne me donne
la balle et que je puisse gagner le monticule. J'espérais que les muscles de mon bras droit, que j'avais si soigneusement échauffés,
n'avaient pas eu le temps de se refroidir.

J'ai pris position en gardant les yeux fixés sur le marbre. M'ayant
jaugée, Chris Hoiles, le receveur des Orioles, s'est rapproché de moi,
passant d'une vingtaine à une dizaine de mètres. Il a ouvert son
énorme gant de receveur afin de m'offrir une excellente cible, puis
a levé deux doigts pour demander une balle courbe. J'ai secoué la
tête. Il a levé un doigt pour demander une balle rapide. J'ai fait oui
de la tête, puis j'ai entamé ma prise d'élan, reculé ma jambe, pivoté
rapidement, propulsé mon bras droit vers l'avant et lâché la balle
avec un petit grognement façon Monica Seles, et un bruit métallique
produit par mon poignet. En l'absence de pesanteur, la balle serait
certainement allée frapper avec force le gant de Hoiles. Elle serait
allée plus loin si je n'avais pas oublié d'ôter mes bracelets en or. En
fait, elle a parcouru la distance avec un seul rebond. Hoiles m'a
rejointe au petit trot, m'a donné la balle, m'a serré la main et fait un
grand sourire. J'ai quitté le terrain en priant silencieusement pour
que le Président Clinton soit en parfaite santé à chaque ouverture de
la saison de base-ball[1].

------

1. L'éditorial du *Wall Street Journal* du lendemain était intitulé : « Madeleine
K. Clemens » [Allusion à Roger Clemens, célèbre joueur de base-ball de l'équipe
des New York Yankees]. Personnellement, j'ai trouvé les commentaires du rédacteur en chef exceptionnellement judicieux : « Il est extrêmement important de noter

Warren Christopher avaient ses élégantes cravates, j'avais mes broches. Une fois, tandis que j'étais à l'ONU, la presse irakienne, contrôlée par le gouvernement et irritée par mes critiques à l'encontre de Saddam Hussein, a publié un poème dans lequel elle me traitait de noms pittoresques, y compris de « serpent ». À la même époque, j'ai eu une entrevue avec un haut fonctionnaire irakien. Comme j'avais une broche en forme de serpent lové, je l'ai portée à cette occasion. Quand je me suis adressée à la presse après l'entrevue, les caméras de télévision ont zoomé sur ma broche et les questions des journalistes se sont concentrées sur elle.

À partir de là, j'ai pris plaisir à choisir une broche en rapport avec le message du jour. Ainsi, Mary Jo Myers, la femme du général Richard Myers, le futur chef d'état-major des armées, m'ayant offert une broche associant les insignes des cinq armes, je la portais souvent quand je devais rencontrer des militaires. Je choisissais une araignée pour les occasions (rares) où je me sentais retorse, un ballon quand mon moral était au plus haut, le Capitole quand je voulais afficher ma volonté d'élaborer une politique étrangère bipartite, et une abeille quand je cherchais quelqu'un à piquer. Lorsque j'ai rencontré le ministre russe des Affaires étrangères pour discuter de la question du traité des missiles antimissiles, je portais une broche en forme de missile [1]. Mon interlocuteur m'a demandé : « Est-ce un de vos missiles antimissiles ? » Et je lui ai répondu : « Oui, et comme vous pouvez le voir, nous savons les miniaturiser. Vous feriez donc mieux d'être prêts à négocier [2]. »

---

que sa tête semble ne pas avoir bougé et que ses yeux sont restés fixés sur la cible du début à la fin, contrairement au bonimenteur présidentiel moyen [jeu sur le mot *hurler* qui signifie à la fois "lanceur", au base-ball, et "bonimenteur"] dont la tête penche de l'extrême droite à l'extrême gauche au cours d'un seul baratin [jeu sur le mot *pitch* qui signifie à la fois "lancer", au base-ball, et "baratin"]. »

1. Broche réalisée par Lisa Vershbow, dessinatrice en bijouterie, dont le mari était notre représentant à l'OTAN.

2. Très vite, j'ai dit aux journalistes en quête d'informations d'apprendre à « déchiffrer mes broches ». J'ai été surprise et flattée quand Helen Drutt English, experte en matière de bijouterie contemporaine, propriétaire d'une galerie de Philadelphie, a invité des bijoutiers du monde entier à créer des broches sur le thème « dites-le diplomatiquement avec des broches ». Plus de soixante artistes ont répondu à son appel par une collection de pièces disparates qui ont été exposées aux États-Unis et à l'étranger. Gijs Bakker, un Hollandais, a dessiné celle qui figure sur la couverture du catalogue de l'exposition, en surimpression sur une photo de moi. Cette broche représente la tête de la Statue de la Liberté, avec deux véritables montres à la place des yeux. Bakker en a placé une dans le mauvais sens, afin que je puisse voir depuis combien de temps durait une entrevue, et l'autre dans le bon sens, afin que mon interlocuteur sache quand il était temps de prendre congé. On me demande souvent laquelle de ces broches je porte le plus souvent, et je réponds

En dépit des inévitables moments d'énervement, ma première année en tant que Secrétaire d'État m'a paru être une lune de miel prolongée. Les problèmes me semblaient nouveaux et les difficultés surmontables. La presse se montrait amicale, et mon travail était toujours très intéressant. Estimant que j'avais le meilleur métier possible, j'étais déterminée à en profiter au maximum. J'arrivais tôt à mon bureau et j'en repartais tard – des horaires plus facilement supportables pour moi que pour les autres parce que j'avais relativement peu d'obligations familiales. Je m'efforçais de faire régner un esprit d'équipe au sein du Département d'État. Je veillais jalousement sur les importantes relations que j'entretenais avec d'autres ministres des Affaires étrangères et des membres du Congrès.

Un dimanche de 1997, au cours de la première session de l'Assemblée générale de l'ONU à laquelle je participais en tant que Secrétaire d'État, disposant de quelques heures de liberté, j'ai décidé de faire une longue promenade sur Madison Avenue, en compagnie de ma sœur. C'était une magnifique matinée d'automne et comme les gens n'arrêtaient pas de me sourire et de me saluer d'un signe de la main, mon ego a enflé démesurément. Une femme qui prétendait être israélienne m'a demandé de faire quelque chose à propos de son Premier ministre. Un homme a braillé : « Hé, chérie, il faut tenir tête aux Serbes ! » Nous avons trouvé un endroit où déjeuner, qui paraissait calme jusqu'à ce qu'un serveur d'origine grecque engage la conversation au sujet de Chypre. Le soir, nous avons dîné dans un restaurant que je pensais italien mais qui s'est révélé être albanais, et dont le propriétaire est venu nous parler des Balkans.

Le lendemain matin, je souriais encore en pensant à tous ces gens qui m'avaient reconnue. Je me sentais devenue quelqu'un. Et puis, je suis allée chez le coiffeur... Parce que j'étais toujours en voyage, mes cheveux étaient devenus un vrai problème. Je me retrouvais chaque fois chez un coiffeur différent, qui était soit trop impressionné pour oser toucher à un seul de mes cheveux, soit ne pensait qu'à reprendre tout à zéro. Quand je me regardais dans une glace, je ne savais jamais qui j'allais y voir. C'est pourquoi je portais toujours des chapeaux.

Cette fois-ci, j'avais décidé d'essayer un nouveau salon, très réputé. J'avais pris la précaution de me munir d'une photo et je l'ai montrée au coiffeur en lui disant : « Je veux ressembler à ça. S'il vous plaît, traitez-moi comme n'importe qui. Tirez, crêpez, faites

---

qu'elles appartiennent aux artistes qui les ont créées, pas à moi ; à l'exception d'une seule, dessinée par Helen Shirk, de Buffalo, qui m'a été offerte quand j'ai quitté mes fonctions.

tout ce qui est nécessaire. » Quand il a eu terminé, je l'ai remercié, je lui ai dit qu'il avait fait de l'excellent travail et lui ai promis de revenir le voir chaque fois que je me trouverais à New York. Puis je lui ai demandé son nom. « Anthony », a-t-il répondu avant d'ajouter : « Et vous êtes Madame... ? »

Cela n'est guère surprenant mais, durant cette première année, j'ai découvert qu'il était agréable d'avoir son avion personnel. Je suis reconnaissante aux hommes et aux femmes de l'US Air Force qui m'ont fait parcourir des millions de kilomètres au cours de ces quatre années et m'ont conduite chaque fois à bon port. Ma reconnaissance va également à Dick Shinnick, directeur de mon secrétariat particulier qui faisait en sorte que les milliers d'éléments nécessaires à la réussite de chaque voyage se trouvent réunis dans le bon ordre et au bon moment. Parmi ces éléments, il y avait mes bagages, qui voyageaient toujours en cabine pour des raisons de sécurité et afin que je puisse me changer rapidement en fonction de la température et du temps qu'il faisait dans le pays où nous nous rendions. À croire que nous n'arrêtions pas de passer des climats les plus chauds aux plus froids, et vice versa. La plupart de mes prédécesseurs avaient une épouse qui faisait leurs valises, moi non. J'avais donc mis au point ma propre méthode, un peu folle. Je rentrais chez moi, tard, avec le programme du voyage. Je m'asseyais devant la télé et notais ce que je porterais à chaque escale, sans oublier de réfléchir à la broche qui conviendrait le mieux pour chaque occasion. Ensuite, cela devenait beaucoup plus drôle quand j'essayais de trouver où étaient rangés les vêtements que j'avais choisis, puis de vérifier si j'entrais toujours dedans depuis la dernière fois où je les avais portés. Si quelqu'un s'était présenté chez moi dans ces moments-là, il aurait découvert une femme qui n'avait rien d'un Secrétaire d'État, courant d'une pièce à l'autre et marmonnant toute seule. Au début, je tenais le compte de ce que j'avais déjà porté dans chaque pays, afin d'éviter les répétitions, mais au bout d'un moment, j'ai renoncé.

Comme beaucoup d'Américains, j'ai essayé des tas d'exercices physiques et de régimes alimentaires. Quand j'étais dans l'avion, les membres de l'équipage faisaient de leur mieux pour respecter les prescriptions du régime que je suivais. Ils avaient même réussi à trouver une place pour loger un *stepper* portable et des haltères, et ils avaient toujours en réserve du thon et mes crackers favoris. Ils réchauffaient ma soupe aux choux maison quand mon régime était basé sur ce plat de gourmet, et respectaient mes ordres interdisant les barres chocolatées en cabine. Malgré tout, au cours de chaque voyage il arrivait un moment où, l'épuisement triomphant de la discipline, je voyais arriver ma salade taco préférée, magnifiquement garnie et accompagnée de barres chocolatées de contrebande.

Au cours de mon premier tour du monde, j'ai compris que ce n'était qu'un début et j'ai pensé que j'aurais besoin d'un hobby pour m'aider à passer le temps pendant les voyages. Aussi, quand nous avons fait escale au Japon sur une base aérienne américaine, je suis allée avec Elaine Shocas au PX* et nous avons acheté deux machines à coudre portatives. Notre projet consistait à confectionner de petits drapeaux de chaque pays visité pour en faire finalement un grand patchwork avec le drapeau américain au centre. À la première occasion, nous avons acheté le tissu nécessaire pour nos drapeaux et nous avons emporté le tout lors du voyage suivant. Inutile de dire qu'au cours de mes quatre années en tant que Secrétaire d'État, les deux machines à coudre ne sont jamais sorties de leur emballage. Quand je ne travaillais pas, j'étais généralement trop fatiguée pour faire quoi que ce soit, excepté regarder un film. J'avais pour politique de ne jamais choisir de thrillers parce qu'ils me rappelaient trop mon travail quotidien[1]. Je dormais aussi, quand je pouvais, puis je me suis mise à prendre des somnifères pour m'endormir sur commande et être prête à respecter le programme chargé de l'escale suivante.

Dans beaucoup de pays, il existe un ministère de la Culture, pas aux États-Unis. Pourtant, l'action culturelle est un élément essentiel de notre diplomatie. Nos ambassadeurs et tous les autres membres de notre service diplomatique reçoivent une formation sur l'histoire, les traditions et les coutumes du pays auprès duquel ils sont accrédités. À cause de l'influence mondiale qu'exercent les États-Unis, nous sommes particulièrement susceptibles quand on nous accuse de ne pas respecter la sensibilité d'autrui. Pendant tout le temps où j'ai été en fonction, je me suis attaquée à ce problème en participant à l'organisation de la première White House Conference on Culture and Diplomacy, en donnant une réception annuelle en l'honneur de la Thelonious Monk Jazz Competition, en augmentant les crédits alloués au programme international d'échange d'étudiants, et en soutenant les efforts faits pour informer le reste du monde de la diversité culturelle des États-Unis.

---

* *Post Exchange* : économat pour les militaires et leurs familles (*N.d.T.*).

1. Toutefois, je n'ai pas pu résister au plaisir de regarder *Air Force One*, avec Harrison Ford, un jour où je voyageais avec le Président Clinton à bord de Air Force One.

Sur un plan plus personnel, je me suis trouvée confrontée à un problème qui ne s'était pas posé à mes prédécesseurs dans les mêmes termes. J'ai dû apprendre la technique de l'embrassade diplomatique. C'est plus compliqué que cela n'en a l'air parce que chaque pays a sa façon de faire. Dans la plupart des cas, quand j'étais accueillie par un autre ministre des Affaires étrangères, j'avais droit à une petite bise sur la joue, mais en Amérique latine la chose se compliquait du fait que dans certains pays on embrasse sur la joue gauche, et dans d'autres sur la droite. Comme je ne parvenais jamais à me rappeler ce genre de détail, cela se terminait souvent par des carambolages de nez. Les Français, bien sûr, embrassent sur les deux joues. Belges et Hollandais embrassent trois fois. Les Botswanais, quatre fois.

Quant à Yasser Arafat, il est tout à fait imprévisible. Il embrasse parfois sur une joue, parfois sur les deux, parfois encore sur les deux joues, le front et la main. Il s'efforçait aussi d'embrasser le Président Clinton, qui est beaucoup plus grand que lui, et finissait souvent par appuyer sa tête sur la poitrine du Président.

L'une des manifestations de diplomatie culturelle les plus inhabituelles se déroulait à l'occasion de la réunion annuelle de l'Association of Southeast Asian Nations ASEAN (Association des Nations de l'Asie du Sud-Est, ANASE). Peut-être pour la même raison qui a fait naître le karaoké au Japon, les Asiatiques aiment monter un spectacle. En tout cas, ils comptaient bien que lors du dîner de clôture chaque délégation interprète une chanson, une parodie ou une danse, à laquelle devait participer le ministre des Affaires étrangères. Certains pays prenaient la chose très au sérieux et répétaient pendant des mois. D'autres engageaient des professionnels. De tout temps, les Secrétaires d'État américains s'étaient montrés très réticents à participer personnellement. Ma première réaction à cette tradition asiatique a été de dire : « Ils sont fous ! » Mais je n'ai pas tardé à découvrir que j'étais cabotine dans l'âme.

En 1997, pour la réunion annuelle de l'ASEAN, qui devait se tenir en Malaisie, notre ambassade à Kuala Lumpur a fait réécrire les paroles de la chanson *Mary Had a Little Lamb**. Ces nouvelles paroles étaient très spirituelles, mais cette chanson ne correspondait pas du tout à mon personnage. Aussi ai-je profité du long voyage de Washington à Kuala Lumpur pour me débarrasser de la jeune femme et la remplacer par une plus âgée : Evita a pris la place de Mary. J'ai fait mon entrée en scène vêtue d'une longue robe noire et d'un châle, une grosse fleur dans les cheveux et sur les lèvres un rouge à lèvres

* Comptine et chanson traditionnelle reprise par de nombreux blues men et les Beatles (*N.d.T.*).

cramoisi. Tandis que ma délégation faisait la claque, j'ai chanté : « *Don't Cry for Me, ASEANies.* » Mon interprétation a été saluée par des cris de joie et des bravos. Le succès aurait pu me monter à la tête si un ministre plénipotentiaire n'avait confié à la presse : « Madeleine était très coquine, une nouvelle Madonna, même si elle chante faux comme une casserole. »

J'étais déterminée à faire encore mieux l'année suivante, ce qui signifiait que j'aurais besoin d'aide. En Malaisie, Evgueni Primakov n'avait pas chanté lui-même, il s'était servi d'un sifflet pour diriger sa délégation qui avait chanté en chœur, vêtue de l'uniforme des marins de la flotte russe de la mer Noire. J'avais vanté sans vergogne leur interprétation et suggéré que nous joignions nos forces pour la réunion de l'ASEAN qui devait avoir lieu en 1998, à Manille.

Entre deux discussions à propos des Balkans et de l'Irak, nous avons imaginé l'histoire d'un amour impossible que nous avons intitulé *East-West Story*. La nuit qui a précédé l'unique représentation, nous avons procédé à une répétition tapageuse dans ma chambre – la suite Douglas MacArthur – à l'hôtel Manila. Primakov jouait le rôle de Tony, soutenu par sa bande, les « Russkies », tandis que je reprenais le rôle tenu par Natalie Wood dans le film *West Side Story*, escortée par ma bande, les « Yankees ». Le lendemain, nos deux délégations ont fait courir le bruit qu'il y aurait *a rumble** ce soir-là, mais très peu de délégués ont saisi l'allusion jusqu'à ce que les Russkies et les Yankees entrent en scène en claquant des doigts. J'ai fait mon entrée par la gauche, portant un chemisier barong** brodé et chantant : « *The most beautiful sound I ever heard : Evgueni, Evgueni, Evgueni...* » À quoi Primakov a répondu avec son fort accent russe : « *Madeleine Albright... I just met a girl named Madeleine Albright...* » Non seulement cette parodie a fait un tabac, mais elle a contribué à faciliter les relations américano-russes à un moment difficile.

La culture était également au cœur d'une de mes obligations préférées en tant que Secrétaire d'État. Chaque année, cinq personnalités du monde du spectacle se voyaient décerner les très convoités Kennedy Center Honors, des récompenses remises à l'occasion d'un dîner pour lequel la tenue de soirée était de rigueur, et qui se déroulait dans les salons de réception du Département d'État. Les invitations pour cette soirée étaient parmi les plus recherchées à

---

* De la « baston » (*N.d.T.*).
** Barong : vêtement traditionnel philippin, sorte de chemise large à manches longues, taillée dans un tissu fait de fibres de feuilles d'ananas, *la piña*, tissées à la main (*N.d.T.*).

Washington. J'avais pendant longtemps renoncé à en obtenir une, mais en devenant Secrétaire d'État j'étais devenue du même coup l'organisatrice de cette soirée, et aucune de mes obligations n'était moins contraignante.

Pendant mes quatre années au Département d'État, Bill Cosby, Willie Nelson, Clint Eastwood, Stevie Wonder, Lauren Bacall, Bob Dylan, Jessye Norman, Plácido Domingo, Chuck Berry, Judith Jamieson, Angela Lansbury et Mikhaïl Barychnikov ont été parmi les lauréats. Mon favori, pour des raisons purement artistiques, je le jure, reste Sean Connery. Il n'a laissé personne indifférent. Comme l'a écrit un journaliste, tous les hommes présents voulaient être James Bond et toutes les femmes auraient voulu être en compagnie de Sean Connery.

Pendant la séance de photos, Connery a passé son bras autour de mes épaules tandis que je levais les yeux vers lui. Cette photo a fait le tour du monde. Quand je me suis rendue en Arabie Saoudite quelques jours plus tard, j'ai été accueillie par le prince Bandar, ambassadeur d'Arabie Saoudite aux États-Unis. Bandar est venu à ma rencontre en brandissant un journal local qui avait publié en première page la photo avec Sean Connery. Tandis que nous traversions le hall de l'aéroport, Bandar n'a cessé de crier : « Laissez le passage à Madeleine Albright, la nouvelle James Bond girl ! Faites de la place pour la nouvelle James Bond girl ! »

Du fait de son rang, mais aussi de sa forte personnalité et de ses capacités intellectuelles, le Président Clinton était le chef incontesté de son équipe de politique étrangère. C'était un dénicheur de cerveaux de première force, un lecteur vorace, un auditeur attentif qui ne cessait d'apprendre, un passionné d'histoire. Son énergie était stupéfiante, et son aptitude à charmer ses interlocuteurs à la fois extraordinaire et bien utile. Tout au long de ses deux mandats, il a pris de plus en plus d'importance sur le plan international, et au fur et à mesure que les autres dirigeants se retiraient de la scène politique, il est devenu l'un des hommes d'État les plus expérimentés.

Le Président ne prévoyait de tête-à-tête réguliers avec aucun des membres de son cabinet, mais je n'avais pas à me plaindre, car j'avais l'occasion de le rencontrer fréquemment, seule ou avec d'autres. Je restais souvent après les réunions qui se tenaient dans le Bureau ovale, parce que le Président m'avait fait passer un petit mot ou m'avait fait signe du regard. Il avait également un penchant déconcertant pour les coups de téléphone tardifs, souvent même très tardifs. J'étais contente qu'il m'appelle, tout en me demandant si j'avais bien ma tête à moi quand il me réveillait en sursaut.

Rien n'est plus vital pour l'efficacité de la politique étrangère des États-Unis qu'un Président fort et prêt à participer activement à cette politique. Les choses sont également plus faciles si le Secrétaire d'État et le conseiller en matière de Sécurité nationale travaillent effectivement en équipe, mais de tout temps cette relation a été tendue. Mes rapports avec Sandy Berger et son adjoint, James Steinberg [1], n'étaient pas exempts de problèmes, mais contrairement à ce qui s'était passé pour certains de nos prédécesseurs, notre collaboration marchait plutôt bien.

Le Président Clinton m'avait souvent vanté les mérites de Sandy, disant que c'était « un homme d'une intelligence remarquable » et qu'il avait « contribué à maintenir les choses ensemble » durant le premier mandat. J'étais tout à fait d'accord et je trouvais Sandy très loyal, mais durant mes quatre années comme Secrétaire, il m'est arrivé parfois d'être agacée en voyant le NSC essayer de se mêler de tout. D'abord je me suis crue responsable de cette situation, parce que mon choix par défaut est toujours la coopération. Puis j'ai accusé le machisme du système. En réalité, les problèmes survenaient quand Sandy piétinait mes plates-bandes et réciproquement. Alors que le rôle du NSC était censé se limiter à la coordination des actions et des politiques des divers Départements, Sandy et son équipe étaient parfois tentés, étant proches du Président, de jouer un rôle directif. J'avais du mal à faire valoir mes objections à cause de ma précédente association avec le très directif Zbigniew Brzezinski. Sous la présidence Carter, le NSC dirigé par Zbig avait rendu fou le Département d'État. Aussi, quand je me plaignais, Sandy – qui était au Département d'État à cette époque-là – me répondait qu'il ne faisait qu'imiter Brzezinski.

En dépit de ces coups de colère occasionnels, Sandy et moi n'ignorions pas que, quoi qu'il arrive, nous étions contraints de surnager ensemble si nous ne voulions pas sombrer ensemble. Ni lui ni moi ne passerions pour des héros si notre politique étrangère venait à faire un flop. Nous nous sentions tous les deux obligés de surmonter nos griefs personnels et de collaborer. Afin de faciliter les choses, nous faisions fréquemment usage – une douzaine de fois certains

---

1. J'avais déjà eu l'occasion de travailler en étroite collaboration avec Jim Steinberg durant la campagne de Dukakis, en 1988. Au NSC, personne ne travaillait plus dur que lui, ne se préoccupait plus passionnément des questions de justice et d'injustice, ne se souciait plus d'éviter les différends entre services. Berger et Steinberg formaient une solide équipe.

jours – d'une ligne téléphonique reliant directement nos deux bureaux. Chaque lundi, quand nous nous trouvions à Washington, nous déjeunions dans le bureau de Sandy en compagnie de Bill Cohen, Secrétaire à la Défense. Surnommés les déjeuners ABC (A pour Albright, B pour Berger et C pour Cohen), ces rencontres étaient très utiles pour coordonner nos politiques, résoudre les embrouillaminis et assainir l'atmosphère[1].

J'avais rencontré Bill Cohen plus de vingt ans auparavant quand je travaillais pour le sénateur Muskie et qu'il représentait l'État du Maine à la Chambre des représentants. Plus tard, alors que je suivais les séances du Congrès pour le compte du NSC, j'avais critiqué Cohen dans un rapport écrit destiné à Brzezinski, à propos de son opposition au traité dit SALT II sur la limitation et le contrôle des armements stratégiques. Devenue Secrétaire d'État, j'ai été embarrassée d'apprendre que le *Washington Post* était sur le point de publier mon rapport, que je croyais oublié depuis longtemps[2]. Je suis allée immédiatement dans une librairie pour y acheter quelques livres sur le pardon, que j'ai offerts à Cohen. « En quel honneur ? » m'a-t-il demandé, intrigué. « Vous ne pouvez pas comprendre aujourd'hui, mais vous ne tarderez pas à savoir. » J'ignore si c'est l'effet produit par les livres, mais il ne m'en a pas voulu après la parution de l'article du *Post*. Même si je n'étais pas toujours d'accord avec le Secrétaire à la Défense, nous réussissions habituellement à résoudre les problèmes causés par les points de vue différents de nos deux Départements. Bill était toujours honnête dans sa façon d'aborder les questions et appliquait résolument les politiques sur lesquelles nous avions fini par nous mettre d'accord. C'est également un homme intéressant, un intellectuel, un poète et un romancier, avec des airs de petit garçon qu'il semble devoir conserver toute sa vie.

Notre politique étrangère fonctionnait bien parce qu'en dépit des petits problèmes, nous nous aimions bien les uns les autres et que nous n'avions pas seulement des relations professionnelles. Un dimanche soir de janvier 1998, à Camp David, j'ai regardé le film

---

1. Nous nous retrouvions également le mercredi matin pour le petit déjeuner avec en plus George Tenet, directeur de la CIA, Leon Fuerth, principal conseiller du vice-Président Al Gore, le général Henry « Hugh » Shelton, chef d'état-major des armées, Bill Richardson puis Richard Holbrooke, nos représentants permanents à l'ONU.

2. L'article consacré à mon rapport a été publié dans la chronique intitulée *In the Loop* (« Dans le coup ») qui était devenue une institution dès qu'Al Kamen, un des journalistes les plus spirituels et les plus irrévérencieux de la capitale, l'avait créée en 1993.

Good Will Hunting* en compagnie des Clinton et de bon nombre de mes collègues. Robin Williams, Matt Damon et les autres interprètes étaient également présents. À la fin du film, le personnage interprété par Damon part pour la Californie à la recherche de sa petite amie, ce qui avait incité le Président à nous confier qu'il avait un jour quitté le poste qu'il occupait dans l'état-major de campagne de McGovern pour rejoindre Hillary. Après dîner, nous avons joué au bowling, un sport que je n'avais plus pratiqué depuis le lycée. Grâce aux conseils personnalisés du Président, je me suis rappelé comment lâcher la boule sans me blesser ni alerter le Secret Service. Ceux qui ont vu les photos prises à cette occasion ont pu se rendre compte que nous étions parfaitement synchrones.

Tout au long de l'année 1998 et même au-delà, l'affaire Monica Lewinsky a fait les gros titres de la presse. Cela ne nous a pas empêchés de faire notre travail, mais il était impossible d'ignorer le tumulte. Ordinairement, avant chaque conférence de presse conjointe avec un dirigeant étranger, l'équipe de politique étrangère aidait le Président à se préparer. Désormais, nous devions écourter notre intervention pour laisser au Président le temps de s'informer des derniers développements de l'enquête afin de pouvoir répondre aux questions qu'on ne manquerait pas de lui poser à ce sujet.

Avec tout ce qui se passait dans le monde à ce moment-là, l'équipe de politique étrangère a dû se réunir très souvent au cours des semaines qui ont suivi l'éclatement du scandale. Nous ne parlions guère entre nous de ce que nous lisions dans les journaux. Nous discutions par contre du fait que nous étions tous sous haute surveillance et que nous devions donc maintenir le cap comme si de rien n'était. Sandy Berger n'était pas obligé de le faire, mais j'ai été contente de l'entendre dire dès le début que nous n'avions pas à prendre en considération les résultats de l'enquête quand nous débattions des questions de politique étrangère. Nous n'avions qu'une seule priorité : servir au mieux les intérêts des États-Unis. Au fur et à mesure que les semaines passaient et que de nouvelles informations étaient divulguées, il devenait de plus en plus évident que l'ambiance à la Maison Blanche était extrêmement tendue. À la mi-février, la First Lady est venue déjeuner avec moi au Département d'État et quand je lui ai demandé comment elle allait, elle s'est contentée de faire la grimace. En mars, j'ai été de nouveau invitée à Camp David, probablement à

---

* Réalisé en 1997 par Gus Van Sant ; titre français : *Will Hunting* (*N.d.T.*).

l'instigation d'Hillary. Il y avait de plus en plus d'invitations pour des projections de films à la Maison Blanche. La période était tellement difficile pour les Clinton qu'il était peut-être plus facile pour eux d'être très entourés. Le résultat était une sorte de bonhomie forcée, avec sourires coincés et échanges de banalités.

Mes collègues étrangers ne comprenaient pas que l'on puisse s'intéresser à ce que le Président Clinton avait fait ou non. En tant que chef d'État, il était très populaire. Au plus fort de la controverse, il a été ovationné par l'Assemblée générale de l'ONU. Je savais en revanche que cette affaire avait de sérieuses conséquences en politique intérieure. Je voulais toujours croire qu'elle avait été montée de toutes pièces pour nuire au Président et que la vérité finirait par être connue.

Comble de malchance, alors qu'en 1997 tout s'était plutôt bien passé sur le plan international, en 1998 tout semblait vouloir aller de travers, du moins au début. Durant les premiers mois de l'année, le processus de paix au Proche-Orient était en panne, nous avons eu des accrochages avec Saddam Hussein et le Kosovo a connu une explosion de violence. Puis, au mois de mai, le gouvernement indien a procédé à un essai nucléaire souterrain, le premier depuis 1974. Nous nous sommes efforcés de convaincre les Pakistanais de ne pas riposter, mais ils l'ont tout de même fait deux semaines plus tard. Au cours des quinze années précédentes, l'Inde et le Pakistan s'étaient affrontés à l'occasion de trois guerres et de nombreuses escarmouches, sans cesser d'échanger des propos belliqueux. Et voilà que ces deux pays disposaient de l'arme atomique et que le monde devenait du même coup beaucoup plus dangereux.

Il devenait également plus chaotique. Les fameux tigres asiatiques avaient brusquement cessé de feuler. Des économies habituées à des taux de croissance à deux chiffres ont ralenti puis rétrogradé ; d'abord la Thaïlande, puis l'Indonésie, la Malaisie, les Philippines, Hong Kong et la Corée du Sud. Début 1998, les institutions financières asiatiques ont subi le contrecoup de centaines de milliards de dollars d'investissements hasardeux, plusieurs devises étaient en chute libre, les Bourses locales s'effondraient et des dizaines de millions de personnes se retrouvaient au-dessous du seuil de pauvreté. Contrairement aux imprécations xénophobes de Mohamad Mahathir, le Premier ministre malais, la crise financière n'était pas due à un excès de libéralisme économique, mais au copinage, à la corruption et à la cupidité. Je savais à ce moment-là que ce désastre allait avoir de graves conséquences politiques et sociales en Asie, mais j'ignorais encore dans quelle direction et jusqu'à quel point.

La réponse est venue d'Indonésie, au mois de mai, quand les

trente-deux ans de règne de Suharto se sont achevés lamentablement au milieu des émeutes, du chômage galopant et du morcellement territorial. Même si les États-Unis et Suharto avaient toujours entretenu des relations cordiales, le Président indonésien était l'un de nos partenaires les moins distingués. Comme Ferdinand Marcos aux Philippines, il avait trouvé le moyen de faire de la fonction de chef d'État une activité extrêmement lucrative, non seulement pour lui mais pour tous les membres de sa famille. Comme Marcos, il avait également empêché le développement d'institutions démocratiques. Contraint de démissionner sous la pression populaire, Suharto a laissé derrière lui des finances mal en point et une société divisée.

À la mi-juin, la guerre a éclaté dans la corne de l'Afrique entre l'Éthiopie et l'Érythrée, deux pays partiellement démocratiques avec des dirigeants jusque-là respectés, et qui n'avaient absolument rien à gagner dans ce conflit. Pendant ce temps-là, l'immense République démocratique du Congo – l'ancien Zaïre –, importante sur le plan stratégique, était dévastée par une guerre impliquant les troupes de cinq pays et un certain nombre de bandes de rebelles armés ; tandis qu'au Soudan la guerre civile, vieille de dix ans, continuait de faire rage.

À la fin de l'été, je me suis rendue au Congrès pour un briefing à huis clos de la Chambre des représentants sur la question de la Corée du Nord. La réunion est vite devenue très partisane et la discussion s'est envenimée. Certains représentants m'ont accusée, à tort, de mentir sur un dossier important comportant des informations classifiées. Le dernier jour du mois d'août, les Nord-Coréens ont encore ajouté à l'accumulation de problèmes en lançant une fusée à trois étages Taepo Dong qui a survolé le territoire japonais avant de retomber dans le Pacifique. Cet essai provocateur a causé beaucoup d'émotion au Japon, ce qui est compréhensible, et nous a fait craindre que la Corée du Nord ne finisse par fabriquer des missiles capables d'atteindre les États-Unis.

Partout, je ne voyais que conflits ou périls. Malgré toute la puissance des États-Unis, nous étions incapables de commander aux événements. Les Nord-Coréens, les Serbes, les Israéliens et les Palestiniens, les Indiens et les Pakistanais, les Irakiens, les Russes, les dirigeants africains, et même nos alliés, semblaient indifférents ou hostiles à nos demandes. Mon niveau de confiance personnel était au plus bas. Je me considérais comme un Secrétaire d'État très actif, mais j'avais souvent l'impression de tourner à vide. Ma lune de miel avec les médias était devenue, au mieux, un mariage difficile. Ma tendance naturelle à minimiser les éloges et à exagérer les critiques reprenait le dessus.

Durant cinq jours, fin août et début septembre, le *New York Times*, le *Washington Post* et le *Wall Street Journal* ont publié en première page des articles dans lesquels ils me décrivaient essentiellement comme quelqu'un de nul, et de nombreux magazines ont repris ce thème. Ils me reprochaient principalement d'avoir tenu jusque-là un discours qui dépassait de si loin la capacité ou la volonté d'agir des États-Unis que notre politique étrangère perdait de sa crédibilité. Il y avait également des critiques personnelles. Maureen Dowd, chroniqueuse du *New York Times*, écrivait qu'en tant que femme trompée il aurait été de mon devoir de dénoncer publiquement le Président à propos de Monica Lewinsky. Mêlant de récentes révélations concernant notre politique étrangère et mon histoire familiale, Martin Peretz, de *New Republic*, observait méchamment : « De toute évidence, dissimuler d'importantes vérités est chez Albright une très vieille habitude. » Des journalistes ont commencé à poser des questions au sujet de rumeurs faisant état de mon intention de démissionner, et j'ai expliqué à mes amis que si je paraissais avoir pris du poids c'était parce que ma peau était devenue plus épaisse.

D'une certaine manière, toutes ces critiques ne me surprenaient pas. Je vivais à Washington depuis assez longtemps pour savoir que les idées reçues sur les personnalités politiques les plus en vue avaient une durée de vie assez brève. J'avais bien conscience que cela ne me mènerait nulle part de prendre ces attaques trop à cœur. Soumise à ce tir de barrage, j'ai tenté de comprendre ce qui était arrivé.

Peut-être voulions-nous trop en faire ? Avais-je le tort de prendre des engagements que l'administration Clinton ne pouvait pas ou ne voulait pas honorer ? Les ennuis du Président étaient-ils un handicap plus sérieux que nous ne voulions l'admettre ? N'avions-nous pas suffisamment bien expliqué nos choix de politique étrangère aux Américains ? Les éléments hostiles et partisans du Congrès contribuaient-ils à nos problèmes en s'efforçant de saper toutes nos actions ?

J'en suis arrivée à la conclusion qu'il y avait un peu de tout cela. Malgré tout, je pensais que notre politique était la bonne. Dans l'excitation du moment, nos critiques oubliaient ce que nous avions accompli et les difficultés de notre tâche. Nous nous retrouvions dans un monde flambant neuf. Nous ne disposions d'aucun mode d'emploi expliquant comment protéger nos concitoyens, nos intérêts et nos valeurs dans un environnement qui changeait rapidement. Nous étions handicapés par le manque de moyens, un contexte politique très chargé, des médias exigeant des réponses faciles et des résultats rapides, mais aussi par des alliés divisés et un monde qui, tout à la fois, réclamait le leadership américain et avait beaucoup de mal à l'accepter.

Tandis que j'affrontais ces difficultés, j'ai reçu des soutiens prévisibles et d'autres qui l'étaient moins. Tom Pickering m'a adressé une note : « Nous sommes cloués au pilori parce que nous n'avons pas terminé un certain nombre de travaux en cours, mais la diplomatie n'est pas du café instantané. » Il me suggérait de persévérer, de prendre les problèmes les uns après les autres, et d'expliquer très clairement les raisons de notre politique. Excellents conseils, mais il me paraissait de plus en plus évident que les outils dont nous disposions ne nous permettaient pas toujours de résoudre le problème auquel nous nous attaquions. Parfois, la seule option consistait à gérer simplement le problème en question.

Au cours de la première semaine de septembre, j'ai téléphoné au sénateur Jesse Helms pour l'informer de certains développements récents. Il m'a répondu : « Parfait, mais laissez-moi d'abord vous dire quelque chose de personnel. J'espère que toutes ces bêtises ne vous atteignent pas. Je suis sincèrement offusqué par ces articles qui prétendent que vous avez échoué parce que tout ne va pas comme il faudrait. Vous n'avez pas échoué. Vous avez fait de votre mieux, et je le dirai clairement au moment opportun. » Je lui ai expliqué que ce qui m'ennuyait le plus, c'était d'être accusée de ne pas avoir dit la vérité. « Je ne suis peut-être pas toujours d'accord avec vous, m'a répondu Helms, mais vous me dites toujours la vérité. Vous êtes toujours très franche avec moi. Je ne peux pas demander mieux. C'est pourquoi j'espère que vous ne vous inquiétez pas trop ; et n'oubliez pas : si quelqu'un essaie de prendre votre place, il faudra qu'il passe devant cette Commission. » Il y avait des moments où Helms me rendait furieuse, mais cette fois-là j'étais très contente que nous soyons amis.

J'ai également trouvé un certain réconfort dans la biographie de Dean Acheson par James Chace. J'étais habituellement trop fatiguée pour lire beaucoup, mais en avançant pas à pas dans ce livre, j'ai découvert certains parallèles intéressants. On s'imagine aujourd'hui qu'Acheson et Truman ont présidé à une période de leadership américain vigoureux et de créativité dans le domaine des affaires internationales. Ce qu'ils ont réalisé est encore salué aujourd'hui et nous partons du principe qu'il a dû en être de même à leur époque. En réalité, Acheson a été confronté à un chœur de critiques beaucoup plus féroce que celui auquel j'avais affaire. Ses relations avec le Congrès étaient souvent très mauvaises ; il était harcelé de coups de téléphone réclamant sa démission ; son patriotisme était mis en doute ; il s'opposait constamment au Secrétaire à la Défense et au Secré-

taire aux Finances ; il se lamentait en voyant que le Département
d'État perdait continuellement de son influence ; on l'accusait d'exagérer les menaces pesant sur les États-Unis dans le but d'obtenir le
soutien de l'opinion pour une action internationale efficace. Malgré
tout, Acheson a maintenu le bon cap en utilisant deux outils qui se
confortent l'un l'autre, la force et la diplomatie, confiant comme il
l'était dans les bienfaits du leadership américain et résolu à défendre
les intérêts et les valeurs de la démocratie. Son histoire m'a rappelé
que même les Secrétaires d'État les plus respectés ont connu de mauvais jours.

Au matin du mercredi 9 septembre 1998, je me suis réveillée à La
Nouvelle-Orléans. J'avais été invitée à prononcer un discours devant
la convention annuelle de l'American Legion, la fédération des
anciens combattants américains, et je me sentais nerveuse. Il s'agissait d'un événement très important. Des milliers de personnes se
presseraient dans l'auditorium et un millier d'autres suivraient mon
discours depuis une salle voisine grâce à une installation vidéo. Parce
qu'on m'avait accusée de mentir et que nombre de nos politiques
étaient dans l'impasse, parce que je n'avais jamais servi dans l'armée
et que j'avais fait toute ma carrière au cœur des luttes bureaucrati-
ques et partisanes de la capitale fédérale, j'étais inquiète. Je craignais
que les anciens combattants ne m'accueillent par des huées. J'ai
commencé à me sentir mieux en voyant que tout le monde se montrait cordial durant le petit déjeuner qui a précédé mon discours.
Nous avons même eu une discussion très concrète sur des sujets
d'actualité : le terrorisme et la défense du territoire national.

Au moment de prononcer mon discours, l'inquiétude m'a reprise
quand je me suis retrouvée face à une mer d'hommes aux épaules
larges, en veston sport bardé de décorations, et de femmes vêtues de
rouge, blanc et bleu ; mais j'ai réalisé peu à peu tout ce que j'avais
en commun avec ce public. Quand ils ont commencé à réagir à mes
propos, je me suis sentie soulagée. Je leur ai dit que nos libertés
devraient toujours être protégées, j'ai parlé de la menace que représentaient les extrémistes, du danger des missiles, de l'obligation de
contrarier les ambitions de tyrans tels que Saddam Hussein, de la
nécessité d'appuyer notre diplomatie par la force, et d'utiliser la
diplomatie pour éviter à nos combattants et à nos combattantes d'être
exposés inutilement. Il n'était pas encore dix heures du matin dans
la capitale mondiale des couche-tard, mais mon auditoire était bien
réveillé et attentif, et il applaudissait.

J'ai compris que ces gens n'étaient pas du genre à vous juger
d'après ce qu'ils pouvaient avoir lu ou entendu dire la veille. Ils se
moquaient bien que je sois une femme ou que j'appartienne à tel ou

tel parti, ou encore de savoir si j'avais ou non la cote à Washington. Ce qui leur importait, c'était que je représentais les États-Unis. La lutte contre le mal, la défense de la liberté, la promotion des idéaux américains n'étaient pas pour eux des idées abstraites mais des réalités, et rien ne pouvait être plus réel à mes yeux. Après les rapports que j'avais eus récemment avec le Congrès, la presse et parfois même mes collègues, il y avait quelque chose de libérateur dans le fait de pouvoir parler de patriotisme devant des gens sans qu'ils roulent de gros yeux. Cet auditoire me rappelait fort opportunément que la bonne attitude à adopter quand on se trouve dans une situation difficile, ce n'est pas d'essayer de s'en tirer en donnant le change, c'est de faire front, de parler clairement et, si nécessaire, de contre-attaquer.

Le lendemain, à la Maison Blanche, à l'occasion de la plus étrange réunion à laquelle il m'ait été donné d'assister, j'ai fait référence au discours que j'avais prononcé devant l'American Legion. Le secrétaire général Erskine Bowles m'avait prévenue que le but de cette réunion était de permettre au Président Clinton de présenter ses excuses aux membres de son cabinet pour ne pas leur avoir dit la vérité au sujet de Monica Lewinsky. La presse était surtout curieuse de savoir ce que le Président allait expliquer à Donna Shalala et moi. Nous étions les deux femmes du cabinet qui l'avions défendu devant les caméras de télévision à la sortie de la dernière réunion plénière du cabinet, en janvier, et plusieurs groupes féministes étaient scandalisés que nous n'ayons pas donné notre démission.

Avant la réunion, j'ai appelé Donna pour lui demander ce qu'elle avait l'intention de faire. Elle était furieuse ; elle m'a répondu qu'elle allait profiter de l'occasion qui lui était offerte pour réprimander le Président. J'ai réfléchi à tout cela en me rendant à la Maison Blanche. Étant au sommet de la hiérarchie du cabinet, j'étais censée m'exprimer la première, aussitôt après le Président. Je savais que nous devions tous être en train de chercher une réponse à la question : comment réagir ? Et que chacun de nous y répondrait en fonction de son expérience et de ses sentiments personnels. J'étais tiraillée entre divers sentiments et j'espérais que les déclarations du Président me permettraient d'y voir un peu plus clair.

Nous devions nous retrouver non pas dans la salle de réunion du cabinet, mais dans la partie résidentielle de la Maison Blanche. Le décor serait moins officiel et nous échapperions ainsi à la presse qui surveillait constamment la pelouse située en façade de la résidence présidentielle. Je me félicitais de cette décision car je n'avais pas l'intention de me présenter à nouveau devant les caméras, quelle que soit la façon dont allait se dérouler la réunion.

En rejoignant les autres membres du cabinet, j'ai pu reparler à

Donna. Elle paraissait très remontée. Nous avons gagné le troisième étage et nous sommes entrés dans ce que l'on appelle le Yellow Oval, une salle qui donne sur l'Ellipse, sur le monument à la mémoire de George Washington et, plus loin, sur le monument à la mémoire de Thomas Jefferson. Des chaises dorées étaient disposées en demi-cercle devant deux fauteuils dans lesquels devaient prendre place le Président et le vice-Président. Je me suis assise juste en face du fauteuil réservé au Président, avec Janet Reno à ma gauche et les autres membres du cabinet tout autour de moi. Certains hauts fonctionnaires du cabinet et de la Maison Blanche étaient également présents. Quand nous avons été tous installés, le Président et le vice-Président sont entrés. Le Président a commencé par dire qu'il nous devait une explication. Il a ajouté qu'il était vraiment désolé de ce qu'il avait fait. Il savait qu'il avait mal agi, qu'il avait causé beaucoup de peine à sa famille, à son pays et à nous, et qu'il allait devoir s'employer pendant le restant de ses jours à réparer le mal qu'il avait fait. Puis il nous a expliqué qu'il s'était comporté ainsi parce qu'il était furieux depuis quatre ans et demi. Il avait parfaitement joué la comédie et s'était forcé à sourire, mais n'avait pas décoléré. Il a poursuivi dans la même veine pendant un moment, sans me regarder ni regarder qui que ce soit d'autre, puis il s'est tu.

En l'écoutant parler, je me sentais perdue. Il avait commencé comme je m'y attendais, mais la suite était surprenante et ne signifiait pas grand-chose. Je n'étais pas très sûre qu'il se soit vraiment excusé, et dans l'affirmative, était-ce pour ce qu'il avait dit ou pour ce qu'il avait fait ? Je ne comprenais pas non plus la raison de sa fureur. Il est vrai que les critiques avaient abusivement, et souvent avec malveillance, forcé la dose, mais en fin de compte il avait été réélu haut la main. Et de toute façon, ce n'était pas une excuse.

Quand le Président eut terminé, j'ai essayé de résumer en quelques mots les sentiments contradictoires que j'éprouvais. J'ai commencé en disant que c'était manifestement une période triste et difficile ; difficile pour le Président, pour sa famille et pour nous tous. Le Président avait mal agi, et il l'avait admis. À présent, nous avions tous un travail à faire. J'ai ajouté que j'avais été fière de représenter l'administration Clinton à la convention de l'American Legion, la veille, et que j'avais vu dans l'assistance de simples citoyens américains, généreux et indulgents. Puis, en regardant le Président, j'ai ajouté : « Ce qui est triste, c'est que nous pensions tous que vous étiez Mike McGwire* et que vous alliez frapper soixante-dix *home*

---

* En fait Mark McGwire (voir plus loin), une légende du base-ball. Il a pris sa retraite en 2001, après seize années de carrière (*N.d.T.*).

runs. C'est si rare qu'un démocrate soit réélu et puisse accomplir deux mandats présidentiels. Vous nous avez offert à tous une grande chance et à présent nous devons tous prouver par notre travail que nous sommes dignes de la confiance du peuple américain. »

Donna Shalala a pris la parole peu après. Elle a dit carrément que le Président s'était comporté de façon inexcusable et qu'il était plus important pour un chef d'État d'avoir une excellente moralité qu'une bonne politique. Le Président n'a pas contesté les propos de Donna et a reconnu qu'il était tout aussi vital d'être quelqu'un de bien que d'être un bon Président, mais il a ajouté, d'un ton légèrement irrité, que si la logique de Donna avait prévalu en 1960, il aurait été préférable pour les États-Unis que Richard Nixon l'emporte sur John Kennedy.

Après l'intervention de Donna, l'ambiance a commencé à changer. James Lee Witt, directeur de la Federal Emergency Management Agency*, a parlé de rédemption et a cité les Saintes Écritures. Il était originaire de l'Arkansas, comme le Président, et pouvait adopter le ton d'un prêcheur revivaliste. Rodney Slater, Secrétaire aux Transports, Alexis Herman, Secrétaire au Travail, et Andrew Cuomo, Secrétaire au Logement, ont également cité des passages de la Bible. Bruce Babbitt, Secrétaire à l'Intérieur, a dit s'être confessé étant enfant. Carol Browner, administratrice de l'Environmental Protection Agency, a été l'une des rares à revenir à des choses plus terre à terre. Elle a expliqué que les agissements du Président l'avaient contrainte à parler à son fils, âgé de dix ans, de choses qu'elle n'imaginait pas devoir évoquer si tôt. Prenant la parole en dernier, le vice-Président Gore nous a rappelé, de façon plutôt énigmatique, que le roi David avait été un homme brisé mais un grand cœur.

Alors que nous nous préparions à sortir après avoir serré la main du Président ou, dans certains cas, lui avoir donné l'accolade, Douglas Sosnick, un assistant de la Maison Blanche, m'a confié que nous venions d'assister à « quelque chose de très sudiste » : un tiers assemblée religieuse, un tiers séance de psychothérapie de groupe, un tiers revivalisme. J'avais trouvé cela à la fois inconfortable et chaleureux, insuffisant et cathartique, étrange et typique. Dans un monde en ébullition, avec des élections qui approchaient et une procédure d'*impeachment* prévue pour la fin de l'année, notre équipe avait grand besoin de se ressouder. En même temps, sans vouloir douter de la sincérité ni de la volonté de rédemption de qui que ce soit, je ne pensais pas que ce soit le rôle des membres du cabinet de

---

* Organisme fédéral chargé de la prévention des risques majeurs et de la gestion des catastrophes (*N.d.T.*).

jouer les pasteurs. J'étais en colère contre le Président parce qu'il avait risqué tant de choses pour moins que rien, mais ma propre expérience m'avait appris à ne pas être surprise qu'un homme puisse mentir quand il était question de sexe. De toute manière, je ne lui en voulais pas personnellement. Le Président ne m'avait pas trahie, il avait trahi la First Lady et c'était donc elle, pas le cabinet, qui était concernée par cette affaire. Notre travail consistait à aider cet homme manifestement imparfait, mais très talentueux et bien intentionné, à accomplir la tâche pour laquelle il avait été élu par un pays que nous nous étions tous engagés à servir et à défendre.

En ce qui me concerne, j'ai appris de nouveau à mes dépens le danger que l'on court en s'aventurant verbalement dans l'univers étranger des sports masculins. Au moment où nous nous séparions, Erskine Bowles m'a rappelé en souriant que le prénom de McGwire n'était pas Mike mais Mark.

En certaines occasions, dans les moments difficiles, Hillary Clinton et moi nous retrouvions en compagnie d'Elaine Shocas et Melanne Verveer, nos plus proches collaboratrices, lors de réunions informelles de ce que nous avions baptisé le « Frank Group » parce que nous nous sentions suffisamment en confiance pour nous parler en toute franchise. Nos réunions avaient lieu soit à la Maison Blanche, soit au Département d'État. Sur la plupart des sujets, Hillary était plus franche que moi, et elle me reprochait de trop me soucier de collégialité, de ne pas assez dire ce que je pensais.

Nous avons discuté de l'injustice des accusations portées dans le cadre de l'affaire Whitewater et de la façon dont elles avaient détourné l'attention de l'important travail que nous accomplissions. C'est surtout cela qui mettait la First Lady en colère. En me fondant sur ma propre expérience avec Joe, je pensais qu'elle voudrait peut-être partager ce qu'elle ressentait à propos de l'affaire Lewinsky, mais elle n'a jamais abordé cette question et je ne voulais pas me montrer indiscrète. Elle était visiblement plus apte que moi à garder ses sentiments pour elle. Quand j'étais en colère contre Joe, la moitié de Washington en était informée. Je portais mon cœur en bandoulière. Hillary se protégeait mieux. Elle se prenait totalement en charge et ne voulait surtout pas qu'on la plaigne. Je peux comprendre cela.

Il est par contre impossible pour une tierce personne de comprendre la relation qui unit un couple marié, à plus forte raison quand il s'agit des Clinton. Après les avoir observés pendant des années, je dirais que ce sont de grands amis, qu'ils s'aiment profondément, se soucient énormément l'un de l'autre et se parlent beaucoup. Comme leurs habitudes de travail et leurs modes de pensée sont très différents, ils se complètent parfaitement. Leur plus grande réussite, c'est leur fille Chelsea. La plupart d'entre nous l'avons connue alors qu'elle n'était encore qu'une préadolescente avec des cheveux bouclés et un appareil dentaire. Elle a grandi à la Maison Blanche, devenant une jeune femme élégante et cultivée, qui a su rester simple et naturelle. C'était merveilleux de l'avoir avec nous quand elle participait à l'un de nos voyages à l'étranger. Elle lisait beaucoup et se promenait dans les allées d'Air Force One, plaisantant avec tout le monde. Pour moi, sa plus remarquable apparition s'est produite vers la fin, pendant les négociations de paix de Camp David, en 2000. Elle est restée à l'écart, enregistrant tout ce qu'elle voyait et nous mettant tous, y compris son père, de bonne humeur.

Une de mes rencontres avec la First Lady est restée pour moi particulièrement mémorable, mais je ne suis pas sûre qu'il en soit de même pour elle. Elle m'avait invitée à dîner à la Maison Blanche en compagnie de la reine Noor. J'avais déjà rencontré la reine un certain nombre de fois, en Jordanie et aux États-Unis. Quand elle avait épousé le roi Hussein, il y avait eu dans la presse des centaines d'articles à ce sujet. J'avais l'impression de la connaître parce que j'avais rencontré ses parents, et qu'elle était une ancienne élève de la National Cathedral School, comme mes filles. Cette Américaine extraordinairement belle était devenue une reine de Jordanie dévouée à son mari, sa famille et son nouveau pays. Durant la maladie du roi, elle était demeurée forte et digne. À présent, c'était une femme seule ; elle avait une quarantaine d'années, des enfants, et réfléchissait à la seconde phase de sa vie tout en préservant l'héritage de son mari. Nous avons dîné toutes les trois dans la salle à manger privée de la Maison Blanche. Nous avons grignoté l'entrée et le plat, mais quand on nous a annoncé que nous avions le choix entre trois desserts, nous avons demandé en chœur à goûter aux trois : mousse au chocolat, tarte aux fruits et pièce montée glacée.

Nous avons parlé de tout, des personnes que nous connaissions toutes les trois jusqu'aux problèmes mondiaux, en passant par l'éventualité d'écrire nos Mémoires. Hillary étant déjà un écrivain chevronné, l'heureux auteur du best-seller *It Takes a Village**, elle nous a donné des conseils pratiques sur les éditeurs et la façon d'établir un plan de travail. Elle n'avait pas encore décidé de la façon dont

---

* Hillary Rodham Clinton, *It Takes a Village ; And Other Lessons Children Teach Us,* Simon & Schuster, 1996 ; trad. fr. Martine Leyris et Natalie Zimmermann : *Il faut tout un village pour élever un enfant,* Denoël, 1996 (*N.d.T.*).

elle pensait écrire sur sa vie à la Maison Blanche. La reine Noor était bien déterminée à écrire ses souvenirs, pas tant pour partager ce qu'elle avait vécu, que pour être sûre que le monde comprenne et apprécie pleinement son mari, et afin d'exprimer son amour de la Jordanie et du peuple arabe. J'écoutais et posais des questions, me demandant comment je pourrais bien mêler mon expérience personnelle et tout ce que j'avais envie de dire sur la politique.

Quand je suis rentrée chez moi, j'ai repensé à cette soirée marquante. Nous étions trois femmes aux antécédents dissemblables, qui avions eu la chance d'être amenées à participer directement au plus haut niveau de la politique internationale. Nous étions toutes les trois passionnément attachées à nos convictions, nous avions affronté chacune de dures épreuves à un certain moment de notre vie et nous nous retrouvions sous les projecteurs de l'actualité. J'ai été frappée par le fait que nous avions également en commun d'avoir vécu une relation particulière avec l'homme que nous avions épousé. De façon différente et à des périodes différentes, nos maris respectifs nous avaient laissées livrées à nous-mêmes et à l'exploration des limites de notre propre force intérieure, en nous trompant, en nous abandonnant ou en décédant.

QUATRIÈME PARTIE

Faire la guerre, rechercher la paix

CHAPITRE VINGT-DEUX

Une forme particulière du mal

« NOS AMBASSADES ont été détruites par des attentats à la bombe. » Les mots ont dissipé peu à peu l'épais brouillard du sommeil, et je me suis éveillée ce 7 août 1998, à Rome – la pire journée que j'aie vécue en tant que Secrétaire d'État. Ce jour-là, les attentats contre nos ambassades au Kenya et en Tanzanie ont fait plus de deux cent vingt morts – dont douze Américains et quarante employés locaux du service diplomatique – et près de cinq mille blessés, Africains et Américains.

Cela aurait dû être un jour de joie, car le mariage de Jamie Rubin et Christiane Amanpour, correspondante internationale de CNN, devait être célébré ce jour-là dans les environs de Rome. J'avais réussi à organiser mon emploi du temps de manière à pouvoir assister au mariage et prendre quelques jours de repos en Italie. Elaine Shocas m'accompagnait et ma fille Alice, qui se trouvait à Londres, devait nous rejoindre à Rome.

Nous avions réservé une suite à l'Excelsior, un vieil hôtel élégant, situé sur la via Veneto, non loin de l'ambassade des États-Unis. Nous avions atterri dans la matinée et décidé de dormir quelques heures avant d'aller déjeuner tranquillement, de faire un peu de shopping, de retrouver Alice et de nous rendre à la réception prévue ce soir-là.

Peu après s'être couchée, Elaine avait été tirée de son sommeil par une des personnes chargées de ma protection rapprochée, qui l'avait informée que le Centre opérationnel du Département d'État cherchait désespérément à nous joindre. Après avoir appelé le Département d'État, elle était venue me réveiller pour m'annoncer les terrifiantes nouvelles. Les explosions qui avaient ravagé nos ambassades avaient été simultanées, et depuis le début, le principal suspect était un Saoudien renégat : Oussama Ben Laden.

J'ai immédiatement téléphoné à Washington, au Kenya et en Tanzanie, et j'ai consacré les heures qui ont suivi à m'assurer que toute l'aide possible était fournie à nos ambassades et aux gouvernements kenyan et tanzanien, mais aussi que la collecte des informations avait déjà commencé. Entre deux appels, je restais assise devant la télévision, fascinée par les images montrant nos ambassades enveloppées dans un linceul de fumée. Les sauveteurs déplaçaient fébrilement des pièces métalliques et des blocs de pierre, esquissant un sourire quand ils retrouvaient des victimes vivantes. Les explosions s'étaient produites en milieu de matinée, à une heure d'affluence où les files d'attente pour les visas s'allongeaient. J'étais sous le choc et scandalisée. J'aurais voulu partir pour l'Afrique immédiatement, mais on m'a convaincue que ma présence à cette heure ne serait d'aucune utilité. Une telle visite aurait soulevé trop de problèmes de logistique et de sécurité, et nous ne pouvions pas nous permettre de détourner qui que ce soit de la tâche la plus urgente : le sauvetage des victimes.

Depuis notre ambassade à Rome, j'ai fait une brève déclaration à la presse qui a été saluée par les applaudissements de la foule massée à l'extérieur ; preuve que les États-Unis avaient beaucoup d'amis dans le monde entier. Peu après, nous étions en route pour Shannon (Irlande) d'où l'US Air Force devait nous ramener chez nous. L'aéroport était fermé, mais le personnel nous a tout de même servi du saumon fumé et des irish coffees. Un homme avec un fort accent irlandais nous a dit : « Quand l'Amérique est blessée, tous les autres pays souffrent. »

S'il est suffisamment brutal, un choc peut souder une nation et une génération. Les Américains qui ont dix ou vingt ans de plus que moi n'oublieront jamais où ils se trouvaient quand ils ont appris que les Japonais attaquaient Pearl Harbor. Les Américains de mon âge se souviennent de l'assassinat de John Kennedy et, cinq ans plus tard, de ceux de Martin Luther King et Robert Kennedy. Les attentats contre nos ambassades en Afrique ont eu un effet dévastateur, mais d'autres tragédies devaient suivre : l'attaque contre le destroyer USS *Cole* et le grand choc de ce début de siècle, les attentats du 11 septembre 2001. Toutes ces atrocités sont les manifestations d'une nouvelle menace contre la paix dans le monde, une forme particulière du mal.

Les origines des attentats contre nos ambassades en Afrique – comme celles des crimes du 11 septembre – remontent à 1979, au moment de l'invasion de l'Afghanistan par l'URSS, une agression qui a brusquement intensifié la guerre froide. Les États-Unis ont riposté en finançant et armant la résistance afghane, les moudjahidin.

Cette stratégie a réussi ; les Soviétiques honnis ont finalement été chassés. Ce fut une grande victoire, mais qui a eu des conséquences inattendues. Après le retrait de l'Armée rouge d'Afghanistan, en 1989, les États-Unis se sont désintéressés de cette région, laissant derrière eux des milliers de militants sans travail, mais armés jusqu'aux dents.

Durant la première moitié des années quatre-vingt-dix, des seigneurs de la guerre locaux ont profité de ce vide pour se partager l'Afghanistan ; puis, en 1996, la plupart d'entre eux ont été vaincus ou assimilés par une faction ultraconservatrice, les talibans. Les observateurs espéraient que leur conception étroite mais disciplinée de l'islam conduirait à plus de stabilité que les affrontements entre seigneurs de la guerre, et il est vrai que le nombre de viols et de pillages a diminué. Les dirigeants du Pakistan voisin les soutenaient ouvertement, en partie parce que le retour à une situation plus sûre permettait la reprise des exportations, à travers l'Afghanistan, de certaines marchandises destinées à des régions situées plus au nord.

Dans ces années-là, les talibans n'étaient pas hostiles aux États-Unis, ils leur étaient même reconnaissants pour le rôle qu'ils avaient joué dans l'expulsion des Soviétiques. Ils avaient, par contre, hérité d'un problème. Le financier terroriste Oussama Ben Laden avait été expulsé de son pays natal, l'Arabie Saoudite, et se trouvait en Afghanistan en compagnie d'un ramassis de « formateurs » et d'« élèves » de toutes nationalités, connue sous le nom d'Al-Qaida. Comme Ben Laden, de nombreux membres de ce réseau avaient aidé la résistance afghane aux côtés des Américains, mais leur étaient devenus hostiles à partir de la guerre du Golfe, début 1991. Ben Laden exigeait la fin de la présence militaire américaine en Arabie Saoudite. En février 1998, il avait fait le serment de tuer des Américains partout dans le monde, ce qui m'avait incitée à diffuser un bulletin d'alerte mondial attirant l'attention sur ses menaces.

Les talibans avaient un autre problème, leur impérialisme culturel, et ils étaient bien déterminés à imposer leurs préceptes primitifs à leurs compatriotes, hommes et femmes. Ils ont supprimé les libertés les plus élémentaires, empêché une génération de jeunes Afghanes d'aller à l'école, et poussé un pourcentage significatif d'Afghanes à la dépression mentale, à l'effondrement physique et même au suicide. À la fin de ma première année en tant que Secrétaire d'État, je me suis rendue en visite officielle au Pakistan et j'ai prévenu ses dirigeants, en privé : « Votre pays court le risque de se voir isolé à cause du soutien qu'il apporte aux talibans. » En public, je me suis montrée plus directe que diplomate : « Nous sommes opposés aux talibans à cause de... la façon méprisable dont ils traitent les femmes et les enfants, et de leur manque de respect pour la dignité humaine. »

Durant ce voyage, j'ai visité un camp de réfugiés situé près de Peshawar, à une quarantaine de kilomètres de la frontière et à proximité de la passe de Khyber. Une quinzaine de femmes m'attendaient dans une salle de classe et m'ont raconté avec une certaine réticence comment les talibans les avaient empêchées d'aller à l'école, leur avaient interdit d'exercer un métier et défendu de sortir de chez elles sans être accompagnées par un parent. Ces réfugiées exprimaient leur désir de retourner en Afghanistan, mais ajoutaient que cela leur serait impossible tant que les talibans seraient au pouvoir. Tandis qu'elles parlaient, je les sentais nerveuses car elles ne voulaient pas se laisser photographier par les journalistes qui m'accompagnaient. Beaucoup de ces femmes avaient encore des parents en Afghanistan et craignaient que notre rencontre n'ait pour eux de graves conséquences si elle venait à être connue des talibans.

Dans de telles circonstances, les mots sont rarement adéquats. Je leur ai dit que je n'oublierais jamais notre rencontre et que les États-Unis feraient tout leur possible pour les aider. Un peu plus tard, j'ai pris la parole devant des dignitaires locaux, des réfugiés des deux sexes et de tous âges, assis sur des tapis, rassemblés dans une cour. Le soleil était déjà bas et j'ai été étonnée de voir à quel point il allongeait démesurément les ombres des tireurs d'élite pakistanais qui assuraient notre protection.

J'ai expliqué à mon auditoire qu'il entrait dans mes fonctions de m'occuper de toutes les questions touchant à la guerre et à la paix, au développement et aux droits de l'homme. J'ai ajouté qu'aucun pays ne pouvait se moderniser ou devenir prospère en se passant de la contribution d'une partie de sa population, qu'une société ne pouvait pas progresser si les femmes n'étaient pas autorisées à aller à l'école et à bénéficier des services médicaux, si elles n'étaient pas protégées de l'exploitation et des mauvais traitements.

Une fois mon discours terminé, je me suis avancée pour serrer des mains. Les plus jeunes enfants étaient au premier rang, assis en tailleur. J'ai tendu la main vers eux, mais ils étaient si petits qu'ils n'ont pas pu l'atteindre. En me penchant davantage je risquais de tomber, alors je me suis accroupie pour me mettre à leur niveau. Leurs mains étaient fines et nerveuses, leurs visages très beaux, leurs sourires et leurs regards inoubliables. Pendant un instant les turbulences du monde sont devenues un simple bruit de fond, et je me suis sentie plus mère que diplomate.

Par définition, le terrorisme viole la loi et l'application de la loi est l'un des meilleurs moyens de le combattre, mais le processus judiciaire est parfois très lent. Dans des circonstances exceptionnelles, des actions plus énergiques peuvent être nécessaires. C'était bien le cas après les attentats contre nos ambassades en Afrique [1].

Une semaine après ces tragédies, lors d'une réunion à la Maison Blanche, George Tenet, directeur de la CIA, nous a informés qu'il avait la preuve de l'implication d'Oussama Ben Laden, et que nous étions sous la menace quotidienne de nouveaux attentats. Trente-huit de nos représentations diplomatiques étaient situées dans des villes où Al-Qaida était actif. Nous ne pouvions pas rester assis en attendant que les terroristes frappent de nouveau.

Le Président Clinton a donné le feu vert pour une mission de représailles. Seul un groupe très restreint était chargé de planifier l'opération tandis que nous poursuivions nos activités habituelles comme si de rien n'était, afin de ne pas alerter Ben Laden. Nous avions l'intention de frapper trois bases terroristes proches de Khost, à environ cent cinquante kilomètres au sud de Kaboul. Ces camps, qui comprenaient des casernements, des entrepôts et des terrains d'entraînement, étaient dirigés par des Pakistanais et des Arabes appartenant au réseau de Ben Laden. Ceux qui étaient entraînés dans ces camps pourraient ensuite être chargés de semer la terreur au Cachemire et en Asie centrale, ou envoyés en Europe et aux États-Unis pour des missions de longue haleine. Il nous fallait agir vite car nous disposions d'informations selon lesquelles les chefs terroristes – y compris, peut-être, Ben Laden – se rassemblaient dans un de ces camps pour organiser de nouveaux attentats. Nous espérions frapper au moment où l'effet serait maximal.

Nous envisagions également certains sites au Soudan, un pays où Ben Laden avait vécu pendant un certain temps avant 1996, où il avait créé son réseau, et où il avait encore des intérêts financiers. La cible finalement choisie était une usine pharmaceutique. Selon nos services de renseignement, Ben Laden avait investi dans un complexe militaro-industriel dont cette usine n'était qu'un élément. L'analyse d'un échantillon de sol avait indiqué la présence de formes dégradées du composé VX, l'une des substances les plus toxiques qui soient.

En dépit de l'imminence des frappes aériennes, je voulais tout

---

1. Nous n'avons pas renoncé pour autant au processus judiciaire. En mai 2001, quatre membres du réseau Al-Qaida ont été jugés à New York, reconnus coupables d'avoir participé aux attentats et condamnés à la réclusion à perpétuité. D'autres suspects sont toujours en détention préventive.

de même me rendre au Kenya et en Tanzanie pour présenter nos condoléances et voir ce que nous pouvions faire de plus pour aider ces deux pays. Afin d'accomplir le voyage aller et retour dans les plus brefs délais, j'ai utilisé une fois encore le *Doomsday plane*, qui a la particularité de pouvoir ravitailler en vol. Je n'avais encore jamais assisté aux opérations de ravitaillement, aussi, quand le moment est venu, j'ai demandé au pilote l'autorisation de m'asseoir derrière lui. À la fois terrorisée et admirative, j'ai regardé les deux énormes avions ravitailleurs s'approcher. Le premier est venu se placer juste devant nous, si près que je pouvais voir le visage de celui qui, allongé sur le ventre et utilisant des sortes de perches, guidait le long tuyau qui est venu se fixer au nez de notre avion. Afin de faciliter l'alignement, le pilote de l'avion ravitailleur était passé en pilotage automatique tandis que le pilote de notre avion avait conservé les commandes manuelles et avait besoin de toute sa force physique pour stabiliser son appareil. Le même processus s'est répété avec le second avion ravitailleur. Quand tout a été terminé, j'étais épuisée comme si je m'étais moi-même cramponnée au manche à balai. J'ai pensé que notre pilote devait avoir mal aux épaules et j'ai commencé à les lui frictionner. « Madame, s'est-il exclamé, c'est la première fois dans l'histoire de l'US Air Force qu'un pilote se fait frictionner le dos par le Secrétaire d'État. »

Par la suite, j'ai eu l'occasion de parler de ce ravitaillement en vol avec mon conseiller militaire, le général de corps d'armée Robert « Doc » Fogleson, de l'état-major des armées, et de lui faire part de mon émerveillement. Il a acquiescé et ajouté qu'Air Force One, l'avion présidentiel, avait aussi la possibilité de ravitailler en vol, mais que cette possibilité n'était pas utilisée quand le Président se trouvait à bord. Et comme je lui demandais pourquoi, il a ri : « Vous plaisantez ? Deux énormes avions bourrés de kérosène volant à plusieurs centaines de kilomètres à l'heure, à quelques mètres l'un de l'autre ! C'est bien trop dangereux. »

Sitôt après avoir atterri en Tanzanie, je me suis rendue à notre ambassade, à Dar es-Salaam. Située à des kilomètres du centre ville, elle est installée dans des locaux occupés précédemment par l'ambassade d'Israël et elle est donc plutôt bien protégée. De plus, nous avions eu de la chance : un camion-citerne rempli d'eau avait empêché le camion des terroristes de pénétrer dans l'enceinte, et donc cet attentat avait fait beaucoup moins de victimes que celui du Kenya.

Notre ambassade à Nairobi, au contraire, était au cœur d'une ville grouillante d'activité. Auparavant, nous préférions ce genre de situation pour nos représentations diplomatiques, car nous voulions être ouverts sur la vie de la capitale et y participer. Cette époque avait pris fin en 1983, à la suite d'attentats suicide qui avaient détruit notre ambassade à Beyrouth et une caserne de marines. Depuis ce jour, nos nouvelles ambassades étaient censées répondre à des critères rigoureux et être situées en dehors des quartiers les plus animés, avec suffisamment d'espace pour des doubles murs, des postes de contrôle et des zones d'inspection des véhicules. Ces exigences ont rendu les nouvelles ambassades plus sûres, mais aussi plus coûteuses, et donc nous en avons construit peu. De vieilles ambassades comme celles du Kenya devaient se partager avec deux cents autres dans le monde le budget limité disponible pour les rénovations.

Quelques mois plus tôt, l'ambassadrice Prudence Bushnell m'avait écrit pour me faire part de son inquiétude au sujet de la vulnérabilité de son ambassade au terrorisme. Elle m'exhortait à utiliser l'exemple du Kenya quand j'insisterais pour obtenir des crédits supplémentaires. On a beaucoup parlé de cette lettre au lendemain des attentats. Comme l'écrivait Bushnell : « Chacun fait au mieux étant donné les contraintes financières. Le problème, ce sont les contraintes. La solution, c'est de s'attaquer au problème de la sécurité de nos chancelleries partout dans le monde. » J'étais entièrement d'accord. C'était ce que je m'efforçais de mener à bien, mais c'est seulement après les attentats contre nos ambassades en Afrique que j'ai réussi à attirer l'attention de ceux qui, au Congrès et dans l'administration Clinton, tenaient les cordons de la bourse. Malheureusement, au Kenya, la seule véritable solution aurait consisté à déménager notre ambassade vers un quartier moins surpeuplé. Cela aurait coûté des millions de dollars et n'aurait de toute façon pas pu être entrepris avant le 7 août.

Vues de Rome, les images de l'attentat de Nairobi diffusées par la télévision m'avaient remplie de colère et de tristesse. Vue de près, la réalité était pire encore : une version en réduction de ce que nous appellerions plus tard *Ground Zero**. Quand je suis arrivée sur les lieux, l'immeuble était toujours debout, mais l'intérieur avait été dévasté par les fenêtres et les cloisons soufflées, le mobilier et le matériel de bureau que l'explosion avait transformés en instruments de mort. La majorité des victimes se trouvaient dans l'immeuble voisin qui s'était effondré et était réduit à un tas de verre brisé, de briques et de béton. J'ai eu le cœur gros en voyant les objets personnels qui étaient restés sur place : une chaussure écrasée, un lambeau de chemise, un mouchoir déchiré, une poussette broyée.

Je suis allée dans un hôpital proche rendre visite à quelques-uns

---

* L'emplacement des tours du World Trade Center après les attentats du 11 septembre 2001 (*N.d.T.*).

des Kenyans qui avaient été blessés. Passant d'un lit à l'autre, je leur ai dit à quel point j'étais désolée. Comme les autres victimes du terrorisme, c'étaient des gens ordinaires qui vaquaient à leurs occupations quotidiennes, mais qui s'étaient trouvés au mauvais endroit, au mauvais moment. Beaucoup étaient couverts de pansements, d'autres avaient des coupures aux mains et au visage. À la résidence de l'ambassadrice Bushnell, j'ai rencontré des membres du personnel de notre ambassade. Comme leurs homologues en Tanzanie – dirigés par le chargé d'affaires John Lange –, ils avaient fait un travail remarquable, réagissant à la tragédie, tenant compte des sensibilités locales, participant à l'enquête et redémarrant rapidement les activités de leur ambassade. Tout en faisant front, ils avaient réfléchi à ce caprice du destin qui les avait laissés en vie et avait emporté leurs collègues.

J'ai eu le très grand privilège d'accompagner les corps de dix de ces collègues jusqu'aux États-Unis où le Président et Mme Clinton devaient les accueillir sur la base aérienne d'Andrews, près de Washington. Les cercueils ont été embarqués à bord d'un C-17 surnommé « *The Spirit of America's Veterans* ». Peu après le décollage, j'ai étudié les photos et les curriculums des victimes américaines. Il y avait parmi eux un fonctionnaire du service diplomatique et son fils bien-aimé ; un jeune sergent des marines originaire de Tallahassee (Floride) ; une épidémiologiste, mère de trois enfants, qui travaillait à sauver les enfants kenyans de la malaria ; un officier trésorier de l'US Air Force, originaire de South Bend (Indiana) ; un fonctionnaire du sous-secrétariat aux Affaires politiques qui était également un musicien de jazz ; un fonctionnaire du Département d'État originaire de Valdosta (Georgie) ; un fonctionnaire du service diplomatique, père de deux filles, arrivé au Kenya onze jours seulement avant l'attentat ; un sergent-chef de l'US Air Force qui avait suivi les traces de son père ; un fonctionnaire des services généraux et deux du bureau de l'attaché militaire, dont un sergent de l'US Army originaire du Missouri, au visage enfantin, père d'un enfant de deux ans[1].

Épuisée, j'ai essayé de dormir en m'allongeant sur un lit de camp. Les cercueils étaient rangés derrière un rideau de toile kaki. À plusieurs reprises durant le vol, je me suis réveillée, j'ai écarté le rideau et je me suis assise à côté des cercueils pour murmurer une prière et réfléchir. Les victimes avaient entre vingt et soixante ans, et étaient

---

1. Les victimes se nommaient Julian Bartley senior, Julian Bartley junior, le sergent Jesse Aliganga junior, le docteur Mary Louise Martin, Arlene Kirk, Uttamlal « Tom » Shah, Molly Hardy, Prabhi Kavaler, le sergent Sherry Lynn Olds, Ann Michelle O'Connor, Jean Dalizu, le sergent Kenneth R. Hobson.

d'origine africaine, asiatique ou européenne. Certaines étaient des civils, d'autres des militaires. Il y avait presque autant de femmes que d'hommes. Ils étaient les visages de l'Amérique, le genre de personnes remarquables, mais sans prétention, qui représentent notre pays outre-mer, faisant leur travail, résolvant des problèmes, gagnant des amis à la démocratie. Je pensais avec une certaine amertume aux stéréotypes qui ont encore cours à propos de la carrière diplomatique, à ces clichés de diplomates vêtus de pantalons rayés, donnant des soirées chic et vivant dans le luxe. La réalité est beaucoup plus prosaïque, le travail plus difficile, les récompenses plus rares, les risques plus élevés. J'avais déjà vu, à d'autres moments de ma vie, les États-Unis affronter le mal – Hitler, Staline, le racisme, le nettoyage ethnique et le génocide – mais voilà que notre pays était entraîné dans un conflit contre un ennemi qui n'était pas clairement défini, sur un champ de bataille non délimité, et où nous allions tous nous retrouver en première ligne.

J'ai eu alors le sentiment d'une écrasante responsabilité. Comme la plupart de ceux qui prennent une part active aux affaires publiques, j'avais souvent dit que les membres du gouvernement devaient être tenus pour responsables de leurs décisions et de leurs actes. C'est facile à dire quand on montre quelqu'un du doigt. À présent, j'avais l'impression que tous les yeux étaient braqués sur moi. Je savais que je ne pouvais pas garantir la sécurité de tous mes concitoyens, mais j'avais la responsabilité de faire tout ce qui était en mon pouvoir pour tenter d'y parvenir. Il ne suffisait plus que je fasse simplement mon travail, c'était désormais une question de loyauté, d'honneur et de confiance.

Peu de temps avant l'atterrissage, l'équipage m'a demandé de regagner mon siège. Je me suis assise et me suis assoupie aussitôt, face au rideau de toile kaki. Réveillée au moment de l'atterrissage, j'ai ouvert les yeux. Entre-temps, le rideau avait été tiré et plus rien ne me séparait des cercueils qui, pendant mon sommeil, avaient été recouverts chacun d'un drapeau américain.

À onze heures, le 20 août 1998, soixante-dix-neuf missiles de croisière ont été lancés depuis des bateaux de guerre américains croisant en mer Rouge et en mer d'Arabie, et ils ont frappé leurs cibles, en Afghanistan et au Soudan, deux heures plus tard. Ces frappes simultanées voulaient être une réplique de la simultanéité des deux attentats contre nos ambassades. Dès que nous avons appris que les missiles avaient atteint leur but, le Président – qui avait prolongé ses vacances pour préserver l'effet de surprise – a étonné les journalistes présents à Martha's Vineyard en leur annonçant sa décision de riposter militairement. Puis il est rentré immédiatement à Washington.

L'opération *Infinite Reach* (« Portée infinie ») a causé de sérieux dommages aux camps d'entraînement d'Al-Qaida, a tué peut-être une vingtaine de membres du réseau de Ben Laden et en a blessé plusieurs douzaines d'autres. Si, comme nous le suspections, Ben Laden se trouvait bien là, il a réussi à s'en tirer. Néanmoins, notre riposte a montré que nous étions capables de frapper l'ennemi sur son terrain et que l'on ne pouvait pas attaquer les États-Unis impunément. La plupart des membres du Congrès ont applaudi cette mission, mais l'opinion publique a réagi faiblement. Les terroristes s'en étaient pris à des ambassades américaines, pas à notre territoire national. Certains pensaient même que notre réaction avait été disproportionnée, et s'interrogeaient sur les véritables motifs du Président Clinton. Faisant référence au film *Wag the Dog** (dans lequel la Maison Blanche simule une guerre pour faire oublier un scandale sexuel), des commentateurs de parti pris ont suggéré que nous tentions de détourner l'attention des médias et du public, des problèmes que le Président avait avec le procureur spécial Kenneth Starr. Ces allégations étaient répugnantes et sans fondement, mais elles ont contribué à créer un climat tel que ni le Congrès ni les médias ne nous ont demandé d'intervenir de nouveau militairement contre Al-Qaida. Nous avons, malgré tout, maintenu cette possibilité tout en continuant à agir sur le front diplomatique.

Deux jours après les tirs de missiles, le téléphone a sonné dans le bureau de Michael Malinowski, un responsable du bureau Asie du Sud du Département d'État. L'appel provenait de Kaboul ; le mollah Mohammed Omar, le chef des talibans, était au bout du fil. Le fait était sans précédent. Omar ne parlait pratiquement jamais à des Occidentaux. Il a expliqué à Malinowski que nos frappes aériennes avaient eu des effets contraires à ceux que nous espérions, que le Président Clinton devait démissionner et que les forces américaines devaient évacuer l'Arabie Saoudite. Rejetant toutes ces idioties, Malinowski a incité Omar à livrer Ben Laden, et il lui a proposé de dialoguer officiellement. Omar a accepté.

Quelques semaines plus tard, William Milam, ambassadeur des États-Unis au Pakistan, a entamé une série de réunions entre des fonctionnaires américains et les talibans, qui s'est poursuivie deux

---

* Réalisé en 1997 par Barry Levinson ; titre français : *Des hommes d'influence* (*N.d.T.*).

années durant. Pendant tout ce temps, les problèmes que nous avons rencontrés avec ce mouvement extrémiste n'étaient pas dus à un manque de clarté de notre part. En vérité, notre message était très simple : « Ben Laden est un terroriste. Il a fait assassiner des innocents et se montre implacablement hostile aux États-Unis. Si vous voulez avoir de meilleures relations avec nous, vous devez nous aider à le traduire en justice. » Les dirigeants des talibans ne disaient pas non, ils se contentaient de présenter de piètres excuses. Ils affirmaient que maltraiter le bénéficiaire de leur hospitalité serait contraire à leurs usages et à leur culture, et que Ben Laden était un héros pour les Afghans à cause du rôle qu'il avait joué pendant la guerre contre les Soviétiques. « Nous serons renversés si nous vous le livrons. Notre peuple croira que nous avons reçu de l'argent des États-Unis ou de l'Arabie Saoudite. »

Fin 1998, j'ai choisi comme coordinateur du bureau antiterrorisme du Département d'État le lieutenant-colonel en retraite Michael Sheehan, un ancien béret vert qui avait été mon étudiant à Georgetown, puis mon conseiller à l'ONU. En utilisant les données fournies par certains de ses collègues tels que Rick Inderfurth, adjoint du sous-secrétaire aux Affaires politiques, chargé de l'Asie du Sud, Sheehan a élaboré rapidement une stratégie destinée à faire pression sur les talibans. Nous ne disposions que de très peu de moyens de pression, mais nous avons décidé de les utiliser tous simultanément. D'abord, nous avons envoyé un message aux chefs des talibans pour leur faire savoir que nous les tiendrions pour responsables de toute future action terroriste imputable à Ben Laden, et que nous nous réservions le droit d'avoir recours à la force, soit préventivement, soit pour riposter à de nouvelles attaques. Ensuite, nous avons demandé au Pakistan, à l'Arabie Saoudite et aux Émirats arabes unis, les trois seuls pays qui avaient maintenu des relations diplomatiques avec le régime afghan, d'appuyer notre demande d'extradition de Ben Laden. Si les talibans persistaient à refuser, nous ferions pression sur les gouvernements de ces trois pays pour qu'ils refusent d'accorder des autorisations d'atterrissage à la compagnie aérienne afghane, qu'ils gèlent les avoirs afghans, et empêchent les chefs des talibans de se rendre à l'étranger. Enfin, nous avons menacé d'imposer des sanctions économiques bilatérales à l'Afghanistan, et de demander à l'ONU d'ordonner des restrictions globales.

Au cours des mois qui ont suivi, nous avons appliqué cette stratégie, mais sans résultat. L'Arabie Saoudite et les Émirats arabes unis ont accepté de limiter les autorisations d'atterrissage accordées à la compagnie afghane. Les Saoudiens ont réduit leurs relations diplomatiques avec le régime afghan et ont refusé de délivrer des visas aux Afghans qui ne voyageaient pas pour des raisons religieuses. Nous n'avons cessé d'exhorter les dirigeants pakistanais à faire pression sur les talibans. « Ben Laden a tué des Américains et s'apprête à récidiver. Cela fait de lui notre ennemi, et ceux qui le soutiennent sont aussi nos ennemis. Ne mettez pas le Pakistan dans cette position. » En juillet 1999, nous avons imposé des sanctions à l'Afghanistan, et le Conseil de sécurité de l'ONU a fait de même en octobre, par un vote à l'unanimité auquel ont pris part plusieurs pays à majorité musulmane. Les talibans étaient de plus en plus isolés, mais ils n'ont pas livré Ben Laden pour autant.

Quand ils avaient commencé à affermir leur pouvoir, les chefs des talibans ne pensaient qu'à conquérir des territoires et à s'emparer de stocks d'armes, et ils se souciaient apparemment assez peu de Ben Laden ; mais les mois passant, une relation symbiotique s'est développée entre Ben Laden et le mollah Omar. Les terroristes avaient besoin d'un refuge sûr pour s'entraîner. Omar avait besoin de l'argent et de la force de Ben Laden. Vers la mi-1998, Omar a sans doute compris que sa survie dépendait du soutien de Ben Laden. Nous avons continué à rencontrer les talibans, mais le dialogue est devenu de plus en plus stérile, et Omar de plus en plus hostile. En réitérant notre avertissement aux talibans, Sheehan a été très explicite : « Si Ben Laden ou l'une des organisations qui se réclament de lui attaquent les États-Unis ou des intérêts américains, nous vous tiendrons pour personnellement responsables. »

Nous avions jugé nécessaire de renouveler nos menaces car nous étions convaincus que des groupes affiliés à Ben Laden étaient encore en activité et cherchaient probablement à fabriquer ou acquérir des armes chimiques ou biologiques. Sheehan nous a prévenus à maintes reprises que Ben Laden se préparait à frapper de nouveau. Aussi, en dépit de la difficulté d'attirer l'attention du public sur cette question, le Président Clinton, Bill Cohen, Secrétaire à la Défense, et moi ne manquions pas une occasion de parler du terrorisme, aux États-Unis comme lors de nos déplacements à l'étranger. De plus, tout en maintenant la pression sur le plan diplomatique, nous organisions notre défense à l'échelle mondiale, nous efforçant de prévenir de nouveaux attentats.

Pour y parvenir, nous avons intensifié notre coopération avec d'autres pays dans le domaine judiciaire, ce qui nous a permis d'arrêter sans bavure et de traduire en justice des dizaines de suspects. Nous avons offert des récompenses, gelé les avoirs des terroristes, triplé le budget du bureau antiterrorisme, perfectionné nos méthodes d'entraînement et accéléré les recherches sur des technologies utilisables dans la lutte contre le terrorisme. Le Président a fait publier une série de directives destinées à accroître notre capacité à perturber les opérations terroristes à l'étranger et à accélérer nos préparatifs dans l'éventualité d'attaques sur le territoire des États-Unis. Il a demandé des crédits pour améliorer la prévention des risques majeurs et la gestion des catastrophes, créer une réserve nationale de médicaments et de vaccins, entraîner les équipes de secours sanitaire des États et des municipalités, protéger les infrastructures sensibles, telles que les réseaux électriques et informatiques, des attaques des cyberterroristes. Au Pentagone, Bill Cohen a annoncé des projets de création, au sein de la Garde nationale, d'équipes d'intervention rapide entraînées à secourir les populations victimes d'attaques chimiques ou biologiques [1]. Malheureusement, toutes ces initiatives n'ont pas empêché le 11 septembre, mais elles ont évité d'autres attentats et établi les fondations de ce qui devait venir par la suite : un programme national, concerté, de défense du territoire.

Nos ambassades se révélant très vulnérables, ma préoccupation première était de trouver des ressources supplémentaires. Depuis mon premier jour en tant que Secrétaire d'État, je n'avais cessé de demander au Président et à l'Office of Management and Budget (OMB) l'augmentation du budget du Département d'État. Après les attentats contre nos ambassades en Afrique, je suis devenue véritablement et intentionnellement odieuse. Avec l'aide du sénateur Ted Stevens, du représentant David Obey et d'autres, nous avons réussi à faire débloquer en urgence un crédit budgétaire de plus d'un milliard de dollars pour effectuer, dès l'automne, des travaux destinés à améliorer la sécurité de nos installations, y compris la pose de barrières autour des bâtiments du Département d'État ; mais il ne s'agissait là que d'un premier pas vers la solution d'un vaste problème.

Dans les jours qui avaient suivi les attentats, j'avais nommé des commissions d'étude présidées par l'amiral en retraite William Crowe – ancien chef d'état-major des armées et futur ambassadeur en Grande-Bretagne – et chargées d'enquêter et de faire des recommandations. En janvier 1999, Crowe a recommandé le déblocage

---

1. La Maison Blanche a fait tout ce qui était en son pouvoir pour amener l'opinion publique américaine et l'opinion publique internationale à prendre conscience de la menace terroriste, et pour obtenir le soutien le plus large possible afin d'y mettre un terme. Ainsi, le Président Clinton a déclaré devant l'Assemblée générale de l'ONU que le combat contre le terrorisme était une des priorités des États-Unis, et devrait être une priorité pour le reste du monde. Il a exhorté tous les pays à refuser de soutenir les groupes terroristes et de leur servir de sanctuaire, à accepter d'extrader les suspects, à réglementer plus strictement la fabrication et l'exportation d'explosifs, à améliorer les règles de sécurité dans les aéroports, à combattre les conditions qui favorisent le développement de la violence et du désespoir.

d'un crédit budgétaire annuel de 1,4 milliard de dollars pendant au moins dix ans pour financer les travaux de reconstruction et d'amélioration de nos ambassades. Ravie, j'ai rapidement transmis une requête à l'OMB qui n'a pas été aussi ravi que moi. À la Maison Blanche, les responsables du budget doutaient de notre capacité à dépenser autant d'argent rapidement et sagement. Ils ont fait une contre-proposition de trois milliards répartis sur cinq ans, avec seulement trente-six millions de dollars pour la première année, et je leur ai répondu : « Le Congrès va réclamer ma tête si j'essaie de défendre ce budget, et ils auront raison. C'est ridicule, nous avons besoin de plus. »

Comme je l'avais prédit, les dirigeants des deux partis ont été outrés. L'OMB a rapidement accepté un compromis, et son attitude est devenue encore plus conciliante après que Jack Lew, son directeur, eut inspecté nos ambassades en Europe de l'Est et dans les Balkans. Au moment où j'ai cessé mes fonctions, nous avions fini par obtenir des crédits budgétaires d'un montant proche des recommandations de l'amiral Crowe, ce qui était une excellente chose puisque nous savions désormais que les risques encourus par nos personnels n'étaient plus localisés mais mondiaux. Il n'existait plus de postes sans risque. Si nous avions des points faibles, où que ce soit, nous pouvions nous attendre à ce que nos ennemis en profitent.

J'avais accueilli favorablement les recommandations de l'amiral Crowe, mais je voulais être sûre que leur application ne se ferait pas aux dépens d'autres services du Département d'État. Les dollars employés pour reconstruire nos ambassades ou les sécuriser étaient prélevés sur le même budget global qui servait aussi à payer les salaires, recruter du personnel et couvrir tous nos besoins quotidiens. J'ai averti le Congrès et l'OMB : « Si nous augmentons les dépenses relatives à la sécurité sans augmenter le budget global, nous aurons des bâtiments plus sûrs, mais vides, parce que nous n'aurons plus les moyens de payer nos personnels. Vous ne pouvez pas me mettre dans cette situation. » J'ai ajouté que le Département d'État était privé de ressources depuis trop longtemps. Chaque année, nous étions dans l'obligation de réduire le financement de programmes dignes d'intérêt pour couvrir nos besoins les plus urgents. Nous finissions par déshabiller Pierre pour habiller Paul, puis par déshabiller Paul pour habiller Jean, et ainsi de suite.

Peu de temps auparavant, j'avais choisi David Carpenter comme adjoint du sous-secrétaire au Management, chargé de la Diplomatic Security (DS). Il s'agissait d'un poste réservé traditionnellement à un membre du service diplomatique, mais j'avais décidé de créer un précédent. David avait commandé le détachement du Secret Service assurant la protection rapprochée du Président. Il était donc le premier professionnel de la sécurité à diriger la DS. Il a rejoint le Département d'État en mars 1998, comme contractuel, et a prêté serment seulement quatre jours après les attentats contre nos ambassades en Afrique. Je l'aimais bien parce qu'il était aussi déterminé que moi à empêcher que nous ayons de nouvelles victimes dans nos rangs.

La décision de fermer une ambassade pour cause de menace imminente – que ce soit pour un jour ou pour un mois – était l'une des plus difficiles à prendre. Dans cette période-là, nous recevions chaque mois environ un millier de menaces contre des installations ou des fonctionnaires se trouvant à l'étranger. Si nous avions réagi en fermant systématiquement la représentation diplomatique concernée, nous aurions été paralysés. Si nous avions refusé d'ordonner des fermetures quand les circonstances nous incitaient à la prudence, nous aurions peut-être eu à déplorer de nouvelles victimes. La seule façon de décider en connaissance de cause était d'étudier chaque menace.

Avec l'appui de Bonnie Cohen, sous-secrétaire au Management, Carpenter a fait des pieds et des mains pour obtenir qu'un agent de la DS soit détaché auprès de la CIA, afin que nous soyons informés dès réception d'une menace contre une de nos représentations diplomatiques ; et il a fini par avoir gain de cause. Nous avions aussi au Centre opérationnel du Département d'État des gens qui travaillaient pratiquement vingt-quatre heures sur vingt-quatre pour coordonner nos ripostes. Dans chaque cas, l'ambassade concernée donnait son avis sur le degré de crédibilité des menaces ou des avertissements reçus. Beaucoup d'informations nous étaient fournies par des personnes qui entraient tout simplement dans une de nos ambassades et demandaient à voir l'ambassadeur ou un autre responsable ; et parfois, ces informations étaient vitales. Les informateurs étaient motivés le plus souvent par l'espoir d'une récompense, argent ou visa, mais dans certains cas ils venaient pour repérer les lieux, soit pour collecter des renseignements, soit pour préparer un acte terroriste. Il était donc indispensable d'enquêter dans chaque cas.

Le rapport Crowe recommandait qu'un seul officier de haut rang soit chargé de tous les problèmes de sécurité. Pour mettre en œuvre cette recommandation, j'ai proposé de créer un poste de sous-secrétaire à la Sécurité, au Terrorisme et aux Affaires connexes. Dans l'attente d'une décision du Congrès, j'ai pensé que c'était à moi de prendre les décisions finales, après avoir consulté un professionnel ; aussi, quand je me trouvais à Washington, je recevais Carpenter dans mon bureau presque chaque matin pour passer au crible les dernières informations. Un jour, dans une ville européenne, des membres d'un mouvement séparatiste, armés d'un missile tiré à l'épaule, ont pénétré dans un immeuble situé en face de notre consulat, mais grâce à une bonne diffusion du renseignement, les autorités locales ont pu stopper les terroristes à temps. Un incident qui illustre bien la nécessité d'entretenir de bonnes relations avec les pays d'accueil. Fort heureusement, même les pays indifférents ou hostiles aux États-Unis ne tiennent pas à ce que des attentats terroristes se produisent sur leur territoire. Une fois, alors que nous ne parvenions pas à décider un de ces pays à coopérer, j'ai téléphoné à son ambassadeur à Washington pour lui dire que si nous n'obtenions pas l'aide que nous souhaitions, nous allions fermer notre ambassade et informer la communauté internationale de la raison de cette fermeture. La coopération souhaitée ne s'est pas fait attendre [1].

Nos craintes relatives à une nouvelle attaque terroriste de grande envergure ont atteint leur paroxysme fin 1999, alors que le monde se préparait à fêter le nouveau millénaire. Nous avons placé tous nos services de police et de renseignement en état d'alerte maximale. Nous avons incité les Américains vivant ou voyageant à l'étranger à prendre un maximum de précautions. Pour nous défendre contre une éventuelle attaque biologique utilisant le bacille du charbon, nous avons envoyé des stocks d'antibiotiques à toutes nos représentations diplomatiques et nous leur avons procuré des masques à distribuer rapidement dans le cas d'une attaque chimique ou biologique.

À Washington, une équipe assurant la liaison entre les diverses agences gouvernementales concernées travaillait vingt-quatre heures sur vingt-quatre. Vers la mi-décembre, trois projets d'attentats ont été déjoués en quelques jours, et leurs auteurs potentiels appréhendés. Au Proche-Orient, un groupe de terroristes formés en Afghanistan a

---

1. Le terrorisme n'était pas notre seule préoccupation. L'espionnage n'avait pas disparu avec la fin de la guerre froide. Aussi ai-je été obligée de renforcer la sécurité du Département d'État à la suite de l'intrusion, en 1998, d'un homme mystérieux en costume de tweed sombre dans une zone dont l'accès était strictement réglementé ; de la découverte, en 1999, d'un dispositif d'écoute russe dans une salle de conférences, et de la disparition, en 2000, d'un ordinateur portable dont le disque dur contenait des informations classifiées. Les mesures que j'ai prises alors pour mettre fin au laisser-aller – multiplier les patrouilles de sécurité, limiter l'accès au Département d'État et responsabiliser le personnel – ont été mal supportées par certains, ce qui a conduit les médias à se faire l'écho de la déprime du personnel. Étant donné la gravité des défaillances constatées, je suis toutefois convaincue que les critiques avaient tort et que cette politique de rigueur était à la fois nécessaire et judicieuse.

été arrêté alors qu'il préparait un attentat à la bombe contre l'hôtel Radisson à Amman (Jordanie). Un plan prévoyant d'attaquer les touristes qui visitent le mont Nebo – au sommet duquel Moïse serait mort après avoir contemplé la Terre promise – a été contrecarré lui aussi. Enfin, un attentat contre l'aéroport de Los Angeles a été évité grâce à la vigilance du fonctionnaire des douanes qui a ordonné à Ahmed Ressam d'ouvrir le coffre de sa voiture alors qu'il s'apprêtait à entrer aux États-Unis en venant du Canada. Interrogé au sujet de la cinquantaine de kilos d'explosifs qu'il transportait, Ressam a fait des aveux détaillés sur son entraînement – surveillance, assassinat, maniement des explosifs – et sur une série d'attentats qui devaient se produire un peu partout dans le monde avant le 31 décembre 1999. Dans chacune de ces trois affaires, il a été possible de mettre en évidence les liens existant entre ceux qui devaient commettre ces attentats, Al-Qaida et Oussama Ben Laden. Même si nous ne négligions pas les autres menaces, nos actions antiterroristes se concentraient sur le terroriste saoudien.

Le 21 août 1998, au lendemain des tirs de missiles de croisière en représailles des attentats contre nos ambassades en Afrique, la Maison Blanche a organisé une réunion ayant pour objet d'étudier de nouvelles options militaires. Nous étions d'autant plus résolus que nous n'avions pas atteint notre cible prioritaire. Dans les semaines qui ont suivi, le Président Clinton a autorisé expressément l'usage de la force pour tuer ou capturer Ben Laden et ses principaux adjoints. Nous avons d'abord prépositionné des bombardiers furtifs B-2 de façon qu'ils puissent atteindre des objectifs en Afghanistan dans les vingt-quatre heures. Par la suite, nous avons envoyé des sous-marins armés de missiles de croisière croiser en permanence dans la mer d'Arabie. Le Pentagone a fini par s'inquiéter de ce déploiement de forces, le jugeant injustifié en l'absence de meilleures informations sur l'endroit où se trouvait Ben Laden. Le Président Clinton a persisté malgré tout, parce que nous avions ainsi la possibilité de frapper Ben Laden rapidement si nous venions à obtenir des informations justifiant une action immédiate. Bien évidemment, des frappes n'étaient envisageables que si nous avions la quasi-certitude d'avoir localisé Ben Laden. Le Président a demandé instamment que l'on rassemble toutes les informations disponibles sur les grottes voisines de la frontière entre l'Afghanistan et le Pakistan, mais nos experts militaires n'ont pas été capables d'élaborer un plan d'opération suffisamment convaincant.

Désireux d'explorer toutes les options, nous avons étudié la possibilité d'envoyer une petite unité des Forces spéciales s'emparer de Ben Laden, mais ce choix-là posait également des problèmes. Il était essentiel de disposer de renseignements absolument fiables. Nous ne pouvions envoyer cette unité sur le terrain sur une simple intuition. Par ailleurs, il était difficile de décider de la taille de cette unité. Plus on la choisissait petite, plus elle avait de chances de prendre Ben Laden par surprise, mais plus elle courait le risque d'échouer à cause de la faiblesse de son effectif et de ses équipements. Plus on la choisissait grande, moins elle avait de chances de profiter de l'effet de surprise, et si Ben Laden était prévenu, il ne manquait pas d'endroits où se cacher. En outre, si nous disposions vraiment de renseignements absolument fiables, des missiles pouvaient faire le travail plus rapidement et sans risque.

Il ne fait aucun doute que si nous avions pensé avoir une chance sérieuse d'attraper Ben Laden, nous ne l'aurions pas laissée passer. Nous avions ressenti très profondément – nous avions rencontré leurs familles – la perte de nos collègues assassinés lors des attentats contre nos ambassades. En même temps, les circonstances nous imposaient d'être pratiquement assurés du succès. Si nous lancions une autre opération de grande envergure qui n'aboutisse pas à la capture ou à la mort de Ben Laden, cela reviendrait à perdre du terrain. Le terroriste ne manquerait pas de se montrer à la télévision pour se vanter d'avoir survécu et briller aux yeux de ses partisans.

Avant l'opération *Infinite Reach*, nous avions été informés d'une réunion des chefs terroristes à laquelle Ben Laden devait probablement assister, mais par la suite, même en exploitant les moindres renseignements obtenus, une pareille occasion ne s'est jamais représentée. À plusieurs reprises, j'ai été avertie d'une frappe imminente, mais seulement pour apprendre un peu plus tard que nos informations s'étaient révélées fausses ou invérifiables. Nous avons parfois appris où Ben Laden était allé, ou bien où il pourrait se rendre, ou encore où pourrait se trouver quelqu'un qui lui ressemblait, mais ces renseignements étaient toujours trop tardifs ou trop vagues. C'était exaspérant. Je comparais cette situation à l'un de ces jeux que l'on trouve dans les pubs et qui consiste à manipuler une manette commandant une main en forme de serre dont on pense qu'elle n'aura pas de mal à attraper un lot dès que l'on aura mis une pièce dans le monnayeur. Malheureusement, chaque fois que l'on essaie de faire remonter la main, le lot lui échappe et tombe.

À la demande du Président, les militaires ont continué de tester différentes idées susceptibles d'améliorer notre capacité d'obtenir des informations en temps réel sur l'emploi du temps de Ben Laden. À partir de la fin de l'été 2000, le Pentagone a essayé d'utiliser *The*

Predator, un drone capable de voler à faible vitesse, pour collecter des informations photographiques en Afghanistan. Les premiers résultats ont été encourageants, puis le drone s'est crashé. Le National Security Council a proposé d'employer un nouveau drone armé d'un missile. Début 2001, l'US Air Force a procédé aux essais d'un prototype, mais jusqu'au 11 septembre de la même année, l'administration Bush a choisi de ne pas déployer de *Predators*, armés ou non, en Afghanistan.

Une question a été posée depuis : pourquoi ne pas avoir tout simplement envahi l'Afghanistan, renversé les talibans et dispersé Al-Qaida ? Autant que je sache, cette option n'a pas été sérieusement envisagée. Il y aurait eu des raisons pour justifier une action militaire, mais avant l'hyper-choc provoqué par les attentats du 11 septembre, une invasion de l'Afghanistan n'aurait été soutenue ni par la majorité des citoyens américains ni par nos alliés, et aurait été condamnée par l'ensemble des pays arabes et musulmans.

Le second mandat du Président Clinton s'est terminé sans nouvelles attaques terroristes contre des ambassades américaines, mais comme chacun sait, les représentations diplomatiques ne sont pas les seules cibles. C'est sa capacité à frapper n'importe quand et presque n'importe où qui fait du terrorisme une si grave menace. Le 12 octobre 2000, une petite embarcation est venue se ranger le long du destroyer USS *Cole* tandis qu'il faisait le plein de carburant dans le port d'Aden, au Yémen ; et aussitôt, l'embarcation a explosé, provoquant dans la coque en acier du bâtiment de l'US Navy une déchirure d'une vingtaine de mètres sur une douzaine de mètres, et faisant dix-sept morts et trente-neuf blessés.

J'ai téléphoné immédiatement au président yéménite Ali Abdullah Saleh, qui avait visité les États-Unis peu de temps auparavant et nous avait assurés de son amitié. Il m'a promis une enquête approfondie ; effectivement, les autorités locales ont arrêté rapidement des suspects. Malheureusement, la coopération entre le FBI et la police yéménite s'est dégradée. Barbara Bodine, notre ambassadrice, s'est employée, avec un certain succès, à améliorer la situation en encourageant les Yéménites à être plus bavards, et le FBI à mieux respecter les prérogatives de la police locale. Même si les soupçons se sont portés immédiatement sur Ben Laden, nous n'avons pas réussi à obtenir de preuves directes comme celles que nous avions réunies au lendemain des attentats contre nos ambassades. C'est seulement après mon départ du Département d'État que le FBI est parvenu à établir de façon décisive un lien entre Al-Qaida et l'attaque contre l'USS *Cole*.

Quand une catastrophe se produit, la première question qui se pose est de savoir si elle aurait pu être évitée. Comme Pearl Harbor et l'assassinat du Président Kennedy, les attentats du 11 septembre 2001 ont fait, et feront encore pendant longtemps, l'objet d'études minutieuses et approfondies de la part des commissions d'enquête officielles, des médias, des historiens et des écrivains. On s'est beaucoup intéressé à un apparent manque de coordination entre la CIA et le FBI. Mes relations avec ces deux Agences m'ont appris qu'elles avaient des cultures et des missions très différentes. En même temps, nous avons tendance à regarder le passé à travers le prisme du présent. L'attaque contre les Twin Towers a été comme un éclair dans un ciel serein ; elle a mis en lumière et rendu évidentes beaucoup de choses qui l'étaient moins jusque-là. Je n'ai malheureusement pas été stupéfaite par cette attaque, ni même surprise qu'elle utilise des détournements d'avions. Par contre, j'ai été étonnée par le niveau de coordination et par le fait que les pirates de l'air aient pu passer tellement de temps aux États-Unis à s'entraîner.

La nature et l'ampleur de ces attaques posent des problèmes à court et à très long terme à nos militaires, à nos diplomates, à nos services de police et de renseignement, et à ceux qui sont chargés désormais de la défense de notre territoire national. Elles ont ajouté une nouvelle dimension à la crainte de voir des armes de destruction massive tomber dans de mauvaises mains, elles ont inspiré des modifications de la doctrine militaire américaine qui n'ont pas fini de provoquer des controverses dans le monde entier au cours des années à venir.

La riposte de l'administration Clinton aux attentats contre nos ambassades en Afrique et aux autres attaques terroristes a conduit à l'arrestation de nombreux suspects, et créé un précédent en matière de coopération internationale dans le domaine de la lutte contre le terrorisme. Nous avons utilisé conjointement la force et la diplomatie pour attaquer Ben Laden et perturber Al-Qaida, obtenant des résultats importants mais pas la victoire indiscutable que nous avons pourtant si ardemment recherchée. Cette quête-là va se poursuivre, comme va se poursuivre la bataille plus vaste des idées.

Durant les années que j'ai passées à l'ONU et au Département d'État, ma réflexion a été tout naturellement globalisante. Optimiste de nature, j'espérais pouvoir renforcer sur le plan international la conviction que le terrorisme est inacceptable, comme le génocide, le nettoyage ethnique, l'esclavage, l'apartheid et le racisme. Le premier problème consiste à s'entendre sur une définition commune du mot « terroriste », un mot extrêmement lourd de sens et sujet à controverse, tout particulièrement quand on l'applique à ceux qui combat-

Růžena Spieglová et Olga Körbelová me tiennent par la main pour m'empêcher de tomber. J'ai trouvé cette photo, la seule sur laquelle figurent mes deux grand-mères, en fouillant dans les papiers de ma mère pour écrire ce livre. Je la garderai précieusement aussi longtemps que je vivrai.

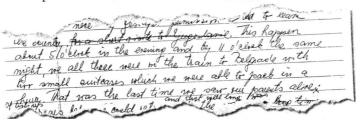

THE WASHINGTON POST TUESDAY, FEBRUARY 4, 1997 M 2 A1

16

Albright's Family Tragedy
Comes to Light
Secretary Says She Didn't Know That
3 Grandparents Were Jewish Victims of Holocaust

A tearsheet from a family narrative that was written 30 years after World War II by Madeleine K. Albright's mother.

THE WASHINGTON POST

By Michael Dobbs
Washington Post Staff Writer

Madeleine Korbel Albright was al-
most 2 years old when her parents

found the new information "fairly
compelling" but wanted to conduct
her own research into her family and
its fate. "Obviously it is a very per-

II—including the grandparents, her
uncle and aunt, and a first cousin—
died in Nazi concentration camps.
Albright, who was born in Prague in

Le gros titre à la une du *Washington Post* daté du jour où le Président
Clinton a prononcé le premier discours sur l'état de l'Union de son
second mandat : « Révélations sur la tragédie de la famille Albright. »

Le Président Clinton savait écouter, c'est une qualité que j'ai toujours admirée chez lui.

MAISON BLANCHE

MAISON BLANCHE/ROBERT MCNEELY

Si l'on veut s'abriter sous le même parapluie que moi, il faut être prêt à se baisser. Mes relations avec Sandy Berger étaient parfois tendues, mais bien meilleures que celles de beaucoup d'autres couples conseiller à la Sécurité nationale / Secrétaire d'État. Un autre duo tout à fait compatible marche devant nous : le Président Clinton et le vice-Président Gore.

Dîner à New York
avec Yitzhak Rabin,
le Premier ministre
israélien. Son assassinat,
en novembre 1995, a
laissé un vide qui n'a
toujours pas été comblé.

Conférence de
presse conjointe
avec le Premier
ministre israélien
Benyamin
Netanyahou. Son
scepticisme au sujet
du processus de
paix ne l'a pas
empêché de
parvenir à un accord avec les Palestiniens, à Wye River. Au centre de la photo, Jamie
Rubin, mon conseiller et porte-parole. À sa gauche, parlant dans un téléphone portable,
Kitty Bartels, directrice de la communication au Département d'État.

Connu de son
peuple sous le
qualificatif d'Al-
Malik Al-Insan
(« le roi humain »),
le roi Hussein a
régné sur la
Jordanie de 1953
jusqu'à sa mort en
février 1999, quatre
mois après cette
photo. Farouche
défenseur des
Arabes, c'était aussi
un champion
de la paix.

Javier Solana, secrétaire général de l'OTAN, charmant compagnon de table et dirigeant international accompli.

Independence (Missouri), le 12 mars 1999, les ministres des Affaires étrangères tchèque, polonais et hongrois viennent de signer les documents officialisant l'admission de leurs pays à l'OTAN. Je n'ai pas pu résister à l'envie de brandir ces documents sous les acclamations de la foule.

En compagnie du général John Shalikashvili, chef d'état-major des armées, lors de la réception donnée en l'honneur de son départ à la retraite, en 1997. Un jour, je me trouvais devant la Maison Blanche avec le général Shali, quand quelqu'un nous a appelés « guerre et paix ». Shali a répondu : « Oui, mais qui est quoi ? » Derrière nous, le Secrétaire à la Défense Bill Cohen et sa femme Janet Langhart Cohen.

Avec Igor Ivanov, ministre russe des Affaires étrangères, nous avons souvent échangé des traits acérés, quoique diplomatiques. Ici, nous n'avions échangé que nos chapeaux. Comme l'indique la dédicace, quand nous coopérions, nous formions une fameuse équipe.

Visiteur surprise lors de la soirée organisée en l'honneur de mon soixantième anniversaire, le sénateur Jesse Helms était fier de ses idées politiques surannées et de ses manières désuètes. En politique, il me rendait souvent furieuse, mais nous avons toujours eu des rapports très courtois.

Les ministres des Affaires étrangères des pays de l'Asie du Sud-Est nous demandaient à tous de chanter à l'occasion des soupers qui suivaient nos réunions. En 1997, j'étais Evita. En 1998, j'ai interprété avec Evgueni Primakov, ministre russe des Affaires étrangères, une parodie intitulée *East-West Story*. En battant des cils, je chantais : « Je veux savoir ce que tu penses de moi. » Et Evgueni, très crooner, me répondait : « Regarde dans tes dossiers sur le KGB ! »

Avec Sean Connery, au dîner qui a suivi la remise des Kennedy Center Awards. Après cela, on m'a appelée en plaisantant : « La nouvelle James Bond girl. »

Patrick Stewart est un excellent ami. Interprète du rôle du capitaine Jean-Luc Picard, commandant du vaisseau spatial *Enterprise*, dans la série *Star Trek*, il m'a invitée à rencontrer son équipage. Au milieu d'eux, c'est moi qui ai une drôle d'allure.

Quand j'ai lancé la première balle de la saison de base-ball pour l'équipe des Baltimore Orioles, le *New York Times* a publié cette photo avec comme légende : « Au lancer, pour les États-Unis. »

Leçon de bowling avec le Président, à Camp David.

Dépôt de gerbe en mémoire des victimes de l'attentat terroriste du 7 août 1998 à Nairobi. Prudence Bushnell, notre ambassadrice au Kenya, m'accompagne. Bonaya Godana, ministre kenyan des Affaires étrangères, porte une autre gerbe. Le grand blond qui regarde par-dessus ma tête est Larry Hartnett, le chef de l'équipe de la DS chargée de ma sécurité.

Au Vietnam avec l'ambassadeur des États-Unis, Peter Peterson, le général de brigade Harry B. Axson junior (à droite) et le lieutenant-colonel John M. Peppers (à gauche), commandant et commandant en second de la Joint Task Force-Full Accounting, à l'occasion d'une émouvante cérémonie précédant le rapatriement des restes de quatre militaires américains. Plus d'un quart de siècle après la fin du conflit, la recherche d'informations concernant le sort des disparus se poursuit.

Sommet du cinquantième anniversaire de l'OTAN. Je suis assise entre le Président Clinton et le Premier ministre anglais, Tony Blair. Jim Steinberg, l'adjoint du conseiller à la Sécurité nationale, se tient derrière le Président.

Je possède une broche sur laquelle on voit trois singes personnifiant la formule : « Être sourd, muet et aveugle devant le mal. » Je n'ai pas d'autres commentaires à faire à propos de cette photo, sinon que Sandy Berger, assis à ma gauche, est en train de dire : « Cela signifie sans doute que je suis le mal. »

Échange d'idées avec des militaires américains servant outre-mer. Les critiques disent que les membres de nos forces armées détestent participer à des opérations de maintien de la paix. C'est peut-être vrai pour certains, mais la plupart de ceux auxquels j'ai parlé étaient contents d'avoir l'occasion d'aider des sociétés en crise à retrouver leur équilibre.

L'article annoncé par cette photo en couverture était intitulé : « La guerre de Madeleine. »

Réunion des ministres des Affaires étrangères du G8. Assis à ma droite, le Français Hubert Védrine. Debout, de gauche à droite, l'Italien Umberto Ranieri, le Canadien Lloyd Axworthy, l'Allemand Joschka Fischer, le Japonais Masahiko Komura et le Russe Igor Ivanov. Assis à ma gauche, le Britannique Robin Cook.

Première réunion des femmes ministres des Affaires étrangères (1997). À la fin, nous étions 14. Assises, de gauche à droite : Tarja Halonen (Finlande), Andrea Willi (Lichtenstein), Lena Hjelm-Wallén (Suède), María Emma Mejía (Colombie). Debout, de gauche à droite : Shirley Gbujama (Sierra Leone), Nadezhda Mihaïlova (Bulgarie), Zdenka Kramplová (Slovaquie).

Après ma rencontre glaciale avec Slobodan Milošević. Je voulais éviter toute cordialité entre nous. Apparemment, j'y suis parvenue.

À côté du dirigeant nord-coréen Kim Il-sung, et devant un décor mural représentant fort à propos une mer déchaînée. Nous avions commencé à tester les intentions des Nord-Coréens quand le mandat de la seconde administration Clinton est arrivé à son terme.

J'ai eu de nombreuses conversations sérieuses et amicales avec le prince héritier Abdullah, qui dirigeait de facto l'Arabie Saoudite.

Réunion des ministres des Affaires étrangères des pays membres du Conseil consultatif du Golfe (CCG). J'ai toujours été traitée avec respect, même quand j'ai fait savoir que je voulais parler des droits de la femme. De gauche à droite : Jamil Ibrahim al-Hujaïlan, secrétaire général du CCG, puis le cheikh Hamdan ben Zaïd al-Nuhaïan (Émirats Arabes Unis), le cheikh Hamad ben Jasim ben Jabir al-Thani (Qatar), le cheikh Sabah al-Ahmad al-Jabir al-Sabah (Koweït), le cheikh Muhammad ben Moubarak al-Khalifa (Bahreïn), SAR le prince Saoud al-Fayçal (Arabie Saoudite), Yousef ben Alawi ben Abdullah (Oman).

Le Président Clinton et le vice-Président Gore lors d'une réunion de l'équipe Proche-Orient. À gauche, de dos, Sandy Berger. À ma gauche, Dennis Ross puis Martin Indyk.

Mes discussions avec le Premier ministre israélien Ehoud Barak ont toujours été passionnées. Ses manières pouvaient être abruptes, mais il était prêt à risquer sa carrière politique et même sa vie pour parvenir à une paix juste et sûre.

Yasser Arafat, président de l'OLP, saluant mon petit-fils Jack lors de sa visite dans ma ferme de Virginie. Arafat avait un côté chaleureux, mais sa politique était inflexible et, au bout du compte, très coûteuse pour son peuple et pour l'ensemble du Proche-Orient.

tent pour une cause nationaliste. J'ai eu de nombreuses conversations avec des dirigeants arabes qui soutenaient que des organisations anti-israéliennes comme le Hamas ou le Hezbollah ne devaient pas être considérées comme des groupes terroristes parce que leur lutte pour récupérer des territoires arabes perdus était légitime. Ils me disaient : « Ils font simplement ce que les patriotes américains ont fait au cours de leur guerre d'indépendance contre l'Angleterre. » Et je leur répondais : « Je ne me rappelle pas que George Washington ou Paul Revere aient demandé à leurs fils de se faire sauter pour tuer des enfants anglais. »

Il y a beaucoup de situations très confuses de par le monde, sur lesquelles il est difficile pour un étranger de porter un jugement. Souvent, il y a de bonnes raisons et des torts de part et d'autre, et l'on ne peut guère espérer mieux qu'une solution pragmatique, même si elle n'est pas totalement satisfaisante sur le plan moral. Il y a aussi de nombreux gouvernements autocratiques qui cherchent à simplifier ce qui ne l'est pas en traitant leurs opposants de « terroristes » alors que ce qualificatif n'est pas justifié.

Mais admettre que beaucoup de situations ne sont pas simples ne signifie pas qu'il soit impossible d'établir clairement les responsabilités. Quand quelqu'un place une bombe dans le bâtiment fédéral d'Oklahoma City, envoie du poison par la poste, ouvre le feu sur des gens qui prient dans une mosquée, transforme un marché en une scène de carnage ou lance un avion contre un immeuble de bureaux, le problème moral est simple. Peu importe que cette personne soit très en colère, totalement désespérée ou complètement démoralisée. Il n'y a pas de justification politique, historique, religieuse, économique ou idéologique valable au fait de tuer avec préméditation des gens innocents. De tels crimes doivent être combattus par chacun de nous, dans tous les pays, sur les cinq continents et chaque jour.

J'ai fait cette remarque en avril 2000 devant une audience internationale lors d'une allocution qu'Henry Kissinger m'avait invitée à prononcer. J'ai expliqué que les problèmes de sécurité auxquels étaient confrontés les États-Unis avaient changé et que la menace que représentaient les forces armées conventionnelles avait diminué. J'ai ajouté que des menaces non conventionnelles telles que le terrorisme « ont créé un champ de bataille peuplé de civils. En réponse, nous devons réorienter nos stratégies et comprendre qu'il n'est plus suffisant désormais de jouer au jeu d'échecs de la géopolitique : l'échiquier n'a plus seulement deux dimensions ». J'ai soutenu que pour combattre le terrorisme, la prolifération des armes de destruction massive et le crime dans ce monde nouveau, nous ne dépendions plus seulement de nos propres ressources et de l'aide de nos alliés traditionnels, mais de la contribution de « tous les pays de bonne volonté » et de toutes les institutions internationales, qu'elles soient régionales ou mondiales.

Le message véhiculé par ce discours est toujours valable aujourd'hui, mais s'il est resté gravé dans ma mémoire, ce n'est pas tellement pour ce que j'ai dit ce jour-là, mais à cause de l'endroit où je l'ai dit. Cela se passait dans un restaurant appelé *Windows on the World* (« Fenêtres sur le monde »), situé au sommet du World Trade Center, au cœur de New York.

CHAPITRE VINGT-TROIS

« Le problème, c'est Milošević »

JE ME SOUVIENS D'AVOIR VU, il y a bien longtemps, des images d'un brillant joueur d'échecs, un maître, peut-être Bobby Fisher, à l'âge de douze ans, en train de disputer simultanément une douzaine de parties contre autant d'adversaires différents. Il allait de table en table, étudiait la position des pièces sur l'échiquier, en déplaçait une puis allait se pencher sur l'échiquier suivant, et ainsi de suite. C'était ce que j'avais l'impression de faire en tant que Secrétaire d'État, à deux différences près : je n'étais pas une enfant prodige et les visages que je voyais en passant d'une table à l'autre étaient ceux de Saddam Hussein, Muammar al-Kadhafi, Fidel Castro et l'ayatollah Khamenei. Les parties étaient d'autant plus compliquées qu'un simple changement de rythme dans le déroulement de l'une d'elles risquait d'altérer la dynamique de toutes les autres ; que chaque déplacement de pièce dépendait d'une décision prise en commun et divulguée à l'avance par ceux qui n'étaient pas d'accord ; que de nouvelles stratégies, contradictoires, étaient claironnées par le chœur du Congrès, et que l'échiquier du Proche-Orient était sans cesse chamboulé, ce qui nous obligeait à recommencer la partie. Début 1998, la salle où se déroulait les parties étaient déjà pleine à craquer quand un autre de nos adversaires habituels – Slobodan Milošević, a forcé la porte.

Fin février et début mars, autour de la petite ville de Prekaz, dans la province yougoslave du Kosovo, des unités paramilitaires serbes ont attaqué des villages habités par des Kosovars albanais, et tué des dizaines de personnes. Des familles entières ont été brûlées vives dans leur maison. Il y avait des femmes, des enfants et des personnes âgées parmi les victimes, et des milliers de Kosovars albanais ont pris la fuite. Le Kosovo n'avait plus connu pareilles violences depuis la fin de la Seconde Guerre mondiale. Une foule en colère s'est rassemblée dans les rues de Pristina, la capitale provinciale, pour protester contre ces tueries, qui faisaient partie d'une opération destinée à liquider la guérilla kosovare albanaise qui avait tendu des embuscades à la police serbe.

Si cela avait été un incident isolé, il se serait agi d'une tragédie sans risque de répercussions sur le plan international, mais il était impossible de dissocier ces tueries de l'histoire qui les avait précédées et du contexte dans lequel elles s'étaient produites. La province du Kosovo, d'une superficie à peu près équivalente à celle du Connecticut*, compte un peu plus de deux millions d'habitants. Pour son malheur, elle est située sur la ligne sinueuse séparant l'Europe chrétienne de l'Europe musulmane – dans ce cas, l'ethnie serbe de l'ethnie albanaise. Avec un tel voisinage, le passé conditionne trop souvent le présent.

En 1389, les forces serbes furent défaites par la cavalerie légère turque lors d'une bataille épique qui se déroula près de Pristina. Le prince Lazar, qui commandait les Serbes, fut capturé par les Turcs, conduit devant le sultan et décapité. Aujourd'hui encore, tout en célébrant la bravoure de leurs troupes, beaucoup de Serbes sont toujours motivés par le désir de venger cette défaite. Vaincue, la Serbie devint une principauté vassale des Turcs, puis, pendant trois siècles et demi, une simple province de l'Empire ottoman ; mais aucun empire n'est éternel et pendant tout le XIXᵉ siècle, celui des Ottomans se réduisit comme peau de chagrin. La Serbie redevint une principauté vassale des Turcs en 1815, puis obtint son autonomie en 1830, et son indépendance en 1878. En 1912-1913, elle participa aux deux guerres balkaniques et prit possession du Kosovo. Après la Première Guerre mondiale, le royaume des Serbes, Croates et Slovènes fut créé, et le souverain serbe en devint le roi. En 1929, le jeune royaume prit le nom de Yougoslavie.

En 1974, sous Tito, la constitution yougoslave a été modifiée afin d'accorder au Kosovo un statut de large autonomie et de permettre à la majorité albanaise de sa population d'établir ses propres institutions et ses propres écoles. Pendant les quinze années qui ont suivi, le gouvernement du Kosovo a été aux mains de communistes kosovars albanais, et les Kosovars serbes se sont plaints d'être victimes de mesures discriminatoires et de mauvais traitements. Ces plaintes ont permis à Milošević, dès son arrivée au pouvoir en 1989, de peaufiner son image de nationaliste serbe en prenant fait et cause pour la mino-

---

* L'un des plus petits États des États-Unis (N.d.T.).

rité serbe du Kosovo. Peu après sa prise de fonction, il a envoyé sa police fermer les écoles et a inauguré une politique consistant à nier systématiquement les droits politiques et économiques des Kosovars albanais. Ce qui a créé des tensions croissantes entre les deux communautés.

Les revendications des Serbes et des Albanais étaient tout aussi fondées historiquement les unes que les autres, mais le Kosovo, que les Serbes considéraient comme le cœur de leur patrie, faisait depuis longtemps partie d'un corps étranger. Plus de quatre-vingt-dix pour cent des Kosovars appartenant à l'ethnie albanaise et ayant pour voisins les Albanais et les minorités albanaises du Monténégro, de Macédoine et de Grèce, les affrontements entre Kosovars serbes et Kosovars albanais risquaient d'embraser toute la région.

L'administration Bush senior, qui avait jusque-là adopté une attitude passive vis-à-vis des Balkans, a décidé de s'engager hardiment au moment où elle se préparait à se retirer. Le jour de Noël 1992, des diplomates américains ont informé Milošević que les États-Unis étaient prêts à riposter militairement si les Serbes déclenchaient un conflit armé au Kosovo. Trois semaines après l'entrée en fonction du Président Clinton, début 1993, son Secrétaire d'État, Warren Christopher, a réaffirmé cet « avertissement de Noël ».

Les Kosovars albanais, et c'est tout à leur honneur, ont choisi de résister pacifiquement. Sous la conduite d'Ibrahim Rugova et de la Ligue démocratique du Kosovo (LDK), ils ont créé des institutions non officielles, parallèles aux institutions serbes, et ont revendiqué, de façon non violente, leur indépendance. Résultat, alors qu'en Bosnie l'incendie faisait rage, au Kosovo le feu couvait. La police yougoslave maintenait sa mainmise sur la province et était haïe pour ses tactiques d'intimidation. La situation était extrêmement tendue, mais le Kosovo ne connaissait pas la guerre.

Après la signature des accords de Dayton, en 1995, les choses se sont aggravées. Les Kosovars albanais regardaient autour d'eux et constataient que les Slovènes, les Croates, les Bosniaques et les Macédoniens avaient tous quitté la Yougoslavie pour constituer des États indépendants. Les Kosovars albanais avaient les mêmes ambitions, mais les accords de Dayton n'avaient rien prévu pour eux. Privés de leurs droits, beaucoup se sont lassés des appels à la patience de leurs dirigeants civils. Certains ont choisi l'action violente, rejoignant les rangs d'un mouvement de résistance connu sous le nom d'Armée de libération du Kosovo (UÇK). À ce moment-là, nous savions fort peu de chose sur cette organisation très peu structurée, sinon qu'elle avait conduit des attaques de faible envergure contre les Serbes. En janvier 1998, des sources locales nous ont informés que Milošević se préparait à riposter par des opérations militaires.

Craignant une crise, nous avons fait pression à plusieurs reprises sur le dirigeant serbe pour qu'il ne déclenche pas une nouvelle vague de répression, lui rappelant chaque fois notre « avertissement de Noël ». Nous avons cherché à faire le jeu des Kosovars albanais modérés en encourageant un dialogue avec Belgrade destiné à restaurer l'autonomie du Kosovo, et nous avons découragé toute aide internationale à l'UÇK. Nous avons aussi réfléchi aux moyens d'aider les forces démocratiques yougoslaves, car nous pensions que le problème du Kosovo et de la région serait insoluble tant que Milošević demeurerait au pouvoir. Tous ces efforts tendaient vers une idée que je partageais avec le Président Clinton, celle d'une Europe unie et libre, incluant les Balkans pacifiés. Pour parvenir à concrétiser cette idée, il nous fallait tout d'abord vaincre, remplacer ou attendre la disparition des dirigeants farouchement nationalistes qui avaient émergé des ruines de la Yougoslavie. La santé du Président croate Franjo Tudjman déclinant et la Bosnie connaissant enfin la stabilité, Milošević représentait le dernier obstacle important à l'intégration des Balkans dans une Europe démocratique.

Avant les massacres de Prekaz, les autorités yougoslaves avaient assuré notre principal négociateur dans les Balkans, l'ambassadeur Robert Gelbard, qu'elles répondraient avec retenue à toutes les attaques. C'était manifestement un mensonge. Le déchaînement des Serbes n'allait pas manquer de radicaliser la position des Kosovars albanais, d'affaiblir les modérés et de renforcer l'UÇK. Milošević avait déjà déclenché trois guerres – contre la Slovénie, la Croatie et la Bosnie – et il semblait sur le point d'en commencer une quatrième.

Au début des violences en Bosnie, je n'étais pas encore au gouvernement. Par la suite, à l'ONU, je n'étais qu'un membre d'une équipe. À présent, j'étais Secrétaire d'État. Les tueries de Prekaz ont fait naître en moi de mauvais pressentiments, mais elles ont renforcé ma détermination. Je pensais qu'il fallait immédiatement stopper Milošević. J'ai déclaré publiquement : « Nous n'allons pas rester là, les bras croisés, à regarder les autorités serbes faire au Kosovo ce qu'elles ne peuvent plus se permettre de faire en Bosnie. » Une déclaration qui voulait être un coup de semonce. Dans l'espoir de rallier des soutiens sur le plan international, j'ai assisté à Londres à une réunion du Groupe de contact, un groupe de travail transatlantique, consacré aux Balkans et réunissant les États-Unis, la Russie, le Royaume-Uni, la France, l'Allemagne et l'Italie.

Robin Cook, ministre britannique des Affaires étrangères et hôte de la réunion, a commencé par faire circuler un projet de déclaration recensant les sanctions à imposer, les mesures que Milošević pourrait prendre pour obtenir la levée de ces sanctions, et les menaces de nouvelles sanctions s'il ne s'exécutait pas. C'était la méthode de la carotte et du bâton. Robin Cook et moi étions sur la même longueur d'onde. Il nous a expliqué qu'il avait rencontré Milošević et que celui-ci n'était absolument pas intéressé par une solution politique. La seule solution consistait à l'obliger à changer d'avis.

J'ai pris la parole après lui et, avec toute l'intensité dont j'étais capable, j'ai fait remarquer que Lancaster House, le majestueux bâtiment dans lequel nous nous trouvions, avait déjà abrité les infructueuses réunions des ministres des Affaires étrangères des pays occidentaux consacrées à la Bosnie. Nous étions d'ailleurs réunis dans la même salle. Quelques années auparavant, la communauté internationale avait ignoré les premiers indices de nettoyage ethnique. Nous devions tirer les leçons de nos erreurs. Les violences au Kosovo étaient récentes, mais pas les problèmes causés par l'impitoyable ambition de Milošević.

J'ai averti que les conséquences des événements du Kosovo se feraient sentir dans toute la région. Nous ne pouvions pas accepter que les Serbes considèrent la question du Kosovo comme une affaire purement intérieure. Milošević prétendait que les Kosovars albanais étaient violents, mais c'était lui qui avait déclenché cette violence. Sous Tito, le Kosovo avait obtenu son autonomie, mais Milošević y avait mis fin. Si les Kosovars albanais n'avaient pas été privés de leurs droits, il n'y aurait pas eu d'UÇK. Nous devions prendre des mesures concrètes qui renforcent nos moyens de pression sur Belgrade. C'était ainsi que Milošević avait été amené à la table des négociations de Dayton, et c'était le seul langage qu'il comprenait.

Je pensais avoir été convaincante, mais apparemment je ne l'avais pas été suffisamment. Hubert Védrine, ministre français des Affaires étrangères, a demandé un délai pour les sanctions, une condamnation claire de l'UÇK et une déclaration indiquant explicitement notre opposition à l'indépendance du Kosovo. Lamberto Dini, ministre italien des Affaires étrangères, craignait que des sanctions ne rendent Milošević encore moins coopératif, et réclamait une action plus efficace pour faire cesser la contrebande d'armes au profit de l'UÇK. Evgueni Primakov, qui n'avait même pas voulu assister à la réunion, avait envoyé un de ses adjoints en signe de protestation. Robin Cook et moi nous sommes acharnés sur lui, mais il avait apparemment décidé que sa meilleure tactique consistait à nous avoir à l'usure. Quand nous l'avons pressé d'accepter au moins quelques sanctions, il a répondu qu'il avait l'ordre de s'opposer à toute mesure punitive. Puis il s'est mis à faire de l'obstruction.

Le débat est devenu plus vif et, tout en écoutant, je griffonnais sur mon bloc-notes avec une énergie farouche. Étant venue à cette réunion bien décidée à exposer clairement des vues énergiques, j'étais déterminée à ne pas trahir la confiance de ceux qui comptaient sur les États-Unis pour prendre les choses en main. À un certain moment, Jamie Rubin, ordinairement plutôt du genre « faucon », m'a encouragée à accepter un compromis sur une mesure particulière. En lui lançant un regard furieux, je lui ai dit : « Jamie, pensez-vous que nous soyons à Munich ? »

Au bout de quatre heures, nous nous sommes tous mis d'accord, à l'exception de la Russie. Nous avons approuvé un moratoire sur les crédits à l'exportation, une enquête du TPI et le refus d'accorder des visas aux hauts fonctionnaires serbes. Nous nous sommes également mis d'accord pour envoyer sur place l'ancien Premier ministre espagnol, Felipe González, afin de faciliter le dialogue entre Serbes et Kosovars albanais, et nous avons menacé Milošević de sanctions supplémentaires si les forces de sécurité serbes présentes au Kosovo n'étaient pas réduites.

J'avais obtenu la majeure partie de ce que j'espérais, mais nous n'avons pas continué sur notre lancée. Très vite, mes collègues européens et moi avons eu des opinions divergentes sur la façon dont Milošević se conformait aux exigences du Groupe de contact. Ils mettaient en avant le retrait de quelques forces de sécurité serbes ; j'apportais des preuves montrant que la police spéciale serbe se retranchait plus qu'elle ne se retirait. Les Européens mentionnaient l'invitation de Belgrade à rétablir une présence internationale au Kosovo ; je rappelais le refus de Milošević d'accepter la mission conduite par Felipe González. Les Européens ne jugeaient pas nécessaire d'imposer des sanctions supplémentaires ; je pensais qu'elles étaient indispensables.

Une nouvelle réunion du Groupe de contact était prévue pour le 25 mars à Bonn. Je suis arrivée la veille au soir et j'ai dîné avec Primakov. Eltsine venait juste de limoger la quasi-totalité de ses ministres. Primakov expliquait sa survie par le fait qu'il était un allié d'Eltsine depuis l'époque où ils appartenaient tous les deux au Politburo. Eltsine se sentait à l'aise avec lui parce qu'il n'était pas un rival potentiel.

Au sujet du Kosovo, nous étions d'accord pour penser qu'une guerre civile aurait des conséquences désastreuses, mais nos points de vue différaient profondément sur toutes les autres questions. Primakov défendait Milošević ; il pensait que c'étaient les Kosovars albanais, et non les Serbes, qui étaient le facteur de déstabilisation. Il disait aussi que la Russie considérait le Kosovo comme une affaire intérieure à la Serbie, et que des sanctions ne feraient qu'exciter les nationalistes serbes. J'avais le sentiment que la position de la Russie était moins motivée par une quelconque solidarité avec des frères slaves, que dictée par la crainte qu'une action internationale au Kosovo ne serve de précédent pour justifier une intervention étrangère en Tchétchénie, où les séparatistes tchétchènes affrontaient régulièrement l'armée russe.

La réunion du Groupe de contact, présidée par Klaus Kinkel, le ministre allemand des Affaires étrangères, n'a abouti à aucune véritable décision, ce qui m'a convaincue que ce groupe n'était pas le bon organisme pour contrer Milošević. Manifestement, la Russie serait difficile à convaincre ; quant à la France et à l'Allemagne, elles étaient presque toujours réticentes à affronter Moscou. Les Italiens faisaient beaucoup d'affaires avec les Serbes et n'aimaient pas les sanctions. Il n'était que trop facile pour Milošević d'immobiliser ces quatre pays avec des gestes rassurants et des mots creux.

J'en ai conclu que nous ne devions pas nous contenter de participer au consensus, mais en prendre la direction ; toutefois, cela ne serait possible que si je parvenais à un consensus au sein de mon propre gouvernement, ce qui n'était pas une tâche facile. Mes déclarations déterminées mettaient le National Security Council et le Pentagone de plus en plus mal à l'aise. L'administration Clinton n'était pas très enthousiaste à l'idée de se retrouver une fois encore dans une situation incluant la menace d'employer la force. Le Secrétaire à la Défense, qui avait cédé sur la question de la Bosnie et accepté d'y maintenir des troupes, n'était pas d'accord pour envisager de nouvelles missions dans les Balkans. Résultat, à ma grande consternation, l'administration Clinton avait cessé de réaffirmer l'« avertissement de Noël » 1992.

Je pensais qu'il était urgent de brandir de nouveau la menace de procéder à des bombardements. Milošević risquait d'interpréter l'absence d'avertissement explicite comme un feu vert pour la répression. Nous devions donner un peu de corps à notre politique. Le 23 avril 1998, dans l'après-midi, Bob Gelbard, Strobe Talbott et moi avons rejoint Sandy Berger dans l'aile Ouest de la Maison Blanche.

J'ai tout de suite indiqué que les mesures que nous avions prises étaient insuffisantes. Le Kosovo connaîtrait des affrontements majeurs si un accord politique n'intervenait pas, ce qui avait peu de chance de se produire tant que Milošević ne se sentirait pas menacé. Il fallait donc le convaincre que nous étions prêts à avoir recours à la force. Notre position du moment se résumait à dire : « Nous n'excluons aucune éventualité. » Ce qui était peu convaincant parce que trop faible, nettement en retrait par rapport à notre position précédente, et calqué sur la timidité dont nous avions fait preuve, au début, en Bosnie.

Gelbard a fait écho à mes commentaires, disant qu'il était nécessaire de menacer Milošević de faire usage de la force pour le persuader de négocier. Afin de rendre cette menace crédible, il était indispensable que l'OTAN commence par dresser les plans d'une campagne de bombardements. En entendant cela, Sandy Berger l'a interrompu, exaspéré : « Vous ne pouvez pas parler ainsi de bombardements en plein cœur de l'Europe ! Quelles cibles voudriez-vous frapper ? Et que feriez-vous le lendemain ? C'est irresponsable de continuer à faire des déclarations menaçantes sans avoir un plan cohérent ! La façon dont vous autres au Département d'État parlez de bombardements !... On dirait que vous êtes cinglés ! »

À Georgetown, j'avais toujours appris à mes étudiantes à ne pas hésiter à interrompre leurs interlocuteurs. C'est ce que j'ai fait : « J'en ai assez d'entendre ça. Chaque fois que quelqu'un parle d'utiliser la force, il est l'objet d'attaques personnelles. Il y a cinq ans, quand je proposais d'employer la force en Bosnie, Tony Lake ne me laissait jamais finir ce que j'avais à dire. Eh bien, aujourd'hui, je suis Secrétaire d'État et je vais insister pour que nous puissions au moins discuter de cette question. »

À la fin du printemps, quand Milošević a gravi un nouvel échelon en envoyant ses hélicoptères d'assaut au Kosovo et en donnant l'ordre d'incendier des villages, nous ne nous sommes pas adressés au Groupe de contact mais à l'OTAN. À notre demande, l'Alliance atlantique a commencé à planifier plusieurs interventions possibles, y compris des déploiements de troupes préventifs en Albanie et en Macédoine pour empêcher le conflit de s'étendre, des frappes aériennes au cas où les Serbes durciraient leur répression, et une force de maintien de la paix si nous parvenions à un accord.

La diplomatie est devenue plus complexe quand les Britanniques ont déposé devant le Conseil de sécurité de l'ONU un projet de résolution autorisant l'usage de la force. Cette initiative partait d'une bonne intention, mais n'était pas très bien conçue. J'ai téléphoné à Robin Cook qui m'a dit que ses conseillers juridiques lui avaient expliqué qu'un mandat du Conseil de sécurité serait nécessaire pour que l'OTAN puisse agir. Je lui ai répondu qu'il devrait changer de conseillers juridiques. Si nous réussissions à faire voter une résolution par le Conseil de sécurité, nous créerions un précédent qui obligerait l'OTAN à demander l'autorisation de l'ONU pour agir. Ce qui revenait à accorder à la Russie, sans parler de la Chine, un droit de veto sur les actions de l'OTAN. Si la résolution était rejetée, cela serait considéré comme une victoire de Milošević, et il serait plus difficile pour l'OTAN d'intervenir. Troisième possibilité, la résolution était votée, mais seulement après avoir été vidée de sa substance afin d'obtenir l'accord des Russes. Trois possibilités, trois mauvais résultats ; le plan n'était pas bon.

Nous avions pour objectif de parvenir à un accord négocié entre Milošević et les Kosovars albanais, qui accorderait au Kosovo une autonomie substantielle. Pour y parvenir, il nous fallait commencer par rechercher des négociateurs pour la partie kosovare albanaise, qui était diverse et divisée. Ibrahim Rugova, le chef élu du gouvernement non officiel, était un intellectuel, fragile et doux, qui portait toujours un foulard, et avait une réputation de pacifiste. L'UÇK – le bras armé de la résistance kosovare albanaise – n'accepterait jamais que Rugova négocie en son nom. De même, d'autres personnalités politiques kosovares albanaises estimaient que Rugova était trop passif envers les Serbes alors qu'il avait la main lourde vis-à-vis des dissidents de son propre parti.

Rugova avait refusé jusque-là de rencontrer Milošević, mais en mai 1998, il a accepté de se rendre à Belgrade à la tête d'une petite délégation, pour voir s'il serait possible d'engager un processus politique ; ce qui s'est révélé être un faux pas. La presse serbe a profité de l'occasion pour publier une photo de Milošević et Rugova en train de rire. Venant à un moment où la police serbe pillait des villages kosovars albanais, cette photo a fait baisser la cote de popularité de Rugova.

Nous avons essayé de réparer les dégâts en lui demandant de venir à Washington à la tête de la même délégation, pour montrer notre intérêt et favoriser l'unité. Pendant notre réunion, j'ai été découragée par le comportement des collègues de Rugova. Ils se tenaient très raides sur leurs sièges et manifestaient leur mépris dès que Rugova parlait. Ce dernier s'est montré franc et direct. Il nous a dit que la situation au Kosovo se dégradait chaque jour un peu plus, et il a demandé à l'OTAN de faire respecter des zones d'exclusion aériennes pour mettre fin aux attaques des hélicoptères serbes. Il a ajouté que l'objectif des Kosovars albanais était l'indépendance, mais qu'ils pourraient accepter un statut transitoire : devenir un protectorat international ou même, a-t-il ajouté en plaisantant, le cinquante et unième État des États-Unis. Je lui ai répondu que nous ne pouvions pas soutenir le désir d'indépendance du Kosovo, mais que nous ferions tout notre possible pour l'aider à obtenir l'autonomie et la sécurité[1].

À la fin de la réunion, Rugova m'a offert une petite pierre semi-précieuse du Kosovo. C'était une de ses manies. La veille, il avait offert au Président Clinton un gros morceau de quartz de plus de deux kilos. J'avais connu pas mal de dissidents dans ma vie, en Europe centrale et ailleurs. Habituellement, on pouvait ressentir la ferveur avec laquelle ils servaient leur cause. Rugova était une exception. Même s'il était souvent déconcertant, j'en suis arrivée à penser que l'une de ses forces tenait au fait qu'on le sous-estimait constamment. Ses adversaires le méprisaient, mais il ne renonçait pas pour autant, et quand les Kosovars votaient, ils votaient plus souvent pour lui que pour les autres candidats.

Tout au long de la crise du Kosovo, la stratégie diplomatique de Milošević a consisté à accuser les « terroristes » de l'UÇK de tous les maux ; et personne n'a fait autant que l'UÇK pour justifier cette stratégie. Chaque fois, ou presque, que nous réussissions à contenir Milošević, l'UÇK profitait de l'occasion pour passer à l'action. Ses effectifs continuaient à augmenter. Les combattants se recrutaient sur place, parmi les étudiants et les nationalistes, et à l'étranger, parmi des sympathisants albanais dont certains venaient des États-Unis.

Durant le printemps et le début de l'été 1998, la Russie et le Groupe de contact ont fait pression sur Milošević pour qu'il retire du Kosovo les forces de sécurité qu'il y avait envoyées. Il a refusé de s'exécuter ou de rendre aux Kosovars albanais leurs droits politiques, mais pour l'essentiel, il a limité les actions de l'armée et de la police serbes à la région frontalière entre la Serbie et le Kosovo, et aux grands axes de communication. L'UÇK en a profité pour s'infiltrer dans les campagnes, établissant des postes de contrôle sur les routes secondaires, et parlant aux médias de « zones libérées » à l'intérieur desquelles elle promettait de protéger les Kosovars albanais,

---

1. Notre réticence à soutenir l'indépendance du Kosovo était moins une position de principe qu'une conséquence de l'évaluation pragmatique de l'attitude des pays de la région. La Macédoine et la Grèce étaient fortement opposées à l'indépendance du Kosovo parce qu'elles craignaient que cela ne réveille les ambitions séparatistes de leurs propres minorités albanaises. D'autres pays avaient aussi des minorités aspirant à l'indépendance : la Russie et les Tchétchènes, la Géorgie et les Abkhazes, la Turquie et les Kurdes, l'Espagne et les Basques. Plus généralement, certains Européens craignaient qu'un Kosovo indépendant ne devienne un foyer d'islamisme intégriste et de crime organisé. Nous ne pouvions atteindre nos objectifs au Kosovo sans le soutien de l'Europe et nous ne pouvions pas obtenir le soutien de l'Europe si nous encouragions l'indépendance du Kosovo.

produisait des plaques d'immatriculation et organisait des concours de beauté.

À la mi-juin 1998, il est devenu évident qu'aucun règlement politique ne serait possible sans les rebelles, aussi nos diplomates ont-ils commencé à rencontrer des représentants de l'UÇK. Ces contacts ont rendu Milošević furieux et agacé les Européens, mais c'était la seule façon de progresser. Dès les premières rencontres, les responsables de l'UÇK n'ont pas caché le but qu'il poursuivait : la libération du Kosovo. Leur programme était strictement militaire et ils étaient certains de réussir. Ils n'étaient donc intéressés ni par un cessez-le-feu ni par des négociations.

Mon opinion sur ces combattants était mitigée. Leur opposition à Milošević m'était sympathique, je comprenais leur désir d'indépendance et j'étais d'accord pour penser que la force est parfois nécessaire pour faire triompher une juste cause. D'un autre côté, les idées des gens de l'UÇK ne semblaient guère s'inspirer de celles de Jefferson. Leurs actions manquaient souvent de discernement et on avait l'impression qu'ils cherchaient à provoquer une riposte massive des Serbes afin de rendre une intervention internationale inévitable. Je voulais empêcher Milošević de marauder à travers le Kosovo, mais je ne voulais pas que ma détermination soit exploitée par l'UÇK pour parvenir à des fins auxquelles nous étions opposés. Nous avons donc pris la peine d'insister sur le fait que nous refusions d'être la force aérienne de l'UÇK, ou de secourir l'UÇK si elle avait des ennuis à cause de ses propres actions. Nous condamnions les violences d'où quelles viennent.

L'UÇK était le pire ennemi de Milošević, mais ses attaques aidaient ce dernier sur le plan diplomatique. S'il avait été malin, Milošević aurait pu retourner l'opinion internationale contre les « terroristes » en satisfaisant les aspirations des Kosovars albanais à l'autonomie tout en conduisant des opérations de sécurité disciplinées, destinées à couper les lignes d'approvisionnement de l'UÇK, à arrêter certains de ses membres, à riposter à ses attaques et à protéger les civils. La communauté internationale n'aurait pas pu s'opposer à une telle ligne de conduite ; au contraire, nous aurions applaudi à un accord rétablissant l'autonomie de la province et sauvegardant les droits de l'homme. Malheureusement, Milošević était incapable de voir dans le Kosovo un problème politique et diplomatique qu'il fallait résoudre. Il ne voyait là qu'une opposition à réprimer. Parce qu'il se moquait des droits des Kosovars albanais, il pensait que nous nous en moquions également. De nombreux mois douloureux allaient s'écouler avant que nous ne parvenions à lui prouver qu'il avait tort.

En juillet 1998, l'UÇK a mis ses fanfaronnades à exécution en lançant une « campagne d'été ». Un véritable désastre. La contre-offensive serbe a été irrésistible et soutenue. La stratégie des Serbes consistait à couper les lignes d'approvisionnement de l'UÇK en prenant le contrôle de la région frontalière entre le Kosovo et l'Albanie, puis à expulser la guérilla de presque tous les villages. Il en a résulté une campagne d'intimidation qui a jeté des centaines de milliers de civils et de combattants de l'UÇK dans les bois et les montagnes. Milošević a pensé avoir là l'occasion de détruire l'UÇK et de terroriser les Kosovars albanais au point de leur faire oublier leurs rêves d'indépendance. Mais la contre-offensive serbe a eu deux conséquences très différentes.

Tout d'abord, en affaiblissant l'UÇK elle a accru les pressions exercées sur Milošević pour qu'il négocie une solution politique. Quand l'UÇK était puissante, les Kosovars albanais ne pouvaient pas négocier de façon cohérente parce que Rugova était trop faible et l'UÇK trop dogmatique. Cette dernière promettait de libérer le Kosovo sans négociations ni compromis, et de protéger les civils dans les zones qu'elle avait libérées. Mais quand les Serbes sont passés à l'attaque, l'UÇK a fui. Brutalisés par les Serbes, les Kosovars albanais ont perdu leurs illusions à propos de leurs soi-disant protecteurs. La cote de popularité de Rugova a remonté, ce qui lui a permis de réunir une équipe de négociateurs sans être accusé d'être un traître. Même l'UÇK a reconnu la nécessité de négocier. Ce qui signifiait que nos négociateurs pouvaient reprendre leurs discussions avec les deux parties afin de voir à quoi pourrait ressembler un Kosovo autonome.

La seconde conséquence de la contre-offensive serbe était plus grave. Des milliers de Kosovars albanais, chassés de chez eux, risquaient de mourir de froid pendant l'hiver qui approchait. Beaucoup de familles qui avaient fui devant l'avance serbe craignaient de regagner leur maison tant que les forces de Milošević occuperaient leur région. Même si Milošević était l'objet de suffisamment de pressions pour consentir à discuter d'autonomie avec Rugova, ce n'était pas encore suffisant pour l'amener à accepter un accord. Après tout, n'était-il pas en train de gagner la guerre ?

Manifestement, les sanctions économiques à elles seules ne parviendraient pas à empêcher Milošević de tuer des Kosovars albanais. Comme j'en étais persuadée depuis le début, nous devions appuyer notre diplomatie par la force. J'ai de nouveau défendu cette option devant mes collègues de l'administration Clinton, affirmant que si nous n'agissions pas, la crise allait s'étendre et faire de plus en plus de victimes, que nous serions accusés de faiblesse, que la pression monterait encore et que nous finirions de toute façon par avoir recours à la force dans des circonstances plus difficiles et plus tragiques.

J'ai ajouté que nous devions élaborer une stratégie concertée, destinée à mettre fin à la domination de Milošević. J'avais admis qu'à Dayton le pragmatisme nous dictait de traiter avec Milošević pour mettre fin à la guerre en Bosnie, mais je n'avais aucune confiance en lui. Ses ambitions ne pouvaient être satisfaites qu'aux dépens de ses voisins. De plus, notre intérêt pour le Kosovo découlait de notre intérêt pour une Europe pacifiée, et la Yougoslavie ne pouvait pas trouver sa place dans une telle Europe avec Milošević aux commandes. Nous devions faire savoir au milieu des affaires serbe que Milošević était mauvais pour les affaires, aux militaires serbes qu'il risquait de provoquer la destruction de leurs institutions, et à la classe moyenne serbe qu'il était en train d'enterrer ses espoirs en un avenir paisible et prospère. Combinés aux nouvelles désastreuses qui nous parvenaient chaque jour, mes arguments ont fini par prévaloir. Le Président Clinton a approuvé une stratégie ayant pour objectif de soutenir ouvertement des solutions de rechange à Milošević. Nous avons également décidé d'insister pour que l'OTAN prenne position clairement sur la question du Kosovo.

Selon notre plan, l'OTAN devait contraindre Milošević à stopper son offensive et à ramener les effectifs des forces de sécurité serbes au niveau qui était le leur avant le début des violences. Milošević devait aussi consentir à négocier sérieusement avec les Kosovars albanais des mesures transitoires conduisant à l'autonomie de la province. S'il ne se conformait pas à ces exigences, l'OTAN lancerait une campagne soutenue de frappes aériennes contre des positions serbes au Kosovo et en Serbie. Même si nous ne pouvions pas compter sur le Conseil de sécurité de l'ONU pour nous donner explicitement l'autorisation d'utiliser la force, nous avons tout de même obtenu de lui l'approbation de nos objectifs politiques. Le 23 septembre, le Conseil a adopté une résolution déclarant que la situation au Kosovo était une menace pour la paix et la sécurité, et dressant la liste des mesures que Milošević devait prendre. Le lendemain, l'OTAN a lancé un avertissement officiel qui précisait que les frappes aériennes seraient autorisées si l'offensive serbe se poursuivait.

Le 30 septembre, nous avons tenu une réunion de la Commission restreinte des Affaires étrangères dans la Situation Room de la Maison Blanche. Sur la table, devant nous, il y avait une photo publiée dans la dernière édition du *New York Times*. Au centre de la photo on voyait un cadavre, apparemment squelettique, la bouche ouverte, qui semblait pousser un dernier cri silencieux. Le corps était celui de l'une des dix-huit victimes retrouvées près de la petite ville kosovare de Gornje Obrinje. Quelques jours plus tôt, la police serbe avait surpris quinze des futures victimes – des femmes, des enfants, des personnes âgées – alors qu'elles se terraient dans une gorge, et les avait massacrées. Trois hommes âgés, dont un paralytique de quatre-vingt-quinze ans, avaient été brûlés vifs dans leurs maisons. Seize autres victimes civiles avaient été trouvées dans des villages voisins, tuées par balles ou à l'arme blanche. C'était la réponse de Milošević à l'ONU et à l'OTAN.

Ce matin-là, tout en regardant la photo et en lisant l'article qui l'accompagnait, je me suis souvenue de ma promesse de ne pas permettre que se renouvelle le carnage dont nous avions été les témoins en Bosnie. Là-bas, plusieurs centaines de milliers de personnes avaient été tuées. Au Kosovo, le bilan atteignait plusieurs centaines. Pour beaucoup, il n'était pas trop tard, mais nous devions nous montrer résolus.

La Commission restreinte a recommandé au Président Clinton d'envoyer Richard Holbrooke – redevenu un simple citoyen – à Belgrade pour y délivrer le message de l'OTAN. Durant l'année écoulée, Holbrooke avait accompagné Bob Gelbard lors de plusieurs de ses voyages pour tenter de tirer parti des relations qu'il avait eues avec Milošević pendant les négociations de Dayton. Nous avons décidé de l'envoyer à Belgrade pour faire la preuve de notre volonté d'explorer toutes les solutions raisonnables avant d'utiliser la force. Une fois à Belgrade, Holbrooke n'a pas réussi à faire le moindre progrès parce que nous manquions toujours de moyens de pression.

Milošević n'était toujours pas convaincu que l'OTAN irait au-delà de ses avertissements répétés. Il savait que quelques dirigeants européens s'apprêtaient à présenter au Conseil de sécurité de l'ONU un nouveau projet de résolution plus explicite auquel la Russie opposerait certainement son veto. En Allemagne, un nouveau gouvernement de coalition – comprenant les Verts, un parti semi-pacifiste – se préparait à entrer en fonction. L'Italie nous avait assurés de son ferme soutien, mais le gouvernement Prodi était sur le point de tomber en partie parce que le Parlement s'inquiétait de la perspective de frappes aériennes lancées depuis des bases italiennes. À l'occasion d'une de ses offensives de charme périodiques, Milošević a retiré, avec ostentation, quelques troupes du Kosovo. Il semblait vouloir faire traîner ses discussions avec Holbrooke dans l'espoir que l'OTAN finirait par être divisé. En réponse, il nous fallait ôter toute ambiguïté à la position de l'OTAN.

Le 8 octobre 1998, Richard Holbrooke et moi nous sommes retrouvés à Bruxelles en compagnie de représentants d'autres pays membres de l'Alliance atlantique, à qui nous avons fait part de notre conviction qu'un accord avec Milošević ne serait possible que si l'OTAN autorisait l'usage de la force. Ensuite, nous sommes allés tous les deux à Londres participer à une réunion du Groupe de contact, avec l'intention d'y faire la même déclaration et d'assurer les Européens que nous faisions tout notre possible pour obtenir que les Russes embarquent sur le même bateau. Ce qui signifiait traiter avec une nouvelle personnalité. Assailli par les problèmes économiques, Boris Eltsine avait limogé un autre Premier ministre, le remplaçant par mon ami Evgueni Primakov. Le nouveau ministre des Affaires étrangères était un diplomate de carrière, Igor Ivanov, avec lequel je n'allais pas tarder à avoir des relations aussi amicales et affectueuses qu'avec Primakov.

Pour des raisons de commodité, la réunion devait se dérouler dans le salon VIP de l'aéroport d'Heathrow. Une demi-douzaine de ministres des Affaires étrangères étaient présents, accompagnés chacun d'un cortège de conseillers. La petite salle était pleine à craquer. Il y avait même des membres du personnel de l'aéroport qui circulaient entre les délégations, proposant du thé et des biscuits. J'ai demandé à Robin Cook si nous pouvions limiter la réunion aux chefs de délégation. Il a accepté.

La discussion qui a suivi a été tendue. Kinkel, le ministre allemand sortant, a exhorté à plusieurs reprises Igor Ivanov à soutenir une résolution du Conseil de sécurité de l'ONU autorisant une action militaire, mais Ivanov lui a répété que la Russie opposerait son veto à une telle résolution, affirmant que Milošević avait déjà promis de retirer des troupes. À quoi j'ai répondu : « Milošević est un menteur-né. » Cette réunion n'a pas permis de modifier la position russe, mais elle a servi à convaincre les Européens que, dans ce cas-là, le Conseil de sécurité de l'ONU ne prendrait pas de décision. S'ils voulaient éviter une catastrophe au Kosovo l'hiver suivant, il leur fallait agir en se contentant des justifications que nous avions déjà.

Après la réunion, Holbrooke est retourné à Belgrade, fort de nouveaux moyens de pression. Même si nous n'étions pas parvenus à un accord total avec nos alliés de l'OTAN, nous avions procédé à un grand nombre de consultations et nous n'avions pas été avares de cajoleries au cours des mois précédents ; et cela finissait par payer. Les Français avaient annoncé qu'ils soutiendraient l'action de l'OTAN pour des raisons humanitaires, malgré leur préférence, de principe, pour une résolution du Conseil de sécurité. Gerhard Schröder, le nouveau chancelier allemand, a assuré le Président Clinton que son gouvernement voterait oui. Puis les Italiens ont rejoint le bateau à leur tour. Dans la matinée du 13 octobre 1998, l'OTAN a autorisé officiellement l'emploi de la force, accordant quatre jours à Milošević pour s'exécuter. Quelques heures plus tard, Holbrooke annonçait que Milošević et lui étaient parvenus à un accord.

Selon cet accord, Milošević disposait de dix jours pour réduire le nombre de militaires et de policiers serbes présents au Kosovo. Réfugiés et personnes déplacées étaient autorisés à rentrer chez eux. Deux milliers d'observateurs internationaux seraient déployés sous les auspices de l'Organisation pour la Sécurité et la Coopération en Europe (OSCE). Les avions de l'OTAN étaient autorisés à survoler le Kosovo pour vérifier le retrait des forces de sécurité serbes. Des élections seraient organisées dans un délai de neuf mois et une nouvelle police, multiethnique, serait constituée et entraînée. La Yougoslavie devait collaborer aux enquêtes du Tribunal pénal international. Enfin, Belgrade s'engageait à négocier avec les dirigeants kosovars afin de rendre son autonomie au Kosovo.

L'accord du 13 octobre s'apparentait plus à un sparadrap qu'à un véritable remède. Milošević pouvait se rétracter, et ne manquerait pas de le faire, mais dans l'immédiat cet arrangement allait permettre à des centaines de milliers de Kosovars albanais de sortir des bois et de descendre des montagnes pour passer l'hiver chez eux. Il montrait à l'évidence que la communauté internationale se sentait concernée par le sort du Kosovo, il dressait la liste des engagements que Milošević avait pris et à propos desquels il pourrait avoir des comptes à rendre. Plus important peut-être, l'autorisation d'employer la force n'était pas retirée, mais seulement suspendue.

Au bout de quelques semaines, le sparadrap a commencé à se décoller. Contrairement à ce qui s'était passé en Bosnie où des années d'affrontements avaient usé la volonté de toutes les parties en présence, les extrémistes serbes et kosovars albanais n'étaient ni épuisés ni satisfaits. En novembre, Milošević a remplacé les chefs de ses forces de sécurité par des partisans de la ligne dure, qui se vantaient de pouvoir balayer l'UÇK en quelques jours. Pendant ce temps-là, l'UÇK se préparait à la guerre en recrutant de nouveaux combattants et en faisant venir des armes d'Albanie. En dépit de l'hiver et de la neige, des accrochages et des fusillades sporadiques maintenaient le Kosovo sous tension.

À Washington, je lisais les rapports quotidiens de l'équipe d'observateurs internationaux dirigée par l'ambassadeur américain William Walker. Walker avait déjà servi dans des zones de guerre. Il avait fait de l'excellent travail en Croatie à la tête d'une mission de maintien de la paix de l'ONU durant laquelle il avait eu souvent à négocier avec Milošević. À présent, il dirigeait des observateurs dont le travail consistait à parcourir le Kosovo à bord de véhicules peints en orange vif et à rendre compte de ce qu'ils voyaient. Dans la mesure où il s'agissait d'une mission périlleuse pour des personnels non armés, ils n'opéraient que le jour, ce qui n'était bien entendu pas le cas des forces serbes ni de l'UÇK.

Nous savions que le retour d'un temps plus doux allait rendre le transport des combattants et des armes plus facile, et donc multiplier les risques d'affrontements. Nous devions dès lors agir rapidement pour éviter un printemps meurtrier. J'avais demandé à James O'Brien, l'un de mes plus proches collaborateurs et l'un des artisans des accords de Dayton, de se joindre à l'ambassadeur Christopher Hill pour diriger les négociations. Tous les deux avaient proposé un projet d'accord créatif selon lequel le Kosovo demeurerait au sein de la Yougoslavie tout en se dotant d'une nouvelle police et des autres institutions nécessaires à son autonomie. Ce projet ne fermait pas la porte à une éventuelle indépendance, mais prévoyait une période transitoire d'au moins trois années avant que cette question explosive ne soit abordée.

Les Serbes nous disaient en privé que Milošević était prêt à conclure un accord, mais nous nous demandions sur quelles bases. Nous avions besoin de le tester, mais avant tout nous devions convaincre les Kosovars albanais d'unifier leur équipe de négociateurs et de s'entendre sur un ensemble de revendications réalistes ; ce qui, une fois encore, s'est révélé difficile. Reprenant de la vigueur, l'UÇK redevenait du même coup peu favorable à un compromis. Les divers dirigeants kosovars albanais se traitaient les uns les autres avec mépris, se menaçaient même d'actions violentes et étaient incapables de convenir d'un programme de négociations. De précieuses semaines ont été perdues, à notre grand agacement, parce qu'ils ne consentaient même pas à se rencontrer.

Le temps passait et mes craintes augmentaient. La confusion régnant chez les Kosovars albanais, il était difficile de reprocher à Milošević de ne pas négocier. L'UÇK étant repassée à l'action, nos alliés n'étaient pas disposés à blâmer les Serbes, encore moins à les bombarder. Comme on ne pouvait pas faire confiance à Milošević, il était impossible de convaincre l'UÇK que la petite équipe d'observateurs de l'OSCE, sans armes, pouvait suffire à assurer la protection du Kosovo. Résultat, les négociations piétinaient tandis que les violences se multipliaient.

À la mi-décembre, les forces serbes ont tué trente et un membres de l'UÇK qui cherchaient à franchir la frontière avec l'Albanie. Quelques heures plus tard, des rafales d'armes automatiques ont été tirées sur un bar du Kosovo, tuant six adolescents kosovars serbes. Le surlendemain, un fonctionnaire serbe a été retrouvé mort sur la route conduisant à l'aéroport de Pristina. Dans la semaine qui a suivi, les forces serbes ont recommencé à attaquer des villages kosovars albanais.

J'ai pensé que nous devions trouver une nouvelle solution. La situation s'avérait être un test pour le leadership américain, mais aussi pour la crédibilité et l'efficacité de l'OTAN. L'Alliance atlantique se préparait à fêter son cinquantième anniversaire au mois d'avril suivant. Si mes craintes étaient fondées, cet événement allait coïncider avec le spectacle d'un nouveau désastre humanitaire dans les Balkans. Nous passerions pour des imbéciles si nous proclamions que l'Alliance atlantique était prête pour le XXIe siècle alors que nous étions incapables de venir à bout d'un conflit qui datait du XIVe siècle.

Le 15 janvier 1999, la Commission restreinte des Affaires étrangères s'est réunie pour étudier une « nouvelle » stratégie. Les documents d'accompagnement étaient riches de détails et superficiellement exhaustifs. Dans de longs paragraphes consacrés à la nécessité de « relancer les négociations [et] d'accroître nos moyens de pression » sur les deux camps, la proposition dressait une liste d'objectifs ; mais tout cela n'était que des mots. Les prétendues « mesures décisives » étaient confuses. Il n'y avait aucun moyen clair de parvenir à une solution.

Pendant la réunion, j'ai dit que la stratégie proposée n'était pas suffisante et que nous devions nous décider à envisager le problème du Kosovo d'une façon plus globale. J'ai ajouté : « Le cessez-le-feu négocié en octobre ne tient qu'à un fil. Nous assistons déjà à des affrontements que nous n'attendions pas avant le printemps. Nous devons reprendre contact avec nos alliés et renouveler nos menaces de frappes aériennes. Il faut que nous disions carrément à Milošević que nous emploierons la force s'il ne respecte pas ses engagements. Nous devons informer le public, souligner ses manquements et répéter encore et encore : le problème, c'est Milošević. »

Mes remarques n'ont pas provoqué l'enthousiasme. En regardant autour de la table, j'ai vu des échanges de regards qui signifiaient « Revoilà Madeleine ». La « nouvelle stratégie » pour le Kosovo a été approuvée, mais je craignais qu'elle ne produise les mêmes résultats que les précédentes. Après coup, j'ai pesté devant mes collaborateurs que nous étions comme ces « hamsters qui courent dans des roues ». Nous nous démenions beaucoup mais nous n'arrivions à rien. À moins que quelque événement imprévu ne se produise, les Serbes allaient lancer une nouvelle offensive, et le passé de la Bosnie deviendrait l'avenir du Kosovo.

CHAPITRE VINGT-QUATRE

Kosovo : la diplomatie et la menace de la force

Certaines personnes sont réveillées par le chant du coq, la sonnerie du réveille-matin ou le bruit des tasses de café qui s'entrechoquent. En bonne Washingtonienne, je me réveille avec une radio d'information en continu. Comme nous étions un samedi – le 16 janvier 1999 –, la radio s'est déclenchée un peu plus tard qu'à l'accoutumée, mais toujours bien avant l'aube. Couchée dans mon lit, dans l'obscurité du plein hiver, j'ai entendu le présentateur faire état d'un massacre perpétré à huit mille kilomètres de là. Les détails ne devaient pas tarder à suivre. « Il y a beaucoup de corps là-haut, confiait l'ambassadeur Bill Walker aux journalistes, des hommes qui ont été abattus de différentes façons, mais de très près pour la plupart. » Quarante-cinq personnes avaient trouvé la mort dans la ville de Racak, au Kosovo. Walker avait lui-même vu les corps, dont bon nombre étaient éparpillés dans une ravine couverte de neige, d'autres jetés en tas, tous avaient d'horribles blessures, tous portaient des vêtements civils, l'un d'eux avait été décapité. Quand on lui a demandé qui était responsable, Walker a répondu sans faux-fuyants : « La police serbe. »

L'équipe de vérificateurs internationaux chapeautée par Walker n'avait pas pu empêcher le massacre de Racak mais avait néanmoins permis qu'il ne se déroule pas en secret. D'après les témoins qu'ils avaient interrogés, les Serbes avaient commencé le pilonnage la veille. Une fois le village investi, des forces paramilitaires ont rassemblé femmes et enfants dans une mosquée et raflé les hommes adultes. Les villageois ont découvert les corps plus tard.

La plus grande partie de ce samedi, je l'ai passée chez moi à téléphoner à la moitié de la planète. Nous qui avions craint que le Kosovo ne s'embrase avec la fonte des neiges, voilà que j'appelais Sandy Berger pour lui dire tristement : « On dirait que le printemps est précoce cette année au Kosovo. » Nous avons demandé à ce que le général Wesley Clark, commandant suprême des forces alliées en Europe, et le général Klaus Naumann, président du Comité militaire de l'Alliance atlantique, soient dépêchés à Belgrade pour dissuader Milošević de commettre de nouvelles exactions, réclamer que le tribunal pour les crimes de guerre soit autorisé à enquêter sur Racak, et rappeler au président yougoslave que l'OTAN n'avait pas renoncé à faire usage de la force. J'ai appelé les ministres des Affaires étrangères de l'OTAN pour proposer que l'Alliance reconsidère ses plans d'offensive militaire et les mette à jour. J'ai aussi contacté mes principaux conseillers afin de mettre sur pied une stratégie qui associerait l'usage de la force et la diplomatie pour faire pièce à Milošević sans livrer le Kosovo aux milices de l'UÇK.

À la première occasion, j'ai convoqué dans mon bureau un groupe de travail composé de Strobe Talbott, James Rubin et Morton Halperin, un rescapé doué et iconoclaste des batailles de couloir de Washington, qui avait depuis peu succédé à Greg Craig à la direction du bureau de la Planification[1]. Ensemble, nous avons élaboré une démarche intégrant la menace de frappes aériennes à notre objectif, qui était de parvenir à un accord politique. Après tout, les victimes kosovares méritaient plus que le simple droit d'avoir les honneurs de la presse grâce aux inspecteurs internationaux ; si les Serbes refusaient de négocier de bonne foi, l'OTAN aurait recours aux frappes aériennes pour les y contraindre[2].

Si notre plan était mis à exécution, j'entrevoyais trois issues possibles, dont deux étaient préférables au statu quo. Idéalement, les menaces de l'OTAN et l'attention internationale conduiraient les deux parties à négocier un accord. Les Kosovars obtiendraient ainsi leur autonomie, et l'OTAN serait garante de leur sécurité. En cas de « non » serbe et de « oui » des Kosovars albanais, le règlement politique du conflit serait précédé d'une phase de bombardements qui durerait aussi longtemps que nécessaire pour amener Milošević à la

---

1. Craig nous a quittés pour devenir l'un des avocats du Président au cours de la procédure d'*impeachment*. J'étais navrée de le voir partir mais je savais que le Président avait fait un choix judicieux en faisant appel à lui.

2. Cette proposition n'a pas uniquement été élaborée dans mon bureau. Notre ambassadeur auprès de l'OTAN, Alexander Vershbow, soutenait depuis des mois que l'Alliance atlantique serait finalement obligée de recourir à la force pour empêcher Milošević de terroriser le Kosovo. Si cette solution était appliquée, et que les frappes aériennes chassaient les forces serbes de la province, Hubert Védrine et Robin Cook voulaient être assurés qu'une force de maintien de la paix dirigée par l'OTAN serait autorisée à occuper le terrain. Autrement les Européens craignaient que l'UÇK ne s'empare du pouvoir au Kosovo.

table des négociations. Si les deux camps disaient non, il s'ensuivrait un désastre dont chacun d'eux porterait la responsabilité.

Le soir de ce 19 janvier, j'ai entamé avec les autres responsables de la Sécurité nationale une discussion qui devait se poursuivre presque sans interruption pendant les quatre jours suivants. J'étais convaincue que nous étions à un tournant, et je l'ai fait savoir. Au départ, le Secrétaire à la Défense, Cohen, et le général Hugh Shelton, qui avait remplacé John Shalikashvili en tant que chef d'état-major des armées, ont exprimé des doutes quant à mon approche et argumenté énergiquement contre une force de maintien de la paix. Ils ne voulaient pas avoir à soutenir une seconde mission de longue durée dans les Balkans et craignaient d'être pris entre deux feux en pleine guerre civile. Ils doutaient aussi de notre capacité à mobiliser l'opinion publique en faveur de l'obscure cause de l'autonomie kosovare. Ils se demandaient enfin si le Congrès serait prêt à financer notre participation au maintien de la paix. Aussi préconisaient-ils de laisser sur place l'équipe de vérification plutôt que d'introduire une présence armée effective. S'il devait y avoir une force de l'OTAN, soutenaient-ils, celle-ci ne devrait pas incorporer d'Américains.

Je comprenais la position des responsables du Pentagone, mais leur solution alternative n'était pas tenable. Les vérificateurs ne seraient pas capables d'assurer le maintien de l'ordre. Sans la protection de l'OTAN, la guérilla ne déposerait jamais les armes. Sans la participation des États-Unis, il n'y aurait pas de protection de l'Alliance atlantique, et sans l'OTAN pour l'arrêter, Milošević continuerait à attaquer. Si les deux camps s'affrontaient, on courait au désastre. Or pour éviter d'en arriver là, il fallait recourir à la diplomatie, appuyée par la menace d'une intervention militaire de l'OTAN, afin d'obtenir et de mettre en œuvre une solution politique.

Malgré le respect que j'avais pour le Secrétaire Cohen et le général Shelton, j'estimais qu'en l'occurrence ils avaient tort. J'avais appris depuis la guerre en Bosnie à ne pas faire des divergences de vues une affaire personnelle ; je n'ai donc pas élevé la voix et j'ai fait en sorte que tout le monde reste concentré sur les réalités. Lentement mais sûrement, pendant des heures de réunions au plus haut niveau, mes arguments ont gagné du terrain. L'ironie, c'est que c'est Milošević qui m'a aidée à imposer mon point de vue, en soutenant aux généraux Clark et Naumann que les seules personnes tuées à Racak étaient des terroristes. Il a prétendu par ailleurs que le Tribunal pénal international n'était pas compétent et que Bill Walker était de parti pris. Quand Clark a évoqué la possibilité des frappes aériennes de l'OTAN, Milošević l'a taxé de « criminel de guerre ».

Nous savions également que les Serbes projetaient une offensive de deux semaines contre d'importantes unités et des centres de commandement de l'UÇK courant mars, suivie d'un mois d'opérations destinées à écraser les poches de résistance. Une offensive de cette ampleur ferait de nombreuses victimes et entraînerait le déplacement de centaines de milliers de personnes. À la date du 23 janvier, j'avais décidé notre équipe à accepter un plan visant à encourager les négociations par la menace des frappes aériennes et à soutenir l'intervention d'une force de paix dirigée par l'OTAN, avec la participation « possible » des États-Unis. Le Pentagone a toutefois insisté sur le fait qu'une telle force ne serait mise à disposition que dans « un environnement permissif », c'est-à-dire avec le consentement de Belgrade. Empochant mes gains, je n'ai pas discuté ce point... du moins sur le moment.

Après avoir plus ou moins rallié mon propre gouvernement, je devais maintenant convaincre les autres protagonistes. Je savais que les Européens donneraient leur aval à une intervention militaire de l'OTAN, et que l'idée de lier les frappes aériennes à une conférence de paix séduirait nos amis à Paris, à condition, naturellement, que les pourparlers se déroulent en France. J'avais besoin de savoir qui piloterait cette initiative. Ma préférence allait à l'OTAN, qui était forte et unie, et avait réussi sa mission en Bosnie. Les Européens, les Français notamment, privilégiaient le Groupe de contact à six où leurs voix ne se perdraient pas dans le nombre. Je croyais possible d'utiliser les deux, à la seule condition que la Russie, membre du Groupe de contact, ne s'y oppose pas. J'allais donc devoir déterminer avec quelle fermeté et dans quelle direction Moscou ferait pencher la balance. Par chance, je devais me rendre en Russie cette semaine-là.

La première fois que j'avais rencontré Igor Ivanov, il était l'adjoint d'Evgueni Primakov, et je l'avais trouvé quelque peu guindé. En faisant plus ample connaissance, après qu'il eut succédé à Primakov au poste de ministre des Affaires étrangères, j'ai découvert son charme et son intelligence. À l'instar de son prédécesseur, il pouvait cependant se montrer intraitable, et nos discussions sur le Kosovo avaient tendance à se mordre la queue. Je lui disais que le problème était Milošević, parce que sa politique de répression avait créé l'UÇK. Ivanov en convenait mais soutenait que la guérilla était, entre-temps, devenue la principale menace. Bien que tous deux favorables à un règlement politique, nous n'arrivions pas à nous mettre d'accord sur la marche à suivre pour y parvenir. Quand je soutenais que Milošević ne négocierait pas sans la menace des frappes, Ivanov répondait que la Russie ne pouvait tolérer l'emploi de la force contre d'autres Slaves. Je faisais ensuite valoir que Milošević était à l'origine du problème ; nous étions revenus à la case départ.

J'ai saisi l'occasion de sortir de cette impasse en marge des discussions officielles, au Bolchoï, où Ivanov m'avait invitée à assister à une représentation de *La Traviata*. Nous étions tous les deux assis dans la loge présidentielle, qui avait été aménagée pour les tsars et était tendue d'un somptueux velours rouge. Le spectacle était magnifique, mais si mes yeux et mes oreilles étaient concentrés sur la scène, c'est au Kosovo que je pensais. Pendant l'entracte, Ivanov et moi nous sommes rendus dans un salon, où l'on avait servi champagne et caviar. Je suis allée droit au but :

« Écoutez, Igor, lui ai-je dit, je vais vous parler sans détour. Si le Kosovo explose, nous allons au-devant d'énormes difficultés touchant notre collaboration sur tout un éventail de questions. Nous ne pouvons pas le permettre. Il faut arriver à un règlement politique. Or les Kosovars albanais ne déposeront les armes que si l'OTAN est là pour les protéger. Quant à Milošević, il n'autorisera jamais l'intervention de l'OTAN, à moins que nous ne le menacions d'employer la force. Les Européens s'inquiètent de votre réaction si l'OTAN essaie d'intervenir sans consulter le Conseil de sécurité ; mais je ne peux pas laisser cela à l'approbation du Conseil, parce que Milošević sait que vous opposerez votre veto à l'usage de la force, ce qui signifie que nos menaces ne seront pas crédibles, ce qui signifie qu'il n'y aura pas de règlement politique, ce qui signifie la guerre au Kosovo. C'est une situation à la catch-22* ».

Pendant une minute, Ivanov m'a examinée avec attention. Puis il m'a dit : « Madeleine, si cela ne vous dérange pas, que signifie exactement une "situation à la catch-22" ? »

Je lui ai expliqué du mieux que j'ai pu. « Igor, ai-je repris, c'est sérieux. Il faut que je sois en mesure de dire aux Européens que l'OTAN peut menacer de recourir à la force afin d'arracher un accord politique et que vous arriverez à vivre avec cela. »

Il a réfléchi de nouveau un moment avant de répondre : « Jamais la Russie n'admettra que des frappes aériennes soient dirigées contre les Serbes. Ce serait totalement inacceptable. L'OTAN n'a pas le droit d'attaquer un État souverain. » Puis il s'est radouci et a ajouté : « Toutefois, nous souhaitons nous aussi un règlement politique, et la menace de la force est peut-être nécessaire pour y parvenir. Je ne vois pas ce qui nous empêche d'essayer de travailler ensemble. »

On était au milieu de la nuit, mais après l'opéra, je suis rentrée à

---

* Locution typiquement américaine désignant une situation inextricable *(N.d.T.)*.

l'hôtel d'où j'ai appelé mes collègues du Groupe de contact, sachant que tout ce que je dirais serait communiqué aux autorités russes. Si je dénaturais la position de Moscou, je m'attendais à le découvrir sans délai. J'ai dit à mes collègues qu'Ivanov ne nous empêcherait pas d'aller de l'avant, et que nous devions nous associer pour présenter un ultimatum à Milošević.

Pour une fois, tout s'est déroulé comme prévu. Le 29 janvier, à Londres, le Groupe de contact annonçait qu'une conférence de paix débuterait à Rambouillet, en France, le 6 février. On demanderait aux deux parties d'accepter un plan accordant l'autonomie aux Kosovars et dont la mise en application serait assurée par un contingent de l'OTAN fort d'environ vingt-huit mille hommes. Le statut du Kosovo serait réexaminé au bout de trois ans, en tenant compte, entre autres facteurs, de « la volonté du peuple ». Avec l'aide de la communauté internationale, des élections seraient organisées et des institutions démocratiques établies. Notre but était de persuader les deux camps de dire oui. Ivanov s'est joint à nous pour annoncer ce plan.

Rambouillet est une petite ville d'environ vingt-cinq mille habitants, située en pleine forêt au sud-est de Paris, et réputée pour ses élevages de mérinos de première qualité. Particularité qui a poussé les médias à se demander si les négociateurs seraient à même de conduire les deux délégations dans le même pré. Les Français avaient choisi d'organiser les pourparlers dans le château, entouré de jardins impeccables, auquel on accède par une longue allée gravillonnée bordée d'arbres. Ce château lui-même est labyrinthique, avec un dédale de couloirs, des myriades d'escaliers et de pièces au mobilier éclectique. Parmi ses trésors, le tub de Marie-Antoinette, niché dans une petite pièce du rez-de-chaussée, tout près des cuisines.

Bien que Robin Cook et Hubert Védrine fussent les coprésidents officiels, les négociations quotidiennes devaient être coordonnées par la troïka formée par l'ambassadeur américain, Chris Hill, le représentant de l'UE, Wolfang Petritsch, et l'ambassadeur russe, Boris Mayorski.

Parmi les seize membres de la délégation des Kosovars albanais figuraient le leader politique modéré Ibrahim Rugova, le rédacteur en chef respecté Veton Surroi, l'écrivain Rexhep Qosja, des représentants d'autres partis, des indépendants, et l'UÇK. Contre toute attente, les délégués ont choisi à leur tête un commandant de l'UÇK dégingandé de vingt-neuf ans, Hashim Thaçi, avec lequel nous avions eu peu de contacts. La nomination de Thaçi semblait témoigner du déclin continu de l'influence de Rugova, qui a répondu à cet affront par un quasi-mutisme. Quand l'un de nos diplomates a demandé à Rugova la raison de son apathie, il a répondu : « C'est mon style. »

La délégation serbe, elle, comptait des juristes très estimés, ainsi qu'un certain nombre de Musulmans slaves, de Turcs et de Tziganes, choisis pour prouver l'attachement supposé de Milošević à la diversité ethnique. Dès la fin de la première semaine, nos diplomates signalaient que la délégation serbe ne prenait pas la négociation au sérieux, tandis que les Kosovars albanais – insistant sur leur droit, posé comme un préalable, à organiser un référendum sur l'indépendance – se comportaient comme « de vraies têtes de mule ». Chris Hill a suggéré que je pourrais peut-être faciliter les choses en me joignant à eux plus tôt qu'il n'était prévu au départ.

J'ai accepté et suis arrivée à la conférence avec deux objectifs principaux. Le premier était de convaincre les Serbes qu'un accord servirait leurs intérêts, ce que je croyais. Le second était de persuader les Kosovars albanais d'accepter l'accord-cadre proposé par le Groupe de contact.

J'ai commencé par m'entretenir à Paris avec Milan Milutinović, le Président de Serbie, jouant le rôle de suppléant de Milošević. Milutinović avait des cheveux argentés plaqués en arrière, un costume d'excellente coupe, et s'exprimait dans un anglais raffiné. Je lui ai dit que l'accord politique que nous défendions serait bénéfique à son pays. Il permettrait de désarmer l'UÇK, de maintenir le Kosovo à l'intérieur de la Yougoslavie, et d'autoriser l'armée à continuer de patrouiller la frontière. La présence de la force de l'OTAN serait un bien, et non un mal, puisqu'elle préserverait les droits fondamentaux des Serbes du Kosovo. « L'autre possibilité, ai-je précisé, produirait l'équivalent de la Tchétchénie à l'intérieur de vos frontières. Vous vous trouverez encore plus en porte à faux avec la communauté internationale et l'OTAN. Ce n'est pas une fatalité. Vous pouvez vous rallier à l'Europe et à l'Occident en saisissant cette chance de paix. »

Je suis d'accord avec vous à soixante, soixante-dix pour cent, a répondu Milutinović. Nous devrions nous concentrer sur l'avenir et tenter de résoudre les problèmes du Kosovo par des moyens politiques. Nous avons accepté l'idée d'autonomie et de démocratie, mais nous achoppons sur votre proposition d'introduire une force militaire extérieure. Ce serait un désastre. Vous devriez plutôt nous aider à dissoudre l'UÇK. Vous devriez stationner vos troupes en Albanie pour empêcher les armes de parvenir aux extrémistes. » Milutinović a reconnu que Belgrade avait commis une erreur en refusant l'autonomie du Kosovo pendant de trop nombreuses années. « Il est bien possible que cette position ait affaibli les courants modérés, mais les États-Unis font fausse route. Vous devriez travailler avec nous pour combattre la terreur et la violence. »

« L'armée serbe est le meilleur sergent recruteur de l'UÇK », ai-je répliqué. Milutinović m'a corrigée avec une franchise à laquelle je ne m'attendais pas. « Non, a-t-il dit, je crois que cette distinction revient à la police paramilitaire. »

Une fois à Rambouillet, j'ai entamé une longue série de réunions avec la délégation des Kosovars albanais. Le terme « bigarré » aurait pu être inventé pour décrire ce groupe, qui allait de l'énigmatique Rugova au pragmatique Surroi en passant par le problématique Thaçi. C'était leur première participation à une négociation internationale de cette complexité, et de nombreux points de désaccord subsistaient entre eux. Je me félicitais qu'ils aient accepté le concours d'une petite équipe de conseillers extérieurs, au nombre desquels l'ex-ambassadeur américain Morton Abramowitz, un ami de longue date, et un formidable défenseur des droits de l'homme.

Mon message aux Kosovars albanais était l'image inversée des arguments que j'avais présentés aux Serbes. « Vous êtes des dirigeants. Vous avez été désignés pour représenter votre peuple. Réfléchissez soigneusement avant de les condamner à un avenir de combats. L'accord que nous avons proposé vous donnera l'autonomie, la protection de l'OTAN, une aide économique, le droit d'éduquer vos enfants dans votre propre langue, et la capacité de prendre votre destin en main. Si vous l'acceptez, vous vous acheminez vers un avenir de prospérité, de démocratie et d'intégration au sein de l'Europe. Rejetez-le, et le résultat sera une guerre que vous perdrez, en même temps que le soutien international. »

Plusieurs délégués, souhaitant ne pas avoir à s'appuyer uniquement sur l'Europe, demandaient à ce que je les assure de la participation effective des États-Unis à la force de paix. Rugova insistait sur le fait que, les Kosovars ayant toujours assimilé sécurité et indépendance, c'était faire une concession que d'accepter de retarder la marche vers l'indépendance pendant une période intérimaire. Ils étaient tous d'accord sur la nécessité d'organiser, à terme, un référendum sur l'indépendance. « Sinon, a dit l'un d'eux, nous nous retrouverons prisonniers de la Serbie pour toujours. »

Après la réunion, je me suis entretenue en privé avec Thaçi dans une pièce du sous-sol pleine de courants d'air. À cette occasion, et au cours des réunions ultérieures, j'ai été frappée par sa jeunesse et son inexpérience, qui le rendaient tour à tour entêté et désireux de plaire. Avec Rugova, j'avais l'impression de m'adresser à un collègue universitaire excentrique. Thaçi me faisait davantage penser à un étudiant doté d'un brillant potentiel mais ayant une fâcheuse tendance à remettre ses devoirs en retard.

Aux termes de notre accord, l'UÇK serait désarmée et privée de tout rôle militaire autonome. Je savais que Thaçi aurait du mal à l'accepter, même si l'OTAN promettait de combler le vide en matière de sécurité. Ce premier après-midi-là, je l'ai invité à penser à d'autres organisations militaires qui s'étaient transformées en partis politiques. Thaçi a pronostiqué que la délégation albanaise signerait probablement l'accord, mais que la guérilla mettrait du temps à s'adapter. Essayant de verrouiller sa prédiction, j'ai dit : « Je me félicite de votre engagement à signer. – Je crois qu'on peut parvenir à un accord, a-t-il précisé, mais cela ne dépend pas uniquement de moi, ou de l'UÇK, ou même de la délégation. Il pourrait y avoir des difficultés. »

Alors que la deuxième semaine des négociations débutait et que je rentrais à Washington, deux obstacles majeurs subsistaient. Le premier concernait le référendum sur l'indépendance réclamé par les Kosovars albanais, revendication que je nous croyais en mesure d'assouplir. Le second était l'opposition des Serbes à une présence militaire internationale au Kosovo, opposition que nous allions devoir affronter. Il était évident que les Serbes camperaient sur leurs positions à moins que Milošević ne change d'attitude. Aussi ai-je appelé Belgrade.

Pendant les vingt minutes qu'a duré notre conversation, j'ai dit à Milošević que les négociations progressaient, et qu'un accord améliorerait les relations entre nos deux pays et aiderait la Serbie à aller de l'avant sur le plan économique. À condition, toutefois, qu'il accepte la présence d'une force de paix.

Le dictateur serbe m'a assuré de son désir de paix et de son engagement en faveur d'un Kosovo « multiethnique, multinational et multiconfessionnel ». Il a mis en avant le fait que la délégation serbe à Rambouillet comprenait des représentants de sept nationalités différentes. « Ce sont les Kosovars albanais qui veulent faire sécession. Ce serait une solution d'un autre âge, nous sommes à la fin du XXᵉ siècle.

— Monsieur le Président, ai-je répondu. Je suis ravie d'apprendre que vous adhérez à l'idéal multiethnique. Il était temps. L'accord que nous avons proposé prévoit la protection du droit des minorités et des Albanais du Kosovo qui représentent quatre-vingt-dix pour cent de la population. Je puis vous assurer que cet accord est parfaitement d'actualité. »

Milošević avait apparemment effectué son propre recensement. « Avec tout le respect que je vous dois, madame le Secrétaire d'État, les Kosovars albanais ne sont que huit cent mille sur les 1,5 million d'habitants du Kosovo. Il y a des centaines de milliers de Serbes, de Monténégrins, de Tziganes, et de Turcs. En Croatie, les États-Unis ont soutenu le nettoyage ethnique des Serbes. J'espère que vous n'avez pas l'intention de chasser les Serbes du Kosovo.

— Monsieur le Président, je sais qu'il y a des non-Albanais au Kosovo, et vous savez que j'ai essayé d'aider les Serbes à retourner dans leurs foyers en Croatie. Mais je ne veux pas polémiquer. Le temps presse. Je comprends qu'il puisse être difficile pour vous d'avoir à justifier l'entrée d'une force de l'OTAN au Kosovo, mais nous ferons tout notre possible pour vous faciliter la tâche. J'aimerais que vous vous entreteniez avec Chris Hill, qui pourra vous expliquer notre proposition de façon détaillée. Après quoi, nous pourrons négocier vos préoccupations spécifiques. »

Milošević a accepté de voir Hill, et la conversation a pris fin. J'ai regardé le téléphone avec incrédulité. Les assertions de Milošević avaient réveillé un souvenir d'enfance. À l'école, en Angleterre, quand j'avais six ou sept ans, nous jouions, comme dans *Harry Potter*, à répartir tous les élèves en équipes qui gagnaient des points en faisant différentes activités. La première fois que j'avais rapporté des points à mon équipe, je l'ai dit à mon père, qui en a été ravi. Désirant renouveler l'expérience, j'ai commencé à inventer des exploits qui me rapportaient davantage de points, y compris, pour autant que je me souvienne, celui de sortir le professeur des rosiers. J'avais bientôt raflé tellement de points imaginaires que j'ai décidé d'inventer une récompense spéciale. Je suis rentrée à la maison en déclarant que j'avais gagné la « Coupe égyptienne ». Mes parents voulaient que je rapporte le trophée à la maison, ce qui était impossible évidemment. J'ai préféré inventer une nouvelle série de mensonges, comme quoi tout le monde était affreux avec moi, qu'on m'avait même obligée à m'asseoir sur des aiguilles ! Ma mère, qui me couvait, a exigé d'aller à mon école pour savoir ce qui arrivait à sa pauvre enfant. La vérité a éclaté et j'ai été sévèrement punie. Plus tard, dès que ce que je racontais semblait contraire à la vérité, mes parents n'avaient qu'à dire « coupe égyptienne » pour me faire taire.

J'aurais pu dire « coupe égyptienne » à Milošević. À l'en croire, le nombre de Kosovars albanais était surestimé de plus de cinquante pour cent, et lui-même était à la fois un champion de la tolérance ethnique et un penseur du XXIᵉ siècle. Nos efforts pour le sortir de son univers parallèle se sont poursuivis toute la semaine. Quand je l'ai rappelé, le jeudi, il m'a dit : « Notre problème majeur est que nous ne pouvons accepter une solution qui pousse les non-Albanais à l'exode. Le Kosovo a été le rempart de l'Occident chrétien contre l'islam pendant cinq cents ans. » Milošević, penseur du XXIᵉ siècle...

Bien que j'aie obtenu peu de chose de Milošević directement, la délégation serbe a fini par répondre aux propositions politiques de l'avant-projet. C'était pour nous un encouragement, mais pas pour les Kosovars albanais, qui voyaient d'un mauvais œil les juristes du Groupe de contact passer de longues heures avec les Serbes.

Dans la semaine, j'ai appelé Thaçi, qui souhaitait qu'un plus grand nombre de propositions albanaises soient acceptées. Dans l'ensemble, cependant, il demeurait optimiste. De retour en France, le samedi matin, je me suis brièvement entretenue avec la délégation kosovare albanaise, à la fois individuellement et collectivement. Ses membres se disaient prêts à ratifier l'accord-cadre pendant la rencontre entre les deux parties et les ministres du Groupe de contact prévue dans l'après-midi. Comme les Serbes n'avaient pas encore abordé les questions de sécurité, les Kosovars albanais avaient là une occasion en or d'isoler Milošević. Je ne doutais pas qu'ils la saisiraient. Puis la réunion a eu lieu.

La petite pièce était comble. Les ministres des Affaires étrangères siégeaient côte à côte, comme les membres d'un jury, d'un côté d'une longue table. L'ambiance avait d'emblée quelque chose d'inquisitorial. Ce qui s'est confirmé par la suite. Les dirigeants de la délégation des Kosovars albanais étaient assis en face de nous. Thaçi, visiblement nerveux et mal à l'aise, occupait la place centrale.

Nous avons ajusté nos écouteurs dans une atmosphère tendue. Il n'y avait en fait qu'une seule question à poser : les Kosovars albanais accepteraient-ils l'accord-cadre ? Ils avaient promis de répondre par l'affirmative, mais le moment venu, Thaçi a louvoyé. Lamberto Dini, ministre italien des Affaires étrangères, qui s'était toujours montré extrêmement critique à l'égard de l'UÇK, en a profité pour presser Thaçi non seulement d'accepter l'accord-cadre mais de renoncer également à un soutien en faveur d'un référendum sur l'indépendance. C'était injuste. La proposition que nous avions élaborée exigeait des Kosovars qu'ils retardent leur aspiration à l'indépendance, non qu'ils l'abandonnent. Dini est revenu à la charge plusieurs fois, poussant Thaçi à répondre par « oui » ou par « non » à une proposition qu'il considérait vouée à l'échec. D'où les tergiversations de Thaçi, incapable d'entériner l'accord ni de donner une réponse claire. Les autres délégués, Surroi, Rugova et Qosja, étaient assis là comme des souches. Surroi parce qu'il estimait qu'il n'avait pas à prendre la parole, Rugova parce que ce n'était pas son « style », et Qosja parce qu'il pensait que Thaçi faisait ce qu'il fallait.

J'ai retiré mes écouteurs et les ai jetés sur la table. Les Kosovars albanais nous avaient dit qu'ils accepteraient l'accord, et plus tard, en réponse à mes questions, c'est ce qu'ils ont fini par faire. Pour l'heure, le mal était fait. La position des Kosovars étant pour le moins confuse, Milošević était provisoirement tiré d'affaire.

Les pourparlers étaient censés se terminer le samedi, mais nous avons accepté de les prolonger de trois jours. Le texte était loin d'être finalisé, et nous avions besoin de temps pour changer la répartition des votes. Thaçi n'était pas le seul à exprimer des réserves. Le temps que nous avions passé pendant la semaine à essayer de faire entrer les Serbes dans la négociation avait mis une majorité de Kosovars albanais mal à l'aise. Ils écoutaient des gens de l'extérieur leur dire de ne faire confiance ni aux Européens ni à nous. Ils craignaient que les conditions qu'on leur demandait d'accepter ne s'avèrent un obstacle permanent sur la voie de l'indépendance. Ils rechignaient également à désarmer. Pour ne rien arranger, les officiers de l'OTAN, à la suite d'un refus inexplicable des Français, n'avaient pas été autorisés à entrer au château pour leur exposer les détails de notre plan militaire. C'est finalement un juriste du Groupe de contact, accompagné d'un colonel américain ayant réussi à introduire son uniforme à l'intérieur du château, qui s'est chargé du briefing.

Exploitant au mieux le peu de temps dont nous disposions, nous avons fait un gros effort pour rassurer les Kosovars albanais, reprenant avec eux l'intégralité du texte afin qu'ils sachent exactement ce qu'on leur demandait d'approuver. Nous leur avons bien précisé que l'accord ne les empêcherait pas d'organiser un référendum, mais que celui-ci ne fixerait pas à lui seul le futur statut du Kosovo. Le général Clark, arrivé de Bruxelles en avion, a rencontré les Kosovars albanais sur une base aérienne en dehors de Rambouillet pour clarifier l'engagement pris par l'OTAN de protéger les Kosovars une fois un accord obtenu. Nous avons incité l'Albanie et certains représentants éminents de la diaspora albanaise à exprimer leur soutien. Quant à moi, j'ai passé un sacré savon à la délégation.

C'est ainsi que nous avons obtenu des avancées. Quand nous avions démarré, le samedi soir, neuf membres avaient voté non. Le lundi, seul Thaçi était toujours contre. Son extrême réticence à discuter des détails posait un problème particulier. Il était devenu évident que son indécision n'était pas d'ordre idéologique ni due aux pressions exercées par les autres délégués. Il surveillait ses arrières. L'UÇK n'était pas une organisation monolithique. Une lutte de pouvoir était en cours, qui impliquait d'autres commandants et des hommes de l'ombre approvisionnant la guérilla en armes et en argent. Ce qui expliquait les incessantes conversations téléphoniques que Thaçi et ses assistants avaient sur leurs portables. Le leader de l'UÇK avait vu James Rubin dénoncer Milošević à la télévision, et les deux hommes s'étaient liés d'amitié. À présent Thaçi confiait à Jamie qu'il craignait pour sa vie.

Après le fiasco de la journée de samedi, j'ai expérimenté diverses tactiques. J'ai d'abord dit à Thaçi qu'il avait l'étoffe d'un grand chef. Comme cela ne marchait pas, j'ai dit qu'il nous avait déçus ; que nous ne bombarderions pas les Serbes si les Kosovars albanais rejetaient l'accord. Nous n'aurions jamais le soutien de l'OTAN. « Par contre, si vous dites oui et que les Serbes disent non, l'OTAN frappera et continuera à frapper jusqu'à ce que les forces serbes soient éliminées et que l'OTAN puisse intervenir. Votre sécurité et votre autonomie seront garanties. »

Thaçi a répondu que le seul objectif de l'UÇK avait été de se battre pour l'indépendance, et qu'il était très difficile d'y renoncer. « Vous n'y êtes pas obligés, mais vous devez être réalistes, ai-je dit. Cet accord est prévu pour trois ans. Nous savons que Milošević est au cœur du problème. Or la situation pourrait être bien différente d'ici trois ans. C'est votre chance. Saisissez-la, parce que c'est peut-être la dernière. » Bien que visiblement décontenancé et au bord des larmes, Thaçi ne voulait pas dire oui.

Le lundi allait être le tout dernier jour plein. Le Groupe de contact avait fixé le dernier délai au mardi, quinze heures. Ayant eu des réunions non-stop pendant tout le week-end, j'avais les nerfs à fleur de peau. Les deux délégations se montraient impossibles. La gastronomie française semblait exercer une influence néfaste sur l'ensemble des participants. Au cours d'un repas, quelqu'un s'est plaint : « Où est passé le plateau de fromages ? » J'ai cru que j'allais exploser.

Tout l'après-midi, je me suis demandé comment convaincre Thaçi. Après avoir appelé tous ceux qui me paraissaient susceptibles de pouvoir influencer le chef de l'UÇK, j'ai finalement décidé de me tourner vers Adem Demaçi. Nationaliste kosovar de longue date, il était de ceux qui pressaient Thaçi d'adopter la ligne la plus dure possible. Je l'ai joint en Slovénie et lui ai demandé de pousser Thaçi à appuyer notre proposition.

Demaçi a répondu qu'il n'accepterait rien sans me voir en personne ; il a suggéré que je vienne en Slovénie pour en parler. J'ai dit : « Écoutez, cela fait deux semaines que les parties négocient. Les pourparlers vont prendre fin dans quelques heures. J'aurai l'occasion de vous rencontrer dans l'avenir, mais dans l'immédiat vous devriez transmettre votre accord à Thaçi. Votre refus va vous hanter dans les jours à venir quand vous verrez des civils albanais mourir.

— Nous sommes sensibles à vos efforts, mais nous ne nous laisserons pas bousculer. Si trente mille Kosovars albanais doivent mourir, qu'il en soit ainsi, mais nous ne pouvons rendre les armes en échange de promesses. Nous ne renoncerons jamais à notre rêve de liberté.

— Ma proposition ne vous ferait pas renoncer à votre rêve, ai-je dit. Profitez de cette chance de paix. Dites à Thaçi que l'accord a votre soutien.

— Ce n'est pas possible. » J'ai raccroché, écœurée. C'est l'une des conversations les plus glaçantes que j'aie jamais eues.

Malgré la défection de Demaçi, nos pressions ont fini par payer. Nous n'étions pas les seuls à être frustrés par Thaçi. Le reste de la délégation kosovare albanaise commençait à être convaincue que l'accord était avantageux et recevrait l'approbation de la majorité des Kosovars. Des jours durant nous avions envisagé l'idée que les Albanais ne signeraient pas l'accord, mais promettraient simplement de le faire. Cette approche présentait l'avantage de nous permettre de faire pression sur les Serbes tout en leur laissant la possibilité de signer. Cela donnait également à une délégation kosovare plutôt nerveuse le temps de s'assurer du soutien de sa base.

La date limite du mardi, quinze heures, approchait, et Thaçi posait encore problème. C'est alors que Veton Surroi, le « secrétaire » de la délégation albanaise, a pris les choses en main en proposant de rédiger une brève déclaration disant que la délégation avait approuvé l'accord et le ratifierait dans deux semaines, après en avoir expliqué les termes aux Kosovars. Alors que Surroi et d'autres se mettaient au travail, il y a eu d'intenses tractations avec Thaçi au sujet du texte du communiqué, dans sa version anglaise et albanaise. Finalement, Surroi a fait savoir qu'ils ne pourraient en venir à bout que si l'on persuadait Thaçi de quitter la pièce quelques minutes. Jim O'Brien a pensé que le meilleur moyen de le faire sortir par la ruse était de lui dire que Jamie Rubin voulait le voir. Jim et Thaçi sont donc partis à la recherche de Jamie, lequel était introuvable parce qu'il faisait un point de presse.

Jamie a fini par arriver et s'en est allé avec Thaçi, essayant de détourner l'attention de celui-ci en parlant de cinéma et d'Hollywood. Mais ils s'étaient à peine éloignés que Surroi, qui avait terminé la déclaration, le faisait rappeler. Si bien que Jim a ramené Thaçi vers le bureau, pendant que Jamie rouspétait : « Hé, je viens d'allumer ma cigarette. » Une fois dans le bureau, Thaçi a de nouveau essayé de modifier le texte, mais Surroi s'est montré intraitable. La déclaration, signée par Surroi, a été remise aux ministres des Affaires étrangères du Groupe de contact, et Jamie l'a rendue publique.

En dépit des heurts et des revers, nous quittions Rambouillet en

ayant obtenu une grande partie de ce que nous voulions : une délégation albanaise plus ou moins unie et une vision claire de ce que serait
un Kosovo démocratique. Les Kosovars albanais s'étaient querellés,
avaient hésité, mais ils avaient choisi la paix. Thaçi a passé les deux
semaines suivantes à vendre l'accord de Rambouillet aux commandants et aux cadres de l'UÇK. Il a refait surface peu avant la reprise
des négociations en France, le 15 mars, et a accompagné la délégation à Paris. C'est là qu'ils ont signé le document de quatre-vingt-
deux pages au cours d'une cérémonie de cinq minutes boycottée à la
fois par la délégation yougoslave et le négociateur russe.

Qu'allait faire Milošević à présent ? Nous lui avions dit que nous
étions prêts à examiner les préoccupations spécifiques des Serbes. Si
nous ne pouvions transiger sur le principe de la force de paix, nous
travaillerions avec lui sur la façon de qualifier la mission. Nous
avions proposé de négocier un accord visant à montrer que l'OTAN
serait présente en Yougoslavie sur invitation, et non en tant que force
d'invasion ; nous avons même suggéré que les Serbes qualifient les
troupes de l'OTAN d'« antiterroristes », dans la mesure où une partie
de leur mission allait consister à désarmer l'UÇK.

D'aucuns ont prétendu que Milošević était disposé à signer mais
que nous n'avions pas su interpréter les signaux envoyés par Belgrade. C'est absurde. Si les Serbes avaient voulu négocier sérieusement, ils auraient pu le faire savoir à n'importe lequel des émissaires
étrangers qui s'étaient bousculés à Belgrade début mars. Or le message reçu par les Russes, les Grecs, l'Union européenne, les Américains, comme par les responsables de l'OTAN était le même. « Non,
disaient les Serbes. Nous ne voulons pas entendre parler d'une force
militaire extérieure. Nous ferons face au terrorisme à notre manière.
Et cela ne prendra pas longtemps. » À la mi-mars, Ivanov s'est rendu
en Yougoslavie et n'y a trouvé que « des idiots prêts à faire la
guerre ».

Des semaines durant, tout en conduisant la diplomatie en Europe,
nous n'avons eu de cesse d'œuvrer au Congrès. Malgré le soutien
sans réserve de certains internationalistes tels Joe Biden et Richard
Lugar, de nombreux sénateurs des deux bords désapprouvaient le cap
que nous avions suivi. Certains mettaient en doute le fondement légal
d'éventuelles frappes aériennes de l'OTAN. D'autres estimaient
qu'une intervention au Kosovo finirait par un enlisement, comme au
Vietnam. Quelques-uns disaient que Milošević n'avait pas encore été
suffisamment malfaisant. Donald Nickles, sénateur de l'Oklahoma, a
ainsi déclaré : « Je ne pense pas que nous devions déclencher les
bombardements tant que les Serbes n'ont pas commencé un massacre
vraiment important. »

Après des jours d'audiences, de réunions, de briefings et de coups de téléphone, nous avons fini par avoir gain de cause. Peu avant la cérémonie de signature des accords de Rambouillet, à la mi-mars, la Chambre des représentants a choisi, par deux cent dix-neuf voix contre cent quatre-vingt-onze, d'appuyer le projet du Président d'envoyer des troupes pour mettre en application un éventuel accord de paix. Bien qu'il s'agisse, comme on pouvait s'y attendre, d'un vote partisan, nous avons néanmoins reçu le soutien du président de la chambre, Dennis Hastert, et de républicains respectés tels que le député de l'Illinois, Henry Hyde. Alors que le temps de la diplomatie touchait à sa fin, le Sénat a autorisé le Président, par cinquante-huit voix contre quarante et une, à donner son feu vert aux frappes de l'OTAN. Les sénateurs avaient voté sans enthousiasme, mais la majorité d'entre eux convenaient que les autres options étaient encore moins acceptables.

Malgré nos mises en garde répétées, nous nous rendions compte que Milošević se préparait à lancer une offensive. L'effectif des forces de sécurité yougoslaves massées au Kosovo était de moitié supérieur à celui des offensives de 1998. Les négociateurs de Milošević se sont présentés à Paris avec une version totalement tronquée de l'accord du Groupe de contact, où, pour commencer, le mot « paix » avait été biffé. Il est possible que Milošević ait cru que nous bluffions ou que les Russes allaient trouver un moyen de contrecarrer l'OTAN. Il se peut aussi qu'il ait été mal conseillé quant à la rapidité d'une victoire au Kosovo. Peut-être pensait-il encore pouvoir renforcer son pouvoir s'il s'en tenait au rôle de la victime. Quoi qu'il en soit, il avait fait son choix. Nous allions devoir faire le nôtre.

Le 19 mars, notre équipe de politique étrangère a rencontré le Président pour passer nos options en revue. Aucune n'était satisfaisante. George Tenet signalait que l'offensive serbe avait déjà commencé et avait réussi à forcer de nombreuses unités de l'UÇK à se replier. Le nombre de réfugiés et de personnes déplacées augmentait rapidement. L'évaluation de la situation militaire était tout aussi mauvaise. Les civils étaient extrêmement vulnérables aux attaques serbes. Les frappes aériennes de l'OTAN, au début du moins, ne pourraient pas les aider. Il y avait même un risque que de nombreux innocents soient blessés ou tués. Une campagne de bombardements dirigée contre les fondements du pouvoir de Belgrade affaiblirait le dirigeant serbe, mais nous ne savions pas combien de temps il résisterait.

Tout en écoutant, j'observais le Président. Son regard était au diapason de mon état d'esprit : sombre. À la veille de son cinquantième anniversaire, l'OTAN était sur le point de combattre pour la deuxième fois seulement de son histoire, après son intervention en Bosnie. Nous cherchions à obtenir le soutien à un accord qui ne reflétait ni les objectifs fondamentaux des Kosovars albanais ni ceux des Serbes. La victoire allait demander un engagement militaire à long terme pour maintenir l'ordre dans une région très dangereuse, mais il était impensable de faire machine arrière. Notre décision procédait d'un choix bien plus vaste entre l'autocratie et le sectarisme d'une part, la démocratie et la tolérance de l'autre, et cela au cœur de l'Europe. « Écoutez, ai-je dit, souvenons-nous que le but du recours à la force est de mettre fin une bonne fois pour toutes à la barbarie de Milošević. Il n'est pas certain que nous réussissions, mais les autres options sont pires encore. Si nous ne réagissons pas maintenant, nous aurons à le faire plus tard, peut-être en Macédoine, ou en Bosnie. C'est Milošević qui a cherché l'affrontement. Nous ne pouvons pas le laisser gagner. » Le Président a acquiescé, en déclarant publiquement : « Face aux agresseurs dans les Balkans, hésiter, c'est donner un permis de tuer. »

Nous avons fait une dernière tentative pour persuader Milošević de stopper son offensive en envoyant Dick Holbrooke à Belgrade. Ces pourparlers n'ont donné lieu qu'à de nouvelles tactiques dilatoires de la part de Milošević, aussi ai-je ordonné à Hoolbroke de rentrer. Comme le Président l'avait dit en substance, nous ne pouvions pas nous permettre d'attendre plus longtemps. En lançant son offensive, Milošević nous avait forcé la main ; nous devions agir, même si le moment était mal choisi. Le Premier ministre russe Primakov était en route pour Washington. Quand Al Gore l'a informé par téléphone de l'imminence des bombardements de l'OTAN, Primakov, furieux, a ordonné à son pilote de rentrer à Moscou.

Quelques heures plus tard, au soir du 23 mars, le secrétaire général de l'OTAN Javier Solana donnait au général Wesley Clark l'ordre de lancer les opérations aériennes.

Il était minuit passé. J'étais rentrée chez moi épuisée, puis j'avais veillé tard en regardant les nouvelles à la télévision. Alors que j'étais sur le point de m'endormir, le téléphone a sonné. C'était le Président. « Nous faisons ce qu'il faut dans cette affaire, m'a-t-il dit. La route sera longue, mais je crois vraiment que nous avons exploré toutes les possibilités. » Nous sommes revenus ensemble sur les efforts entrepris pour trouver une solution diplomatique, notamment les quinze déplacements que j'avais faits en Europe pour consulter nos alliés au cours de l'année précédente. Nous avons aussi évoqué nos responsabilités vis-à-vis des Kosovars albanais et surtout de nos propres forces armées. Envoyer des jeunes gens sur le champ de bataille est la décision la plus difficile qu'un Président puisse prendre. Chaque fois que j'ai eu l'occasion d'aller à la rencontre des troupes américaines, je me suis efforcée d'accrocher le regard des soldats de manière à garder leurs visages en mémoire. Aucun dirigeant américain ne devrait engager une action militaire avant d'en avoir pleinement mesuré le coût humain. Ce qu'en l'occurrence nous avions fait. Le Président a répété : « Je pense que nous faisons ce qu'il faut faire. — Oui, monsieur le Président, ai-je répondu, nous faisons ce qu'il faut. »

CHAPITRE VINGT-CINQ

L'Alliance s'impose

PENDANT LES PREMIERS JOURS DE COMBATS, tout est allé de travers. Une météo exécrable interrompait et ralentissait la cadence de nos frappes aériennes. Les commandants de l'OTAN avaient prévu de détruire les défenses aériennes yougoslaves avant d'envoyer des avions contre les blindés et l'artillerie serbe qui affluaient au Kosovo. Or Milošević avait fait en sorte que nous ne puissions pas repérer ses défenses. Un chasseur furtif américain s'est écrasé. Pendant près d'une semaine, l'opération Allied Force de l'OTAN a fonctionné au ralenti, tandis que les forces de sécurité de Milošević se livraient à un saccage prémédité.

Le premier soir, Larry King, journaliste à CNN, m'a demandé si nous allions poursuivre les frappes pendant « trois, quatre jours... », s'il y avait « un plan ». Me méfiant des critiques qui agiteraient la menace d'un nouveau Vietnam au Kosovo, j'ai répondu que je ne pouvais pas donner de détails mais que « ce serait une attaque soutenue, qui ne durerait pas trop longtemps ». Le lendemain, en réponse à une question analogue du journaliste de PBS, Jim Lehrer, j'ai dit que nous pensions que les bombardements seraient terminés « d'ici relativement peu de temps ».

J'aurais aimé ravaler ces paroles presque aussitôt après les avoir prononcées. Mes réponses — dépouillées de l'adverbe « relativement » — ont été reprises en d'innombrables occasions pour prouver ma naïveté quant aux risques d'un engagement de l'OTAN sur le terrain. C'était une accusation mensongère. Si j'avais effectivement soutenu à maintes reprises que la force était le seul langage que Milošević puisse comprendre, je n'avais pas essayé de convaincre quiconque qu'il apprenait vite. C'est la raison pour laquelle je m'étais fermement opposée, avant les bombardements, à une proposition française qui prévoyait d'interrompre les frappes quelques

jours seulement après le début de l'offensive. J'ai aussi appelé le
Haut-Commissaire aux Réfugiés des Nations unies pour suggérer de
diffuser un appel à contribution spécial en prévision d'un afflux probable de réfugiés kosovars, suggestion qui a été rejetée.

Avant le commencement des frappes, l'offensive serbe avait déjà
chassé cent mille Kosovars de chez eux. Chiffre qui devait augmenter
rapidement dans les jours suivants. Milošević semblait poursuivre
quatre objectifs principaux : éliminer l'UÇK ; remanier de façon
définitive l'équilibre ethnique du Kosovo ; soumettre par la terreur
les Kosovars albanais restés sur place ; et provoquer une crise humanitaire déstabilisante qui préoccuperait la communauté internationale
et diviserait la région.

Ces objectifs étaient prévisibles, mais nous avions sous-estimé la
rapidité, l'ampleur et la férocité de la campagne de terreur serbe. Des
centaines de villages brûlés. Des universitaires, des journalistes et
des leaders politiques partisans de l'indépendance traqués et tués.
Des dizaines de milliers de personnes embarquées de force dans des
trains plombés, puis envoyées à la frontière albanaise. Des milliers
d'autres poussées sur la même route, en voiture ou à pied. Les Kosovars contraints au départ étaient dépossédés de leur certificat de naissance, de leur permis de conduire, de leur carte grise et autres
moyens d'identification par les forces de sécurité serbes. Le message
adressé aux Kosovars albanais était clair : « Vous devez partir et
nous ne vous laisserons pas revenir. »

Le cinquième jour, j'ai parlé à Hashim Thaçi, qui était toujours au
Kosovo. Il disait que Pristina était une « ville morte » et donnait la
liste d'une demi-douzaine d'endroits où les forces de sécurité tuaient
des gens. Il estimait que soixante mille Kosovars albanais avaient fui
la ville de Mitrovica, au nord, et qu'au total un demi-million de
Kosovars étaient sans abri. Thaçi nous demandait de commencer le
parachutage de colis humanitaires, mais le Pentagone considérait que
ce n'était pas faisable parce que nos avions devaient voler à haute
altitude pour éviter les tirs de DCA.

Au plus fort de l'exode, quatre mille réfugiés – des déportés, plus
exactement – passaient la frontière de l'Albanie voisine ou de la
Macédoine toutes les heures. Les horreurs dont nous étions témoins
ont entraîné des changements, tant tactiques que diplomatiques. Le
général Clark a réclamé plus d'avions et une liste d'objectifs étendue
afin de prendre l'offensive contre Milošević et de mettre ses forces
de sécurité sous pression. J'ai travaillé vingt-quatre heures sur vingt-
quatre pour m'assurer de l'adhésion unanime de l'Alliance atlantique
à l'usage de la force.

Comme d'habitude, mon instrument de prédilection a été le téléphone. La question était de savoir comment l'utiliser au mieux. L'OTAN compte dix-neuf pays membres. Comme je ne pouvais pas appeler les dix-huit autres tous les jours, j'ai commencé par quelques-uns, mais cela prenait encore trop de temps. L'autre solution, quoique évidente, faisait encore figure de nouveauté dans la diplomatie internationale : la téléconférence. J'ai été à l'origine de nombreuses conversations de ce type réunissant les membres d'un groupe qu'on allait surnommer le « Quintette », comprenant Robin Cook, Hubert Védrine, Lamberto Dini et Joschka Fischer. Ce dernier était un allié d'autant plus précieux qu'il était inattendu. En tant que leader du parti Vert allemand, c'était un pacifiste convaincu. En tant qu'allemand de la jeune génération, il prenait aussi les leçons de l'Histoire au sérieux, et son jugement sur Milošević était sans équivoque. Le 30 mars, il m'a dit au téléphone : « Cela fait dix ans que Milošević se comporte comme les nazis dans les années trente. Il a d'abord fait éclater la Yougoslavie, puis la Croatie, la Bosnie, et maintenant c'est le Kosovo. Combien de personnes a-t-il tuées ? De combien de viols et de réfugiés est-il responsable ? » Fischer a rejeté avec colère une proposition avancée par le Vatican, entres autres d'interrompre les bombardements. « Il ne peut y avoir de trêve pour les chrétiens à Pâques pendant que le massacre des musulmans continue. »

Affirmant qu'il était vital pour l'OTAN de reprendre l'initiative politique, Fischer a proposé de publier une déclaration de nos objectifs de guerre, déclaration dont il avait déjà préparé l'avant-projet. J'approuvais son idée ainsi que son texte, mais une omission me posait problème. La déclaration de Fischer oubliait de préciser qu'il revenait à l'OTAN de conduire la force de paix. Le ministre allemand des Affaires étrangères estimait que nous ne devions pas écarter la possibilité de confier la direction des opérations aux Nations unies afin de gagner le soutien de la Russie. À quoi j'ai répondu que si nous devions adoucir notre position, il faudrait au préalable obtenir une contrepartie effective de la part des Russes et de Milošević. Ce n'était pas le moment de renoncer à une avancée dans les négociations. Fischer a consenti à adapter le texte en conséquence. La déclaration, bientôt approuvée par l'ensemble des pays membres de l'Alliance atlantique, devait résister tout au long de la guerre avec peu de modifications. Elle conditionnait l'arrêt des bombardements alliés au retrait des forces de sécurité serbes et au déploiement d'une force de paix de l'OTAN. Les réfugiés pourraient alors retourner dans leurs foyers en toute sécurité. « Retrait serbe, intervention de l'OTAN, retour des réfugiés » est devenu notre mantra.

L'étendue et la violence de l'attaque éclair lancée sur la population du Kosovo ont déclenché de virulentes critiques visant non seulement

Milošević, mais aussi l'OTAN, le Président Clinton et moi-même. De nombreux commentateurs ont simplement passé sous silence le fait que les Serbes avaient frappé en premier. Ils soutenaient que les crimes de Milošević répondaient aux bombardements de l'OTAN, et non l'inverse. Les mêmes journalistes qui nous avaient descendus en flammes pour ne pas avoir tenu tête à Milošević nous attaquaient maintenant pour les conséquences apparentes de notre offensive. Sous le couvert de l'anonymat, des officiels du Pentagone déclaraient m'avoir avertie du résultat catastrophique qu'aurait notre politique. Le climat de cette période pourrait se résumer à l'observation faite par la journaliste Ariana Huffington : « Il est désormais temps de rattacher la responsabilité de la catastrophe humanitaire et stratégique en Serbie au Secrétaire d'État Madeleine K. Albright. »

Mon association personnelle à la politique menée au Kosovo a été illustrée de façon on ne peut plus théâtrale quand j'ai fait la couverture du *Time* affublée d'un blouson en cuir de l'armée de l'air, en train de parler dans un portable, avec une expression qui a dû terrifier les enfants. Le magazine proposait un article objectif, signé Walter Isaacson, mais qui portait pour titre : « La Guerre de Madeleine ». Le Président m'a prise à part pour me dire que je ne devais pas m'en faire. « Si j'avais lu tout ce qu'ils ont écrit l'année dernière, a-t-il dit en faisant allusion à l'épreuve de la procédure d'*impeachment*, je n'aurais jamais survécu. » Tant sur le moment que plus tard, j'ai eu le sentiment que les Kosovars eux-mêmes applaudissaient sans réserve à l'intervention de l'OTAN. La guerre a apporté bien des traumatismes aux Kosovars albanais, mais également l'espoir d'un avenir libéré du régime autoritaire de Milošević.

Il ne s'est pas passé un jour au cours de cette période sans que je ne lise quelque part à quel point nous nous étions fourvoyés. Le Président Clinton et moi étions déterminés à prouver que c'était Milošević le fautif. Le Président m'a dit : « Nous ne pouvons pas céder. N'anticipez pas, restez concentrée sur ce qu'il va falloir faire pour gagner. » J'en ai pris acte. Les nouvelles étaient mauvaises et mon moral au plus bas, mais j'estimais que nous avions pris la bonne décision. Il fallait impérativement tenir le cap.

Le conflit du Kosovo a été gagné au cours des dix premiers jours d'avril, alors que le gouvernement américain aurait pu faire de mauvais choix. Consternés par les premiers revers, nous avons envisagé d'armer l'UÇK, mais nous avons rejeté cette idée qui avait de fortes chances de diviser l'Alliance atlantique. Nous avons examiné des propositions de partition du Kosovo avant de les rejeter car elles constituaient un cauchemar tant du point de vue juridique qu'en matière de sécurité, et un piètre précédent dans la résolution des conflits ethniques. Nous avons réexaminé la possibilité d'une interruption des frappes, mais on y aurait vu un signe de faiblesse. Nous avons pensé inscrire la destitution de Milošević parmi nos objectifs de guerre déclarés, mais nous n'avions aucun moyen de le chasser du pouvoir à court terme.

Au lieu de quoi, nous avons parié sur la réussite de l'offensive aérienne à condition de la rendre plus rapide, plus intensive et mieux ciblée. Avec les Britanniques, nous avons encouragé l'Alliance atlantique à intensifier et à étendre le périmètre des bombardements. Nous avons renforcé l'assistance humanitaire dans les pays voisins de la Yougoslavie et mis Milošević en garde contre une extension du conflit en Albanie ou en Macédoine. Nous étions convenus que le Kosovo devrait être placé sous protectorat international à l'issue de la guerre, en conservant une souveraineté yougoslave de pure forme.

Au sein du Département d'État, nous avons également échafaudé un plan de reconstruction à long terme pour toute la région des Balkans [1]. Notre objectif consistait à montrer que le conflit n'était pas une querelle isolée mais s'inscrivait dans une lutte plus vaste entre les forces d'un nationalisme virulent et les tenants de l'intégration et de la démocratie. Si nous voulions que ces derniers triomphent un jour, il fallait mettre un terme à l'enchaînement des crises et amener un changement décisif. Nous citions en exemple le Plan Marshall qui avait aidé l'Europe occidentale à se relever de la Seconde Guerre mondiale, et le programme SEED (Support for East European Democracy) qui avait permis à l'Europe centrale de trouver ses marques au sortir de la guerre froide. Nous avons proposé que l'Amérique s'unisse à d'autres pays pour fournir une assistance généreuse et durable aux démocraties émergentes des Balkans. Cette initiative visait à encourager la coopération régionale, et, en promettant à Belgrade une aide subordonnée à un changement de gouvernement, à donner à la population un motif supplémentaire de se défaire de Milošević.

Lors d'une réunion à la Maison Blanche début avril, j'ai soumis la proposition du Département d'État et attendu une réaction. Au début, aucune allusion n'y a été faite. Ce n'est que vers la fin de la réunion que le Président a déclaré : « Je souhaite revenir sur la proposition qu'a faite Madeleine tout à l'heure, parce que je pense qu'elle est tout à fait adéquate. » Il est rapidement devenu le plus ardent

---

1. Cette stratégie a été l'œuvre du directeur du bureau de la Planification, Morton Halperin, et de l'un de ses principaux adjoints, Daniel Hamilton. Richard Schifter, notre conseiller spécial pour l'Initiative de coopération économique de l'Europe du Sud-Est (SECI), a également contribué à son élaboration et à sa mise en œuvre.

partisan de notre initiative, appuyant nos idées, mentionnant la proposition dans tous ses discours, et la citant quand il exposait notre stratégie devant le Congrès.

Tout au long de cette période, le reste du monde ne s'est pas arrêté de tourner, et j'avais quantité d'autres dossiers à traiter. Le Premier ministre chinois Zhu Rongji est venu à Washington pour proposer l'entrée de son pays dans l'Organisation mondiale du commerce. Le Président élu du Nigeria, Olusegun Obasanjo, sollicitait notre aide afin de rétablir la démocratie et la prospérité dans le pays le plus peuplé d'Afrique. La Libye a fini par livrer à la justice américaine les deux suspects de l'attentat de la Pan Am qui avait fait cent trois victimes. Et en Israël, le Premier ministre Benyamin Netanyahou se trouvait engagé dans une campagne électorale où se jouait son avenir politique. Il y avait des jours où j'étais heureuse de me concentrer sur différentes parties du monde, y compris le Proche-Orient, mais pendant la plus grande partie des deux mois suivants, le Kosovo a été au centre de mes préoccupations.

Mes communications en téléconférence avec les alliés, presque quotidiennes début avril, témoignaient de la coopération transatlantique dans ce qu'elle peut avoir de plus urgent et de plus réel. Nous pratiquions là un type de diplomatie directe qui n'avait jamais été expérimenté auparavant, car c'était la première fois que se formait une telle synergie entre technologie moderne et volonté politique. Ces contacts se sont révélés un outil indispensable dans l'élaboration et la coordination de la stratégie politique de l'Alliance atlantique. Il m'arrivait d'appeler Cook et Fischer à l'avance pour suggérer que telle ou telle proposition serait mieux reçue si elle venait de l'un d'entre eux plutôt que de moi. Nous étions tous d'accord pour parler d'une seule voix sur le Kosovo, que nous nous adressions à nos opinions publiques, à la Russie ou à Milošević. C'était fondamental. Nous ne pouvions pas permettre qu'on exploite nos divergences, fussent-elles mineures. Ce principe s'appliquait non seulement aux appels du « Quintette » mais également aux contacts réguliers que j'avais avec le secrétaire général de l'OTAN, Javier Solana, et d'autres ministres des Affaires étrangères alliés tels le Canadien Lloyd Axworthy ou le Néerlandais Jozias Van Aartsen[1].

1. Ces appels survenaient à n'importe quelle heure du jour et de la nuit, week-ends compris. Nous traitions surtout des affaires en cours, mais il y avait des moments moins tendus, notamment pendant les quelques heures du samedi ou du dimanche que nous ne passions pas dans nos bureaux. Je pouvais être appelée alors que je me trouvais dans une cabine d'essayage en train de passer une nouvelle tenue. Robin Cook pouvait être joint en Écosse alors qu'il rencontrait ses électeurs, ou entre deux courses de steeple-chase sur l'hippodrome local. Avec Védrine, c'était difficile à dire parce que chaque fois qu'il prenait la parole, son interprète

Alors que la guerre entrait dans sa troisième semaine, la question qui hantait tous les esprits était de savoir comment mettre fin à ce conflit sur la base des objectifs que nous avions fixés. Les propositions intermédiaires ne manquaient certes pas. Milošević avait commencé à soumettre des idées bancales presque dès le début des combats. Des membres du Congrès bien intentionnés avaient traversé l'Atlantique pour aller rencontrer leurs homologues russes et étaient rentrés avec des initiatives mal conçues. L'Ukraine avait nommé un émissaire spécial pour le Kosovo et annoncé son propre plan de paix. Le secrétaire général des Nations unies Kofi Annan annonçait qu'il projetait de désigner non pas un, mais deux envoyés spéciaux pour le Kosovo. Les Grecs et les Tchèques lançaient des idées, pendant qu'en coulisse le ministre grec des Affaires étrangères, George Papandreou, essayait, de façon créative et habile, de mettre fin à la violence dans les deux camps.

Considérant la Russie comme l'élément clé d'une issue acceptable, j'étais en faveur d'une approche à « double aimant » qui, dans un premier temps, amènerait la Russie à se rapprocher de la position de l'Alliance atlantique, puis Belgrade de la Russie. L'idéal aurait été de négocier un accord sur la base du modèle utilisé en Bosnie, avec l'aval du Conseil de sécurité, la direction des opérations assurée par l'OTAN, et la participation de la Russie à une force de paix. C'était un bon concept, mais difficile à mettre en œuvre en raison de la colère des Russes.

Nous les avons approchés par de nombreux canaux, mais qu'il s'agisse des contacts entre Clinton et Eltsine, Gore et Primakov, ou Ivanov et moi, le message qu'ils nous adressaient était le même, avec des variations dans le volume sonore : nous avions cafouillé dans les grandes largeurs. Milošević, nous disait-on, ne capitulerait jamais. Les bombardements avaient uni les Serbes et fait de leur leader un héros. Sans parler des sentiments violemment anti-américains et anti-OTAN qu'ils avaient générés.

Les Russes nous faisaient savoir que certaines de leurs unités militaires étaient impatientes de se battre aux côtés des Serbes, et qu'une alliance panslave entre la Russie, la Yougoslavie et la Biélorussie était en train de se dessiner. Nationalistes et communistes russes exploitaient la crise du Kosovo à des fins politiques au moment

---

attirait d'abord notre attention en disant : « Paris veut parler. » Une fois, à notre grande surprise, Joschka Fischer s'est mis à hurler au beau milieu de notre conversation. « Joschka, nous étions-nous écriés, que se passe-t-il ? Vous allez bien ? » Fischer a repris le téléphone. « Non, je ne vais pas bien. Je regarde Allemagne-Angleterre et les Anglais viennent de marquer. »

même où les adversaires d'Eltsine à la Douma essayaient d'engager une procédure de mise en accusation en rassemblant contre lui un ensemble d'accusations disparates. Craignant de passer pour faible, Eltsine menaçait de rediriger l'arsenal nucléaire de la Russie vers l'OTAN, et accusait l'Alliance atlantique de conduire la planète au seuil d'une guerre totale.

Ma réaction a consisté à engager un dialogue presque continu avec Ivanov, lui disant que j'espérais que nos différends sur le Kosovo ne compromettraient pas notre coopération sur d'autres dossiers. Pour lui, c'était inévitable. « La Russie ne peut pas regarder l'OTAN détruire un pays souverain sans rien faire. »

C'est sur le principe de l'engagement d'une force de paix internationale, une fois les bombardements terminés, que nous avions les divergences les plus marquées. Ivanov n'en voyait pas l'intérêt, dans la mesure où Milošević ne l'accepterait pas et où l'on ne pouvait attendre du gouvernement d'Eltsine qu'il se range aux côtés de l'OTAN. Il disait qu'on ne pouvait pas obliger les Serbes à accepter la présence de soldats étrangers sur leur sol. Je rétorquais que la Russie se devait à elle-même de ne pas se contenter de relayer les positions de Milošević. Si la Russie acceptait le principe du retour des réfugiés, elle devait comprendre que, dans les faits, les réfugiés n'oseraient pas rentrer chez eux sans la protection effective d'une force internationale. Si la guerre devait se prolonger, empêchant le retour des réfugiés, les Kosovars albanais ne reculeraient devant rien. Il n'était pas dans l'intérêt de la Russie de voir une guérilla armée s'implanter en Europe.

Tout au long de ce dialogue, les Russes ont été frustrés d'avoir si peu de cartes à jouer. Leurs options militaires étaient peu nombreuses, leur dépendance vis-à-vis de l'Ouest allait croissant, leur vie politique intérieure était délétère, et leur protégé, un dictateur impitoyable. Chaque jour de bombardements était un mauvais jour pour Eltsine, auquel les partisans de la ligne dure reprochaient de complaire aux Américains sans rien obtenir en retour. Eltsine savait que pour mettre fin aux bombardements il devait conclure un marché avec nous, mais il n'aimait pas ce que nous proposions. C'est ainsi que les Russes ont abordé nos négociations avec une ambivalence douloureuse, se rapprochant brusquement de nos positions pour ne plus bouger d'un iota pendant des jours, voire des semaines, avant d'opérer un nouveau rapprochement.

À la mi-avril 1999, cela faisait quatre semaines que nous combattions. Par chance, le temps s'était enfin amélioré, et, avec lui, l'effi-

cacité des frappes aériennes ; mais il était communément admis, et
répété par les généraux de salon du monde entier, que les frappes
aériennes ne suffiraient pas. Je n'étais pas de cet avis, mais je sentais
que nous devions nous préparer à la possibilité que ce qui était couramment admis fût pour une fois vrai.

L'année précédente, les stratèges de l'OTAN avaient estimé
qu'une invasion terrestre du Kosovo nécessiterait plus de cent mille
hommes. En tant que civile, je ne me sentais pas en mesure de
contester ces estimations, mais j'ai toutefois essayé de discuter les
postulats politiques dont elles découlaient avec mes collègues du
gouvernement. Les Britanniques soulevaient les mêmes questions.
Que se passerait-il si la campagne aérienne réussissait virtuellement
à immobiliser les forces serbes, mais que Milošević refusait toujours
de se rendre ? Permettrions-nous de laisser cette impasse se prolonger indéfiniment, ou enverrions-nous une force terrestre d'importance moyenne ? Nos troupes seraient certainement bien accueillies.
La grande majorité de la population nous acclamerait. Les semaines
de bombardements avaient sûrement eu un impact sur la combativité
des troupes de Milošević. Nous nous étions déjà mis d'accord sur le
fait que les nôtres pourraient entrer au Kosovo dans un environnement « permissif ». Le Premier ministre britannique, Tony Blair, proposait que nous nous préparions à intervenir quand la situation
deviendrait « semi-permissive ». Ce qui nous permettrait d'éviter que
la campagne de bombardements ne s'éternise et de montrer à Milošević que nous étions prêts à tout pour remporter la victoire.

Pour le général Shelton, la notion d'environnement militaire
« semi-permissif » était une contradiction dans les termes. « Vous ne
vous faites pas tirer dessus à moitié », a-t-il expliqué. Si des forces
hostiles étaient présentes, le Pentagone devait s'attendre à ce qu'elles
se comportent de façon hostile. Il aurait été irresponsable de ne pas
s'organiser en conséquence. Cela signifiait qu'un énorme contingent
serait nécessaire, et qu'au départ le gros des troupes serait américain.
Shelton a indiqué que l'état-major pouvait commencer à préparer une
offensive terrestre, mais que nos troupes ne seraient pas opérationnel-
les avant la mi-juillet.

Le Secrétaire à la Défense Cohen n'a pas avalé le concept d'environnement « semi-permissif » non plus, mais a quand même accepté
que son ministère et l'OTAN établissent des plans en prévision d'une
campagne terrestre. Faisant allusion aux critiques émanant de la
presse et du Congrès, il a jugé notre position intenable. Le Président
a aussi donné son feu vert, en regrettant une formule utilisée dans
son discours au premier jour de la guerre, qui semblait exclure le
recours à des forces au sol. Si le Président n'a jamais été convaincu

de la nécessité des troupes terrestres, il savait que nous ne pouvions plus continuer à exclure cette possibilité. Après tout, si l'avenir du Kosovo était suffisamment important pour le défendre dans le ciel, il était difficile de dire qu'il ne valait pas la peine d'être défendu au sol.

La logique militaire d'une préparation à une offensive terrestre était claire, mais il fallait également compter avec la logique diplomatique qui commandait de le faire avant l'ouverture du sommet de l'OTAN prévu à Washington le 23 avril. L'Alliance atlantique devait apparaître unie à l'occasion de son cinquantième anniversaire, or nous ne l'étions pas. D'après mes contacts avec les membres du « Quintette », les Britanniques étaient pour l'offensive terrestre, alors que l'Allemagne et l'Italie étaient contre ; quant aux Français, ils la soutiendraient seulement au cas, très improbable, où elle recevrait l'aval du Conseil de sécurité de l'ONU. Nous ne souhaitions pas passer le sommet à nous chamailler au sujet des troupes au sol. Ce qui nous a finalement sauvés a été, dans une large mesure, la relation entre le Président Bill Clinton et le Premier ministre Tony Blair.

À la veille du sommet, Blair est venu à la Maison Blanche pour une réunion nocturne. Le Président recevait, et j'étais là en compagnie de Sandy Berger et d'un petit nombre d'officiels britanniques. Blair a exprimé sa détermination à l'emporter au Kosovo avec des accents churchilliens, mais là s'arrêtait la ressemblance. Avec ses attitudes de jeune homme et son abord facile, il était difficile de ne pas l'appeler « Tony », au lieu de « Monsieur le Premier Ministre », comme il aurait convenu. Tony Blair s'était consciemment taillé un rôle sur mesure : celui du dirigeant capable d'expliquer l'Amérique à l'Europe et l'Europe à l'Amérique, réduisant ainsi les différences transatlantiques. De par son âge et son tempérament, il semblait être un interlocuteur idéal pour le Président Clinton, avec lequel il pouvait passer des heures à parler de la politique de la « troisième voie », de l'histoire mondiale et de leurs familles respectives. Au cours de notre discussion ce soir-là, la question du Kosovo et des forces terrestres flottait dans l'air. Blair avait visiblement quelque chose à dire au Président en privé mais était trop poli pour nous pousser dehors. Il a fini par demander au Président la direction des toilettes. Saisissant le message, celui-ci s'est proposé de l'accompagner. Ils se sont éclipsés pendant plus d'une demi-heure.

Quel qu'ait été l'objet de leur discussion, le sommet de l'OTAN s'est déroulé sans scission. Blair n'a pas insisté sur la nécessité d'un engagement ferme en faveur d'une campagne terrestre. Dans toutes leurs déclarations publiques, les deux dirigeants ont mis en avant l'unité de l'Alliance. Avec le soutien des États-Unis, l'OTAN a commencé à admettre la possible insuffisance des frappes aériennes.

À l'origine, le sommet de l'Alliance devait être un gala superficiel et brillant émaillé de somptueuses réceptions. Avec un Kosovo à feu et à sang en toile de fond, ce genre de festivités n'était plus de mise. Il s'agissait néanmoins du plus important rassemblement de chefs d'État et de gouvernement jamais organisé à Washington. Les représentants des pays membres de l'Alliance atlantique étaient présents, mais également ceux de ses institutions de partenariat, y compris toutes les Républiques de l'ex-Union soviétique à l'exception de la Fédération de Russie.

Le jour de l'ouverture du sommet, les généraux Clark et Naumann ont soutenu que l'intensification des bombardements aériens et le renforcement des pressions économiques sur Belgrade pourraient amener Milošević à se plier à nos conditions. Personne ne contestait le postulat élémentaire selon lequel l'Alliance devait rester unie, accentuer la pression sur Milošević et emporter la victoire. Nous avons également organisé une réunion avec l'Ukraine et pris contact avec d'autres pays non membres de l'OTAN, de l'Albanie à l'Ouzbékistan, dans le cadre de sessions spéciales consacrées aux Balkans et au Caucase. L'Alliance a ainsi fait la preuve de son intention de travailler en étroite collaboration avec les forces démocratiques, d'où qu'elles viennent. Ce faisant, elle a bénéficié des manifestations de soutien de pays autrefois sous les ordres de Moscou, mais qui étaient maintenant libres de forger leur propre opinion.

Le dernier jour du sommet, Boris Eltsine a appelé le Président pour proposer que le vice-Président Al Gore, et l'ancien Premier ministre russe, Viktor Tchernomyrdine, tentent de trouver ensemble une solution au conflit. L'émissaire russe est arrivé à Washington le 3 mai. Il apportait avec lui une lettre d'Eltsine proposant un cessez-le-feu, durant lequel Kofi Annan et Tchernomyrdine se rendraient à Belgrade pour négocier un accord dont l'exécution serait ensuite confiée aux Nations unies. Le Président Clinton a répondu que nous ne permettrions pas aux Nations unies de négocier au nom de l'OTAN.

Le lendemain matin, au cours d'un petit déjeuner de travail à la résidence du vice-Président Gore, le chef de la diplomatie russe a déclaré qu'il était prêt à continuer à faire pression sur Belgrade, mais que la Russie ne voulait le faire ni de façon trop voyante ni seule. D'après lui, Milošević était trop têtu et caractériel pour céder à l'OTAN. Il fallait impliquer un tiers, d'où la proposition de Moscou d'envoyer le secrétaire général de l'ONU à Belgrade. Il serait moins humiliant pour Milošević de négocier avec un émissaire de cette envergure et qui soit en même temps neutre. L'idée n'était pas mauvaise mais, le Président Clinton l'avait dit, Milošević était tout bonnement incapable de négocier avec les Nations unies. Comme il nous fallait trouver un autre médiateur, j'ai avancé le nom du Président Ahtisaari. Tchernomyrdine a aussitôt frappé sur la table en souriant. « C'est l'homme de la situation. »

Le Président finlandais Martti Ahtisaari était en effet « l'homme de la situation » : diplomate de renom, il avait travaillé à l'ONU et représentait un pays historiquement neutre. Le mois précédent, nous avions proposé qu'Ahtisaari soit l'un des deux émissaires de l'ONU pour le Kosovo, mais il avait refusé, ne souhaitant pas assumer un autre poste à plein temps. Il a toutefois accepté de travailler avec Tchernomyrdine sur ce qui allait être, conformément à ses propres prédictions, un mois d'efforts pour mettre un terme à la guerre.

Le vendredi 7 mai, alors que je venais de conclure une réunion avec Kofi Annan, mon premier assistant, Alex Wolff, m'a annoncé que je ferais bien de m'asseoir. « Nous n'avons pas confirmation, mais CNN signale que l'OTAN a bombardé l'ambassade de Chine à Belgrade. » Nous n'avons pas tardé à apprendre que des bombardiers B-2 avaient effectivement pris pour cible un bâtiment que nos pilotes pensaient être une agence d'armement yougoslave. Tragiquement, nos militaires avaient confondu cette agence avec un bâtiment voisin de forme similaire : l'ambassade de Chine. Cette erreur fatale a coûté la mort de trois Chinois et fait vingt blessés. L'ambassade ayant été frappée à plusieurs reprises, Pékin nous a accusés d'avoir agi de façon délibérée. La réputation d'excellence militaire de l'OTAN jouait ici en notre défaveur, car les Chinois avaient du mal à croire que nous pouvions commettre pareille erreur.

Le lendemain du bombardement, je m'étais mise au lit après avoir assisté au mariage de ma première attachée de presse, Kitty Bartels. Au journal du soir, j'ai vu des images de notre ambassadeur à Pékin, James Sasser, regardant à travers une fenêtre brisée une foule d'étudiants chinois en train de lancer des pierres et de crier. J'étais extrêmement préoccupée par la sécurité de nos ressortissants, surtout après les tragédies du Kenya et de la Tanzanie. J'ai sauté du lit et essayé d'appeler d'urgence le ministre des Affaires étrangères, Tang Jiaxuan. « Il n'est pas disponible », m'a-t-on répondu. J'ai donc décidé de faire mon possible pour calmer les choses à distance. J'ai appelé l'adjoint au chef d'état-major des armées, le général Joseph Ralston, en l'invitant à revêtir son uniforme pour une visite nocturne à l'ambassade de Chine. Tom Pickering et Kenneth Lieberthal du National Security Council complétaient notre petite délégation.

J'avais fait la connaissance de l'ambassadeur Li Zhaoxing alors que nous étions tous deux en poste à l'ONU. Je lui ai dit que le bombardement était un terrible accident et que nous étions absolument navrés ; que je savais ce que c'était que de perdre des collègues et que j'espérais qu'il transmettrait mes condoléances aux familles des victimes. J'ai ajouté que je me faisais du souci pour la sécurité des diplomates américains à Pékin ; il était vital que les manifestations ne dégénèrent pas.

Malgré nos bonnes relations, Li était à présent très sévère ; il a exigé que je présente des excuses officielles à la télévision chinoise. Des caméras sont soudain apparues. J'ai fait une brève déclaration. Quand notre délégation a voulu partir, nous avons été arrêtés dans l'entrée par un groupe de « journalistes » nous demandant avec insistance pourquoi nous avions tué leurs collègues. Mon service de sécurité n'avait pas été autorisé à entrer ; nous étions donc seuls et craignions d'être pris au piège. Heureusement, le général Ralston et Tom Pickering sont des compagnons précieux dans ce genre de circonstance : du sang-froid et un physique imposant. Pendant qu'ils retenaient nos amis « journalistes », nous avons réussi à sortir dans la rue par une petite porte.

Avec le bombardement de l'ambassade de Chine, l'attention internationale s'est temporairement détournée de la cruauté volontaire de Milošević pour se porter sur nos erreurs involontaires. Milošević a essayé d'exploiter la situation sur le terrain diplomatique en annonçant son intention de retirer une partie, parfaitement symbolique, de ses troupes. Les Russes, de leur côté, faisaient monter la pression en envoyant Tchernomyrdine en Chine, où il a qualifié notre bombardement d'« acte d'agression ». Le cirque politique se déroulant à Moscou rendait les choses imprévisibles. Le jour du départ de Tchernomyrdine à Pékin, Eltsine limogeait Primakov de son poste de Premier ministre. Quant à Ivanov, il a dû attendre une semaine avant d'être confirmé dans ses fonctions de ministre des Affaires étrangères. Quand je l'ai appelé, il m'a confié que le ministère, incapable d'arrêter les bombardements de l'OTAN, était dans le collimateur d'Eltsine. Eltsine menaçait publiquement d'abandonner les initiatives diplomatiques si les frappes aériennes ne cessaient pas rapidement.

La tragédie du bombardement de l'ambassade de Chine et les machinations politiques à Moscou freinaient la dynamique diplomatique que nous avions créée. Nous aurions même pu battre en retraite si les Russes avaient été capables de diviser l'OTAN, mais en Allemagne, Joschka Fischer défendait avec acharnement les résolutions de l'OTAN devant la convention du parti Vert, en dépit d'une bombe de peinture rouge reçue à la tête. Le président du Conseil italien réclamait une pause dans les bombardements tout en autorisant l'aviation italienne à poursuivre les missions de l'OTAN. J'exhortais mes collègues à la patience et laissais le tandem Tchernomyrdine-Ahtisaari fonctionner. Tant que les alliés restaient unis, le temps jouait en notre faveur. On nous signalait de nombreuses désertions dans les rangs de l'armée serbe. Les gens manifestaient contre la guerre à Belgrade. Les frappes aériennes ne fédéraient pas la population derrière Milošević comme cela avait été évoqué, mais poussaient plutôt un nombre croissant de Serbes à vouloir la paix.

Nous savions également que l'UÇK commençait à préparer un modeste come-back. À cause des bombardements de l'OTAN, les forces yougoslaves avaient du mal à se déplacer avec du matériel lourd ou en grand nombre. Les combattants de la guérilla adoptaient de nouvelles tactiques militaires visant à s'emparer des armes et des munitions dans postes isolés. Ils profitaient également du moral défaillant des troupes ennemies pour acheter des armes directement à leurs adversaires, certains Serbes ayant apparemment conclu qu'ils pouvaient réaliser un bénéfice faute de pouvoir gagner la guerre.

À mesure que l'impasse militaire se prolongeait, je sentais que nous étions engagés dans une course dans laquelle les deux concurrents se fatiguaient ; la question étant de savoir lequel allait flancher le premier. Il y avait certainement une limite aux dommages que le gouvernement yougoslave pouvait endurer sans céder, mais on ne savait pas très bien si elle serait atteinte avant que l'OTAN ne bascule vers le compromis. Le vainqueur serait inévitablement le plus déterminé. C'est ainsi que nous avons commencé à débattre avec une énergie renouvelée de la nécessité d'une invasion terrestre. Les risques étaient évidents, quoique relativisés par la préparation des camps de réfugiés à l'approche de l'hiver, qui, dès la mi-mars, a été au centre des préoccupations.

L'OTAN n'a jamais eu à lancer d'offensive terrestre, mais nous avions quand même décidé de doubler l'effectif de nos troupes stationnées en Macédoine et en Albanie. Officiellement, ces troupes étaient destinées à servir dans le cadre de la force de paix au Kosovo, laquelle ne serait déployée qu'après la guerre. Toutefois, nous voulions aussi que Milošević se rende compte que ces troupes pouvaient, le cas échéant, former le noyau d'une force de combat terrestre.

Le 27 mai, le Tribunal pénal international pour l'ex-Yougoslavie annonçait l'inculpation de Milošević, de Milutinović et de trois autres dirigeants serbes pour crimes contre l'humanité. Il y avait ceux que l'inculpation de Milošević rendait nerveux, car ils craignaient qu'elle ne nous empêche de négocier avec lui. Je n'étais pas de cet avis. Je me félicitais de cette décision de justice car elle confirmait le message que l'OTAN envoyait depuis deux mois : ceux qui se rendent coupables de nettoyage ethnique n'obtiendront pas au bout du compte ce qu'ils cherchent et perdront ce qu'ils ont. Dans l'immédiat, on se demandait comment Milošević allait répondre aux exigences de l'OTAN à la suite de ces accusations.

Au lendemain de la décision du TPI, à l'issue de dix heures d'entretien, Tchernomyrdine et Milošević publiaient un communiqué conjoint extrêmement encourageant, invitant le Conseil de sécurité des Nations unies à voter une résolution sur le Kosovo « en conformité avec la Charte des Nations unies ». Qu'est-ce que cela voulait dire ? J'ai appelé Ivanov, qui a refusé d'expliquer ce qui avait éventuellement changé. Au lieu de quoi, il a fait savoir que la Russie demandait au chancelier Schröder, en qualité de président de l'Union européenne, d'inviter Tchernomyrdine, Ahtisaari et un représentant américain à Bonn pour une réunion décisive. Nous avons envoyé Strobe Talbott.

Le 1er juin, notre émissaire nous informait qu'après plusieurs réunions la position russe n'était toujours pas satisfaisante. Ils n'avaient toujours pas accepté la nécessité du retrait de l'ensemble des forces de sécurité yougoslaves et, après la guerre, voulaient que le contingent russe de maintien de la paix dispose de son propre secteur à l'intérieur du Kosovo. Sandy et moi avons demandé à Strobe de rester ferme sur le premier point, et Moscou a cédé du jour au lendemain. Sur le second point, nous avons convenu que c'était à l'Alliance atlantique et à la Russie de résoudre la question ; cela ne concernait pas Milošević.

L'OTAN et la Russie avaient enfin un point de vue commun. Le document final, énumérant les conditions que Milošević devrait remplir pour mettre un terme aux bombardements, a été transmis à Belgrade. C'était l'aimant que nous avions appelé de nos vœux et que Milošević redoutait. Convaincu par Tchernomyrdine et Ahtisaari qu'il n'obtiendrait pas de meilleure offre, et que les Russes ne le soutiendraient plus, le dirigeant serbe a accepté l'accord et demandé à son Parlement de le ratifier. Le 3 juin à l'aube, les téléphones ont commencé à sonner dans tout Washington, et à différentes heures du jour dans les capitales des pays membres de l'OTAN, d'Ottawa à Athènes. Les combattants avaient atteint la ligne d'arrivée.

Pendant la guerre, j'avais résumé pour mes collègues du « Quintette » la manière dont les États-Unis entendaient coordonner les différents aspects de l'activité diplomatique internationale. Il nous fallait à présent orchestrer les prochaines étapes. Une fois les combats arrêtés, une force de l'OTAN assurerait le maintien de l'ordre pendant le retrait serbe. L'ONU autoriserait cette mission de maintien de la paix et prendrait en charge l'administration civile. Quant à l'Union européenne, elle assurerait la reconstruction de la province. L'OSCE, sous la direction de Knut Vollebak, le vaillant ministre norvégien des Affaires étrangères, participerait à l'organisation d'élections et à la formation d'une police civile.

Mettre en branle tous ces éléments, et dans le bon ordre, exigeait un ballet diplomatique complexe. Nous devions au préalable rédiger un avant-projet de résolution au Conseil de sécurité servant de cadre à un accord militaire entre l'OTAN et la Yougoslavie. Cette résolution fixerait précisément le calendrier du retrait des forces serbes. L'étape suivante consistait à vérifier que le retrait avait effectivement commencé avant d'arrêter les bombardements de l'OTAN. Après quoi, la Russie accepterait de voter une résolution du Conseil de sécurité autorisant le déploiement d'une force de paix. Les réfugiés se sentiraient alors suffisamment en sécurité pour retourner chez eux, et l'UÇK assez protégée pour déposer les armes.

À la fin, toutes ces décisions ont été prises, et dans le bon ordre, mais non sans mal. La rédaction de la résolution a été finalisée après douze heures de négociations par les ministres des Affaires étrangères du G8 réunis en Allemagne, les 7 et 8 juin. Au cours de la première journée, Ivanov a tenté d'éliminer toute allusion à la coopération avec le Tribunal pénal international et proposé d'autoriser le maintien de certaines forces de sécurité serbes au Kosovo. Alors que nous débattions, je me disais que j'étais la seule personne autour de cette table à avoir fait ce genre de travail au Conseil de sécurité. Je connaissais la marche à suivre ; prendre les sujets un par un et traiter avec chacun de mes collègues séparément jusqu'à obtenir le consensus recherché. En même temps, j'aurais été furieuse, si j'avais toujours été ambassadeur auprès des Nations unies, que les ministres des Affaires étrangères fassent notre travail. Je me suis battue point par point. Se retrouvant isolé, Ivanov a fini par céder.

Cet accord a permis de débloquer la situation entre l'OTAN et les chefs militaires yougoslaves, qui menaient leurs propres négociations non loin de là, en Macédoine. Le 9 juin, enfin, les forces yougoslaves commençaient à se retirer du Kosovo. Le lendemain, les frappes aériennes étaient officiellement suspendues et la résolution du Conseil de sécurité approuvée. Les contingents de la force de paix étaient prêts à se déployer. La seule question d'importance restant à résoudre était de définir le rôle de la Russie au sein de cette force.

Bien que le travail diplomatique ne fût pas achevé, je sentais, pour la première fois depuis des mois, que je pouvais souffler. En dépit de tous les sceptiques, l'Alliance atlantique avait fait front commun, et, grâce à un mélange créatif de diplomatie et de force, nous avions vaincu. C'était un moment grisant. J'ai été acclamée dans les rues de Cologne. Au cours de la réunion du G8, Joschka Fischer avait déclaré : « Eh bien, si c'était la guerre de Madeleine, c'est maintenant sa victoire. » J'avais répondu que c'était la victoire de l'OTAN, en me disant que ceux qui m'avaient mis cette guerre sur le dos devaient maintenant raser les murs. Pendant le dîner du G8, qui a été donné, figurez-vous, dans un musée du chocolat, j'ai été l'objet de toasts galants et très exagérés. Après le dîner, coup de téléphone du Président Clinton, dont les premiers mots ont été : « Alors, vous êtes une femme heureuse. » Il était certainement un homme heureux. Il m'a dit qu'il venait de lire un article de John Keegan, dans lequel l'historien britannique écrivait : « Certaines dates dans l'histoire de la guerre marquent de véritables tournants [...]. Il existe désormais un nouveau tournant à inscrire au calendrier : le 3 juin 1999, la capitulation du Président Milošević a prouvé qu'un conflit pouvait être remporté grâce à la seule puissance aérienne [1]. »

Avant de revenir à Washington, je me suis arrêtée en Macédoine pour y rencontrer le gouvernement et saluer les troupes américaines qui se préparaient à entrer au Kosovo. J'ai également visité un camp de réfugiés kosovars – une ville étouffante où vingt mille déportés, très jeunes ou très vieux pour la plupart, vivaient dans des tentes attachées au sol pierreux de Macédoine. Seule tache de couleur naturelle : les minuscules fleurs de cactus violettes qui, à l'instar des

---

1. Trois personnalités méritent une mention spéciale dans l'affaire du Kosovo : en tant que directeur de l'équipe de vérification internationale, Bill Walker a révélé le massacre de Racak et a mobilisé l'OTAN. James Dobbins, qui a remplacé Bob Gelbard au poste de représentant spécial pour les Balkans, a abattu un travail considérable après la conférence de Rambouillet. Le représentant permanent auprès des Nations unies, Peter Burleigh, a veillé à ce que la résolution du Conseil de sécurité mettant fin à la guerre soit approuvée. Ces trois hommes ont malheureusement un autre point commun. Chacun d'eux a vu sa carrière entravée par certains sénateurs américains, ou par leurs personnels bénéficiant de pouvoirs excessifs, « bloquant » sine die leurs nominations à d'autres postes. C'est ainsi qu'on a fait obstacle à la nomination de Walker au poste d'ambassadeur en Argentine, et plus tard au Pakistan. Dobbins s'est également vu refuser une nomination à Buenos Aires. Et la désignation de Burleigh par le Président au poste d'ambassadeur aux Philippines est restée lettre morte. Les sénateurs qui se sont opposés à ces nominations n'ont jamais eu à justifier leur décision, n'y étant pas tenus par les « usages » du Sénat. Cette pratique est profondément démoralisante pour les membres du service diplomatique, nuisible à notre politique étrangère, et fondamentalement contraire aux principes démocratiques. Des sénateurs des deux bords se sont rendus coupables de cet abus, auquel, j'espère, il sera mis fin.

résidents du camp, survivaient vaillamment dans des conditions difficiles. Les drapeaux qui flottaient au-dessus de la ville n'étaient d'aucun pays. Ils appartenaient aux Nations unies, au Haut-Commissariat aux Réfugiés, à l'USAID, et aux Catholic Relief Services. Une clôture barbelée haute et coupante empêchait ceux qui étaient censés être là de sortir et ceux dont ce n'était pas la place d'entrer[1].

La ville elle-même évoquait une brocante dans une cité balnéaire. Devant les tentes surchargées, des pliants déglingués, des parasols de plage tordus, des sandales en plastique, taille enfant le plus souvent. En dépit des conditions de vie difficiles, les espaces d'habitation étaient impeccablement entretenus, ce qui montrait la fierté que ces gens éprouvaient pour leurs maisons, fussent-elles minuscules et provisoires.

En approchant du camp, je voyais des silhouettes se rassembler de part et d'autre du chemin. Au début, je n'arrivais pas à comprendre ce qu'ils criaient, puis je n'ai pas pu m'empêcher de sourire. Ils scandaient : « USA ! USA ! », et « Albright ! Albright ! » J'ai commencé à serrer des mains et à répéter : « Vous allez rentrer. Dans peu de temps, vous allez pouvoir rentrer chez vous. » Un petit garçon portait une pancarte écrite à la main où l'on lisait : « I love America », et au-dessous : « I want to return to Kosovo ». Je me suis arrêtée pour parler à sa mère. Le grand-père du garçon était mort en quittant le Kosovo, et la grand-mère, si elle avait survécu, était encore à Pristina.

J'ai été invitée dans une tente, où un petit groupe de femmes et quelques enfants s'étaient rassemblés. Elles étaient impatientes de rentrer chez elles. Je leur ai vivement conseillé d'attendre. « Les Yougoslaves ont posé des mines, et il faudra du temps pour les enlever. J'espère que vous attendrez qu'on vous dise qu'il n'y a plus de danger et qu'il y a assez de nourriture pour tout le monde. » J'ai ajouté qu'à leur retour, l'OTAN serait là pour les aider à mener une vie normale.

Ces réfugiés me rappelaient à quel point l'attraction du foyer pouvait être forte, surtout dans cette partie du monde où la mobilité est moins importante qu'aux États-Unis, et où les familles avaient, pen-

---

1. Après des débuts hésitants, la mobilisation internationale en faveur des réfugiés du Kosovo a sauvé des milliers de vies. Le mérite en revient tout particulièrement à Sadako Ogata, l'indomptable haut-commissaire aux Réfugiés des Nations unies, et à l'équipe chapeautée par Julia Taft, adjointe au sous-secrétaire à la Population, aux Réfugiés et aux Migrations. Les gouvernements de la région ont également joué un rôle vital, notamment ceux de l'Albanie, de la Macédoine et de l'Italie.

dant des siècles, labouré les mêmes champs, parcouru les mêmes routes, regardé le soleil se lever au-dessus des mêmes collines familières. C'est pourquoi la purification, qu'elle vise Kosovars albanais, Serbes ou un autre groupe ethnique, est si destructrice. Il ne s'agit pas simplement de déplacer les gens mais d'arracher des communautés entières à leurs racines pour peupler leurs villages avec des étrangers qui n'en connaissent pas l'histoire, ni la tradition orale, ni les noms inscrits sur les tombes des cimetières.

En quittant la Macédoine, je me faisais une joie de pouvoir dormir pendant le long voyage de retour. Nous avions à peine décollé pourtant que le NSC appelait pour signaler que des troupes russes étaient entrées au Kosovo et avaient été accueillies triomphalement à Pristina. Sandy et moi avons joint Strobe au téléphone, qui rentrait de Moscou. Nous lui avons conseillé d'imiter Primakov et de faire demi-tour vers la capitale russe. Strobe a appelé plus tard pour dire qu'il avait parlé à Ivanov, lequel l'avait assuré que ce déploiement était une « erreur » et que les troupes seraient rappelées.

Le lendemain, j'ai eu un autre son de cloche ; Ivanov me disait qu'il y avait eu un « malentendu » au sujet du départ des troupes, que les Russes continueraient d'occuper l'aéroport de Pristina, et que si les forces de l'OTAN se déployaient avant un accord sur le rôle de la Russie, d'autres troupes seraient engagées pour occuper le nord du Kosovo. Je me suis dit que je devais rêver, ou bien que c'était le plus mauvais film qu'il m'ait été donné de voir. La veille, nous célébrions la victoire, et voilà que nous rejouions un épisode ridicule de la guerre froide. Je craignais également qu'Ivanov ne sache plus ce qui se passait au sein de son propre gouvernement. Il y avait manifestement eu quelque rupture de communication entre autorités civiles et militaires, même si personne ne pouvait être certain de ce que Eltsine avait pu ou non autoriser. Le risque de dangereuses erreurs d'appréciation, surtout de la part d'officiers russes, était particulièrement élevé.

Encore maintenant, je crois possible que Milošević ait manigancé un marché avec les militaires russes, peut-être par l'entremise de son frère, ambassadeur de Yougoslavie à Moscou, visant à réaliser une partition de fait du Kosovo. Si tel était le cas, les contraintes de la diplomatie et du droit international ont empêché les Russes d'aller plus avant dans cette folie. Les militaires russes avaient préparé six avions transporteurs pour acheminer des milliers de soldats qui seraient venus renforcer le modeste contingent occupant l'aéroport de Pristina. Ces avions n'ont jamais décollé parce que la Hongrie, la Roumanie et la Bulgarie ont refusé aux Russes le survol de leur espace aérien. Tous ces pays avaient été membres fondateurs du

Pacte de Varsovie. Le premier était maintenant membre de l'OTAN, et les deux autres, des candidats bien placés à l'admission. Leur décision de tenir tête à Moscou à ce moment donné a prouvé le bien-fondé de notre stratégie d'élargissement. Elle a montré que les pays d'Europe centrale avaient un rôle important à jouer dans le renforcement de la sécurité régionale, et a permis d'apaiser une crise qui aurait pu déboucher sur une confrontation directe entre l'OTAN et la Russie, ce qui n'avait jamais eu lieu du temps de la guerre froide.

En fait, la force de l'OTAN s'est déployée et a fini par ravitailler les Russes à l'aéroport, tandis que les négociations se poursuivaient sur le rôle que la Russie devait jouer. Boris Eltsine a appelé le Président Clinton pour lui proposer d'aller résoudre le problème sur « un bateau, un sous-marin, ou une île quelconque pour que personne ne [les] dérange. À quoi Clinton a répondu qu'il serait préférable de réunir les ministres de la Défense et des Affaires étrangères des deux pays, ce que nous avons fait après quelques jours de concessions mutuelles arrachées de haute lutte [1].

Je savais que le travail ne me laisserait pas vraiment de répit, mais j'avais besoin d'une pause. J'ai rejoint Anne, enceinte de ma petite-fille Maddy, et Jack, âgé de trois ans, en Autriche où son mari, Geoff, donnait des cours de droit cet été-là. Je ne pouvais pas trop m'éloigner du Kosovo, cependant. La guerre finie, l'Alliance atlantique avait sollicité le concours de l'ONU qui avait fait ses preuves dans le domaine de la reconstruction civile. Kofi Annan était sur le point de désigner le directeur de la mission civile de l'ONU au Kosovo. Son choix s'était porté sur Bernard Kouchner, le ministre français de la Santé et l'un des fondateurs de Médecins sans frontières, et je lui avais dit qu'il faisait une erreur. J'avais entendu dire que Kouchner était difficile, mais celui-ci a arrangé un déjeuner dans un hôtel situé non loin de l'endroit où je séjournais. Il est arrivé avec un bouquet d'edelweiss, et dès que nous nous sommes assis, il m'a dit : « Il paraît que vous ne m'aimez pas. » J'ai essayé de résister, mais quelques minutes plus tard il me confiait tous ses espoirs concernant le Kosovo. La profondeur de ses convictions, son humanité, son savoir et son dévouement m'ont impressionnée. Plus tard, j'ai rappelé le secrétaire général pour lui dire qu'il avait finalement fait le bon choix.

Vers la fin du mois de juillet, j'ai visité le Kosovo pour la première

---

1. À l'issue de ces tractations, menées à Helsinki, les Russes ont placé leurs bataillons à l'intérieur des secteurs du Kosovo patrouillés par les Allemands, les Français et les Américains. La Russie n'a pas eu son propre secteur, de peur que cela ne conduise à une partition de facto de la province.

fois. Cela faisait six semaines que la guerre était terminée. Malgré nos mises en garde, la plupart des réfugiés n'avaient pas attendu pour reprendre le chemin du retour. Il y a eu de joyeuses retrouvailles et de sinistres découvertes de tombes improvisées. À la surprise de beaucoup, l'UÇK a signé un accord de démobilisation que Jamie Rubin avait contribué à négocier, mais les intentions de l'organisation militaire demeuraient largement incertaines. Comme on pouvait s'y attendre, on a assisté à quelques représailles dirigées par les Kosovars albanais contre les Serbes, dont beaucoup se sont réfugiés en Serbie proprement dite. Le vieux Kosovo était un champ de ruines, et le processus de reconstruction avait à peine commencé.

Alors que j'étais à Pristina, j'ai pris la parole devant une foule immense rassemblée sur la grand-place. La multitude de toits et de fenêtres rendait l'endroit difficile à surveiller, et alors que j'attendais au siège de l'ONU avant le discours, nous avons entendu un coup de feu, mais personne ne savait d'où il avait été tiré. Afin de limiter les risques, j'ai fait les quelque cinquante mètres séparant la porte du bâtiment de la petite tribune installée devant la foule à bord d'un van. Pendant que je montais à la tribune, le véhicule est venu se ranger derrière moi, portière ouverte : s'il arrivait quelque chose, je pouvais me mettre à couvert.

La foule, grossie par le retour des réfugiés, arborait un mélange de costumes albanais traditionnels et de maillots des Chicago Bulls. Pendant qu'on m'applaudissait, j'observais les gens devant moi. Je repensais à ceux que j'avais vus très peu de temps auparavant dans le camp de réfugiés et à d'autres dans les journaux et à la télévision : des visages marqués par les épreuves, déformés par la peur, ou envahis par l'angoisse à l'heure où les familles essayaient de retrouver leurs proches. Voilà que ces mêmes visages souriaient à présent [1].

« Il y a longtemps que je pense à vous, ai-je dit à la foule, et aux souffrances que vous avez endurées. Aujourd'hui, nous devons nous engager à ce que plus jamais des hommes avec des fusils ne viennent dans la nuit, et que plus jamais il n'y ait de massacres au Kosovo. » Mes paroles ont été accueillies par de bruyantes acclamations.

« Nous devons soutenir le tribunal contre les crimes de guerre, car ceux qu'on accuse de nettoyage ethnique et de meurtre doivent être jugés, et Slobodan Milošević doit répondre de ses crimes. » La foule a hurlé de plus belle.

---

1. On m'a envoyé plus tard la photographie d'un mur de Pristina couvert de graffitis reflétant l'état d'esprit des Kosovars albanais à cette période. On y lisait : « Thank you NATO, Toni Bler, Shroder, Sollana, Klinton, Shirak, Robin Kuk, Prodi, Klark and Olbright. »

« La démocratie ne peut pas être fondée sur la vengeance. Si nous voulons obtenir une vraie victoire au Kosovo, cela ne peut être une victoire des Kosovars albanais sur les Serbes, ou de l'OTAN sur les Serbes. Ce doit être la victoire de ceux qui ont foi dans les droits de l'individu sur ceux qui n'y croient pas. S'il s'agit de troquer une forme de répression contre une autre, il ne saurait y avoir de victoire. »

La foule s'est tue. On aurait entendu une mouche voler.

Je ne m'attendais évidemment pas à ce que les blessures physiques et morales guérissent vite. Les passions de la guerre étaient encore trop vives. Mais je tenais à faire passer un message difficile à entendre. Dans mes conversations avec les Européens, même pendant la guerre, j'avais décelé un profond scepticisme à l'endroit des Kosovars albanais. « Il y a ceux qui pensent que le Kosovo n'échappera jamais à son passé, leur ai-je dit franchement. Ils disent que vous vous comporterez envers les Serbes de la même manière que les militaires et la police serbes se sont comportés avec vous ; que vous empêcherez les Serbes de vivre au Kosovo. Ces critiques citent en exemple des tragédies telles que le lâche assassinat de quatorze Serbes la semaine dernière, à Gracko, et ils disent : "Vous voyez, nous avons raison. Les Albanais ne valent pas mieux que Milošević." Aujourd'hui, je veux faire le pari que vous leur donnerez tort. »

C'était un défi direct et nécessaire. J'avais peur que quelques assassinats supplémentaires ne douchent l'enthousiasme des Européens à financer la reconstruction du Kosovo. Si cela se produisait, le Congrès ne paierait pas la note. Nous venions de faire la guerre ; j'étais résolue à ne pas perdre la paix.

Après le discours, on m'a emmenée à une dizaine de kilomètres plus au sud, dans ce qui paraissait un autre monde. À Pristina, la majorité albanaise s'était montrée soulagée, l'ambiance était à la fête et au triomphe. À l'extérieur du monastère orthodoxe serbe de Gracanica, la population était craintive et amère. Je visitais le monastère pour rencontrer l'évêque Artemije Radosavljević et d'autres responsables religieux serbes. L'évêque s'était vivement opposé aux bombardements de l'OTAN, mais il avait également réclamé la démission de Milošević pour le mal que le tyran avait fait aux Serbes comme aux non-Serbes.

Nous avons été accueillis par des moines portant la traditionnelle robe noire nouée avec une corde. Nous avons gravi un escalier sombre conduisant à une vaste salle commune meublée de chaises et de bancs en bois. Sur le mur, une tapisserie commémorait la défaite serbe à la bataille de Kosovo de 1389. Des nonnes ont apporté des bols de pêches et de prunes, des tasses de café amer, du jus de pomme, du vin, des sucreries dégoulinantes de miel et une épaisse pâte à la vanille servie sur une cuiller. L'évêque tenait un sceptre à pommeau d'argent. Toute cette scène semblait sortie du Moyen Âge, n'étaient les moines qui, à l'autre bout de la salle, pianotaient sur leurs ordinateurs ou surfaient sur le web. Un autre moine a traversé la pièce muni d'une mini-caméra.

Quand j'avais rencontré l'évêque à Washington avant la guerre, il avait annoncé qu'un affrontement militaire serait un désastre. Il me montrait maintenant des photos d'églises détruites, me racontait les exactions commises contre les Serbes, et craignait que tous les Serbes ne soient poussés à l'exode. Je lui ai dit que c'était le contraire de ce que nous voulions ; que la force de paix de l'OTAN et l'ONU feraient tout ce qui était possible pour que son peuple se sente en sécurité. L'évêque a ajouté que le départ des Serbes donnerait raison à Milošević. J'ai acquiescé en faisant remarquer qu'il était important que les Serbes du Kosovo participent aux efforts des Nations unies pour créer des institutions autonomes.

Alors que notre entretien se terminait, l'évêque m'a raccompagnée jusqu'à notre cortège de voitures à travers les jardins du monastère. À l'extérieur, une foule s'était rassemblée. Visages haineux, crachats, slogans pro-Milošević. Le prélat m'a dit qu'il ne s'agissait pas de gens du pays mais d'extrémistes envoyés par Belgrade. Nous sommes montés dans nos voitures tandis que la foule avançait en masse, certains hommes s'exhibant pour bien faire comprendre ce qu'ils pensaient de moi. Sitôt le cortège parti, la foule s'est engouffrée dans le monastère, et l'évêque a été violemment pris à partie. Les troupes britanniques étaient heureusement là pour s'interposer.

Du Kosovo, je me suis envolée pour Sarajevo, où le Président Clinton et des dirigeants de l'Europe entière s'étaient réunis pour lancer le Pacte de stabilité du Sud-Est européen. Nous avions élaboré cette stratégie pour intégrer les Balkans au courant démocratique majoritaire sur le continent. Le choix de Sarajevo représentait déjà tout un symbole. Pendant la guerre au Kosovo, le ministre bosniaque des Affaires étrangères avait cité son pays comme exemple de cohabitation multiethnique réussie. Étant donné l'histoire récente de la Bosnie, cette affirmation avait de quoi surprendre ; elle était pourtant assez fondée pour qu'on puisse croire au miracle.

La réunion de Sarajevo s'est déroulée dans le stade qui avait accueilli les épreuves de patinage artistique des jeux Olympiques de 1984. En écoutant les intervenants s'exprimer en anglais, français, allemand et dans les diverses langues des Balkans, j'ai vivement perçu le désir des dirigeants de la région de tourner le dos au passé pour adhérer à un avenir de paix et de démocratie. Nous avions l'occasion de mettre fin aux déterminismes et aux violences de l'histoire.

Milošević avait fait le pari que le Kosovo diviserait l'Alliance atlantique et ouvrirait un fossé impossible à combler entre la Russie et l'Occident. Grâce à la détermination du Président Clinton, du Premier ministre Blair, du secrétaire général Solana et d'autres dirigeants de l'OTAN, ainsi qu'au pragmatisme dont Eltsine et Ivanov ont su faire preuve aux moments clés, nous lui avons donné tort. Nous avons également prouvé le bien-fondé de ma propre conviction selon laquelle l'Amérique peut soutenir d'importants objectifs diplomatiques en faisant un usage légitime, pertinent et limité de la force. Nous n'avons pas eu à écraser la Yougoslavie ni à mobiliser des centaines de milliers d'hommes pour arriver à nos fins.

Quant à l'Alliance, le conflit a révélé la grande disparité entre l'Amérique et l'Europe dans la capacité à conduire une guerre moderne, mais il a aussi montré le poids politique du lien transatlantique. N'en déplaise à certains sceptiques, nous l'avons emporté au Kosovo grâce à l'Alliance atlantique, et non malgré elle. D'une façon ou d'une autre, chacun des pays membres de l'OTAN a contribué à notre succès.

Cette guerre nous a certes amenés à répondre à des questions difficiles, mais nous étions soutenus par la certitude qu'elles n'étaient rien comparées à celles qui nous auraient été posées si nous n'avions rien fait. Si l'OTAN n'était pas intervenue, l'offensive serbe aurait définitivement déplacé plus d'un demi-million de Kosovars, ce qui en aurait radicalisé beaucoup et aurait créé un nouveau foyer de tension durable en Europe. Milošević aurait été renforcé et aurait peut-être fait des émules. Quant à l'OTAN, elle en serait sortie divisée et doutant de sa propre pertinence au seuil du XXI\ :sup:`e` siècle.

CHAPITRE VINGT-SIX

La liberté et l'ordre
à l'ère de la mondialisation

L A DERNIÈRE DÉCENNIE DU MILLÉNAIRE a été qualifiée d'ère post-guerre froide, ce qui nous apprend seulement ce qu'elle n'a pas été. On a aussi parlé d'ère de la mondialisation, qui me paraît mieux décrire une époque caractérisée par une plus forte interdépendance, un chevauchement des intérêts nationaux, et des frontières perméables à tout : terroristes, technologie, maladies et idéaux démocratiques.

Pour les dirigeants de pays qui ne sont pas pleinement intégrés au système international, cette évolution représentait une alternative périlleuse. Ces régimes pouvaient soit se connecter à l'économie mondiale et, ce faisant, accroître considérablement la quantité d'informations et d'idées circulant dans leurs sociétés, soit tenter de rester isolés, risquant ainsi la stagnation économique dans le but de maintenir un contrôle politique fort, du moins à brève échéance.

Pour les États-Unis, le choix posé par la mondialisation était à la fois simple et complexe. Il était clairement dans notre intérêt de promouvoir un système mondial susceptible de garantir la stabilité, de faire respecter la justice, de favoriser les échanges commerciaux et de répondre au désir universel de liberté. Or il n'était pas possible d'atteindre cet objectif grâce à une vaste concertation diplomatique. Il s'agissait plutôt d'une finalité globale nécessitant des mesures ponctuelles, un processus fait de centaines de projets précis mais extrêmement variés. Cela concernait notamment certaines relations bilatérales vitales, comme celles qu'entretiennent les États-Unis avec la Chine et la Russie ; la promotion des valeurs démocratiques à travers le monde ; et la coopération avec les chefs d'États africains pour restaurer la paix et encourager la croissance. Autant de sujets distincts, ayant chacun ses questions clés et ses protagonistes, mais inscrits dans une lutte plus vaste dont l'issue allait déterminer si le monde entrerait dans le nouveau siècle plus uni ou continuerait à se désagréger.

Le Japon est l'interlocuteur privilégié de l'Amérique en Asie. Ceux qui en douteraient n'ont qu'à imaginer à quoi ressemblerait cette région si nos deux pays étaient adversaires au lieu d'être alliés, comme cela est arrivé dans le passé. Si nos relations commerciales ont connu des moments difficiles, le Japon n'en demeure pas moins l'allié fidèle des États-Unis, un pays qui a su gagner notre affection et notre respect à tous les niveaux et dans tous les domaines. Notre relation avec la Chine, elle, est plus complexe, et réclame une attention de tous les instants.

Il y a vingt ans, je me trouvais à la Maison Blanche quand le Président Carter a décidé que le moment était venu de normaliser les relations avec Pékin. Je me souviens d'avoir écouté Deng Xiaoping esquisser son projet visant à transformer l'économie centralisée de son pays en l'ouvrant à la libre entreprise, à l'investissement étranger, et en offrant davantage de libertés aux travailleurs et aux futurs entrepreneurs. Cette politique a contribué à créer des pôles de croissance florissants à côté d'un secteur public en plein marasme, à sortir des millions de Chinois de la pauvreté et à jeter les bases d'une économie de marché.

Cette ouverture économique, toutefois, n'est pas allée de pair avec une ouverture politique. L'autre aspect de l'héritage de Deng a été le massacre de la place Tien-anmen, l'emprisonnement des dissidents, un processus décisionnel secret et le maintien du diktat du parti unique. Au cours de la campagne présidentielle de 1992, le candidat Bill Clinton avait critiqué l'administration Bush pour son manque de fermeté à l'égard du régime chinois. Une fois entré en fonction, il s'est trouvé en butte aux mêmes critiques en lançant sa politique d'« engagement constructif » avec Pékin. Pour n'importe quel gouvernement américain, la Chine est un pays à part : trop grand pour qu'on l'ignore, trop autoritaire pour qu'on le courtise, difficile à influencer, et d'une fierté extrême

Le président Clinton espérait que l'échange de visites officielles soigneusement préparées faites en 1997 et 1998 avec le successeur de Deng, Jiang Zemin, aboutirait au moins à lézarder cette muraille qu'est la répression politique. Une bonne dynamique personnelle s'était instaurée entre les deux hommes lors du premier sommet de Washington. En préparation du second, j'ai rencontré le Président Jiang dans une enceinte fortifiée près de la Cité interdite à Pékin. Jiang m'a fait visiter avec fierté le pavillon du lac qu'il avait fait rénover en prévision du sommet. Il comptait s'asseoir sous la véranda en compagnie du Président où, en plus de leurs discussions sérieuses, ils pourraient s'adonner à leur passion commune pour la musique. Pendant notre entrevue, le dirigeant chinois s'est montré affable et s'est efforcé de paraître cosmopolite. Il émaillait sa conversation de remarques en russe et de citations en anglais [1]. En d'autres occasions, il citait les poètes pour le plus grand embarras de son interprète. Quand Jiang souriait, ce qui était fréquent, il me faisait penser au Chat du Cheshire dans *Alice au pays des merveilles*.

Le sommet lui-même a été gâché dès le début par l'insistance de la Chine à vouloir organiser la cérémonie d'accueil sur la place Tienanmen, avec tous les symboles fâcheusement attachés à ce lieu. Pour des raisons de protocole, nous avons dû accepter, ce qui ne m'a pas empêchée d'exprimer mon opinion en arborant un chapeau blanc, couleur du deuil pour les Chinois.

Nous avons eu droit aux banquets pantagruéliques et aux concerts de rigueur. Mme Jiang et moi sommes allées voir des associations d'aide juridique et des responsables religieux ; nous avons même visité une synagogue rénovée à Shanghai. La conférence de presse conjointe Jiang-Clinton, donnée à Pékin, a été le moment fort du sommet. Les autorités nous ont surpris en en autorisant la diffusion, en direct, sur la télévision d'État, devant des centaines de millions de Chinois, et le Président Jiang est même allé jusqu'à répondre à une question portant sur la répression au Tibet. Le Président Clinton en a profité pour défendre avec éloquence la liberté d'expression et la liberté religieuse. Plus tard, s'adressant à des étudiants, il a fait une remarque essentielle : la liberté politique n'est *pas* l'ennemi de la stabilité comme le suggèrent certains (dont les dirigeants chinois), mais plutôt le fondement de la stabilité, accompagnant progressivement les nations sur la voie du changement, dans le respect de la volonté du peuple.

La diplomatie personnelle ne suffit pourtant pas à modifier les principes philosophiques d'un régime politique. Quelques mois seulement après la tenue du second sommet, Pékin prenait des mesures de rétorsion à l'encontre du jeune Parti démocratique chinois et criminalisait l'adhésion au Falungong, un courant spirituel en rapide développement mais sans danger pour le régime. Les responsables ont été emprisonnés, tandis que les adeptes étaient interpellés, sermonnés et harcelés. Par ailleurs, la Chine a continué à pratiquer le

---

1. Quand on lui avait montré la chambre de Lincoln lors du premier sommet, Jiang s'était mis à réciter le discours de Gettysburg.

travail forcé, à restreindre la liberté religieuse et à violer les droits des minorités.

La fin de la guerre froide n'avait apparemment pas été perçue de la même façon par l'Occident et par Pékin. Les dirigeants chinois ont vu une menace là où nous avons vu la promesse d'un changement démocratique. Ils ont pris conscience que la prospérité de leur pays exigeait une intégration plus profonde à l'économie mondiale, mais que leur survie politique était menacée par cette ouverture sur des systèmes plus libres. D'où un numéro d'équilibriste qui perdure aujourd'hui.

Le point le plus délicat des relations sino-américaines a été et demeure Taiwan. La position américaine a longtemps consisté à ne pas remettre en question le point de vue de Pékin selon lequel il n'y a qu'une seule Chine, dont Taiwan fait partie, tout en vendant des armes à Taiwan pour éviter que Pékin ne soit tenté de reprendre le contrôle de l'île par la force. Nous désirons que les deux parties règlent leurs différends pacifiquement, mais nous craignons qu'elles ne le fassent pas. Les Chinois voudraient contraindre Taiwan à accepter la réunification selon leurs critères, lesquels sont à peu près analogues à ceux aujourd'hui en vigueur à Hong Kong. Nous estimons que nous n'avons pas à faire pression sur Taiwan, sinon pour les dissuader de toute forme de provocation.

Les relations Pékin-Taipei suscitent des passions dans les deux camps. Amenez la conversation sur ce sujet avec n'importe quel officiel chinois, et vous aurez droit à un long cours d'histoire. Ces susceptibilités font qu'aucun dirigeant chinois ne peut se permettre de transiger sur la question de la réunification et qu'aucun de ses homologues taiwanais ne peut se permettre de transiger sur la sécurité. Bien que le statu quo soit maintenu depuis des années, il reste tendu et fragile. Il s'agit là d'un de ces conflits larvés qui ne sont pas toujours sous les projecteurs de l'actualité internationale mais peuvent éclater à tout moment. Ces dernières années, la Chine s'est dotée d'un arsenal balistique susceptible d'intimider Taiwan et a acheté des sous-marins capables de faire le blocus de l'île. En réaction, les États-Unis ont aidé Taiwan à moderniser ses capacités de défense aérienne.

Je me suis rendue cinq fois en Chine en qualité de Secrétaire d'État, accompagnée par le spirituel et compétent Stanley Roth, adjoint du sous-secrétaire aux Affaires politiques, chargé de l'Asie de l'Est et du Pacifique. La non-prolifération, le terrorisme, les droits de l'homme, l'accès au marché, le Tibet, la liberté religieuse, l'environnement, la criminalité internationale ainsi que Taiwan étaient inscrits au programme de nos nombreuses réunions officielles. J'avais cependant le sentiment que les Chinois n'attendaient qu'une chose de moi : que j'acquiesce une nouvelle fois à la politique de réunification poursuivie par Pékin. À leurs yeux, Taiwan était de loin la question primordiale.

Le succès le plus tangible de la stratégie d'engagement du gouvernement américain a été l'accord de 1999, négocié par notre tenace représentante au Commerce, Charlene Barshefsky, ouvrant la voie à l'entrée de la Chine dans l'OMC. De la part des Chinois, cet accord reflétait un acte de foi dans la capacité de la Chine à participer à la compétition mondiale en se pliant aux règles internationales. Afin de répondre aux critères d'admission de l'OMC, la Chine était tenue de négocier un certain nombre d'accords bilatéraux qui allaient considérablement réduire les tarifs douaniers protégeant ses marchés, des ordinateurs aux automobiles en passant par les biscuits et le blé. En contrepartie, la Chine serait assurée d'être traitée sur un pied d'égalité par les autres membres de l'OMC. Pour les États-Unis, cela impliquait d'étendre à la Chine le statut commercial que nous accordions normalement aux autres pays, faute de quoi nos concurrents seraient mieux placés que nous pour pénétrer les marchés chinois. Économiquement, le choix était simple, mais la décision devait encore être validée par le Congrès, et, politiquement, le sujet était brûlant.

Le 10 janvier 2000, le Président annonçait son intention d'étendre à la Chine le statut de Normalisation permanente des relations commerciales (PNTR), déclenchant un mois de polémiques sur fond de peurs sécuritaires, d'intérêts commerciaux, d'inquiétudes touchant aux droits de l'homme, et de manœuvres politiques à un an des élections[1]. De nombreux membres du Congrès, toutes tendances confondues, estimaient que les échanges commerciaux avec la Chine devaient être liés à la question des droits de l'homme. Ils considéraient le PNTR comme une récompense que les Chinois n'avaient pas méritée et que la leur refuser pourrait, d'une certaine manière, les rendre plus démocrates.

J'ai compris que nous n'obtiendrions pas le vote du PNTR si celui-ci était perçu comme un compromis entre notre intérêt économique à ouvrir le marché chinois et nos préoccupations touchant aux droits

---

1. La campagne de l'administration Clinton en faveur de l'adoption du PNTR par le Congrès a été conduite par le Secrétaire au Commerce William Daley, Charlene Barshefsky, le Secrétaire au Trésor Lawrence Summers, et le directeur du Conseil économique national Gene Sperling. Mon travail, en association avec Sandy Berger, a consisté à expliciter les enjeux de Sécurité nationale et de politique étrangère.

de l'homme. Confrontée à un choix explicite entre l'argent et les valeurs, la majorité des Américains choisirait les valeurs à tout coup. Au gouvernement de montrer qu'il était possible de soutenir le PNTR et les droits de l'homme simultanément. À cette fin, j'ai fait quelque chose de géographiquement insensé.

Ces dernières années, les États-Unis ont souvent parrainé ou coparrainé une résolution sur la Chine au cours de la réunion annuelle de la Commission des droits de l'homme des Nations unies (UNCHR). Quelle qu'ait été notre détermination à les défendre, ces résolutions n'ont jamais été adoptées, alors qu'il s'en fallait en général de quelques voix. Nous avons néanmoins considéré qu'il était important de rester fidèles à nos principes.

Nous sommes d'ordinaire représentés à la réunion par un représentant spécial. En 2000, alors que le débat sur le PNTR faisait rage et que l'attention se focalisait sur la Chine, j'ai décidé de transmettre notre message en personne. Mais le Président devait se rendre en Asie du Sud au même moment, et je ne voulais pas manquer cette visite. J'avais manifestement à faire un choix. Têtue, j'ai choisi les deux.

Le soir du 22 mars, après avoir passé la journée avec le Président en Inde, je me suis envolée pour Genève. J'allais être le premier Secrétaire d'État américain à prendre la parole devant l'UNCHR. Après neuf heures de vol, nous avons fait escale en Crète à deux heures du matin pour nous ravitailler en carburant. La presse et mes conseillers, qui avaient regardé une demi-douzaine d'épisodes de la série *Les Soprano* pendant le vol, erraient dans le terminal militaire comme des zombies.

À Genève, la salle de conférence était bondée : diplomates de cinquante-quatre nations, représentants d'ONG et des médias. Au cours de mon intervention, j'ai répondu à une question que les Chinois nous adressaient souvent. Fiers de leur statut de membre permanent du Conseil de sécurité, ils nous reprochaient de ne pas tenir compte de cet organisme. J'ai fait remarquer que le statut de membre permanent n'était pas seulement un droit mais une responsabilité. La Chine était liée par la Charte des Nations unies ; elle avait récemment réaffirmé son attachement à la Déclaration universelle des droits de l'homme et signé la Convention internationale sur les droits civils et politiques. Si elle ne commençait pas à prendre ces obligations au sérieux, elle ne pouvait pas s'attendre à être traitée comme un leader mondial.

Alors que je disais aux délégués que la situation des droits de l'homme en Chine s'était détériorée, la majeure partie de la délégation chinoise a quitté la salle. Quand j'ai eu terminé, le représentant chinois s'est levé pour affirmer sans rougir que la Chine était une démocratie et respectait pleinement les droits de l'homme. À défaut d'autre chose, ma présence avait contraint les Chinois à défendre l'indéfendable à la face du monde. J'ai regagné mon avion et, après de nombreuses heures passées dans les airs, j'ai retrouvé le Président en Asie du Sud. Notre résolution avait échoué une fois de plus, mais j'avais fait passer mon message haut et clair : il était possible d'être farouchement pro-PNTR et pro-droits de l'homme en même temps.

Le 24 mai 2000, la Chambre des représentants votait l'octroi du PNTR à la Chine à deux cent trente-sept voix contre cent quatre-vingt-dix-sept. En septembre, le Sénat entérinait cette décision à une large majorité. La Chine a officiellement adhéré à l'OMC en décembre 2001, et le PNTR a pris effet le même mois. Il s'agissait d'un événement historique dont la portée exacte n'apparaîtrait qu'avec le temps. En intégrant l'OMC, la Chine s'est engagée à se libérer de la « Maison de Mao » : entreprises d'État, instituts de planification centralisés, communautés agricoles démesurées et bureaucratie pléthorique. On en attendait davantage d'innovation technologique, une plus grande utilisation d'Internet, des contacts extérieurs plus fréquents et le développement d'institutions et d'associations échappant à la tutelle du Parti communiste. Il n'y a pas de corrélation automatique entre le commerce et la démocratie, mais on ne peut empêcher les gens d'être façonnés par leurs propres expériences. Les millions de jeunes Chinois qui apprennent aujourd'hui à penser par eux-mêmes dans la sphère économique auront sans doute plus de chance que leurs parents d'exprimer des opinions personnelles dans la sphère politique. Dans un café Internet de Pékin, j'ai vu de jeunes internautes commander en ligne des guides pratiques sur presque tous les sujets imaginables. Il est difficile d'endiguer la connaissance une fois qu'elle a commencé à être diffusée librement.

De manière tout aussi importante, si la participation à un système mondial régissant le commerce est bénéfique à la croissance économique de la Chine et des États-Unis, nous pouvons peut-être obtenir des avantages comparables en coopérant sur le terrorisme et la prolifération. Des progrès considérables ont d'ailleurs déjà été accomplis en la matière. Il y a plusieurs décennies de cela, Mao Zedong encourageait les pays du tiers-monde à se doter d'armes nucléaires afin d'équilibrer les rapports de force. Ses successeurs ont fait adhérer la Chine au traité de non-prolifération nucléaire, ratifié la Convention sur les armes chimiques, signé le traité d'interdiction des essais nucléaires, découragé la Corée du Nord de développer son programme nucléaire, et renforcé les contrôles sur l'exportation de technologies sensibles, encore que nous aurions aimé qu'ils fussent plus étendus.

Ce serait une erreur de fonder la politique américaine à l'égard de la Chine sur des présupposés, positifs ou négatifs, concernant l'avenir. Les Chinois mesurent leur histoire non pas en années, ni même en décennies, mais en dynasties. Jusqu'à la toute fin du XIXᵉ siècle, ils avaient encore de bonnes raisons de croire que leur pays était au centre du monde. Or depuis que les canonnières de l'Occident ont brisé par la force son isolement impérial, la Chine a subi les traumatismes de l'exploitation, de l'occupation, de la guerre civile, de l'insurrection communiste, et de la Révolution culturelle. Maintenant que l'idéologie communiste est en sérieux déclin, le nationalisme refait surface et le rôle régional et mondial de la Chine s'affirme.

Il n'en reste pas moins que le pays est confronté à des problèmes impressionnants : chômage élevé, croissance démographique inexorable, pollution, corruption, maladies et exode rural constant en direction des villes surpeuplées. Ces défis pourraient amener les dirigeants chinois à chercher un environnement international stable qui leur permettrait de concentrer leurs efforts sur les besoins du pays, ou bien à jouer les trouble-fête sur la scène internationale pour pouvoir imputer au monde extérieur la responsabilité de tous leurs maux.

La question qui engage l'avenir est de savoir comment la profonde fierté nationale des Chinois va se manifester. Bien que les Américains, par nature, aiment à savoir comment les histoires se terminent, la réponse ne sera pas connue de sitôt. Deng Xiaoping avait un jour déclaré que Pékin finirait par obtenir la réunification avec Taiwan, même s'il fallait « des centaines ou un millier d'années » pour y parvenir. Le président Jiang a exprimé l'espoir patient qu'à la faveur d'une croissance soutenue, la Chine pourrait devenir une nation moyennement développée d'ici un demi-siècle.

Dans nos relations avec Pékin, nous devons aussi penser à long terme. Avec tous les autres périls menaçant la planète, nous devrions nous garder de considérer la Chine comme un ennemi, mais plutôt parier sur la réussite de ses réformes économiques, tout en favorisant les contacts à tous les niveaux. Cet engagement aux côtés de la Chine n'est pas synonyme d'approbation inconditionnelle. Nous devons rester fidèles à nos obligations vis-à-vis de Taiwan et continuer à mettre en avant nos préoccupations concernant des sujets tels que la prolifération et les droits de l'homme. Nous ne pouvons forcer Pékin à aller à l'encontre de ce qu'il perçoit comme ses propres intérêts. Il est possible, en revanche, d'en appeler au pragmatisme d'une nouvelle génération de dirigeants pour trouver des domaines où nos intérêts coïncident[1].

Il y a plus de cent cinquante ans, Alexis de Tocqueville faisait cette prédiction restée célèbre : les relations américano-russes détermineraient l'avenir du monde. J'imagine que s'il était revenu parmi nous à l'aube de ce nouveau millénaire, il ne se serait pas désintéressé de la Russie, mais aurait commencé par traiter de la Chine.

Le 31 décembre 1999, à midi, Boris Eltsine démissionnait en déclarant : « La Russie doit entrer dans le nouveau millénaire avec un nouveau personnel politique, de nouveaux visages, des gens intelligents, forts et dynamiques. » Son successeur était Vladimir Poutine, dont quatre mois plus tôt il avait fait son cinquième Premier ministre depuis mars 1998. Cette valse des Premiers ministres reflétait le déclin continu de l'économie russe. Peu de sociétés ont connu pareil effondrement en temps de paix. Au cours de la Grande Dépression, la production américaine a chuté d'un tiers. Au cours des années quatre-vingt-dix, le PNB de la Russie a fondu de cinquante-cinq pour cent pour se situer à peu près au niveau de celui des Pays-Bas. À la fin de la décennie, les impôts rentraient tout juste dans les caisses de l'État, les investissements étrangers s'étaient taris, et soixante-dix pour cent de la population avait juste de quoi vivre. Les gens mangeaient moins, tombaient malades plus souvent, et mouraient plus tôt. Une nomenklatura de fonctionnaires corrompus et d'hommes d'affaires avait rançonné le pays et placé les profits sur des comptes offshore. Pour ne rien arranger, la crise financière asiatique a fait baisser le prix du pétrole, principale ressource en devises fortes de la Russie, poussant une poignée de banques à la faillite. Avant que Poutine ne devienne Premier ministre, la Russie était devenue pour les médias russes « la Haute-Volta avec des fusées ».

Cette situation préoccupait également Washington. Nous nous étions inquiétés pendant des décennies de la menace d'une Russie forte ; c'était sa faiblesse qui nous alarmait à présent. Nous craignions que la population, exaspérée, ne se tourne vers les ultranationalistes et que les militaires sous-payés cherchent à tirer profit de la

---

1. En mars 2003, l'Assemblée nationale populaire a choisi Hu Jintao, soixante ans, pour succéder à Jiang Zemin en tant que Président de la République chinoise et secrétaire général du Parti communiste. L'ancien ambassadeur à Washington, Li Zhaoxing, auquel j'avais adressé nos condoléances après le bombardement accidentel de l'ambassade de Chine à Belgrade pendant la guerre du Kosovo, a été promu au rang de ministre des Affaires étrangères.

vente illégale de technologies et d'armes nucléaires. Les difficultés économiques de la Russie étaient susceptibles de plomber les perspectives de croissance de la Baltique à l'Europe centrale en passant par le Caucase et l'Asie centrale, et le spectacle d'une Russie livrée au chaos pouvait ternir l'image de la démocratie dans le monde entier. La pauvreté et les privations n'étaient pas ce que les gens avaient attendu de la chute du Rideau de fer.

Comme pour la Chine, nous nous sommes efforcés d'élaborer notre politique en tenant compte des leçons de l'Histoire. Au XVIIIe siècle, Pierre le Grand avait commencé à ouvrir son pays à l'Occident, mais la Russie avait ensuite été envahie à deux reprises, d'abord par Napoléon, puis par Hitler. Après la Seconde Guerre mondiale, l'Union soviétique avait imposé un nouveau périmètre de sécurité, accrochant une ligne de barbelés au cœur de l'Europe. Maintenant que les barbelés avaient disparu, la question était de savoir comment définir les nouvelles relations entre la Russie et l'Europe. Avec le soutien de nos alliés, le Président Clinton avait encouragé l'idée de partenariat, faisant entrer Moscou dans le G8 et créant le Conseil Russie-OTAN. Nous avions le sentiment que la Russie appartenait au concert des nations œuvrant pour la stabilité et le droit international. Ce postulat a été mis à rude épreuve au Kosovo, quand Eltsine a paru ignorer les crimes de Milošević. Puis, de nouveau, dans une région montagneuse du Caucase : la Tchétchénie.

Quand l'URSS s'est dissoute en 1991, les nationalistes tchétchènes ont entamé une lutte pour l'indépendance. Après plusieurs années de combats acharnés, la Tchétchénie a obtenu une autonomie substantielle, mais toujours à l'intérieur des frontières de la Russie. Le conflit a repris en 1999, quelques jours seulement après la nomination de Poutine au poste de Premier ministre, quand les combattants tchétchènes ont annoncé leur projet de fomenter une révolution islamique à l'échelle de la région. Le mois suivant, la Russie était secouée par une série d'attentats terroristes faisant près de trois cents victimes. Malgré le manque de preuves, la Russie a accusé les Tchétchènes et juré de riposter. Sous la conduite de Poutine, l'armée russe a bombardé villes et villages tchétchènes avant de lancer une offensive terrestre. Des massacres et des actes de violence aveugle ont été signalés, et des dizaines de milliers de personnes ont fui leurs foyers, déclenchant un tollé international.

Réunion après réunion, j'ai répété au ministre des Affaires étrangères Ivanov que la Russie ne pouvait pas se comporter comme si tous les Tchétchènes étaient des terroristes. Aussi l'ai-je pressé d'autoriser une enquête indépendante sur les atrocités présumées, de permettre l'intervention des organisations humanitaires, et de négocier un accord politique. Le Président Clinton a mis Boris Eltsine face aux mêmes questions lors du sommet de l'OSCE qui s'est tenu à Istanbul en novembre 1999. Dans un discours enflammé, le Président russe nous a accusés d'ingérence. La résistance russe était confortée par la popularité de la guerre dans le pays. D'après les sondages effectués au début du conflit, seulement deux pour cent des Russes estimaient que Poutine était l'homme qu'il fallait pour remplacer Eltsine. Au Nouvel An, ils étaient cinquante-six pour cent.

À Moscou, en janvier 2000, j'ai été le premier haut responsable américain à rencontrer Poutine depuis qu'il avait été nommé Président par intérim. Sa première remarque à mon arrivée au Kremlin a porté sur la broche que je portais, qui représentait deux montgolfières. Je lui ai dit que c'était pour montrer que l'espoir allait croissant en Russie. Il a souri, puis, l'air sévère, il s'est tourné vers les caméras et a déclaré : « Les États-Unis font politiquement pression sur nous à propos de la question tchétchène. » Sitôt les médias partis, il m'a dit avec son sourire pincé : « J'ai dit ça pour que les critiques américains ne vous reprochent pas d'être conciliante. »

Nous étions d'accord sur le fait que 1999 avait été une année difficile. « La Russie a mauvaise presse dans mon pays, lui ai-je dit. Comme les États-Unis dans le vôtre. C'est dû en partie à de réelles divergences de vue et en partie aux élections dans chaque pays. La seule réponse que nous pouvons apporter à ceux qui nous reprochent de travailler ensemble est de prouver que nous parvenons à faire avancer les choses. »

Nous nous sommes accrochés au sujet de la proposition de l'administration de modifier le traité ABM afin d'autoriser un système limité de défense antimissile, du transfert de technologies nucléaires russes à l'Iran, et des nombreux problèmes économiques de la Russie. Sur ce dernier point, Poutine a bien compris ce que son prédécesseur avait refusé de reconnaître : la Russie avait désespérément besoin d'aide mais ses dirigeants n'obtiendraient rien en haussant le ton ou en faisant de vaines promesses. Poutine m'a assuré qu'il était déterminé à coopérer avec le Fonds monétaire international, à trouver les moyens de faire revenir les investisseurs étrangers en Russie, et à réformer la fiscalité.

Il parlait avec sang-froid et détermination, mais quand la conversation s'est portée sur la Tchétchénie, il s'est emporté, déclarant que cette région avait été mise en coupe réglée par des criminels qui se livraient au vol, au kidnapping, au trafic de drogue, qui fabriquaient de la fausse monnaie et projetaient d'instituer un État terroriste. Avec l'aide des talibans et autres extrémistes, a-t-il ajouté, les islamistes avaient pris pied dans toute l'Asie centrale. « N'essayez pas de chasser la Russie de cette région, ou vous vous retrouverez avec un autre Iran ou un autre Afghanistan. » Manifestement au fait de mon histoire personnelle, il m'a dit que la Russie agissait comme j'aurais souhaité que l'Europe agisse contre les nazis. « Au lieu d'un autre Munich, nous les combattons maintenant avant qu'ils ne deviennent plus forts. Et nous les écraserons. »

J'ai répondu qu'à longue échéance la pression militaire ne résoudrait rien si elle n'était pas assortie d'une option politique. « Êtes-vous prêt à chercher un règlement politique ? » Et Poutine de répondre qu'il n'y avait personne avec qui négocier. « Les chefs légitimes sont pétrifiés ; les autres sont des voyous et des assassins. »

Tout au long de notre entretien, j'ai essayé à la fois d'écouter Poutine et de cerner sa personnalité. Je savais par ses propres écrits et ses entretiens qu'il était fier que son père ait servi dans l'armée pendant la Seconde Guerre mondiale et qu'il avait grandi avec le désir de travailler pour le KGB, ce qu'il a fait. C'était un patriote, et il était visiblement gêné de voir la Russie dans cet abîme. Poutine était plus jeune et plus moderne dans ses conceptions qu'un Eltsine ou qu'un Primakov. Il s'exprimait avec assurance et, quand je parlais, il prenait des notes comme pour organiser ses idées ou posait sur l'interprète ses yeux bleu-gris inexpressifs.

Interrogé sur l'orientation politique fondamentale de la Russie – et la sienne –, il a répondu sans détour : « Bien sûr, j'aime la cuisine chinoise, c'est amusant de manger avec des baguettes, et j'ai long-temps pratiqué le judo, mais tout ça est exotique. Ce n'est pas dans notre mentalité, qui est européenne. La Russie doit être solidement ancrée à l'Ouest. »

Dans les mois qui ont suivi, Poutine s'est appliqué à restaurer l'autorité de l'État russe. Il a réduit les prérogatives des gouverneurs de région et dépêché des représentants fédéraux pour veiller sur les intérêts de l'État. Malgré la poursuite de violents combats en Tchét-chénie, il a déclaré la victoire et rétabli officiellement l'autorité du régime. Il a persuadé la Douma nouvellement élue de promulguer une loi permettant à la Russie de reprendre le paiement des pensions et des salaires. Il a imposé la rigueur budgétaire et laissé le rouble s'apprécier, afin que les produits manufacturés et alimentaires russes puissent être compétitifs sur les marchés intérieurs.

Observant cette évolution, notre ambassade à Moscou signalait « un nouveau sursaut du sentiment national ». La popularité de Poutine transcendait tout programme particulier, car il endossait un rôle auquel personne n'avait songé : il était l'antithèse d'Eltsine et en même temps celui qu'Eltsine avait choisi et adoubé. Qu'il accomplisse des exploits sportifs, pilote un avion ou félicite des officiers de l'armée, Poutine semblait à son aise. La remontée des cours du pétrole y a peut-être été pour quelque chose, mais le changement d'atmosphère et d'impulsion était saisissant.

Il y avait, cependant, un problème. Derrière le nationalisme et le pragmatisme du Président russe, les instincts démocratiques étaient difficiles à percevoir. Il se heurtait souvent aux médias indépendants, qu'il souhaitait apparemment voir aux ordres ou muselés. Il n'a jamais témoigné le moindre attachement à la liberté de la presse, et son attitude à l'égard de la Tchétchénie a montré le peu de cas qu'il faisait des droits des non-Russes. Alors que la Chine avait été en mesure de parer aux critiques de la Commission des droits de l'homme de l'ONU, la politique russe en Tchétchénie a été condamnée.

Il était clair que les Russes voulaient un dirigeant à poigne, qui rétablirait un sentiment d'ordre et de direction. La question était de savoir quel genre d'« ordre » le nouveau Président avait en tête ; celui d'une démocratie prospère ou d'une autocratie. Le rôle de l'Amérique était, à mon sens, d'encourager les Russes à garder confiance dans la liberté et l'économie de marché ; les habitudes démocratiques mettent du temps à s'installer. Elles comptent heureusement parmi les addictions les plus bénignes au monde et avaient déjà commencé à se répandre. Si la première expérience de la liberté en Russie s'était traduite par un désastre économique, de nombreux Russes ont eu la sagesse d'en accuser des individus corrompus et non les institutions démocratiques, et de se rappeler que la corruption était monnaie courante sous le régime communiste. C'est ainsi qu'ils ont accueilli avec enthousiasme notre modeste contribution en matière de formation des entrepreneurs, d'assistance aux syndicats et aux défenseurs des droits de l'homme.

Si je trouvais à redire à la façon de gouverner de Poutine, j'étais rassurée par son engagement répété à ancrer la Russie à l'Ouest. À nous de lui faire comprendre que l'Occident n'accueillerait la Russie que si elle conservait son attachement à la démocratie, respectait l'indépendance de ses voisins et les normes internationales en matière de prolifération.

En juin 2000, le Président Clinton s'est rendu à Moscou pour son unique sommet officiel avec le nouveau Président russe. Quand nous sommes arrivés, le Kremlin nous a paru méconnaissable. On avait banni les couleurs ternes et peint les pièces en corail et vert sarcelle. Les anciens trônes des tsars drapés d'hermine étaient à leur place, quoique derrière des cordes. Au moment de la réception, Poutine s'est intéressé une nouvelle fois à la broche que je portais, qui représentait cette fois les trois singes de la sagesse (« Je n'entends rien, je ne vois rien, je ne dis rien »). Je lui ai expliqué que c'était un pense-bête pour me rappeler de lui parler de la Tchétchénie.

Dans ses entretiens avec Bill Clinton, Boris Eltsine était tout à la fois grandiloquent, enthousiaste, imprévisible, colérique et chaleureux. Il parlait comme si tout était une affaire personnelle que les deux Présidents pouvaient régler en tête-à-tête. Poutine, au contraire, avaient les idées claires et se montrait cordial et maître de lui. Alors qu'Eltsine se targuait de son amitié personnelle avec Bill Clinton, Poutine était essentiellement désireux de faire des affaires.

Le premier jour du sommet, le Président Clinton a déployé tous ses arguments en faveur de nos idées touchant à la défense antimissile, au traité ABM et autres réductions d'armements. Le Pentagone avait informé les Russes en détail de nos préoccupations concernant les programmes balistiques iraniens et nord-coréens, et Poutine avait reconnu la menace potentielle. Il a pourtant fait valoir qu'il existait des moyens moins risqués et plus efficaces que la défense antimissile pour faire face aux nouveaux dangers. Si les deux chefs d'État n'ont pu se mettre d'accord sur ce dossier, ils ont en revanche signé un projet portant sur l'élimination du plutonium militaire et la création d'un centre commun de détection rapide des lancements de missiles.

Ce soir-là, après le dîner, nous avons eu droit à une récréation. Nous étions rassemblés autour des deux Présidents, installés au milieu de la pièce, dans de larges fauteuils richement ornés. D'ordinaire, à l'occasion de ce genre d'événement, la musique reflète la culture du pays hôte. Les Russes avaient, en l'occurrence, décidé de faire plaisir à leur invité d'honneur en donnant un concert de jazz. Au programme, un orchestre conduit par un homme d'un âge certain, suivi par une formation de jeunes musiciens, puis par un saxophoniste. Ils étaient tous excellents, et le Président Clinton tapait du pied en rythme, comme il le faisait toujours pendant ce genre de concert, absorbant la musique avec son corps. Poutine, pendant ce temps, se tenait très raide, le visage impassible. Cela m'a rappelé, injustement, la phrase de Lénine : « Je suis incapable d'écouter de la musique trop souvent. Cela vous irrite les nerfs et vous pousse à dire des choses naïves et stupides. »

Pour la Russie, le XXᵉ siècle aura été un drame épique marqué par la révolution, la répression et la guerre, un drame au cours duquel s'est jouée une lutte idéologique fondamentale, et le titre tant convoité de « superpuissance » a été conquis et perdu. Poutine avait reçu en héritage la tâche de redonner à son pays une nouvelle grandeur. À la différence de la Chine, qui a bénéficié de deux décennies de croissance soutenue avant que le millénaire ne s'achève, la Russie est entrée dans la nouvelle ère au fond du gouffre. Les deux pays sont maintenant dirigés par des hommes qui comprennent le besoin de modernisation et qui tentent de concilier – bien qu'à partir de postulats complètement différents – progrès économique et liberté politique, et de prendre la mesure des implications d'une coopération avec l'Ouest.

En ce début de XXIe, le monde est fasciné par les percées réalisées dans les domaines de l'ingénierie et de la recherche : clonage du mouton, séquençage de l'ADN, mise au point de nouveaux médicaments et technologie numérique. Je n'ai rien contre l'amélioration de la qualité de la vie que permet la science, mais je ne pense pas qu'il s'agisse du meilleur moyen d'évaluer le progrès. La progression de la démocratie constitue un critère de référence plus significatif. En tant que Secrétaire d'État, j'ai constaté que si je faisais l'inventaire des défis auxquels le monde est confronté – du terrorisme à la guerre en passant par la pauvreté et la pollution –, la démocratie était le plus sûr chemin vers le progrès.

Depuis mes années de collège, j'ai le goût des clubs. À l'instigation de notre directeur de la Planification politique, Morton Halperin, j'ai proposé de convoquer une conférence des démocraties du monde entier. Le moment semblait favorable : plus des deux tiers de la population mondiale étaient gouvernés par des dirigeants élus, dont une majorité de chrétiens, d'hindous, de juifs et de musulmans. En l'espace de trois décennies, le nombre de démocraties élues a quadruplé, passant de trente à environ cent vingt, ce qui signifiait aussi qu'il y avait plus d'endroits où les gouvernements démocratiques étaient menacés, notamment là où la démocratie était encore balbutiante.

Dans tout l'hémisphère occidental, les démocrates ont supplanté les dictateurs. Lors de mes déplacements dans la région, j'emportais avec moi deux cartes montrant les pays gouvernés par des régimes autoritaires en rouge, et les démocraties en vert. Il y a un quart de siècle, la carte était majoritairement rouge. La carte actuelle, exception faite de la petite cicatrice écarlate figurant Cuba, est entièrement verte. Cette heureuse transformation a commencé dans les années soixante-dix, encouragée en partie par la politique des droits de l'homme du Président Carter et la prise de conscience concomitante que la réforme politique était un outil plus efficace que la répression dans la prévention des révolutions de type castriste. Une à une, les dictatures militaires du Chili, de l'Argentine, du Salvador et du Guatemala ont fait place à des dirigeants élus par le peuple. Dans plusieurs pays, les mouvements de guérilla armée ont été dissous, désarmés et ont continué à défendre leurs idées sous la bannière de partis politiques civils. Le sommet des deux Amériques, conçu durant la première administration Clinton, a ratifié un nouveau consensus en faveur de l'économie de marché, de la libéralisation du commerce et des institutions démocratiques.

De fait, la fin des années quatre-vingt-dix s'annonçait comme une période faste pour l'Amérique latine et les Caraïbes. Presque deux décennies s'étaient écoulées depuis le dernier coup d'État réussi. Dans la plupart de ces pays, le débat public était nourri et relativement libre. La nouvelle économie mondiale avait tiré les taux de croissance à la hausse et amélioré le niveau de vie de millions de personnes. La triste réalité était cependant que des millions d'autres restaient au bord du chemin. Les écarts de richesse étaient extrêmement marqués ; plus d'un tiers des Latino-Américains étaient condamnés à vivre avec moins de deux dollars par jour. La frustration était en train de gagner le Venezuela, le Nicaragua, et d'autres pays où la démocratie avait pourtant été bien accueillie. Ces populations se sentaient exploitées et trahies par leurs élus, et craignaient que la corruption et le crime ne soient si profondément enracinés qu'on ne puisse jamais les extirper. D'après les sondages, la majorité des Latino-Américains se disaient mécontents de la démocratie, qu'ils considéraient comme un moyen utilisé par une élite manipulatrice pour légitimer la répression des pauvres. On rencontrait des problèmes similaires en Europe centrale, en Asie, et en Afrique, où de jeunes régimes démocratiques étaient aux prises avec un lourd héritage et leur propre incertitude à l'égard des usages démocratiques.

Une décennie plus tôt, au moment de la chute du Mur de Berlin, on avait dansé dans les rues. L'euphorie était passée et nous étions entrés dans une nouvelle phase. Dans certaines régions, l'optimisme risquait de faire place au défaitisme et d'ouvrir la voie aux expériences malheureuses du passé. Ici et là, on notait même une nostalgie grandissante pour l'ordre et la discipline communistes.

En Tchécoslovaquie, les acteurs de la Révolution de velours ont lancé une sorte de mise en garde en parrainant, en 1999, un musée du totalitarisme en plein air. On peut déambuler entre des éventaires garnis d'oranges pourries, marchander avec un boucher malhonnête vendant ses steaks sous le comptoir, se disputer avec un fonctionnaire incapable de trouver le tampon ad hoc et acheter des livres des années cinquante annonçant le triomphe inéluctable du socialisme.

Je voulais faire tout ce qui était en mon pouvoir en tant que Secrétaire d'État pour concourir à la réussite des démocraties émergentes. Nous pouvions faire beaucoup sur la base de relations bilatérales ; aussi avons-nous choisi, en priorité, de concentrer nos efforts sur le

Nigeria, l'Indonésie, l'Ukraine et la Colombie, en raison de l'importance régionale de ces pays et de l'ampleur des défis auxquels ils étaient confrontés. Rien ne pouvait être plus bénéfique à la santé de la démocratie en Amérique latine, par exemple, que le rétablissement de la stabilité en Colombie, un pays ravagé par une guérilla impitoyable et le trafic de drogue. Mais je voulais aussi essayer de mettre en place une approche globale.

En collaboration avec Morton Halperin et l'adjoint du sous-secrétaire aux Droits de l'homme, à la Démocratie et au Travail, Harold Koh, j'ai rédigé une proposition qui a reçu l'aval du Président. Notre projet était tout à la fois ambitieux et modeste. Nous voulions réunir des démocraties du monde entier sans pour autant créer une nouvelle institution avec sa bureaucratie, son siège et son papier à en-tête. Nous avons bien précisé que notre objectif était de consolider la démocratie là où elle existait, et non de l'étendre ailleurs. J'aurais voulu aller dans les deux directions, mais si nous avions annoncé que notre objectif était de déclencher des révolutions démocratiques, nous aurions fait fuir d'autres pays.

Notre projet consistait à identifier un noyau de pays qui, à son tour, inviterait un groupe plus important à participer à un forum mondial. À l'occasion des réunions plénières, les États s'engageraient à souscrire aux critères démocratiques et à débattre de la manière de s'entraider afin de rétablir, de défendre et de renforcer les institutions démocratiques.

Pour des raisons diplomatiques, nous ne voulions pas que ce projet soit étiqueté « made in America ». Après tout, nous défendions l'idée que la démocratie n'était pas uniquement une invention occidentale et qu'elle plongeait ses racines dans pratiquement toutes les cultures. Nous voulions que le parrainage, la participation, et l'emplacement choisi pour la conférence, expriment cette conviction. En réfléchissant aux pays susceptibles d'accueillir la conférence, nous avons décidé de solliciter la Pologne, où le mouvement Solidarnosć avait ouvert la voie à la libération de la tutelle communiste en Europe centrale. L'un des leaders du mouvement, Bronislaw Geremek, était devenu ministre des Affaires étrangères. C'était un véritable héros démocratique, et je le connaissais depuis presque vingt ans.

Au sommet de l'OTAN d'avril 1999, je lui ai demandé s'il accepterait d'accueillir la conférence de la communauté des démocraties. Il a immédiatement donné son accord. Dans les mois qui ont suivi, lui et moi avons pris contact avec les ministres des Affaires étrangères d'un certain nombre de pays pour voir s'ils étaient prêts à coparrainer l'événement. Nous nous sommes retrouvés avec une liste de huit participants : Chili, République tchèque, Inde, Mali, Portugal et République de Corée, en plus de la Pologne et des États-Unis.

Malgré le soutien du Président Clinton, de nombreux membres du gouvernement, notamment au sein du Département d'État, ne débordaient pas d'enthousiasme. Les cyniques jugeaient notre proposition naïve, les prudents s'inquiétaient de la réaction des pays tenus à l'écart, et les légalistes pensaient que nous nous embrouillerions lorsqu'il faudrait choisir les participants et définir la « démocratie ».

Nous n'avons eu de cesse de contourner ces objections. À un certain moment, Halperin m'a informée que la bureaucratie était divisée. « Une moitié suivra à condition de leur garantir que la conférence ne se réunira qu'une fois. L'autre moitié nous soutiendra si elle débouche sur quelque chose de permanent. Nous sommes en train de raconter aux deux camps ce qu'ils ont envie d'entendre, en leur conseillant de ne pas croire ce qu'on leur dit par ailleurs. Pour l'instant, ça marche. »

La conférence ayant été fixée au mois de juin 2000, nous avons commencé à songer aux invitations. Harold Koh a comparé le processus à l'organisation d'un mariage avec huit parents et beaux-parents différents. Chacun des parrains intervenait en donnant son opinion, le plus souvent en voulant accorder aux États de sa région le bénéfice du doute. Nous étions convenus de ne pas limiter la participation aux démocraties bien établies. Le but recherché étant précisément de consolider les forces démocratiques là où elles étaient fragiles ou menacées. En fin de compte, nous avons retenu comme critère qu'un gouvernement devait s'être engagé publiquement sur la voie de la démocratie, notamment en organisant des élections[1].

À la fin, cent sept pays ont été représentés. Nos délibérations se sont concentrées sur un projet de déclaration que les organisateurs avaient fait circuler, et à travers lequel les participants pouvaient réaffirmer leur attachement à la démocratie et exposer leur conception commune des exigences qu'elle impose. La déclaration de Varsovie a fixé des critères susceptibles d'engager la responsabilité de chaque participant envers ses concitoyens. Ce qui pouvait se révéler particulièrement précieux au cas où la conférence aurait eu à se réunir de nouveau. Au départ, la question du devenir de la conférence

---

1. La conférence était réservée aux gouvernements, mais les ONG jouent un rôle clé dans le changement démocratique. Aussi avons-nous demandé à deux grandes ONG, Freedom House et la Fondation Stefan Batory, d'organiser un forum mondial sur la démocratie qui devait se tenir à Varsovie en même temps que la conférence. Ce qui nous a permis d'inviter des militants issus de pays ne remplissant pas les conditions pour la conférence officielle.

était incertaine, mais à Varsovie un certain nombre de gouvernements s'étaient déjà mis sur les rangs pour accueillir les trois prochaines réunions. Avant notre départ, un calendrier de réunions biennales
était fixé jusqu'au moins l'année 2008[1]. Il y a lieu d'espérer que la
perspective d'être invité, ou non, à participer à ces événements inci-
tera certains gouvernements à faire davantage d'efforts pour respecter les principes de la déclaration. Cet espoir suffisait à justifier notre
initiative, mais son avenir à long terme va dépendre de ce qu'en
feront les futurs dirigeants en Amérique et dans le monde entier.

J'avais personnellement une autre raison de soutenir la déclaration
de Varsovie. Pendant un demi-siècle, le nom de la capitale polonaise
a été associé au Pacte de Varsovie. Bronislaw Geremek m'a confié
qu'il avait voulu, par le biais de la communauté des démocraties, lier
le nom de la ville qu'il aimait à une cause correspondant vraiment à
l'histoire et à l'esprit des Polonais.

En parlant avec des collègues pendant la conférence, j'étais
confortée dans mon impression que nous avions initié un mouvement
promis à un bel avenir. L'idée que les démocraties devaient œuvrer
en commun a été plébiscitée. La conférence a aussi apporté un
démenti à ceux qui croyaient que les valeurs démocratiques n'avaient
pas leur place en dehors de l'Occident. Des orateurs venus de toutes
les régions du monde ont proclamé leur attachement aux idéaux
démocratiques et leur détermination à les défendre. Parmi eux, le
secrétaire général des Nations unies, Kofi Annan, dont le vœu le
plus cher était que l'ONU devienne elle aussi une « communauté de
démocraties ». Pour le Président du Mali, Oumar Konare, la conférence faisait la preuve de la « valeur universelle » de la démocratie,
ce qu'il a illustré en prononçant sa déclaration en polonais.

Au milieu de ce plébiscite, une seule note discordante s'est fait
entendre, et ce couac était français. Hubert Védrine ne voulait pas se
rendre à Varsovie, m'ayant confié plus tôt qu'il ne voyait pas l'utilité
de vanter aux démocraties les mérites de la démocratie. Je lui avais
répondu que j'estimais vital que la France participe, parce qu'elle
était l'une des plus vieilles démocraties du monde et que la conférence tirerait profit de ses idées. Védrine a finalement accepté de
venir pour quelques heures et de faire un discours. Il a ensuite
annoncé à la veille de l'événement que la France, seule parmi les
gouvernements représentés, ne signerait pas la déclaration de Varsovie.

---

1. La seconde conférence s'est tenue à Séoul en novembre 2002. La troisième
est prévue à Santiago du Chili en février 2005. La quatrième aura probablement
lieu en Afrique.

Malgré la brièveté de sa présence, Védrine a trouvé le temps de convoquer les journalistes et d'exprimer publiquement les motifs de son dédain. « Les pays occidentaux ont eu un peu trop tendance à croire que la démocratie est une religion et qu'il suffit de convertir les gens. Or, historiquement, [...] cela a toujours été le résultat de transformations, de processus économiques, sociaux et de l'évolution des mentalités, et donc finalement de processus politiques. » Il a ajouté que nous devions nous garder de toute autosatisfaction, que nos démocraties étaient encore perfectibles.

Védrine ne l'a pas dit explicitement, mais j'avais le sentiment que ce n'était ni la conférence ni la déclaration qui lui posaient problème, mais l'Amérique. J'avais eu de nombreuses discussions privées avec Hubert, toujours en français et parfois au cours de repas donnés au Quai d'Orsay, ou l'hiver, au coin du feu, au château de La Celle-Saint-Cloud. Malgré, ou peut-être à cause, de nos fréquents désaccords, j'appréciais ces entretiens et la compagnie du chef de la diplomatie française. Védrine était un vrai intellectuel qui avait consacré sa carrière à défendre les intérêts et les idées de son pays, ce que je respectais.

Quand elles n'étaient pas accaparées par quelque problème urgent, nos conversations portaient essentiellement sur les relations complexes unissant nos deux pays. Alors que je plaidais la cause de l'intégration démocratique et mettais en avant l'étendue des nos intérêts communs, Hubert ne cachait pas son désarroi quant à la prééminence des Anglo-Saxons dans la marche vers la mondialisation. Déjà, en 2000, le Président Chirac avait présenté l'« unilatéralisme » américain comme une menace pour le monde, tandis que Védrine décrivait l'Amérique comme une « hyperpuissance » : un statut au-delà de la superpuissance. J'avais deux objections à cela. J'ai d'abord demandé à Hubert si les Français étaient jaloux, et il a admis qu'ils l'étaient. Ensuite, tout en étant d'accord avec lui sur le fait que les États-Unis devaient travailler étroitement avec leurs alliés s'ils voulaient remplir efficacement leur rôle de leader, je maintenais que la France, qui avait envoyé La Fayette pour aider l'Amérique à s'émanciper, devait être au premier rang des initiatives visant à rapprocher les démocraties. Védrine a souri : « Ah, mais voyez-vous, chère Madeleine, La Fayette n'est pas parti aider les Américains, mais vaincre les Britanniques. »

Si je prenais plaisir à ces joutes avec Védrine, j'estimais qu'il avait tort au sujet de la conférence. Les Polonais avaient trouvé un slogan : « Pour notre liberté, et pour la vôtre » : la liberté d'un pays est liée à celle des autres. Le bien-fondé de cette affirmation s'était vérifié dans l'entre-deux-guerres quand la Mandchourie, puis l'Éthiopie, la

Tchécoslovaquie et la Pologne avaient tour à tour été attaquées, leur invasion servant de prélude à d'autres. Les nations libres sont fortifiées par la proximité de démocraties fortes, et handicapées par celle de voisins faibles ou instables. La communauté des démocraties se fonde sur la conviction que rien n'est plus efficace et positif que des peuples libres œuvrant ensemble.

Un homme grand et séduisant vêtu d'une chemise à motifs africains s'est approché de moi et m'a tendu la main. « Bonjour. Je suis Nelson Mandela. » C'était comme si George Washington s'était présenté à moi. J'ai tendu la main à mon tour et il l'a serrée. À l'époque, j'étais encore ambassadeur auprès des Nations unies à New York, et Mandela était peut-être l'homme le plus célèbre et le plus respecté de la planète. Il était celui qui avait libéré son pays de l'apartheid et donné une leçon exemplaire au monde en préférant la réconciliation à la vengeance. Au milieu des années quatre-vingt-dix, Mandela incarnait également un optimisme grandissant touchant à l'avenir du continent africain. On annonçait un peu partout une « nouvelle renaissance africaine » appelée à faire suite à l'héritage colonial et aux désillusions post-coloniales. Ces espoirs n'étaient pas sans fondement.

Avant que je sois nommée Secrétaire d'État, la moitié des quarante-huit pays de l'Afrique subsaharienne pouvaient être considérés comme des démocraties électorales. Beaucoup avaient à leur tête de nouveaux dirigeants décidés à suivre le modèle des « tigres » asiatiques : réforme économique, ouverture des marchés, privatisation de l'industrie et stabilisation de la monnaie. Les taux de croissance avaient triplé depuis 1990 ; des pays comme le Sénégal, le Ghana, le Mozambique et la Côte d'Ivoire enregistraient des taux de croissance annuels pouvant atteindre sept pour cent. L'Ouganda, théâtre de violences infernales sous le régime d'Idi Amin, était devenu un pôle d'investissement sous le Président Yoweri Museveni. L'Éthiopie, connue autrefois pour ses famines, bénéficiait d'une croissance à deux chiffres. Et l'Afrique du Sud, évidemment, avait Mandela.

Historiquement, l'Afrique n'a joué qu'un rôle marginal dans la politique étrangère américaine. J'avais une conception différente. À mon sens, les progrès de l'Afrique pesaient sur les perspectives de sécurité et de prospérité mondiales au même titre que la stabilité et la démocratie dans les Balkans influençaient la santé de l'Europe. Le Président, qui partageait mon analyse, avait reçu de nombreux chefs d'État africains à la Maison Blanche. Il a rapidement effectué un long séjour sur le continent, où la First Lady s'était déjà rendue à deux reprises.

Tragiquement, dans de nombreuses régions d'Afrique, le millénaire a fini de façon désastreuse. Susan Rice, notre dévouée adjointe du sous-secrétaire aux Affaires politiques, chargée des Affaires africaines, avait à s'occuper de plus de pays en guerre qu'aucun de ses collègues. Malgré les nombreuses relations fortes que nous avions nouées avec les dirigeants africains, nous n'avons pas été en mesure d'arrêter ou de prévenir une série de conflits décourageants.

Lors de mon premier voyage en Afrique en tant que Secrétaire d'État, j'ai visité un hôpital dans la ville isolée de Goulou, dans le nord de l'Ouganda. Le centre médical faisait également office de refuge de nuit pour les villageois des environs, terrorisés par un groupe baptisé l'Armée de résistance du Seigneur (LRA). L'objectif déclaré de la LRA était de renverser le gouvernement pour mettre en place son propre régime fondé sur les Dix Commandements, dont ils ne comprenaient manifestement pas le sens. Opérant à partir de la frontière soudanaise, la LRA attaquait les villages ougandais, enlevant les garçons pour les enrôler de force et les filles pour en faire leurs concubines. C'est ainsi que les habitants du district sont devenus les colons d'une « frontière » encore sauvage, veillant sur leurs champs et leurs troupeaux pendant le jour et se repliant dans un fort, un hôpital en l'espèce, à la tombée de la nuit.

Comme ma visite du camp a eu lieu de jour, il n'y avait qu'une centaine de personnes allant et venant dans la vaste cour centrale du bâtiment. Ce nombre était multiplié par dix au crépuscule. J'ai rencontré un groupe de garçons qui avaient réussi à échapper à la LRA ou qui avaient été libérés contre rançon. Certains avaient été enlevés si jeunes qu'ils avaient peu de souvenirs de leur foyer. Geoffrey, dix ans, avait été détenu quatre ans. Son corps décharné était couvert de lacérations et de cicatrices. Un autre, âgé de six environ, m'a dit que les gens de son village avaient été attaqués deux semaines auparavant. Sa mère avait fait bouclier de son corps pour le protéger, lui et sa petite sœur. Quand le calme était revenu, il s'était dégagé et l'avait trouvée morte. Prenant sa sœur dans ses bras, il avait fait un jour de marche pour rejoindre l'hôpital.

Je suis allée voir un groupe d'adolescentes qui se tressaient les cheveux assises sur des matelas. Elles se sont levées à mon arrivée, comme des collégiennes, et pourtant plusieurs d'entre elles étaient déjà mères, violées par les hommes de la LRA. « Même si vous êtes une très jeune fille, m'a confié l'une d'elles, on vous donne à un homme de l'âge de mon père. »

Alors que je commençais à partir, un jeune homme s'est approché, un enfant dans les bras. « C'est la sœur du garçon à qui vous parliez. Elle s'appelle Charity. » J'ai pris la toute petite orpheline, et en la regardant dans les yeux, j'ai éprouvé le besoin de lui dire quelques paroles de réconfort. « Ça va aller », ai-je dit au bébé. Mais tout d'un coup, c'est moi qui ai eu besoin d'être rassurée. M'adressant à l'une des infirmières, j'ai demandé : « N'est-ce pas que ça va aller ? »

Les activités de la LRA, bien que localisées, étaient symptomatiques d'un problème plus général. Beaucoup de frontières africaines n'obéissent à aucune logique démographique. Tracées par les colonisateurs européens, elles ne reflètent pas nécessairement les réalités géographiques ou ethniques, si bien que tout le monde semble se mêler des affaires de tout le monde. Le gouvernement islamiste radical du Soudan soutenait la LRA parce que celle-ci harcelait l'Ouganda, lequel soutenait les rebelles combattant au Sud-Soudan. En Afrique centrale, la rivalité acharnée entre Hutus et Tutsis a contribué à faire basculer dans la guerre l'immense République démocratique du Congo.

En mai 1997, un des leaders de la guérilla congolaise, Laurent Kabila, renversait Mobutu Sese Seko. Le départ du dictateur corrompu a été bien accueilli, mais l'arrivée de Kabila a déclenché une réaction en chaîne meurtrière. Kabila avait réussi à renverser Mobutu avec l'appui du Rwanda et de l'Ouganda voisins, qui lui ont ensuite demandé de les aider à éliminer les milices hutues basées en RDC[1]. Quand Kabila a refusé, les Rwandais ont pris les choses en main en août 1998, envoyant des forces armées en RDC pour combattre les Hutus et appuyer les rebelles congolais hostiles à Kabila. Les Ougandais ont également participé à l'invasion et soutenu encore une autre bande armée. Kabila a alors fait appel au Zimbabwe, lequel a fourni des troupes en échange d'une participation dans les revenus miniers de la RDC. Plusieurs autres pays ont envoyé des contingents, et la milice hutue détestée s'est rangée du côté de Kabila. Comme la RDC compte peu de routes, le conflit s'est rapidement transformé en lutte pour le contrôle des pistes d'atterrissage et des points de transport fluvial. Les voies de ravitaillement étant fragiles, la population a été privée de nourriture par les combattants, et on a déploré un nombre considérable de victimes parmi les civils.

Kabila aurait légitimement pu prétendre à la solidarité internationale. Il avait renversé un dictateur largement méprisé ; son pays avait été envahi, et une RDC stable et pacifique aurait été un atout précieux pour toute l'Afrique centrale. De manière impardonnable,

---

1. Ces milices comptaient des combattants ayant participé au génocide rwandais de 1994 dirigé essentiellement contre les Tutsis. Les gouvernements d'Ouganda et du Rwanda, tous deux contrôlés par les Tutsis, voulaient punir les Hutus et prévenir de nouvelles attaques.

Kabila a gâché cette chance en s'aliénant d'autres pays africains, en essayant d'extorquer de l'argent aux investisseurs étrangers, en refusant de coopérer avec les Nations unies dans le cadre d'une enquête sur les droits de l'homme, en revenant sur sa promesse de tenir des élections et de ratifier une constitution garantissant les droits politiques. Au cours d'une conférence de presse donnée à Kinshasa avec moi, il a explosé quand on l'a interrogé sur l'incarcération d'un leader de l'opposition. Sa gestion politique, rappelant tristement celle de Mobutu, a entraîné une catastrophe économique et a contribué à la plus importante voire la plus meurtrière guerre transfrontalière de l'histoire de l'Afrique.

On espérait qu'une nouvelle génération de dirigeants sortiraient le continent de l'ornière. Parmi eux, l'Érythréen Issaïas Afeworki et l'Éthiopien Meles Zenawi. Bien que tous deux se soient emparés du pouvoir par la force, ils étaient favorables à la réforme économique et affichaient des aspirations démocratiques. Mais au milieu de l'année 1998, leurs deux pays s'affrontaient dans une guerre sanglante et absurde. Des dizaines de milliers de vies ont été perdues dans une guerre de tranchées qui aurait rappelé la Première Guerre mondiale, n'était le nombre d'armes meurtrières.

Le conflit qui a touché le minuscule État de Sierra Leone, en Afrique occidentale, a été tout aussi déchirant. Une bande armée connue sous le nom de Front révolutionnaire uni (RUF) a mené une cruelle lutte pour le pouvoir contre un gouvernement démocratiquement élu. Les rebelles exprimaient leur mépris du processus électoral en tranchant les mains et les bras de ceux dont ils pensaient qu'ils avaient « mal » voté (c'est-à-dire pour le gouvernement), ainsi que les membres de leurs enfants. Les bulletins de vote étant validés avec les empreintes des pouces, cette tactique avait une logique perverse et sadique.

En 1999, j'ai pu témoigner de ces horribles amputations lors d'une visite au camp de Murray Town, près de Freetown. David Evans, de la Fondation américaine des vétérans du Vietnam, m'a montré où les prothèses étaient fabriquées et comment on apprenait aux enfants à s'en servir. Il m'a parlé des difficultés propres à chaque handicap ; perte d'une jambe, d'une main ou d'un bras, voire des deux mains ou des deux bras. Autant de blessures dont on ne guérit pas, pourtant je n'ai remarqué nul auto-apitoiement dans ce camp brûlé par le soleil, seulement de la tristesse et du courage. J'ai vu un bébé sans bras tenu par sa mère amputée d'un bras. J'ai serré contre moi une fillette de trois ans prénommée Mamuna qui portait un pull rouge et poussait joyeusement une petite voiture avec son unique bras. Comment un être humain avait-il pu frapper cette petite fille avec une machette ? D'après les représentants de l'ONU, la plus grande partie de ces mutilations étaient pratiquées par des enfants soldats recrutés de force et drogués. Pour dissuader ces « soldats » de s'échapper, on obligeait certains d'entre eux à tuer les membres de leurs propres familles afin qu'ils ne puissent jamais retourner chez eux.

Ces atrocités, entre autres, créaient un dilemme. À l'époque coloniale, les conflits se réglaient par la négociation entre puissances européennes. Pendant la guerre froide, l'assistance militaire et les troupes supplétives fournies par un bloc ou l'autre pesaient sur l'issue des conflits. Dans l'ère qui s'est ouverte ensuite, ces puissantes forces extérieures cherchant à maintenir l'ordre ont disparu. Prenez, par exemple, les Nations unies. En Somalie, l'ONU a provoqué une catastrophe en prenant parti dans un conflit. Au Rwanda, c'est en tenant compte du précédent somalien qu'elle a connu un nouvel échec. Malgré une initiative de formation dirigée par les États-Unis, le continent ne disposait pas de forces de maintien de la paix en nombre suffisant pour intervenir efficacement dans une guerre importante. La solution à ces conflits devait par conséquent être trouvée par la voie diplomatique, en faisant appel à une force extérieure de façon ponctuelle et sélective.

J'ai travaillé avec des diplomates africains et européens pour mettre au point un modèle de négociations encourageant les chefs d'État africains à élaborer des solutions avec le soutien de la communauté internationale. Dans la corne de l'Afrique, Susan Rice, l'envoyé spécial Tony Lake, et Gayle Smith du NSC, se sont joints à l'Organisation de l'unité africaine pour convaincre l'Éthiopie et l'Érythrée de mettre fin à la guerre. En République démocratique du Congo, en Zambie et dans d'autres États africains, soutenus par les États-Unis, l'Union européenne et les Nations unies ont négocié une série d'accords partiels qui ont été en partie appliqués. Ce n'est qu'en décembre 2002 qu'un règlement diplomatique a été trouvé, battu en brèche depuis [1]. En Sierra Leone, la Communauté économique des États d'Afrique de l'Ouest (CEDEAO) a été l'artisan d'un accord signé en 1999 entre le gouvernement et les rebelles, mettant provisoirement fin au massacre. Après des débuts presque catastrophiques, une force de maintien de la paix de l'ONU, fortement étayée par les Britanniques, a imposé un second accord de cessez-le-feu en novembre 2000, ouvrant la voie au désarmement et à une paix relative. La guerre

---

1. Laurent Kabila a été assassiné en janvier 2001 par l'un de ses gardes du corps. Il a été remplacé par son fils plus modéré, Joseph, qui a contribué à rendre un accord négocié possible.

civile apparemment interminable déchirant le Soudan a résisté à toutes les initiatives diplomatiques, et ce malgré les innombrables et longues réunions stratégiques auxquelles j'ai participé en compagnie de Tom Pickering, de Susan Rice et de l'envoyé spécial Harry Johnston, souvent en collaboration avec certains membres concernés du Congrès.

Dans l'ensemble, le bilan de ces initiatives a été mitigé. À moins d'un changement politique radical, qui ne se produira pas tant que les fauteurs de guerre ne prendront pas conscience que leurs tactiques mènent à l'impasse, il n'y aura pas de véritable sécurité.

Comme dans les Balkans, on avait tendance dans les régions les moins stables d'Afrique à considérer la lutte pour le pouvoir comme une guerre à l'issue de laquelle tout va au vainqueur et rien au perdant. Cette conception n'était pas limitée aux champs de bataille. Dans bon nombre de pays, l'idée d'une opposition politique légitime était inédite et l'espace réservé à un véritable débat public étroitement limité. C'est pourquoi nous avons fait de la promotion de la démocratie un élément central de la politique africaine de l'administration Clinton. Outre l'assistance apportée à la société civile, nos deux principales initiatives économiques ont donné la préférence aux pays engagés dans des réformes économiques et politiques. L'Africa Growth and Opportunity Act, adopté en mai 2000 après des années de lutte, a abaissé de nombreuses barrières douanières américaines pour les pays de l'Afrique subsaharienne. Et notre soutien en faveur d'un allégement à grande échelle de la dette de l'Afrique visait à libérer des fonds pour investir dans l'éducation, la santé et autres besoins sociaux.

Dans tous mes efforts pour user du leadership américain de manière constructive, j'ai éprouvé une frustration récurrente, celle de l'argent. Qu'il s'agisse de l'allégement de la dette du Nigeria, du maintien de la paix en Sierra Leone ou de la formation des juges au Rwanda, nous avons toujours été obligés de racler les fonds de tiroir. Avec l'aide du Président et de nos alliés au Congrès, j'ai réussi à augmenter d'environ vingt-cinq pour cent notre budget pour l'Afrique, qui était au plus bas au moment de mon entrée en fonction. Mais, même ajouté aux fonds provenant d'autres donateurs, c'était loin d'être suffisant. J'ai trouvé cette situation particulièrement difficile à expliquer aux dirigeants africains, car à l'époque notre économie était en pleine expansion et nous disposions d'un confortable excédent budgétaire.

Nous nous sommes surtout investis (quoique insuffisamment) dans la lutte contre le sida. Au début de mon mandat, je pensais que la maladie constituait une menace significative pour la démocratie, la prospérité et la sécurité du continent. Je devais bientôt me rendre compte qu'elle était la menace majeure.

Les statistiques ne suffisent pas à décrire les ravages de l'épidémie. L'Afrique compte dix pour cent de la population mondiale et soixante-dix pour cent des personnes infectées par le VIH. Dans certains pays, le taux d'infection dépasse les vingt pour cent. Au Botswana, l'un des pays les plus riches et les plus libres du continent, un adolescent a autant de risques de mourir du sida que de toutes les autres causes de mortalité réunies.

Le seul moyen infaillible de vaincre le sida est la prévention. Il faut pour cela un financement international, des dirigeants nationaux assez courageux pour faire face au problème, et des éducateurs relayant le message au niveau local. L'Ouganda a été l'un des premiers États à connaître les ravages du sida et la première nation africaine à s'en défendre efficacement. Le Président Museveni a invité tous les ministres, toutes les écoles, églises et entreprises à encourager la prise de conscience, la prévention et le traitement de la maladie. Cette campagne, que les Ougandais ont baptisée le *big noise*, le « grand bruit », a réduit le taux de séropositivité de cinquante pour cent.

Au Kenya, par contre, les militants anti-sida ont dû composer avec les convictions personnelles de Daniel Arap Moi, Président septuagénaire opposé à l'utilisation des préservatifs et à l'éducation sexuelle dans les écoles. Pour faire valoir mon point de vue lors de mon passage à Nairobi en 1999, j'ai assisté à une représentation intitulée *One Book, one Pen*, « Un cahier, un stylo ». Elle était donnée par une troupe de danseurs et d'acteurs orientée vers les jeunes dans un quartier pauvre de la périphérie. Le soleil de plomb n'avait pas découragé des centaines d'adolescents habillés de couleurs vives, et leurs jeunes frères et sœurs s'étaient rassemblés, attirés par la musique. Je n'ai pas résisté non plus au son des percussions, et quand on m'a invitée à me lever et à danser, je l'ai fait.

La morale de la fable était que si vous essayez d'écrire dans plus d'un cahier, il n'y aura plus d'encre dans votre stylo, même chose si vous le laissez décapuchonné ; une leçon intelligente, et au moins suffisamment explicite, pour encourager l'abstinence, la fidélité et la prudence. La discussion qui a suivi a également permis d'aborder les problèmes cruciaux de la coercition sexuelle et des stigmates liés à la séropositivité. Plus tard, au Bostwana, j'ai visité un centre médical réservé aux femmes atteintes du sida. Les médecins m'ont confié que la moitié d'entre elles n'avaient pas dit à leurs maris qu'elles étaient contaminées par peur du rejet. Cette stigmatisation explique que de nombreux Africains à risque – et de non-Africains, d'ailleurs –

refusent de se faire dépister. Et quand les gens qui sont atteints n'admettent pas leur maladie, ils risquent non seulement de la transmettre aux autres mais aussi de ne pas prendre les précautions nécessaires pour éviter la transmission aux bébés.

En janvier 2000, le vice-Président Al Gore a présidé une session spéciale du Conseil de sécurité portant sur le sida. C'était la première fois qu'une maladie était aussi clairement identifiée comme un danger non seulement pour la santé publique, mais pour la sécurité mondiale.

Pendant l'Assemblée générale de l'ONU, en septembre de la même année, je me suis jointe aux douze autres femmes ministres des Affaires étrangères pour demander à tous les chefs d'État de prendre part à la lutte contre le sida, et de reconnaître la nécessité de protéger en priorité les femmes et les jeunes filles. En Afrique, au cours de ces dernières années, et pour la première fois dans le monde, les nouveaux cas d'infection ont majoritairement concerné les femmes. Je suis fière que sous l'administration Clinton, les États-Unis aient été le premier donateur pour les programmes internationaux de prévention et de traitement du VIH. Il n'existe toutefois pas de plafond raisonnable à nos dons.

J'avais espéré, en prenant mes fonctions, ouvrir un nouveau chapitre dans l'histoire des relations entre les États-Unis et l'Afrique, et contribuer à donner une autre image de celle-ci ; que les Américains ne la voient plus comme un lieu de pauvreté et de conflits mais comme une terre de modernisation et de progrès. Je me suis rendue sept fois sur le continent pendant que j'étais au gouvernement et chaque année en tant que Secrétaire d'État. Nous avons également accueilli une conférence de ministres africains sans précédent, et pris des mesures pour stimuler le commerce et l'investissement avec l'Afrique en facilitant l'accès au crédit et à l'assurance.

Malgré tous ces problèmes, les solutions existent et ont été expérimentées ici ou là. Il s'agit simplement de tirer les bonnes leçons. Le Président historique de la Tanzanie, Julius Nyerere, qui mettait en avant l'importance de l'identité nationale, a façonné un pays dont les habitants se perçoivent eux-mêmes comme des Tanzaniens et non en tant que membres d'ethnies différentes. Un bon nombre de chefs d'État africains, dont le Ghanéen Jerry Rawlings et le Malien Oumar Konare, ont toléré une opposition politique et créé un précédent démocratique en acceptant de se plier au verdict des urnes. En deux décennies, les dirigeants mauriciens, issus de différentes ethnies, ont transformé une économie en stagnation, basée presque exclusivement sur la canne à sucre, en une économie moderne qui affiche le plus haut revenu moyen d'Afrique.

Dans l'ensemble, pourtant, la persistance des conflits, de la pauvreté et des maladies ne permet pas, pour l'heure, d'envisager de
façon réaliste la renaissance du continent africain. Bien qu'il soit
difficile d'être optimiste, il existe en Afrique une profonde détermination à ne pas se laisser distancer. Le jour de son discours d'investiture, Thabo Mbeki, successeur de Nelson Mandela, a cité un
proverbe tribal où il est question « de la naissance de l'aube, quand
on ne peut voir que le bout des cornes du bétail se détacher sur le
ciel du matin ». Alors qu'un millénaire s'en allait pour faire place au
suivant, on pouvait espérer qu'un jour nouveau se lève sur l'Afrique.

CHAPITRE VINGT-SEPT

Au cœur du royaume ermite

CEUX QUI RENDENT COMPTE DU PASSÉ LOINTAIN n'ont pas à craindre de voir leur sujet transformé entre le moment où ils écrivent et le moment où leur travail sera publié. Quant à moi, chaque chapitre m'expose à ce risque, et plus particulièrement celui-ci. J'écris en mai 2003 sur des événements qui, pour l'essentiel, se sont déroulés alors que j'étais représentante permanente des États-Unis à l'ONU et Secrétaire d'État. Une grande partie de la politique coréenne de l'administration Clinton a été abandonnée depuis que j'ai quitté mes fonctions, ouvrant différents scénarios pour l'avenir, du rétablissement de la stabilité à une Corée du Nord dotée de l'arme nucléaire, en passant par la guerre. Quelle que soit la situation aujourd'hui, ce qui suit vise à faire la lumière sur la nature des occasions perdues et saisies.

Le 25 juin 1950, les troupes nord-coréennes, soutenues par la Chine et l'Union soviétique, envahissaient la Corée du Sud, déclenchant une guerre sanglante qui allait durer trois ans. Cet été-là, mon père donnait des cours à l'université de Washington, à Seattle, et moi, toute jeune adolescente, je dévorais l'énorme collection de bandes dessinées dénichée dans notre maison de location. Ce n'était pas une guerre télévisée, mais ma famille suivait de près les revers de fortune des deux camps tandis que les États-Unis et d'autres nations se battaient sous le drapeau des Nations unies pour repousser les envahisseurs. L'issue du conflit m'intéressait, car mon père m'avait fait comprendre que l'initiative des alliés faisait partie de la lutte mondiale contre le communisme. Malheureusement, la guerre ne s'est pas terminée par la paix mais dans une impasse. Une zone démilitarisée (DMZ) a été créée pour séparer les deux belligérants, et des troupes américaines on été déployées en Corée du Sud pour dissuader le Nord de commettre d'autres agressions. Elles y sont toujours.

Quatre décennies ont passé entre la fin de la guerre et ma nomination au poste d'ambassadeur auprès des Nations unies, mais mon point de vue sur la Corée du Nord, ou République populaire démocratique de Corée (RPDC), n'a pas plus changé que le régime, qui demeure fondamentalement le même. Le président nord-coréen, Kim Il-sung, comptait parmi les dictateurs les plus nuisibles du monde ; cruel envers son peuple, hostile vis-à-vis du Sud et peu soucieux du droit international. Il était également devenu obsédé, vers la fin de sa vie, par le développement d'un arsenal nucléaire. Cette ambition aurait pu être brusquée par le rapide déclin économique de son pays provoqué par la fin de la guerre froide. Pendant des décennies après sa création en 1948, la Corée du Nord avait été plus prospère que son voisin du sud en raison des relations privilégiées qu'elle entretenait avec l'Union soviétique et l'Europe de l'Est. La fin de ces échanges, s'ajoutant à une série de catastrophes naturelles, a paralysé son économie.

En 1993 et 1994, la RPDC a été le premier pays à menacer de se retirer du traité de non-prolifération nucléaire et du régime de sauvegardes administré par l'Agence internationale de l'énergie atomique (AIEA). Le gouvernement a fait part de son intention de retirer les barres de combustible de son réacteur nucléaire et d'en extraire le plutonium enrichi, en quantité suffisante pour fabriquer une demi-douzaine d'armes nucléaires. Cette déclaration a précipité une crise entre Washington et Pyongyang. Les tensions ont atteint leur point limite, et la menace d'une guerre couvait sous l'escalade verbale. Un jour, aux Nations unies, j'ai dû assister à un discours particulièrement injurieux du représentant nord-coréen. Me sachant visée, je me suis mordu les lèvres ; l'orateur n'aurait rien tant aimé qu'une dispute. Au lieu de quoi, j'ai déclaré : « Samedi, c'est mon anniversaire, et bien que je sois sûre que ce n'était pas là son intention, je voudrais remercier le représentant de la RPDC ; avec sa rhétorique sortie des profondeurs de la guerre froide, je me sens quarante ans plus jeune. »

L'administration Clinton était résolue à empêcher Pyongyang de développer un arsenal nucléaire, au point d'envisager la possibilité de diriger des frappes militaires sur le réacteur nord-coréen. Heureusement, les Nord-Coréens n'ont pas poussé l'opportunité aussi loin. L'ambassadeur Robert Gallucci, l'un de nos diplomates les plus capables, avait entamé de longs pourparlers avec Pyongyang. En 1994, il a profité d'une ouverture créée par l'ancien Président Jimmy Carter pour conclure un accord connu sous le nom d'*Agreed Frame-*

work, ou accord agréé[1]. Celui-ci exigeait de la Corée du Nord qu'elle ferme son réacteur, scelle huit mille barres de combustible contenant du plutonium retraité, et gèle sa production de plutonium sous le contrôle de l'AIEA. En contrepartie, les États-Unis et leurs alliés acceptaient d'aider la Corée du Nord à faire face à son déficit énergétique et de financer la construction de deux centrales nucléaires civiles. Bien que critiqué par certains pour ne pas résoudre tous les problèmes de la péninsule coréenne, l'accord agréé a mis fin à la crise et empêché le Nord de développer son potentiel nucléaire. La péninsule coréenne est pourtant demeurée l'une des régions les plus dangereuses du monde. Quand je suis devenue Secrétaire d'État, j'ai voulu explorer toutes les voies permettant de réduire les risques de confrontation militaire. Trois facteurs m'ont amenée à la conclusion qu'une initiative de grande envergure était à la fois nécessaire et opportune.

Le premier était la faiblesse de la Corée du Nord. Kim Il-sung se targuait du concept de *juche*, ou autosuffisance. À sa mort, en 1994, il a pourtant légué à son fils, Kim Jong-il, une société tributaire de la générosité du monde extérieur pour son approvisionnement en nourriture, en engrais et en combustible. La question à laquelle nous étions confrontés était de savoir si cette situation désespérée inciterait la RPDC à agir de façon responsable pour réduire son isolement, ou de façon irréfléchie ; une alternative que nous avions de bonnes raisons de vouloir influencer.

Le deuxième facteur a été l'élection, en décembre 1997, de Kim Dae-jung à la présidence de la Corée du Sud. Pendant la guerre froide, les dirigeants du Sud s'étaient servis de la menace communiste pour justifier une politique de main de fer. Kim Dae-jung, lui, était un activiste démocrate de longue date qui avait passé des années en prison pour la franchise de ses opinions. Je l'avais rencontré pour la première fois en 1986, alors que j'accompagnais une délégation de l'Institut national démocratique en Corée du Sud. Bien que placé en résidence surveillée, il avait exprimé ses idées sans crainte et partagé avec enthousiasme une vision audacieuse de la démocratie sud-coréenne. Avant notre départ, il avait écrit un message à chacun de nous sur un petit carton blanc en utilisant des pinceaux de calligraphie typiquement coréens. Le conseil qu'il m'avait donné était le suivant : « Si tu cherches des solutions vraies et réalisables, tu les mèneras à bien. » Quand je suis retournée à Séoul, en 1998, pour

---

1. Selon les termes de cet accord, la RPDC ne devait pas recevoir les derniers composants nécessaires à l'exploitation des réacteurs nucléaires à eau légère tant qu'elle ne révélait pas l'historique complet de son programme nucléaire.

rendre visite au Président Kim, qui venait d'être investi, il m'a dédicacé une nouvelle fois le carton qu'il m'avait donné.

En rencontrant Kim Dae-jung en tant que Président, j'ai établi un parallèle avec Václav Havel et Nelson Mandela, qui tous deux étaient aussi passés de la prison à la présidence de leurs pays respectifs. Chacun d'eux avait employé son temps de détention à élaborer une philosophie particulière de la politique et de la vie. Personne ne pouvait soutenir avec plus de crédibilité que Kim que la démocratie et le respect des droits de l'homme étaient compatibles avec les valeurs asiatiques. Au cours de notre rencontre officielle, le chef d'État, âgé de soixante-douze ans, a exposé ses projets pour une nouvelle *sunshine policy* (« politique du rayon de soleil ») à l'égard de la Corée du Nord. D'autres Présidents sud-coréens s'étaient déclarés en faveur d'une réconciliation avec le Nord, mais Kim Dae-jung était fermement décidé à poursuivre une politique de coexistence pacifique. Le sentiment d'insécurité presque paranoïaque de la Corée du Nord représentait pour lui un grand danger.

Un troisième facteur était les prouesses militaires de Pyongyang. Rares ont été les gouvernements à choisir aussi clairement entre le beurre et les armes. Malgré la famine frappant sa population, la RPDC a constitué une armée d'un million d'hommes et acquis la capacité de fabriquer et de vendre des armes sophistiquées à l'étranger. Missiles et technologies sensibles constituent ses principales ressources. En août 1998, Pyongyang a testé un missile Taepo Dong capable – après mises au point et essais complémentaires – d'atteindre le territoire des États-Unis. La capacité de la Corée du Nord à produire des bombes nucléaires, associée à la détention de missiles de longue portée pouvant servir de vecteurs potentiels, était extrêmement préoccupante.

Tenant compte de chacun de ces facteurs, le Président et moi-même avons demandé à l'ancien secrétaire à la Défense, William Perry, unanimement respecté pour son discernement et sa ténacité, de chapeauter une révision de notre politique coréenne. D'abord réticent, Perry a fini par accepter cette mission, car il mesurait la gravité des enjeux : une erreur d'appréciation conduisant à un conflit sur la péninsule coréenne entraînerait d'énormes pertes. La stabilité de l'Extrême-Orient et la sécurité des trente-sept mille soldats américains stationnés en Corée du Sud reposaient sur le travail des diplomates [1].

---

1. Les menaces pesant sur la région ont pris pour moi un caractère tangible en 1997, à l'occasion d'un survol en hélicoptère jusqu'à la zone démilitarisée. La ligne de démarcation est située à moins de soixante kilomètres du nord de Séoul, ce qui place la ville à portée des missiles nord-coréens et sous la menace des centaines de

William Perry était assisté par Wendy Sherman, conseillère au Département d'État, qui devait lui succéder plus tard ; ils étaient épaulés par l'ambassadeur Charles Kartman, notre envoyé spécial pour la péninsule. Ensemble, ils ont beaucoup consulté, aux États-Unis, mais aussi en Asie et en Europe. Perry jugeait le statu quo inacceptable et prônait une initiative diplomatique qui soit à la fois globale et progressive. Il rejetait la théorie défendue par certains selon laquelle la Corée du Nord était au bord de l'effondrement ; affirmant que nous devions traiter avec celle-ci telle qu'elle était, et non comme nous souhaiterions peut-être qu'elle fût. Il a suggéré une mise à l'épreuve systématique des intentions nord-coréennes en proposant à Kim Jong-il de choisir entre l'affrontement et la possibilité d'améliorer les relations en acceptant de s'abstenir de toute activité nucléaire non encadrée, et de mettre fin aux programmes de développement et d'exportation de missiles. En mai, Perry et Sherman ont rencontré directement des hauts fonctionnaires nord-coréens à Pyongyang afin de présenter nos propositions. Les Nord-Coréens ont mis quatre mois avant de fournir une réponse claire, mais celle-ci était positive. Au lieu d'effectuer un nouveau tir de missile, comme il était prévu, ils ont annoncé un moratoire sur ce type de tests tant que les négociations avec les États-Unis sur l'amélioration des relations se poursuivaient. Afin de soutenir le processus diplomatique, le Président Clinton a annoncé qu'il prévoyait de suspendre les restrictions portant sur les échanges commerciaux non militaires, les transactions financières, les déplacements et les contacts officiels.

Dans le même temps, la politique du « rayon de soleil » initiée par Kim Dae-jung semblait également porter ses fruits. En juin 2000, Kim Jong-il a reçu son homologue à Pyongyang à l'occasion d'un sommet sans précédent. Leurs entretiens ont été cordiaux et, dans ce climat de détente, des centaines de familles coréennes séparées ont été autorisées à se voir pour la première fois depuis cinquante ans. Des athlètes du Nord et du Sud ont défilé ensemble pendant les cérémonies d'ouverture des jeux Olympiques 2000, et le prix Nobel de la paix a été décerné à Kim Dae-jung pour ses tentatives de réconciliation.

Les diplomates nord-coréens, tellement habitués à faire tapisserie,

---

milliers de soldats de la RPDC massés à proximité de la DMZ. Sur le côté droit de la ligne se trouve Camp Bonifas, du nom d'un capitaine d'infanterie américain assassiné par les Nord-Coréens en 1976. J'ai été transportée par Humvee jusqu'à un poste d'observation, puis on m'a aiguillée vers ce qui devait être les plus grosses jumelles du monde. J'ai vu un paysage lunaire, aride et hostile... et un officier nord-coréen qui lui aussi me regardait à la jumelle.

se retrouvaient à présent sur la sellette. Ce même mois de juillet, la réunion annuelle de l'ASEAN rassemblait pour la première fois le ministre nord-coréen des Affaires étrangères et son homologue américain.

Quand le ministre Paek Nam-sun et moi avons échangé une poignée de main avant l'entretien de quinze minutes que nous devions avoir, trois vagues successives de photographes ont immortalisé ce moment. On m'avait dit de ne pas attendre grand-chose de Paek, mais celui-ci a fait preuve d'une habileté très professionnelle. Notre discussion a duré plus d'une heure et je l'ai décrite après coup comme « substantiellement modeste, mais symboliquement importante ». L'une des questions que nous avons discutée était de savoir si Kim Jong-il enverrait un émissaire de haut niveau aux États-Unis, de la même manière que le Président Clinton avait dépêché Bill Perry à Pyongyang. Une fois encore, les Nord-Coréens ont répondu avec circonspection, c'est-à-dire avec lenteur. N'étant pas habitués à dialoguer avec une démocratie, ils avaient coutume de ne rien faire pendant des mois, pour ensuite prendre une décision et s'attendre à une réponse immédiate.

En octobre 2000, Kim Jong-il s'est finalement décidé à envoyer un émissaire de haut niveau, le vice-maréchal Jo Myong Rok, le numéro deux de l'armée. C'était un signe important ; l'armée serait partie prenante dans les décisions de Pyongyang, quelles qu'elles soient. Lors de l'entretien qu'il a eu avec moi au Département d'État, Jo portait un costume gris, mais moins d'une demi-heure plus tard il est arrivé à la Maison Blanche en grande tenue, avec épaulettes, médailles (dont au moins une pour avoir combattu les Américains au Vietnam) et rubans. Il a remis avec ostentation une lettre de Kim Jong-il et invité le Président à venir à Pyongyang. Celui-ci a répondu qu'il allait étudier la proposition, mais que des dispositions préalables devaient être prises afin de garantir la réussite d'une visite éventuelle. Jo a insisté pour avoir une réponse plus nette. Le Président a suggéré que j'aille d'abord préparer le terrain. Jo a fait savoir que si le Président et le Secrétaire d'État venaient ensemble, « nous serions en mesure de trouver une solution à tous les problèmes ».

Il semblait que le but de sa mission était d'obtenir la visite de Clinton, mais cette façon directive de procéder cadrait mal avec notre habitude de « mijoter » les accords autant que faire se peut avant d'engager le Président. De façon plus positive, la délégation emmenée par Jo était venue avec des propositions étonnamment constructives liées à leurs programmes balistiques. Il nous a semblé qu'un sommet pouvait déboucher sur un accord de principe qui, s'il était respecté, rendrait la région moins dangereuse. D'où ma curiosité quand, devant notre insistance, le vice-maréchal a accepté l'idée d'une visite préparatoire et m'a invitée à Pyongyang.

Les deux délégations ont également publié un communiqué commun insistant sur le désir de nos pays de dépasser les conflits passés. Les deux parties se sont ainsi engagées à ne pas manifester d'« intention hostile » l'une envers l'autre. Ce geste potentiellement historique, ne demandant aucun sacrifice de notre part, visait à atténuer le sentiment d'insécurité de la Corée du Nord et mieux la disposer à accepter les restrictions sur ses programmes d'armement. Ce soir-là, le vice-maréchal organisait un dîner qui a été très détendu, trop peut-être. J'ai passé la plus grande partie de la soirée à essayer de me dérober aux copieuses libations et aux toasts presque ininterrompus de la délégation nord-coréenne.

Les relations diplomatiques avec la Corée du Nord ne sont pas uniquement bilatérales. Nos alliés de l'Asie de l'Est sont toujours présents d'une façon ou d'une autre. C'est ainsi que l'agenda des Sud-Coréens recoupe partiellement le nôtre, bien qu'il ne soit pas toujours organisé de la même façon ; il est en outre clairement influencé par l'identité nationale qu'ils partagent avec leurs voisins du Nord. Quant aux Japonais, ils étaient alors moins inquiets des efforts de la Corée du Nord pour mettre au point des missiles de longue portée que de leur vulnérabilité aux dizaines de missiles mobiles de moyenne portée que celle-ci avait déjà déployés. Tokyo insistait également, ce qui est compréhensible, pour que les Nord-Coréens s'expliquent sur la question des ressortissants japonais enlevés pendant les années soixante-dix et quatre-vingt pour servir de professeurs de langue [1]. C'est pourquoi nos relations diplomatiques avec la Corée du Nord ressemblaient à une course en sac ; nous devions à la fois nous assurer d'être suivis par nos partenaires et consulter l'Australie, la Chine, la Russie et l'Europe à chaque décision importante.

Si tous mes déplacements soulevaient des problèmes de logistique, ma visite en Corée du Nord représentait un challenge exceptionnel. N'ayant pas de représentation diplomatique à Pyongyang, il nous a fallu créer une ambassade miniature en partant de rien. Les techniciens que nous avons envoyés en éclaireurs ont trouvé six types de prises de courant différents, parfois plusieurs sortes dans la même

---

1. Ce n'est qu'en septembre 2002 que le Président Kim a admis la véracité des allégations japonaises. Il a reconnu que la Corée du Nord avait enlevé treize hommes et femmes, dont cinq seulement étaient encore vivants.

pièce. Négocier un programme s'est aussi révélé une tâche compliquée. Les Nord-Coréens tenaient à ce que je visite la tombe de Kim
Il-sung. Dans un contexte normal, cela aurait été la moindre des
politesses, or Kim Il-sung avait déclenché la guerre de Corée, où
cinquante-quatre mille Américains et des centaines de milliers de
Coréens avaient trouvé la mort. Il avait ensuite institué un système
de propagande qui, du berceau à la tombe, attribuait à l'Amérique la
responsabilité de la guerre et incitait ses compatriotes à le vénérer
comme un dieu. La Corée du Nord n'est peut-être pas le pays le plus
pauvre au monde, mais nulle part la spontanéité de l'esprit humain
n'a été étouffée avec autant de détermination. Comme cela semblait
être une nécessité diplomatique, j'allais me rendre sur la tombe de
l'homme responsable de tout cela, mais je ne pouvais en aucune
manière rendre hommage à sa mémoire.

L'autre problème de programmation était qu'aucun horaire précis
n'était fixé pour ma rencontre avec Kim Jong-il. Nous pensions que
la rencontre aurait lieu le second et dernier jour de ma visite, mais
nos hôtes ne voulaient rien nous dire. Dans l'univers extrêmement
structuré de la diplomatie internationale, une telle incertitude est
inhabituelle ; mais aucun Secrétaire d'État américain ne s'était rendu
à Pyongyang, et la Corée du Nord n'est pas un endroit comme les
autres.

Ailleurs, nous avions l'habitude de voir la police ou l'armée bloquer la circulation entre l'aéroport et notre hôtel. À Pyongyang, il
n'y avait pas de circulation à bloquer. Nous étions seuls sur la route,
et pourtant les piétons que nous avons croisés n'ont même pas levé
la tête. Après avoir traversé quelques rizières et champs de choux
frappés par la sécheresse, nous avons vu des immeubles d'habitation
en béton brut hauts de deux ou trois étages à l'extérieur de la capitale,
et de vingt ou plus en ville. J'imaginais avec horreur ce que ce devait
être de monter aux derniers étages quand le courant était coupé, sans
lumière ni ascenseur, s'ils avaient des ascenseurs.

Au centre de la capitale, des enfants soignés et apparemment en
bonne santé sont venus égayer le décor. Ils allaient à l'école dans
leurs uniformes rouge et bleu, quelques-uns à bicyclette, la plupart à
pied. Dans l'avion, j'avais regardé un documentaire sur les enfants
des régions rurales. Ceux-là étaient vraiment en mauvaise santé. En
fait, les deux tiers des enfants nord-coréens souffraient de malnutri-
tion chronique ; beaucoup avaient été abandonnés par leurs parents
et réduits à la mendicité. Je savais que notre visite serait organisée
de manière à nous donner une impression bien différente de la réalité.

Après avoir fait un brin de toilette chez notre hôte, nous avons
pris la direction du centre de Pyongyang, une ville aux larges boule-

vards, aux parcs bien entretenus, et offrant des vues sur le beau fleuve Taedong. À la différence d'autres villes asiatiques, il n'y avait pratiquement pas de néons ni même de publicité. Je n'ai pas vu un restaurant, une épicerie, un grand magasin ou une banque. Dans ce paysage urbain prédominent les rues vides et d'immenses places dallées conduisant à des édifices tels que la Grande Bibliothèque nationale, la tour du Juche et le stade du Premier Mai.

Ma voiture s'est arrêtée devant le Mémorial de Kim Il-sung, où j'ai été accueillie par le vice-maréchal Jo, puis escortée sur des sols de marbre glissants devant une longue file de gardes jusqu'au catafalque de verre abritant la dépouille embaumée du dictateur. J'ai fait une courte halte et j'ai poursuivi mon chemin. Pendant notre bref entretien, j'ai donné à Jo une lettre du Président Clinton transmettant ses salutations et donnant un aperçu de ce qu'attendait le gouvernement américain de ma visite. Comme tous les autres Nord-Coréens que j'allais rencontrer, Jo arborait une médaille à l'effigie de Kim Il-sung. Quant à moi, je portais ma plus grande broche du drapeau américain.

Du mausolée, je suis allée dans une maternelle située près d'un vaste complexe résidentiel. J'ai dansé un moment avec un groupe d'enfants de cinq ans extrêmement disciplinés, se balançant au rythme d'une chanson à la gloire de la lutte anti-impérialiste, comme je devais l'apprendre plus tard. J'ai aussi rencontré le responsable local du Programme alimentaire mondial qui permettait de nourrir près de huit millions de Nord-Coréens, dont ces enfants de maternelle, grâce essentiellement à la contribution de l'Amérique « impérialiste ».

Pendant la pause déjeuner, on nous a informés que mon programme de réunions avec différents officiels était annulé, et qu'en milieu d'après-midi je devais rencontrer le Président Kim, le « Cher Leader ». J'attendais cette entrevue avec curiosité. Nous savions peu de chose de Kim, sinon qu'il avait la réputation de mener une vie recluse, préférant faire et regarder des films que gouverner. Toutefois, d'après Kim Dae-jung et les officiels chinois et russes ayant récemment rencontré le leader de la RPDC, c'était un homme instruit, de bonne composition et relativement normal. Je me suis demandé dans quel état j'aurais été si j'avais été nourrie au marxisme, dans un pays coupé du monde, entourée d'images héroïques de mon père et de moi-même. Aussi ne savais-je pas trop à quoi m'attendre.

En arrivant à la villa du Président, on m'a demandé de me placer sur un tapis d'un vert écœurant devant une immense peinture murale représentant une tempête en mer. Les photographes ont commencé à mitrailler dès que le Président Kim est apparu dans son habituelle tenue kaki. Il m'a accueillie en tendant les deux mains, avec un large sourire. Je portais des talons, mais lui aussi, ce qui nous mettait à peu près au même niveau. Nous avons gardé la pose un moment, laissant les médias faire leur travail. Je n'ai pas pu m'empêcher de remarquer une caméra de télévision nord-coréenne qui devait dater des années cinquante.

Pendant la réunion autour d'une table en bois reluisante, Kim – visage poupin, grosses lunettes et chevelure curieusement ébouriffée – a commencé par me féliciter pour mon énergie. Sachant que j'étais arrivée le matin même après un vol marathon, il s'est dit impressionné que je sois prête à me mettre au travail en dépit de mon âge (seulement cinq ans de plus que lui). Il m'a remerciée de ma visite au Mausolée et a exprimé sa reconnaissance pour le message de condoléances que le Président Clinton avait envoyé à la mort de son père. Il m'a également remercié pour notre assistance humanitaire, et a ajouté qu'il comptait sur la visite du Président Clinton. « Si les deux parties sont sincères et déterminées, a-t-il dit, il n'y a rien que nous ne puissions faire. »

On m'avait expliqué que la meilleure façon d'arriver à quelque chose avec les Nord-Coréens était de prendre mon temps et d'essayer de tisser une relation pas à pas. Cette méthode était valable pour les diplomates de carrière, mais je quittais Pyongyang dans deux jours et mes fonctions dans trois mois. Je suis donc allée à l'essentiel. Après lui avoir offert quelques garanties quant aux intentions des États-Unis en Asie de l'Est, j'ai dit à Kim que je n'avais pas encore décidé ce que je dirais au Président Clinton, mais que je ne pouvais recommander la tenue d'un sommet sans un accord satisfaisant sur les missiles.

Kim a répondu qu'il prenait la question au sérieux parce que l'Amérique la prenait au sérieux, même si nous avions tort de croire que son pays attaquerait qui que ce soit. À l'en croire, la seule vocation de ce programme était de pouvoir lancer des satellites de communication civils, peut-être au rythme de trois par an. Mais que si un autre pays acceptait d'envoyer ces satellites sur orbite pour le compte de la Corée du Nord, il n'aurait plus besoin de missiles.

Sur la question des exportations, dont je lui ai rappelé qu'elles constituaient un problème majeur, Kim a déclaré que la Corée du Nord vendait des missiles à la Syrie et au Liban pour obtenir des devises étrangères dont le pays avait cruellement besoin. « C'est donc clair, puisque nous exportons pour avoir de l'argent, nous suspendrons les ventes si vous garantissez des compensations. »

J'ai répliqué : « Monsieur le Président, nous nous inquiétons de

vos intentions depuis cinquante ans, nous nous sommes donc inquiétés de votre production de missiles. Et vous dites maintenant qu'il
s'agit simplement de faire rentrer des devises étrangères.

— Eh bien, il n'y a pas que les devises. Nous équipons aussi notre
armée dans le cadre de notre politique d'autosuffisance. »

Kim a ajouté que ses forces armées s'alarmaient des capacités
militaires du Sud, mais « si nous avons l'assurance que la Corée du
Sud ne mettra pas au point des missiles de cinq cents kilomètres de
portée, nous ne le ferons pas non plus. Quant aux missiles déjà
déployés, je ne crois pas qu'on puisse faire grand-chose. Vous ne
pouvez pas les inspecter, mais il est possible d'arrêter leur production. Dix ans ont passé depuis l'effondrement de l'URSS, l'ouverture
de la Chine et la disparition de notre alliance militaire avec ces deux
pays. L'armée veut moderniser ses équipements, mais nous ne lui
fournirons pas de nouveau matériel. En l'absence d'affrontement, les
armes n'ont plus de raison d'être. Les missiles sont aujourd'hui sans
importance. »

Kim m'a autorisée à rapporter ses paroles, mais je lui ai répondu
que je devais d'abord en aviser le Président avant de m'adresser à la
presse. À la fin de notre conversation, il a indiqué que nous nous
reverrions à nouveau le lendemain. Il a ensuite ajouté qu'il me réservait une surprise spéciale. « J'ai modifié le programme des festivités.
Nous avons préparé une soirée spectaculaire au stade du Premier Mai
qui vous aidera à comprendre la culture et les arts nord-coréens.
L'Occident pense que nous sommes une nation belliqueuse, et les
États-Unis se font beaucoup d'idées fausses à notre sujet. Il est
important de nous connaître directement. Détendez-vous et profitez-
en. »

Quand je suis arrivée au stade ce soir-là, tout le monde était déjà
assis. En pénétrant dans l'arène aux côtés de Kim, une clameur hysté-
rique, dont je savais qu'elle ne m'était pas destinée, est montée de
la foule immense. Le stade était gigantesque et chaque place était
prise. Le contraste avec les rues quasi désertes était saisissant. Mais
d'où sortaient tous ces gens ?

Le spectacle lui-même rappelait une cérémonie d'ouverture des
jeux Olympiques et, comme j'allais rapidement m'en rendre compte,
était davantage politique que culturel. Il s'agissait de la deuxième
représentation d'un spectacle donné en l'honneur du cinquantenaire
du Parti communiste coréen, anniversaire qui ne figurait pas dans
mon programme. Trois images géantes se sont d'abord succédé : le
marteau des ouvriers, le pinceau des intellectuels et la faucille des
paysans. Et puis, soudain, cela a été un tourbillon d'enfants qui dan-
saient, de gymnastes faisant la roue, de costumes pailletés et de gens

perchés sur des petites fusées. Il y avait des jeunes déguisés en fleurs, des soldats maniant la baïonnette, des feux d'artifice, des lancers d'hommes-canons récupérés dans un filet. À l'aide de panneaux mobiles, des dizaines de milliers de personnes faisaient surgir fresques et slogans illustrés au milieu de chants patriotiques assourdissants. Il y avait également un orchestre symphonique jouant des chansons telles que *Le Leader sera toujours avec nous* et *Portons fièrement le drapeau rouge*. Plus de cent mille participants pour peut-être deux cent mille spectateurs.

Au milieu de ce tumulte, la section des cartes a montré un missile Taepo Dong lancé dans le ciel d'Asie ; une démonstration d'orgueil national pour le test controversé de 1998. Avant même que les applaudissements mécaniques ne commencent à se tarir, le Président Kim s'est penché vers moi et, par interprète interposé, m'a dit : « C'était notre premier tir de missile... et le dernier. » Dans l'ensemble, les messages de la soirée étaient contradictoires. J'étais rassurée par la promesse apparente de Kim, même si elle avait été faite dans ce cadre si singulier, et espérais la lui faire tenir. En même temps, cette cérémonie de mauvais goût, à la conception de laquelle le Président m'a avoué avoir participé, me laissait presque sans voix. J'avais certes été impressionnée par les jeunes acrobates, mais scandalisée par cette débauche d'énergie et d'argent employée à célébrer la philosophie responsable de l'extrême misère du pays. Alors que Kim et moi sortions du stade, des journalistes américains m'ont interpellée : « Alors, vos impressions ? — Stupéfiant », ai-je répondu, ajoutant plus tard : « Je n'avais jamais vu cent mille personnes danser au pas. J'imagine que seul un dictateur peut accomplir ce genre de chose. »

Ce même soir, nos délégations se sont retrouvées à dîner. Kim et moi avons échangé un toast, suivi d'un autre avec Jo. À mon grand soulagement, Kim a dissuadé les autres officiels du régime de remplir constamment mon verre et de me proposer d'autres toasts. Kim buvait bien moins que ses compagnons, mais était fier de servir des vins français.

Au cours de la conversation, quand je lui ai demandé de combien d'ordinateurs disposait son pays, il a répondu cent mille, dont trois destinés à son usage personnel. Il m'a plus tard demandé l'adresse du site web du Département d'État. Il m'a aussi demandé ce que je pensais de son interprète. « Est-il aussi bon que celui de Kim Dae-jung ? » La question m'a désarçonnée parce que je ne voulais pas créer d'ennuis au pauvre interprète. « Kim Dae-jung a l'un des meilleurs interprètes que j'aie vu à l'œuvre, c'est une femme. Le vôtre est tout aussi impressionnant. » À ces mots, les visages du Président Kim et de l'intéressé se sont éclairés.

Kim souhaitait que davantage de Nord-Coréens parlent l'anglais et aurait été heureux que des Américains d'origine coréenne viennent enseigner la langue. Alors que la soirée s'avançait, je lui ai demandé s'il était vrai que c'était un mordu de cinéma. « Oui, a-t-il acquiescé en souriant. J'essaie de me tenir au courant des dernières sorties tous les dix jours environ, et j'apprécie la cérémonie des Oscars. »

Je devais le rencontrer à nouveau le lendemain après-midi. Je l'ai alors informé que nous avions communiqué à sa délégation une liste de questions et que cela nous arrangerait si ses experts pouvaient répondre au moins à certaines d'entre elles avant la fin de la journée. À ma grande surprise, Kim a demandé à voir la liste et s'est mis à répondre aux questions lui-même, sans même consulter l'expert qui l'accompagnait. Oui, l'interdiction envisagée concernant l'exportation de missiles s'appliquerait aux contrats existants ainsi qu'aux futurs contrats, à condition qu'il y ait des compensations. Oui, l'interdiction serait globale et concernerait les matériaux, la formation et la technologie liés aux missiles. Oui, la Corée du Nord avait l'intention d'adhérer au régime de contrôle de la technologie des missiles (MTCR), à condition que la Corée du Sud fasse de même. Les questions touchant à la vérification exigeraient une discussion plus approfondie. J'ai suggéré que nos experts respectifs se retrouvent la semaine suivante ; il a accepté, proposant la Malaisie comme lieu de réunion.

Interrogé sur son attitude à l'égard de la présence de troupes américaines sur la péninsule coréenne, il a répondu que le point de vue de son gouvernement avait évolué depuis la guerre froide et que les troupes américaines jouaient à présent un rôle stabilisateur. Il a toutefois ajouté que la moitié de son état-major n'était pas favorable à l'amélioration des relations avec les États-Unis, et que certains responsables du ministère des Affaires étrangères étaient même hostiles à notre rencontre. « Comme aux États-Unis, il y a des gens ici dont les opinions diffèrent des miennes, bien que le niveau d'opposition ne soit pas comparable à ce que vous connaissez chez vous. Il y en a toujours qui pensent que les troupes américaines devraient partir. Et il y a beaucoup de Sud-Coréens qui sont également opposés à la présence américaine. » Kim a conclu que la solution résidait dans la normalisation des relations.

J'ai demandé si je pouvais rendre public l'engagement qu'il avait pris devant moi après la représentation du tir de missile au stade. Il a répondu que je pouvais rapporter toutes nos discussions, exception faite d'une question engageant les sensibilités d'un pays tiers. Je lui ai dit que je pensais que nos discussions avaient renforcé la compréhension mutuelle entre nos deux pays.

« Quand les Sud-Coréens sont venus, a répliqué Kim, je leur ai demandé s'ils cherchaient des cornes sur ma tête. Ils ont répondu que non. En effet, il y a eu beaucoup d'incompréhension entre nous. Par exemple, nous n'avons pas élevé nos enfants correctement. On leur a appris à appeler les Américains "chiens d'Américains" au lieu de dire "Américains", simplement. »

Ce soir-là, les deux délégations ont à nouveau dîné ensemble, cette fois dans un endroit appelé Magnolia Hall. Conformément au protocole, nous recevions, ce qui voulait dire un menu biculturel avec dinde rôtie américaine accompagnée de *kimchee** ; pigeon coréen au four (servi avec la tête) accompagné de sablés à la fraise ; vins californiens et coréens, et heureusement, eau plate. Après avoir échangé des cadeaux, Kim et moi avons abordé les questions économiques. Il a admis que son pays était en très grande difficulté, prisonnier d'un cercle vicieux ; la sécheresse ayant paralysé la production hydroélectrique, les usines thermiques souffraient d'une pénurie de charbon, qu'on ne pouvait exploiter sans électricité.

Je lui ai demandé s'il envisageait l'ouverture de son économie. « Qu'entendez-vous par "ouverture" ? a-t-il répondu. Il faudrait d'abord définir ce terme, parce qu'il recouvre des choses différentes d'un pays à l'autre. Nous n'acceptons pas l'interprétation qui en est faite en Occident. L'ouverture ne doit pas nuire à nos traditions. » Il a ajouté que le modèle chinois, combinant économie de marché et socialisme, ne l'intéressait pas, mais que c'était plutôt le modèle suédois qui l'intriguait, car il le trouvait fondamentalement socialiste. Songeant à cette curieuse association entre la Corée du Nord et la Suède, je lui ai demandé s'il avait d'autres modèles en tête.

« La Thaïlande maintient un système monarchique traditionnel fort et a préservé son indépendance tout au long d'une histoire tourmentée ; et pourtant elle a une économie de marché. Je suis également intéressé par le modèle thaïlandais. » Je me suis demandé ce qui, du système économique thaïlandais ou de la préservation de la monarchie, l'attirait le plus.

Comme on débarrassait nos assiettes, l'extrémité de la salle s'est brusquement soulevée, faisant apparaître une scène bordée de projecteurs clignotants rouges, jaunes, verts et blancs. Précédées par une musique diffusée à plein volume, douze jeunes femmes ont sauté sur la scène, vêtues de tenues argentées à hauteur du genou, censées représenter le printemps. Elles ont alors dansé un ballet digne des casinos de Las Vegas, en beaucoup moins déshabillé, puis se sont

---

* Condiment coréen traditionnel à base de chou fermenté *(N.d.T.)*.

regroupées au centre de la scène. Quand elles se sont à nouveau égaillées quelques secondes plus tard, elles étaient toutes habillées en vert estival. Nous étions tous là à nous demander comment elles avaient fait, quand, quelques minutes plus tard, après une autre danse, il y a eu un nouveau rassemblement au cours duquel leur robe a viré au bleu, couleur de l'automne, une autre danse, et un regroupement final dont elles ont émergé en rouge et vert, symboles de Noël. Le secret de ce rapide changement de costumes a été vite éventé quand une danseuse malchanceuse s'est empêtrée dans les velcros de ses tenues au passage de l'automne à l'hiver. Elle a passé le reste de la soirée avec une expression angoissée sur le visage. Kim m'a confié qu'il avait lui-même chorégraphié le spectacle. Je me suis demandé si l'infortunée danseuse remonterait un jour sur scène.

Le lendemain matin, mon avion est parti vers l'est, puis vers le sud, et enfin vers l'ouest, contournant l'imprévisible espace aérien au-dessus de la zone démilitarisée, avant d'atterrir à Séoul où je me suis entretenue avec Kim Dae-jung et le ministre japonais des Affaires étrangères. Après quoi je suis rentrée chez moi, emportant des impressions diverses.

Les premières avaient trait aux perspectives d'un sommet. Au cours de ma visite, le leader nord-coréen avait fait preuve de bonne volonté ; la RCDP semblait prête à accepter davantage de restrictions sur son programme balistique que nous ne l'avions prévu. J'avais évité toute discussion portant spécifiquement sur la question des compensations, mais le coût de ce que les Nord-Coréens cherchaient à obtenir – nourriture, engrais et tirs de satellites – était minime en comparaison des coûts qu'entraîneraient pour nous les menaces posées par leur programme balistique.

Mes secondes impressions concernaient Kim Jong-il lui-même. Je rejoignais l'opinion de Kim Dae-jung sur son homologue de la RPDC : nous avions affaire à un homme intelligent qui savait ce qu'il voulait. Il était isolé, certes, mais pas sous-informé. Malgré la situation misérable de son pays, il ne donnait pas l'impression d'être aux abois ni même inquiet. Il semblait confiant. Qu'attendait-il ? En premier lieu, des relations normales avec les États-Unis ; normalisation qui protégerait son pays de la menace que constituait à ses yeux la puissance américaine, et qui l'aiderait à être pris au sérieux sur la scène internationale.

Sur un plan personnel, Kim croyait manifestement dur comme fer aux boniments qu'on lui avait inculqués, et se considérait comme le protecteur et le bienfaiteur de son peuple. Le problème fondamental du communisme est qu'il subsume les droits de l'individu sous un intérêt général supposé, et une fois que vous ne tenez plus compte des droits de l'individu, il est facile de ne plus tenir compte de la souffrance humaine. La justification du lavage de cerveau idéologique serait peut-être plus facile à avaler si les dirigeants s'imposaient leur part de sacrifices. Mais en Corée du Nord, comme dans l'ex-Union soviétique, les plus hautes strates du pouvoir se vautrent dans les privilèges. Le fastueux numéro d'acrobaties du Président Kim a probablement consommé assez d'électricité pour éclairer Pyongyang pendant une semaine. Et c'est lui qui a personnellement enrichi et étendu les prérogatives des cadres de son armée, sans doute le seul élément susceptible de contester son autorité. On ne peut diriger un régime aussi cruel que celui de la RPDC sans être soi-même cruel, mais j'estimais que nous ne pouvions pas nous payer le luxe de simplement l'ignorer. Il n'allait pas abandonner le pouvoir, et son pays, quoique affaibli, n'était pas près de s'effondrer. J'en ai conclu que nous devions traiter Kim avec sérieux, ne pas hésiter à engager des discussions directes, et tirer parti des difficultés économiques de la Corée du Nord pour obtenir un accord qui rendrait la région et le monde plus sûrs.

Enfin, j'avais essayé de me forger une impression générale du pays, même si je n'y étais restée que deux jours, passés pour l'essentiel en tête à tête avec le moins représentatif de ses habitants. S'il fallait se fier aux apparences, toute la vie politique, économique et sociale de la Corée du Nord continuait de tourner autour des enseignements de Kim Il-sung, et de son fils à peine moins adulé. En parcourant les rues de Pyongyang, je n'ai pas vu une seule statue de Marx ou de Lénine, mais seulement du père de la nation et de son fils contemplant leur peuple avec jovialité du haut de leur piédestal.

En voyant des Nord-Coréens ordinaires dans les rues, j'étais tentée d'imaginer de futurs Thomas Jefferson (ou Kim Dae-jung) passer à grandes enjambées, nourrissant leur soif de liberté, en attendant l'occasion de pouvoir exprimer leur désir de démocratie. C'était certainement un fantasme. La plupart des Nord-Coréens sont placés dans les pouponnières gouvernementales dès l'âge de trois mois. Les bambins que j'ai rencontrés au siège du Programme alimentaire mondial étaient aussi disciplinés qu'une fanfare militaire. La Corée du Nord n'avait jamais rien connu d'analogue à un mouvement Solidarnosć ou à un Printemps de Prague.

Les citoyens de ce pays acceptent-ils la propagande dont on les abreuve ? N'y croient-ils qu'à moitié ? Ou n'en peuvent-ils plus ? Il est impossible de le dire. Ils sont probablement davantage préoccupés par leur survie que par un changement qu'ils n'ont aucune raison d'espérer. Il est en tout cas certain qu'ils savent très peu de chose du monde extérieur.

De retour à Washington, nous avions à décider de l'opportunité d'une visite du Président Clinton à Pyongyang. Sandy Berger et moi y étions favorables, si cela pouvait conduire à un accord acceptable sur les missiles. Le Président lui-même était plus que partant, mais il nous restait à négocier un certain nombre d'écueils : les mœurs diplomatiques nord-coréennes, nos alliés, la politique intérieure, et les autres dossiers en cours.

En rencontrant leurs homologues nord-coréens pendant la première semaine de novembre, nos experts ont exposé très précisément nos attentes. Ils ont informé les représentants de la RPDC que nous envisagions une déclaration commune d'obligations mutuelles, assortie d'un échange de lettres confidentielles qui en fixeraient les détails. Nous n'aurions pas le temps, sous la présidence du Président Clinton, de négocier un accord global détaillé.

Comme j'en avais débattu avec le Président Kim, nous voulions que la RPDC renonce à la production, aux essais, au déploiement et à l'exportation de classes entières de missiles (y compris ceux menaçant le Japon), en échange de quoi nous prendrions en charge, avec des garanties, le lancement de satellites nord-coréens à l'extérieur du pays. Nous voulions que le Nord élimine progressivement les missiles déjà déployés. Nous voulions aussi un accord sur les principes de vérification et avoir des garanties sur les modalités de leur mise en œuvre. Nous voulions enfin que la Corée du Nord accepte publiquement la présence de troupes américaines sur la péninsule. Nous attendions aussi qu'elle adhère pleinement à l'accord agréé et s'abstienne de toute activité nucléaire non autorisée. La normalisation complète des relations, à laquelle aspirait Pyongyang, était notre meilleur moyen de pression. Nous n'accéderions pas à leur désir tant que toutes nos conditions ne seraient pas satisfaites.

Nous savions qu'il nous faudrait accepter un certain degré d'incertitude si le Président se rendait finalement à Pyongyang. Les questions les plus épineuses concernaient les missiles déjà déployés, que nous tenions à inclure dans les négociations, ainsi que la question générale des vérifications. À en juger par l'attitude chatouilleuse de Kim, on ne nous permettrait ni d'effectuer des inspections sur site, qui seraient perçues comme une violation de sa souveraineté, ni de mettre en doute la loyauté de la Corée du Nord. Or nous n'avions aucune confiance dans sa parole et nul accord n'était possible si nous ne pouvions avoir l'assurance que la RPDC se conformerait à nos demandes.

Sur la base de nos discussions, nous étions raisonnablement sûrs que Pyongyang accepterait un accord mettant fin à la menace potentielle que représentaient pour nous ses missiles à longue portée et son arsenal nucléaire. Nous pensions que les Coréens seraient prêts à exporter ces restrictions, si bien que l'Iran et les autres clients de la RPDC auraient plus de difficulté à se procurer les armes menaçant nos alliés. Nous pensions que la Corée du Nord accepterait également de ne pas déployer de nouveaux missiles capables de frapper le Japon et son voisin du sud.

Kim Dae-jung conseillait vivement au Président de se rendre à Pyongyang. Il était persuadé que Kim Jong-il souhaitait faire de cette visite un succès, et dans des circonstances ordinaires, l'accord dont nous pensions avoir dessiné les contours aurait justifié un voyage présidentiel. Or nous opérions dans des circonstances extraordinaires en raison du peu de temps dont nous disposions. De nombreux parlementaires et *pundits** étaient opposés à un sommet, craignant qu'un accord avec la Corée du Nord ne fragilise le projet américain de défense antimissile (NMD). D'autres soutenaient que ce serait une façon de « légitimer » le régime de Pyongyang, oubliant les précédents créés par la visite du Président Nixon en Chine en 1971, et les nombreux sommets américano-soviétiques qui se sont tenus pendant la guerre froide. D'autres encore suggéraient qu'il était trop tard et que le Président devait laisser à son successeur le soin de poursuivre les négociations. Après la victoire de George W. Bush aux élections de l'an 2000, le Président Clinton lui a demandé s'il était opposé à un sommet à Pyongyang. Le Président Bush, qui n'était pas encore entré en fonction, a répondu à bon droit que la décision appartenait à Bill Clinton. Nous ne pouvions avoir qu'un chef de l'exécutif à la fois.

En fait, ni les critiques, ni la passation de pouvoir, ni nos divergences potentielles avec la Corée du Nord n'empêchaient le Président Clinton de se rendre en RPDC. Wendy Sherman a ainsi passé la plus grande partie du mois de décembre à attendre de s'envoler pour Pyongyang pour chercher à obtenir d'autres concessions en échange d'une proposition de date pour le sommet. Pourtant, jour après jour, semaine après semaine, la Maison Blanche retardait la décision finale à cause du bouleversement d'emploi du temps créé par la crise du Proche-Orient.

À l'approche des vacances de Noël, le Président sentait qu'il lui fallait choisir entre un voyage en Corée du Nord, via Séoul et Tokyo, et une tentative de médiation entre Israéliens et Palestiniens. Nous avons essayé de lui épargner ce dilemme en invitant le Président Kim à Washington. Les Nord-Coréens ont refusé. Étant donné le caractère

---

* Aux États-Unis, le terme *punditocracy* désigne la caste des experts et commentateurs spécialisés dans l'analyse politique *(N.d.T.)*

public de l'invitation que Kim nous avait faite, le retard de la nôtre, et la nécessité de « sauver la face » dans les mœurs diplomatiques d'Asie de l'Est, cette réaction était prévisible, mais fâcheuse. Nous avions essayé, mais à la différence du Président Kim, nous étions en démocratie, et la démocratie exigeait que nous quittions la scène.

En coréen, il existe de nombreuses désinences possibles pour chaque verbe. Je quittais mes fonctions avec le sentiment que les événement sur la péninsule coréenne pouvaient aussi prendre différentes directions. Je pensais que nous avions ouvert une brèche diplomatique que l'administration Bush ne manquerait pas d'exploiter. Pendant la transition, le nouveau Secrétaire d'État, Colin Powell, m'a laissé entendre que la nouvelle équipe reprendrait le dossier plus ou moins là où nous l'avions laissé. Comme lui et le monde devaient bientôt l'apprendre, cela n'allait pas être le cas. En mars 2001, Kim Dae-jung, en visite à Washington pour rencontrer le Président, a été informé que l'administration Bush ajournerait ses négociations avec le Nord tant qu'elle n'aurait pas réexaminé ses orientations de politique étrangère. À l'été 2002, le gouvernement américain était enfin prêt à reprendre les pourparlers sur des bases solides, mais avait, entre-temps, eu vent d'informations nouvelles et préoccupantes. La RPDC se préparait apparemment à lancer, ou avait déjà lancé, un programme clandestin de production d'uranium enrichi, ce qui aurait constitué une violation flagrante de l'accord agréé. Interrogés par l'adjoint au sous-secrétaire, James Kelly, les représentants nord-coréens n'auraient pas démenti ces allégations.

Au cours des semaines suivantes, la situation n'a cessé de se dégrader, l'administration Bush refusant de négocier directement et de renouveler l'engagement commun qu'avaient pris nos deux pays en 2000 de ne pas manifester d'« intention hostile » l'un envers l'autre. La nouvelle administration s'est également jointe à Pyongyang pour enterrer l'accord agréé. La RPDC a ensuite fait grimper les enchères en expulsant les inspecteurs internationaux et en annonçant qu'elle comptait réactiver son réacteur nucléaire et repéndre la production de plutonium. La situation était revenue au point où l'avait trouvée le Président Clinton au début de son mandat : le spectre d'une Corée du Nord dotée de bombes nucléaires en nombre suffisant pour menacer ses voisins et prévenir toute velléité d'agression sur son territoire, et cherchant des clients disposés à payer en devises pour du plutonium ou des bombes. En définitive, un dangereux pétrin et un statu quo tout à fait inacceptable.

L'issue de la crise de 2003 n'est pourtant guère différente de celle de 1994. Toute politique sérieuse à l'égard de la Corée du Nord devrait s'appuyer sur quatre principes. Premièrement, elle doit aboutir à la dénucléarisation effective de la péninsule coréenne. Nous ne pouvons accepter que la Corée du Nord soit une puissance nucléaire. Nous devons ensuite avoir la volonté d'engager des pourparlers directs avec la Corée du Nord, non pas pour donner quelque satisfaction à Pyongyang mais comme moyen d'empêcher la prolifération et de prévenir le risque de guerre. En troisième lieu, cette politique devra être menée en pleine concertation avec nos alliés. Elle devra enfin être mise en œuvre d'urgence.

Pour connaître la suite des événements, il faudra attendre les mémoires de mes successeurs, car cela ne relève plus de mes compétences.

Je suis retournée à Séoul en novembre 2002 pour la seconde conférence interministérielle de la communauté des démocraties, cette fois en tant que participante dans la partie « non gouvernementale ». Sur place, j'ai rencontré Kim Dae-jung, pour la dernière fois peut-être. La première fois que je l'avais rencontré après son élection, sa réputation tranchait sur celle de son prédécesseur, dont le fils avait été accusé de corruption. À quelques mois de la fin de son mandat, Kim était au plus bas dans les sondages, en partie parce son fils avait trempé dans une affaire similaire. Je me suis rendue à la Maison Bleue (l'équivalent de la Maison Blanche), où l'on m'a conduite dans une petite pièce. Kim était encore en bonne santé, mais marchait avec beaucoup de difficulté. Nous avons évoqué nos efforts communs pour rétablir le contact avec le Nord. Il réfutait l'opinion dominante qui tenait sa politique d'ouverture pour un échec.

« Je n'ai jamais espéré un changement rapide, m'a-t-il dit. Mais nous avons posé les fondations. Les dirigeants des deux Corée se sont rencontrés. Des familles ont été réunies. Traverser la frontière dans les deux sens n'a plus rien de sensationnel.

— Qu'en est-il du programme nucléaire du Nord ? ai-je demandé.

— C'est très inquiétant. Le Nord changera quand il pensera pouvoir le faire en toute sécurité. Ils n'ont confiance en personne. Ils ont vu ce que les Américains ont fait contre la Serbie, qui n'avait pas d'armes nucléaires. Ils collaborent étroitement avec le Pakistan, qui s'est doté de l'arme nucléaire en dépit des mises en garde de la communauté internationale, et qui est aujourd'hui un allié des États-Unis. Ils pensent peut-être avoir besoin de ces armes comme force de dissuasion. Sans les menacer, nous devons les convaincre que les menaces ne sont d'aucun effet. Mais ils s'obstinent à répéter les

mêmes erreurs. Nous avons eu l'occasion rêvée de réaliser une percée pendant les derniers jours de votre gouvernement. Vous aviez
pris la mesure de la situation et de toutes ses implications. Vous y
avez consacré toute votre énergie. Je vous serai toujours reconnaissant, ainsi qu'au Président Clinton, du soutien que vous nous avez
apporté. »

Tout en bavardant avec Kim, une des grandes figures de la démocratie au XXᵉ siècle, je me suis dit que l'histoire ne se divise pas
commodément en tranches de quatre ans, comme les équipes gouvernementales. C'est un flux continu, qui dans ce cas précis a balayé
nos efforts pour mettre Pyongyang à l'épreuve et empêché Kim Dae-
jung de concrétiser ses espoirs. Quand je me suis levée pour prendre
congé, Kim a fait mine de me serrer la main, puis il a tendu les bras
et nous nous sommes embrassés.

Comme le fait dire Oscar Wilde à l'un de ses personnages : « Pour
les bons, cela finissait bien, et mal pour les méchants. Voilà ce que
signifie "œuvre de fiction". » Dans la réalité de la péninsule
coréenne, le sort des bons et des méchants est lié par la proximité
géographique et par des armes capables de causer notre perte à tous.

CHAPITRE VINGT-HUIT

La quête vaine

LE MILLÉNAIRE TOUCHAIT À SA FIN, et au Proche-Orient tous les regards étaient rivés aux calendriers et aux horloges. En mai 1999, Ehoud Barak, leader du Parti travailliste, succédait à Benyamin Netanyahou au poste de Premier ministre. Barak est entré en fonction avec l'ambition d'arriver à un accord de paix global avec la Syrie, le Liban et les Palestiniens à l'horizon de l'automne 2000, pour pouvoir se concentrer ensuite sur les importants besoins socio-économiques d'Israël.

En Syrie, le président Hafez el-Assad avait depuis longtemps juré de reprendre le plateau du Golan, dont Israël s'était emparé pendant la guerre de 1967. Mais Assad, malade, n'avait plus beaucoup de temps pour reconquérir le Golan dans de bonnes conditions.

Six ans après les accords d'Oslo, les Palestiniens n'avaient toujours pas de patrie. S'efforçant de diriger une population frustrée, divisée et appauvrie, Yasser Arafat annonçait qu'il allait bientôt proclamer unilatéralement un État palestinien.

Et à Washington, notre équipe avait bien conscience qu'il ne lui restait plus que quelques mois pour faire barrage à un embrasement potentiellement catastrophique au Proche-Orient.

Nous étions tous engagés dans une course contre la montre.

En octobre 1998, à Wye River, négociateurs israéliens et palestiniens s'étaient mis d'accord sur les conditions d'une paix globale. Pendant une brève période, il a semblé qu'on allait vers la réconciliation, mais les problèmes n'ont pas tardé à surgir. Certaines échéances n'ont pas été respectées. Les Israéliens n'ont pas restitué tous les territoires promis. Les Palestiniens ont tardé à confisquer les armes. Les Israéliens étaient censés libérer des prisonniers palestiniens, ce qu'ils ont fait, mais du point de vue palestinien il ne s'agissait pas des bons. Les Palestiniens ont arrêté des personnes soupçonnées de terrorisme mais, a prétendu Israël, pas les principaux responsables. Sous la pression des extrémistes des deux camps, le langage de la violence a supplanté le langage de la paix.

Publiquement et en privé, j'ai fait savoir aux dirigeants arabes que « la paix n'est pas un sport que l'on se contente de regarder en spectateur », mais, à l'exception de la Jordanie, le monde arabe n'a pas bougé. Quoique à contrecœur, Netanyahou avait risqué sa carrière pour la paix, mais son coup de poker n'avait en rien assoupli les positions arabes. Se trouvant lui-même pris au piège, il convoquait de nouvelles élections en mai 1999, et n'était pas réélu.

Le tombeur de Netanyahou, Ehoud Barak, est entré en fonction comme un coq au point du jour. À l'instar de son mentor, Yitzhak Rabin, il avait l'aura d'un chef de guerre ; il était même le soldat le plus décoré de l'histoire d'Israël. Dans l'armée, il avait changé de nom : de Brog, il était devenu Barak, « l'éclair ». Et comme Rabin, il estimait essentiel qu'Israël fasse la paix avec ses voisins, en partie pour se protéger des foudres de Téhéran et de Bagdad. Il croyait aussi que la paix était possible grâce à la force d'Israël. Les Arabes négocieraient non pas parce qu'ils auraient cessé de haïr Israël mais parce que c'était le seul moyen de recouvrer les territoires perdus.

Bien que le gouvernement américain ait été officiellement neutre, l'élection de Barak a été accueillie très favorablement, du Bureau ovale aux couloirs de Foggy Bottom*. Âgé de cinquante-sept ans, le nouveau Premier ministre était un homme râblé avec un visage rond d'adolescent et des yeux d'un brun si intense qu'ils m'évoquaient du charbon. Je l'avais rencontré une première fois en 1997, au cours de mon premier voyage au Proche-Orient, alors qu'il était chef de l'opposition. À l'issue de notre entretien, j'avais dit à Dennis Ross qu'il serait formidable de pouvoir traiter avec lui en tant que Premier ministre. Nous avions cette chance à présent.

Le sentiment d'urgence qui animait Barak provenait en partie de la débâcle au Sud-Liban, où des troupes israéliennes étaient déployées depuis le début des années quatre-vingt pour répondre aux attaques des milices du Hezbollah soutenues par l'Iran. Bien que justifiée, la présence israélienne donnait au Hezbollah l'occasion de se présenter comme une force patriotique luttant pour la reconquête de la terre libanaise. À la fin des années quatre-vingt-dix, la présence de Tsahal au Sud-Liban était devenue impopulaire en Israël en raison

---

* Surnom donné au Département d'État américain *(N.d.T.)*.

des pertes subies. Barak promettait de retirer les troupes en moins d'un an. Se percevant lui-même comme un dirigeant d'un genre différent de celui de Netanyahou, il était sûr de pouvoir négocier un accord de paix avec la Syrie et le Liban sous contrôle syrien en l'espace de quelques mois. Pour lui les enjeux étaient clairs : la Syrie était le moins hostile des États frontaliers d'Israël, doté d'une capacité militaire importante, et Assad assez puissant pour tenir ses engagements et museler le Hezbollah. Un accord apporterait une plus grande sécurité à Israël et permettrait à la Syrie de récupérer les territoires perdus, du moins une grande partie.

La première fois que j'ai rencontré Assad, c'était à Damas, en 1997. En traversant la ville, j'avais été surprise par le nombre d'antennes satellites installées sur les toits et les balcons. Il y en avait partout. Je m'étais dit que la Syrie se métamorphoserait du jour au lendemain quand elle n'étoufferait plus sous la botte du régime d'Assad. La Syrie possède une population éduquée, fait preuve d'une attitude relativement civilisée à l'égard des femmes, et dispose d'une culture cosmopolite et commerçante séculaire. Un atout clé pour amener le Proche-Orient à entrer de plain-pied dans le XXIe siècle, si sa population ne vivait pas dans ce qui n'est rien d'autre qu'un État policier.

J'étais résolue, en arrivant au palais d'Assad, à faire une forte impression. Mais le cadre de la réunion m'avait quelque peu fait perdre mes moyens. C'était un palais de rêve. Il y avait plus de marbre que vous ne pouviez en imaginer et, naturellement, dans cette région du monde, les tapis étaient magnifiques. Les escaliers étaient majestueux, et vous pouviez imaginer James Bond sortir côté jardin, poursuivi par des hommes armés de cimeterres. Assad m'avait reçue dans une immense pièce sobrement meublée avec des canapés et deux chaises en bois sculpté garnies de coussins. Avant de s'asseoir, il avait écarté les rideaux, révélant une vue spectaculaire sur sa ville, l'une des plus vieilles du monde.

Après avoir exprimé le respect qu'il portait au Président Clinton et à moi-même, il avait donné sa version des négociations passées, se rappelant ses propres engagements avec beaucoup moins de clarté que les promesses qui lui avaient été faites. En 1995, Rabin lui aurait promis de restituer la totalité du Golan si une solution était trouvée à la question de la sécurité et des approvisionnements en eau d'Israël. « C'est un minimum. Personne, pas un enfant syrien n'accepterait de faire la paix avec un pays qui ne garderait ne serait-ce qu'un centimètre carré de notre terre. Partout dans le monde, celui qui cède sa propre terre est considéré comme un traître. »

Polie, franche et obstinée, la position d'Assad en 1997 était toujours la même deux ans plus tard. Il ne reprendrait les négociations que sur la base de son interprétation des promesses faites par Rabin. Barak voulait que le Président aille à Damas pour pousser Assad à reprendre les négociations. Le Président a jugé que c'était plutôt à moi d'y aller, et personne n'a été plus surpris que Barak quand j'ai réussi à persuader Assad d'accepter de négocier « sans conditions ». Il s'ensuivit deux jours de discussions fructueuses à Washington entre Barak et le ministre syrien des Affaires étrangères, Farouk Shara. Ils ont accepté de se retrouver en janvier pour un round de négociations intensives. Le site choisi était un centre de conférences à Shepherdstown (Virginie Occidentale), un village pittoresque situé de l'autre côté de la frontière de l'État, non loin de ma ferme.

En dépit de la bonne volonté affichée par les deux parties, il était peu probable que les pourparlers se déroulent sans heurts. Pour parvenir à la paix, les parties allaient devoir concilier des exigences apparemment inconciliables et s'entendre sur la définition à donner à la restitution du Golan. La question centrale était de savoir où se trouvait la frontière. Où était la démarcation qui existait avant la guerre de 1967 ?

Assad, qui ne se lassait jamais de nous raconter qu'il s'était baigné dans le lac de Tibériade dans sa jeunesse, exigeait que le territoire syrien s'étende jusqu'à la rive orientale du lac et jusqu'au Jourdain. Il estimait qu'on ne transigeait pas avec la terre ; c'était une question d'honneur, ou peut-être de machisme blessé. Il était ministre de la Défense quand la Syrie avait perdu le plateau du Golan. S'il devait permettre à Israël d'utiliser le territoire situé entre la rive orientale du Jourdain et la mer, il faudrait que cela soit une faveur syrienne et non un droit israélien. Israël dépendant du lac de Tibériade pour quarante pour cent de ses besoins en eau, Barak cherchait à conserver assez de territoire pour garantir une souveraineté pleine et entière sur les deux sources d'approvisionnement. La superficie du territoire en litige était petite, mais les deux parties étaient intraitables.

Les pourparlers de Shepherdstown se sont ouverts sur des chamailleries concernant l'ordre des points à débattre. Barak et Shara ont fini par accepter d'examiner toutes les questions en même temps. Nous avons occupé les deux ou trois jours suivants à tenter de rapprocher les points de vue sur des dossiers tels que le calendrier du retrait israélien, les garanties de sécurité pour Israël et les moyens de parvenir à la normalisation des relations diplomatiques. Comme à Wye River, la délégation américaine a commencé à préparer un accord préliminaire.

J'ai rapidement remarqué que les deux parties, notamment les Syriens, étaient bien plus directes avec moi qu'avec le Président

Clinton. Quand Shara était avec le Président, il était cérémonieux dans ses déclarations et cherchait en général à plaire. Avec moi, il se plaignait sans arrêt, surtout au sujet de l'incapacité de Barak à renouveler la promesse faite par Rabin d'un retrait complet si les exigences d'Israël en matière de sécurité étaient satisfaites. Les Syriens avaient bien voulu entamer les négociations avec seulement un engagement indirect de Barak sur cette question, mais ils s'étaient attendus à une prise de position claire dès que les pourparlers avaient commencé. C'est aussi ce que nous attendions. Au lieu de quoi Barak a fait machine arrière.

Avant Sheperdstown, le Premier ministre ne doutait pas de sa capacité à faire partager aux Israéliens sa vision de la paix. Cette belle assurance a, semble-t-il, faibli quand il a commencé à prendre conscience des implications d'un marché conclu avec Assad. Comme Netanyahou avant lui, Barak était soumis à des pressions politiques – pressions fondées sur quelques anciennes vérités.

D'abord, une génération d'Israéliens avait grandi avec l'idée que le plateau du Golan était essentiel à la défense d'Israël. Jusqu'en 1967, les canons syriens menaçaient l'étroit territoire d'Israël des hauteurs du Golan. Depuis, ce sont les canons israéliens qui sont pointés vers Damas, modifiant du tout au tout les relations stratégiques entre les deux pays.

Deuxièmement, les quelque dix-sept mille colons israéliens implantés à présent sur le Golan s'opposeraient vivement, et peut-être violemment, à ce qu'on tente de les en déloger.

Troisièmement, il y avait plus d'un million d'immigrants israéliens de fraîche date venus de l'ex-Union soviétique et d'ailleurs, qui n'étaient pas nécessairement au fait de l'histoire de la région et ne voyaient pas pour quelle raison Israël céderait la moindre parcelle de son territoire.

Quatrièmement, l'opposition israélienne, à défaut de pouvoir mettre en doute le courage politique du Premier ministre, n'hésitait pas à contester sa stratégie. Le président du Likoud, Ariel Sharon, accusait Barak de « capitulation totale » pour le simple fait d'aller à Shepherdstown.

Enfin, les Israéliens étaient à bon droit déconcertés par l'attitude de la Syrie. L'ancien Président égyptien Anouar el-Sadate et le roi Hussein de Jordanie avaient eu des gestes généreux pour rassurer les Israéliens. Même Arafat avait parlé de la nécessité de mettre fin aux souffrances mutuelles. Assad, par contre, refusait de négocier personnellement avec les Israéliens et semblait vouloir les entretenir dans leurs inquiétudes. Bien qu'il prétende avoir pris une « décision stratégique » en cherchant un accord, son attitude demeurait invariablement hostile. Il avait la réputation d'être un homme de parole, mais nombre d'Israéliens doutaient qu'il ferait jamais la paix.

L'une des finalités d'une négociation en vase clos est de favoriser le rapprochement des participants autour d'un objectif commun. À Wye River, les relations entre les hauts responsables israéliens et palestiniens avaient été froides, mais les membres de leurs équipes n'avaient pas hésité à se mélanger pendant les repas et les promenades. À Sheperdstown, ils n'ont rien partagé, pas même une table.

Quand le week-end est arrivé, tout le monde était déjà sur les nerfs. Le samedi, tandis que les Israéliens observaient le sabbat, j'ai invité Shara à jouer les touristes en ma compagnie. Premier arrêt à Harpers Ferry. J'y avais emmené de nombreux visiteurs et la plupart d'entre eux, qu'ils soient américains ou étrangers, avaient été fascinés. C'est là que Thomas Jefferson, contemplant l'endroit où le Potomac et la Shenandoah se rejoignent, avait déclaré que la vue à elle seule méritait qu'on traverse l'Atlantique. Mes invités étaient également captivés par la tentative malheureuse de John Brown pour déclencher une révolte d'esclaves peu avant la guerre de Sécession. Pour moi, l'histoire de John Brown a toujours été exemplaire du danger que représentent les nobles intentions quand elles s'éloignent du bon sens. Shara était tellement content qu'il a même ôté sa cravate.

Après avoir profité du panorama et de la leçon d'histoire, nous avons pris la direction de ma ferme, où le service du protocole du Département d'État nous avait précédés pour mettre les petits plats dans les grands ; ce qui ajoutait à l'incongruité de notre excursion car ma ferme est un endroit sans prétention. Qui plus est, mon gendre Greg était là avec mon petit-fils David. Pour se rendre utile, Greg avait fait un grand feu. Le seul problème était qu'on venait de réparer la cheminée et que le conduit était fermé, si bien que quand Farouk Shara et moi sommes arrivés dans ce qui était censé être un cadre serein, nous avons trouvé portes et fenêtres ouvertes et tout le monde courant dans tous les sens pour évacuer la fumée. Shara a serré la main de David et de Greg avant de se risquer avec moi dans la maison, où nous nous sommes assis pour parler de l'histoire de la Syrie, nous frottant les yeux de temps à autre pendant qu'on nous servait le thé.

Le lendemain, j'accompagnais Barak et sa femme, Nava, à Antietam, théâtre de l'épisode le plus sanglant de l'histoire américaine. Le 17 septembre 1862, plus de vingt-deux mille soldats confédérés et de l'Union ont été tués ou blessés. Militaire de carrière, Barak a écouté avec attention les détails de la bataille relatés par Bruce Riedel, spécialiste du Proche-Orient au NSC et passionné de la guerre de Sécession. De là, nous sommes allés à Harpers Ferry, puis nous avons déjeuné à ma ferme. Pendant le repas, j'ai continué sur le thème de la guerre de Sécession en racontant que la montagne derrière ma propriété avait abrité une partie du chemin de fer souterrain, et que des esclaves en fuite s'étaient cachés derrière les épais murs de pierre et les cheminées des maisons locales.

Barak a remarqué que la grosse horloge sur le mur de la grange n'était pas à l'heure. Je lui ai dit qu'elle avait orné jadis une tour française ; je l'avais achetée dans un salon d'antiquaires et n'avais jamais été capable de la faire fonctionner. Je savais que Barak aimait démonter les mécanismes d'horlogerie, aussi n'ai-je pas été surprise de l'entendre dire : « À ma prochaine visite, je réparerai l'horloge[1]. »

De retour à Shepherdstown, les négociations ont repris. Des avancées marginales ont été obtenues, mais les problèmes fondamentaux n'étaient pas réglés. Quand le Président Clinton a présenté notre accord préliminaire, Barak, de plus en plus hésitant, a cherché à gagner du temps. Afin de ralentir les choses, il a proposé d'ajourner les négociations pour quelques jours afin que sa délégation puisse étudier le document et donner ses premières impressions, avant de revenir pour un second round. Le Président Clinton a indiqué qu'il ne voyait pas d'inconvénient à ce que nous fassions tous une pause, mais il nous a mis en garde : les accords de paix à moitié finis ne se bonifient pas avec le temps comme certains fromages ; ils sont plutôt comme des bananes qui se gâtent.

À la reprise des négociations, Shara a comparé les pourparlers à une voiture que Syriens et Américains seraient en train de pousser parce que les Israéliens n'avaient pas mis le contact. « Non, ai-je dit, je crois que le moteur commence à démarrer, mais pour l'instant il est encore enroué. » Dennis Ross a alors dit : « Si vous n'aimez pas l'image de la voiture, parlons de bicyclettes. » Shara : « Non, les vélos, c'est pour les Palestiniens. » Dennis : « Eh bien, nous devons peut-être faire démarrer la voiture en trafiquant les fils. » Shara a confié qu'adolescent, il l'avait fait.

Plus tard, j'ai rappelé à Shara notre visite à Harpers Ferry, où nous avions vu des rochers dans la rivière. Certains rochers étaient glissants, mais nous devions rester dans la rivière et essayer de traverser. « Nous n'avons même pas mis les pieds dans l'eau », a-t-il rétorqué.

Ces comparaisons ont trouvé leurs limites au cours d'une troisième

1. Si M. Barak trouve le temps de lire ces lignes, j'espère qu'il sait que ma porte lui est ouverte... et que mon horloge a toujours besoin d'être réparée.

conversation que j'ai eue avec Shara, conversation qu'il n'aurait certainement pas eue avec un homme. Nous nous demandions dans quelle mesure une négociation de paix exigeait un acte de foi, quand Shara a dit : « Eh bien, supposez que nous devions nous marier. C'est un engagement que nous ne prendrions que si nous étions sûrs qu'il était viable. »

J'ai répondu : « Soit, mais imaginons que nous nous mariions, que je veuille voyager mais que vous ne vouliez pas que je parte ?

— Ce n'est pas un problème, parce que je crois en l'égalité.

— Très bien, mais si nos définitions de l'égalité n'étaient pas les mêmes ?

— Ce ne serait toujours pas un problème, parce que nous sommes tous deux intelligents et que nous voulons nous entendre.

— Oui, mais imaginez que vous ayez fréquenté les talibans et que votre passé fausse votre jugement. Vous auriez beau faire, vous ne pourriez pas considérer mes vues comme raisonnables. Est-ce que le mariage pourrait encore marcher ? Je l'espère, parce que Israël et la Syrie ont un lourd passé. » J'ai fini par conclure que le recours aux métaphores ne servait pas à grand-chose.

Pour dissiper mes doutes, j'ai demandé à Shara et à Barak, en privé, s'ils croyaient sérieusement qu'on arriverait à un accord. Ils ont tous les deux répondu par l'affirmative, ce que j'ai trouvé encourageant jusqu'à ce que je connaisse leurs raisons. Chacun croyait que le Président interviendrait in extremis pour imposer des concessions à l'autre partie. Je ne doutais pas des compétences du Président, mais je le voyais mal faire des tours de magie. Nous avons quitté Shepherdstown sans cérémonie de clôture ni conférence de presse, pensant revenir neuf jours plus tard.

En retournant chez eux, les négociateurs des deux parties ont été soumis à un examen approfondi. En pareilles circonstances, la tentation est forte de communiquer une version des événements qui donne à votre propre équipe le beau rôle et jette une ombre sur la partie adverse. C'est pourquoi les négociations secrètes ont leur place et les ébauches de plan de paix sont périssables, comme nous en avait averti le Président Clinton. Avant même l'ajournement de Shepherdstown, un article paru dans un journal en langue arabe publié à Londres donnait un aperçu du projet de plan de paix américain et mettait en avant la demande d'Assad d'un retrait israélien complet du Golan. Le 13 janvier, un journal israélien publiait le projet in extenso, accompagné d'un article détaillant la liste des concessions faites par la Syrie.

Les deux délégations avaient promis de préserver la confidentialité des négociations, car l'avenir de la région et de nombreuses vies étaient probablement en jeu. Elles n'ont pourtant pas tenu parole. Les conséquences étaient prévisibles : les Syriens sont publiquement revenus sur les concessions qu'ils avaient faites sur les questions de moindre importance, tout en réaffirmant leur détermination à imposer à Israël la restitution de la totalité du Golan. Et le second round de négociations prévu a été annulé.

Il aurait peut-être été logique à ce stade de mettre les négociations avec la Syrie entre parenthèses pour se concentrer de nouveau sur la piste palestinienne, potentiellement explosive. C'était l'option que nous et de nombreux membres du gouvernement Barak aurions retenue. Cependant, le Premier ministre israélien, qui avait promis de retirer les troupes israéliennes du Liban avant l'été, voulait conclure un accord avec la Syrie pour que le retrait se fasse dans de bonnes conditions, avec des garanties pour l'avenir.

Il croyait fermement qu'Assad accepterait le compromis qu'il préparait : la restitution à la Syrie de tout le Golan, exception faite d'une langue de terre de cinq cents mètres de long sur quatre-vingts de large, située entre le lac de Tibériade et la rive orientale du Jourdain, conservée en échange d'une parcelle de territoire n'ayant jamais été possession syrienne. L'idée de Barak était de coupler ce découpage territorial à un ensemble de propositions détaillées portant sur d'autres dossiers et d'obtenir du Président qu'il les soumette à Assad au cours d'un entretien en tête à tête. De son point de vue, il offrait au leader syrien la possibilité de récupérer quatre-vingt-dix-neuf pour cent du Golan ; proposition qu'aucun homme raisonnable ne pouvait refuser.

Bien moins confiante, j'ai offert de tâter le terrain à Damas d'abord, afin d'éviter au Président Clinton ce qui risquait d'être un échec retentissant. Barak n'avait pas ces soucis. Cela tenait peut-être à son passé militaire, à sa personnalité, ou aux particularités du système politique israélien – dans lequel les ministres des Affaires étrangères et de la Défense sont souvent issus de partis différents de celui du Premier ministre –, mais il considérait la diplomatie comme la chasse gardée des chefs de gouvernement. À la différence de Netanyahou, il ne jugeait pas adéquat d'avoir un autre interlocuteur que le Président auquel il téléphonait constamment. Il pensait également que seul le Président était habilité à négocier avec Assad et capable d'assouplir les positions du dirigeant syrien.

Barak, qui contrôlait toujours tout, a fourni au Président un script complet en prévision de cet entretien. D'une manière qui m'a semblé condescendante, il a dit que le Président était libre d'improviser les généralités d'ouverture, mais que les demandes d'Israël devaient être exposées mot pour mot.

Le Président Clinton a accepté les termes de cette rencontre pour plusieurs raisons. Il était plus confiant que nous quant à la réussite de cette initiative, et il est vrai que l'offre de Barak était certainement plus favorable que toutes celles que les Syriens seraient susceptibles de recevoir. Le Président s'était également engagé à soutenir tous ceux qui étaient prêts à prendre des risques pour la paix au Proche-Orient ; fin diplomate ou non, Barak était leur chef de file. Enfin, l'optimisme propre au Président le poussait à croire qui si l'on frappait un grand coup, il en sortirait nécessairement quelque chose.

Le Président et moi avons rencontré Assad et Shara dans une salle de bal de l'hôtel Intercontinental de Genève, le 26 mars 2000. Comme il n'y avait que les deux Syriens, nous avions dû restreindre notre délégation. Nous avons pris place dans des fauteuils autour d'une table basse, le Président et Assad assis côte à côte. J'étais assise entre le Président et Dennis Ross. Robert Malley, du NSC, prenait des notes. Derrière la cloison en bois qui se trouvait à l'autre bout de la pièce, plusieurs autres officiels américains tendaient l'oreille et se retenaient de tousser pour ne pas être découverts.

Le Président Clinton a commencé par remercier Assad de sa venue et par compatir aux difficultés physiques auxquelles devait faire face son homologue syrien, visiblement malade. À quoi celui-ci a répondu : « Je ne me lasse jamais de vous voir. »

Le Président a ensuite rappelé la chance historique qui se présentait à nous et ajouté que c'était pour lui une satisfaction personnelle d'avoir pu gagner la confiance de la Syrie sans perdre celle d'Israël. Puis il a annoncé qu'il voulait faire une présentation formelle des propositions israéliennes. Assad est intervenu : « Très bien, je ne dirai rien avant que vous ayez fini, mais qu'en est-il des territoires ?

— Les Israéliens, a répondu le Président, sont prêts à se retirer complètement derrière une frontière approuvée conjointement.

— Qu'entendez-vous par "frontière approuvée conjointement" ? »

Le Président Clinton a commencé à expliquer, et Dennis a sorti une carte basée sur les idées de Barak, montrant clairement la ligne courant le long de la rive est du Jourdain et du lac de Tibériade, avec la bande de terre israélienne clairement délimitée.

« Alors, il ne veut pas la paix, a lâché Assad sans même se donner la peine d'examiner la carte. C'est terminé. »

C'était terminé en effet. Pendant les deux heures qui ont suivi, le Président, Dennis et moi-même avons bataillé pour sauver la situation, mais le problème fondamental trônait dans la pièce comme un rocher. Les Israéliens ne céderaient pas sur la nécessité d'un accès à l'eau. Assad ne reconnaîtrait pas la souveraineté d'Israël sur un pouce de ce qu'il considérait comme étant une terre syrienne. Le

Président a essayé deux ou trois fois de reprendre la liste des points de discussion dressée par Barak, mais les Syriens ont fait la sourde oreille.

J'ai rappelé à Assad que le Président Clinton était venu à cette réunion uniquement en raison de son attachement pour la paix, et qu'il était peu probable que la Syrie obtienne une meilleure offre d'Israël. Je lui ai vivement conseillé de ne pas gâcher l'occasion de récupérer quatre-vingt-dix-neuf pour cent du plateau du Golan pour un différend portant sur une parcelle de terre.

Shara est intervenu : « Ce n'est pas une question de kilomètres, mais de dignité et d'honneur. Les Israéliens ne perdent rien en restituant notre territoire, et le Président Assad veillera, plus qu'aucun autre, à ce qu'Israël soit accepté dans la région une fois qu'un accord sera trouvé. »

Alors que nous nous préparions à partir, les Syriens ont prié le Président Clinton de ne pas dire qu'ils portaient la responsabilité de l'échec des négociations. Le Président s'est contenté de dire : « Le monde en sera juge. »

Dans son empressement à suivre la piste syrienne, Barak avait cherché à forger un accord historique avec un farouche ennemi d'Israël tout en sécurisant la frontière nord, en préservant l'accès à l'eau, et en ouvrant la voie à des pourparlers décisifs avec les Palestiniens. Il avait cependant mal compris Assad. Ce qui semblait logique pour Barak ne l'était pas pour le Président syrien. Assad défendait une position qu'il ne pensait pas pouvoir abandonner, même marginalement, sans ternir sa propre image soigneusement entretenue.

Pendant ce temps, le sable continuait de couler dans le sablier. Le Président Clinton n'avait plus beaucoup de temps devant lui. Assad n'en avait plus du tout. Le 10 juin 2000, le Président syrien décédait d'une crise cardiaque, sans avoir réussi à récupérer un pouce de la terre de son pays.

Dans un film intitulé *Un jour sans fin*, sorti en 1993, le personnage principal, interprété par Bill Murray, est condamné à revivre indéfiniment un jour de sa vie. Chaque matin, il se réveille pour faire face aux mêmes événements et aux mêmes conversations que la veille. Il finit par se sortir de cette situation en trouvant les choix personnels et professionnels qui auront les meilleurs résultats pour tout le monde. Un scénario qui aurait pu servir à décrire la situation au Proche-Orient.

Comme la plupart des membres du gouvernement, je me faisais une joie des visites à Camp David, la retraite historique des Présidents américains, dans le Maryland. En juillet 2000, j'y ai passé quinze jours, enfermée avec les leaders israéliens et palestiniens. Nous avons travaillé jour et nuit ; et de nuit comme de jour, le magnifique paysage était enveloppé dans un brouillard suffocant rappelant quelque fléau biblique. J'ai débattu si longtemps de la question du Proche-Orient avec des hommes issus de trois cultures différentes que quand je suis enfin partie, il m'aurait été égal de ne jamais revenir. Mais si le Proche-Orient doit un jour connaître la paix, celle-ci naîtra des idées examinées pendant ces deux semaines orageuses.

Yasser Arafat avait d'abord accueilli favorablement l'élection de Barak au poste de Premier ministre, et prétendait même y avoir contribué, mais son enthousiasme s'était rapidement éteint. Il avait exploité le discours abrupt et la politique de droite de Netanyahou pour rallier les sympathies à la cause palestinienne. Barak, par la hardiesse de ses positions et sa quête passionnée de la paix, menaçait d'ébranler le statut de victime professionnelle d'Arafat. Barak avait également volé la vedette au leader palestinien en négociant avec la Syrie.

Après qu'Assad eut refusé de négocier, Barak s'est occupé du retrait des troupes israéliennes de la zone de sécurité qu'elles occupaient à grands frais au Liban depuis dix-sept ans. Si la majorité des Israéliens étaient soulagés par cette décision, les partisans d'Arafat étaient en colère. Ils faisaient remarquer que les Palestiniens avaient décidé en 1993 de recouvrer leur terre en négociant avec Israël. Sept ans plus tard, le fruit de leurs efforts se réduisait à une petite portion de territoire et à une existence faite d'humiliations quotidiennes.

Le Hezbollah libanais, qui avait choisi la voie de l'affrontement armé, avait réussi à récupérer des terres. Les Syriens, qui refusaient tout contact avec les Israéliens, s'étaient vu offrir quatre-vingt-dix-neuf pour cent du Golan. Les Israéliens, disaient les Palestiniens, envoient précisément le mauvais message : le Hamas avait raison et la ligne dure était le seul moyen de libérer le territoire arabe.

J'ai dit à Arafat qu'il se méprenait, que les efforts de Barak pour négocier avec la Syrie n'étaient pas un signe de faiblesse, mais l'expression du désir de paix de l'État hébreu. Barak, qui ne voulait pas qu'une nouvelle génération de Palestiniens considère Israël comme une force d'occupation, était prêt à négocier sérieusement. Le Premier ministre israélien estimait qu'un règlement politique était possible à la condition que les Israéliens prennent en compte les aspirations palestiniennes. « Si nous n'aboutissons pas, un nouveau cycle de violence va commencer, nous enterrerons nos morts et ils enterreront les leurs, et une génération plus tard nous nous réunirons encore une fois pour discuter de la même géographie, de la même démographie et des mêmes problèmes. »

Quoique que bien plus audacieux, Barak partageait l'hostilité de son prédécesseur à l'égard de l'approche fragmentaire des accords d'Oslo. Chaque mesure exigée par Oslo suscitait des débats passionnés en Israël, ce qui avait un prix politique. Croyant qu'il serait plus facile pour lui de proposer un accord global plutôt que de continuer à essayer de vendre la paix en pièces détachées, Barak essayait d'imposer un règlement d'ensemble. Pour obtenir des avancées, il a laissé entendre qu'il négocierait des positions étonnamment favorables aux Palestiniens. Ce qui a suscité l'indignation de ses adversaires politiques, mais a contribué à faire comprendre aux Israéliens que la paix exigerait de douloureuses concessions. Netanyahou avait cherché à décourager les attentes palestiniennes. Barak, lui, essayait de donner aux Israéliens une compréhension plus réaliste de ce à quoi ils allaient devoir renoncer.

Pour ce qui est d'Arafat, quand Barry Schweid, doyen des journalistes diplomatiques, m'a demandé si le leader palestinien faisait quoi que ce soit pour préparer son peuple à des choix difficiles, j'ai dû lui répondre que non. Dans l'esprit d'Arafat, ces choix avaient tous été faits en 1993, au moment de la ratification du processus d'Oslo. Ses exigences n'avaient pas changé. Il voulait un État palestinien découpé sur les frontières de 1967 avec sa capitale – comme celle d'Israël – à Jérusalem. Dans ses discours en arabe, il n'était jamais question des préoccupations israéliennes ni de la nécessité d'un compromis. Il reconnaissait l'existence d'Israël mais pas sa légitimité morale. Au lieu d'essayer de forger un nouveau consensus palestinien, il renforçait l'ancien.

En juin 2000, j'ai fait deux voyages au Proche-Orient. Barak souhaitait que le Président Clinton organise un sommet dans l'esprit de Camp David. Arafat non. Le leader palestinien était furieux que Barak reporte les engagements pris par Israël à Wye River et tente d'apaiser la droite israélienne en autorisant l'implantation des colonies à un rythme encore plus soutenu qu'il ne l'avait été sous Netanyahou. Il était également contrarié par le fait qu'après avoir freiné les négociations pendant des mois, Barak lui demande maintenant d'accélérer les choses. Le leader palestinien m'a dit qu'un sommet représentait une carte trop importante à jouer sans quelque espoir de succès, et il ne voulait pas qu'on lui impute son échec probable.

Barak, pendant ce temps, nous sollicitait énergiquement. Il prédisait que sous la pression d'un sommet, le Président Clinton serait à même d'arracher un accord à Arafat. Nous étions sceptiques ; Barak avait fait la même prédiction à propos de la capacité du Président à influencer Assad. En outre, la boîte de Pandore étiquetée « questions liées au statut permanent » n'avait encore jamais été ouverte. Ces questions étaient extrêmement sensibles et d'une complexité décourageante. Les deux parties défendaient publiquement des positions largement incompatibles. Pour aboutir, il fallait qu'elles s'engagent l'une et l'autre à faire preuve de créativité et de volonté politique, ce qui était loin d'être acquis étant donné les dispositions d'Arafat avant le sommet. En même temps, le Président – redoutant une escalade de la violence et profondément engagé en faveur de la paix – rechignait à substituer son jugement à celui d'un Premier ministre israélien aussi déterminé à entrer dans l'Histoire. Arafat, tout en demandant plus de temps, était incapable de préciser ce qu'on gagnerait à attendre. C'est ainsi que le 3 juillet 2000, le Président Clinton invitait les deux leaders à Camp David pour un sommet devant commencer la semaine suivante.

Camp David est perché sur ce que les gens de l'Est appellent une montagne et que ceux qui ont vécu dans le Colorado appellent une colline. C'est un enclos d'arbres, de sentiers, de fleurs, de chalets et d'équipements de loisir, où l'on se déplace en voiturette de golf. Des marches de son chalet, le Président Clinton avait vue sur le logement de Barak sur sa droite et sur celui d'Arafat sur sa gauche. Mon chalet était niché à quelques mètres de celui de Barak, dans les bois voisins.

Comme le Président devait partir huit jours après le début du sommet pour une réunion du G8 au Japon, nous n'avions pas beaucoup de temps. Nous avons décidé d'employer les deux premiers jours à solliciter des propositions, puis, le jour suivant, de soumettre un document présentant les positions des deux parties, ainsi que nos propres idées. En attendant, la première tâche du Président était de changer la psychologie d'Arafat. Si nous voulions que les négociations aboutissent, il fallait persuader le leader palestinien qu'il avait bien fait de venir. « Vous n'avez qu'à lui dire que ce sera la plus grande fierté de votre vie d'être à ses côtés quand on hissera le drapeau de l'État palestinien », a suggéré Sandy Berger au Président ; celui-ci lui a retourné un regard qui voulait dire « Vous devez être fou ». « La fierté de ma vie ? Et la naissance de Chelsea, alors ?! »

L'entretien avec Arafat n'a pas eu le résultat escompté. Devant la fougue et l'éloquence du Président, il est resté attentif, poli, et muet. La première réunion avec Barak a été tout aussi frustrante. Le Premier ministre israélien était arrivé en retard parce qu'il avait échappé de justesse à une motion de censure votée par le Parlement. Il était d'humeur irascible et préférait que rien ne se passe pendant quelques jours parce qu'en cas de succès trop vite obtenu, on penserait qu'il n'avait pas négocié de façon assez serrée. Lui qui avait montré tellement d'empressement voulait à présent ralentir les choses, comme un chef d'orchestre qui chercherait la dissonance en passant de l'allegro à l'adagio. Il pensait que nous devions laisser la pression s'accumuler sur Arafat jusqu'à la crise et ensuite abattre nos cartes. C'était le contraire de notre approche. Nous estimions qu'il fallait dès le début attirer Arafat pour le pousser à négocier de façon constructive. Et nous ne savions pas où Barak voulait en venir parce qu'il ne voulait pas nous le dire.

Le troisième jour, j'ai rencontré Barak dans son chalet, appelé Dogwood (« Le Cornouiller ») mais bientôt rebaptisé Doghouse (« La Niche ») par son entourage. Le Premier ministre était tout de noir vêtu, ce qui convenait bien à son état d'esprit. Il s'est plaint de la façon de négocier des Palestiniens, disant qu'Israël allait constamment de l'avant alors qu'Arafat faisait du sur-place. Je pouvais difficilement lui donner tort sur ce point. Barak a demandé à voir notre avant-projet. J'ai répondu que Dennis était en train de briefer les négociateurs israéliens. « Il faut que je le voie, a insisté Barak. Mes négociateurs vont peut-être faire une erreur. Je dois vous faire savoir si je peux l'accepter ou non. »

La réponse ne s'est pas fait attendre. C'était non. Ne voulant pas d'emblée « coincer » le dirigeant israélien, le Président a chargé Dennis de rédiger un nouveau document récapitulant simplement les positions des uns et des autres. Cela convenait parfaitement à Barak. Arafat, lui, était furieux parce que le nouveau document faisait référence au projet d'Israël d'étendre Jérusalem afin que les Palestiniens puissent établir leur capitale dans un quartier excentré et non dans les murs de la Ville sainte. Il n'accepterait jamais cette « combine israélienne ». Vers deux heures et demie du matin, les négociateurs palestiniens, Saeb Erekat et Abou Ala, sont venus dans mon chalet où Dennis et moi avons essayé de les calmer. Dennis a fini par dire : « Si vous n'approuvez pas notre document, parfait. Vous n'avez qu'à négocier directement avec les Israéliens. » Saeb : « Vous voulez dire qu'on peut ignorer le document ? — Oui. »

Au bout de trois jours, nous avions donc rédigé deux documents, le premier rejeté par Barak, le second par les Palestiniens. Entre-temps, des membres de l'équipe de Barak étaient venus nous dire que leur chef avait été mal compris et que nous aurions dû nous en tenir au premier document. De toute façon, nous étions au point mort, et des tensions se faisaient jour au sein de notre propre équipe.

Le NSC était impatient, le Département d'État s'inquiétait de ces revirements permanents, et nous étions tous exaspérés. John Podesta, l'habile et impartial nouveau secrétaire général de la Maison Blanche, a servi de médiateur et nous a remis en selle. De son côté, le Président Clinton encourageait les deux leaders à intervertir leurs rôles, comme il l'avait fait à Wye River. Mais Arafat en avait plus qu'assez d'entendre parler des problèmes de politique intérieure de Barak et disait que le dirigeant israélien les avait tout simplement fabriqués ; pour sa part, Barak récusait l'idée selon laquelle Arafat avait besoin d'aide pour contrôler les extrémistes palestiniens.

Pour tenter de recentrer les débats, nous avons encouragé les deux délégations à travailler par petits groupes sur les principales questions, à savoir les frontières (et les colonies), les arrangements de sécurité, les réfugiés, et Jérusalem.

Sur la question des frontières, les Palestiniens ont commencé par demander qu'Israël restitue tous les territoires occupés pendant la guerre de 1967 pour les intégrer à leur nouvel État. C'est ce qu'Anouar el-Sadate avait obtenu pour l'Égypte et le Sinaï en 1978, et ce qu'Assad réclamait pour la Syrie. Mais en 2000, il y avait déjà plus de cent quatre-vingt mille colons israéliens en Cisjordanie et dans la bande de Gaza, la majorité d'entre eux vivant dans des zones proches d'Israël. Barak souhaitait annexer une partie suffisamment importante de la Cisjordanie pour permettre à quatre-vingts pour cent des colonies de rester dans le giron israélien. Il voulait aussi contrôler des portions de territoire dans la vallée du Jourdain et la bande de Gaza, afin de prévenir les attaques et la circulation d'armes et de terroristes. Les Palestiniens, qui étaient prêts à accepter la présence de stations d'alerte avancée, s'opposaient à toute présence militaire israélienne permanente dans la vallée du Jourdain. Ils voulaient aussi recevoir en compensation des terres annexées pour les colonies, des territoires de taille et de valeur équivalentes ailleurs.

La question des réfugiés était à la fois juridique et profondément sentimentale. D'après le registre des Nations unies, environ quatre millions de Palestiniens, en comptant leurs descendants, avaient été poussés à l'exode par les guerres de 1948 et de 1967. Les Palestiniens revendiquaient le droit au retour. Cette quête a été l'objectif central de l'OLP tout au long de son histoire. Or si ce droit était exercé, Israël perdrait son statut d'État majoritairement juif. Et si Israël acceptait la responsabilité morale et légale du sort des réfugiés, c'est la légitimité même de la création de l'État hébreu qui serait sapée aux yeux de ses ennemis. De telles concessions étaient évidemment inacceptables. Un compromis semblait pourtant encore possible dans la mesure où certains négociateurs palestiniens étaient prêts à examiner, en privé, une limitation du nombre de réfugiés autorisés à retourner en Israël, et où les Israéliens avaient accepté la mise en place d'un système international organisant l'indemnisation des réfugiés et des gouvernements qui les avaient accueillis.

Les questions de la frontière et des réfugiés, bien que presque insolubles, étaient simples comparées au problème de Jérusalem. Barak, comme pratiquement tous les ténors de la politique israélienne, avait promis que la Ville sainte ne serait jamais divisée. Les Palestiniens exigeaient la restitution de Jérusalem-Est, occupée depuis 1967. Pendant nos discussions, nous avons examiné la géographie politique de Jérusalem en divisant la ville en quatre cercles concentriques. Le premier englobait les quartiers de la périphérie, également occupés en 1967. Le deuxième enfermait les quartiers s'étendant jusqu'au centre de la ville. Le troisième cercle, l'antique cité fortifiée du Vieux Jérusalem, avec ses quartiers juifs, arméniens, chrétiens et musulmans. Et au cœur de Jérusalem se trouvait une zone d'une quinzaine d'hectares abritant fontaines, jardins, édifices et dômes que les juifs appellent le mont du Temple et les musulmans Haram al-Sharif, ou le Noble Sanctuaire. Cette zone minuscule renferme plus de Lieux saints pour les chrétiens, les juifs et les musulmans qu'aucun autre endroit au monde.

Les juifs croient que cette enceinte est située sur le site de l'ancien Temple édifié par le roi Salomon et restauré après l'Exil des juifs à Babylone. Sous le mont du Temple se trouve le Mur occidental qui comprend le Mur des Lamentations, le plus important site sacré du judaïsme. Les juifs vont au Mur des Lamentations pour y réciter des prières qu'ils laissent sur des bouts de papier glissés entre les vieilles pierres. Pour les musulmans, l'esplanade du Haram al-Sharif est le sanctuaire d'où Mahomet serait monté aux cieux après son voyage nocturne de La Mecque à Jérusalem. Il renferme également le Dôme du Rocher, le troisième Lieu saint de l'islam, et la mosquée Al-Aqsa.

Les négociateurs devaient débrouiller tout ceci. Jonathan Schwartz, un juriste inventif qui faisait partie de notre équipe, a classé les différentes façons de modifier et de décrire les notions d'autorité et de souveraineté politique, juridique et administrative. Nous pensions qu'il n'y aurait de solution au casse-tête de Jérusalem qu'en donnant à chaque partie la possibilité de revendiquer son contrôle sur ce qu'elle jugeait le plus important.

À la recherche d'un terrain d'entente sur toutes les questions, nous nous sommes réunis en petits groupes avec chaque partie séparément et les deux parties ensemble. Nous avons également organisé des rencontres entre Israéliens et Palestiniens sans y assister. Nous avons programmé des réunions dans des chalets rapprochés et d'autres dans des endroits relativement isolés. Nous avons encouragé les deux parties à échanger des idées de manière informelle aux repas, entre deux matchs de basket, en communion avec la nature, et en secret. Nous avons fait en sorte que le Président puisse superviser les discussions. Nous avons demandé à ce que les négociateurs fassent un compte rendu, à lui ou à moi, à la fin de chaque journée. Une fois, nous avons même enfermé deux négociateurs dans le bureau du Président de minuit à dix heures du matin [1].

Notre équipe n'a eu de cesse de créer un climat favorable. Les membres des délégations nous y aidaient parfois. Après tout, ces gens avaient appris à bien se connaître au fil des années et avaient noué des relations qui transcendaient les frontières. Le premier vendredi, les Israéliens ont invité Palestiniens et Américains à partager le dîner du sabbat. Arafat était de bonne humeur, a béni tout le monde et a même dit quelques mots en hébreu.

À d'autres moments, les tensions se faisaient jour. Au début des négociations, le Président s'était emporté contre Abou Ala, un négociateur palestinien, à cause de son intransigeance sur la question des frontières. Après quoi, il m'a fait signe et nous avons fait une sortie théâtrale au moment précis où une averse commençait à tomber. Soit nous nous faisions mouiller, soit l'effet dramatique de notre sortie était perdu ; nous nous sommes fait tremper.

Barak était manifestement épuisé par les heures qu'il passait au téléphone à entretenir sa cote de popularité en Israël. Pendant les premiers jours, les seuls progrès obtenus l'ont été par le biais de discussions parallèles. Barak y a mis fin en interdisant aux membres de sa délégation de parler de Jérusalem. Barak forçait l'admiration. Personnellement, je trouvais que c'était un homme remarquable, courageux dans ses idées et dévoué à la paix. Son sens du contact, toutefois, laissait quelque peu à désirer. Il avait tendance à montrer d'emblée qu'il se pensait plus malin que les autres, ce qui était peut-être vrai, mais tactiquement maladroit. Il avait sa propre conception de la logique et ne semblait pas comprendre que ses interlocuteurs auraient été plus réceptifs à ses explications s'il y avait mis un peu d'humour et de tact. Il se montrait également très distant à l'égard des Palestiniens.

À plusieurs reprises, je suis allée voir Arafat dans son chalet, simplement pour prendre sa température, qui ne cessait de grimper. Persuadé que nous conspirions avec les Israéliens contre lui, il parlait à n'en plus finir des promesses non tenues de Barak. Une fois, levant les bras en l'air, il a déclaré comme s'il s'adressait à un vaste audi-

---

1. La coordination de tout ceci a incombé à Elizabeth Jones, l'habile assistante de l'adjoint au sous-secrétaire aux Affaires politiques, chargé du Proche-Orient.

toire : « Je ne suis pas un esclave, je suis Yasser Arafat. » Quand je l'ai invité à se montrer plus conciliant, il m'a jeté un regard noir et a déclaré : « La prochaine fois que vous me verrez, ce sera en suivant mon enterrement. » La plupart de nos conversations étaient moins mélodramatiques mais guère plus fructueuses. Arafat ne proposait rien. Il donnait l'image d'un vieil homme fatigué et isolé.

Ses intentions personnelles mises à part, le dilemme auquel il était confronté vis-à-vis de ses électeurs n'était pas moins réel que les problèmes de Barak avec les siens. À l'instigation d'Arafat, j'ai brièvement quitté Camp David pour rencontrer un groupe de hauts responsables palestiniens réunis dans la ville voisine d'Emmitsburg. Ils étaient furieux de ne pas avoir été autorisés à voir le chef de l'Autorité palestinienne à cause des règles que nous avions établies pour empêcher les fuites. Je leur ai donné un aperçu de l'avancée des travaux sans rien révéler qui puisse nuire aux négociations. Je leur ai dit qu'un accord exigerait de douloureux compromis de part et d'autre, et leur ai conseillé d'y préparer les Palestiniens. Ils ont dit qu'ils comprenaient parfaitement la nécessité des compromis et soutiendraient naturellement Arafat, à condition qu'il n'accepte aucune entorse au « consensus palestinien » sur les réfugiés, les frontières et Jérusalem. En d'autres termes, ils étaient tout à fait favorables à un accord du moment que toutes les concessions étaient faites par Israël.

Au huitième jour des négociations, nous avions obtenu peu de chose. Le Président Clinton a fait savoir à Barak qu'il faudrait soit clôturer le sommet, soit se contenter d'un accord partiel. Après avoir demandé un moment de réflexion, Barak a sollicité un entretien en tête à tête avec le chef de l'exécutif. Ce dernier en est sorti avec le sourire ; les Israéliens seraient prêts à restituer quatre-vingt-onze pour cent de la Cisjordanie et acceptaient le principe d'un échange de territoires en compensation des terres devant servir à l'annexion de blocs de colonies. Ils accepteraient la souveraineté palestinienne sur les quartiers musulmans et chrétiens de la Vieille Ville de Jérusalem, ainsi que sur la plus grande partie de la grande banlieue. La planification, le zonage et le maintien de l'ordre dans les quartiers arabes de la périphérie, ainsi que la « surveillance » du Haram al-Sharif, seraient confiés aux Palestiniens. Barak a suggéré au Président de dire à Arafat que si les Palestiniens acceptaient ces propositions, les États-Unis essaieraient de persuader le leader israélien d'adopter des positions raisonnables sur la question de la sécurité et des réfugiés. Barak avait enfin abattu son jeu ; sa proposition était courageuse et d'une portée considérable.

Il était allé bien plus loin que ses prédécesseurs. Le plus important était cet arrangement qui allait permettre à Arafat d'établir la capitale de l'État palestinien à l'intérieur de Jérusalem. Cette avancée était susceptible d'influencer tout l'avenir du Proche-Orient. Bien entendu, il n'était pas certain que les Palestiniens acceptent et nous ne nous attendions pas à ce qu'ils le fassent sans conditions. La proposition israélienne n'était pas complète, et nous partions toujours du principe que « rien n'est accepté tant que tout n'est pas accepté ». Toutefois, le Président avait enfin de nouvelles cartes à jouer et a immédiatement invité le leader palestinien dans son chalet. Les deux hommes se sont entretenus jusqu'aux environs de minuit, après quoi le Président Clinton a raccompagné Arafat dans ses quartiers. Le chef de l'Autorité palestinienne avait commencé par rejeter les propositions israéliennes, avant d'écouter attentivement et de finir par accepter de donner une réponse. Elle est arrivée au milieu de la nuit : c'était non.

Nous nous sommes demandé si Arafat n'attendait pas la dernière minute pour faire une nouvelle contre-proposition. À en croire Dennis Ross, il était coutumier du fait. Le problème, a précisé Dennis, était que parfois la montre d'Arafat n'était pas à l'heure. En espérant que tout aille pour le mieux, le Président a retardé son voyage en Asie de vingt-quatre heures et nous avons passé une série de coups de téléphone pour tenter, en vain, d'obtenir le soutien des dirigeants arabes [1]. Nous n'avions pas la base d'un accord, mais je ne voulais pas renoncer parce que je redoutais les conséquences d'un échec. Barak réagissait au refus d'Arafat avec la fureur d'un prétendant éconduit, tandis qu'Arafat laissait entendre sombrement que les Palestiniens avaient des alternatives à la négociation. Nous ne pouvions pas les laisser rentrer chez eux dans ces dispositions d'esprit.

Les négociations conduisent inévitablement à une part de simagrées. Il est parfois utile de prétendre que vos rapports sont plus cordiaux qu'ils ne le sont en réalité. À d'autres moments, il faut laisser éclater sa colère ou claquer la porte. Je trouve pourtant inacceptable que des leaders politiques laissent leurs caprices faire obstacle à des initiatives importantes. Si des femmes s'étaient comportées de la façon dont Arafat et Barak l'avaient fait pendant Camp David, on aurait mis cela sur le compte de la ménopause.

---

1. Un des inconvénients de la discrétion totale de Barak était que nous n'avions pas été en mesure de préparer le terrain auprès des gouvernements arabes amis. Comment leur vendre à l'avance les avantages d'un accord dont nous ne connaissions pas les termes ? Quand nous les avons appelés, ils n'ont pas voulu faire pression sur Arafat, n'ayant pas une visibilité suffisante sur les négociations.

Le soir où le Président est parti pour l'Asie reflétait la confusion, la fatigue et la détermination que nous ressentions tous. Les pluies étaient torrentielles ; il faisait noir avant la nuit. Les membres des deux délégations se préparaient à partir, inquiets et déprimés. La Maison Blanche a annoncé la clôture du sommet. J'ai rencontré les Palestiniens, qui rejetaient la faute sur les Israéliens, puis Barak, qui accusait Arafat. Le Président est arrivé, habillé pour une dernière conférence de presse, et s'est joint à moi pour exhorter le Premier ministre israélien à rester. Barak a appelé le Président peu après pour lui annoncer qu'il ne partirait pas si Arafat acceptait de négocier sur la base des idées présentées la veille. Le Président est alors allé dire à Arafat qu'il avait persuadé Barak de rester. Estimant que cela allait de soi, il n'a pas précisé que la discussion devrait se faire sur la base des idées débattues la nuit précédente. Bien disposé quand il avait l'impression qu'on n'exigeait rien d'autre de lui, Arafat a accepté de rester. Le Président a ensuite donné un point de presse relativement encourageant avant de partir pour l'Asie via Washington. Je me suis couchée contente de ce sursis. Je ne me doutais pas que les deux leaders avaient des conceptions diamétralement opposées de ce qui se passerait par la suite.

Le lendemain matin, la délégation palestinienne au grand complet est arrivée au petit déjeuner avec de grands sourires, prête à mettre « toutes les questions » sur la table. Mais ces mêmes Palestiniens déclarant qu'ils n'avaient pas accepté les nouvelles propositions, les Israéliens ont refusé d'entamer le dialogue. Barak pensait qu'Arafat avait menti. J'avais, à l'évidence, hérité d'un grave malentendu. Avec mon équipe, nous avons reconstitué ce qui s'était passé. J'ai fini par aller voir Barak pour lui expliquer que nous étions à l'origine du malentendu, mais que je ne voulais pas que tout le monde reste assis à ne rien faire en attendant le retour du Président. Barak a accepté d'avoir des discussions informelles, j'ai donc dit que je les annoncerais au dîner. Il a dit : « Très bien. » Mais quand il est arrivé au repas, il avait changé d'avis. Je lui ai dit qu'il était trop tard.

Des réunions informelles ont commencé le soir même et se sont poursuivies trois jours durant. Les négociateurs se sont lancés dans un échange de vues assez libre. Il était clair qu'au moins les plus jeunes parmi les délégués palestiniens souhaitaient faire avancer les choses. Pour favoriser le rapprochement, nous avons organisé des parties de basket, et dans la soirée j'ai passé un film d'action, *U-571*, l'histoire de la prise d'un sous-marin allemand pendant la Seconde Guerre mondiale. Après le film, un des Israéliens a plaisanté en disant qu'il serait bien d'ajouter un sous-marin à l'aide militaire que son gouvernement demandait aux États-Unis.

Quoique les discussions se soient bien déroulées, j'ai fini par payer cher le fait d'avoir insisté pour que Barak laisse sa délégation participer. Le leader israélien, devenu morose, n'a guère quitté son chalet et a fait savoir qu'il ne voulait pas être dérangé, même par sa propre délégation. Je le soupçonnais de jouer la comédie car il avait souvent reproché à Arafat de nous manipuler avec ses sautes d'humeur, mais son personnel était tellement embarrassé que j'ai abandonné cette hypothèse.

J'ai pensé qu'il était de ma responsabilité d'adoucir son humeur. Il était, en plus de ses nombreux autres talents, un pianiste classique talentueux, j'ai donc pensé à lui procurer un piano. J'ai demandé à notre personnel administratif de chercher un bon instrument qui serait susceptible de passer par la porte du chalet de Barak. Après vérification, on m'a répondu que c'était faisable. Comme je ne voulais pas envoyer de piano sans consulter Barak, et comme celui-ci ne répondait pas au téléphone, j'ai décidé de le croiser « par hasard » pendant sa promenade de l'après-midi. Dans les bois, je marchais d'un bon pas dans sa direction et lui dans la mienne. Il regardait par terre et je crois qu'il m'aurait croisée sans un mot si je ne m'étais pas arrêtée pour lui dire bonjour. « Bonjour », a-t-il répondu. Moi : « Comment allez-vous ? » Lui : « Très bien. » Moi : « En l'absence du Président, nous nous sommes dit que vous auriez peut-être envie d'une distraction. Voudriez-vous qu'on installe un piano dans votre chalet ? Cela ne pose aucun problème. » Lui : « Non. » « Non ? » « Non », a-t-il répété.

Je ne renonce pas facilement. À la demande de Barak, nous avions insisté pour que les négociateurs des deux parties ne quittent pas Camp David. Le Président parti, le leader israélien a pourtant décidé qu'il voulait aller à Gettysburg. Comme c'était à moi de faire respecter les règles, j'ai d'abord refusé avant de réaliser que c'était ridicule. Je n'étais pas une geôlière. Alors j'ai dit à Barak : « Eh bien, vous avez dit que cela vous intéressait d'aller à Gettysburg. Nous sommes aujourd'hui vendredi, demain c'est sabbat. Que diriez-vous de visiter le champ de bataille dimanche ? » Cette proposition lui a remonté le moral. L'affaire était entendue. Nous irions à Gettysburg.

Ayant proposé d'emmener Barak en excursion, il fallait que je trouve quelque chose pour Arafat. J'ai donc proposé une sortie le samedi, soit à Harpers Ferry, soit à ma ferme. C'est cette dernière qu'il a choisie, bien que je l'aie prévenue que mes enfants, mes petits-enfants et mes amis seraient présents. « Ça sera encore mieux », a-t-il répondu.

Pendant tout le trajet, je me suis dit que j'avais été folle de proposer cette visite. Après notre arrivée, j'ai frôlé l'incident diplomatique quand Daniel, mon petit-fils de deux ans, qui se réveillait de sa sieste, a laissé échapper un cri perçant en apercevant Arafat avec sa barbe de trois jours et son keffieh. Pourtant, plus la journée avançait, plus il était difficile de croire que le négociateur inflexible de Camp David était l'homme qui applaudissait mon autre petit-fils, Jack, quand celui-ci sautait du plongeoir de la piscine, embrassait Maddy, ma petite-fille, et se laissait volontiers prendre en photo avec des gens en maillot de bain.

Au retour, pour passer le temps pendant les quarante minutes que durait le trajet jusqu'à Camp David, j'ai incité Arafat à parler de lui. Il a choisi de raconter de quelle manière il en était venu à embrasser la cause palestinienne. Il avait consacré sa vie à cette mission et réussi à faire du Fatah l'incarnation des aspirations palestiniennes et, de retour d'exil, à implanter l'OLP en Cisjordanie et à Gaza. En l'écoutant, je ne pouvais mettre en doute son engagement, mais il n'était toujours pas question de compromis, et sa vision de l'avenir semblait se borner à la victoire sur Israël.

À Gettysburg, le lendemain, Barak était lui aussi de plaisante humeur. J'ai abordé la question des qualités requises par l'exercice du pouvoir quand nous sommes arrivés sur Little Round Top et la High Water Mark, où la charge désespérée du général confédéré George Pickett s'était soldée par un désastre. Barak a passé un bon moment et a volontiers pris la pose pour le photographe israélien qui l'accompagnait. Nous étions partis tôt pour que les photos puissent être diffusées au journal du soir à Jérusalem et Tel-Aviv. Au retour, Barak m'a dit qu'il voulait que le Président force Arafat à accepter ses idées avant la reprise des négociations. Que nous devions dire aux Palestiniens que les États-Unis couperaient les ponts avec eux s'ils ne cédaient pas. À quoi j'ai répondu que je n'étais pas sûre qu'Arafat réagisse aux menaces, et que par ailleurs Israël avait autant à gagner que les États-Unis des contacts avec les Palestiniens. Barak n'était pas de cet avis.

Nous espérions que le retour du Président amènerait quelques décisions. Pour clarifier les débats, nous avons décidé qu'il devrait se réunir avec les représentants des deux parties pour traiter chacune des grandes questions, à commencer par celle de la sécurité. La réunion a commencé le 24 juillet, à onze heures et demie du soir, me rappelant celle qui avait été le point d'orgue de Wye River et qui avait duré toute la nuit. Peut-être y avait-il de l'espoir : au Proche-Orient, les percées semblent toujours se produire à la faveur de la nuit. Les premières heures de discussions ont porté sur des sujets tels que les stations d'alerte avancée, la démilitarisation palestinienne et la nature de la présence militaire israélienne dans la vallée du Jourdain. C'était encourageant car les deux parties étaient engagées dans la discussion et que leurs divergences ne semblaient pas insurmontables, mais en vérité, aucune n'offrait rien de nouveau. Quand la réunion s'est terminée à cinq heures et demie du matin, de nombreuses questions restaient sur la table.

Les consultations ont repris cinq heures plus tard. L'impulsion première, aussi faible fût-elle, a rapidement été perdue. Les Israéliens avaient donné tout ce qu'ils pouvaient. Les Palestiniens campaient sur leurs positions, proposant toujours le même découpage. Le Président a fini par demander au négociateur palestinien, Saeb Erekat, si son chef accepterait de reprendre les grandes lignes du plan de Barak en étendant la souveraineté palestinienne sur les quartiers arabes de Jérusalem. Deux heures plus tard, Erekat revenait avec une note de Yasser Arafat dans laquelle il remerciait les États-Unis de leurs efforts, se déclarait prêt à poursuivre les négociations, mais disait que les Palestiniens ne pouvaient accepter aucun arrangement laissant aux Israéliens ne serait-ce que la forme la plus limitée de souveraineté sur Haram al-Sharif.

Camp David était terminé.

Soupirant ostensiblement, le Président s'est alors tourné vers nous et a dit : « Je n'aime pas échouer, encore moins ici. » Il a ensuite appelé Barak, lequel a prédit que l'échec du sommet pourrait bien marquer la fin de vingt années d'efforts de paix. Dans sa déclaration à la presse, le Président Clinton a veillé à rendre hommage à la clairvoyance et au courage de Barak, en reconnaissant à Arafat le mérite d'être venu, mais guère plus. Cela restait conforme à l'engagement que nous avions pris de ne pas imputer à Arafat l'échec du sommet. Mais les informations que les négociateurs américains et israéliens étaient désormais libres de fournir à la presse ont amplifié le déséquilibre que suggéraient ces mots.

Nous quittions Camp David déçus, mais avec un vague espoir. Les adversaires politiques de Barak s'insurgeaient contre les propositions qu'il avait faites, mais la détermination du Premier ministre avait, une fois encore, déplacé le centre de gravité du débat. Les Israéliens étaient maintenant amenés à céder bien plus qu'ils ne l'avaient envisagé auparavant en échange d'une fin définitive du conflit. Les négociateurs palestiniens, de leur côté, soulignaient l'importance des avancées et évoquaient l'avenir avec optimisme. Arafat avait montré au monde arabo-musulman qu'il était à même de résister aux pressions des Américains et des Israéliens. S'il décidait d'employer cette crédibilité supplémentaire pour consulter les dirigeants arabes et arriver à un nouveau consensus, plus réaliste, un accord était encore possible.

Des discussions privées ont eu lieu entre représentants des deux parties tout au long des mois d'août et de septembre. Je me suis régulièrement entretenue au téléphone avec les dirigeants arabes, en soulignant les risques que prenait Barak et en les exhortant à dire au chef de l'Autorité palestinienne de se montrer plus coopératif. Pendant l'Assemblée générale de l'ONU, à New York, j'ai de nouveau rencontré le dirigeant palestinien et cherché à savoir s'il avait modéré sa position. Arafat s'est levé en brandissant le poing, et a quitté la pièce comme un ouragan. Quand il est revenu pour sa réunion avec le Président, il m'a couverte de baisers. C'est ce qu'on appelle avoir l'humeur capricieuse.

Malgré l'intransigeance d'Arafat, les Palestiniens nous poussaient à intervenir directement et à faire des « propositions de rapprochement ». Vers la fin septembre, les négociateurs sont venus à Washington et se sont retrouvés trois jours durant au Pentagon City Ritz-Carlton. Dennis Ross, qui avait assisté à quelques-unes de ces discussions, signalait que les deux parties avaient conscience de réaliser des progrès. Dans le même temps, le 25 septembre, Barak a invité Arafat chez lui, où ils ont partagé un dîner convivial et ont appelé le Président Clinton à tour de rôle. Avant de prendre congé, Arafat aurait pris Barak à part pour l'exhorter à dissuader le leader de l'opposition, Ariel Sharon, de « visiter » l'esplanade du Mont du Temple-Haram al-Sharif comme il l'avait annoncé. Cette requête n'a pas été entendue.

Le 28 septembre, Sharon, accompagné par un millier de policiers armés et de soldats, et une coterie de membres du Likoud, traversait l'esplanade abritant la mosquée Al-Aqsa et le Dôme du Rocher. Le lendemain, les Palestiniens réagissaient par d'importantes manifestations et des jets de pierre près du Mur occidental. La police israélienne a ouvert le feu avec des balles en caoutchouc, faisant quatre morts et deux cents blessés. Un nouveau cycle de violence avait commencé.

Pourquoi ce geste ? Sharon voulait sans doute revendiquer la souveraineté d'Israël sur le Lieu saint et prendre l'avantage sur Barak, son adversaire politique. Avait-il le droit de visiter le Mont du Temple ? Oui, mais le faire à ce moment précis revenait à jeter une allumette enflammée dans un bidon d'essence au milieu des enfants du quartier. On en trouvera toujours pour applaudir à ce genre de provocation. L'Histoire, elle, n'applaudit pas.

Elle montrera aussi qu'Arafat a gâché une nouvelle occasion. Au lieu d'utiliser l'incident pour faire la preuve de la maturité palesti-

nienne devant la provocation de Sharon, il a rappelé au monde pourquoi même les Israéliens les plus ouverts ont des doutes au sujet
d'un État palestinien.

Que les violences aient été préméditées, qu'Arafat les ait ordon-
nées sur le moment ou qu'il n'ait simplement pas réussi à les contenir, le résultat a été le même. Les Palestiniens se sont mis à lancer
des pierres, des bouteilles, des grenades artisanales et des cocktails
Molotov sur les soldats israéliens qui ont répliqué avec des gaz lacrymogènes et des armes à feu. La télévision palestinienne a diffusé des
images de l'intifada de 1989 et des chants patriotiques. Arafat a
fermé les écoles et les étudiants ont déferlé dans les rues. Un enfant
de douze ans a été tué dans un échange de tirs, et l'image de son
visage effrayé a fait le tour des télévisions du monde entier. L'émotion suscitée par les obsèques des victimes palestiniennes a dégénéré
en violences, entraînant des représailles et de nouvelles funérailles.
Quel qu'ait été le rôle d'Arafat, la colère palestinienne était sincère.
Barak, qui n'avait rien fait pour empêcher la visite de Sharon, invitait
à présent le responsable du Likoud à former avec lui un gouvernement d'union nationale. Quand les Arabes israéliens, qui n'étaient
certainement pas contrôlés par Arafat, se sont livrés à des émeutes,
la police a ouvert le feu sur eux, faisant cinq morts en une journée,
et davantage le lendemain.

N'utilisant qu'une fraction de leur puissance de feu, les Israéliens
avaient le sentiment d'agir avec retenue. Barak veillait personnellement à tenter de minimiser les pertes humaines. Aux yeux des Palestiniens, cependant, les statistiques parlaient d'elles-mêmes. Au cours
de la première semaine, au moins quarante-neuf Palestiniens avaient
été tués, neuf Arabes israéliens, et deux autres Israéliens. L'horreur
s'intensifiait au fil des jours. À Naplouse, une foule palestinienne a
profané le tombeau de Joseph. Deux réservistes israéliens ont été
sortis d'un immeuble, poignardés et piétinés à mort, et leurs cadavres
ont été exhibés dans les rues. Les hélicoptères israéliens ont tiré des
roquettes sur Ramallah et Gaza.

De Washington, nous suivions les événements avec tristesse et
consternation. Nous qui, quelques semaines auparavant, évoquions
une coexistence israélo-palestinienne, nous nous demandions maintenant si nous serions en mesure d'empêcher la reprise des hostilités.
Chaque camp ne voyait plus dans l'autre que son ennemi. Début
octobre, j'ai organisé une rencontre à la résidence de l'ambassadeur
américain Félix Rohatyn à Paris au cours de laquelle Barak et Arafat
se sont engagés à faire cesser la violence. Après quelques jours de
trêve, les combats ont repris. Deux semaines plus tard, le Président

Clinton coprésidait une initiative similaire en Égypte et obtenait des résultats similaires.

Malgré et à cause de la violence, le Président Clinton restait déterminé à trouver une solution. Avant le début des affrontements, les deux parties croyaient encore au rapprochement. Deux jours après l'élection de novembre, nous avons reçu Arafat à la Maison Blanche. Le Président a été direct : « Il me reste dix semaines avant la fin de mon mandat, et je veux mettre ce temps à profit pour produire un accord global, un accord historique, une véritable réconciliation. Je veux que vous ayez votre propre État. Je suis conscient de la complexité des problèmes, mais je pense que vous pouvez y arriver. Je veux que vous me disiez, président Arafat, si vous êtes avec moi. Pouvez-vous vous engager à mes côtés dans cette entreprise ? » Arafat a répondu : « Je compte sur vous, monsieur le Président. Je crois qu'ensemble nous pouvons y arriver, et nous suivrons toutes vos initiatives. »

Au cours des réunions qui ont eu lieu dans le courant du mois de novembre, Arafat a convaincu au moins quelques Israéliens de sa détermination à endiguer la violence et à obtenir un accord avant que notre équipe ne quitte la Maison Blanche. L'entourage de Barak a pris cette avancée suffisamment au sérieux pour songer aux leaders arabes susceptibles d'assister à la cérémonie de signature. Les Israéliens se voulaient optimistes, car Barak, qui avait décidé qu'il n'avait pas d'autre choix que de s'en remettre à des élections anticipées début février, serait opposé à Ariel Sharon, et ils espéraient qu'Arafat se montrerait plus conciliant maintenant que se profilait la menace d'un autre Premier ministre du Likoud. Au départ, les Israéliens ont demandé des négociations bilatérales, sans présence américaine. À la mi-décembre, ils changeaient d'avis et réclamaient notre participation. Nous avons donc invité les deux parties à une série de négociations de la dernière chance autour du projet de paix que nous avions rédigé. Les pourparlers se sont ouverts le 20 décembre.

Trois jours plus tard, le Président convoquait les négociateurs dans le Bureau ovale. « Nous savons que vous travaillez dur, leur a-t-il dit. Mais au rythme auquel vous avancez, vous n'y arriverez pas. Je vais vous soumettre non pas une proposition américaine mais plutôt les orientations nécessaires à l'obtention d'un accord. Si l'une des parties refuse ces critères, elle sera exclue des négociations. Nous pouvons envisager des aménagements, mais ces critères ne sont pas négociables. J'aimerais la réponse de vos dirigeants dans quatre jours. »

La clé de ces paramètres consistait en un compromis : souveraineté palestinienne sur Haram al-Sharif-Mont du Temple, mais renoncement à la garantie du droit au retour des réfugiés. Des aménagements étaient toutefois prévus. La souveraineté sur le Mur occidental reviendrait à Israël. Les réfugiés palestiniens ne s'établissant pas en Israël recevraient la garantie de retourner en Palestine ou de s'installer ailleurs avec une indemnisation. Le nouvel État palestinien se composerait entre quatre-vingt-quatorze et quatre-vingt-seize pour cent de la Cisjordanie, plus un à trois pour cent de territoires israéliens cédés en compensation. Sa capitale serait établie à Jérusalem-Est. Le retrait des troupes israéliennes de la vallée du Jourdain s'échelonnerait sur trois ans, parallèlement à l'introduction progressive d'une force internationale. À la fin de cette période, le territoire palestinien en Cisjordanie serait d'un seul tenant, mais une petite présence israélienne serait maintenue sur des sites spécifiques sous l'autorité de la force internationale. Au cours de la semaine suivante, nous avons sollicité le soutien des dirigeants arabes, qui ont qualifié les propositions du Président d'« historiques » et se sont engagés à les appuyer. Le 25 décembre, Barak déclarait à la télévision israélienne qu'il était disposé à accepter nos idées si Arafat en faisait autant. Mais pour toute réponse, le président palestinien nous a adressé une lettre récusant la souveraineté israélienne sur le Mur occidental, toute présence militaire israélienne dans la vallée du Jourdain, tout compromis sur le droit au retour des réfugiés. Il demandait également que le retrait complet des Israéliens se fasse dans les prochains mois, non dans les prochaines années. Les Palestiniens n'avaient pas bougé d'un pouce. La lettre dactylographiée d'Arafat était accompagnée d'une note manuscrite nous souhaitant à tous un joyeux Noël et une heureuse année.

Le processus a néanmoins continué sur sa lancée. Arafat est retourné encore une fois à la Maison Blanche. Négociateurs israéliens et palestiniens ont continué à se rencontrer même après que le Président Clinton eut quitté ses fonctions. Les deux parties ont suspendu les négociations peu avant les élections en Israël, déclarant qu'un accord était « plus proche que jamais ». L'incapacité des Palestiniens à accepter cette proposition inespérée a contribué à l'élection d'Ariel Sharon, qui avait peu de sympathie pour leur cause. L'heure était à la terreur et le processus de paix a été mis en sommeil.

On m'a demandé quelle avait été ma plus grande déception en tant que Secrétaire d'État. C'est celle-ci. Il était évident que les problèmes et l'histoire de la région étaient douloureusement complexes ; rien n'est simple au Proche-Orient. Les dirigeants ont une responsabilité envers leurs électeurs ; s'ils ne répondent pas à leurs attentes, ils ne restent en général pas très longtemps au pouvoir. Mais un vrai chef d'État doit avoir la capacité d'influencer l'opinion publique et non pas simplement de la refléter.

On peut certainement reprocher aux Israéliens l'extrémisme de certains d'entre eux et, plus généralement, leur politique touchant aux colonies. Mais l'échec fondamental a tenu à l'attention obsessionnelle des Palestiniens non pas tant à ce qu'ils pouvaient gagner qu'aux concessions relativement minimes qu'on leur demanderait de faire. Ils n'auraient pas voulu céder dix *cents* pour gagner un dollar. Arafat craignait pour sa vie s'il disait oui. Il ne voulait pas connaître le même sort qu'Anouar el-Sadate et, sur le plan personnel, je ne pouvais le lui reprocher. Et pourtant, Barak, lui, n'a pas hésité à se mettre dans la ligne de mire des extrémistes israéliens qui vénèrent encore l'assassin d'Yitzhak Rabin. C'est la différence qui sépare un habile politique d'un chef d'État.

Si Arafat avait fait un autre choix, la Palestine serait aujourd'hui membre des Nations unies, sa capitale établie à Jérusalem-Est. Sa population serait libre d'aller et venir entre la Cisjordanie et Gaza. Son aéroport et son port maritime fonctionneraient. Les réfugiés recevraient des compensations et on les aiderait à se réinstaller. Au lieu de quoi les Palestiniens vivent avec leurs légalismes, leur misère et leur terreur.

À l'heure où j'écris ces lignes, un accord du type de celui envisagé à Camp David ne paraît pas réaliste. Le processus d'Oslo est officiellement mort et la recherche d'une alternative en est encore à ses balbutiements. La logique sous-jacente à la nécessité de la paix n'a pourtant jamais été plus claire ; elle est inscrite dans le sang des Palestiniens comme dans celui des Israéliens. Israël doit avoir des frontières sûres, mais, ainsi que l'ont souligné ses dirigeants, elle ne connaîtra pas la sécurité en tant que force d'occupation. Les souffrances du peuple palestinien continueront jusqu'à l'émergence d'un nouveau consensus qui fera place au compromis et bannira la terreur. Et même alors, comme Barak l'a prédit, les deux parties, ayant enterré leurs morts, se « retrouveront une fois encore pour débattre de la même géographie, de la même démographie, des mêmes problèmes ».

CHAPITRE VINGT-NEUF

« Si nous avions assez de temps, et d'ici-bas[1]... »

J E NE VOULAIS PAS QUE CELA SE TERMINE, mais dès le premier jour j'ai su qu'il ne pouvait en être autrement. Travaillant quotidienne-ment sous le regard de mes prédécesseurs dont le portrait était accro-ché aux murs, j'ai toujours eu conscience du passage du temps. Mais je ne voulais pas devenir un portrait moi-même avant d'avoir investi tout ce que j'avais dans mon travail. À six mois de l'échéance, j'an-nonçais en plaisantant mon intention de vivre dans les airs, en remon-tant les fuseaux horaires pour avoir des journées de trente-six heures et gagner ainsi trois mois sur le temps qu'il me restait.

En fait, j'ai vécu ces derniers mois dans une sorte de tourbillon , à l'éventail des déplacements et des affaires courantes se sont ajoutés les dossiers de la Corée du Nord et du Proche-Orient, et l'attaque terroriste de l'USS *Cole*. Nous n'avons pas beaucoup dormi. Au milieu de ce tumulte, de bonnes nouvelles sont arrivées des Balkans, où les dernières pièces de la démocratie étaient en train de se mettre en place.

À la fin 1999, le président croate Franjo Tudjman, décédé, a été remplacé par des dirigeants militant contre la corruption, pour la démocratie, et résolus à soutenir les accords de Dayton. Les États-Unis, le Canada et l'Europe ont répondu à cette percée déterminante en envoyant de l'aide technique et en accueillant chaleureusement la Croatie au sein d'institutions telles que le Partenariat pour la paix. Je me suis rendue deux fois en Croatie en l'espace de trois semaines ; la première fois pour rencontrer les candidats à l'élection présiden-tielle, la seconde pour assister à l'investiture du Président Stjepan Mesić. Notre soutien, rapide et visible, devait servir les forces démo-

---

1. Premier vers d'un célèbre poème d'Andrew Marvell (1621-1678) *(N.d.T.)*.

cratiques de Croatie et envoyer un message à la Serbie voisine, qui demeurait isolée et freinée par son Président, Slobodan Milošević. Pourtant, rares étaient ceux qui pensaient qu'il pouvait être délogé.

Bien avant la guerre au Kosovo, j'avais reçu le soutien du gouvernement pour tenter d'évincer Milošević. Pendant deux ans, nous avons œuvré en ce sens, à la fois en coulisse et sur le devant de la scène [1]. Avec mon homologue Joschka Fischer et d'autres, j'ai appelé les leaders de l'opposition serbe à mettre sur pied une véritable organisation politique et à concentrer leurs efforts sur le départ de Milošević. Au printemps 2000, nous avons décidé de suivre la piste financière en soumettant le régime à de nouvelles sanctions et en essayant de retrouver les avoirs de Milošević. J'ai rencontré des maires pro-démocrates et trouvé les moyens de leur assurer une aide sans que celle-ci soit détournée par le gouvernement fédéral. Dans mes déclarations publiques, j'ai dit à plusieurs reprises que les États-Unis voulaient que Milošević soit « chassé du pouvoir, chassé de Serbie, et remis au Tribunal pour les crimes de guerre ». J'étais persuadée que quand on lui en donnerait l'occasion, la population rejetterait Milošević. Les critiques me répondaient que je prenais mes désirs pour des réalités, mais c'était sous-estimer le courage des Serbes. Un séisme politique se préparait.

Comme pour tenter le destin, Milošević, présumant de sa popularité, a provoqué des élections présidentielles anticipées pour le 24 septembre 2000 ; c'était la première fois depuis huit ans que son nom apparaîtrait sur un bulletin de vote. Peut-être entouré de conseillers qui avaient peur de lui dire la vérité, Milošević était persuadé de pouvoir se présenter comme le champion du nationalisme serbe opposé à une bande de trublions étrangers tels que le Secrétaire d'État américain. Il était également convaincu qu'il pourrait user de son emprise sur les institutions pour manipuler les résultats, au cas où les électeurs lui feraient faux bond. Il s'est trompé sur les deux tableaux.

Le fait que l'opposition serbe se soit fédérée autour de Vojislav Koštunica, un intellectuel anticommuniste doublé d'un nationaliste bon teint, a facilité les choses. Les responsables de l'opposition se montraient à présent bien plus efficaces qu'ils ne l'avaient été à l'oc-

---

1. C'est d'abord l'ambassadeur Bob Gelbard qui a conduit cette initiative au sein du gouvernement américain. Il a ensuite été relayé par Jim Dobbins, adjoint intérimaire du sous-secrétaire aux Affaires politiques, chargé des Affaires européennes. L'impulsion finale a été donnée par Jim O'Brien, conseiller spécial auprès du Président et Secrétaire d'État pour la Démocratie dans les Balkans, dont le pouvoir de persuasion à Washington et en Serbie a été essentiel.

casion des initiatives anti-Milošević antérieures. Avec des observateurs dans tous les bureaux de vote, ils ont rapidement pu dépouiller
les scrutins et annoncer les résultats au niveau local, prévenant ainsi
toute velléité de fraude électorale de la part de Belgrade. Quelques
heures plus tard, Koštunica revendiquait la victoire, avec plus de
cinquante pour cent des suffrages. Pendant les douze jours suivants,
Milošević s'est accroché au pouvoir. Après avoir nié l'avance de son
adversaire, il l'a reconnue de mauvaise grâce, prétendant toutefois
qu'il n'avait pas obtenu la majorité et qu'un second tour était nécessaire. Alors que des manifestants anti-Milošević affluaient à Belgrade, dont beaucoup venaient des municipalités que nous avions
aidées, je n'ai pas cessé un seul instant d'intensifier la pression diplomatique. Anglais, Français et Allemands ont enjoint Milošević de
reconnaître sa défaite.

Les Russes, comme à leur habitude, attendaient la fin des courses.
L'ambassadeur de Yougoslavie à Moscou étant le frère de Milošević,
ils n'étaient pas disposés à changer de cheval, malgré le verdict
incontestable des urnes. J'ai appelé Ivanov fréquemment, mais nous
étions tous les deux en déplacement et la ligne de nos portables semblait se brouiller mystérieusement dès que je mentionnais la Serbie.
« Vous devez dire à Milošević d'abandonner. Votre propre crédibilité
vis-à-vis des Serbes en dépend. » Plus d'une fois, Igor a répondu :
« Madeleine, Madeleine, je ne vous entends pas, Ma-de-leine. » Le
5 octobre, la population a pris les choses en main en s'emparant du
bâtiment du Parlement et des médias contrôlés par l'État. La police
n'a rien fait pour préserver l'empire de Milošević, vérifiant l'observation de Tennyson selon laquelle « le pouvoir oublie le roi qui se
meurt ». Beaucoup de militaires ont viré de bord. Les piliers du pouvoir de Milošević ont quasiment volé en éclats en l'espace d'une
nuit. C'est seulement à ce moment-là qu'Ivanov est allé à Belgrade
pour féliciter Koštunica de sa victoire.

Ce soulèvement démocratique me rappelait la Révolution de
velours de 1989 en Tchécoslovaquie. L'ancien régime, une fois
contesté, s'est rapidement écroulé. Il y a eu relativement peu de violence. La majorité de la population, conduite par les étudiants, s'est
lassée d'un régime qui avait échoué économiquement, politiquement
et diplomatiquement. Milošević avait entraîné son peuple dans quatre
guerres, toutes perdues, il avait été accusé de crimes de guerre, et à
présent les Yougoslaves dans leur majorité décidaient de ne plus lui
obéir. Neuf mois plus tard, non seulement il avait été chassé du pouvoir mais il se retrouvait à La Haye, attendant d'être jugé pour les
crimes commis en Croatie, en Bosnie et au Kosovo.

En coordonnant l'aide à la transition démocratique en Serbie, j'ai appris combien il peut être nécessaire de rester au second plan. De nombreux Serbes reprochaient à l'Occident l'intervention de l'OTAN. (On m'a même envoyé un rouleau de papier-toilette en vente à Belgrade où j'étais représentée en compagnie de Robin Cook et Joschka Fischer.) Après la victoire de Koštunica, les États-Unis ont veillé à rendre hommage à l'opposition serbe, tout en donnant au nouveau Président la latitude dont il avait besoin, et à Zoran Djindjić, le Premier ministre, le temps de former son gouvernement et de s'assurer du soutien des forces de sécurité.

Le 4 janvier 2001, j'ai eu la fierté d'accueillir le ministre yougoslave des Affaires étrangères, Goran Svilanović, au Département d'État. Si la réunion elle-même n'a rien eu d'exceptionnel, elle représentait un accomplissement personnel. Quelques mois plus tôt seulement, une discussion cordiale entre les chefs de la diplomatie des deux pays aurait été impensable. Les Serbes, pour lesquels mon père avait eu tant de respect et qui avaient aidé ma famille à échapper à Hitler, avaient enfin renversé leur propre dictateur ; et voilà que Svilanović exprimait sa certitude que le temps des conflits dans les Balkans était terminé. Nous savions tous que la Yougoslavie avait encore à faire face à bien des défis, mais les événements avaient donné tort aux esprits grincheux, et ma confiance dans le peuple serbe avait été justifiée [1].

Beaucoup considéraient que les Balkans n'étaient pas une région importante, mais ils se trompaient. Pendant le temps que j'ai passé au gouvernement, les Balkans ont permis d'engager un débat sur le rôle global des États-Unis, la pertinence de l'OTAN, l'évolution de la Russie, les limites de la souveraineté, et la possibilité d'étendre la démocratie à des pays dépourvus de tradition démocratique. Nous avons également été confrontés à une série de choix : céder passivement aux crimes contre l'humanité ou agir pour y mettre un terme ; accepter des individus comme Tudjman et Milošević ou s'opposer à eux. Nous avons dû trancher la question de savoir s'il était légitime d'utiliser la puissance américaine lorsque des crimes contre l'humanité étaient perpétrés à grande échelle, et si nous devions prendre part à des missions de maintien de la paix pour empêcher que de

---

1. Les Serbes allaient être une nouvelle fois mis à l'épreuve en mars 2003, lors de l'assassinat du Premier ministre Djindjić, un meurtre qui témoigne de la menace constante que représente le crime organisé. En dépit des circonstances tragiques, la transition démocratique s'est faite en douceur, et les forces réformatrices ont bien marqué leur intention de se battre pour établir un État de droit. Le nouveau Premier ministre, Zoran Živković, faisait partie de ces maires démocrates que j'avais rencontrés avant la défaite électorale de Milošević.

telles atrocités se reproduisent. Enfin, nous avons dû décider si nous devions assurer la direction de la diplomatie dans la région ou laisser cela aux Européens, qui, plus proches, prétendaient mieux comprendre que nous les lignes de force du passé.

La politique étrangère de l'administration Clinton a fait ses preuves dans les Balkans, malgré des prédictions toujours pessimistes et une condescendance affichée pour nos objectifs prétendus irréalistes. Il est certain que cette région reste profondément instable, mais partout les critères de succès ont changé. La soif de conflits a diminué et la volonté de domination ethnique a largement été tempérée par les désirs d'intégration à l'Ouest, de modernisation, d'éducation et de consolidation des institutions démocratiques. Même une question aussi sensible que le statut légal du Kosovo peut probablement être réglée par des moyens pacifiques, et les Balkans sont en train de trouver la place qui leur revient au sein d'une Europe unie et libre.

Durant toutes les années que j'ai passées au gouvernement, la démocratie a été mon cheval de bataille. Après tout, c'était grâce à la démocratie que j'étais devenue Secrétaire d'État... et que je deviendrais bientôt ancienne Secrétaire d'État. En Serbie, j'avais été témoin d'un exemple de transition démocratique. Le 1er décembre 2000, j'ai assisté à une autre transition démocratique en me rendant au Mexique pour l'investiture de Vicente Fox. Cette cérémonie n'avait rien d'ordinaire. L'élection de Fox à la présidence mettait un terme à soixante et onze ans d'hégémonie du Parti révolutionnaire institutionnel (PRI). Si, dans les rues, l'ambiance était à la fête, la perspective d'un tel changement avait un goût amer pour les membres du PRI, encore majoritaire au Parlement.

Vincente Fox semblait parfaitement taillé pour le rôle de Président : un mètre quatre-vingts, bel homme, ouvert, chaussé de bottes de cow-boy, il alliait prestance et décontraction. Il a commencé son discours d'investiture devant le Congrès mexicain et un aréopage de dignitaires étrangers par un *buenos dias* adressé aux quatre enfants qu'il avait adoptés. Au fil de son discours, il a juré de réduire la corruption, de développer l'éducation, d'accorder plus d'attention aux droits de l'homme et, avec une conviction particulière, d'améliorer les conditions de vie des populations indigènes. En prêtant serment, il a même pris la liberté d'ajouter quelques mots sur la protection des pauvres.

Les ministres du gouvernement sortant, dont faisait partie mon collègue Rosario Green, ministre des Affaires étrangères, étaient installés sur le côté de l'estrade, visiblement mal à l'aise. Les députés leur faisaient face, de part et d'autre de l'allée centrale. La tension était considérable, et les membres du PRI n'ont pas hésité à manifester leur mécontentement en huant Fox quand celui-ci a critiqué l'ancien « régime autoritaire ». En réalité, les deux camps avaient des raisons d'être fiers. Fox avait mené une campagne forte centrée sur les problèmes engendrés par le long règne du PRI, tandis que le Président sortant, Ernesto Zedillo, assis à côté de Fox, avait soutenu les réformes démocratiques ayant permis la tenue d'élections transparentes, et laissait à son successeur une économie forte et un pays en très bons termes avec les États-Unis.

En suivant les cérémonies, j'ai eu l'impression de me projeter dans mon propre avenir en accéléré. Chaque année, les membres de notre gouvernement rencontraient leurs homologues mexicains pour discuter de problèmes allant de la maîtrise de la pollution transfrontalière à la coordination des politiques d'immigration. La prochaine fois, ces réunions se tiendraient sans moi. Si la pompe et les circonstances propres à l'investiture du Président américain allaient connaître un rythme différent, le résultat serait identique. Un Président allait se retirer pour céder sa place à un autre. Et le Secrétaire d'État américain, comme Rosario Green, devrait trouver de nouveaux défis à relever.

On ne peut quitter ses fonctions sans tenter de dresser un bilan. Cet effort de synthèse est particulièrement compliqué en politique étrangère, où tout est subjectif, où rares sont les victoires définitives, et où il n'existe pas de tableau d'affichage comptabilisant les points gagnés et perdus. Alors que je donnais ma dernière série d'entretiens officiels, j'ai cependant eu le sentiment que nous n'avions pas à rougir de notre action.

Quand Bill Clinton a été élu, la question clé sur le plan international était de savoir si l'absence de superpuissance rivale allait inciter l'Amérique à se retirer du monde. Le Président Clinton lui-même était entré en fonction avec la ferme intention de se concentrer sur l'économie nationale. Il ne devait pourtant pas tarder à acquérir la stature d'un leader mondial et a laissé derrière lui une Amérique plus prospère que jamais dans un monde plus libre que jamais.

Pleinement conscient des menaces persistantes posées par le terrorisme et la prolifération, le Président a jeté les bases d'un réseau antiterroriste mondial que son successeur a d'abord négligé, avant de le renforcer de façon spectaculaire après le 11 septembre. Le cauchemar des *loose nukes** provenant de l'ex-Union soviétique a été pris

---

* Les armes nucléaires baladeuses *(N.d.T.)*.

en compte, bien que la gestion du problème demeure en chantier. Nous avons maintenu les sanctions contre Saddam Hussein tout en restreignant sévèrement ses options militaires et en affaiblissant ses capacités. En coopération avec nos alliés, nous avons fait obstacle à la nucléarisation de la Corée du Nord et obtenu la suspension de ses essais balistiques. Nous avons stabilisé et démocratisé les Balkans.

Au Proche-Orient, nous avons donné à Yasser Arafat toutes les occasions de réaliser les aspirations fondamentales de son peuple. Nous avons veillé à resserrer nos alliances avec l'Europe et l'Asie. Nous sommes restés en bons termes avec Moscou et Pékin, tout en restant fidèles à nos principes. Nous avons renforcé nos directives de sécurité avec le Japon, ouvert un nouveau chapitre dans nos relations avec l'Inde, élargi la coopération dans notre propre hémisphère grâce au sommet des Amériques, et œuvré pour intégrer l'Afrique aux marchés mondiaux. Le Président, qui avait hérité d'une économie en stagnation, pénalisée par de forts déficits, léguait à son successeur une politique fiscale saine, un excédent budgétaire record et un pays dont le leadership économique international était incontesté. Partout dans le monde, l'Amérique était reconnue comme un moteur pour la paix, la démocratie, les perspectives économiques, un système commercial plus ouvert et le respect du droit[1].

Nous avons également montré l'exemple sur des questions de politique étrangère moins traditionnelles, comme l'amélioration de la condition des femmes et le respect des droits de l'homme en général. Nous avons organisé nos institutions diplomatiques de manière à les préparer à entrer dans une nouvelle ère et contribué à la réforme des Nations unies. Nous avons participé à la création d'un Tribunal pénal international permanent, et réduit la menace des mines antipersonnel et du réchauffement climatique. Nous nous sommes également attachés à développer l'utilisation d'Internet et des nouvelles technologies en tant qu'outils de développement. Il s'agit là d'un inventaire éclectique, mais chaque élément de cette liste était lié à l'objectif de construire un monde plus intégré, plus stable, et plus démocratique, garantissant une plus grande sécurité à tous ceux qui respectent les intérêts et les droits d'autrui.

Tout en dressant ce bilan, j'ai partagé avec les journalistes quelques enseignements que j'avais retirés de mon expérience. En pre-

---

1. C'est également avec fierté que j'ai dédié l'immeuble du Département d'État à Harry S Truman, qui était Président à mon arrivée aux États-Unis et incarnait à mes yeux une Amérique puissante, guidée par ses principes. Comme me l'a dit le député du Missouri Ike Skelton : « Il se peut que le temps use certaines de vos réussites, mais le Truman Building ne s'érodera pas. »

mier lieu, je souhaite qu'on ne réduise plus la politique étrangère à un débat opposant idéalistes wilsoniens d'une part et tenants de la Reapolitik de l'autre. À notre époque, aucun Président ni Secrétaire d'État ne serait capable de gérer les événements sans combiner ces deux approches. Sous la présidence de Bill Clinton, nous étions déterminés à faire de bonnes choses mais de manière très directe. Nous avons essayé de renforcer les institutions multilatérales mais avons reconnu la nécessité de prendre l'initiative dans certaines régions comme les Balkans ou le Proche-Orient. Nous avons encouragé la démocratie mais nous avons aussi travaillé, quand cela était nécessaire, avec des États non démocratiques. Nous avons défendu les droits de l'homme tout en comprenant que d'autres questions urgentes, telles que la non-prolifération, pouvaient avoir la priorité. Nous étions prêts à accepter des missions difficiles, mais attentifs à solliciter le concours des autres et à ne pas prendre d'engagements que nous ne pouvions pas tenir.

Certains nous ont taxés d'incohérence, mais il n'est pas possible d'enfermer la conduite de la politique étrangère dans un cadre rigide où chaque stimulus appellerait une réponse préétablie. Un décideur doit faire preuve de flexibilité et d'inventivité. Chaque situation est différente, et quand les problèmes se présentent, nos dirigeants ont besoin du plus large choix d'options possible ; cela va de l'art de la persuasion verbale aux sanctions en passant par la participation à des opérations de maintien de la paix ou, à différents degrés, par le recours à la force. Les choix doivent être déterminés par différents paramètres tels que le poids de nos intérêts, les probabilités de réussite, la volonté des autres de participer, le soutien de la population, et les conséquences de l'inaction. La force militaire doit être utilisée de manière sélective, parfois de façon limitée, parfois avec moins de contraintes.

La deuxième leçon est que nous devons disposer des ressources adaptées à nos opérations et à nos programmes internationaux. Je suis en faveur d'un financement généreux de nos forces armées, mais même les cadres de l'armée américaine reconnaissent qu'il existe une disparité flagrante entre les budgets militaires et ce que nous dépensons pour servir nos intérêts à l'étranger par d'autres moyens. Il faut de l'argent pour arrêter les terroristes, construire la paix, empêcher la prolifération, démanteler les cartels de la drogue, encourager les exportations, renforcer la démocratie, lutter contre la pollution, combattre le sida, sauver des vies grâce au planning familial, et défendre nos intérêts et nos valeurs. Aujourd'hui, le gouvernement fédéral consacre à peine plus d'un *cent*, pour chaque dollar dépensé, à ces objectifs ainsi qu'aux autres objectifs internationaux réunis. Je suis fière qu'au cours des quatre années que j'ai passées au Département d'État, nous ayons été capables d'augmenter les crédits de dix-sept pour cent. Il n'en demeure pas moins que nous ne consacrons à ces objectifs qu'environ un dixième, en termes réels, de ce qui était dépensé à l'époque où George Marshall était Secrétaire d'État, il y a un demi-siècle de cela.

En troisième lieu, je ne crois pas qu'une politique étrangère, quelle qu'elle soit, puisse honnêtement représenter le peuple américain si elle ne soutient pas les pratiques démocratiques à l'étranger. Pendant la guerre froide, nous avions un prétexte pour appréhender pratiquement toutes les difficultés à travers le prisme de notre rivalité avec l'Union soviétique ; et pourtant, même alors, nos dirigeants les plus réfléchis avaient compris que le leadership américain ne doit pas seulement être fondé sur la confrontation, mais sur l'affirmation des valeurs que nous défendons. Et de l'Amérique à l'Asie centrale, nos intérêts nous commandent d'être *pour* un monde où la marée démocratique continue de monter. Il n'y a jamais eu plus de gouvernements élus qu'aujourd'hui, mais de nombreuses transitions démocratiques sont fragiles et leur évolution incertaine. Les pays libres doivent s'entraider. C'est pourquoi la communauté des démocraties est si importante.

Quatrièmement, il est vital pour l'Amérique de trouver le rôle qui lui convient, ce qui est loin d'être facile. Quand j'étais aux Nations unies, le Président Clinton parlait de l'Amérique comme de « la nation indispensable ». L'expression m'a paru heureuse et je la lui ai empruntée si souvent qu'on a fini par m'en attribuer la paternité. Certains y ont vu de l'arrogance, mais ce n'est pas ainsi que je l'interprétais. Je pensais plutôt qu'elle rendait compte d'une réalité : pour réussir, la plupart des initiatives à grande échelle nécessitaient au moins la participation des États-Unis. Ce qui ne voulait pas dire que nous pouvions tout faire nous-mêmes. Mon but n'était pas de rabaisser les autres, mais plutôt d'éveiller une certaine fierté et le sens des responsabilités chez les Américains pour qu'à l'avenir nous affrontions les problèmes avec moins de réticence.

Bien que les États-Unis aient beaucoup en commun avec d'autres nations, leur puissance et leur influence mondiale en font un pays à part. Cette singularité est créatrice d'énormes possibilités mais aussi de dangereuses tentations. Pour le meilleur ou pour le pire, les mesures et les politiques suivies en Amérique servent d'exemple. Ce qui signifie, en l'absence d'une puissance équilibrante, que les États-Unis doivent faire preuve de discipline en respectant les normes qu'ils imposent aux autres. Si nous tentons de nous placer au-dessus ou en dehors du système international, nous invitons tous les autres à faire de même. C'est notre rigueur morale qui est perdue, le fondement de notre leadership qui devient suspect, la force cohésive de la loi qui est affaiblie, et ceux qui ne partagent pas nos valeurs trouvent alors des occasions à exploiter. J'ai toujours pensé que l'Amérique était un pays exceptionnel, non parce que nous sommes une exception aux règles mais parce que nous avons su créer des normes universelles.

On ne peut quitter ses fonctions sans regretter ne pas avoir mieux fait. Comme je l'ai déjà dit, mon plus grand regret date de l'époque où j'étais encore aux Nations unies, quand nous n'avons pas réagi assez rapidement à l'évolution du génocide rwandais. En tant que Secrétaire d'État, parce que tant de choses m'intéressaient, j'ai manqué de fermeté dans ma façon de fixer les priorités. Je voulais qu'aucune région du monde ne se sente ignorée par l'Amérique. J'ai aussi parfois eu le sentiment que j'aurais pu faire davantage pour restaurer la primauté du Département d'État en matière de politique étrangère, mais les difficultés de mon successeur me donnent à penser que j'ai fait aussi bien que les autres. Le monde est tellement interdépendant que presque tous les ministères sont aujourd'hui appelés à jouer un rôle international. Finalement, notre administration aurait dû avoir le courage d'appuyer la démocratisation du monde arabe, au risque de froisser nos amis traditionnels du Proche-Orient ; en prenant notamment à bras le corps la question de l'endoctrinement des jeunes dans des mouvements faisant l'apologie de la violence et de la haine. Nous aurions également dû davantage pousser Israël à stopper le développement des colonies, une politique qui s'est révélée très nuisible aux négociations.

Il y a une chose au sujet de laquelle j'ai éprouvé des sentiments mitigés sans aller jusqu'à la regretter, c'est d'avoir dit non à Vačlav Havel qui me proposait de lui succéder à la présidence de la République tchèque. J'étais extrêmement honorée, et l'idée de vivre au château de Prague avait certainement l'attrait d'un conte de fées. Mais j'ai dit à Havel que les Tchèques devaient être dirigés par quelqu'un qui avait vécu parmi eux ces dernières décennies et que, par ailleurs, cela faisait bien longtemps que j'étais devenue américaine.

Comme dans tout départ, le moment le plus difficile est celui des adieux. Certaines relations sont strictement professionnelles. D'autres, en revanche, se sont transformées en de vraies amitiés, même les plus inattendues, et il n'a pas été si facile d'y renoncer. Bien qu'Evgueni Primakov ait quitté ses fonctions en 1999, il m'appelait encore, avec Ivanov, pour me souhaiter ses vœux à Noël.

J'ai été particulièrement touchée qu'Hubert Védrine, avec qui j'avais à la fois collaboré et croisé le fer si souvent, organise un dîner d'adieu pour moi à Paris. Robin Cook, Joschka Fischer, Lamberto Dini, Igor Ivanov et Javier Solana étaient tous là au château de La Celle-Saint-Cloud. Je regrette vraiment de ne pas avoir eu de magnétophone pour enregistrer les nombreux toasts, des plus flatteurs. Il ne fait aucun doute que ces hommages étaient exagérés, comme c'est toujours le cas dans ce genre de circonstance, mais la chaleur et l'esprit d'équipe étaient bien réels. Au fil des années, nous avions fait plier Milošević, lutté contre Saddam Hussein, adapté l'OTAN et aidé les nouvelles démocraties d'Europe à trouver leur place au sein d'un continent sûr et uni. C'était, dans l'ensemble, du beau travail. J'ai eu du mal à maîtriser mon émotion. Igor s'était donné beaucoup de mal pour m'offrir un service à thé russe avec la photo des différents ministres des Affaires étrangères sur chaque tasse, et une petite assiette portant l'inscription : « Madeleine's Dream Team. » Védrine m'a serrée dans ses bras et m'a offert un exemplaire en deux volumes magnifiquement reliés de *De la démocratie en Amérique* de Tocqueville. Le clin d'œil qu'il m'a adressé m'a fait comprendre que nos différends au sujet de l'« hyperpuissance » américaine et de la communauté des démocraties n'avaient jamais été personnels.

Le 19 janvier 2001, je signais ma lettre de démission officielle et appelais le Président Clinton pour le remercier des paroles aimables qu'il avait eues pour moi dans une vidéo diffusée pendant l'*Oprah Winfrey Show* auquel je venais de participer. Il nous restait encore une journée, et le Président pensait, comme moi, aux occasions que nous avions laissé passer. Excédé par tout le temps que nous avions consacré à Arafat, il m'a confié qu'il aurait préféré prendre le risque d'aller en Corée du Nord plutôt que de rester à Washington.

Le dernier jour, j'ai donné le traditionnel discours d'adieu devant le personnel du Département d'État. Dans les Mémoires de Dean Acheson figure une photo de son auditoire composé presque exclusivement d'hommes blancs. Le groupe qui m'a accueillie était bien plus hétérogène et, je suppose, exubérant. Le haut-parleur diffusait une chanson d'Aretha Franklin à plein volume tandis que je fendais la foule compacte des amis et collègues jusqu'à une estrade installée sur les marches, près de l'entrée principale du Département. Au micro, je suis revenue sur quelques épisodes, heureux et malheureux, des quatre années écoulées, et j'ai remercié ceux qui m'entouraient de leur dévouement. J'ai ajouté pour plaisanter que c'était un très bon signe pour l'Amérique que la première femme Secrétaire d'État soit bientôt remplacée par le premier Secrétaire d'État afro-américain.

Le dernier jour s'est terminé comme se terminent les derniers jours : dans les cartons. Comme j'étais déjà passée par là, je savais comment m'y prendre. La plupart des gens qui avaient travaillé dans mon bureau et qui m'aidaient maintenant à emballer mes affaires étaient des fonctionnaires permanents. Ils allaient rester après mon départ pour aider la nouvelle équipe, qui occupait déjà des bureaux au rez-de-chaussée et avait hâte de prendre possession des étages. Les noms sur les portes et les photos sur les murs auraient changé avant le prochain coucher de soleil. La démocratie est juste mais un tantinet brutale. L'Histoire se souviendra pourtant que le soixante-quatrième Secrétaire d'État n'a pas eu à être traînée dehors par les pieds. Je me suis contentée de jeter un dernier regard autour de moi, sur la lettre d'adieu que je laissais à Colin Powell, et je suis partie.

Peu après les cérémonies d'investiture, j'ai reçu un coup de téléphone de mon ami Harold Koh, qui avait dirigé notre service des droits de l'homme. Il m'a raconté que, lorsque le visage de Colin Powell était apparu à la télévision, son fils de neuf ans avait poussé un petit cri de surprise. « Comment ont-ils pu donner le travail de Madeleine à cette personne ? » a demandé le garçon, qui a eu droit à un sermon en règle sur l'égalité des chances. « Ce n'est pas ça, a expliqué Willie, déconcerté. C'est que je n'ai jamais cru que le Secrétaire d'État puisse être un homme. »

J'ai ouvert un nouveau bureau dans le centre de Washington où j'allais pouvoir travailler à ce livre et à d'autres projets. L'endroit était agréable, mais ce n'était pas vraiment la même chose. Au Département d'État, je pouvais voir le Lincoln Memorial. De mon nouveau bureau, j'avais vue sur Loeb's Delicatessen. Ma façon de voyager a changé aussi. Huit ans après, je me retrouvais livrée à moi-même. De retour de Californie où j'étais partie donner une conférence, j'avais décidé de rentrer par un vol de nuit. Ce soir-là, j'attendais mon avion, assise dans le Club Admiral en train de lire le journal. Un homme est entré et a regardé autour de lui. Il y avait des rangées de sièges vides, mais il est venu s'asseoir à côté de moi et a posé sa serviette sur mon pied.

Au bout d'une minute, il a dit : « Vous êtes Madeleine Albright.

— Oui, en effet.

— Je viens de voir un documentaire sur vous.

— Ah.

— Michael Douglas raconte que vous aimez flirter.

— Tout le monde n'est pas Michael Douglas.

— Vous avez perdu votre boulot et tout votre pouvoir ; vous devez vous sentir très mal.

— C'est l'Amérique, c'est comme ça que le système fonctionne. Je me sens très bien.

— Non, j'ai travaillé pour Marilyn Quayle, et quand elle a perdu son boulot, elle s'est sentie très mal. Alors ça doit être la même chose pour vous. »

Il m'avait presque désarçonnée. Et puis j'ai dit : « Vous savez quoi ? Je ne me sens pas mal, je me sens fière. »

C'était une demi-vérité. Je me sentais en effet plus fière que dépitée, mais quitter des fonctions officielles après une si longue période d'intense activité sous les feux des projecteurs n'est pas chose facile. Les stimulations quotidiennes s'interrompent brutalement. Il n'est pas simple de renoncer à un travail que vous aimez, qui vous a donné le sentiment de changer les choses. Si dans une situation comparable quelqu'un disait : « Je suis content que ce soit terminé », je ne le croirais pas. La lecture des quotidiens devient une expérience plus passive qu'active : c'est la même différence qu'entre regarder une pièce de théâtre et être sur scène. J'avais pourtant conservé mes réflexes physiques et intellectuels ; les premiers mois, quand quelque chose d'important se passait dans le monde, je ressentais une poussée d'adrénaline. Que fallait-il faire ? Qui fallait-il appeler ? Puis je retrouvais mon calme : d'autres s'en chargeaient à ma place. J'étais aussi agacée par le dédain affiché par certains membres de la nouvelle Administration à l'égard des réussites, des efforts et de l'intense travail diplomatique des huit années écoulées.

Le retour à la vie normale avait, naturellement, ses bons côtés. Je pouvais passer plus de temps avec ma sœur Kathy, mon frère John et sa famille. J'étais ravie que mes filles, Anne et Alice, et leurs familles habitent à côté, et que Katie vienne souvent me voir avec ses enfants, Benjamin et Eleanor. Je me suis bientôt aperçue que la garde de mes petits-enfants exigeait presque les mêmes aptitudes que la conduite de la politique étrangère. J'allais souvent à ma ferme en conduisant ma propre voiture pour la première fois depuis des années, et j'apprenais même à faire le plein d'essence. Certains ajustements ont été plus faciles que d'autres. Je n'ai pas pu renouer d'un coup avec tous mes vieux amis. Certains avaient déménagé ou étaient tellement accaparés par leurs nouvelles activités qu'ils n'étaient plus disponibles – comme je l'avais été moi-même pendant des années. Si le cercle de mes connaissances s'était considérablement élargi, celui de mes amis proches était bien plus réduit que je ne l'aurais souhaité. Wini, Mary Jane et Susan, de l'époque de Wellesley, étaient toujours là, mais Emily était décédée.

Ce qu'il peut y avoir de plus pénible quand on écrit ses Mémoires, c'est de se rendre compte qu'en mettant le point final, sa vie – sa partie intéressante du moins – est derrière soi. Ce n'était pourtant pas ce que je ressentais. Au gouvernement, j'ai pris conscience de la force de ma voix. Rendue au monde extérieur, je me découvre une voix nouvelle, qui puise ses racines dans mon expérience et un sens des responsabilités que j'emploie désormais à faire mon possible pour aider mes étudiants et à contribuer au débat sur l'orientation de la politique étrangère américaine. Si mes activités sont aujourd'hui multiples, elles visent toujours à promouvoir la démocratie, l'ouverture des marchés et le respect de la loi. Pour ce faire, j'ai créé le Albright Group, une entreprise de stratégie globale qui soutient le développement des sociétés et des organisations américaines, et encourage l'économie de marché dans les démocraties. Je suis également directrice du National Democratic Institute for International Affairs ; j'ai repris mes cours à Georgetown ; je préside la Fondation Truman ; je pilote des projets pour la Fondation Pew et le William Davidson Institute of the University of Michigan Business School ; je donne des conférences dans le monde entier. Au milieu de tout cela, j'ai aussi porté la torche des jeux Olympiques d'hiver dans les rues de Washington en 2002.

Si l'on me reconnaît presque partout, on se trompe parfois. Une femme m'a ainsi confondue avec l'ex-Secrétaire d'État de Floride Katherine Harris. Dans le Colorado, un groupe a été enchanté de tomber sur « Margaret Thatcher ». Dans une file d'attente d'aéroport, un passager m'a dévisagée un moment avant de demander : « Vous êtes ? » J'ai répondu : « Oui. » Il s'est tourné vers son ami. « Tu vois, je te l'avais dit. C'est celle qui fait les pubs pour Northwest Airlines. » Un jour, à Boston, un homme s'est approché de moi et m'a demandé : « Vous êtes Madeleine Albright ? » Quand j'ai acquiescé, son visage s'est allongé. « Mince alors, a-t-il dit, j'avais parié vingt-deux dollars. »

Mais je suis particulièrement touchée par ces femmes de tous âges qui me reconnaissent pour ce que je suis et viennent me dire merci. J'apprécie surtout les jeunes qui me disent que mon exemple les a incitées à viser plus haut et qui pensent maintenant qu'occuper les fonctions de Secrétaire d'État, ou même un poste encore plus élevé, est un objectif à leur portée.

Alors qu'il était près de quitter ses fonctions, en 1944, le Secrétaire d'État Cordell Hull confiait à un ami qu'il était « fatigué des intrigues... fatigué de se faire doubler... fatigué qu'on lui accorde en public une confiance qu'on lui refusait en privé... fatigué de lutter pour des causes qui n'étaient pas populaires... fatigué de faire des

discours et de tenir des conférences de presse... fatigué de parler et
fatigué du service [1] ». Il y a eu des moments, au cours des années
passées au gouvernement, où j'aurais moi-même, comme probablement tous les autres ministres, partagé ses récriminations. Ce travail
ne vous laisse pas un instant de répit. Chaque jour, un nouveau problème venait s'ajouter à la liste. Il m'est arrivé de me sentir coincée
par mon propre gouvernement, traitée injustement par le Congrès et
la presse, et frustrée par mon incapacité à réorganiser les événements
d'un coup de baguette magique.

Dans l'ensemble, cependant, mon opinion est à l'opposé de celle
de Hull. (Il faut dire en toute justice qu'il était déjà malade quand il
a quitté ses fonctions.) Quelles qu'aient été mes plaintes quotidiennes, j'ai toujours été consciente du privilège qu'on m'avait accordé
en me nommant à ce poste. Je n'ai jamais considéré ce travail ni
comme un fardeau ni comme quelque chose qui me revenait de droit.
Moi dont la carrière a été une course d'obstacles, j'ai adoré cette
stimulation permanente, être prête, dix fois par jour, après un coup
de téléphone ou une réunion, à ouvrir un dossier qui soulèverait des
questions toujours nouvelles et pèserait sur l'avenir des hommes.

L'Amérique que j'ai toujours aimée est en train de changer, elle
aussi. Après le 11 septembre, notre société s'est fermée devant la
menace terroriste. Les sacro-saintes clauses qui garantissent les libertés individuelles sont en train d'être réexaminées. Une division croissante s'observe entre les États-Unis et ses alliés de longue date. La
pertinence future des Nations unies est remise en cause. Ces tendances devraient provoquer non pas une acceptation passive mais un
débat énergique. La promesse de bienvenue symbolisée par la Statue
de la Liberté est tout ce qu'il y a de plus réel à mes yeux, comme
elle l'est pour des millions d'immigrants. Notre Constitution représente depuis plus de deux cents ans le don le plus précieux que
l'Amérique ait fait au monde en même temps que sa plus puissante
et sa plus productive force de changement. Les grandes institutions
forgées par le partenariat transatlantique qui ont préservé la liberté
au XXe siècle sont menacées. J'ai la conviction qu'elles doivent être
sauvegardées et revitalisées si l'on veut que ce bienfait survive au
XXIe siècle.

Si, malgré tout, j'envisage l'avenir avec confiance, c'est surtout à
cause de la permanence de certaines choses. Les principes auxquels
je crois depuis l'enfance sont toujours aussi solides. Ce sont les véri-

---

1. *The War Diary of Breckinridge Long* ; extraits des années 1938-1944. Choisis
et édités par Fred L. Israel Lincoln, University of Nebraska Press, 1966, pp. 386-
388.

tés évidentes de l'égalité et de la valeur irréductible de l'individu formulées par Jefferson et interprétées de façon mémorable par Lincoln dans sa Déclaration d'émancipation et son discours de Gettysburg. Bien des choses dans la vie sont compliquées et échappent à notre compréhension ; mais les principes fondamentaux de la liberté humaine ne sont pas si compliqués, et si nous nous y tenons, nous trouverons un moyen de corriger nos erreurs et de trouver le bon cap.

C'est l'une des raisons pour lesquelles je suis si reconnaissante au Président Clinton de m'avoir donné la chance de représenter les États-Unis d'Amérique dans le monde. Certains en ont été offensés, d'autres amusés, mais je n'ai pas pu m'empêcher de porter mon patriotisme en bandoulière, sur ma poitrine en l'occurrence. J'ai conscience que l'expérience américaine n'est pas sans tache, mais je la considère encore comme une réussite miraculeuse, celle d'avoir su construire l'unité à partir d'origines et de cultures extraordinairement diverses. Et je demeure fière de ce que l'Amérique a apporté dans la vie de ceux qui, partout, chérissent le gouvernement du peuple, par le peuple et pour le peuple.

Dans son roman *Cent ans de solitude*, mon ami Gabriel García Márquez décrit des individus pris au piège, comme nous le sommes tous, des cycles de la vie. Le soleil se lève et se couche, les saisons se succèdent, les années passent, les roues tournent, et l'essieu s'use irrémédiablement. C'est le lot des vivants. Mais il est toujours possible de faire des choix judicieux. J'ai toujours cru, pour l'avoir appris de mes parents, qu'il faut se battre pour réaliser ce qui est en votre pouvoir, en utilisant les talents qui sont les vôtres. Au départ, cela voulait dire réussir à l'école. Plus tard, cela a signifié être une bonne épouse et une bonne mère, et ainsi de suite, à chaque étape de ma vie, et ce jusqu'au Département d'État et au-delà. On m'a appris à me battre non pas parce que la réussite n'est jamais garantie mais parce que la lutte est en elle-même le seul moyen de garder foi en la vie.

Aux gens qui me demandent quel souvenir je voudrais qu'on garde de moi, je réponds que mon heure n'est pas encore venue – je suis encore là. Mais quand le jour viendra, j'espère qu'on dira que j'ai tiré le meilleur parti de ce que j'avais, que je me suis efforcée de faire honneur à mes parents, que j'ai servi mon pays de toutes mes forces, et que j'ai pris fait et cause pour le camp de la liberté. Certains diront peut-être aussi que grâce à moi, les femmes de ma génération on appris à marcher la tête haute et que leurs filles n'ont plus peur de prendre la parole.

CHRONOLOGIE

20 septembre 1909	Naissance de Josef Körbel (père de Madeleine).
11 mai 1910	Naissance d'Anna Spieglová (mère de Madeleine).
28 octobre 1918	Proclamation de l'indépendance de la Tchécoslovaquie.
20 avril 1935	Mariage de Josef Körbel et Anna « Mandula » Spieglová.
15 mai 1937	Naissance à Prague de Marie Jana (Madeleine).
30 septembre 1938	Accords de Munich.
15 mars 1939	L'Allemagne nazie occupe Prague.
25 mars 1939	Josef, Mandula et Madeleine Körbel fuient la Tchécoslovaquie.
1er septembre 1939	L'Allemagne nazie envahit la Pologne. Début de la Seconde Guerre mondiale.
1939-1945	La famille Korbel en Angleterre.
7 octobre 1942	Naissance de Kathy Korbel (sœur de Madeleine).
8 mai 1945	Capitulation de l'Allemagne nazie.
Mai 1945	La famille Korbel regagne la Tchécoslovaquie libérée.
Septembre 1945-1948	Josef Korbel est ambassadeur de Tchécoslovaquie en Yougoslavie et en Albanie.
15 janvier 1947	Naissance de John Korbel (frère de Madeleine).
Septembre 1947	Madeleine Korbel est envoyée dans un pensionnat en Suisse.
Février 1948 :	La Tchécoslovaquie devient membre de la nouvelle commission de l'ONU sur l'Inde et le Pakistan (Cachemire). Josef Korbel est désigné pour participer à cette commission.

25 février 1948	Coup de force du Parti communiste en Tchécoslovaquie.
10 mars 1948	Mort de Jan Masaryk.
Mai 1948	Josef Korbel commence à travailler pour la commission sur le Cachemire. La famille part s'installer à Londres.
11 novembre 1948	Madeleine Korbel, sa mère, sa sœur et son frère arrivent aux États-Unis. Le père les rejoint en décembre.
4 avril 1949	Signature du Pacte atlantique (création de l'OTAN).
7 juin 1949	Les États-Unis accordent l'asile politique à la famille Korbel.
Été 1949	La famille Korbel s'installe à Denver (Colorado).
1955-1959	Madeleine Korbel suit les cours du Wellesley College.
14 août 1957	Madeleine Korbel devient citoyenne américaine.
11 juin 1959	Mariage de Madeleine Korbel et Joseph Albright.
Juillet 1959	Joe Albright sert dans l'armée, à Fort Leonard Wood (Missouri) ; Madeleine Korbel Albright (MKA) travaille pour *Rolla Daily News*.
1960-1961	Joe Albright travaille au *Chicago Sun-Times* ; MKA pour l'*Encyclopaedia Britannica*.
Printemps 1961	Joe Albright débute à *Newsday*, à Long Island (New York).
17 juin 1961	Naissance de Anne Korbel Albright et Alice Patterson Albright (filles de MKA et Joe Albright).
Été 1962	Joe Albright travaille au bureau de Washington de *Newsday*. MKA entreprend des études de troisième cycle à la School of Advanced International Studies (SAIS) de la Johns Hopkins University.
2 juillet 1963	Décès de Alicia Patterson Guggenheim. La famille Albright retourne à Long Island.
5 mars 1967	Naissance de Katharine Medill Albright (troisième fille de MKA et Joe Albright).
Printemps 1968	MKA obtient une maîtrise de lettres à l'université Columbia, et un diplôme du Russian Institute de cette même université.
21 août 1968	Les troupes soviétiques mettent fin au Printemps de Prague.
Septembre 1968	Joe Albright devient directeur du bureau de Washington de *Newsday*.

Printemps 1970	Harry Guggenheim vend *Newsday* à la Times Mirror Company.
Mai 1976	MKA obtient un doctorat de troisième cycle à l'université Columbia.
Août 1976	MKA devient première assistante parlementaire du sénateur Edmund Muskie.
2 novembre 1976	Jimmy Carter est élu Président des États-Unis.
18 juillet 1977	Décès de Josef Korbel.
1978-1981	MKA travaille pour le National Security Council.
Septembre 1981	MKA obtient au Woodrow Wilson Center un poste de chercheur sur la Pologne.
13 janvier 1982	Joe Albright annonce qu'il veut divorcer.
30 janvier 1983	Le divorce est prononcé.
1982-1992	MKA enseigne à la School of Foreign Service de l'université de Georgetown.
Années 1980	MKA est conseillère pour la politique étrangère du candidat démocrate Walter Mondale à l'élection présidentielle, et de la candidate pour la vice-présidence Geraldine Ferraro en 1984, ainsi qu'auprès de Michael Dukakis en 1987-1988.
4 octobre 1989	Décès de Mandula Korbel.
1989-1992	MKA préside le Center for National Policy (CNP).
1989-1990	Chute du Mur de Berlin. Révolution de velours, Václav Havel devient Président de la Tchécoslovaquie.
1991-1992	La guerre éclate dans les Balkans.
4 novembre 1992	Bill Clinton est élu Président des États-Unis.
Décembre 1992	Les troupes américaines en mission humanitaire en Somalie.
21 décembre 1992	Le Président Clinton désigne MKA comme représentante permanente des États-Unis à l'ONU.
1er février 1993	MKA devient représentante permanente des États-Unis à l'ONU.
25 mai 1993	Le Conseil de sécurité de l'ONU autorise la création du Tribunal pénal international pour l'ex-Yougoslavie (TPIY).
26 juin 1993	Les États-Unis bombardent le quartier général des services de renseignement irakiens en représailles de la tentative d'assassinat contre l'ancien Président Bush.
13 septembre 1993	Dirigeants israéliens et palestiniens signent les accords d'Oslo.
3 octobre 1993	Dix-huit soldats américains sont tués en

	Somalie, ce qui entraîne le retrait des troupes américaines.
5 octobre 1993	Le Conseil de sécurité de l'ONU autorise l'envoi d'une mission de maintien de la paix au Rwanda.
8 octobre 1993	Les États-Unis envoient le USS *Harlan County* en Haïti.
Janvier 1994	MKA et le général Shalikashvili, chef d'état-major des armées, se rendent dans les pays candidats à l'OTAN pour leur proposer le Partenariat pour la paix.
6 avril 1994	Le Président du Rwanda est tué dans un crash d'avion. Début du génocide.
3 mai 1994	Le Président Clinton signe la Presidential Decision Directive 25 fixant les critères pour la participation des États-Unis aux futures opérations de maintien de la paix de l'ONU.
31 juillet 1994	Le Conseil de sécurité de l'ONU autorise la restauration du gouvernement haïtien démocratiquement élu, en utilisant la force si nécessaire.
19 septembre 1994	Les troupes américaines débarquent en Haïti pour restaurer le gouvernement démocratiquement élu.
21 octobre 1994	Les États-Unis et la Corée du Nord signent l'Agreed Framework.
9-11 décembre 1994	Le Président Clinton préside le premier sommet des Amériques à Miami (Floride).
Mi-juillet 1995	Massacre à Srebrenica, en Bosnie.
Septembre 1995	Quatrième Conférence mondiale des femmes à Pékin. MKA rencontre Aung San Suu Kyi en Birmanie.
21 novembre 1995	Les pourparlers de Dayton aboutissent à des accords mettant fin à la guerre en Bosnie.
24 février 1996	Deux avions civils américains sont abattus par des avions de chasse cubains.
5 décembre 1996	MKA, représentante permanente des États-Unis à l'ONU, est choisie par le Président Clinton pour devenir son Secrétaire d'État.
17 décembre 1996	Kofi Annan est élu septième secrétaire général de l'ONU.
23 janvier 1997	MKA prête serment en tant que soixante-quatrième Secrétaire d'État.
30 janvier 1997	Michael Dobbs, du *Washington Post,* interviewe MKA à propos de ses origines familiales.
18 avril 1997	Le Président Clinton et MKA annoncent la

	réorganisation du Département d'État et de diverses agences gouvernementales. L'ACDA (Arms Control and Disarmament Agency) et l'USIA (US Information Agency) sont incorporées au Département d'État qui gère désormais le budget de l'USAID (US Agency for International Development).
24 avril 1997	Le Sénat approuve la convention sur les armes chimiques.
Mai 1997	Le chef rebelle Kabila renverse Mobutu, le Président du Zaïre, déclenchant un conflit régional qui s'étend au Rwanda, à l'Ouganda et au Zimbabwe voisins.
27 mai 1997	Les Présidents Clinton et Eltsine signent l'Acte fondateur OTAN-Russie.
8 juillet 1997	Au sommet de Madrid, la République tchèque, la Hongrie et la Pologne sont invitées à devenir membres de l'OTAN.
21 novembre 1997	À Vancouver (Canada), le sommet de l'APEC se focalise sur la crise financière qui touche tous les pays d'Asie.
7 janvier 1998	Dans une interview accordée à CNN, Mohammad Khatami, le Président nouvellement élu de l'Iran, fait allusion à la possible amélioration des relations avec les États-Unis.
20-23 janvier 1998	Le Premier ministre israélien, Netanyahou, et Arafat, le président de l'OLP, se retrouvent à Washington pour des discussions sur la paix au Proche-Orient.
21 janvier 1998	Le scandale Monica Lewinsky devient public.
23 février 1998	La médiation de l'ONU met temporairement fin à la crise sur l'inspection des sites « présidentiels » irakiens, qui avait éclaté au mois d'octobre précédent.
Février-mars 1998	Des violences se produisent au Kosovo. MKA demande à Milošević le retrait d'une partie de ses forces.
20 mars 1998	MKA annonce des initiatives pour améliorer les relations entre Cubains et Américains.
30 avril 1998	Le Sénat ratifie l'admission de la Pologne, de la Hongrie et de la République tchèque à l'OTAN.
Mai 1998	L'Inde et le Pakistan procèdent à des essais nucléaires.
21 mai 1998	Le Président indonésien Suharto se retire après presque une année de crise économique.
25 mars 1998	Les citoyens irlandais ratifient la Good Friday Peace.

17 juin 1998	À l'occasion d'un discours, MKA offre de travailler avec l'Iran à la mise au point d'une feuille de route conduisant à la normalisation des relations entre les deux pays.
24 juin-3 juillet 1998	MKA accompagne le Président Clinton en visite en Chine.
Août 1998	L'Irak interrompt de nouveau sa coopération avec les inspecteurs de l'ONU.
7 août 1998	Des terroristes liés à Oussama Ben Laden commettent des attentats à la bombe contre les ambassades américaines de Nairobi (Kenya) et Dar es-Salaam (Tanzanie).
20 août 1998	Les États-Unis lancent des missiles de croisière sur des camps d'entraînement de terroristes en Afghanistan et sur une usine de produits pharmaceutiques liée à Ben Laden, au Soudan.
24 août 1998	Les États-Unis et le Royaume-Uni proposent des conditions pour le procès des suspects dans l'attentat contre le vol Pan Am 103.
31 août 1998	La Corée du Nord procède à un tir d'essai d'un missile Taepo Dong à trois étages. L'ex-Secrétaire à la Défense, William Perry, commence aussitôt une étude sur la politique américaine vis-à-vis de la Corée du Nord.
Mi-octobre 1998	Les autorités yougoslaves acceptent un cessez-le feu au Kosovo.
15-23 octobre 1998	Les pourparlers sur le Proche-Orient aboutissent à l'accord de Wye River.
16-19 décembre 1998	Les États-Unis et le Royaume-Uni lancent l'opération *Desert Fox* contre l'Irak.
8 janvier 1999	Le rapport Crowe recommande une augmentation du budget du Département d'État pour assurer la sécurité des ambassades.
15 janvier 1999	Massacre à Racak, au Kosovo.
Janvier-février 1999	Les sénateurs déclarent Bill Clinton innocent des accusations (de parjure et d'obstruction à la justice) qui pouvaient justifier la procédure d'*impeachment*.
7 février 1999	Décès du roi Hussein de Jordanie.
Février-mars 1999	Conférence sur le Kosovo, tenue à Rambouillet. Les représentants des Kosovars albanais acceptent la solution préliminaire ; les Serbes la refusent.
12 mars 1999	La Pologne, la Hongrie et la République tchèque intègrent officiellement l'OTAN.
16-18 mars 1999	Les États-Unis accueillent le sommet afro-américain pour le Partenariat au XXIe siècle.

24 mars-12 juin 1999	Après une nouvelle offensive serbe au Kosovo, l'OTAN lance une attaque aérienne contre la Yougoslavie.
5 avril 1999	La Libye livre deux de ses ressortissants suspectés de l'attentat contre le vol Pan Am 103.
7-10 avril 1999	Le Premier ministre chinois Zhu Rhongji à Washington pour les pourparlers de la PNTR.
23-25 avril 1999	Sommet du cinquantième anniversaire de l'OTAN à Washington.
17 mai 1999	Ehoud Barak succède à Benyamin Netanyahou comme Premier ministre d'Israël.
9-12 juin 1999	Fin du conflit au Kosovo.
Août-septembre 1999	Le conflit reprend en Tchétchénie.
13 octobre 1999	Le Sénat rejette le traité d'interdiction complète des essais nucléaires.
18 octobre 1999	Le Parlement indonésien déclare l'annexion en 1976 du Timor-Oriental nulle et non avenue.
15 novembre 1999	Les États-Unis et la Chine concluent un accord sur des relations commerciales bilatérales préparant l'entrée de la Chine à l'OMC.
Décembre 1999	Les efforts des États-Unis et de la communauté internationale déjouent une série d'actions terroristes prévues pour coïncider avec les célébrations du nouveau millénaire.
31 décembre 1999	Boris Eltsine démissionne de la présidence et désigne Vladimir Poutine comme successeur. Poutine est élu en mars 2000.
31 décembre 1999	Les États-Unis abandonnent le contrôle du canal de Panama.
3-10 janvier 2000	Des pourparlers de paix israélo-syriens ont lieu à Shepherdstown (Virginie Occidentale).
17 mars 2000	MKA annonce la levée des restrictions sur l'importation de certains produits iraniens autres que le pétrole.
26 mars 2000	Le Président Clinton et le Président syrien Asad se rencontrent à Genève.
18 mai 2000	L'Africa Growth and Opportunity Act devient une loi, abaissant les barrières douanières entre les États-Unis et les pays de l'Afrique subsaharienne.
24 mai 2000	Israël se retire totalement de la « zone de sécurité » du Sud-Liban.
8 juin 2000	MKA assiste à une session spéciale de l'ONU : « Femmes 2000 : égalité des sexes, développement et paix pour le XXIe siècle. »
25-27 juin 2000	La Pologne accueille la première conférence

	ayant pour thème « Vers une communauté des démocraties ».
11-25 juillet 2000	Sommet sur le Proche-Orient à Camp David.
19 septembre 2000	Le Sénat donne son accord final à la PNTR avec la Chine.
22 septembre 2000	MKA baptise le bâtiment principal du Département d'État « Harry S Truman Building ».
24 septembre-5 octobre 2000	Le Président yougoslave Milošević est battu aux élections par Koštunica.
28 septembre 2000	La visite de l'homme politique israélien Ariel Sharon au mont du Temple (Haram al-Sharif) déclenche des violences.
10-12 octobre 2000	Le vice-maréchal Jo Myong Rok, numéro deux du régime nord-coréen, se rend à Washington où est publié un communiqué commun affirmant qu'il n'existe aucune hostilité entre les États-Unis et la Corée du Nord.
12 octobre 2000	Attentat terroriste contre l'USS *Cole*, au Yémen.
22-25 octobre 2000	MKA se rend à Pyongyang (Corée du Nord).
Novembre 2000-janvier 2001	Échec des dernières négociations pour parvenir à un accord au Proche-Orient.
20 janvier 2001	Dernier jour de MKA en tant que Secrétaire d'État.

VOYAGES INTERNATIONAUX OFFICIELS
1993-2001

En tant que représentante permanente des États-Unis à l'ONU :

1993

30 juin-3 juillet	Suisse, Somalie, Maldives, Thaïlande, Cambodge.
18-21 juillet	Mexique et Salvador.
16 décembre	Hongrie.

1994

4-13 janvier	Allemagne, Croatie, Pologne, Hongrie, Slovaquie, République tchèque, Belgique, Bulgarie, Slovénie, Albanie, Roumanie, Pays-Bas.
25 mars-5 avril	Afrique du Sud, Mozambique, Croatie, Bosnie-Herzégovine, Soudan, Italie, Brésil, Argentine.
8-9 mai	Canada.
26 août-6 septembre	Allemagne, Slovaquie, République tchèque, Autriche, Moldavie, Géorgie, Arménie, Azerbaïdjan, Russie.
24 novembre	Haïti.
14-16 décembre	Belgique.

1995

23 février-2 mars	Royaume-Uni, Oman, Koweït, République tchèque, Italie, Suisse, Honduras.
31 mars	Haïti.
1er-6 mai	Israël, Jordanie, Égypte, République tchèque.
3-12 septembre	Chine, Birmanie, Philippines, Thaïlande, Indonésie.
16-17 novembre	Israël.
8-9 décembre	Royaume-Uni.

1996

12-13 janvier	Hongrie, Croatie, Bosnie-Herzégovine.
17-22 janvier	Liberia, Angola, Burundi, Rwanda, Égypte.
6 février	Haïti.
19-23 mars	Royaume-Uni, Suisse, Croatie, Bosnie-Herzégovine, Macédoine.
25-30 avril	Belgique, Norvège, Suède, France.
2-7 juillet	République tchèque, Pologne, Slovaquie, Autriche.
16-20 juillet	Grèce, Chypre, Turquie.
28 août-4 septembre	Uruguay, Chili, Bolivie.

EN TANT QUE SECRÉTAIRE D'ÉTAT :

D'après le site internet du Département d'État américain « Travels with the Secretary » : http://secretary.state.gov/www/travels/index.html

1997

15-25 février	Italie, Allemagne, France, Belgique, Royaume-Uni, Russie, République de Corée, Japon, Chine.
19-22 mars	Finlande.
30 avril-2 mai	Russie.
4-10 mai	Guatemala, Mexique, Costa Rica, La Barbade.
25 mai-1er juin	France, Pays-Bas, Portugal, Croatie, Serbie-Monténégro, Bosnie-Herzégovine.
25 juin-1er juillet	Vietnam, Hong Kong.
6-14 juillet	Espagne, Pologne, Roumanie, Slovénie, Russie, Lituanie, République tchèque.
25-30 juillet	Malaisie, Singapour.
9-15 septembre	Israël, visite à l'Autorité palestinienne, Égypte, Arabie Saoudite, Jordanie, Syrie, Liban.
12-17 octobre	Venezuela, Brésil, Argentine, Haïti.
13-24 novembre	Royaume-Uni, Suisse, Qatar, Bahreïn, Koweït, Arabie Saoudite, Pakistan, Inde, Égypte, Canada.
4-18 décembre	Royaume-Uni, Suisse, Éthiopie, Ouganda, Rwanda, Angola, République démocratique du Congo, Afrique du Sud, Zimbabwe, Belgique, France.
21-23 décembre	Bosnie-Herzégovine, Italie.

1998

28 janvier-3 février	France, Espagne, Royaume-Uni, Koweït, Arabie Saoudite, Bahreïn, Égypte, Israël, visite à l'Autorité palestinienne.

5-10 mars	Ukraine, Italie, Allemagne, France, Espagne, Royaume-Uni, Canada.
23-25 mars	Italie, Allemagne.
4-6 avril	Haïti, Trinidad et Tobago.
15-20 avril	Chili.
26 avril-9 mai	Russie, Japon, Chine, République de Corée, Mongolie, Royaume-Uni.
16-18 mai	Royaume-Uni.
27-29 mai	Luxembourg.
1er-2 juin	Venezuela.
3-5 juin	Suisse.
11-12 juin	Royaume-Uni.
24 juin-4 juillet	Chine, Japon.
24 juillet-2 août	Philippines, Papouasie-Nouvelle-Guinée, Australie, Nouvelle-Zélande.
12-13 août	Allemagne.
17-19 août	Kenya, Tanzanie.
29 août-3 septembre	Croatie, Bosnie-Herzégovine, Russie, Autriche.
5-8 octobre	Israël, visite à l'Autorité palestinienne, Royaume-Uni, Belgique.
13-16 novembre	Malaisie.
7-10 décembre	Belgique, France.
12-15 décembre	Israël, visite à l'Autorité palestinienne, Jordanie.
1999	
24-29 janvier	Russie, Égypte, Jordanie, Arabie Saoudite, Royaume-Uni.
13-15 février	France, Mexique.
19-23 février	France.
27 février-7 mars	Chine, Thaïlande, Indonésie, Royaume-Uni.
10-11 mars	Guatemala.
11-13 avril	Belgique, Norvège.
4-6 mai	Belgique, Allemagne.
6-11 juin	Allemagne, Belgique, Macédoine.
15-22 juin	Suisse, France, Finlande, Allemagne, Slovénie, Roumanie, Bulgarie.
23-30 juillet	Singapour, Italie, Kosovo, Bosnie-Herzégovine.
1er-13 septembre	Maroc, Égypte, Israël, visite à l'Autorité palestinienne, Syrie, Liban, Turquie, Vietnam, Nouvelle-Zélande.
17-24 octobre	Guinée, Sierra Leone, Mali, Nigeria, Kenya, Tanzanie.
31 octobre-2 novembre	Norvège.

14-23 novembre	Turquie, Grèce, Italie, Slovaquie, Bulgarie, Kosovo.
5-9 décembre	Arabie Saoudite, Syrie, Israël, Égypte.
16-18 décembre	Allemagne, France.

2000

14-16 janvier	Colombie, Panama, Mexique.
27 janvier-3 février	Suisse, Russie, Croatie.
17-19 février	Croatie, Albanie.
2-11 mars	Portugal, République tchèque, Bosnie-Herzégovine, Belgique.
17-26 mars	Italie, Inde, Bangladesh, Suisse, Pakistan, Oman.
13-19 avril	Ukraine, Kazakhstan, Kirghizstan, Ouzbékistan.
23-26 mai	Italie, Royaume-Uni.
29 mai-5 juin	Portugal, Allemagne, Russie, Israël, Égypte.
5-7 juin 2000	Israël, visite à l'Autorité palestinienne, Égypte.
12-13 juin	Syrie.
21-29 juin	Chine, République de Corée, Pologne, Israël, visite à l'Autorité palestinienne, Allemagne.
26 juillet-2 août	Thaïlande, Japon, Italie, Russie.
14-19 août	Brésil, Argentine, Chili, Équateur, Bolivie.
30-31 août	Colombie.
19 septembre-5 octobre	Islande, France, Allemagne, Égypte.
15-18 octobre	Égypte, Arabie Saoudite.
22-26 octobre	République populaire démocratique de Corée.
13-18 novembre	Brunei.
25-27 novembre	Autriche.
30 novembre-2 décembre	Mexique.
6-12 décembre	Afrique du Sud, Mauritanie, Botswana, Algérie.
12-16 décembre	Hongrie, Belgique.

2001

10-12 janvier	Espagne, France.

REMERCIEMENTS

QUELQUES JOURS APRÈS AVOIR QUITTÉ MES FONCTIONS, je suis allée à Mexico, en compagnie de camarades d'université, passer quelques jours dans un centre de remise en forme : Rancho La Puerta. Un choix qui s'est révélé excellent, même s'il existait une règle très stricte interdisant de téléphoner ou de recevoir des appels de qui que ce soit, à certaines heures. De qui que ce soit, excepté de Harvey Weinstein. Je ne veux pas savoir comment Harvey a réussi, à trois reprises au moins, à me joindre malgré tout pour parler de mon livre et de son espoir que je choisisse Miramax Books comme éditeur. Le pouvoir de persuasion de Harvey est légendaire, mais c'est son enthousiasme, et celui de Tina Brown et Jonathan Burnham, ainsi que leur compréhension du contexte historique dans lequel je désirais écrire mon autobiographie, qui ont rendu mon choix si facile.

Par bien des aspects, la rédaction de mes mémoires a été une expérience solitaire. J'étais la seule à pouvoir réfléchir sur ma vie, me rappeler les bons et les mauvais moments, et décrire mes sentiments ; mais comme dans le domaine de la diplomatie, je ne pouvais rien concrétiser seule. J'accepte l'entière responsabilité des opinions et des souvenirs figurant dans cet ouvrage. En ce qui concerne l'existence de ce livre, je dois remercier beaucoup de gens, et je suis ravie d'avoir l'opportunité de le faire.

Bill Woodward est considéré à juste titre comme l'un des rédacteurs de discours les plus doués des États-Unis, et j'ai eu la chance qu'il travaille pour moi durant toutes les années que j'ai passées à l'ONU et au Département d'État. Il connaissait si bien tous les dossiers que je ne pouvais imaginer écrire sur cette période de ma vie sans faire appel à lui. Il a été mon collaborateur et nous avons appris à cette occasion que travailler sur un livre est en quelque sorte un calvaire. Nous disons en plaisantant que c'est un véritable miracle que notre amitié ait survécu à presque trois années passées à rechercher les mots et le ton justes, et la matière nécessaire pour chacune des parties de l'histoire que j'avais à raconter. Laurie Dundon, ma chef-documentaliste, a été extraordinaire. Elle a passé en revue des milliers de documents officiels, vérifié certains faits à la vitesse de l'éclair, posé des questions pénétrantes et m'a fait profiter de son expérience personnelle des Balkans. Elaine Shocas a joué dans ma vie, et à tous les stades de l'élaboration de ce livre, un rôle unique. Faisant preuve d'une mémoire remarquable et d'une perspicacité hors du commun, elle a ajouté de la couleur, de la profondeur et de la chaleur à mon récit.

Magnifique éditeur et auteur accompli, Richard Cohen m'a aidée à transformer ce qui aurait été un énorme volume en un texte de dimension raisonnable. Il m'a appris, souvent en dépit de mes protestations, que « moins c'est mieux ». Il a survécu à mes innombrables questions ; j'ai survécu aux corrections parfois très *british* qu'il apportait à mes mots américains. Dès le début, Sarah Crichton m'a aidée à trouver ma voix et a continué à me donner des conseils précieux – et à m'envoyer des e-mails merveilleusement irrévérencieux. Ce n'est pas indispensable, mais c'est certainement un plus que mes éditeurs soient devenus des amis.

Jonathan Burnham, président et directeur éditorial de Miramax Books, m'a conseillée sagement et offert une aide constante, il a également repoussé de bonne grâce et à plusieurs reprises la date de remise de mon manuscrit. C'est un homme rare, à la fois élégant et modeste. Mes remerciements vont également à toute l'équipe de Miramax : Kathy Schneider, Susan Mercandetti, Hilary Bass, Dev Chatillon, Jennifer Sanger, Bruce Mason, Jamie Horn, Jill Ellyn Riley, Jennifer Besser et Andrew Bevan – pour le dur travail qu'elle a fourni, son professionnalisme et son amabilité. Kristin Powers, responsable d'édition, a remarquablement supervisé les moindres détails de ce livre. Je suis reconnaissante à Linda Michaels, mon agent littéraire international, et à mes avocats Robert Barnett et Deneen Howell, du cabinet Williams & Connolly, pour le travail qu'ils ont accompli.

Parmi ceux qui m'ont fait connaître leur opinion et m'ont conseillé à propos de ce qu'il fallait inclure dans ce livre, figurent Gabriel García Márquez, Michael Beschloss, Tom Oliphant, Lissa Muscatine et Bradley Graham. Tina Brown était présente à l'origine de ce projet et son soutien n'a jamais faibli ; je suis ravie qu'elle continue à faire partie de ma vie.

Michael Žantovský, Tomáš Kraus, Martin Palouš, Alexandr Vondra, Martin Butora, Zora Buterová, Pavol Demeš et Jaroslav Šedivý, mes amis tchèques et slovaques, m'ont apporté une aide inestimable. Beaucoup d'entre eux étaient des dissidents pendant les jours les plus sombres qu'ait connus la Tchécoslovaquie, et ils se sont trouvés au premier rang durant les événements décrits dans le cours de cet ouvrage. Leur aide a enrichi la matière de ce livre et l'a rendue plus précise.

Ils sont nombreux à avoir donné généreusement de leur temps et à m'avoir fait profiter de leurs compétences : David Andrews, Ralph Alswang, Carol Browner, Marcia Burick, David Carpenter, Pat Carter, Bonnie Cohen, Kitty Bartels Di Martino, Wini et Mike Freund, Suzy George, Marcia Greenberger, David Hale, Janet Howard, Cameron Hume, Rick Inderfurth, Stu Jones, Barbara Larkin, Mary Jane Lewis, Judy Lichtman, Evelyn Leeberman, Frank et Dale Loy, Rod et Larissa MacFarquhar, Millie

Meyers, Aaron Miller, Jim O'Brien, Susan Rice, Lula Rodriguez, Dennis Ross, Jamie Rubin, David Scheffer, Debi Schiff, Rika et Carl Schmidt, Marie Šedivá, Stu Seldowitz, John Shattuck, Wendy Sherman, Dick Shinnick, Mo Steinbruner, Lisa Švejdová, Mark Talisman, Susan et David Terris, Toni Verstanding, Melanne Verveer, Jenonne Walker, Nichole Tucker Walton, Meridith Webster, David Welch, Maggie Williams, Alex Wolff.

Parmi les collègues et les membres de mon équipe dont le soutien quotidien m'a aidée de mille façons, je voudrais citer Diana Sierra, Margo Morris et Zina Brown. Nate Tibbits, mon gourou en matière de technologie, a affûté mon savoir-faire en informatique, et récupéré un grand nombre de pages que je pensais perdues. Pendant des années, Martha Fuenzalida, Lucia Rente, Dorothy Burgess et Margo Carper m'ont permis de tenir le choc. Tuck Evans, Bailey Hand, Erin Lanahan, Nell McGarity, Jane Rhee, Sonja Renander, Ryan Rippel, Rachel Shields, et tout particulièrement Kris Hamel, Kerryann Locey, Trey Street et Julia Voelker, mes stagiaires, ont fait preuve d'une ingéniosité et d'un enthousiasme dans l'accomplissement des tâches que je leur confiais, qui m'ont toujours étonnée. Le sergent Louis Rinaldi et son équipe du New York City's Amtrak Police Department ont assuré ma sécurité pendant plusieurs années.

La matière de ce livre est basée en grande partie sur des documents officiels du gouvernement fédéral datant des années au cours desquelles j'ai occupé mes fonctions. Le Département d'État a revu mon texte pour s'assurer qu'il ne contenait rien qui soit susceptible de compromettre la sécurité nationale. La loi exige que je dise la vérité : les opinions exprimées dans ce livre sont les miennes et ne représentent pas nécessairement les positions du gouvernement des États-Unis. Je suis reconnaissante au Secrétaire d'État Colin Powell de m'avoir offert la totale coopération du Département d'État, y compris l'aide du sous-secrétaire au management, Grant Green, de son adjoint chargé de la gestion, Bill Eaton, de l'adjoint du conseiller juridique, Jim Thessin, de Paul Claussen et Evan Duncan, du Service historique, de Maryann Alt, chef de la section recherches de la mission américaine auprès de l'ONU, et de tout le personnel du secrétariat – tout particulièrement George Rowland. J'aimerais aussi remercier l'équipe dirigée par Margaret Grafeld et Alice Ritchie, pour tout le travail accompli, et plus particulièrement Mark Ramee, qui a soigneusement relu mon manuscrit et s'est occupé du processus d'autorisation, et Mitzi Hardrick, qui a appuyé nos nombreuses demandes de recherches.

La réalisation d'un livre, quel qu'il soit, est toujours une vaste entreprise, et j'apprécie le zèle et la créativité de ceux qui y ont contribué : Peg Haller, Susan Groake, Rachel Smith, Brenda Horrigan, Nancy Wolff, Pat Fogarty, Carrie Smith, Ink Inc. et Doyle Partners. Je suis très reconnaissante à Diana Walker et à tous les photographes qui m'ont autorisée à reproduire leurs œuvres. À de nombreuses reprises au cours de toutes ces années, j'ai eu l'occasion de dire au photographe Timothy Greenfield-Sanders qu'il avait su tirer le meilleur du sujet qui se trouvait devant lui.

Il n'est pas toujours facile d'avoir une sœur aînée ou une mère qui devient une personnalité très en vue. Si cela présente certains avantages – la possibilité de rencontrer le Président et d'être invité à quelques dîners officiels –, il existe également une contrepartie faite d'indiscrétions et d'ingérences dans la vie privée. Je désire donc remercier les membres de ma famille. Ils n'ont pas été seulement d'ardents supporters. Ma sœur Kathy, mon frère John et sa femme Pam m'ont grandement aidée à reconstituer notre histoire familiale. Nos parents encourageaient toujours la « solidarité familiale » ; ils seraient ravis de voir que nous avons suivi leurs conseils et que nous y prenons plaisir.

Je veux remercier plus particulièrement deux de mes cousines. Alena Körbel m'a confié ses souvenirs relatifs aux années que nous avons passées à Londres durant la guerre. Daša Šimová a rempli de nombreux blancs de notre histoire familiale, et je regrette que ce faisant elle ait revécu des épisodes pénibles. Nous essayons à présent de rattraper les années perdues.

L'amour et l'humour de mes filles Alice, Anne et Katie, de mes gendres et de mes petits-enfants m'ont, tout à la fois, maintenue à flot et ramenée sur terre. Que pouvais-je souhaiter de mieux ?

GRATITUDE

J'AI TOUJOURS PENSÉ qu'il y avait en enfer une place réservée pour ceux qui parviennent à une certaine notoriété et s'attribuent tout le mérite de cette réussite. Si je ne me trompe pas, il pourrait bien y avoir déjà un siège retenu à mon intention. Les premières versions de presque tous les chapitres des parties deux, trois et quatre incluaient des paragraphes consacrés à celles et ceux qui avaient travaillé avec moi sur les affaires abordées dans chacun de ces chapitres. Mon éditeur appelait cela les paragraphes « oscars et remerciements » et les rayait à l'encre rouge (ou plus exactement appuyait sur la touche « suppression »). J'insistais pour que beaucoup de noms soient réintroduits, mais je devais bien admettre qu'une description tout à fait précise du travail d'équipe que nécessite notre diplomatie risquait fort de ralentir la lecture. À cause de cela, je suis au regret d'avouer que le dur labeur accompli par mes collègues du Département d'État et la créativité dont ils ont fait preuve ne sont pas souvent rapportés avec la précision, le luxe de détails et le souci de vérité que je souhaitais à l'origine. J'en suis sincèrement désolée et j'ai ajouté la liste ci-dessous en guise d'expiation, partielle. J'étais, et je demeure, extrêmement reconnaissante à toutes celles et tous ceux qui figurent dans cette liste, mais aussi à beaucoup d'autres qui n'y figurent pas : nos ambassadeurs, le personnel de nos ambassades, les employés ressortissants des pays d'accueil, les fonctionnaires du service diplomatique, les conseillers particuliers et envoyés spéciaux qui m'ont soutenue et aidée à élaborer et à mettre en œuvre quotidiennement la politique étrangère des États-Unis, avec toute leur énergie, leurs conseils, leurs idées et leur professionnalisme. Acceptez, je vous prie, mes remerciements pour votre aide et votre amitié, et pour avoir grandement enrichi la matière de ce livre.

MISSION DIPLOMATIQUE DES ÉTATS-UNIS À L'ONU (1994-1997) :

Ambassadeurs Edward "Ned" Walker, Jr., Edward "Skip" Gnehm, Jr., Karl "Rick" Inderfurth, Victor Marrero, Irvin Hicks, David Birenbaum, Richard Sklar, Herbert Donald Gelber.

Patsy Agee, Maryann Alt, Luiz Amaral, Paul Aronsohn, Joan Baldridge, Jonathan Barrett, Kitty Bartels, Elmira Bayrasli, John Blaney, John Boardman, Dorothy Burgess, Nancy Buss, Graham Cannon, Frantzy Charlemagne, William Clontz, Douglas Coffman, Thomas Countryman, John Cuddihy, Jeffrey De Laurentis, Thomas Donlon, Walter Douglas, Hugh Dugan, Caroline Dulin-Shaw, Jordana Dym, David Ettinger, Angel Escobar, Ivan Ferber, Jean Fiorie, George Ford, Warren Forrest, Peter Fromuth, Adele Gilliam, Sandra Grandison, Russell Graham, Rebecca Gaghen, Jeffrey Glassman, William Grant, Robert Grey, Joan Grippe, John Guerra, David Hale, Margaret "Nini" Hawthorne, Fiona Higgins, Cameron Hume, Frank Kirchoff, Patricia Kuffler, Stanley Jakubowski, Barbara Jones, Stuart Jones, Thomas Kearney, Holly Kenworthy, Craig Kuehl, Ellen Laipson, Harvey Langholtz, Leslie Lebl, Wayne Logsdon, Vivienne Manber, Edward Marks, Robert McCarthy, Daphne Martinez, Millie Meyers, John Menzies, Kara McGuire Minar, Robert Moller, Suzanne McPartland, Richard Naughton, Debra Nelson, Hong Ngo Nguyen, James O'Brien, Theodore Osius, Matthew Palmer, Leroy Parham, Wayne Rosen, Robert Rosenstock, Dorothy Sampas, David Scheffer, Rosalinda Seldowitz, Stuart Seldowitz, Scott Shaw, Susan Shearouse, Michael Sheehan, Laurie Shestack, John Singler, Jane Stich, Anne Stoddard, Krissy Sudano, Eugene Tadie, Michael Viggiano, William Wallace, Erin Walsh, Fanny Weisblatt, Dennis Welch, John Wiecks, Bisa Williams-Manigault, Carolyn Willson, Seth Winnick, William Wood, Frances Zwenig et les hommes et les femmes de la Diplomatic Security, New York Field Office.

Je remercie le Secrétaire d'État Warren Christopher et son équipe pour leur aide et leur soutien durant mes années en tant que représentante permanente des États-Unis à l'ONU, et plus particulièrement : Stobe Talbott, Peter Tarnoff, Thomas Donilon, Molly Raiser, Joan Spero, Lynn Davis, Richard Moose, Brian Atwood, Marc Grossman, Kenneth Brill, William Burns, Patrick Kennedy, Wendy Sherman, Genta Hawkins-Holmes, James Thessin, Maura Harty, Ertharin Cousin, George Rowland, Douglas Bennett, George Ward, Melinda Kimble et le Bureau Organisations Internationales.

DÉPARTEMENT D'ÉTAT (1997-2001) :

Administration : Patrick Kennedy.

Afrique : Johnnie Carson, George Moose, Susan Rice.

Contrôle des armements : Avis Bohlen, Lucas Fisher.

Lutte contre le terrorisme : Christopher Ross, Michael Sheehan, Philip Wilcox.

Affaires consulaires : Mary Ryan.

Démocratie, droits de l'homme, droit du travail : Harold Koh, John Shattuck.

Diplomatic Security et voyages à l'étranger : Eric Boswell, David Carpenter, Patrick Kennedy.

Extrême-Orient et Pacifique : Charles Kartman, Stanley Roth.

Affaires économiques : Alan Larson, Brian Samuel, Earl Anthony Wayne.

Éducation et culture : William Bader.

Secrétariat général : William Burns, Kristie Kenney, Gregory Berry, Robert Blake, John Campbell, Rose Likins, Stephen Mull, Carol Perez, Peter Petrihos, Maureen Quinn, Neal Walsh, Gretchen Welch, Alejandro Wolff.

Europe : James Dobbins, Marc Grossman, John Kornblum.

Finances et management : Kathleen Charles, Bert Edwards, Richard Greene.

Foreign Service Institute : Ruth Davis, Teresita Schaffer, Ruth Whiteside.

Ressources humaines : Edward Gnehm, Jr., Marc Grossman, Anthony Quainton.

Documentation : Fernando Burbano, Andrew Winter.

Inspecteur général : Jacquelyn Williams-Bridgers.

Renseignement et recherches : Edward Abington, Thomas Fingar, Toby Gati, Donald Keyser, Daniel Kurtzer, Phyllis Oakley, J. Stapleton Roy.

Trafic international de stupéfiants et maintien de l'ordre : Jane Becker, J. Rand Beers, Robert Gelbard.

Organisations internationales : Princeton Lyman, C. David Welch.

Conseillers juridiques : David Andrews, Michael Matheson, James Thessin, Jamison Borek, Jonathan Schwartz, Melinda Chandler.

Affaires législatives : Barbara Larkin, Shirley Cooks, Meg Donovan, Michael Guest, Susan Jacobs, Kay King, Michael Klosson, Valerie Mims, Peter Yeo.

Proche-Orient : Martin Indyk, Elizabeth Jones, Edward Walker, Jr., C. David Welch.

Non-prolifération nucléaire : John Barker, Robert Einhorn.

Affaires maritimes, environnement : Eileen Claussen, Melinda Kimble, David Sandalow.

Planification : Gregory Craig, Morton Halperin, Alan Romberg, Lee Feinstein, James O'Brien, Craig Johnstone, Anne Richard.

Affaires militaires : Thomas McNamara, Eric Newsom.

Mouvements de populations, réfugiés, migrants : Phyllis Oakley, Julia Taft.

Diplomatie ouverte, relations publiques : Richard Boucher, Nicholas Burns ; porte-parole : James P. Rubin ; porte-parole adjoints : Glynn Davis, James Foley, Lee McLeeny, Philip Reeker.

Protocole : Mary Mel French, Molly Raiser, David Pryor, Larry Dunham, Charles Kinn, Debra Schiff, Laura Wills.

Sciences et technologies : Norman Neureiter.

Asie du Sud : Karl Inderfurth, E. Gipson Lanpher, Robin Raphel.

Inspections et vérifications : Edward Lacey, Owen Sheaks.

Hémisphère occidental : Jeffrey Davidow, Peter Romero.

Chargé de mission pour la liberté religieuse internationale : Robert Seiple.

Chargés de mission pour les États nouvellement indépendants : James Collins, Stephen Sestanovich.

Chargé de mission pour les crimes de guerre : David Scheffer.

Programme « Art dans les ambassades » et Friends of Art and Preservation in Embassies (FAPE).

Blair House : Benedicte Valentiner, Randall Bumgardner.

Salons de réception : Gail Serfaty, Wileva Johnston, Candida Pulupa.

Égalité devant l'emploi et droits civiques : Deidre Davis.

Historiens : William Slany, Marc Susser.

Programmes d'information internationaux : John Dwyer, Jonathan Spalter.

Services médicaux : Cedric Dumont.

Centre opérationnel : Karl Hofmann, Rose Likins, Harry Thomas, Sharon Weiner.

Rédaction des discours : Taras Bazyluk, Durriya Ghadiali, Lukas Haynes, Heather Hurlburt, Justin Leites, Thomas Malinowski.

Conseil présidentiel interministériel pour les droits des femmes : Theresa Loar, Kathy Hendrix, Lidia Soto-Harmon.

Directeur du secrétariat particulier : Richard Shinnick.

Secrétariat particulier : James Bean, Paul Jones, Richard Mills, Carol Perez, David Hale, Alejandro Wolff, Colombia Barrosse, Elmira Bayrasli, Jennifer Bonner, Ben Chang, John Crawley, Marie Damour, Kelly Degnan, Richard Denniston, Linda Dewan, Sheila Dyson, Price Floyd, Patrice Frey, Thomas Kelsey, Elizabeth Lineberry, Laurie Major, Heather McCullough, Suzanne McPartland, David Pressman, Todd Robinson, Jane Stich, Nichole Tucker, Bisa Williams-Manigault, Diana Zicklin.

Syndicats et associations professionnelles : American Foreign Service Association (AFSA) : Marshall Adair, Daniel Geisler, F. A."Tex" Harris, Alphonse LaPorta, John Naland et les membres de l'American Federation of Government Employees (AFGE).

Héros méconnus : Le sergent-major Bruce et tous les héros méconnus du Département d'État.

Liaison avec la Maison Blanche : Charles Duncan.

Je voudrais également remercier mes collègues de l'Agency for International Development (AID), tout spécialement : Brady Anderson, Brian Atwood, Harriet Babbitt et Richard McCall. Je salue les nombreux fonctionnaires dévoués – retraités ou encore en activité – de l'United States Information Agency (USIA) et de l'Arms Control and Disarmament Agency (ACDA), qui font partie à présent de la grande famille du Département d'État, tout spécialement : Joseph Duffey, Penn Kemble et John Holum.

Je remercie enfin mes conseillers militaires de l'état-major des armées, qui ont fait plusieurs fois le tour du monde avec moi : les généraux Richard Meyers, Robert "Doc" Foglesong et Donald Kerrick, et l'amiral Walter Doran.

INDEX

TABLE

Cet ouvrage a été imprimé par la
SOCIÉTÉ NOUVELLE FIRMIN-DIDOT
Mesnil-sur-l'Estrée
pour le compte des Éditions Albin Michel
en septembre 2003

Ouvrage composé par
Nord Compo (Villeneuve-d'Ascq)

Imprimé en France
Dépôt légal : octobre 2003
N° d'édition : 21903 – N° d'impression : 65222